U1002847

国家社科基金重点项目“任继愈哲学文献整理与研究”成果

任继愈哲学文丛

佛教哲学编

上

李 申 主编

REN JIYU ZHEXUE WENCONG
FOJIAO ZHEXUE BIAN

GUANGXI NORMAL UNIVERSITY PRESS
广西师范大学出版社
·桂林·

图书在版编目（CIP）数据

佛教哲学编 ：上、下 / 李申主编. --桂林 ：广西师范大学出版社，2021.10
（任继愈哲学文丛）
ISBN 978-7-5598-4074-5

Ⅰ. ①佛… Ⅱ. ①李… Ⅲ. ①佛教哲学－研究－中国 Ⅳ. ①B948

中国版本图书馆 CIP 数据核字（2021）第 151888 号

广西师范大学出版社发行
（广西桂林市五里店路 9 号　邮政编码：541004
网址：http://www.bbtpress.com）
出版人：黄轩庄
全国新华书店经销
三河市三佳印刷装订有限公司印刷
（河北省三河市杨庄镇杨庄村　邮政编码：065200）
开本：880 mm ×1 240 mm　1/32
印张：28.375　　字数：660 千
2021 年 10 月第 1 版　　2021 年 10 月第 1 次印刷
定价：138.00 元（上、下）

如发现印装质量问题，影响阅读，请与出版社发行部门联系调换。

《任继愈哲学文丛》编委会

主　　编：李　申

副 主 编：习五一　吕建福

编　　委（按姓氏笔画排列）：

习五一　王江武　王泽春　王　鹏　宁艳红　吕建福
朱俊艺　李　申　张二远　周　赟　庞　旭　胡朝阳
侯艳芳　韩　琪　蒲创国

本册主编：吕建福

副 主 编：宁艳红

《任继愈哲学文丛》出版说明

这套《任继愈哲学文丛》（以下简称“《文丛》”）收集了任继愈先生全部哲学论著。《文丛》编委会诸位编委分工负责，补充了已经出版的文集或单行本未收录的论著，认真校勘了文字，根据其内容编入对应分册。

依据内容，《文丛》分为《中国哲学总论编》、《天人之际编》、《儒家与儒教哲学编》、《道家与道教哲学编》、《诸子哲学编》、《佛教哲学编》（上、下）、《宗教学与无神论编》7 种，共 8 册。

收入《文丛》的著作基本上保留原名，个别著作的名称适当地做了一些调整，其原名在脚注中予以说明。

收入《文丛》的著作一般采用作者亲自校阅订正的最后版本进行校勘工作，对文中出现的错字、别字、漏字，以及引文中的误植、标点符号错误等问题，均按出版规范做了订正。

《文丛》所收著作，编者于每篇篇名后增加一条注释并用“*”注明，在脚注中介绍该篇著作的出版或发表情况。

《文丛》中一些引文的方式和引文出处等与现在都有或多或少

的差异，此次整理和编辑时，参照文物保护“修旧如旧”的原则，一仍其旧，一般不做变动。

限于编者的水平，整理、编辑和校勘过程中可能有一些疏漏和错误的地方，诚望读者批评指正。

《任继愈哲学文丛》编委会

2021年5月6日

目录

上册

下册

佛教与中国思想文化[*]

——《中国佛教史》第一卷序

佛教的创始人是悉达多（Siddhārtha），族姓为乔达摩（Gautama），中国古译为“瞿昙”，相传为净饭王太子，生于迦毗罗卫（Kapilavastu），该地现在尼泊尔王国境内。他一生传教活动在印度北部、中部恒河流域一带。释迦牟尼（Śākyamuni）是佛教徒对他的尊号。关于他的生卒年，根据文献史料的推断，约生于公元前565年，死于公元前480—前490年之间，略早于中国孔子（孔子的生卒年为公元前551—前479年）[①]。

佛教在印度开始传播时期，正是印度奴隶社会比较发达的时期。印度封建化的过程历时较长，大约从公元前1世纪到公元6世纪，印度的封建经济才逐渐巩固下来。进入封建社会后，印度奴隶制残余曾延续了很长时期。早期佛教是为当时的印度奴隶主阶级服务的，后期的佛教大乘则为封建地主阶级服务。

---

* 原为《中国佛教史》第一卷序（中国社会科学出版社，1981 年 9 月版）。以此题编入第3版《汉唐佛教思想论集》。

① 参看汤用彤：《印度哲学史略》，中华书局，1960 年8月版，第 59 页。

佛教最初传播于尼泊尔、印度、巴基斯坦一带，以后南到斯里兰卡、印度支那半岛，北到中亚细亚。伴随着中国与中亚各国经济、文化的交流，佛教于两汉之际传入中国，在中国的社会历史条件下，开始生根、发展，构成中国封建社会上层建筑的组成部分。

佛教在中国的传播和发展，经历了近两千年的漫长的岁月，它在中国封建社会各阶层中曾起过广泛影响。自从它传入中国那一天起，就一直是适应当时封建地主阶级的需要来宣传解释其宗教学说的。不少中外学者认为中国的佛教背离了印度佛教原旨，使印度佛教走了样。这种看法不是没有一定的道理，但这种看法是不太妥当的。

思想意识是一定社会的产物，各种社会有它的成长和衰落的过程。印度佛教也有它生长和衰落的过程，总在不停顿地发展、变化着。印度的佛教，不但在一两千年间有很大的变化，即使拿释氏一生的宗教活动来说，据后人的研究，他早期传教和后期传教，其侧重点也不同。究竟什么是佛教的原样？释氏逝后约百年时间，佛教徒中间对教义教规的理解已发生了严重的分歧，形成上座部、大众部两大部派。随后，这两部派又不断发生分化，形成了十八部（或二十部）。接着又出现了佛教大乘教派。大乘教派中先有龙树、提婆倡导的中观学派，后来又有无著、世亲倡导的唯识学派。大乘自称得到释氏的“了义”，而小乘许多学派并不服输，与大乘并存，各立门户，都继续流传。由此可见，在印度事实上并不存在一个标准的佛教样板。如果要把印度佛教的各种教派分化、兴衰变迁的道理讲清楚，就不能只在佛教内部去寻找佛教变迁的原因。这属于另外的题目，不属于中国佛教史的范围。我们的任务是考察中国佛教的历史，揭示出它的发展变化的规律，从而有助于加深认识东汉以后中国的古代封建文化，更好地认识中国的哲学史、文学史乃至整个历史。

社会实践表明，一切事物都在发展变化，古人所信奉的“天不变，道亦不变”的观点只能表达取得政权的地主阶级的主观愿望。哲学和宗教看起来高入云霄，好像不食人间烟火，实际上它们仍然是一定的社会的经济生活和政治生活的反映，只是有时是直接的反映，有时是间接的反映，有时是曲折的反映罢了。社会经济生活和政治生活总在不断地发展变化，从而反映经济生活和政治生活的哲学、宗教也相应地改变。我们应当通过考察佛教在中国这块土地上初传、滋长、兴盛、衰微的全部过程，从中找出规律性的东西。

封建社会与近代社会不同，敬天法古，几乎是一切封建社会的共同信条。哲学有许多学派，宗教有许多教派，往往打出不同标志的旗帜以广招徕。但旗帜并不真正代表它的实质。以人们所熟悉的中国儒家为例。从春秋时期儒家创立，经过汉代的儒、宋明的儒，一直到清末、“五四”以前的“孔家店”，大家习惯于把孔子所创立的儒家看作一个一成不变，影响中国文化历史达两千年之久的学派。其实汉代所信奉的儒学已经不是孔、孟、荀为代表的儒学。汉代的儒把燕、齐方士推演阴阳五行、占星变、言灾异、信禨祥、迎神送鬼、求雨止雨那一套都算作儒家的内容。这是儒、道（道术、道士）合流的儒。宋代程朱理学自命为得到尧舜禹相传的十六字真言①，自称为“洙泗正宗”。其实宋儒是以孔子为招牌，大量吸收了佛教和道教宗教世界观和宗教实践。如提倡涵养静坐，以观喜怒

① 《（古文）尚书·大禹谟》：“人心惟危，道心惟微，惟精唯一，允执厥中。”

哀乐未发气象，致力于“天理人欲之辨”，要人们“存天理、去人欲”。“存天理、去人欲”不是一个哲学问题，而是一个神学问题，是教人如何消灭罪恶、拯救灵魂、进入“天国”（理想的精神境界）的问题。近代的康有为也曾抬出孔子的招牌，托古改制。中国历代儒家各派都自称自己的教派得到了教主的真传。中国佛教史的发展，也表明各个时代的佛教学派、学说与释氏的关系甚少，而与它所处的社会制度、阶级利益的关系甚深。“我们不把世俗问题化为神学问题，我们要把神学问题化为世俗问题。”[①]这是我们研究各种宗教史的态度，也是我们研究佛教史的方法。

东汉时中国人知道西方有佛，一般是通过西方僧人的翻译介绍的。隋唐以后，由于译述介绍的佛教经典的增多，逐渐有了中国人自己的著述，其中包括对佛经的注解和阐明佛教的专著。今存的汉译佛教经典，绝大部分是在东汉到唐中期（前后历时约八百年）这一段时期翻译过来的。唐以后，也有些零星译述，约五百卷，其内容多为旧译佛经的补充，且多为零星小品，在社会上起的影响也不大。唐以后，还有大量的佛经译为西藏文字被保存下来，这也是我国佛典文献中一大财富。藏文佛经中，大部分是译自梵文，也有一小部分是由汉译转译成藏文的。可见，西藏地区自古与中原地区文化交流的频繁。

东汉及三国时期汉译佛经都是来自天竺、大月氏、安息、康居等地，也有我国西部地区的僧人介绍过来的。当时所根据的是天竺文字还是西域文字，现在还不甚清楚，其中可能有不少是西域当

① 马克思：《论犹太人问题》，《马克思恩格斯全集》第一卷，人民出版社，1956年12月版，第425页。

地的语言。到南北朝时，中国人讲到佛教的翻译时还常说“译胡为秦”（“秦”指苻秦、姚秦）。现存的《四十二章经》，据说为摄摩腾译，从内容看可能是《阿含经》中的某些章节的节译或编译，但今天已难以确指它是《阿含经》中的哪些章节了。“译所不解，则阙不传，故有脱失，多不出者。”[①]译者不懂的就不译，其中阙失是不可避免的。何况，在佛教传入初期，为传教需要只选译某佛经的一部分，也是十分自然的。事实上，即使译者自以为懂得的，其译文也未必符合佛书的原意，因为当时的佛教信徒，都是用当时当地的中国流行的宗教观念和文化思想来认识佛教的。一种新的宗教思想信仰，初到一个陌生的民族中间，并要求取得当地群众的信任，不是一件容易的事。传教者要善于迎合当地群众的思想和要求，并且采取一些办法以满足他们的要求。理论在一个民族中实现的程度，决定于理论满足于这个民族的需要的程度。

东汉继承了西汉以来的宗教神学目的论的传统，谶纬迷信比西汉更盛行，经王莽、刘秀的利用和提倡，已遍及朝野。东汉社会上流行的宗教迷信有占星、望气、风角、卜筮等。《后汉书·方术列传》序说：

> 汉自武帝颇好方术，天下怀协道艺之士，莫不负策抵掌，顺风而届焉。后王莽矫用符命，及光武尤信谶言，士之赴趣时宜者，皆骋驰穿凿，争谈之也。

在两汉当时迷信盛行的风气下，佛教也被中国人看成社会上迷信宗教的一种，这完全是可以理解的。袁宏《后汉纪》说：

---

① 《法句经序》，见《出三藏记集》卷七。

沙门者，汉言息心，盖息意去欲，而欲归于无为也。

旧译“涅槃”为“无为”，汉人所理解的佛教，是黄老之术的道教。汉代神仙方术，往往通过符咒、治病、占星、禳灾、祈福，预言祸福来吸引信徒群众。汉代佛教徒也往往迎合当时社会上神仙方术之士、道士们的传教手法，也兼用占验、预卜吉凶、看病等方术以接近群众。据佛教史籍记载，东来的有名的高僧，都会一些方术。如安世高，“博学多识，综贯神模，七正[①]盈缩，风气吉凶，山崩地动，针脉诸术，观色知病，鸟兽鸣啼，无音不照”[②]。《高僧传》也说安世高通晓“外国典籍及七曜五行，医方异术”。汉末三国时，康僧会“明解三藏，博览六经，天文图纬，多所综涉”[③]，昙柯迦罗“善学四韦陀，风云星宿，图谶运变，莫不该综”[④]。此外，后来的外国僧人求那跋陀罗“天文书算，医方咒术，靡不该博”[⑤]，求那毗地“明解阴阳，占时验事，征兆非一”[⑥]。佛教传入中国之所以能被接受，首先不一定是他们那一套“安般守意”的禅法及般若学，看来他们的方术更能吸引一部分群众。

《后汉书·乌桓鲜卑列传》：“使〔犬〕护死者神灵归赤山，……如中国人死者魂归岱山也。”《水经注·汶水注》引《开山图》曰：“太山在左，亢父在右，亢父主生，梁父主死。”因

① 七正：即七政，日月五星运行有规律，可用运算推知其变化。

② 《安般守意经序》，《出三藏记集》卷六。

③ 《高僧传》卷一。

④ 同上。

⑤ 《高僧传》卷三。

⑥ 同上。

此，三国时汉译佛经，有把“地狱”译为“太山”的。可见汉代人对佛教的态度，不论在理论方面还是在传教僧人的行动方面，都是以对待中国神仙方术、道教的眼光去迎接这一外来宗教的。神仙方士、道士的迷信宣传，很适合中国封建贵族们希望长生不死，永远过着他们剥削享乐生活的贪愚妄想。佛教的教义本来和这种中国方术、道士的一套很不接近，但事实上，中国人当时的确把佛教理解为方术的一种。甚至佛教徒和道教徒名称也很接近。道教徒称为道士，佛教徒称为道人，这个称谓直到东晋南北朝时还流行。①

佛教传入中国的初期，为了在中国站住脚，先要与中国本土的宗教迷信特别是道教相融合，中国人也用看待道教的眼光来看待佛教，所以当时的人称赞佛教的主张是：

> 浮屠者，佛也。西域天竺有佛道焉。佛者，汉言觉，将悟群生也，其教以修善慈心为主，不杀生，专务清净。其精者号为沙门。沙门者，汉言息心，盖息意去欲，而欲归于无为也。又以为人死精神不灭，随复受形，生时所行，善恶皆有报应，故所贵行善修道，以炼精神而不已，以至无为而得为佛也。佛身长一丈六尺，黄金色，项中佩日月光，变化无方，无所不入，故能通百物而大济群生。……有经数千万，以虚无为宗，包罗精粗，无所不统，善为宏阔胜大之言，所求在一体之内，而所明在视听之外，世俗之人以为虚诞，然归于玄微深远，难

① 《世说新语·假谲篇》：“愍度道人始欲过江，与一伧道人为侣。”当时僧人自称“贫道”。僧人支孝龙多游朱门，时人讥之，支孝龙答曰：“君见其为朱门，贫道如游蓬户。”

得而测。故王公大人观死生报应之际，莫不矍然自失。[①]

东汉社会上一般人所理解的佛教，有神通，“项中佩日月光”，“变化无方，无所不入”，这是中国所熟悉的“神人”“至人”；“专务清净，……息意去欲，而欲归于无为”，这是中国的黄老之学和原始道教的口号。

汉末、三国，社会上一般人心目中的佛教，不过如此。虽然佛教的教义在当时已有较系统的介绍，但还不能说在社会上已有广泛的影响。在中国哲学家及其思想文献中，如当时的嵇康、阮籍、王弼、何晏，以及西晋的其他重要思想家的文字及著作中，都尚未发现有受过佛教明显影响的迹象。相反，倒是从早期佛典译文中可以见到佛教迁就中原道教的迹象。这一时期的佛教虽说佛、道融合，实际上是佛教融于道教，佛教迎合了道教。南朝慧皎在评论三国魏地佛教时认为很不符合佛教的规矩：

> 魏境虽有佛法，而道风讹替，亦有众僧未禀皈戒，正以为剪落殊俗耳。设复斋忏，事法祠祀。[②]

用后来的僧众的清规戒律来衡量汉的僧人，当然认为不合佛教的标准，所以说“道风讹替”。其实中国佛教当时的面貌就是那个样子，和道教徒的修行方式相近，不能算“讹替”。当时“设复斋忏，事法祠祀”，倒是完全真实的，因为当时的中国人士理解的佛教确是祠祀的一种，是用来祈福的。

中国佛教史的发展，主要是在中国封建社会的前期汉唐和封建

① 〔晋〕袁宏《后汉纪》卷十《孝明皇帝纪》。

② 《昙柯迦罗传》,《高僧传》卷一。

社会的后期宋元明清历史时期进行的。因此，中国佛教历史与中国封建社会的经济发展、政治斗争的关系至为密切。中国封建社会历时甚久，佛教传入时，当在西汉末年、东汉初年，当时封建豪强地主当权，以后的察举制度使豪强地主相互援引、相互勾结，形成盘根错节的封建贵族世代拥有特权的权势集团。它是后来魏晋南北朝门阀士族地主阶级的前身。佛教传入时，所依靠的社会力量是汉代的皇室及贵族上层。东汉桓帝延熹九年（公元166年）襄楷上书说：

> 又闻宫中立黄老浮屠之祠，此道清虚，贵尚无为，好生恶杀，省欲去奢。[①]

在宫廷帝王及贵族们的特权垄断之下，神仙长生，祠祀求福，也是一种奢侈的精神享受特权，一般老百姓办不到。三国时，佛教传播得更为广泛，一般广大群众只是被作为特权贵族施舍的对象才接触到它。如《三国志》卷四十九《吴志·刘繇传》记载：

> 笮融者，丹杨人。……大起浮屠祠，以铜为人，黄金涂身。……下为重楼阁道，可容三千余人，悉课读佛经，令界内及旁郡人有好佛者听受道，复其他役以招致之，由此远近前后至者五千余人户。每浴佛，多设酒饭，布席于路，经数十里，民人来观及就食且万人，费以巨亿计。

像笮融这样的贪残的官吏，信佛是为了他个人祈福，下令他管辖下的老百姓，凡信佛诵经的，免其徭役，还多设酒饭，招引来观者及就食者。可见这一带地方已有不少信徒，佛教的影响逐渐扩大。自

① 《后汉书》卷三十下《郎顗襄楷列传》。

然也有些群众虽未必真心信佛，只是为了逃避繁重的徭役，才来为他诵经拜佛的。

中国哲学史以魏晋南北朝作为一个历史断代来划分，因为这一时期的封建社会有它的某些特点，和它以前、以后的封建社会都不相同。佛教史接触涉及的问题和中国哲学史有许多共同或相关的地方，因而对佛教史的分期和我们编写的中国哲学史的分期力求一致。哲学史、佛教史所讲的内容分属两个领域，但它们都是从不同的角度反映同一个中国社会。其中也有许多共同相关的问题。我们撰写的佛教史与中国哲学史相互呼应，此略则彼详，此详则彼略，以期相互配合，避免重复。

佛教资料十分丰富，而建国三十年来，还没有一部中国佛教的通史，我们这部佛教史力求取材广泛，叙述详尽。佛教经典有些特殊名词、概念，为一般古籍所罕见，佛经翻译的文体也别具一格，不易为一般读者所理解，我们力求用现代科学的语言，把它本来的意义介绍给读者，并提出我们自己的看法，给以评论。《中国佛教史》以东汉到三国为第一卷。晋、南北朝的佛教内容丰富，印度各派佛教已基本介绍到中国来，并在中国已有所滋长发展，拟把这个时期分为上、下两卷。

隋唐时期是中国封建社会第二次大一统王朝的建立，国力强盛，文化繁荣，在当时对世界文化有过积极贡献。佛教在这样的社会历史条件下，由南北朝时期的滋长发展到盛大，形成了具有国际影响的许多宗派。对这一时期，我们也拟分为上、下两卷来论述。

宋元明清是中国封建社会的后期，由于社会政治条件的改变，中国的封建主义从思想意识的各方面都在加强，中央集权的统治也更趋强化。经过隋唐时期三教鼎立，走向宋明以后的三教会同，形成了以儒家为中心的儒教。佛、道两教形式上走向衰微，实际上佛、道两教的宗教精神已渗透到儒教内部。儒教之成为宗教，多得力于佛、道两教为其支柱，而在两教中，佛教则起着主要的作用。从唐中期历宋元明清，我们还要论述西藏佛教，因为它也是中国佛教史的一部分，有它的特色和意义。宋元明清这一时期，也拟分上、下两卷来论述。

清末民初，中国封建社会解体，中国沦为半殖民地半封建的社会。反映中国封建社会的意识形态也起了相应的变化。这一时期的佛教在社会上仍有相当影响，某些佛教宗派又有所抬头，但这时西方现代思潮涌进中国，佛教所服务的对象及其社会作用也与古代佛教有所不同，它是欧亚现代思潮汇合时期的佛教。我们拟把这个时期单独作为一卷，其时间断限于中华人民共和国成立以前。

佛教全书总称“三藏”。“三藏”浩如烟海，按内容来说，大致可分为四类：第一类，关于佛教基本知识入门的书，如名词概念的解释，不论大乘、小乘，只要是佛教徒都要具备的佛教常识，即古人所说的事数，如“五蕴”“四谛”“十二缘生”等，属于“佛教手册”之类的。第二类，关于佛教戒律，这是用来维持僧众集体生活规范的。第三类，关于佛的传记、故事的宣传，对佛教信徒来说，是用来坚定佛教徒的信念，树立榜样以资遵循，也是为了普及的。第四类，关于佛教宗教理论方面的，其中包括宗教修养方法。前两类多属于佛教徒内部学习的经典，对社会影响不很大。第三类既是对佛教徒内部的宣传材料，也是面向社会的。第四类影响所及，不限于佛教徒内部，它与当时的主要社会思潮相激荡、交融，息息相关，思想、文学、艺术、哲学，往往与佛经中的这一类著作发生多种联系。因此，本书的重点放在佛教的哲学思想的介绍与批判方面。佛教为了达到宗教宣传的目的，曾充分利用文学、艺术、音乐、壁画与雕塑等各种形式，对中国文化艺术产生过巨大影响。这方面论述也是本书南北朝、隋唐各卷的一个重点。随着佛教在中国的传播，因明学也曾为中国学者所关注，特别在西藏地区有所发展，由于长期缺乏整理，这一部分学问行将湮没，本书在隋唐部分也将给以介绍和评论。既然是中国佛教史，我们还要结合中国社会的特点，对寺院经济的形成及其作用，对佛教寺院组织，也给以适当的论述。

佛经翻译先后历千年之久，由分散到有组织、有计划，其分工合作的制度并取得有成效的经验，今天仍有参考价值，本书也将在隋唐时期列为专章，给以介绍。

佛教在中国的传播和发展，与中国的社会经济、政治情况是不可分的；同时也应看到，中国封建社会经济结构和政治结构有它的特殊性，以封建宗法制度为核心，宣扬“三纲五常”的封建专制主义统治了中国两千多年，而支持这一社会制度的主要思想支柱是儒家和后来转化成的儒教。佛教对中国的纲常名教起着夹辅作用。在思想方面它是为封建统治者征服人心的一个方面军，但不是主力军。只有在局部地区，如解放前的西藏，它取得过政教合一的绝对统治地位。在广大汉族地区，它和统治者配合得很好，虽也有时遭到过打击，随即又受到重视。中国佛教的命运与中国封建地主阶级的命运共休戚、相终始。如果只看到佛教的活动，而没看到佛教是在一种什么样的更大范围内的全局之下所起的作用，那就会对中国佛教的历史地位和影响难以做出适当的评价。

我们这本书，从佛教开始传入，就把它放在中国本土传统文化的附属地位。东汉三国时期的佛教，属于佛、道融合时期，它依附于方术、道士。晋、南北朝时期的佛教，属于佛、玄融合时期，它依附于玄学，并在依附的情形下逐渐得到滋长。隋唐时期佛教势力比过去有了更大的增长，寺院经济力量也逐渐雄厚，建立宗派，完成体系，并向国际化方向发展，属于三教鼎立时期，它虽然势力比过去盛大，也只是三教（儒、释、道）中之一支，并未能凌驾于儒教之上。进入封建社会后期的宋元明清时代，随着封建社会的停滞和衰退，佛教势力已趋于衰微，因为儒教已形成，并包容了佛教中对当时封建地主阶级有用的东西。佛教是依靠中国封建地主阶级的成长而起家的，也随着封建地主的没落而没落。对佛教有所偏爱的人们，虽惋惜它的衰败，却不能挽救它的衰颓。一种社会有兴衰，伴随着某种社会的一些宗教也有兴衰，我们不信佛教经典中所说的有什么“末法时期”，我们只相信社会历史发展规律；这个规律对任何伟大人物、伟大历史事件都是无情的，它是不可改变的。

宗教的存在除了思想认识的原因，还有它的阶级土壤和社会土壤。只要有阶级、有贫富、有压迫，人们不能自己掌握自己命运，就为宗教提供了存在的条件。即使社会制度改变了，旧社会遗留下来的旧思想作为一种社会现象，它不会很快在生活中消逝，看不到它存在的顽固性和相当大的社会影响，也是不对的。

从事中国佛教史的研究工作，前辈学者做过不少努力，也有很大的贡献，如杨仁山、蒋维乔、黄忏华、欧阳竟无、梁启超诸人都有过开创的功劳。稍后，如吕澂、熊十力、汤用彤、陈寅恪、陈垣诸先生的著作，对研究佛教史及佛教思想提供了极为重要的思想资料和发展线索，特别是汤用彤、陈寅恪先生对佛教史研究的贡献，至今仍为国内外学者所称道和尊重。

事物是发展的，社会在前进，人类的智慧也随着社会历史的前进而前进。1949年全国解放后，中华书局要重印汤用彤先生的《汉魏两晋南北朝佛教史》，汤先生很不满意他的旧作，多次和我谈起，要我协助他重新写一部中国佛教史。只是多年来，政治运动接连不断，广大知识分子不遑宁处，这个愿望竟未能实现。这十几年我国已有一些断代史的研究，和作为文化史的部分，较详尽的关于佛教史的论著，这是可喜的现象。但这些著作毕竟不能代替中国佛教通史。值得庆幸的是我国经过浩劫，终于走上了光明大道，中国佛教史的研究也获得新的生机。我们自知才力和学识有限，要写出有高度科学水平的中国佛教史还有不少困难有待于克服，但是我们有机会见到前人所没有见过的材料；我们有可能吸收近年国际学者研究的新成果；我们比前人更幸运，因为我们开始运用辩证唯物主义和历史唯物主义这个最新最犀利的工具来解剖中国佛教史，有了这个工具，就可以透过历史的迷雾，比前人看到更多的历史真相。历史发展总有它的前因后果，但因果之间的联系，有时是内在的、必然的，有时是表面的、偶然的，各种社会现象纷纭复杂，弄不好很容易使人上当受骗。历史上重要的人物对历史的发展往往起着极关键性的作用，这是古今历史学家都注意到的。但个人与社会的关系，个人在社会中的地位，以及个人最终被时代和阶级关系所制约，这样一条真理，只有马克思主义才能给人以正确的答案，而这一条也正是我们的前辈学者所不能认识的。

今人叙述古人，往往有两种毛病。一是站在古人的立场来重述古人的话头，所谓“以经解经”。这种转手贩运的办法，看起来没有走样，却并不能真正把古人的精神表达出来，使今人看不懂。一是任意发挥，或者把古人所没有的思想说成古已有之，也有人用现代西洋哲学某一学派来比附。这样做，看起来条理清晰，可是由于发挥过多，把不属于古人的思想说成古人的思想，缺少科学性。用这两种办法研究历史都是有害的。如何用科学的语言，把佛教思想中不科学的但又结构严密的宗教哲学体系讲清楚，这是一个很艰巨的任务，我们力图使我们所介绍的佛教思想尽可能准确、可信，符合历史实际。

我们不信仰佛教，也不认为佛教所宣传的是真理，但是我们认为佛教的产生和发展，有它的社会根源、思想根源。它的产生和发展不是偶然的，而是必然的。它所指出的解脱道路是假的，它所反映的当时的社会苦难却是真的。这就要求我们对它认真对待，不能掉以轻心。几千年来的广大佛教信奉者是受害者。他们信仰虔诚、态度严肃，真心相信佛教可以帮助摆脱现实苦难。他们的行为虽不足效法，但他们成为宗教的俘虏是值得同情的，放在一定的社会历史条件来看待这一现象，是完全可以理解的。我们也还要指出宣传佛教的人们中间确有一些利用佛教作为工具谋取私利的，历代封建统治者确曾利用佛教麻痹人民的反抗意志。看不到这一点，也是不对的。因此，我们只讲清楚道理，对佛教作为宗教，我们批判的锋芒所向是佛教的宗教世界观，而不是当前信奉佛教的群众；揭露的是佛教麻痹人民的宗教本质，而不是针对虔诚的善男信女。这样既尊重曾经存在的历史事实，也尊重千百万宗教信徒的宗教感情。不用讳言，马克思主义的世界观与宗教的世界观是根本对立的，但宗教信仰是个人的自由，我们反对任何人把自己的观点强加于人。信宗教有自由，不信宗教也有自由。宗教问题是可以讨论的，而且也应该讨论的。我们对佛教史上的许多理论问题，采取说理的态度，以理服人。

佛教属于唯心主义宗教体系，它通过唯心主义的理论的论证，把人们引进信仰主义的大门。它的逻辑分析、心理分析相当细致，辩证法思想也相当丰富。佛教哲学比起欧洲中世纪的神学和中国的封建主义哲学都更精密。正是由于佛教的输入，才使得中国的宋明理学改变了它的面貌，完整地构造了儒教的思想体系。也正是由于佛教的传播，才使得中国的道教在某些方面吸收了佛教的内容，形成了佛教、道教交互影响的局面。中国佛教是在中国发展成长的，它已成为中国的传统思想的组成部分。它的哲学的解答虽然是错误的，但是它提出了问题，迫使人们进一步寻求正确的答案，它对我国文化有过积极作用。

佛教的宗教活动，同时丰富了我国的音乐、舞蹈、绘画、建筑、文学等各个艺术形式。佛教的传播，推进了我国与邻国的文化交流，加深了与邻国的友谊与了解。如果我们善于总结历史经验，不仅对古代历史研究有意义，对今后的国际文化发展也有积极意义。

最后应当说明，马克思主义的历史唯物主义的原理虽只有简单的几条，但如何正确运用于研究中国佛教史，却是一个艰难的、有待于通过科研实践不断解决的问题。就我们来说还是刚刚开始摸索经验，理论水平确实不高，缺点错误一定不少，深望读者指正，以便今后改进。

1980年于北京

中国佛教的特点*

佛教起源于古天竺，但佛教传入中国以后，即成为中国传统文化的一部分，成为中华民族文化支柱之一。现在分四部分来阐明中国佛教[①]的特点。

一、中国佛教随着历史前进而前进

佛教传入中国后，与汉代神仙方术相结合，成为汉代道术的一种。桓帝在宫中“立黄老浮屠之祠”，与当时流行的祠祀同样看待。到了魏晋南北朝时期，佛教与玄学配合，使当时士大夫为之倾倒。以后，随着中国社会历史的不断前进，佛教也密切配合不同社会时代的需要，不断充实，改变着它的形式和内容，发展了自己，充实了中国文化、哲学的内容。如果说中国佛教的特点是什么，它

---

* 原载《世界宗教研究》1986年第2期。曾收入《汉唐佛教思想论集》，人民出版社，1998年5月第3版。

① 过去讲中国佛教仅限于汉地佛教。我们所指的“中国佛教”，包括中原地区汉地佛教以及藏传佛教和云南地区的傣族小乘佛教。

第一个特点是不停顿。[①]

二、中国佛教的协调性

中华民族是在秦汉开始即形成了多民族的封建专制的大一统的国家。几千年来，中国人认为大一统的形势是正常的，分裂割据是不正常的，形成了中华民族的共同心理。各民族之间长期合作、频繁交往，给民族文化的融合创造了条件。秦汉以前且不说，秦汉以后，中华民族的大融合，约有四次。[②]这四次的民族大融合的意义不限于血统上，主要是在文化上。多次融合，形成了中华民族的共同意识——文化共同体。汉族及其他少数民族，都以儒家“三纲五常”为治国治家的唯一合法思想，纲常名教已被各族所接受。

除了多民族的文化融合，还有广大地区性的文化融合。中国地域辽阔，长江流域与黄河流域是中国文化的摇篮，这两大地区的文化都有自己的传统，长期形成各自的特色。在统一的中央政权领导下，南北各地有了经济的、文化的、人才的交流，互相吸收，互相影响，不断地促进着中华民族文化的发展。在总的趋势下，佛教文化、佛教思想也受到这种协调发展的影响并有所反映。

---

① 这一点，在我们的《中国佛教史》第一、第二卷中已有比较详细的论述，这里不再重复。

② 第一次是晋五胡十六国到南北朝，南北方各民族的大融合；第二次是唐末五代，北方各民族的融合；第三次是宋、西夏、辽、金、元的大融合；第四次是清朝的民族融合。

印度佛教的大小乘，不同的学派，都先后传入后，出现内部矛盾。译者的偏好不同，教派的宗旨各异，中国佛教则以判教的方法去调和佛教内部教义的分歧，认为各种经典都是佛说，只是由于时间、地点、听众理解水平不齐，才有针对性地宣讲不同的道理。佛教宗派本来门户之见很深，古代印度教派的争论有时以生命为注（“失败者，斩首相谢”），中国的佛教派别间有争辩，但不像印度那样激烈，有时一个人同时信奉两个宗派①。

中国佛教与它同时并存的教化思想流派及不同宗教信仰，也随时采取容纳、吸收、协调的态度。这种协调不是表面的敷衍，而是认真地吸收。比如汉地佛教对社会上影响最大的儒家和道教，有争辩，但更多的情况下，采取吸收的手段。儒家的纲常名教是儒家的核心思想，敬君主、敬祖先是儒家悠久传统，佛教对此予以合理的吸收。从牟子《理惑论》开始，千余年来，不断有攻击佛教不忠不孝的说法，中国佛教徒的辩论中总是一再强调，儒以治身，佛以治心，或者说佛与周（公）孔（子）之道殊途同归。《中庸》：“万物并育而不相害，道并行而不相悖，小德川流，大德敦化，此天地之所以为大也。”

藏传佛教也是尽量与西藏当地宗教取得协调，吸收了西藏地区的民族宗教（苯教），形成了独特形式的藏传佛教体系，它既不同于印度佛教，也不同于西藏当地的原始宗教，建成了俗称“喇嘛教”的藏传佛教。它流行的地区已不限于西藏一域②。

---

① 宗密信华严同时又是禅宗的大师，此例不鲜。社会上甚至佛教、道教之间的界限更不分明。

② 它还传播到甘肃、青海、云南、内蒙古，以及尼泊尔、锡金、不丹、苏联远东一带地区。近二十年来，还传播到欧、美、日本各国。

三、中国佛教的创造性

佛教传入中国两千年间，大致可分为三个阶段。第一阶段为译述介绍阶段，这是从汉代到南北朝，历时约五百年。这一时期佛教的主要代表人物是外国译经僧人，他们是主译者，也是所译经典教派的宣传者。

中华民族有优良文化传统、深厚文化素养，对外来文化经过消化、吸收，继而创造，即使在介绍阶段也有创造。佛教般若学在西晋时期广泛流行，“六家七宗”应时而起。这些流派都是对般若“空”义提出的不同的理解和阐释。僧肇曾指示这些流派对般若性空义的理解都有片面性，这种指摘是有根据的。但是，我们结合当时流行的社会思潮来考察“六家七宗”的出现，是中国佛教学者企图摆脱依傍，提出自己见解的首次尝试。

隋唐时期，中国佛教进入第二阶段，我们称为创造发展阶段，历时约三百年。第一阶段的佛教代表人物几乎都是外国僧人。第二阶段的代表人物几乎全是中国僧人。如果说隋唐以前介绍佛典原著要借重外国僧人，隋唐以后，介绍翻译工作，中国僧人也占了很重要的地位。这一阶段翻译外国典籍的比重减少，中国人自己著作的比重增加。这一时期佛教传播的重心已转移到中国。印度大小乘各流派在中国均有传承，但中国佛教更着重离开佛教词句发挥佛教的微言大义。有些发挥，可以在印度佛教某一流派的著作中找到依据，赋予新义；也有的完全阐发自己的体系。隋唐以后的几个大的佛教宗派，都在印度树立自己的开山远祖，有的自称远绍龙树，有的自称秉承迦叶，有的宗派撰出历历可数的谱系，其实都没有根据。南北朝中期以后到隋唐，不断出现所谓“伪经”。这些“伪经”反映了当时的时代思潮，有很重要的思想史料价值。

最能代表中国佛教的创造性的，是中国佛教中许多宗派开创人的著作。如智顗、惠能、法藏、澄观，以及后来各派涌现的中兴祖师，如宗密、湛然、知礼等人的著作，都以注释或讲解佛典的方式[①]建立各自的佛教理论体系。这些著述都以述为作，直抒胸臆。这些著作（经、论、疏、抄）少的几卷，多的几十卷、几百卷，它们丰富了中国佛教内容，开创了佛教理论研究的新局面。这些佛教论著，从出世的立场反映了当时人们的认识水平，也反映了时代思潮的一个侧面。从世俗立场，从人类认识史、文化史的角度来看，中国佛教史等于中国文化史、中国思想史。

四、中国佛教的“三教合一”

中国佛教历史发展的第三阶段是儒、释、道三教合一阶段。从北宋到鸦片战争，持续时间近一千年。这一阶段的佛教，表面上似不及隋唐佛教的声势煊赫，但佛教的宗教精神与儒教传统文化得到进一步糅合，潜移默化，深入中国文化的中枢部分，以至改造了

① 对佛经阐释的，如《华严》《法华》《涅槃》《维摩》等经，《大智度》《摄大乘》《起信》《唯识》等论。

儒家世界观，把佛教长期酝酿、发展成熟的心性之学渗透到理学内部，在佛教心性之学的参与下，逐渐形成了中国的儒教。从此，佛教与儒教同命运、共兴衰，佛教得儒教而广，儒教得佛教而深。

隋唐以前，三教鼎立，各以教派正宗相标榜。教派之间势力互有消长，但总的趋势是在协调前进。三教中，儒家为主流，释、道两家为辅佐。

在隋唐中期以前，三教在朝廷召集的讲论会上不免互相攻击；唐朝后期，三教中有识之士认为理论上应互相包容。北宋以后，历元、明、清各朝，直到鸦片战争（1840年），儒、释、道三教融合的格局构成了近千年来中国宗教史、中国思想史的总画面。

隋朝李士谦论三教，说“佛日也，道月也，儒五星也”①。隋唐以后，中国的“伪经”都强调中国封建伦理，忠君、孝父母等儒教思想。唐代宗密《原人论》中说：“孔、老、释迦皆是至圣，随时应物，设教殊途。内外相资，共利群庶。”五代时僧延寿认为“儒道仙家皆是菩萨，示助扬化，同赞佛乘”②。北宋元祐年间，四川大足县石篆山石窟造像，将儒、佛、道镌刻于一处。宋僧孤山智圆自称“宗儒述孟轲，好道注《阴符》，虚堂踞高台，往往谈浮屠”③，主张“修身以儒，治心以释”④。

僧人契嵩著《辅教篇》，有《孝论》凡十二章，“拟儒《孝

① 《佛祖历代通载》卷中。

② 《万善同归集》卷六。

③ 《闲居编》卷四十八《潜夫咏》。

④ 《中庸子传》上。

经》发明佛意”，还说“夫孝，诸教皆尊之，而佛教殊尊也”。[①]

明僧人袾宏、僧真可、僧德清、智旭，这些著名佛教学者，都主张三教合一。智旭说“儒以孝为百行之本，佛以孝为至道之宗”[②]，“以真释心行，作真儒事业”[③]。

宋明理学家没有不“出入于佛老”的。学术界从师承渊源指出，宋儒周敦颐的《太极图》来自道士的“先天图”。张载、二程，南宋朱、陆都深受佛、道二教影响，不少学人指出理学家的范畴、概念、讲述方式，如“理一分殊”“月印万川”多袭自佛教，从形迹来看，班班可考。若从思想发展实质来考察，可以说佛儒交融[④]乃是中国思想史发展的必然归宿，设想它们不交融、不合一，反倒是不符合历史发展的逻辑。

中国佛教史在南北朝时期，先后提出了两个重要问题，引起了全社会的普遍重视。一个是般若性空问题，后来发展为南北朝的般若学。另一个是涅槃佛性问题，发展为南北朝的涅槃学。前者着重探讨关于本体论方面的根本问题，后者着重探讨于心性论方面的根本问题 。

由《涅槃经》引发出佛性问题，受到当时朝野的重视，是与南北朝时期的中国社会有关。此后《十地经论》《摄大乘论》《起信论》与《涅槃经》《维摩诘经》相表里，扇起了讨论佛性问题的热潮，发生了成佛与作圣如何可能？因此才又引发出人性污染而佛性

---

① 《孝论·叙》，见《镡津文集》卷三。

② 《题主孝春传》，见《灵峰宗论》卷七。

③ 《广孝序》，见《灵峰宗论》卷六。

④ 道教也有与佛教类似的情况，因为与本题没有直接关系，这里不讲。

清净，二者将如何发生关系？污染之性能否构成成佛的障碍？如有障碍，能否排除？如何排除？这些问题直接表现为宗教实践问题，间接反映了当时人们处在中国社会的现实苦难及其企图摆脱的愿望。中国佛教不触及社会改造而强化宗教内心修养，即后来宋儒所致力的“身心性命”之学。宇宙生成说秦汉已初具规模，本体论完成于魏晋玄学。唯有成圣、作佛的心理修养，理与心的关系，儒家现成的思想资料不多。《大学》《中庸》略涉及这方面的问题，尚缺乏细致的论证。佛教经历了隋唐的创造阶段，特别在心性之学有不少独到的见解。这些见解恰恰是儒教需要引进的。比如宋儒讲人性论，提出了“义理之性”与“气质之性”这两个重要范畴。此后的儒教继承者对此给以高度的赞扬，认为“有功于圣门，有补于后学”。用义理之性与气质之性以解释恶的起源，及教人弃恶从善的方式，都是从佛教中搬运过来的。可以说，没有中国的佛教，就没有宋、元、明、清的儒教。“义理之性”与“气质之性”的划分，由释门正统转入儒门正统，看来没有受到什么阻力，授予者（佛教一方）与接受者（儒教一方）都认为理所当然[⑤]，水到渠成。

自从佛教融入儒教，儒、佛已建立通家之好。学术界一般认为朱子近道、陆子近禅、王阳明近狂禅，这都是从迹上看。事实上离了佛教，就没有儒教。以反佛自命的张载、二程，都是佛教衣钵的传人，其余理学家更不在话下。

从以上这四个方面可以看出，中国的佛教确实有它的特点。这些特点都与中国传统儒家纲常名教的封建宗法思想有关，也与中国

⑤ 以上只是作为一个例子来讲明儒、佛两教已融为一体，不分彼此。

多民族长期大一统的局势有关，与中华民族善于吸收、融合不同类型的外来文化的传统有关。

儒教得到佛教帮助，在世界观方面增加了它的深刻性，从而稳定了自己，也稳定了中国后期封建社会的统治秩序。16世纪，世界已起了变化，欧洲中世纪的堡垒已出现裂痕，自然科学也获得从来未有的生机。唯有中国这个坚固堡垒，大门关得更严了。儒教只重心性修养，而不重视物理的探讨。中国在世界上的地位开始落后，但佛教没有直接责任。这属于另外的范畴，这里不谈。

佛教与东方文化*

佛教发生在印度次大陆，以后沿着海上与陆上两条通路向外扩展它的影响。沿着海上路线，受到影响的有斯里兰卡、柬埔寨、泰国、缅甸、老挝等地，形成所谓南传佛教。沿着陆上路线，一经中亚、西域各国，由丝绸之路传到中国内地，形成所谓北传佛教。还有一条路由印度北部经尼泊尔到达西藏，与西藏地方文化相结合，形成藏传佛教。藏传佛教流行的范围不限于西藏地区，随着西藏的民族、政治、文化的影响，传播到云南、四川、甘肃、蒙古等地。藏传佛教不限于藏族，蒙古族等一些少数民族也有信奉的。

佛教传入中国，并没有停止它的继续发展，而是随时修正它的内容，以求适应当时中国社会的要求，配合中国的封建传统文化，逐渐形成中国佛教，它是封建社会的上层建筑之一。

公元7、8世纪隋唐时期，中国的政治、经济、文化，正处在发展的高峰时期，中国佛教随着先进的中国文化，向邻国朝鲜、日本、越南等地传播。

8、9世纪以后，印度次大陆的政局发生了大的变化，本来就不

---

* 据《任继愈学术论著自选集》。

甚兴旺发达的佛教，受到致命的打击，濒于灭绝。今天人们在印度次大陆看到的佛教圣迹、古建筑，都成废墟。佛教传入中国以后，特别是汉地佛教，不但没有衰退，反而更加兴旺发达，中国佛教文化构成了东方文化不可缺少的组成部分。不了解佛教文化，就不能了解东方的历史和社会，应当承认这一事实。

一、佛教的产生、发展与传播

佛教与基督教、伊斯兰教号称世界三大宗教。三大宗教中，佛教的历史最长，它起源于公元前6—前5世纪，基督教起源于公元前后，伊斯兰教起源于公元7世纪。世界三大宗教，并不是说这三大宗教人数最多、势力最大，而是说这三大宗教都是超越于一国一地的界限，其影响不限于一个国家、一个民族，它有国际影响。

佛教在印度的发展，国内外学术界一般认为大致可以分为四个时期：

第一，原始佛教，释迦牟尼创教到他逝世后二百年。

第二，部派佛教，由教义与戒律的解释，产生了分歧，分为上座部、大众部。这两大部派又进一步分化为十八部（或二十部），大众部分化为九部，上座部分化为十一部。

第三，大乘佛教，约在佛逝世后五百年，出现了大乘空宗。大乘把它以前的佛教一切流派贬称为小乘，自称为“大乘”。

第四，7世纪以后，大乘一部分与婆罗门教混合，形成密教。13世纪，佛教在印度趋于消亡。

佛教在中国的遭遇与印度的佛教大不相同。不但没消失，反而更加兴旺。它兴旺的一个主要条件是经过中国文化的改造，符合中国封建宗法制的需要，结合中国的“三纲”论（特别强调忠孝观念），与封建正统思想相配合，形成中国佛教。

佛教由中亚，经西域各国再到中国内地，经历了漫长的道路，传入中国内地以前，曾在中亚一带传播，包括睹货罗、焉耆、回鹘、且末语系，中国内地一般称为“胡语”。早期汉译佛经，多数是由“胡语”译出的。佛教学者道安屡称“译胡为秦”，有“五失本、三不易”之说。后来，与印度交往增加，才有大量的梵文、巴利文的佛经译为汉语。

佛教教义的重点和信仰，随着地区、民族而有所差异，不是一成不变的，如玄奘的《大唐西域记》一书所记的他在印度当时所见到佛教传播情况，大小乘的势力、范围，各地差别很大，有的王国小乘多，有的王国大乘多，也有大小乘并行的。小乘占多数的地区为西域诸国，大乘占多数的地区在中印度、北印度。

佛教传入中国，开始遇到抵制，认为佛教为夷狄之道，对中国文化不利。从佛教与中国传统文化的接触的历史看，中国文化反对佛教的主要理由，是佛教违背君臣大义，破坏纲常名教。佛教徒辩护，则力图表明佛教的传播，有益于维护忠孝、纲常名教，出家为了更有益王化，出家是“大孝”。它是治国的有力助手。

二、佛教在中国的传播

佛教从两汉之际传入中国内地，到它被中国人完全接受，先后经历了南北朝和隋唐四五百年。它越来越能够配合中国封建社会的需要，佛教著作越来越被广大群众所接受。释迦牟尼已不再被看成外国人。南北朝到隋唐，佛、儒、道并称三教，孔子、老子与佛被认为三教的教主。佛教不再被看作外来宗教。把佛教看作外来异端的是少数；绝大多数，上自宫廷贵族，下至平民百姓，都相信佛教的轮回报应学说。到隋唐时期，佛教典籍数量超过儒家典籍百十倍。

佛教在中国最早奉外国僧人为权威。佛书也以翻译的经典为主要依据。南北朝以后，中国人创立了佛教经学，以注释的方式解释汉译佛教经典的大意。用汉儒解经的方式，发挥佛教的思想。佛教的理论发挥，教义传播，已不再从经典词句中找根据，而是阐发其中的微言大义，有的任意发挥。中国佛教的创造性得到充分发展。像隋唐以来中国建立的佛教宗派如天台、华严、禅宗等，都是中国的，而不是印度的。有的外国学者认为中国佛教不同于印度佛教，走了样。其实，这正是中国佛教的高明之处。我们从文化交流的原则来考察佛教，可以看出，中国佛教改变了印度佛教，符合文化历史发展的规律。因为宗教是上层建筑，它要为它的基础服务，文化的作用在于维护其赖以产生的基础。我们不是用宗教说明历史，而是用历史说明宗教。

佛教在中国的传播，表明它与每个历史时期的社会流行思潮密切配合，而且配合得很好。汉代，与黄老信仰、祠祀相配合。魏晋南北朝，又与玄学相配合，以佛教理论发挥玄学思想，或者说以玄学思想解释佛教原理。佛教徒也全力投入当时哲学思想界的本末、有无、体用的大辩论，从而与中国当时主流思潮玄学共同发展了中国哲学史。南北朝中后期，佛教提出了佛性论，与当时哲学界讨论的中心问题心性论，互相配合。中国哲学从秦汉以后，经历了宇宙生成论（或称为宇宙结构论），发展到魏晋时期的本体论，又由本体论发展为心性论，是符合人类认识规律的，佛教哲学也是从本体论进入心性论的，而且在心性论领域内做出了很大的贡献。佛教除了在一般群众中进行的宣传，在上层知识理论界，几乎与中国哲学发展史在同步前进。隋唐以后，在佛教各宗派中没有不讲心性论的，心性论成为各宗派共同关心的主要课题。中国哲学发展史表明，玄学本体论之后，已进入心性论的领域。

三、佛教文化传播的势差现象

文化是一定社会经济的产物，文化水平有高有低。古人说："水性趋下。"水性趋下，由高趋下造成势差，是由于重力的缘故。文化的传播也有势差，文化势差现象也有由高趋下的现象。高度发展的文化往往影响低度发展的文化，而低度发展的文化处在被影响的地位。只有由高向低产生影响，而不能使低度发展的文化反过来影响高度发展的文化。中国历史表明，不同民族的文化接触，都是高水平文化影响或改造了低水平的文化，有时高水平文化的民族在军事上被征服，低水平文化的统治者在政治上一时占支配地位，但过不了多久，征服者不得不接受文化高的民族的思想意识，反而成了被征服者。这是文化势差现象在我国历史上的表现。我国以完备的封建制度不断消融前封建文化的落后制度，使它们迅速封建化，从而不断丰富中华民族的封建文化。

隋唐以来一直到鸦片战争以前，中国封建社会在亚洲一直处在领先地位。当时与中国邻近地区，文化、科技比较落后，有的还没有自己的文字，它们对较高的文化没有抗拒能力，所以很容易地接受过去，不曾有过像中国发生的那种“夷夏之争”。

再回头来看，中印文化交流，可以看出，当时中、印两大民族的文化水平很难分出明显的高下，文化势差不太明显，不能构成一方完全影响另一方的势差。因而，中印文化交流曾经历了几百年的长期相持，经过长期对峙、交融，互相吸收，最后形成带有中国特色的佛教体系。它是中国的，即封建宗法制的，同时又有佛教的某些内容。因为当时的中印文化水平不相上下，才出现了相持交融几百年的局面。

四、发展社会主义文化优势

文化势差，有如水之就下，由高向低流动。所谓高低，不是任意的，自有其客观标准，那就是历史唯物主义所揭示的社会发展的五种生产方式（五种社会制度），原始公社，奴隶制，封建制，资本主义制，社会主义、共产主义。这五种制度一个比一个高，随着社会历史的前进，将一个代替一个，后一种社会制度高于前一种社会制度。文化势差的作用，就在于后一种社会制度必然影响前一种社会制度（而不是相反），后一种社会制度的文化必然批判地继承改造前一种社会制度的文化（而不是相反）。

佛教作为一种宗教意识形态，已有两千年以上的历史，拥有众多的信徒，迄今仍然有世界性的影响。但从社会发展的角度来观察，佛教起源于奴隶社会，繁荣昌盛于封建社会。三大宗教都是在封建制社会中成为世界性宗教的，只有封建社会为宗教发展提供了最丰沃的土壤。进入资本主义社会以后，社会上仍然有不平等，有苦难，宗教仍有存在的土壤，在特定的条件下，有时还有所发展，但是也应当看到，资本主义社会已孕育着社会主义。当前世界上已有了若干社会主义的国家存在。也就是说，当前有代表资本主义的文化，又有代表社会主义、共产主义的文化。资本主义、封建主义、社会主义三种制度的文化同时存在。我们可以看到社会主义的文化建立在马克思主义辩证唯物主义世界观的基础上，辩证唯物主义是无神论，佛教的世界观是唯心主义的。社会主义的新中国对佛教文化要给予高度的重视，因为它曾是中国传统文化的一部分，深入研究佛教文化是了解中国传统文化的一把钥匙。研究佛教文化和信仰佛教不是一回事。信仰佛教和信仰任何宗教是每个公民的自由，他们的信仰要受到法律的保护。研究佛教，可以有佛教信仰，也可以没有。信仰宗教是个人的私事，研究佛教文化则不仅仅是个人的私事，它是历史学者、社会学者、心理学者、宗教学者必须涉及的一个领域。我们社会主义国家，最有条件摒除任何宗教成见，客观地、实事求是地对待历史，对待文化，对待一切传统文化。从文化的角度来考察佛教（及一切宗教），才能更好地摆脱某种偏见或主观情绪的影响，还它以历史的真面目。这里要重申，我们是以历史说明宗教，而不是以宗教说明历史。

佛教信仰仍将长期存在，但佛教作为一种信仰思潮，将不会出现像古代那样繁盛的局面。因为时代不同了，寺院不再是社会的文化中心、经济中心，寺院再也不会成为学者辈出、人才荟萃的中心。对于佛教的研究必将随着文化的发展，越来越深入，将达到前辈学者未曾到达的领域。

中国近代的历史有它独特的经历，它是在没有完成资本主义发展阶段，沦为半殖民地半封建地位，又在中国共产党领导下走向社会主义的。资本主义的社会机制并不成熟，封建主义的旧包袱很重。社会主义的历史还不过三十多年，封建文化、资本主义文化与社会主义文化三者并存。随着开放政策的推行，外来资本主义影响不断渗入。这种情况和今天全世界的情况是一致的。今天世界范围内也差不多是三种制度并存。在不同地区有不同的表现。

按照历史唯物主义原则，资本主义文化比封建主义文化先进，社会主义文化又比资本主义文化先进，这一原则终会为历史所证实，也将会被多数人所承认。由于文化势差的缘故，封建文化与资本主义文化冲突时，必然吃败仗。怀着善良愿望的人们，力图用传统的封建主义文化来抵挡腐朽的资本主义文化，是抵挡不住的。当务之急是积极发展社会主义文化，只有社会主义能救中国，只有社会主义文化可以更全面继承人类文化遗产（包括优秀的封建文化和资本主义文化）。

中国文化改造了外来佛教*

佛教自印度次大陆传入中国，经历了漫长的交流融会过程，形成中国佛教。中国佛教有佛教外来文化因素，又有中国文化特色，它是中国化了的佛教，而不是“佛教在中国”。它已是中国传统文化的一部分，对中国文化有深远的影响。

佛教传入中国，出现了三大分支：在云南省与缅甸、老挝接壤地区的中国佛教，带有中国云南边疆地区民族文化的特色，我们称它为云南佛教上座部，流行范围不大，信徒不多。在藏族聚居地区传播的中国佛教主要流行在中国西藏地区，后来扩展到西藏以外的云南、四川、甘肃、青海、内蒙古、蒙古人民共和国及俄罗斯远东地区。这一支系，我们称之为藏传佛教，外国称之为喇嘛教。流行地区最广、信徒人数最多，并由中国内地传播到东邻韩国、朝鲜、日本、越南等地的这一支系，我们称之为汉传佛教。由于这一支系人数众多、地区广大，与中国传统结合得最密切，学术界所讲的中国佛教，一般指汉传佛教这一系统。本文所说的天台宗，就是汉传佛教中的一个重要流派。

---

* 据《竹影集》。原为第七次中日佛教学术会议论文。以《天台宗与中国佛教》为题载《世界宗教研究》1998 年第 2 期。

汉传佛教与中国传统文化相结合。凭借中印双方古老文化深厚的根基，得到充分发展而繁茂壮大。它对后世的影响及绵延的历史大大超过了印度次大陆，佛教的传播中心后来已由印度转移到中国。释迦牟尼已被中国人民接受为“圣人”，与中国的孔子、老子并称为“三圣”，受到同等的尊奉。

佛教传入中国，逐渐形成中国佛教，经历过四个阶段，或可称为四个时期：

第一个时期为介绍阶段——汉至魏晋。

第二个时期为融会阶段——南北朝。

第三个时期为创造阶段——隋唐。

第四个时期为儒化阶段——宋至清。

佛教为适应中国的国情，取得传播的机会，在中国不同的发展阶段曾涌现过一些杰出的历史人物和主要流派。这些重要流派和杰出人物对佛教发展做出了卓越贡献，丰富了中国传统文化的思想宝库。中国佛教也曾作为文化交流的纽带，对中国及其邻国起着友好桥梁的作用。

在第一阶段（汉至东晋）的中国佛教史上著名的僧人都是译经大师。佛典的翻译者同时又是所译佛典的宣传者。通过翻译佛教经典，引发出不同流派。主译者多为外籍僧人，他们为传教，在中国贡献了毕生的精力，很多译经僧人为了传播佛教终生留在中国。早期的佛经译者来自古天竺者少，在西域（即中亚一带）者多。早期译经多由“胡语”（即中亚语言）译出。直接从梵语译出的佛教经典，南北朝后期逐渐增多。隋唐以后，汉译佛教典籍底本才完全出自梵文。其所以出现这种现象，有人才的原因，有中外交通的原因，也有当时中国政治的原因。

经过长期系统的介绍，中国佛教信徒到了南北朝时期，当时佛教众多流派，包括早期的、晚期的、佛教正统的、佛教以外的，差不多都有汉文译本，有些佛经多达两三种以至多种译本。除了译本，中国佛教徒还对译本进行了某些加工，有的改编加以重新组合。随着译经事业的大力开展，中国佛教徒对佛典进行注释，有了中国人自己的著作。中华民族是个文化悠久的民族，善于继承和创新，用阐述的方式来表达其创新的见解。就是古人所沿用的述而不作、以述为作。佛经由介绍阶段自然地进入创造阶段。

由于中华民族有善于以述为作的治学传统，在介绍阶段已孕育着开创的成分，融会过程中已包含着创造。中华民族对外来文化一向有选择地吸收，从而产生了中国特色的中国佛教。近代从事佛教研究的有些外国学者，看到中国佛教未严格遵循古天竺佛教原意，天竺佛教传入中国后，都有所变革，认为中国佛教失去印度佛教原旨。这是由于他们不了解中国文化发展传播的特点，从而看不到这恰恰是中国佛教的优点所在。如果善于理解中国佛教的精神，也是中国文化（包括哲学、宗教）的特点和优点所在。了解这个特点和优点，才能更准确地理解中国文化发展的脉络。

中国历史有它发展的轨道。当时当事者未必意识到这一轨迹的来龙去脉。事过境迁，回头看看，才能看清楚所走过的道路的大方向、总轮廓。试把中国历史几千年经历的路做一回顾，不难发现这几千年间，中国人民做过两件大事。这两件大事都能载入人类发展史，因为它不仅是中国的，也属于全世界。

第一件大事是结束了列国纷争的春秋战国混乱局面，建立了秦汉统一大国，此后两千多年来竟成了中国历史上固定的模式。世界上外国知道中国的存在，是秦汉时期，秦汉以前中国的各族人民活动范围只限于长江、黄河两大流域以内，向西不逾葱岭，东以东海为限。

建成统一的大国以后，国内众多民族不断融合，各自发挥各自民族的特点，互相取长补短，互相从交流中受益。国家壮大了国力，发挥大国物力、人力的综合优势，物质文明和精神文明取得了有益的成绩。中华民族立于世界民族之林，对世界文明有她的奉献，都得力于几千年来国力充实、科学昌明、社会生活相对稳定。

在古代小农经济、小生产为主的社会，只有政治稳定才能保持生产发展；只有生产发展，才能有余力从事经济建设、文化建设。古代中国的三大宗教（佛教、道教、儒教）对中国社会的统一、稳定都起过积极作用。这三大宗教在思想、人生观、道德生活、家庭生活方面都有过教化作用。

中国佛教的四个发展阶段并不只限于佛教自身的分期，它与中国历史的过程密切关联。

天台宗创建于隋朝，兴盛于唐朝，这一宗派走过的道路，正是中国隋唐大一统王朝走过的道路。经过几百年的南北两大政治集团的对峙，南朝和北朝各自形成民族融合（南方各民族的融合，北方各民族的融合），都为恢复中国大一统的政治形势做准备。佛教也在这个统一的大形势下，起着配合作用。政治上南北两大政权的统一，符合中国历史发展方向，也是人民的愿望。总的历史任务是结束长期（近四百年）的南北对立，走向和平建设的道路。隋唐两朝的统治者顺应了这一潮流，完成历史使命，受到人民的拥护，得到历史的肯定，这也就是中国历史上的第二件大事。

天台宗从宗教神学理论上，论证了大一统王朝存在的必然性。宗教哲学不同于政治学，它不是为隋唐的某一政策、措施做说明，而是从整体上论证世界事物的融会、统一、互相补充的合理性。

隋唐时期影响最大的佛教宗派中对统一支持最有力的有两派，即天台宗和华严宗。唐代后期，统一王朝走向衰落，中央集权的政府失去控制全国的力量，禅宗继起，占有优势，逐渐取代了天台宗、华严宗的地位，上升为势力最大的佛教宗派。

天台宗的基本教义，从创始者智顗开始，建立了止观并重的宗教哲学，成功地融会北方重禅法、南方论义理的佛教两大主流，构建了新的宗教哲学。天台的基本经典“天台三大部”：《法华玄义》《摩诃止观》《法华文句》，基本理论都是反复强调止观并重，不可偏废的宗教修行方法，从止观并重的理论来调和佛教各流派之间的理论分歧。用天台宗的教理教义统一评判佛教一切经典，把佛教内部的派别论争都安排在一个庞大的判教体系中，提出“藏”“通”“别”“圆”的不同层次，为不同听众说法的解释。这样，既协调了佛教各派内部纷争，也安排了天台宗在佛教中的独特地位。

天台宗创建的“一心三观”“三谛圆融”“性具善恶”“十乘观法”，都体现了隋唐盛世思想领域的兼容并蓄的新气象、新体系。天台宗创始人智顗与南朝统治者交往密切，隋朝建国后，智顗曾受到斥责，他个人的遭遇似不顺畅，但作为一种宗教哲学思想体系，从天台宗教理、教义的正人心、辅教化，提倡性具理论，都是当时统一王朝的客观形势的反映。儒教建立新王朝的经学，孔颖达编成《五经正义》，兼收南北各大家的经典注释，作为国家的教材，与天台宗的定慧双修、止观并重起着同步作用。

唐中叶以后，中央政权衰落，地方割据势力逐渐壮大，代表农民意识的宗教思想禅宗兴起，经院学派逐渐失去寺院经济的优越特权。天台中后期，玄朗、湛然“中兴台教”，已开始向有农民倾向的禅宗靠拢。

唐末五代时期，天下大乱，读书人失去投靠中央政府科举选官的机会，有些知识分子不去选官而去“选佛”，向宗教找出路。知识阶层投奔宗教，佛教禅宗由不重文字的农民禅走向重文字的文人禅。这一时期的禅宗文字著作大量涌现，甚至超过经院学派的章句注疏数量。天台宗后来也走上相同的道路。山家、山外之争，从定慧双修、止观并重的宗教实践，转向关于定慧理论的争论。山家比较倾向于维持天台宗初创时的学风，山外派则调和吸收更倾向于禅宗的宗风，表明当时宗教理论已开始有所转变，由天台宗创建时期涵盖世间一切法、教化一切有情的宏大体系，转向儒教，进入佛教的儒化时期，佛教从此再没有早期创造时期的气魄，佛教天台宗内部的大师，如智圆、梁肃，公开与儒教合流，明代的智旭（藕益）更加儒化。天台宗已失去原来的性格。

天台宗的创建标志着中国佛教的成长壮大，从融会阶段走向创造阶段。天台宗是中国佛教创建最早的宗派。华严宗、禅宗在它的影响下相继建立宗派，天台宗的成就也是中国佛教的成就。成人比较熟悉禅宗的一无依傍、见性成佛、摆脱经句文字束缚，自求解放的创造性。其实带头开创这一思路的是天台宗，智顗有筚路蓝缕的功劳。

天台宗9世纪传入日本，建立日本天台宗，13世纪日本的日莲宗是由此派生的宗派。它对中日文化交流起过桥梁作用。早在南北朝后期，天台前期的慧思的止观教法传入新罗。智顗及其后裔玄朗门下都有高丽、新罗学者受教，天台山被东方邻国奉为祖庭，在东北亚文化交流中，天台宗曾发挥过重要作用，值得世世代代记取。

汉传佛教与东方文化*

古代印度佛教向东北方传播，有三条途径：一是经缅甸到云南省，后来形成具有中国特色的云南上座部；一条经尼泊尔到西藏，然后由西藏向藏语地区、蒙古地区传播，更远到苏联远东地区，形成中国特色的藏传佛教：一条经中亚，通过丝绸之路传到中原内地，称为汉传佛教。前两条路，因山路崎岖、山高水深、商旅稀少，而且当时西藏和云南物产不甚丰富，可供远途贸易的货物不太丰富，没有大量交易的前景，难比丝绸之路可直通中原内地，可以从东方文明大国贩运丝绸、瓷器等，与西方珠玉、香料交换，满足东西双方贵族的奢侈需求，故能经久不衰。长途贩运为了保证货物安全，沿途要求政治稳定，没有战争，为了商旅安全，要结队行动，以免遭到掳掠。这些有利的交通条件只有丝绸之路比较理想。所以经西域到长安，再到洛阳，成为东西方商旅网络的通途。中间有时受到战争的阻隔，但基本上可以通行，并受到沿途政权的保护。本文只谈汉传佛教，另外两支中国佛教从略。

---

* 本文为1998年9月作者在纪念佛教传入中国两千年海峡两岸佛教学术会议上的主题讲演稿。原载《中华佛学学报》第12期，台北“中华佛学研究所”发行，1999年7月版。

佛教传入中国，从文献记载及考古资料（新疆石窟造型及壁画）表明，当时传入中国的除了佛教，还有摩尼教等。佛教势力较大，影响较广，后人以为当时经西域传入中国的只有佛教，这是不全面的。正如印度古代佛教文献记载，印度阿育王是虔诚的佛教护法。考古发现，今存阿育王石柱文字，保护佛教，同时也保护其他宗教。佛教记载偏爱于自己信奉的宗教，是可以理解的（今天中国政府保护佛教，有明文规定，同时中国政府也保护伊斯兰教、基督教、道教，也有文字规定）。

汉传佛教传入中国内地，大体经过了四个阶段：

第一阶段为介绍时期——汉晋。

第二阶段为融合时期——南北朝。

第三阶段为创造时期——隋唐。

第四阶段为儒化时期——宋至清。

汉传佛教自始至终走的是中国化的路。即使在第一阶段的介绍时期，佛教典籍从古到今不断有新的汉泽本，但佛教的主要典籍大量涌现于东汉到唐中期（约八百年）。唐以后多为零星译述。北宋有国家的译经院，但译出佛经有限，约五百卷，多为已译出的佛教典籍的补充，也有些零星短经，在社会上影响不大。这时佛教在印度遭到政治变故，源头衰竭，可供介绍的原始资料当然越来越少，当年印度各种流派在汉译佛教典籍中都可以找到。介绍阶段应当是客观传述，但汉传佛教的译文，从一开始就不甚忠实于原文。此种现象是不可避免的。因为佛教的宗教理论发生在古印度，必然带有地区及民族文化的特色。中国也有自己古老的文化传统，往往以自己的观点方法来迎接这个外来的宗教。所以早期佛教汉译典籍带有中国理解成分。最早把佛教看作与黄老同道，解释佛教宗旨时，说："沙门者，汉言息也，盖息意去欲，而归于无为也。"早期译"涅槃"为"无为"，用老子的"守雌""抱一"解释佛教的"守一"，把佛教所谓神通理解为神仙的变化飞升，还有把"地狱"译为"泰山"的。

越过介绍时期，进入融合时期。这时大部分佛经都有了汉文译本。中原地区，玄学盛行，有文化修养的佛教徒对佛教般若学理解为"无为"之学。道安在《道地经序》中说："寄意故有六阶之差；寓骸故有四级之别。阶差者，损之又损，以至于无为；级差者，忘之又忘，以至于无欲也。"他把佛教禅定训练理解为老子的无为无欲，损之又损。梵文原文"心意""意念"本来说两个概念，汉译统译为"意"字。佛教安般守意乃禅法的"十念"之一，并不指守护心意。守护心意，不使放逸，是中国道教的修炼方法，如损之又损、忘之又忘，都与佛教原旨不合。又如支谦译《大明度经》，把"般若"译为"大明"、"波罗蜜多"译为"度无极"，以"道"与"般若波罗蜜多"相比附，译"道"为"虚空"。支娄迦谶、吴支谦、秦竺佛念把《般若经》的"真如品"译为"本无品"，到了鸠摩罗什才改译为"大如品"。

在佛教传入汉地的早期，主译者均为外国僧人，他们大多数来自中亚西域地区，来自天竺者少。早期汉译佛经原本出自"胡语"（中亚语言），直接从梵文译出的佛教典籍南北朝以后才逐渐增多。隋唐译出的佛经，才完全出自梵文本。早期汉译佛经，主译者有的不懂汉文，有的略通而不精，不能不借助于中土助手。从传译开始之日，就不可避免地杂入中原本土的思想和观点，也就是说，佛教从传入汉语地区，就带上汉文地区的烙印。

佛教传入的第二个阶段融合阶段，更系统地吸收、融合中土观点来解释佛典。“六家七宗”是最典型的代表。佛教与中原本土思想互相交融，广泛传播。

汉传佛教第三阶段在隋唐时期。这时期的特点在于摆脱佛教原有的框架，由中华本土佛教学者、宗派创始人开始构建中国佛教的新体系。它的特点是更多地结合中国社会传统的实际，建立宗派，使佛教教义更进一步结合中国国情，有的较为接近上层（如天台、华严），有的偏重下层（如禅宗与三阶教）。他们建立宗派的理论，有的在佛书中有文字依据，有的借用佛经文句赋予新解，也有的宗派直抒胸臆，自称得自佛祖“心传”，摆脱依傍，直指心源。这一时期的佛教更充分地体现了中华民族善于吸收外来文化、善于创造的民族特点。古印度佛教好比一株大树，主干枯老，派生的新枝由主干蔓延滋生，生长得比原来的主干更为壮大，异常茂盛。今天凡是到过印度，参观过佛教圣迹鹿野苑、灵鹫山、那烂陀寺、菩提树证道处的，几乎都有同感。

汉传佛教的第四阶段，宋元明清以后形成三教合一，以儒为主导的局面持续了近千年。此一时期佛教与中国传统文化融合得更紧，负担起治国安邦、辅助王化的责任。

中华民族是个伟大的民族，几千年来，立足于东方，影响到世界。它善于继承、勇于创新，经常以继承的方式来创新，即古人所说的“以述为作”，名为继承，实为发展。这是中国几千年来运用的发展文化的主要方式。

佛教东传，在介绍阶段已融入不少中国传统文化的成分，在第二阶段更进一步融会贯通，第三阶段由融会贯通发展为独立创造，第四阶段成为儒化佛教，形成独具特色的汉传佛教。

汉传佛教的表现充分体现了中国文化的特色。汉传佛教也是中国传统文化的一部分（还有道教、儒教等其他宗教）。

汉传佛教与东方文化有以下几个方面值得注意：

第一，汉传佛教的融会贯通性。佛教传入后，不断与中国本土固有文化融会贯通，形成新的文化内容。中华民族，从秦汉以来，就是不断吸收外来文化使自己成长起来的，历代中国文化都是吸收当时有影响的优秀文化充实自己而发展起来的。

第二，汉传佛教善于随着时代的发展而随时变易，充实其内容，能够与中土主流思潮配合，取得生存、发展，并以自己的思想影响、丰富中国本土文化。中国哲学史的心性论，就是得益于佛教的佛性论而得到深化。这种深化的心性论大大地丰富了孔孟以来的心性学说，把中国哲学史推向更高的水平。

第三，汉传佛教与中土文化互相吸收、互相借鉴而不是互相排斥、敌对，体现了中国传统文化博大深沉、兼收并蓄的传统。同时又有兼善天下的胸怀，把有价值的东西慷慨地传播到更广阔的范围。佛教大乘普度众生，与儒教兼济天下的传统良好地结合起来。中国不但把四大发明传到全世界，汉传佛教还把自己的教派、经典、宗教仪规，传播到我们的近邻诸国，朝鲜、日本、越南的佛教基本上是在汉传佛教的基础上创建的，这些流派在他们国家也都不同程度地发展壮大。

第四，由汉传佛教的传播与东方文化的关系，可供我们预测21世纪中国文化发展道路和前景。中国是古老的文明大国，又是一个面临新世纪、新时代的大国，它古而不老、旧而常新。中国未来文化的前景，也应有类似相应的几个阶段可以借鉴。如果勉强类比，中国当前与世界文化的相互关系，正处在佛教东传的第一、第二阶段，我们正处在面向全世界，对我们不熟悉的文化加以介绍、融合的时期。经过了这长期介绍、融合的过程，必将走向创造阶段。我们正满怀信心，借鉴前人走过的道路，参考他们的经验，为建设中国的新文化而努力。饮水思源，汉传佛教对中国，以至对东方文化的积极作用，必将为未来新文化继续发挥积极作用。新文化中，当然包括汉传佛教的优良传统在内。瞻望前程，光明无限。

从佛教文化看中国文化的历史演进*

在宗教当中，第一大教是基督教，第二大教是伊斯兰教，佛教信徒少，但有深入的内涵。

从文化的角度看，中国文化接受外来文化情况复杂。在非洲传教三至五年可以皈依，中国不行。像落差一样，文化传播同样是高文化影响低文化。

佛教进入中国变成了中国式的佛教。三大教，儒释道。佛教接受了忠孝，站住了；基督教不接受，站不住。佛教虽讲出家，但是是大忠大孝。三教头变成了“三圣”。

佛教在中国发展，面貌变化很大。鸠摩罗什讲得深，没发展；慧远讲得浅，得到发展。要以我为主，吸收外来文化发展自己，不结合中国自己的东西，发展不起来。结合国情非常重要，中国的国情是多民族的统一的国家。

在佛教传播中，从文献看，比如佛教大藏经，不要问哪个对、哪个不对，任何注释注解都是当时当地的一种认识；从实物看，佛的造型不断从印度式向中国化转变。

---

* 原载《方法》1998 年第 1 期。

未来中华民族的发展会像过去一样，新文化和本土文化接触、冲撞，低文化碰撞高文化则抵挡不住，高文化碰撞低文化却没有问题。

孟子讲“万物皆备于我”，现在讲万理皆备于我，不可以。比如讲二进制从《周易》来，中国研究《周易》的书有四千部，却没有出计算机；看了《庄子》说现在不如庄子，庄子懂环境保护，这种研究方法不行。

我们的国情是多民族的统一的国家，发展文化要以我为主。要利于民族团结，利于学术发展，利于国力强盛。要发挥优势，融和、消化、吸收、改造自己的文化。

给我们现在的文化以一个恰当的定位：接受外来文化不够，现在是了解、吸收、选择的过程。现在像魏晋南北朝，不像隋唐有自己的东西。现在条件、时间不够。文化进入、消化、吸收，少则一两百年，多则更长，而鸦片战争到现在只有一百多年。

佛教在中国文化史中的地位*

佛教起源于印度次大陆，传播地区包括今天的尼泊尔、印度、巴基斯坦、孟加拉、斯里兰卡等国。后又传播到东南亚的缅甸、泰国等国。传入中国时间约有两千年。说“约有两千年”，是因为宗教的传播不同于某一政治事件，可以有确切的年月和时间。宗教是一种文化形态，而文化传播是渐进的。文化有它的群体性、社会性。宗教的传入须有一段被接收的过程。开始传播时，只有少数人。由少数人的传播到拥有一定数量的信徒，绝非一朝一夕的事。因此无法确定佛教传入中国的确切年代为某某年。起码我们目前掌握的史料还无法确定佛教传入中国的确切年代。

佛教传入中国，主要有三条途径：一条经中亚细亚，传入新疆，以至长安、洛阳；一条经尼泊尔传入西藏地区；一条在云南西部边境，经泰国、缅甸接壤地区传入。

这三条途径传入中国的佛教都产生相应的影响，并形成了中国佛教的三个支派。传入黄河流域的一支形成汉传佛教，传入西藏地区的一支形成藏传佛教，传入云南的一支形成云南上座部。由于

* 据《任继愈禅学论集》。本文为《中国佛教文化大观》（北京大学出版社，2001年1月版）序言。

各地区的文化、地域、社会生活的差异，这三大支派发展的形势也有差别。云南上座部人数最少，传播地区局限于云南省西部边沿地带。藏传佛教传播较广，从西藏开始，沿中国西北到内蒙古、蒙古以及俄罗斯远东地区，产生广泛影响。这两大支派自成体系。汉传佛教这一支派，影响人口数量最大，信徒最多，对中国传统文化的影响也最为深远。

汉传佛教以汉文化为传播载体，以佛典汉文译本及中华佛教专著系统地介绍了佛教历史、经典、教义。传播地区从黄河流域扩展到长江流域、珠江流域。此后又以汉文佛教著译为载体向东部邻国扩散，经过朝鲜半岛东传日本，此外还传播到越南。

中华民族自古以来就是一个有高度文明的大国。它有深厚悠久的文化传统，对外来文化有一种鉴别、择取的能力。所以，佛教传入时并不是很顺利地被接受。中华民族的传统文化经历了与佛教的一段长时期的交流、冲撞，才逐渐吸收了其中的适合于中国人的部分。佛教与中国传统文化相结合，从而形成中国佛教。这一特点在汉传佛教中表现得最充分。中国藏传佛教及云南上座部佛教也有类似的情况，这里不具论。

中国汉传佛教有两千年历史，从它与中国传统文化的相互关系看，可大致分为如下三个阶段。

第一阶段为译述阶段，从初传入到南北朝，历时约五百年。这时期的重要的佛教代表人物大都是外国译经僧人，他们是佛教典籍传译的主持人。他们的任务是翻译、介绍佛教的基本内容。这一时期的后期也开始出现中国人撰写的佛教著作，但大都是对印度佛教经典的注疏与介绍。由于中华民族有相当高深的文化素养，因此，即使在注疏与介绍中也有所创造。如佛教般若学是佛教理论中的重要流派。中国学者也十分看重般若学，但他们有独特的看法。如“六家七宗”，反映了中国玄学的不同学派对佛教般若学的理解。因此，从某种角度讲，“六家七宗”的出现，也可以看作是中国佛教学者力图摆脱依傍，提出自己解释的一种尝试。

第二阶段是创造发展阶段，历时约三百年。前一阶段佛教的代表人物主要是外国僧人，这一阶段佛教的创造发展者几乎都是中国僧人。隋唐以前介绍佛教典籍原著要借重外国僧人。隋唐以后，介绍、翻译外国典籍比重减少，因为印度佛教的重要经典大多有了汉译本，有的典籍有两种或多种译本，乃至综合不同译本的编译本。中国人的汉文著作比重急剧增加，内容为中国佛教信徒关于该佛教典籍的理解、阐释。这一时期的作者已由外国佛教学者转移为中国佛教学者。著作的内容也从介绍、转述到阐发、发挥。中国佛教学者继承了中国古代以述为作、以述代作的传统方式，他们的著作名为佛经的注疏，其内容主要是论述著者自己的理论体系。佛教传播中心已转移到中国。中国佛教离开印度佛教词句，注重发挥佛教的微言大义。有些发挥是在印度佛教的某些经典中找到凭借而赋予新意；也有些中国人的著作脱离依傍，完全阐发自己的理论。禅宗的理论在印度就几乎找不到什么根据，他们自称“教外别传”，得自佛祖的“心传”。南北朝中期以后，不断出现“伪经”。这些“伪经”，是当时时代思潮的反映，有很重要的思想史料价值，丰富了中国佛教的内容，开创了中国佛教理论研究的新局面。从人类认识史、文化史角度看，佛教史也等于中国文化史、思想史。

中国佛教发展的第三阶段是儒、佛、道三教合一，也可称为佛教儒化阶段。佛教与中国传统宗教儒、道两教进一步结合，潜移默化，深入中国文化的中枢部分。这一糅合过程，充实、改造了儒教的世界观，把佛教长期发展的心性之学渗透到理学内部。在佛教心性之学的参与下，中国的儒教逐渐形成。佛教得儒教而广，儒教得佛教而深。三教合一，儒教居中，佛、道两教为辅。从此中国的佛教与儒教同命运、共兴衰。学术界一致认为朱子（熹）近道，陆子（九渊）近禅，王守仁（阳明）近狂禅。事实上，没有佛教就没有儒教，以反佛教自命的宋儒，没有不受佛教洗礼的，骨子里是佛教的嫡系传人。

研究佛教文化是研究中华民族文化这个总课题的一个重要组成部分。实际上，佛教作为一个宗教，它所影响的只是社会上某一部分对佛教具有虔诚的宗教信仰或宗教感情的人；而佛教作为一种文化，它已经与中国传统文化融为一体，成为笼罩着整个民族精神生活的巨大背景。任何一个在这个背景中生活的中国人，都不可能不受它的影响。佛教创始人释迦牟尼与中国儒教代表人物孔子、道教代表人物老子并称“三圣”。中国各族人民都没有把佛教祖师当成外国人，而且受到普遍的尊敬。由此也可见佛教文化入人心之深广。

多灾多难的20世纪，中华民族走过艰难的路程。20世纪后半，我们得到真正的独立自主，开始由积贫积弱走向富强之路。21世纪，我们要在前人创造的基础上创建伟大的社会主义新文化。文化建设是一项继往开来的工程，也是一个长期积累的过程。既不可能暴起，也不会暴落。完成这一伟大任务是中华民族共同的事业，也是我们共同的历史责任。

温故知新，由旧创新，是发展文化的通例。这部《中国佛教文化大观》从佛教与中国传统文化的关系着眼，论述了佛教文化的种种形态，以及它对中华民族文化影响的种种方面，包括宗教生活、民俗习惯、政治观念、伦理思想、价值观念乃至哲学、文学、艺术、科学、饮食等诸多方面，包罗宏富，科学地、系统地向社会广大读者介绍佛教文化的概貌。编者的态度是认真的，所介绍的资料是可信的，在不少方面提出了一系列新的观点。我相信，这部著作的问世，不仅对新中国的文化建设提供了一部可用的资料，也将进一步推动中国佛教文化乃至中国文化的研究向前发展。

方广锠和许多编写者的努力和成就值得鼓励。我愿在此书出版之际，向读者推荐这本著作。

1998年

佛教研究的方法和方向*

世界宗教研究所成立之日起，我们就明确把佛教作为中国传统社会文化现象看待。佛教传入中土，历史长久，覆盖面广，内容又十分丰富，我们佛教研究室是我国历史上第一个国家的佛教研究机构，既要把佛教纳入中国传统文化的主流，不把它看作外来文化，又要放眼世界，与世界潮流接轨。我们根据自己的条件（人才、物力、学术传承），将佛教史作为切入点，开始积累资料、培养人才，有步骤地开辟新领域。从佛教通史进而扩展到断代史的研究；从佛教理论拓展到佛教宗派、佛教艺术；从汉传佛教开拓到藏传佛教。我们还开辟了佛教文献学这一新领域。在宋、元、明、清诸多版本大藏经之外，编辑了带有新中国标志的《中华大藏经》。

中国佛教有别于印度本土佛教，在东亚自成体系，与邻国有过密切交流。中国佛教文化在历史上曾发挥过中外国际文化交流的桥梁作用。解放后，佛教研究室负担着国际学术交流的任务，与世界佛教研究学者搭起了友谊的桥梁，并取得多方受益的好成果，建立了固定的交流机制。

---

* 据《任继愈禅学论集》。原为《佛教与历史文化》（宗教文化出版社，2001年1月版）序言。曾收入《竹影集》。

继世界宗教研究所佛教研究室成立后，北京以外，如四川、江苏、上海等地相继建立研究机构，在大学里也开设了系统的佛教专业课程，喜见全国新一代青年学者茁壮成长，他们承担着佛教研究的骨干作用。

我们佛教研究室的宗旨是积累资料、培养人才。根据资料说话，崇尚实际，避免空谈。

我们佛教研究室的研究方法是不用宗教说明历史，而是用历史说明宗教。

三十多年来，我们就是这样走过来的，今后还要这样走下去。这个论文集是研究室同仁的第一次集结成果，作为佛教研究室最早的成员之一，愿与大家共勉，培养第一流人才，争取奉献第一流的研究成果，为构建新文化做出应有的贡献。

纪念释迦牟尼涅槃二千五百周年*

中印两大民族的友谊是悠久的、深厚的、诚挚的。我们这两大民族的历史记载中，只有亲善和友好，从来没有战争的记录，这在世界文化史上是十分珍贵的现象。这两个古老而年轻的民族中间隔着高山、荒漠和大海，可是高山、荒漠和大海并没有阻断两大民族之间的传统友谊。使这两大民族相互了解，彼此尊重的重要桥梁之一，就是伟大的释迦牟尼和他所创立的佛教。

关于释迦牟尼的生平和他的思想，中国人民是十分熟悉的。对他熟悉的程度就像我们熟悉自己的伟大思想家一样。释迦牟尼的教义曾翻成中国汉、藏等各种文字。仅以译成汉文的关于释迦牟尼的记载，收集在《大藏经》中的就不下几十种。最重要的有《普曜经》《佛所行赞》《太子瑞应本起经》《菩萨本起经》《慧业菩萨问大善权经》《十二游经》《佛本行经》等等。此外，散见于《阿含经》和律藏中的关于释迦牟尼生平活动的记载也很多，最详尽的有六十卷的《佛本行集经》。释迦牟尼经历了几十年的辛勤的传教生活，其影响是巨大的。记载佛涅槃的著作，中译本现存重要的有

---

* 据《人民日报》1956年12月2日第7版。

《游行经》《佛般泥洹经》《大般涅槃经》《佛垂般涅槃略说教诫经》等。据记载，佛涅槃时的姿势是“右胁而卧”，慈爱、安详地离开了人间。中国各省都有不少的卧佛造像和壁画，以“卧佛寺”命名的庙宇也几乎各地都有。可见中国人民对佛涅槃这件大事的重视态度和纪念的诚挚。

中国学者关于释迦牟尼的传记著作也很多。其中重要的、较早的有梁朝僧祐的《释迦谱》、隋朝费长房的《历代三宝记》、唐朝道宣的《释迦氏谱》、宋朝志磐的《佛祖统纪》。宋以后关于释迦牟尼传记的著作历代都有，这里不必细说。

在所有这些古代中、印的著作中，不免有些夸大，记载也有些分歧，但这些著作中都透露出了释迦牟尼的真实形象。从佛教的各种记载中，我们看出释迦牟尼怎样地舍弃了个人的王位，追求他的崇高理想。他痛斥那些专横的剥削者；他无情地攻击那些贪财、自私、伪善的宗教信奉者；他同情那些被践踏、被轻视的所谓下等阶级的奴隶、穷人、负债者、妇女和无依无靠的儿童。他在最基本教义里规定了反对暴力和战争。释迦牟尼以他一生艰苦卓绝的实践，履行了他的宣扬人人平等、爱好和平的信念。他所收纳的弟子中，固然不拒绝那些肯于抛弃富贵的贵族、富商，但是他也收纳了当时最低贱的首陀族优婆离，他也收纳了当时被排汰于宗教门外的女子摩呵波暗波提。释迦牟尼和他创立的佛教，一开始就立下了宏大的誓愿：宣扬平等，反对等级压迫；爱好和平，反对残暴的战争。他之所以获得广大的特别是下层人民的拥戴，被看作“救世真主”，不是偶然的。

中国人民和印度人民一样，也具有几千年的文化传统，也是一贯反对压迫、爱好和平的。在历史上为我们人民所喜爱、所拥护的文学家和哲学家，几乎没有一个不是反对暴力压迫、反对侵略战争的。

由于中印两大民族有这种基本共同的优良传统，所以中印文化的交流好像水乳相融，没有窒碍。只要我们略一回溯两大民族文化交往的历史，就会更加增强了我们两大民族今后继续合作的信心。

从汉代开始即有印度僧人迦叶竺摩腾、竺法兰介绍了《四十二章经》到中国来，此后历代都有大量的印度学者介绍印度学术到中国来，这些例子是举不完的。中国晋代的法显，唐代的玄奘、义净，还有许许多多为中国人民所敬重的求法者，为了介绍佛经，不惜犯风涛、涉重洋、历荒漠、经绝域，九死一生，孤行万里。他们在印度的学习和访问，给印度人民留下了良好深刻的印象。他们的著作中，像《佛国记》《大唐西域记》《南海寄归内法传》到今天仍然是研究印度四世纪到七世纪时期重要原始资料。这些事实都是全世界的科学工作者所熟悉的。

中印两大民族文化合作的珍贵记录，莫过于佛经的翻译工作。佛经翻译的工作，一方面促进了中印两大民族的了解，另一方面树立了国际学者通力合作、互相帮助的良好榜样。中国流行的佛教经典，很少不是通过中印两国的学者专家共同努力完成的。翻译时有译主、笔受、证义、润文、正字等分工。随着翻译的进行，同时展开讲解、讨论。他们认真讨论，反复钻研，最后定稿的严格制度，翻译与研究相结合的精神，直到今天还值得我们学习，其中的经验值得我们吸取。

中印文化的因缘，还有值得我们特别指出的，就是《大藏经》的刊印。远在10世纪末，宋太祖开宝年间，中国开始以雕版印行佛教以及佛教有关的丛书——《大藏经》。此后，经过元、明、清各朝都有所增补。现在《大藏经》和《续藏经》所收集的经典著作在三千六百部以上，共达一万五千六百余卷之多。个别的著作，没有收集的还不在内。在《大藏经》里面保存着今天在印度已经失传的许多佛教经典，也包括了中国学者对于佛教原理所做的创造性的阐释。这一部有历史意义的大丛书，本身就是千余年来，中印双方友好合作、文化交流的最忠实的证人。

随着释迦牟尼的思想和佛教的传播，曾使得中印两国古代文化更加丰富多彩了。中国古代的雕刻、音乐、文学、数学、医学各方面都留下了中印合作、文化交流的痕迹。这些也是一时说不完的。其中就以艺术、文学来说，南北朝以后的文学家经常不断地从佛教经典中吸取其有价值的东西。佛经中的故事在相当长时期内成为艺术家们绘画的题材。中国大艺术家顾恺之、吴道子都是以画佛经中动人的故事而为中国人民所喜爱的。佛教经典中的文学作品也曾经深深地感动中国历代天才的文学家。佛教经典某些作品中所充满的那种浓烈奔放的情感和摆脱羁绊的幻想，曾在不同程度上开拓了中国文学家的眼界，丰富了创作的内容。

在哲学思想方面，释迦牟尼的学说曾在中国人民中间起过巨大的影响。不容否认，历代的反动统治阶级经常利用佛教作为满足他们自私目的的工具，这只是问题一方面；另一方面，中国思想界中曾有不少人士，结合佛教中宣扬平等、爱好和平的精神，向封建专制主义进行斗争。有些进步的哲学思想家经常利用佛教的反抗压迫的思想，向桎梏人性的封建伦理道德挑战，其中有些人甚至触怒了当时的反动统治者，因而丧失了性命。像明代的李卓吾、清末的谭嗣同就是较为突出的代表人物。中国历史上，有时候在异族的暴力侵略下，有些爱国人士在佛教的掩护下保持住他们灵魂的纯洁。像这样的事实更是指不胜屈。

释迦牟尼和他的思想，在中国人民的心里是非常熟悉、非常亲切的。中国人民对他之所以感到熟悉、亲切，首先是由于释迦牟尼所宣扬的平等观念、和平思想不仅体现了印度人民的愿望，也符合中国人民的优良传统。这两大民族的共有的优良传统，就是建立两大民族的道义之交的思想基础。

中印两大民族曾共同经历了光辉的道路，近百年来又都遭受过敌人的侵略，今天又各自沿着自己的道路取得了独立、自由。我们两大民族历经沧桑，亲眼看到多少强暴者曾妄想以压迫代替平等，以屠杀代替和平，但是，他们已经失败了，并且还将继续失败下去。中印两大民族高举着平等、和平的大旗，屹立在天壤间，和全世界爱好和平的进步人民团结一致，成为亚洲乃至全世界的和平的重要力量。

今天我们纪念释迦牟尼涅槃两千五百周年，不但珍视我们两大民族的传统友谊，我们还要向着更广阔的前途迈进。中国优良文化的真正继承者——中国的工人阶级已经把这种优良传统的原有的基础上给以发扬光大。我们今天基本上消灭了几千年来对人民威胁最大的压迫和剥削制度，我们以六亿人民的力量在保卫和平。中华民族过去的优良传统已不再停留在思想阶段，它已成为六亿人民的政治路线。印度民族也在他的胜利的基础上向前迈进。中印两大民族倡议的“潘查希拉”，已为全世界爱好和平的人民所公认。在今天人民胜利的情况下，展开经济、文化上更友好、更亲密、更巩固的合作，是我们当前的任务。希望我们两大民族的人民进一步为亚洲和世界的和平事业做出更好、更多的贡献。

漫话佛学*

我涉猎佛学已多年，对佛学所以发生兴趣，并非因为它有卷帙浩繁的经籍、烦琐细致的思辨，或者宗教神学的奥秘，而是因为它对我国社会曾经发生过深刻的影响。从魏晋到隋唐，是佛教在我国广泛传播的时期，它渗透到了人民生活的各个方面，影响着风俗习惯和文学艺术等各个领域。因此，不研究佛学，就将会在我国史学研究中造成一个很大的空白，特别是对魏晋以来中国哲学史的发展线索更将难以理得清楚。

佛教是在东汉时期开始传入我国的。据史书记载，东汉明帝永平十年（67年），出现了最早的汉译本佛经《四十二章经》。在汉代，佛教被人们看作和传统的神仙方术一类的宗教迷信，并没有得到发展。到魏晋南北朝时期，经过统治者的全力提倡，佛教得以发展。当时门阀士族地主阶级，皇亲贵族和大臣都信奉佛教。梁武帝天监三年（504年）曾经宣布佛教为国教。因此，佛教寺院大量兴建，僧侣数量激增，寺院经济的发展形成了特殊的僧侣地主阶层。不少僧尼出入宫廷，交结权贵，干预国家政治。僧侣贵族掌握寺院

---

* 据《书林》1979年第1期。

经济，与官府勾结一起，过着腐朽享乐的生活。僧侣地主与世俗地主一样靠土地剥削农民作为他们宗教团体的经济来源，并且模仿世俗地主的封建宗法制度，建立起世代相传的僧侣世袭制度。从南北朝发展下来的佛教学术流派到隋唐时期形成一些强大的宗派，各宗派都有自己独特的宗教理论体系、轨范制度，有独立的寺院经济、势力范围，有自己的传法世系继承其学说和寺院财产。

自从魏晋南北朝以来，由于门阀士族及其知识分子信仰佛教，佛经翻译也兴旺起来，大批佛教经典译成汉文。当时传入中国的是印度兴起的后期佛教大乘空宗的般若学，它认为世界的本原是空无，客观物质世界是虚假的。这种理论很适合当时社会上占统治思想的玄学的口味，于是佛学很快玄学化，成为中国封建上层建筑的重要组成部分。到了隋唐时期，封建朝廷都大力提倡佛教，佛教也达到了全盛时期。佛经翻译的规模也更为宏大，随着中印佛教文化交流的发展，唐代出现了玄奘那样的译经大师。唐代的佛经翻译不仅规模大，而且翻译水平高，充分发挥汉译之长，开创了独具风格的佛教语言文学，对我国文学史发生了深刻影响。汉魏以后成书的佛教经籍《大藏经》，成为我国历代佛教翻译和著作的百科全书，至今已在印度失传的许多佛教重要经籍，却在我国的《大藏经》中完整地保存下来。《大藏经》作为宗教学说的思想武器，在世界文化史上也可以说是首屈一指的。

我国佛教宗派的形成和发展，完全证实了历史唯物主义关于上层建筑与经济基础的原理。佛教本是外来的宗教，当它一旦与我国社会历史的具体情况相结合，便发生深刻而广泛的影响，在我国土地上形成的佛教宗派都已经不是印度原来意义的佛教宗派了。

例如魏晋南北朝形成的佛教宗派“六家七宗”，其中影响大的本无、心无、即色各宗，即是对玄学中的“贵无”和“玄冥”“独化”思想的发展，它以大乘空宗《般若经》的形而上学思辨方法宣布世界为“假”、为“空”，用“空形色”的办法消弭玄学内部的派别纷争，从而提高了玄学的思辨理论水平。建立在这样理论基础上的“涅槃”“佛性”等因果报应学说，更易于麻痹人民群众，使他们认识现实世界为虚幻不实，而不去斤斤计较现实世界中的阶级压迫，把希望寄托在未来的“天国”，寻求死后和来生的幸福。隋唐形成的佛教宗派，其中影响较大的有天台宗、法相宗、华严宗和禅宗等。天台宗宣传“三谛圆融”“无情有性”；法相宗宣传“唯识无境”；华严宗宣传“理事无碍”；禅宗宣传“放下屠刀，立地成佛”的“顿悟”说。所谓“三谛圆融”，是说一切客观存在着的事物都是“空”“假”的，这即是佛教的真理，即“中”。“无情有性”是说连没有生命的东西，如草木瓦石都有佛性，这样不仅扩大了佛教的宗教地盘，而且更加坚定了人能成佛的信念。所谓“唯识无境”，是说客观世界一切事物不过是人的感觉经验的复合体，是把客观世界完全说成是主观世界的作用，从而由主观精神去吞并客观物质。所谓“理事无碍”，是说“事虚而理实”，客观事物是虚幻不实的，而抽象的“理”是永恒的，“事”是“理”的体现，“理事无碍”即是以“理”吞并“事”，终于只剩下一个赤裸裸的抽象“真空”（“理”）世界。以上这些宗教唯心主义思想的政治作用是十分明显的，无非都是要以“色空”观点叫人安于现状，听从命运的安排，追求精神上的“解脱”。世界上没有比这种用改变观点、躲避现实斗争的方法更容易起麻痹作用了。这里值得着重提的是禅宗的兴起，中唐以后禅宗蔚为显学，几乎代替了其他宗派，垄断了佛教，甚至“禅学”和“佛学”成了同义词。禅宗的顿悟方法是对佛教修养方法进行一场重大改革，他们不主张累世修行，不要大量布施，不要许多麻烦的宗教仪式，不要背诵那些浩如烟海穷年累月学不完的经卷，只要凭借每个人的主观信仰和良心，在普通的日常生活中，把宗教修养方法、认识论和宗教唯心主义的世界观统一起来就可得到“正果”，这样一来便把“佛国”与世俗打通，使成佛的道路更为简易直接了，这也是禅宗受到封建统治者和士大夫知识分子欢迎的原因。唐代中期经过“安史之乱”到唐末，人民生活更加痛苦，农民大起义的失败，使广大人民陷于水深火热之中，禅宗便是利用了这样的社会条件，使它的学说普及开来。宗教是人民的鸦片，从禅宗的兴起，更加证实了这一真理。

隋唐以后，儒、释、道日趋合流，佛教唯心主义认识论所论证的“真如”“佛性”等精神本体，精致细腻地颠倒了物质和精神的关系，这也是儒家唯心主义所追求的最高的哲学境界，像宋明时期主观唯心主义者宣称的“宇宙便是吾心，吾心便是宇宙”（陆九渊），即是来源于天台宗主张的“一念三千”；而“草木瓦石也有人的良知”的说法，正是继承“无情有性”之说。客观唯心主义者宣传“体用一源，显微无间”（程颢、程颐）和“理一分殊”（朱熹）也和佛教“理事无碍”的思想完全一致。主、客观唯心主义者又都直接汲取禅宗的顿悟说，来加强他们内省体验的“主敬”哲学。像王守仁宣传的“致良知”，所谓“知这良知诀窍，随他多少邪思枉念，这里一觉，都自消融”；朱熹宣传的“格物致知”，所谓“穷天理，明人伦”的功夫到处便可“一旦豁然贯通”，都是禅宗“放下屠刀，立地成佛”的翻版，是变相的僧侣主义说教。这些都说明，宋明的主、客观唯心主义体系与佛教思想的密切关系，所以说宋明理学乃是儒、佛的混血儿。理学汲取佛教唯心主义的思辨内容，并且借用它的深入浅出的宣传方法，使它的一套道理更加容易深入人心，将人们对纲常名教的服从和信仰提到哲学世界观的高度，造成广泛的社会舆论和道德风气，便更能麻痹和禁锢人们的思想，使人在封建压迫面前解除精神武装而俯首帖耳，任其宰割。后来的进步思想家曾抨击它是“以理杀人”（戴震），真是一针见血地揭露了理学的残酷本质。

在中国哲学史上，一些进步的唯物主义思想家，大多批判过佛教唯心主义，但是他们的批判并不能简单地宣布它为谬误就了事，而是必须通过批判、扬弃的过程从中吸取于己有益的东西。因为佛学虽是颠倒的世界观，但从唯心主义的立场从反面深刻地揭示了哲学上的根本问题，它也是“人类认识这棵活生生的树上的一朵不结果实的花”①。这也就是宋明以后直到近代，一些哲学家不得不“出入于佛老”的原因。

毛泽东同志曾经指示说，不批判神学，就不能写好哲学史，也不能写好世界史和文学史。这个论断是很深刻的。回顾佛教在我国发展的历史，以及它对亚洲和世界文化的影响，作为世界三大宗教之一，对它的研究批判，必须引起我们的足够重视。

在《书林》杂志创刊之际，发表以上一点肤浅的看法，以期得到学界的更多注意，好使大家来共同努力做好佛学的研究批判工作。

① 列宁：《谈谈辩证法问题》，《列宁选集》第二卷，第715页。

从佛教经典的翻译看上层建筑与基础的关系*

佛教开始传布于尼泊尔、印度、巴基斯坦一带，以后南到锡兰，北到中亚细亚。随着中国与中亚各国经济、文化的交流，佛教于东汉初年传入中国，在中国的社会历史条件下，开始有所发展，形成中国封建社会上层建筑的组成部分。

佛教经典绝大部分是在东汉到唐中期（约八百年）的时间内逐渐译成汉文的。唐以后虽有些零星译述（约五百卷），但其内容多为旧译佛经的补充，译出的也只是一些零星小品，在社会上没有起过什么影响，可以略而不论。隋唐时期在翻译的同时已开始了中国僧人自己撰述的新阶段，用中国僧人的著作代替了翻译。

从汉明帝永平十年（公元67年）到汉献帝延康元年（公元220年），佛经译本，据记载有二百九十二部（包括三百九十五卷）①，翻译者有十二人②。这些译出的佛经到了唐朝，只残存九十七部（二百六十四卷）；到了今天，已残存无几。东汉的重要翻译家，有来自天竺、安息、康居、月氏等国的摄摩腾（亦称“竺摩腾”或

* 原载1973年4月第2版《汉唐佛教思想论集》。此据1981年12月第3版。

① 见〔唐〕智昇：《开元释教录》卷一。

② 译经人数，只算主要译者，助手不在内。

“迦叶摩腾”）、安世高、支娄迦谶（简称“支谶”）[①]等。摄摩腾译的《四十二章经》保存下来了，可能是《阿含经》中的若干章节的节译或编译，今天已难以确指现存的《四十二章经》究竟属于《阿含经》中哪些章节。“译所不解，则阙不传，故有脱失，多不出者。”[②]译者不懂的就不译，当然会有阙失。事实上即使译者自以为懂得的，其译文也未必就是真正的原来的意思，经常是用当时当地的中国人的理解去理解佛教的。

汉代译经都不是有计划地选定的。晋朝著名和尚道安说：

> 此土众经，出不一时，自孝灵光和[③]已来，迄今晋宁康[④]二年，近二百载，值残出残，遇全出全，非是一人，难卒综理。[⑤]

这是说，遇到什么就翻什么，所译经典有全译的，也有删节本，给后来整理佛经目录的道安留下不少困难。还有一些佛经原文虽然携来中国，由于没有译出，后来连原本也散失的：

> 洎章和[⑥]以降，经出盖阙。良由梵文虽至，缘运或殊，有译乃出，无译则隐。[⑦]

东汉的佛经翻译家，除了摄摩腾，还有两个比较重要的僧人，一

① 摄摩腾、安世高、支娄迦谶的事迹均见《高僧传》卷一。

② 《法句经序》，《出三藏记集》卷七。

③ 光和：东汉灵帝的年号，为公元178—183年。

④ 原作“康宁”，误。宁康是东晋孝武帝的年号，为公元373—375年。

⑤ 《出三藏记集》卷五。

⑥ 章和：东汉章帝的年号，为公元87—88年。

⑦ 《出三藏记集》卷二。

个是安息国的安世高[1]，一个是月氏国的支娄迦谶[2]。安世高所介绍的以流行于安息一带小乘禅法为主，支娄迦谶所介绍的以流行于月氏一带的大乘般若空宗为主。安、支的翻译虽然把西域的佛教学说介绍到中国，译述也算比较多的，但他们在汉代社会上起的作用，却仍不如《四十二章经》；他们的介绍，直到魏晋以后才引起人们的注意。

汉代的佛教始终没有脱离当时在中国流行的神仙方术宗教迷信，据《后汉书·楚王英传》中说：

> 楚王英……晚节更喜黄老，学为浮屠斋戒祭祀。

当时皇帝（明帝）说他“诵黄老之微言，尚浮屠之仁祠”。这里都是把黄老和浮屠看作一回事。据《后汉书·孝桓帝纪》，讲到汉桓帝：

> 饰芳林而考濯龙之宫，设华盖以祠浮图、老子。

从楚王英直到后来的桓帝、襄楷，百年来，社会上信奉佛教的，都把佛教（浮屠）和黄老并称。襄疏中说：

> 浮屠不三宿桑下，不欲久生恩爱，精之至也。天神遗以好女，浮屠曰，此但革囊盛血，遂不盼之。其守一如此。[3]

《四十二章经》也说：

---

① 安世高的译经主要有《安般守意经》《阴持入经》《人本欲生经》《大十二门经》《小十二门经》《道地经》等。

② 支娄迦谶的译经中，重要的有《道行般若波罗蜜经》《无量清净平等觉经》（即《大阿弥陀经》）、《般舟三昧经》等。

③ 《后汉书》卷三十下《襄楷传》。

> 日中一食，树下一宿，慎不再矣。使人愚蔽者，爱与欲也。
>
> 天神献玉女于佛，欲以试佛意，观佛道。佛言，革囊众秽，尔来何为？……去，吾不用尔。

襄楷疏，讲到黄老浮屠之道时，说：

> 此道清虚，贵尚无为。好生恶杀，省欲去奢。

《四十二章经》也说：

> 人怀爱欲，不见道。
>
> 心中本有三毒，踊沸在内，五盖覆外，终不见道。
>
> 佛道守大仁慈，以恶来，以善往。

又据袁宏《后汉纪》，讲到佛教时，说：

> 沙门者，汉言息也。盖息意去欲，而归于无为也。

旧译“涅槃”为“无为”。“守一”出于《老子》的“守雌”“抱一”。这都说明，汉代人所理解的佛道即是黄老之道。

东汉末年，牟子《理惑论》说：

> 昔孝明皇帝梦见神人，身有日光，飞在殿前。欣然悦之。明日博问群臣：“此为何神？”有通人傅毅曰：“臣闻天竺有得道者，号之曰‘佛’，飞行虚空，身有日光，殆将其神也。”

能“飞行虚空”“身有日光”，这是神仙。

汉代神仙方术，往往通过符咒、治病、占星，制造宗教迷信的预言以俘虏信徒。汉代佛教的传教徒也往往迎合当时社会上的神仙方术之士的传教手法。他们都要兼用一些占验、预卜吉凶、看病等小手法以欺骗、拉拢群众。汉代的外国僧人几乎都会一些宗教欺骗伎俩。如摄摩腾，《高僧传》说他“善风仪，解大小乘”；安世高“博学多识，综贯神模，七正盈缩，风气吉凶，山崩地动，针脉诸术，观色知病，鸟兽鸣啼，无音不照”①，《高僧传》也说安世高通晓“外国典籍及七曜五行，医方异术”。汉末三国时，康僧会“明解三藏，博览六经，天文图纬，多所综涉”②；昙柯迦罗“善学四韦陀，风云星宿，图谶运变，莫不该综”③。此外，如外国僧人求那跋陀罗“天文书算，医方咒术，靡不该博”④，求那毗地“明阴阳，占时验事，征兆非一”⑤。

《后汉书·乌桓传》：“使［犬］护死者神灵归赤山，……如中国死者魂归岱山也。”《水经注·汶水注》引《开山图》曰：“泰山在左，亢父在右，亢父主生，梁父主死。”三国时汉译佛经，有把“地狱”译为“泰山”的⑥。

可见汉代人对佛教的看法，不论在理论方面及传教僧人的行动方面，都是从对待中国神仙方术的眼光去迎接这一外来宗教的。神仙方士的宗教迷信，是适应中国封建贵族要求长生不死，永远过着他们的剥削享乐生活的一种迷信思想。佛教也被赋予这种中国土生土长的宗教迷信思想的内容，才得到传布的。

---

① 《安般守意经序》，《出三藏记集》卷六。

② 《高僧传》卷一。

③ 同上。

④ 《高僧传》卷三。

⑤ 同上。

⑥ 《六度集经》卷一：“命终魂灵入于太山地狱，烧煮万毒……”卷三：“捐佛至诚之戒，信鬼魅之欺，酒乐淫乱，或致破门之祸，或死入太山，其苦无数。思还为人，犹无羽之鸟欲飞升天，岂不难哉！”

东汉末年爆发了全国规模的黄巾起义[①]，起义军遭到武装的镇压，虽失败了，但从此动摇了东汉王朝的统治基础。以后就开始了地方势力的武装割据。经过长期的地主阶级武装混战，形成魏、蜀、吴三国。经过西晋短暂的统一，中国进入南北朝对峙的局面。这一段时期包括公元220—589年。

魏晋南北朝的政治特点是门阀士族地主阶级专政。门阀士族地主阶级占有大量土地，甚至跨州连县，拥有大批的依附农民。门阀士族地主阶级的社会地位随着他们的经济地位的巩固而日渐巩固，他们享有一切特权。因而表现在思想意识和生活态度方面，特别具有“超脱”“高傲”的虚伪态度。他们口里说“不为物累”，正是因为他们已占有了充足的财富。他们崇尚虚无，“以无为本”，正是由于他们用行政和法律的形式把农民束缚在固定的土地上，坐享剥削成果，用不着费一点心思。他们口里说看不起富贵、名位，正因为他们已经充分据有了这些特权，他们不必担心贫贱的命运会降临到他们的头上。南北朝的皇帝尽管可以更换，但门阀士族的经济地位、政治地位却是牢固不可动摇的。魏晋南北朝时期门阀士族的哲学家，就是从各方面给当时的剥削制度和生活方式制造理论根据的。

魏晋玄学唯心主义，利用古代哲学家老子、庄子的一些词句，给以符合门阀士族地主阶级利益的新解释。有一派主张“贵无”，以“无”为本，认为“无”是世界万物的根源，世界上形形色色的事物，都被认为是从“无”派生的。他们把这个虚构的、精神性的本体，叫作“无”，由于它是世界最后的根源，他们又叫作

① 黄巾起义发生于公元184年。

“本”；与此相对待的，客观世界的万物，叫作“有”，又由于它是从“本”产生的，又叫作“末”。“有”“末”是第二性的，只是事物的现象，而不是本质。

例如王弼把他的唯心主义本体论用以说明社会问题，在于宣称精神性的“无”“本”是最主要的。王弼曾说过：“夫少者，多之所贵也；寡者，众之所宗也。”[①]他在《论语释疑》中解释“一以贯之”，说：“贯，犹统也。……譬犹以君御民，执一统众之道也。”他以为以寡治众、以少统多，少数特权贵族骑在人民头上，是一种普遍原则。王弼在论证一与多的关系时，曾说：“万物万形，其归一也。……由无乃一，一可谓无。”[②]王弼就是从以寡治众、以一统多的观点论证他的以“无”为“本”的唯心主义谬论的。他宣称，只要认识了“本”，“末”是无足轻重的。佛教理论在魏晋南北朝的流行，主要是它适应了当时中国玄学唯心主义的潮流，符合门阀士族地主阶级的利益。

魏晋南北朝时期，佛教在门阀士族的大力扶持下，得到广泛的传播[③]，佛经翻译有了显著的增加。佛经翻译者在汉代才十二人，魏晋南北朝增加到一百一十八人。在三百六十九年中，共译出佛经

① 《周易略例·明象》。

② 《老子注》。

③ 北朝的佛教传播，据《洛阳伽蓝记》，北魏首都洛阳人口有十万九千户，有寺一千三百六十七所；南朝与北魏同时的梁朝，首都建业有佛寺五百余所，僧尼十余万，梁朝地郡县僧及依附于寺院的人口，使“天下户口，几亡其半”（《北史》卷七十《郭祖深传》）。

一千六百二十一部，包括四千一百八十卷。[①]外国传入中国的佛经，一般是“随天竺沙门所持来经，遇而便出”。虽然“遇而便出”，而译出的以大乘空宗的经典最多，原因是“以斯邦人老庄教行，与方等经兼忘相似，故因风易行也”[②]。据佛经目录记载，译出的多数是大乘佛经。[③]魏晋南北朝的佛教徒是用当时人们所理解的老庄学说的标准去理解佛教的。这种情况恰恰像汉代以中国的神仙方术的观点去理解佛教一样。比如在魏晋广泛流行的般若学说，在印度，是用“否定一切”的思辨方法以论证现实世界的虚幻不实的。它不但认为一切物质现象和精神现象是虚幻不实的，连关于物质现象或精神现象的原理也认为是虚幻的。这一派学说并没有按照印度原来的观点介绍过来。当时重要佛教领袖道安是般若学说的大力提倡者，他就认为佛教般若学说阐明魏晋玄学“本无”原则的。他说：“无在万化之先，空为众形之始。”[④]道安对于佛教般若原理描述有：

> 其为象也，含弘静泊，绵绵若存。寂寥无言，辨之者几矣。恍忽无形，求矣漭乎其难测。圣人有以见因华可以成实，睹末可以达本，乃为布不言之教，陈无辙之轨。[⑤]

又说：

> 寄息，故有六阶之差；寓骸，故有四级之别。阶差者，损之

---

① 据〔唐〕智昇：《开元释教录》卷一至卷七。

② 〔晋〕道安：《鼻奈耶序》。

③ 见《开元释教录》。

④ 《名僧传抄》引《昙济传》。

⑤ 《道地经序》，《出三藏记集》卷十。

又损之，以至于无为；级别者，忘之又忘之，以至于无欲也。[①]

从道安的经序中以看出，无论所用的名词和对于佛经做出的解释，都是在发挥魏晋玄学唯心主义思想。像“寂寥无言”“恍忽无形”“睹末可以达本”“损之又损之，以至于无为”“忘之又忘之，以至于无欲”都是直接来自老子的。道安是个操行谨严、志向虔诚的佛教徒，他并不是故意与佛教哲学的本来意义相违背，但是他只能用玄学唯心主义的观点去理解佛教，并用他所理解的佛教的基本思想来指导佛经的翻译。道安和当时的一些佛教徒，主观上也认为不能用中国固有的概念和范畴去套佛教的概念、范畴。他认为“先旧格义，于理多违”，但是他理解的佛教并未超出魏晋玄学家对于老庄的理解[②]。所谓“格义”，是用中国旧有的哲学名词、概念去比附和解释佛教的哲学名词、概念，“格义”就是生搬硬套。道安反对“格义”，他自己还是用的“格义”的方法。这种情况，也表现在翻译中。

汉魏译经中的“意”字，原当梵文的两个字，一指心意，一指忆念。所谓“安般守意”者，乃禅法的“十念”之一，并不是指守护心意。言其守护心意，不使放逸，是中国道家的修养方法，如“损之又损”“忘之又忘”都与佛教原意不合。例如支谦译的《大明度经》中的第一品，就是从中国玄学唯心主义的立场去理解佛经的：

善业[③]言，如世尊教，乐说菩萨明度无极。欲行大道，当自

① 《安般注序》，《出三藏记集》卷六。

② 魏晋玄学的老庄之学，与老庄本来的思想是有区别的。

③ 善业：即“须菩提”的意译。

此始。夫体道为菩萨，是虚空也，斯道为菩萨，亦虚空也。

“般若”被译为“大明”，“波罗蜜多”被译为“度无极”。以“道”与般若波罗蜜多相比附。魏晋玄学以“无”为本，译经时则云“道亦虚空”。汉代支娄迦谶、吴支谦、秦竺佛念所译不同的《般若经》，都把经中的“真如品”（tatha-ta-parivarta）译为“本无品”。到了鸠摩罗什，才改译为“大如品”。刘宋时代把“佛母般若”译为“真如品”。“真如”与“本无”意义是不同的，由于当时中国没有与“真如”相当的概念，于是译为“本无”。既译“真如”为“本无”，于是与“本无”相对待的即“末有”。很自然地完全与魏晋玄学唯心主义的本体论，和“崇本息末”的思想体系合流了。如支谦所译的《本无品》说：

> 一切皆本无，亦复无本无，等无异于真法中本无，诸法本无，无过去当来今现在，如来亦尔，是为真本无。

与“真如”这一佛教基本概念相关的，魏晋玄学唯心主义把“无”理解为佛教的“实相”，以“本”“末”与佛教的“真谛”（“本”）、“俗谛”（“末”）相比附。基本概念既然与魏晋玄学混淆不分，结果必然导致佛教玄学化。

也应当指出，魏晋佛教的翻译，到了后期，有些名词改变了初期那种“格义”的办法，翻译得比较严格，“真如”不再译为“本无”。如鸠摩罗什就曾在建立佛教专用名词方面做出不少努力。名词得到订正，可以使译文对原著更为忠实，但是它不能代替社会上对于佛教哲学的基本理解。有了比较可靠译本是一回事，当时社会上人们如何理解这些译著，又是一回事。

汉魏时期的翻译是："梵客[1]华僧，听言揣意。方圆共凿，金石难和。……咫尺千里，觌面难通。"[2]鸠摩罗什虽称"转能汉言，音译流便"[3]，但实际上他们的汉语的笔译能力是很差的。据《高僧传》卷七《僧叡传》说：

> 昔竺法护出《正法华经·受决品》云："天见人，人见天。"什译经至此，乃言曰："此语与西域义同，但在言过质。"叡曰："将非人天交接，两得相见？"什喜曰："实然。"

这两句话并不难翻译，而鸠摩罗什对此感到束手。他的弟子，也是得力助手，也不懂得原文，所以说"将非……"。在翻译《大智度论》时，僧叡还讲到鸠摩罗什由于语言不通，在翻译中遇到的困难情形：

> 法师[4]于秦言大格。……苟言不相喻，则情无由比。……进欲停笔争是，则校竞终日，卒无所成；退欲简而便之，则负伤手穿凿之讥。[5]

鸠摩罗什读了他的弟子僧肇的《般若无知论》，对僧肇说："吾解不谢子，辞当相挹。"[6]《般若无知论》这篇宣扬佛教唯心主义的文章还在，它所讲的佛教仍然没有完全摆脱魏晋玄学的影响。鸠摩罗什自己承认，他的汉文不如僧肇。鸠摩罗什的翻译，都是通过他的得

① 这里的"梵客"泛指西域人、印度人。

② 《高僧传》卷三。

③ 《宋高僧传》卷二。

④ 这里指鸠摩罗什。

⑤ 《大智释论序》，《出三藏记集》卷十。

⑥ 《僧肇传》，《高僧传》卷七。

力助手僧融、僧叡、僧肇等协助进行的。译成汉文后，也要由他们作序，介绍所译经的大意。他们的序文，几乎和道安的经序一样，都是用魏晋玄学唯心主义的观点去阐明佛教经典，向读者推荐的。

当时佛经翻译的内容可分为以下四类：

第一，关于佛教基本知识的入门书，佛教名词、概念的解释。这是佛教徒每个人都要学习的，不论大乘和小乘，如《成实论》《俱舍论》等，属于“佛教知识手册”之类的。

第二，关于佛教戒律的，这是用来维持僧众的集体生活的纪律的。

第三，关于佛的传记、故事的。

第四，关于佛教宗教基本理论的。

前三类多属于佛教徒内部学习的经典，社会影响不大，唯有最后一类（关于宗教基本理论的）影响所及，不限于佛教徒内部，它是面向广大社会的，与当时社会思潮有极密切的关系。

魏晋南北朝翻译出的几千部经典中，只有少数经典得到广泛流布。当时经常讲授的有《成实论》，上面已经说过，属于“佛教知识手册”性质的，为僧众所必读。《般若经》很受重视，当时流行的有若干译本[①]；《维摩诘经》《涅槃经》《法华经》都有两种到七种的译本，在社会上有着广泛的影响[②]。如殷浩，“被废徙东阳，大

① 朱士行译《放光般若》、支娄迦谶的《道行般若》、竺法护《光赞般若》、支谦的《大明度经》、鸠摩罗什译的《大品般若》（即《放光般若》之异译）、《小品般若》（即《道行般若》之异译）等等。

② 南朝皇帝几乎没有一个不信佛教的，其中梁武帝达到了迷信的程度。当时门阀士族贵族，如王洽、刘谈、孙绰、郗超、许询、殷浩、王濛、王修、袁弘、王羲之、谢安、谢朗、谢长遐、曹石兴、卫协、顾恺之等都与佛教有关系。

读佛经，皆精解”。殷浩“始看佛经，初视《维摩诘》，疑‘般若波罗蜜’太多，后见《小品》，恨此语（按：‘此语’即‘般若波罗蜜’这个词）太少”[①]。这都说明当时《维摩诘经》和《小品般若经》是十分流行的。《般若》讲“空”，与本无学说相呼应，它得到流行是容易理解的。《维摩诘经》在南北朝也引起社会上广泛的兴趣，《京师寺记》云：

> 兴宁[②]中，瓦棺寺初置，僧众设会，请朝贤鸣刹注疏。其时士大夫莫有过十万者。既至长康[③]，直打刹，注百万。长康素贫，众以为大言。后寺众请勾疏。长康曰：“宜备一壁。”遂闭户，往来一月余日，所画维摩诘一躯，工毕，将欲点眸子，乃谓寺僧曰：“第一日观者请施十万，第二日可五万，第三日可任例责施。”及开户，光照一寺，施者填咽，俄而得百万钱。[④]

这里是说，当时首都南京新建成一佛寺，和尚们借机会募一笔钱。当时官僚贵族们在捐款的簿子上认捐的数目没有超过十万的。捐款簿子送到顾恺之时，顾恺之写上他将捐钱百万。顾恺之是个有名的穷画家，别人以为他在吹牛，劝他勾掉他认捐的钱数，免得到时拿不出。顾恺之只要求和尚们给他准备一面墙壁。他用了一个多月的工夫，画了一幅关于维摩诘的故事的壁画，并告诉寺里的和尚们，凡是来参观壁画的，第一天向每一个人收钱十万，第二天来参观的

---

① 《世说新语·文学篇》。

② 兴宁：晋哀帝年号，363—365年。

③ 长康：即名画家顾恺之。

④ 《历代名画记》卷五。

每人收钱五万，第三天以后由参观者任意捐助。壁画开放后，前来参观的人拥挤不堪，不一会就收得钱百万。

上述这个故事，固然说明顾恺之画得好，也说明由于维摩诘这个人物是南北朝门阀士族地主阶级认为最值得学习的理想人格。所以从后来发现的壁画和文学著作中涉及维摩诘的很多，甚至到了唐朝的诗人王维，字摩诘，显然也是受了《维摩诘经》的影响。①

南北朝的门阀士族地主阶级垄断当时政治上、经济上一切特权，他们有条件口头上讲清高，宣扬不关心富贵，不羡慕荣利，甚至连直接统治人民的皇帝也口谈玄理，想当起隐士来了。如：

> 简文帝②入华林园，顾谓左右曰："会心处不必在远，翳然林水，便有濠濮间想也。"③

这种假装清高的生活态度，是有其思想渊源的。在西晋时，郭象④早已给当权的统治者的脸上涂上一层光艳的油彩。他在《庄子·逍遥游》注中说：

> 夫神人即今所谓圣人也。夫圣人虽在庙堂之上，然其心无异于山林之中，世岂识之哉？徒见其戴黄屋、佩玉玺，便谓足以缨绂其心矣；见其历山川、同民事，便谓足以憔悴其神矣。

---

① 《维摩诘经》：旧译为《净名经》或《无垢称经》，"净"即"无垢"的同义词，"名"即"称"的同义词，"维"即"无"。王维，字摩诘，名字取得很没有道理。这里只是说《维摩诘经》影响之广泛。

② 即司马昱，在位时间为371—372年。

③ 《世说新语·言语篇》。

④ 郭象（252—312年），见《晋书》卷五十。

岂知至至者之不亏哉？

“神人”“圣人”即政治上最高的统治者。他宣称，“圣人”虽然形式上过着世俗的、看来十分忙碌的生活，但是“圣人”在精神上是十分清高、飘逸的，“虽在庙堂之上，然其心无异于山林之中”。郭象把这批利欲熏心、脑满肠肥、热衷于腐化享乐生活的统治者，描绘成逍然物外、一尘不染的神仙。这样，统治者们的卑鄙龌龊的现实生活中却被描写为蕴藏着高洁超俗的灵魂。他们理想中的“圣人”，“虽终日挥形，而神气无变；俯仰万机，而淡然自若”[①]。经过这样一装扮，贵族统治者既有清高之名，又有享乐之实。他们越是参加污浊的政治活动，反而越能表现贵族统治者的清高。

《维摩诘经》中所描绘的一个中心人物即维摩诘居士。这个居士有广大的田园财产，有妻子儿女，又有神通，又有学问，连佛也要让他三分。佛的弟子们的知识、理论与这个不出家的居士相比，只有自惭形秽。以致当维摩诘居士生病，佛派他的得力弟子去问疾，那些弟子们一个一个地都推托，不敢去。维摩诘居士是个什么样的人物呢？《维摩诘经》中有一段描写：

> 尔时毗耶离大城中有长者名维摩诘，……资财无量，摄诸贫民；奉戒清净，摄诸毁禁；以忍调行，摄诸恚怒；以大精进，摄诸懈怠；一心禅寂，摄诸乱意；以决定慧，摄诸无智。

以上是说维摩诘这个脑满肠肥的大地主，生活富有而道德高尚，他有比佛弟子更全面的宗教道德修养。又说：

① 郭象：《庄子·大宗师》注。

> 虽为白衣，奉行沙门清净律行；虽处居家，不著三界；示有妻子，常修梵行；现有眷属，常乐远离；虽服宝饰，而以相好严身；虽复饮食，而以禅悦为味。

这是说他过着世俗贵族的生活，但能经常保持超世俗的比出家人还要纯洁的精神状态。又说：

> 若至博弈戏处，辄以度人；受诸异道，不毁正信；虽明世典，常乐佛法；执持正法，摄诸长幼。一切治生谐偶，虽获俗利，不以喜悦。入治正法，救护一切；入讲论处，导以大乘；入诸学堂，诱开童蒙；入诸淫舍，示欲之过；入诸酒肆，能立其志。

这是说维摩诘尽管在吃喝嫖赌，他的精神境界却是与众不同的。一般人吃喝嫖赌是精神堕落，维摩诘去做这些坏事就别有境界。这正是中国门阀士族地主阶级所欣赏的"虽居庙堂之上，然其心无异于山林之中"的谎话的印度版。维摩诘这种人物的思想境界和生活方式，正是南北朝门阀士族地主阶级所追求向往的。

据《世说新语·言语篇》：

> 竺法深在简文坐，刘尹问："道人何以游朱门？"答曰："君自见其朱门，贫道如游蓬户。"

一个出入宫廷，接交官府的势利和尚，还要大言不惭地说"游朱门""如游蓬户"，简直是自欺欺人。用旷达掩盖其奔竞趋走的丑态，这就是当时社会上的"风流"和"清高"。

当时《法华经》与《涅槃经》得到广泛流行，主要是这些佛经中提出"人人都能成佛"的口号。人人都有佛性，在佛教大乘经典中如《维摩诘经》《法华经》都已透露了这类思想。人是否能成佛，这本来是个虚构的问题，没有必要去认真考虑它是否可能。但是宗教问题是现实世界的反映，只是“人间的力量采取了超人间的力量的形式”[①]。广大人民要求摆脱现实世界的苦难，向往幸福，它表达了门阀士族地主阶级严重压迫下，人民的愿望。列宁说：

> 被剥削阶级由于没有力量同剥削者进行斗争，必然会产生对死后的幸福生活的憧憬，正如野蛮人由于没有力量同大自然搏斗而产生对上帝、魔鬼、奇迹等的信仰一样。对于工作一生而贫困一生的人，宗教教导他们在人间要顺从和忍耐，劝他们把希望寄托在天国的恩赐上。对于依靠他人劳动而过活的人，宗教教导他们要在人间行善，廉价地为他们的整个剥削生活辩护，廉价地售给他们享受天国幸福的门票。[②]

在南北朝时期门阀士族地主阶级统治下，剥削者利用宗教宣传，论证他们今生的富贵是过去“修福”的结果，并告诉人们对于现实的苦难不必计较，在将来的“极乐世界”里可以得到补偿。他们大力“保证”在另一个世界里得到平等，正是为了在现实世界里保持着不平等。如《法华经》宣称人人“悉皆与授记，未来当成佛”[③]。还一再保证“我不敢轻于汝等，汝等皆当成佛”[④]。在封建社会中女子比男子还多受一重夫权的压迫，在《法华经》中也讲到

---

① 恩格斯：《反杜林论》，《马克思恩格斯选集》第三卷，第 354 页。

② 《社会主义和宗教》，《列宁全集》第十卷，第62页。

③ 《授学无学人记品》第九。

④ 《常不轻菩萨品》卷二十。

“龙女成佛”的故事。

《涅槃经》和《法华经》都宣传人人都有佛性，只是人们自己不去认识它，就像贫女藏有黄金，忘记了收藏的地方，才遭受贫困，一旦找到，立刻变成富足。这些思想，都起了巩固当时门阀士族地主阶级政权的作用。因为它教人面向虚无缥缈的西方乐土，就可以放弃了对现实社会的斗争。后来，《涅槃经》的四十卷本还进一步宣称："犯四重罪，谤方等经，作五逆罪，及一阐提悉有佛性。"[①]他们慷慨地打开进入“天国”的大门，给每个人都颁发一张永不兑现支票。宗教对于另一个精神世界的大量恩赐，正是对现实世界统治的严酷。

可见上述这些佛经译本得到重视，主要是符合了当时封建地主阶级的利益。我们不是用宗教去说明历史，而是用历史的实际去说明宗教。

佛教在隋唐时期，由南北朝的讲学的学派，进而建立了佛教的宗派。佛教徒中有了更多的精通梵文的翻译人才，如玄奘就是其中最有名气的一个。道宣论及玄奘的翻译时，说：

> 自前代以来，所译经教，初从梵语倒写本文，次乃回之，顺同此俗，然后笔人观理文句。中间增损，多坠全言。今所翻传，都由奘旨，意思独断，出语成章。词人随写，即可披玩。[②]

以前文字语言对翻译的障碍，到了隋唐时代总算清除了。翻译的准确性也大胜于前。在隋唐时期，从隋初（581年）到唐贞元五年

① 《大般涅槃经》卷二十二，《光明遍照高贵德王菩萨品》。

② 《续高僧传》卷五。

（789年），共二百零八年，这二百年间，共有译人五十四人，译出佛经四百九十二部，二千七百一十三卷。其中只玄奘一人即译出佛经和有关佛教以外的其他宗教著作七十四部，一千三百三十五卷。从翻译的数量和翻译的质量看，都达到佛经翻译前所未有的水平。

隋唐的佛教翻译和过去比较，有以下的特点。

魏晋以前，佛经原本主要是依据西域胡本，而只有少数是梵文本。译经也多为节译、选译。隋唐时期，多译全集，如《大般若经》一部书即达六百卷之多，它是佛教大乘空宗的一部丛书。魏晋以前主译者多为外国僧人，必须通过中国助手才可译成中文。隋唐时期主译者多是本国僧人，主译者既精通佛教教义，也通晓梵汉语言。隋唐时期佛经翻译的目的性也较从前更为明确，系统性也显著地加强。魏晋以前，基本上是遇着什么经就译什么，只有特殊情况下，有目的地到西方求法，如朱士行求《般若经》、法显求戒律。南北朝，鸠摩罗什开始系统地介绍大乘空宗的经典。唐代玄奘所译的一千余卷，除了他自己所信奉的法相宗经典，还译了法相宗以前的大乘空宗的经典，如《大般若经》等。他还译了早期的小乘佛教、佛教以外其他流派的著作，以及有关思辨工具、因明学等等。

玄奘以后，另一个唐代译经大师义净也是对佛经翻译有成绩的。唐代还翻译了大部分密教的经典。隋唐以后，读者足以从翻译为汉语的佛经中，了解印度佛教的基本面貌。

佛教在隋唐时期，比魏晋南北朝有了更大的发展。寺院经济比从前更为巩固，并形成了许多独立的宗派[①]。佛教发展了，翻译的佛

① 主要的有天台宗、华严宗、禅宗、法相宗等。

经也相应地得到重视。但历史表明，隋唐时期，佛教翻译的质量和数量尽管是超过了前代，像玄奘的翻译虽有一千余卷，可是在社会上得到流行的只是极少数。绝大部分译出后就搁置起来，没有人理睬它了。它的社会影响不及前代。赵宋以后，又继续译了几百卷的佛经，译出的经典虽然好好地保存在那里，但是这些书的内容和译者都逐渐被人们忘记了。

这里不得不提出一个问题：当翻译佛教经典十分困难的时期，译本却引起了广泛的社会影响。隋唐和以后的佛经翻译质量提高了，影响反而差了，甚至没有什么影响，这是什么原因?

我们认为，一种思想所起的影响，不能只从思想本身去找寻它的原因。宗教也是上层建筑中的一种，它必须为它的基础服务，佛经的翻译也不例外。它给它的基础服务得好，它就得到发展、传播，到处蔓延。它为它的基础服务得不好，就吃不开。汉末到魏晋初期，佛教的翻译多用“格义”，不免生搬硬套，译文对原文来说，不能算是忠实的。但是当时佛经翻译力求为它当时的基础服务，符合当时统治阶级的需要，尽管译文有些蹩脚，还是起了不小的影响。隋唐时期佛经翻译只做到了忠实于印度佛教的介绍，而没有做到密切配合当时中国政治的需要。汉魏佛经的翻译虽然不及后来的精确，但是它密切结合了当时的政治需要。汉代的《四十二章经》的内容，就是汉代的神仙方术的宗教迷信。它所以流布，和黄老思想得以流布有着同样的社会基础，也起了同样的政治作用。

魏晋时期，介绍过来的佛教哲学理论被认为是玄学唯心主义的一个流派。玄学唯心主义是为当时门阀士族地主阶级的政治服务的，佛教的理论也起了密切配合作用。

魏晋时期译成中文的佛经有几千卷之多，而起作用、引起社会广泛重视的只有少数的几部，如上面我们已经讲过的。正是由于上面讲到的那些佛经（如《般若》《涅槃》《法华》《维摩》等）的内容更能符合中国门阀士族地主阶级的政治利益。也可以说，当时中国门阀士族按照他们的实际需要，去认识并宣扬这些佛经的。因此，这些少数佛经不胫而走。它们得到传播和被重视，和魏晋玄学唯心主义得到传播和重视有着同样的社会基础。

隋唐时期，中国封建社会进入了新的阶段，门阀士族地主阶级专政的政治局面不存在了，地主阶级的社会地位进行了重新编组。因而，在思想意识方面也有它特殊要求。隋唐佛教各宗派都在大力制造更加密切配合为当时地主阶级的政治服务的思想体系。如天台宗、华严宗、禅宗等宗派的主要思想家，都是用注解佛经的方式为政治服务的。有的甚至撇开翻译，独立发挥佛教的宗教理论。因为翻译是介绍外来的思想，不能完全符合本国的需要。宗教，即使它看来和当时的现实政治距离较远，讲的都是另一个世界的事，实际上它归根到底不能不为它的基础服务。隋唐佛教宗派中如法相宗，它的创始人即玄奘确是一位杰出的翻译家，恰恰就是这个宗派的寿命最短，只经历了短短的三四十年即衰落了，倒是那些用著述为主的另外的几个宗派得到了发展。

我们从隋唐时期几个主要的佛教宗派兴衰过程，我们不难看出，凡是密切配合当前的基础需要的那些宗派就得到发展；配合不密切的就停滞；生硬移植，不问自己的土壤气候的，就枯萎。正如恩格斯所说的：

每一时代的社会经济结构形成现实基础，每一个历史时期由法律设施和政治设施以及宗教的、哲学的和其他的观点所构成的全部上层建筑，归根到底都是应由这个基础来说明的。[①]

中国佛教经典的翻译，又一次说明了一切文化，连看来超世俗的宗教在内，都必须为一定的基础服务。宗教好像是超现实的，实际上它又是现实的反映。佛经的翻译，在最初虽然没有什么选择，遇到什么就翻译什么，看来带有偶然性，但是翻译过来之后，它能不能流行、起不起影响，就不再是偶然的，而是必然的了。佛经翻译者能力、水平有高有低，这种差别只能决定翻译的质量，却不能决定译本是否能够传播。对翻译的佛经的理解，有深有浅，有的甚至误解了原文，它反映了注释者的程度。但是，一种外来的宗教思想真正在社会上造成影响的未必就是那些对原著理解正确的，倒是那些用当时流行的思潮来说明它的常常占了上风。这都说明，宗教是为基础服务的，从来就不是超政治的，离开了具体的基础，就无法理解宗教的活动。

胡适为论证他的实用主义，对中国古代佛经翻译事业发表了一些荒谬的论点。他说：

佛教徒要人传教，不能没有翻译的经典；中国人也都想看看这个外来宗教讲的是些什么东西，所以有翻译的事业兴起来。[②]

他把佛教翻译的兴起，说成由于中国人的好奇心，“都想看看这个外来宗教讲的是些什么东西”。这简直是把历史事件当作了儿戏。翻译事业何以在中国长期继续，胡适也做了荒谬的解释：

① 《反杜林论》,《马克思恩格斯选集》第三卷，第 66 页。

② 胡适：《白话文学史》，第158页。

> 却不料不翻也罢了，一动手翻译便越翻越多，越译越不了，那些印度和尚真有点奇怪，摇头一背书，就是两三万偈；摇笔一写，就是几十卷。……所以这翻译的事业足足经过一千年之久。[①]

他认为只是由于印度和尚能写作，数量大，所以中国人的翻译不得不继续了一千年之久。这真是海外奇谈。

近人梁启超把佛教经典的翻译的流行或不流行，取决于译文优美或译文的拙劣。他说：

> 绝对主张直译之道安，其所监译之《增一阿含》《鞞婆沙》《三法度》诸书，虽备极矜慎，而千年来鲜人过问。而〔罗〕什译之《大品》《法华》《维摩》以及四《论》（中、百、十二门、大智度）不特为我思想界辟一新天地，即文学界之影响亦至巨焉，文之不可以已，如是也。[②]

如果把佛经的流布不广说成译笔拙劣，影响广泛则认为是由于译笔流畅、精美，也是错误的。唐玄奘的译笔不能说不精美，却仍然长久以来被束之高阁。可见，脱离了社会和阶级的原因，从译文技术去说明思想，只能越讲越支离，不可能找到佛经翻译兴废的真正原因。

法国学者沙畹讲到何以中国大乘佛教流行，完全归之于外来的影响，认为中国最早求法的和尚所去的区域是大乘教流行，所以携回的

---

① 胡适：《白话文学史》，第158页。

② 《翻译文学与佛典》，《梁任公近著》第一辑，第113页。

和传布的也都是大乘佛教。[①]这种说法也是毫无根据的。这是脱离了社会内部的具体条件，专从外面来找原因。他就无法说明何以后来中国僧人也曾接触了小乘，仍不能使小乘在中国得到流行，也还不能说明中国有了大乘，何以只有大乘的般若空宗在魏晋南北朝得到流行，同样都是大乘佛教，而大乘的法相宗并未流行。

我们认为只有历史唯物主义才是认识历史的真正钥匙。历史唯物主义是一种伟大的科学武器，它可以帮助我们扫清长期笼罩在历史领域的各种迷雾，使我们能够比前人更接近历史的真实。历史唯物主义告诉我们，社会的精神生活所由形成的来源、社会观念，并不是要到观念、理论、观点本身中去找，而是要到社会的物质生活条件、社会存在中去找。因为理论、观点等是社会存在的反映。离开了基础，空谈上层建筑是讲不清楚的。通过佛经翻译的剖析，使我们从中进一步理解历史唯物主义的基本原理，对于加深学习马列主义著作是有帮助的。

---

① [法]沙畹：《宋云行记笺注》，冯承钧译，《西域南海史地考证译丛》第6编。

佛教与儒教*

研读中国哲学史的人都会发现宋、元、明理学家们，如周、程、张、朱、陆、王诸大家，在青少年时期都有“出入于佛老”的治学经历。已出版的中国哲学史中，不少的书也曾提到过，如朱熹的“理一分殊”的概念、“月印万川”的比喻来自佛教，有的指出来自佛教的华严宗。陆象山指斥朱学近道（道教），朱指斥陆学近禅（佛教）。王夫之也指出朱熹的学术来自佛教。王夫之自己以儒学正宗自居。王守仁也自称得自孔孟真传。这些相互攻击和自我标榜，都表明理学家们对于佛教、道教持反对立场。

如果仔细考察，会发现宋、明诸儒并没有真正反对佛教，倒是可以认为他们是佛教的直接继承人。也可以说，他们是接着佛教的一些中心问题，沿着他们的路线继续前进的。

中国哲学史是中华民族的认识史。中华民族在认识世界的道路上不断把哲学发展推向前进。试做粗线条地回顾，我们可以说，先秦哲学的世界观偏重在宇宙的构成论。好比人类幼年时期，对一件事物不了解，出于好奇，总要问一个是什么做的。有的哲学家回答

---

* 据《任继愈学术论著自选集》。原载《文史知识》1986 年第 10 期。收入《天人之际》时删最后一段。

是“水”，是“火”，是“地”“水”“火”“风”“精气”“元气”。古希腊的哲学是这样，中国哲学史也差不多是这样走过来的。秦汉时期，中华民族对世界的视野又有所扩大。秦汉哲学构筑了宇宙构成的总模式，以阴阳五行说填充了人类世界，把天地构成、人物化生、社会结构、政治治乱、人性善恶都力图纳入一个总模式中，用五行模式统摄世界，“五方”“五行”“五味”“五德”“五色”“五情”“五声”，都给安排在一定的地位。中国哲学史进入了完整的宇宙论阶段。

人类认识不能停留在宇宙论的阶段，于是进而发展为本体论的阶段。魏晋之际，产生了玄学。玄学的中心议题是探讨现象与本质的关系，提出了“本末”“有无”等重要范畴。玄学的出现，标志着人们的认识又向前发展了。不但要求认识事物大、小、方、圆，而且要求追问大、小、方、圆之“所以然”。这个“所以然”的提出，比秦汉时期的宇宙论阶段，显然又深入了一层。

认识的过程总是从外到内、从物到己。先认识世界外部，然后反观自己。中国哲学史的发展也恰好证明了这个道理。由考察宇宙万物的本体，进而探索人类自身的本性（人的本体）。

这也是从认识自然，进而认识社会、认识历史、认识人性的必然过程。关于人性善恶的探讨，先秦、秦汉都有不少流派谈到了。但他们停留在表面观察、简单地分类（如人性是善、是恶、是有善有不善、无所谓善不善，后来又有“善恶混”“性有三品”等），还没有进一步探究善、恶有没有起源；善、恶之间能否转化，如果能转化，是靠外因还是内因；善、恶有没有生理的基础和心理基础。这些问题，在中国哲学史上有过相当充分的讨论，并且成了南北朝时期的佛性论的中心议题。当时关于成佛问题，实质上是为善、去恶，成圣、成佛对每一个人是否有同等的资格、有同等的机会。南北朝时期的佛性论就是人性论、心性论。

由南北朝到隋唐，佛教创立了许多宗派。影响较大的有天台宗、华严宗、禅宗、净土宗等等。三论宗、唯识宗为时甚暂，影响不远。这些宗派共同感兴趣的问题，也是引起社会上重视的问题，是佛性问题，即心性论。

隋唐佛教讨论的心性问题，涉及的范围既深且广，它涉及人类心理活动、感觉经验、道德观、认识论、社会观、本体论的综合心理训练、宗教实践（修养方法）。所谓“明心见性”“即心即佛”“性体圆融”“无情有性”，都是从不同的角度建立的各宗的心性论，并在各自建立的心性论的基础上构造各自的神学体系。这是各宗各派的学说共同的思潮和趋势。各个宗派之间有很大的分歧，有的接近中国传统的性善说，有的接近于性恶说，也有游移于两者之间的。心性论曾把最大的注意力放在恶的来源的解释上。止恶，向善，遏制欲望，发明本心，也是众多佛教宗派共同探讨的热门问题。

抓住了这个大的潮流和总的趋势，我们再看宋明理学所关心的许多问题，以至它们所提出的重要范畴，就不难发现它们接过佛教在隋唐三百年来反复讨论的心性论，与儒家的纲常名教相结合，从而形成了一种新的宗教哲学。社会上叫作“理学”，元朝人称为“道学”，西方学术界称为“新儒学”，以区别于孔孟的儒学，我称它为“儒教”，讲的都是一回事。“存天理，去人欲”，朱熹说“人之有生，性与气合而已。即其已合而析言之，则性主于理而无形，气主于形而有质”。宋儒区别“人心”与“道心”并建立了“天命之性”与“气质之性”的学说。宋儒自认为“有补于后学，有功于圣门”。如果查一查隋唐诸宗派的心性论，这些议论似曾相识，并不生疏，俯拾即是。至于“人人有一太极，物物有一太极”“理一分殊”的说法，那是明显的来自佛教，证据确凿，就不必多说了。

佛教与儒教有着直接继承的关系，特别在心性论这个问题上，儒教是接着佛教讲的。正因为佛教、儒教有这种内在的继承关系，所以佛教经过儒教加工改造后，好像被打败了，衰落了。实际上，佛教的宗教修养方法，特别是心性之学的修养方法在儒教中合法化，成了“主静”“主敬”，禅定成了静坐，“克己复礼”成了“存天理，灭人欲”。《尚书·大禹谟》的十六字真言——“人心惟危，道心惟微。惟精惟一，允执厥中”，宋儒按照佛教的宗教修养的标准进行注解，完全变成了儒教修身养性的咒语。

不应停留在字句上找儒与佛的异同，要从它们共同关心的思想方法、修养目的、修养方式，以及它们研究的问题上着眼，更容易看到宋以后，三教合一的思潮已深入学术界的各个领域。三教之间互相影响、互相渗透，最后成为一个三教合一的整体。儒教以自己为主，吸收了佛教及道教。佛教、道教也走上三教合一的道路，向儒教的纲常名教靠拢，共同为封建宗法制度服务。

唐宋以后的哲学家中，不但唯心主义者继承了佛教，唯物主义者如柳宗元、刘禹锡、王夫之、戴东原也都是佛教心性论的继承者，只是他们的讲法有所不同。

这是一个有争议的问题。佛教是世界三大宗教之一，已被世界所公认；儒教是不是宗教，国内外都有不同的看法，有人说是，有人说不是。说儒教是宗教的，又有两种理解：一派以孔子为儒教的创始人，孔子是教主；一派认为宋明理学为儒教，孔、孟创立的是儒家，先秦儒家是学派，不是宗教。对后世以至当前的社会生活仍在起作用的，并不是先秦的儒家，而是宋明以来的儒教。对孔子的研究已引起全国的关注，恢复孔子的本来面目并不难。对儒教（或称为“宋明理学”）的研究似乎还未引起重视，而且难度也较大，有些准备工作要做，现在条件还不大具备。困难是困难，它却直接关系到我们现代化的命运。远的且不说，史无前例的“文化大革命”，可以说与孔子无关，却不能说与儒教无关。这不是篇把文章能说得清楚的。儒教的兴衰功过，我们的《中国哲学发展史》宋以后几卷将有充分论述，这里不能深论。

唐宋以后的三教合一思潮*

一

隋唐初期，中国思想界即有了“三教”的名称。“三教”即以孔子为代表的儒教、以老子为代表的道教与外来的佛教。孔子和老子都是先秦时期公元前5世纪的哲学家、思想家、学者，不是宗教的领袖。孔子、老子被神化，被说成宗教的创始人，是后来人们塑造出来的。

隋唐时期，中国佛教、道教都得到中央封建政府的提倡，与儒教并列，形成三教鼎立的局面。儒教主张维护中国封建君权的“三纲”说，即君臣、父子、夫妇的绝对服从关系永恒不变。三教从不同的方面为同一个封建皇权服务。它们为了发展自己的势力，也有过矛盾斗争。在矛盾中，佛教、道教都分别遭到政治上的打击。而儒教也认识到，佛教和道教的一些宗教思想可以辅助儒教世俗说教

* 原载《世界宗教研究》1984年第1期。其中一部分以《主敬、慎独与坐禅》入载《皓首学术随笔·任继愈卷》（中华书局，2006年10月版）。

的不足。在唐朝后期，三教的重要思想家都主张三教会同，主张在理论上互相包融，有时候只是在政治上互相排斥。唐宋以后，直到鸦片战争（1840年），这种儒、佛、道三教融合的总格局没有改变。这种思潮，对于中国后期封建社会起了稳定作用，从而延缓了中国封建社会向近代资本主义社会过渡的速度。三教合一思潮，构成了近千年来中国宗教史、中国思想史的总画面。

二

佛教的三教合一思潮。隋朝李士谦论三教，说："佛，日也；道，月也；儒，五星也。"①隋唐以后，中国出现了大批"伪经"。所谓"伪"，是指它不是来自西方，是中国人自己编造的。伪经名目繁多，各有特点，有所偏重，但它们都强调中国封建伦理，忠君、孝父母等儒教思想。唐代僧人宗密《原人论》中说："孔、老、释迦皆是至圣，随时应物，设教殊途。内外相资，共利群庶。"五代时僧延寿，主张三教融合，"儒道仙家，皆是菩萨，示助扬化，同赞佛乘"②。北宋元祐年间，四川大足县石篆山石窟造像，即将儒、佛、道镌刻于一处。北宋的三教合一，反映了代表中央政权的儒教为中心的势力的增强，佛、道两教均主动向儒教接近的趋势。宋代的孤山智圆自称"宗儒述孟轲，好道注《阴符》。虚堂踞高台，往往谈浮

① 《佛祖历代通载》卷十。

② 《万善同归集》卷六。

图”[①]，他主张“修身以儒，治心以释”[②]，以佛教徒的身份，而自号“中庸子”，还认为没有儒教的支持，国家不得安宁，佛教也不能推行。他为了宣扬“中庸之道”，不惜违反佛教教义，他说：“释之言中庸者，龙树所谓中道义也。”[③]龙树“中道”为不执着“有无”“真假”，儒家的“中庸”指的是处世对人要无过无不及，两者本不相干。

宋赞宁也说：“三教循环，终而复始。一人在上，高而不危。有一人故，奉三教之兴；有三教故，助一人之理。”

僧人契嵩著《辅教编》中有《孝论》凡十二章，具论忠孝，“拟儒《孝经》，发明佛意”，还说“夫孝，诸教皆尊之，而佛教殊尊也”[④]。佛教本来号召出家，脱离家庭的父子伦理关系的，而佛教的代表人物却高唱佛教比儒教、道教更看重孝道。

明朝祩宏继承了这个方向，也主张三教“同归一理”“三教一家”。僧真可《题三教图》，又有《释毗舍浮佛偈》，认为“仁”“义”“礼”“智”“信”都是值得敬礼的佛（如来）。德清有《大学纲目决疑》以说明儒教与佛的一致性；又作《道德经解发题》《观老庄影响论》以说明道教与佛教的一致性，认为“孔老即佛之化身”。智旭（1599—1635年）以儒教的十六字诀融通佛教，并著有《周易禅解》《四书蕅益解》，主张孝道，“儒以孝为百行之本，佛以孝为至道之宗”[⑤]，“以真释心行，作真儒事

① 《闲居编》卷四十八《潜夫咏》。

② 《中庸子传》上。

③ 《中庸子传》上。

④ 《孝论·叙》，见《镡津文集》卷三。

⑤ 《题至孝回春传》。

业”[①]，“非真释不足以治世，是以一切三宝常能拥护世间，而真儒亦足以出世”[②]。

三

道教开创之初，即提倡佐助君王的方略。南北朝时期，道教经过官方的改造，更加充实了支持封建社会的忠君爱国的内容。宣扬孝慈的如：

> 与人君言，则惠于国；与人父言，则慈于子；与人师言，则爱于众；与人兄言，则悌于行；与人臣言，则忠于君；与人子言，则孝于亲。[③]

宣扬“三教归一”的如：

> 《三教归一图说》：三教殊途同归，妄者自生分别。彼谓释、道虚无，不可与吾儒并论。是固然也。自立人极，应世变言之，则不侔。至于修真养性与正心诚意之道，未易畦畛也。[④]

宣扬报父母恩，出家道士超度其亡亲的，如：

---

① 《广孝序》。

② 《玄素开士结茅修止观助缘疏》。

③ 《太上洞玄灵宝智慧罪根上品大戒经》二卷，《道藏》二〇二册《洞玄部戒律类·陶》。

④ 《黄帝阴符经讲义》四卷，南宋夏元鼎撰，《道藏》五十四册《洞真部玉诀类·藏下》。

三纲五常乃立人之大本，孝道之大，至于日月为之明，王道为之成。……是故净明之法，本忠君孝亲以存心；盟真之斋，以报祖荐亲而立教。以此见学仙之士，曷尝不笃意于亲……

资事父以事君，则忠孝之义尽，取于治身而治国，则清净之化成。其在栖真者流，尤以报君为重。[①]

道教还将儒教纲常名教的规矩应用到道教的师徒关系上。如：

以传度法箓者为度师，度师之师为籍师，籍师之师为经师。

先序三师，然后行道。凡厥读经、讲诵、行道、烧香、入室、登坛，皆先礼师存念。……此法不遵，真灵靡降。[②]

南宗道士张伯端说“教虽分三，道乃归一”[③]，致力会同儒、佛、道。

金元间，道教三教合一说十分流行。王喆在山东建立三教金莲会、三教平等会，“劝人诵《般若心经》《道德》《清静经》及《孝经》”[④]。丘处机云：“儒、释、道源三教祖，由来千圣古今同。”[⑤]赵缘督（友钦）有《仙佛同源》，主张三教一家、三教合一，是全真教的中心思想。后来假托吕洞宾的许多著作（多数应出在明代）也都

---

① 《玄门报孝追荐仪》，《道藏》二八五册《洞玄部威仪类》。

② 《洞玄灵宝三师名讳形状居观方所文》，张万福撰。《道藏》一九八册《洞玄部谱录类·有二》。

③ 《悟真篇》。

④ 《甘水仙源录》。

⑤ 《皤溪集》。

是三教合一的基调。道士谭处端说：“为官清政同修道，忠孝仁慈胜出家。”[①]

四

唐宋以后，历元、明、清各朝，儒教配合中央集权的要求，也极力加强思想统治的集中。儒教本身直接提倡的是维护封建专制制度的“三纲”说。儒教的许多学者，没有不受过佛教和道教的影响的。周敦颐的《太极图说》，本来是道教先天图的翻版。以后张载、二程以及南宋的朱熹、陆九渊也都是深受佛、道两教的影响的。由此上推，如白居易身为儒者，同时又是佛教和道教的忠实信徒[②]。宋代理学家们，如朱熹，对《黄帝阴符经集解》以及《参同契》都进行过认真的研究。前人论述已多，这里从略。朱熹借用佛教常用“月印万川”的比喻来说明他的“理一分殊”的道理。朱熹说：“释氏云：‘一月普现一切水，一切水月一月摄。’这是那释氏也窥见得这些道理。”[③]朱熹既继承了禅宗思想，也继承了华严宗思想，因为华严宗发挥“一即一切”这个神秘主义观点，朱熹也说：“万个是一个，一个是万个。”[④]朱熹好像在说佛教的某些观点近儒，实际上倒是朱熹的思想符合了佛教观点。明清之际的王

---

① 《水云集》。

② 陈寅恪：《白乐天之思想行为与佛道之关系》，《岭南学报》1949年。

③ 《朱子语类》卷十八。

④ 《朱子语类》卷九十四。

夫之曾指出："贞生死以尽人道，乃张子之绝学，发前圣之蕴，以辟佛、老而正人心者也。朱子以其言既聚而散，散而复聚，讥其为大轮回。而愚以为朱子之说反近于释氏灭尽之言，而与圣人之言异。"[①]再以明代学者王守仁为例，也能看出明代儒者所持鲜明的三教合一的立场。王守仁说：

> 仙家说到虚，圣人岂能虚上加得一毫实？佛氏说到无，圣人岂能无上加得一毫有？但仙家说虚，从养生上来，佛家说无，从出离生死苦海上来。却于本体上加却这些子意思在，便不是他虚无的本色了。[②]
>
> "佛氏不着相，其实着了相。吾儒着相，其实不着相。"请问。曰："佛怕父子累，却逃了父子；怕君臣累，却逃了君臣；怕夫妇累，却逃了夫妇。都是为了个君臣、父子、夫妇着了相，便须逃避。如吾儒，有个父子，还他以仁；有个君臣，还他以义；有个夫妇，还他以别。何曾着父子、君臣、夫妇的相？"[③]

王守仁还把儒教的修养与道教的宗教修炼等同类比。他说：

> 只念念要存天理，即是立志。能不忘乎此，久则自然心中凝聚，犹道家所谓结圣胎也。[④]

他还把佛教、道教说成与儒教差不多少，极为接近：

---

① 《张子正蒙注·太和篇》。

② 《传习录》下。

③ 同上。

④ 《传习录》上。

> 二氏之学，其妙与吾人只有毫厘之间。①
>
> 大抵养德养身，只是一事。元静所云“真我”者，果能戒谨不睹，恐惧不闻，而专志于是，则神住、气住、精住，而仙家所谓长生久视之说，亦在其中矣。神仙之学与圣人异，然其造端托始，亦惟欲引人入于道。《悟真篇后序》中所谓“黄老悲其贪著，乃以神仙之术渐次导之”者。元静试取而观之，其微旨亦自可识。②

王守仁故意把道教的神秘主义内丹修炼方法说成儒教的道德修养过程。陆元静问王阳明关于道教的“精”“气”“神”的部位与作用，信中问：

> 元神、元气、元精必各有寄藏发生之处，又有真阴之精，真阳之气，云云。

王守仁回答说：

> 夫良知一也，以其妙用而言谓之神，以其流行而言谓之气，以其凝聚而言谓之精，安可以形象方所求哉？真阴之精即真阳之气之母，真阳之气即真阴之精之父。阴根阳，阳根阴，亦非有二也。苟吾良知之说明，则凡若此类，皆可以不言而喻。不然，则来书所云三关、七返、九还之属，尚有无穷可疑者也。③

三教关系是中国思想史、中国宗教史上的头等大事。三教合一则

---

① 《传习录》上。

② 同上。

③ 《传习录》中《答陆元静书》。

是中国思想史、中国宗教史的发展过程和最终归宿。三教合一的趋势形成后，三教的地位是不平等的。北宋以后，佛、道两教屈从儒教。儒教吸收了佛、道两教的宗教修养方法，及不计较世俗利害、不贪图物质要求的禁欲主义以加强封建社会的统治秩序。安贫乐道，口不言利，温驯和平，与人无争，成了儒教为人处世的基本教义。

五

唐宋以后的这种三教合一思潮反映了中国封建社会后期阶段的政治经济结构，适应了维护这种政治经济结构的需要，不是一个偶然的现象。

中国封建社会的大一统的政治局面从秦汉时期确立以来，经过魏晋南北朝时期三百多年的分裂，到了唐宋时期，又重新巩固下来。但是，这种大一统的政治局面是建立在以一家一户为单位的小农经济的基础之上的。这种小农经济是一种自然经济，生产的产品首先要交纳赋税租债，剩下的农民自己消费掉了，产品主要不是供商业流通的，因而具有停滞、闭塞、分散的特性。历代封建帝王的政策多重农抑商，以农为本，叫作“重本抑末”，采取各种措施来保护这种自然经济。

这种自然经济有两重性，一方面，小生产者落后、软弱，希望在他们上面有一个集中强大的权威来保护他们，使他们免于土地兼并，这就给专制主义提供了社会基础；另一方面，庄园式的生产、生活方式，又是分散的、彼此独立的，这又为地方分裂割据势力创造了有利条件，形成一种离心倾向。

因此，政治上的高度集中和经济上的高度分散这一对矛盾，长期不得解决。分散的个体农民好像一盘散沙，缺少联系，需要有一个强大的中央政府统率他们、保护他们，把他们统摄在一起。克服他们的离心倾向，保持国家的集中统一，就必须强化上层建筑的力量来进行控制。这种控制包括两个方面，一是用政权的力量，二是用精神的力量。

中国历代统治者，不断总结经验，加强中央集权，他们以极大的努力，进行了艰巨的工作。政治上，秦、汉、隋、唐集权于中央政府，宋朝则进一步削弱地方政府的权力，把一切财力、兵力集中于中央。明、清废宰相，置内阁。内阁只供皇帝咨询，没有行政权力。于是中央集权又进一步发展为皇帝个人的专制独裁。

至于从精神力量来加强中央政府和皇帝的权力，主要依赖三教合一的宗教和哲学思想。

三教合一，表面上仍维持着三教的门户，儒、佛、道各成体系，三教都力图吸收另外二教，把它们当作自己体系的一部分，实际上，三教的力量不是平衡的。儒教是主流，佛、道两教处在依附的地位，起配合作用。

儒教的思想核心是“三纲五常”。这种思想强调君权、父权、夫权。君权是直接维护大一统的政治局面的，父权和夫权有利于树立自然经济中男性家长的权威地位。因而这种思想特别适合中国封建社会的政治经济结构的需要，受到历代封建统治者的重视。佛教是一种外来的宗教，它必须接受封建宗法传统思想，即纲常名教思想，才能在中国这块土地上生根。道教是中国土生土长的宗教，除了它的宗教修养，它也是以维护纲常名教为基本内容的，不得不与儒教合流。另一方面，佛、道二教有一套追求彼岸世界的系统的宗教理论和修养方法，为儒教所不及。儒教也必须从佛、道二教那里吸取营养来弥补自己的不足。

由于儒、释、道三教都是封建上层建筑的重要组成部分，进行精神控制的有效工具，所以都受到历代封建统治阶级的重视。这又反过来促进了三教合一思潮的发展，成为中国封建社会后期占主导地位的思潮。

任何社会都是有生命的，都有其形成、壮大、衰亡的过程。中国的封建社会，虽曾长期处于停滞状态，它仍然在缓慢地发展、前进。封建的自然经济中也孕育着突破封建束缚的内在因素。工商业者、手工业者，如果得到充分的条件，也可能首先在某些地区产生资本主义萌芽。越是到了封建社会后期，这种要求突破旧传统的自发力量也越强烈。在思想上，则反映为对封建宗法制度的核心——君权的怀疑。如南宋末年的邓牧（1247—1306年）主张“无君”，稍后的黄宗羲（1610—1695年）也提出过君主为天下之大患的思想。由于传统的三教合一思想太强大了，它加强了封建宗法制度。被强化了的封建宗法制度又扼杀了自然经济已经孕育着的资本主义萌芽，从而造成中国封建制度的长期稳定以至停滞状态，因而像邓牧、黄宗羲等人的民主思想都没有发生大的影响。

从佛教到儒教*

——唐宋思潮的变迁

秦汉奠定了中国大一统的格局，两千多年来，统一成为主流，认为是正常现象，中华民族的凝聚力从秦汉打下了基础。

认清古代国情，总要摸清古代中国的社会性质。中国古代何时进入封建社会，关于中国古代社会历史分期问题，史学界至少有四种说法[①]，本文不打算从社会分期的角度来判析国情，试从中国古代社会结构的基本矛盾的角度进行初步探索。

秦汉建立了中央集权的大一统的国家。从结构上看，存在着一对矛盾：一方面中央政府要有高度集中的权力，政权不集中，这样广大的领域就无法统一；另方面广大小生产者要有生产的能力和兴趣，否则政权集中统一无从说起。政治上，中央拥有高度集中的权力；经济上是极端分散的个体小农经济。高度集中的政治，极端分散的经济，构成贯穿两千多年对立统一的矛盾。中央集权，总希望越集中越好，小农经济，自给自足，它的本性是分散自主，它不要求政府过多

---

* 原载《任继愈学术文化随笔》，中国青年出版社，1996年5月版。

① 西周封建说（范文澜为代表），春秋战国封建说（郭沫若为代表），秦汉封建说（翦伯赞为代表），魏晋封建说（尚钺为代表）。

地干预。这两者互相离不开。历代政治家、思想家都要面对这种现实提出因时制宜的方案。两者关系处理得好，天下就太平，号称治世；反之，就是乱世。秦汉以来，两千年间都是在这一对矛盾中发展过来的，这就是中国秦汉建国直到鸦片战争这一漫长历史时期的国情。

一、隋唐时期的三大宗教（佛、道、儒）

东晋南北朝时，这三教都已有相当势力，三教的名称始于北周，三教名称通用于朝野上下，那是唐朝的事①。三教都深刻影响着中华民族的文化生活、社会生活、家庭生活以及政治生活。三教之间又交互影响。唐宋以来，一千多年间的文化总体结构都与三教有关，当专文详论，这里不及详说。

道教、佛教同时活跃在中国历史舞台上，约在东汉末年。当时天下大乱，中央政府失去控制全局的能力，儒教衰落。这为佛教、道教提供了丰沃的土壤。道教与农民起义有牵连②，起义失败，道教一度遭到限制。佛教利用有利时机，在帝王贵族的支持下，招纳了大量信徒，日益兴旺起来。道教本来与佛教有同样的机会，但起步落后了，一步落后，步步落后，一直没有达到佛教发展的规模。唐朝皇帝力图与老子李姓攀亲，道教受到特殊恩宠，发展较快。即使在它

① 武则天当政时，明白宣示三教有共同任务，令人撰写《三教珠英》（《唐会要》卷三十六）。唐文宗诞日，召秘书监白居易、安国寺沙门义林、上清宫道士杨弘元入麟德殿内道场谈论三教（事见《白氏长庆集》卷六十七）。

② 东方有黄巾起义，西方巴蜀、汉中有张陵、张鲁等反对中央的活动。

最盛时期，道教的宫观数量和徒众数量也只有佛教的二十分之一[①]。

隋唐时，三教中势力最大的是佛教：

> 开皇元年，高祖普诏天下，任听出家。仍令计口出钱，营造经像。而京师及并州、相州、洛州等诸大都邑之处，并官写《一切经[②]》，置于寺内，而又别写，藏于秘阁。天下之人，从风而靡，竞相景慕，民间佛经多于六经数十百倍。[③]

又据道教徒的记载，也认为三教之中，佛教势力最大：

> 天尊（按：道教教主）化于天上，主宰万物，若世人之父也。世尊（按：佛教教主）化于世上，劝人以善，若世人之母也。儒典行于世间，若世人之兄长也。举世人如婴儿焉，但识其母，不知其父兄之尊。故知道者少，重儒者寡，不足怪也。[④]

佛教势力盛大，拥有田宅，有众多徒众，占有各方面的优势。佛教寺院是宗教传播中心自不待言；寺院有大量藏书，有佛教典籍，也有世俗典籍，它是文化中心；寺院用钱物经营信贷，收取利息，它起着经济中心的作用；寺院把多余房舍租赁出去，提供住宿，由应考士子租住，利用藏书，准备科举考试，它又是一个联系知识分子的场所[⑤]。

---

① 据唐末道士杜光庭的记载。

② 一切经：是佛教所有经典的总称，后来称为“大藏经”，当初称“一切经”或“众经”。

③《隋书·经籍志》。

④《历世真仙体道通鉴后集》卷三。《云笈七籤》卷一一六“王奉仙条”略同，文句稍异。

⑤ 唐人小说多记书生在寺院与青年女子相遇的故事。故事出于虚构，这种背景则不是虚构。

熟悉唐代历史的都认为唐朝文治、武功、文学、艺术、诗歌、绘画、音乐、舞蹈都达到世界第一流水平，唯独唐代的哲学、哲学家的成就似与强大的政治经济地位很不相称，不免令人感到困惑。人们产生这种疑问，原因在于未把哲学、哲学家和唐代的三教发展联系考察，只在儒家的小圈子里寻找，找来找去，只不过韩愈、柳宗元、刘禹锡等人。没有把佛教哲学看作中国哲学的一部分。当时主要的哲学著作和杰出的哲学家都不在儒门而在佛门①。不把三教放在一起考察，就无法全面理解、正确说明唐代思想的发展。②

与佛教兴旺发达的形势对比，儒教的势力不免相形见绌。终唐一世，儒教通行的经典是《五经正义》。这是唐初孔颖达等人奉命编纂教育士人、科举取士的教材。这部《五经正义》到宋代还在通用。《五经正义》杂收南北朝时期几家的经疏，有南朝的玄学思想，也有北朝的经学思想，严格讲，这是拼合起来的选本，它没有形成完整的体系，没有反映出唐王朝大一统的宏大开阔的风貌。汉代董仲舒的哲学体系，后人看来，属于比较粗疏的神学体系，但它是专门为汉王朝构建的思想体系，它反映出汉代大一统的宏伟气概。用阴阳五行、“天人感应”的理论去说明当时社会、自然伦理、宗教诸多现象，基本上可以解答（不是解决）汉人可能提出的重大问题。《五经正义》却未能完成它的历史使命。解答唐代人所遇到的宇宙、人生各种重大问题，不得不由佛、道二教承担，佛教的担子更重一些。儒教直接为政权服务，起了它应起的实际功能，涉及高度抽象思维的造诣，儒教的发言权不多，显得薄弱。

---

① 宋人张方平曾说过，“儒门淡泊，收拾不住”，人才流向佛教。

② 参阅《中国哲学发展史（隋唐）》，这里不详说。

二、佛—禅—儒

从南北朝以来，佛已成为中国的“圣人”，佛、老子、孔子，并称“三圣”。佛教传入后，不断接受中国的封建宗法制度，君臣、父子、纲常名教思想也成为佛教宣讲的内容之一。这一现象早已为广大学术界人士所承认。这里还应当指出，佛教在中国早期传播中，佛经汉译时，已译进不少中国儒教思想，儒家的伦理观、价值观有的通过译文写进了汉译佛经，成了佛的教导。[①]

晋宋间佛教理论家参加了当时玄学家的论战，与世俗学者共同探讨本体论的问题。[②]这种辩论推动了中国哲学的发展。南北朝时期，佛教理论界由般若学转向涅槃学的讨论。涅槃学即哲学的心性论（佛教称为佛性论，即人性论）。由本体论进入心性论是当时思想界又一热门话题。从般若学到涅槃学（由本体论到心性论）恰恰与中国哲学史发展的逻辑同步开展，当时中国哲学史就是由本体论向心性论转移的。

“安史之乱”是唐王朝由盛转衰的转折点，佛教也受到战乱的影响。对佛教打击最重的一次是唐后期武宗会昌五年（845年）的废佛运动。这次废佛运动除佛教受损失最大，还有几种外来的其他宗

① 参看日本学者中村元的《儒教思想对佛典汉译带来的影响》，《世界宗教研究》1982年第2期。

② 参看《中国哲学发展史（魏晋南北朝）》中《魏晋南北朝的佛教经学》有关“六家七宗”的论述，人民出版社，1988年4月版，第452-465页。

教[①]。会昌废佛，佛教各宗派的物质设施受到严重破坏，难以恢复，寺院经济从此一蹶不振。只有禅宗得到比以前更多的传播机会。

心性论是隋唐佛教各宗派共同关心的问题。各宗派用各自的观点、方法分别建立心性论体系[②]。晋宋间竺道生的涅槃学代表早期的心性论，道生有创见，但还要依傍印度佛教的经典，如果北本《涅槃经》未被发现，竺道生将遗恨终生[③]。唐代佛教有更强的创造性，有没有佛教经典文句的根据，看得并不重要。唐代佛教各宗派都借用佛经创建自己的体系，天台宗之于《法华经》、华严宗之于《华严经》，都是用佛经作为凭借，他们都大胆发挥，连墨守师承的玄奘译经时也有时用编纂或挟带的方式表达自己的观点[④]，更不用说大胆创新的禅宗了。

各宗衰落了，而禅宗独盛。时当乱世，唐中央政府对全国完全失去控制，禅宗更加发展了。因为禅宗有自己劳动养活自己的传统，不靠寺院经济放高利贷、收田租过活。禅宗百丈怀海制定《百丈清规》，有“一日不作，一日不食”的规定。用小农经济、小生产的方式共同维持僧团的生活。

禅宗内部有不少流派，后人分为南派、北派，七家十室，细分

---

① 祆教、景教等寺庙被拆除，信徒被取缔。

② 天台宗、华严宗、法相宗、唯识宗、禅宗都有自己的心性论，《中国哲学发展史（隋唐）》及《中国佛教史》均有专章。

③ 竺道生提出“一阐提人皆有佛性”，“孤明先发”。人们认为他缺乏佛典的根据，认为他是邪说，被逐出佛教团体。后来得见北本《涅槃经》，经中有明文规定，竺道生得到僧徒的拥护，恢复了名誉。

④《成唯识论》为糅译，译者参以己意。见吕澂：《观所缘缘论会释》，《内学》第四辑。

起来不止百家，各流派有独自强调的重点方法，这里不去详说；各派也有共同点——自己解救自己，如果自己没有自悟，佛祖也无能为力。这种自我解缚、自我解脱的思想方法和修养方法，即中国古代小农经济自给自足生产方式的反映。

本文开始提到，中国国情是中央权力高度集中与小农经济极端分散的矛盾统一。禅宗自我解脱的口号尤为突出。唐末五代，皇帝形同虚设，集中统一与个体分散的矛盾已失去平衡、失去协调，中央政府政令不行，国家权力四分五裂。五代十国政权更迭频繁，天下无中心，禅宗恰在这时大行其道。

要维持大一统的正常秩序，必须使政权集中与经济分散恢复平衡、协调。分散的小农经济与中央统一集中纳入完整的思想体系，只有儒教可以完成这一历史任务，改变极端分散的状况。

儒教在北宋时期，继承了韩愈、李翱的强化集中统一的路线，同时吸收了佛教，特别是禅宗的心性论，把佛教的心性修养、禅宗的“明心见性”，改造为“主敬”“涵养”“守一”，与治国平天下的政治目标相结合。心性之学主治内，治国平天下主治外。《中庸》《大学》《论语》《孟子》作为必读的经典，号称“四书”。内以治心，外以治国，宋儒称为“内圣外王之道”，“极高明”指强化内心修养；“道中庸”指参与日常社会生活，不脱离生活。禅宗宣称禅学不离开日常生活，“运水搬柴，无非妙道”。既然“运水搬柴”可以“见性明心”，为什么“事父事君”就不是“妙道”？由禅到儒只差一小步，宋儒就是按照禅宗的思维方式，宗教修养方式又向前迈进一步，把宗教修养与社会生活打成一片，“极高明而道中庸”。唐朝《五经正义》没有完成的任务，宋儒用“四书”代替了“五经”，这是秦汉以后经学的一大变革。

用“四书”为指导思想，就可以更好地协调中央高度集中权力与小农经济极端分散的矛盾。君主（集权的象征）是天子，又是家长（民之父母），本来处在对立的地位，经过新经学的解释，说成家人父子的关系。《大学》的格物、致知、诚意、正心、修身、齐家、治国、平天下，这样的思想体系既解释了中央政权高度集中的绝对性（“天理”），又说明了小农自然经济分散的合理性（“理一分殊”[①]），给持续了几千年的一对矛盾（中央与农户）从理论上找到一个合理的解决方案。

儒教建成，意味着佛、道两教势力衰退。韩愈排佛，没有吸取佛教的心性论，所以未能排掉佛、道两教的影响。宋儒不是打倒二教，而是吸收了佛、道两教的宗教心性修养理论以充实自己，变成佛教体系的一部分，它成功了。

宋以后的三教，表面维持着三教（佛、道、儒）的门户，三教都力图以另外二教充实自己。宋以后的三教势力也不平衡，不同于唐代的三教，在于儒教成了主流，佛、道二教处在依附的地位，起着配合儒教的作用。

从佛教到儒教，看似不同教义教理的变换，事实上这两家是接着讲的，讨论的问题是衔接的，思想发展的深度是逐步加深的。形式上、文字上有攻击，实质上是一贯的。因为儒教和佛教都是中国哲学，有继承关系，有内在联系。

---

① “分殊”的“分”应读作“份”，职分、名分，每个人有自己的岗位。君有君的岗位，臣有臣的岗位，父、子、夫妇都有各自的岗位。社会秩序称为“人伦”，各尽职分，谓之“尽伦尽职”。

《中国佛教史》第二卷绪言*

本书第二卷，上接三国，下迄东晋。这一时期（共一百六十五年）的佛教有了进一步的发展，因而不同于汉魏佛教。

汉魏佛教传播地区有限，信教人数也有限，多为上层贵族，时人认为它与黄老差不多。西晋时期，北方各民族，“五胡十六国”之间种族偏见极深，互相敌视，战胜者对战败者往往不分贵贱尽行屠戮。儒家教义被视为汉族的信仰，而佛教来自西方，比较容易为北方各民族接受，这个宗教很快成为北方各族人民（包括汉族）共同信奉的宗教，它这种优势远非道教和儒家所能比拟。佛教在上下各阶层取得信仰的统治地位后，对消除种族隔离，融合民族生活习惯，起过促进作用。“佛是戎神，所应兼奉”①，足以说明北方少数民族对佛教的态度。战争、杀伐连年不断，给广大人民带来无穷灾难。佛教宣传因果报应，戒杀生，劝说统治者少杀戮，为来世积功德，对当时文化落后，嗜杀成性的上层贵族来说容易接受；对当时饱受苦难的下层群众来说，也可从中得到某种精神安慰和“来世”幸福的虚幻许诺，因此它得到比较广泛的传播的机会。

---

* 据《中国佛教史》第二卷，中国社会科学出版社，1985 年 11 月版。

① 《晋书·佛图澄传》石虎答王度奏。

由于佛教的势力增大，这一时期，译经的数量及质量均超过汉魏，后来影响中国佛教的教派及宗派的重要经典的汉译本已基本具备。翻译质量也有所提高。三国及其以前，译经大都为少数信奉者参加，译经费用为信徒捐助。两晋时期的译经已由国家举办，有较为完备的译场组织，财力及人力均极充足。汉译经、律、论基本上是这个时期介绍过来的。鸠摩罗什的汉译本给我国翻译事业增添了光彩，为翻译工作提供了可贵的经验。

汉魏时期佛教重要人物都是翻译家，而两晋时期涌现了一大批以中国学者为主力军的佛教理论家，即所谓义学沙门。两晋佛教理论与当时中国流行的玄学相结合，形成了具有中国特色的般若学流派。佛教思想大量地、系统地介绍到中国以后，使中国的佛教又向前推进了一步。以鸠摩罗什为代表的中观学派，在关中地区形成了一个传播中心，培养出一批佛教理论家。印度佛教的本来面貌逐渐被一些人了解，并发现它与魏晋玄学理论有区别。有的佛教徒不甘心使佛教当玄学的附庸，企图自张一军。这也是鸠摩罗什念念不忘的心愿。但由于玄学的势力十分强大，影响又很深远，来自西方的佛教中观学派，虽曾博得一时的赞扬，但终不能有所发展。当时佛教大乘中观学派既要摆脱魏晋玄学的束缚，还要与佛教内部的小乘流派做斗争。鸠摩罗什处在两面作战的境地，不得不发出“折翮”的哀叹[①]。

两晋时期佛教的传播中心有三处，一在凉州，一在长安，一在庐山。凉州是佛教沿丝绸之路进入中国的中转站。有许多重要佛

① 《高僧传》卷二：“今在秦地深识者寡，折翮于此，将何所论。”

经的翻译是出自凉州。西方僧人到中国内地，往往先到凉州熟悉汉语。且该地不像关中是四战之地，为兵家所必争。北方广大地区常遭兵火，那里还比较安定。北方也有僧人文化人到那边避乱，这也是促使该地形成文化重镇的一个因素。鸠摩罗什借重姚秦的势力，在长安开创了关中中观学派。慧远继承道安在襄阳的传教事业，在庐山建立了一个强大的佛教中心。当年，道安在襄阳传教，也曾形成一个佛教中心，培养了不少有才干的僧人。但时间短，又值兵荒马乱的年月，他的事业受到不少限制。慧远传教活动时期，东晋社会比较安定，他又善于交接官府，弟子遍天下。庐山慧远僧团不但是江南佛教中心，在全国各地也具有十分重要的地位。除了他善于政治活动，更重要的原因是他的学说适合于当时门阀士族地主阶级的需要。他把儒家的纲常名教与佛教的出世观念结合起来。慧远对封建宗法制度的容让[①]、对鬼神学说的迁就、对佛教大小乘宗派矛盾的调和[②]，从而使他的佛教思想把许多对地主阶级有用的东西融会贯通、兼收并蓄。因为一种“理论在一个国家的实现程度，决定于理论满足这个国家的需要的程度”[③]。慧远在当时佛教界中，据有崇高的地位，就在于他的理论能够满足那个国家的需要，而不在于他的理论中包含了多少真理。实际上，佛教教人成佛寻求涅槃，这件事本身是一个大骗局，误尽苍生。

---

① 慧远以出家僧人大讲《丧服经》，为佛教史前所未有。

② 觉贤被关中鸠摩罗什所排斥。慧远把他接到江南，予以安置，并致书关中，从中调停。事见《高僧传》卷二。

③ 马克思：《〈黑格尔法哲学批判〉导言》，《马克思恩格斯选集》第一卷，人民出版社，1972年5月版，第10页。

汉魏时，黄老与浮屠并列为祠祀崇拜的对象。佛、道二教不论在社会上还是在他们自己中间，都没有分清两者的区别。两晋时期佛教势力转盛，这时道教也有了发展。佛教和道教发生了争辩。这两种宗教为争群众、争君主的支持，争宗教宣传的地盘，各自制造自己的理论根据。

这时出现了《老子化胡经》，此经相传为道士王浮所作[①]。故事内容大意为老子西出关，渡流沙，教化胡人，创立佛教。佛教创立者不是西方“圣人”，而是东方去的“圣人”老子，佛是中国人的弟子。化胡之说起源甚早，并在佛、道两教中广泛传布，长时期内没有人表示异议。因为汉魏时期佛教在中国刚开展传教活动，势力不像两晋时期那样强大，因处于劣势，巴不得攀附道教以自重。哪怕是传说也好，能与老子有些瓜葛，对佛教有利无害。佛教徒虽心知老子化胡说不足据，但予以默认。等到佛教势力逐渐强大，遂不甘心屈居道教之下，要独立门户，才对老子化胡之说展开攻击。佛教徒也制造了老子为释迦弟子的传说。说释迦生于周昭王时，远远早于孔子和老子，以抬高佛教，贬抑道教。化胡之说本出臆造，不值得费精神为它论辩。但这一争执的形成过程刚好反映了佛、道两教势力消长的痕迹。作为背景材料，也值得注意。[②]

总之，从佛教传入中国的那一天起，就不得不随时变换着自己的面貌和精神，为封建地主阶级服务。它已成为中国封建上层建筑的一部分。它和中国的官方支持的哲学发挥着同样的职能。以平等出

① 今敦煌写本《老子化胡经》为后出，已非王浮所著的原貌。

② 王维诚著有《老子化胡考》（北京大学《国学季刊》第四卷第二号，1934年），立论精详，堪作“老子化胡说”的定论，可资参考。

世的姿态为世间的不平等制度辩护。其理论虽超然物外，其社会作用半点也不超然。佛教在西晋初期完全依傍玄学，为玄学做注脚，等到势力稍大时，外来佛教徒虽也企图自张一军，但未能实现。它能做到的只限于对玄学的支持和补充。佛教推动了唯心主义哲学的深化，对中国哲学的影响至深且巨，这个作用我们不能低估。

两晋与南北朝相衔接，南北朝时期的社会结构和阶级关系基本未变，东晋与南北朝的学风有着直接继承的关系。佛教中有些学派还在继续形成和发展中。由于南北双方政治上长期分立，地区文化的差异也较两晋时期更为显著。儒、释、道三教又联合又斗争的形势更加复杂。这是本书第三卷所要涉及的内容，这里从略。

本卷第二章《六家七宗》一节由余敦康执笔。全书由刘苏同志担任抄写及校对工作。

汉唐时期佛教哲学思想在中国的传播和发展*

一、在中国流行的佛教本是外来的宗教

佛教的创始人是悉达多（Siddhārtha），族姓为乔达摩（Gautama），相传为净饭王太子，生于迦毗罗卫（Kapilavastu）（现在尼泊尔王国境内），他一生活动在印度北部、中部恒河流域一带。释迦牟尼（Śakyāmuni）是佛教徒对他的尊号。关于他的生卒年，我们剥除宗教的无稽传说，大致可推定卒年为公元前480—前490年。在公元后489年（南朝齐武帝永明七年）中国译出《善见毗婆沙律》，这是一部佛教的戒律。相传佛死后每年七月十五日，印度佛教徒的这一派的信仰者把这一部律捧出，香花供养，于书后记一点，师师相传，年年不断。到齐永明七年，在这部律的原本上共有九百七十五个点。由此上推九百七十五年，则佛逝世时相当于中国周敬王三十五年（鲁哀公十年，公元前485年），较中国的孔子早死六年[①]。还有一个说法，

---

* 原载《光明日报》，1963年2月15日。曾收入《汉唐佛教思想论集》。

① 《历代三宝记》卷第十一，《善见毗婆沙律》之《出律前记》。

据锡兰（今斯里兰卡）的记载，阿育王灌顶受佛教的洗礼之年在佛死后二百一十八年之后，由此上推，佛逝世在公元前483年，相当于中国周敬王三十七年。据各种佛书记载，佛活了八十岁。照中国的史料推算，佛应生于公元前565年（相当于中国周灵王七年）；按照印度史料，佛生于公元前563年（相当于中国周灵王九年），比孔子大十二岁①。

佛教在印度开始传播时期，正是印度奴隶制比较发达的时期。印度封建化的过渡时期比较长，从公元前1世纪到公元后6世纪，印度的封建经济才巩固。进入封建社会后，印度的奴隶制残余曾延续了很长时期。佛教一开始是为当时的奴隶主阶级服务的宗教哲学体系，后期的佛教大乘又为封建地主阶级服务。

东汉明帝永平十年（公元67年），有佛经介绍到中国来。汉明帝时佛教传入中国有不同的记载，这些记载有互相出入的地方，因而有人认为有几种说法不一致，断定汉明帝时佛教没有传入中国。但是我们从当时整个佛教传布的形势，中国和当时西域诸国的交通，以及当时佛教传播的状况，可以断定佛教思想大量传入中国在公元60—70年是不成问题的，开始传入当在东汉初年②。

二、汉代佛教与中国道术方士思想的结合

佛教在东汉初年虽已传入中国，但它只在皇族及上层贵族地主

① 汤用彤：《印度哲学史略》，中华书局，1960年8月版，第59页。

② 参考汤用彤：《汉魏两晋南北朝佛教史》第二、三、四章，中华书局，1955年9月版。

阶级少数人物中有些影响，而在广大人民群众中还看不出影响的迹象。当时的信奉者认为佛和中国黄老之术差不多，认为造祠奉祀可以祈福永命。汉光武的儿子楚王刘英，史书说他“诵黄老之微言，尚浮屠（按：即佛）之仁祠”[①]。“祠”即修建祠坛以祭祀，后人不了解汉代的祠祀的意义，如司马光《通鉴》作“尚浮屠之仁慈”，只从句法结构上来推测，以“微言”与“仁慈”对文，这是错的。这里是说，刘英把黄老的学说和佛（浮屠）的学说等量齐观。到了桓帝（公元147—167年）时期，宫中设华盖以祠浮屠、老子。当时他的铺张浪费的宗教祠祀遭到正直的大臣的反对。延熹九年（公元166年）襄楷上书说：

> 又闻宫中立黄老、浮屠之祠。此道清虚，贵尚无为，好生恶杀，省欲去奢。今陛下嗜欲不去，杀罚过理。既乖其道，岂获其祚哉？[②]

襄楷认为“此道清虚”，这是说佛教和黄老的清静无为的思想都是主张清虚的。在他看来，桓帝“既乖其道”（与佛、道二教的“清虚无为之道”不合），所以不会得到佛的保佑。当时中国的佛教信奉者，把它当作方术中的一种，他们是以对待中国旧宗教的眼光来迎接这个外来宗教的。

汉代也有少量的佛寺。主要是为了满足西域来华胡商的宗教

---

① 《后汉书·楚王英传》。

② 《后汉书·襄楷传》。

信仰，法律上不允许中国人出家做和尚[①]。佛教在广大群众中还没有引起注意，在哲学理论上也没有表现出它独特的思想体系。南齐尚书王俭说“汉魏佛法未兴，不见其记传”。王俭是当时博学的学者，他这里说的“不见其记传”是正史上没有专文记载，并不是所有文献都没有记载这回事。据佛经翻译史的记录，东汉从明帝永平十年（公元67年）到汉献帝延康元年（公元220年），这一百五十四年间译经者有十二人[②]，译出佛经（包括佛教教律等一切著作）共二百九十二部，合三百九十五卷。汉朝译出的这些佛教经典，到了唐朝开元间，还保存有九十七部一百三十一卷，有一百九十五部二百六十四卷缺。曹魏从文帝黄初元年（公元220年）到元帝咸熙二年（公元265年）四十六年间，译者五人，译经十二部十八卷，其中四部五卷存、八部十三卷缺[③]。

东汉末年，牟子《理惑论》[④]第二十章中说：

> 昔孝明皇帝梦见神人，身有日光，飞在殿前。欣然悦之。明日博问群臣：“此为何神？”有通人傅毅曰：“臣闻天竺有

① 后赵石勒时，王度上书说汉代“唯听（允许）西域人得立寺都邑，以奉其神，其汉人皆不得出家（按：个别出家的还是有的，如朱士行、严佛调等）。魏承汉制，亦循前轨”。见《高僧传》卷十《竺佛图澄传》。

② 译经人数是指译经的主要负责人，即译主。当时实际参加者，连同文字加工的助手，人数是相当多的。

③ 见《开元释教录》卷一。这里所说的“存”“缺”都是断自唐开元年间，下仿此说。

④《理惑论》，牟融作。全书共三十七章，是较早的记载佛教宗教原理的书。近人疑其伪。据考证，此书可信。本文从汤用彤说。

得道者，号之曰佛，飞行虚空，身有日光，殆将其神也。”[1]

修炼成神，白日飞升，这本来是汉代神仙方士道术传统的迷信说法。汉武帝求不死之术，《淮南子》也讲“全生保真”，都是主张炼形炼神，可以肉体飞升。但是佛教从来就反对炼形炼神可以长生不死的说法。释迦牟尼在鹿野苑初次说法，就从分析物质世界变灭无常入手，提出“四谛”“十二缘生”的宗教学说，教人不要相信有无常不变的事物，更不用说有长生不死的人可以飞升了。而当时中国人对佛教的了解和佛教原来的意思很不相同。当时的中国人以汉代宗教精灵不灭的观点理解佛教。因此，他们说：

浮屠者，佛也。西域天竺有佛道焉。佛者，汉言觉，将悟群生也，其教以修善慈心为主，不杀生，专务清净。其精者号为沙门。沙门者，汉言息心，盖息意去欲，而欲归于无为也。又以为人死精神不灭，随复受形，生时所行，善恶皆有报应，故所贵行善修道，以炼精神而不已，以至无为而得为佛也。佛身长一丈六尺，黄金色，项中佩日月光，变化无方，无所不入，故能通百物而大济群生。……有经数千万，以虚无为宗，苞罗精粗，无所不统，善为宏阔胜大之言，所求在一体之内，而所明在视听之外，世俗之人以为虚诞，然归于玄微深远，难得而测。故王公大人观死生报应之际，莫不矍然自失。[2]

在牟子《理惑论》中也有类似的记载：

---

① 《弘明集》卷一，《四部丛刊》本。

② 〔晋〕袁宏：《后汉纪》。

> 佛者谥号也，犹名三皇“神”、五帝“圣”也。佛乃道德之元祖，神明之宗绪。佛之言，觉也。恍惚变化，分身散体，或存或亡。能小能大，能圆能方。能老能少，能隐能彰。蹈火不烧，履刃不伤。在污不染，在祸无殃。欲行则飞，坐则扬光。故号为佛也。[①]

可见汉代人所理解的佛教，可以说就是道术。佛能飞腾变化，“能隐能彰”“履刃不伤”“欲行则飞”，不死，不伤，变化无方，无所不入。和《庄子》书中所说的“神人”“至人”入水不溺、入火不热、长生久视的本领差不多。佛是“道德之元祖，神明之宗绪”；它的宗教理论主张“息意去欲，而欲归于无为”，“专务清净”。汉代人所理解的佛教理论与当时社会上流传的黄老之学没有什么差别。

汉代传译的《四十二章经》是佛经最早的中译本，今天已无从与原文查对。这部书严格说来与其说它是“译”的，不如说它是“编译”或“改写”的更恰当一些。古人早已指出过“与《太易》《老》《庄》相表里”，这种看法与实际情况是符合的。这部书不是汉人伪造的，但编译者用当时中国黄老之学和道术的理论去理解它，因此它不可避免地涂上了汉代道术思想和黄老思想的色彩。只有因果报应之说是印度传入的，而不是中国固有的。但汉人对佛教因果报应的理解，也不符合印度佛教的本来的意义。印度佛教的因果报应，是从“业”（行为）引起的“果”的内在联系讲因果报应的，而汉代当时流行的宗教迷信则认为“祭祀者必有福，不祭祀者

---

① 《弘明集》卷一，《四部丛刊》本。

必有祸”[①]，有鬼神可以降祸福于人世，和佛教的反对鬼神的因果报应说迥不相同。

汉代，《四十二章经》以外，佛经翻译有以安息国的安世高[②]为代表的外国僧人介绍了佛教小乘一切有部毗昙学和禅定的理论，译出的有《安般守意经》《阴持入经》《人本欲生经》《大十二门经》《小十二门经》《道地经》等。安玄、严佛调等也相继介绍了这一方面的佛教思想。又有以月支国的支娄迦谶[③]为代表的外国僧人介绍了《道行般若波罗蜜经》《无量清净平等觉经》（按：即《大阿弥陀经》）、《般舟三昧经》等；这一派佛教徒还有竺佛朔、支亮、支谦、支曜等人。他们开始介绍了佛教大乘中观学派的理论（即大乘空宗）。但是，安世高等介绍过来的佛教小乘一切有部的毗昙学和支娄迦谶等大乘空宗的般若学都没有在当时发生影响，社会上所认识的佛教不过是成神学道的道术。直到三国时，“魏境虽有佛法，而道风讹替，亦有众僧未禀皈戒。正以剪落殊俗耳。设复斋忏，事法祠祀”[④]。《高僧传》作者慧皎用后来僧众的清规戒律来衡量汉代的僧人，当然认为不合佛教的标准，所以说“道风讹替”。事实上当时的出家人也只能过着中国的道术之士的宗教生活，说不上“讹替”。他指出“设复斋忏，事法祠祀”，倒是完全真实的，因为当时中国人士理解的佛教的确是祠祀的一种。

佛教在印度先有小乘，然后有大乘。无论小乘和大乘，都是在

① 王充：《论衡·祀义篇》。

② 《高僧传》卷一。

③ 同上。

④ 《昙柯迦罗传》，《高僧传》卷一。

当时印度的社会历史条件下产生的。它是印度的上层建筑，为印度的奴隶主阶级和印度的封建地主阶级服务的。他们的一切有部毗昙学和般若空宗的理论是用来麻痹印度广大人民，消灭他们的反抗意志的思想武器。当时中国的情况和印度不同。东汉以来，豪强地主占统治地位，土地兼并日益严重。农民革命的时机尚未成熟。封建贵族统治者为了进一步加强剥削，长期统治，他们妄想学得长生的方术，或者取媚于鬼神，为子孙祈福。他们一方面过着荒淫无耻的生活，一方面又在宫廷营造黄老浮屠之祠。三国时笮融是一个贪暴残忍的地方官吏，他却是个虔诚的佛教信奉者。史书记载：

> 笮融者，丹阳人，初聚众数百，往依徐州牧陶谦。谦使督广陵、彭城运漕，遂放纵擅杀，坐断三郡委输以自入。乃大起浮屠祠，以铜为人，黄金涂身，衣以锦采，垂铜槃九重，下为重楼阁道，可容三千余人，悉课读佛经，令界内及旁郡人有好佛者听受道，复其他役以招致之，由此远近前后至者五千余人户。每浴佛，多设酒饭，布席于路，经数十里，民人来观及就食且万人。费以巨亿计。[①]

从以上的事例中可以看出当时佛教传入中国后，中国当时宗教占统治势力的是祠祀。佛教也被改造为祠祀的一种。封建军阀把杀戮劫掠来的财物用于布施，为个人祈福。他们不懂得佛教的理论。无论佛教的大乘、小乘理论，在当时并没有被人们接受。

① 《三国志》卷四十九《吴书·刘繇传》。

三、魏晋南北朝时期佛教与中国哲学唯心主义的结合

东汉后期，阶级矛盾日趋尖锐，终于爆发了全国性的农民大起义——黄巾起义。这一伟大的革命运动震撼了东汉封建帝国的基础。在全国地主武装残酷镇压下，农民起义失败了，成千上万的农民遭到地主武装的杀戮。农民起义失败后，阶级力量对比形势有了改变。农民对封建地主的人身依附关系加强了，各地豪强地主集中了地方的军权、财权，形成军阀割据的局面。经过连年混战、兼并，最后成为分立的三个国家。农民被束缚在固定的土地上。当时各地豪强地主控制了大批的农民，出现了坞堡经济。曹魏的屯田制用军事编制把农民束缚在固定的土地上。西晋的剥削比曹魏时期更加严重，剥削的对象不限于成年的男丁，连妇女、十三四岁的儿童、六十以上老翁都成了剥削榨取的对象[①]。在农民起义失败后，产生了为当时门阀士族地主阶级服务的魏晋玄学的唯心主义流派与唯物主义流派。

佛教的理论在魏晋时期在玄学唯心主义流行的社会基础上，也得到了统治者的关心和提倡。本来东汉以来就已有了佛教大乘空宗经典的翻译，但是没有引起注意。直到魏晋以后才开始引起注意，中间隔了一百五十多年。这一时期，佛教翻译的数量也有所增加。

---

① 《晋书·食货志》载，“男女年十六已上至六十为正丁，十五已下至十三、六十一已上至六十五为次丁”，都有纳税和徭役的负担。

东汉一百五十四年间共译出佛经二百九十二部，三百九十五卷，不但部数不多，而且也是小部的，平均每一部佛经还不到两卷，一卷一部及零星散见的居多。从魏到东晋，共二百六十一年，共译出佛教典籍七百零二部，一千四百九十三卷[①]，不论部数和卷数都有所增加。

值得注意的是这时的佛教哲学思想得到重视和佛教得到广泛的传播有不可分的关系。当时正当农民革命失败后，正如斯大林所指出的，当劳动者起义反抗失败后：

> 他们……不得不退却，不得不把委屈和耻辱、愤怒和绝望埋在心里，仰望茫茫的苍天，希望在那里找到救星。[②]

列宁对于宗教得以滋长的原因，也做了全面的指示。他说：

> 被剥削阶级由于没有力量同剥削者进行斗争，必然会产生对死后的幸福生活的憧憬，正如野蛮人由于没有力量同大自然搏斗而产生对上帝、魔鬼、奇迹等的信仰一样。对于工作一生而贫困一生的人，宗教教导他们在人间要顺从和忍耐，劝他们把希望寄托在天国的恩赐上。对于依靠他人劳动而过活的人，宗教教导他们要在人间行善，廉价地为他们的整个剥削生活辩护，廉价地售给他们享受天国幸福的门票。[③]

列宁和斯大林指出了宗教滋生、传播的根本原因。佛教在中国的进一步传播也是这样的。它们在农民起义失败后，才得到广大的信徒的。农民起义前中国已有了道教，农民利用道教作为起义的组织形式。起

① 参看《开元释教录》卷一、卷二、卷三。

② 《悼列宁》，《斯大林全集》第六卷，第43页。

③ 《社会主义和宗教》，《列宁全集》第十卷，中文第一版，第62页。

义失败后，道教也同样有所发展。这都说明宗教的发展必须要有它的社会条件，脱离了使它发展的社会条件，就不会起作用。

这时佛教的经典有千卷的翻译，但在哲学界引起注意、发生影响的是大乘空宗的般若学。

般若学说是佛教大乘的宗教哲学，它是印度小乘佛教进一步向彻底唯心主义的发展。这种学说用否定的思辨方法（所谓负的方法）以论证现实世界虚幻不实。它不但认为一切物质现象和精神现象是虚幻不实的，连关于物质现象或精神现象的某些原则、原理的确实性，也认为是虚幻的。这一派的学说介绍到中国后，当时的中国学者和僧众并没有完全按照印度原来的般若空宗的理论去理解它，而是用魏晋玄学唯心主义的观点去迎接般若学说的。如当时的佛教重要领袖道安、慧远等人，就是用王弼、何晏等人“贵无”学派的思想体系去解释般若的。他们把般若理解为玄学唯心主义学派的“以无为本”。因此，道安一派的般若学被认为是“本无宗”。道安自己说，以前翻经，是西方来华僧人带来什么经就翻什么经，“随天竺沙门所持来经，遇而便出”，但翻译的经中以大乘空宗的最多，原因是“以斯邦人老庄教行，与方等经兼忘相似，故因风易行也”[①]。

当时中国佛教徒认为般若学的基本含义是阐明“本无”的原理，“无在万化之先，空为众形之始”[②]。道安对于佛教般若原理的描述有：

其为象也，含弘静泊，绵绵若存。寂寥无言，辨之者几

① 《鼻奈耶序》，见《大正藏》第四十二卷。

② 《昙济传》，《名僧传抄》引。

矣。恍忽无形，求矣漭乎其难测，圣人有以见因华可以成实，睹末可以达本，乃为布不言之教，陈无辙之轨。[①]

又说：

寄息，故有六阶之差；寓骸，故有四级之别。阶差者，损之又损之，以至于无为；级别者，忘之又忘之，以至于无欲也。[②]

从道安经序中可以看出他对这些佛经的理解并没有真正超出魏晋玄学唯心主义思想体系。无论他们所用的名词和他们对佛经的解释，都是在发挥魏晋玄学的唯心主义。道安是个操行谨严、志向虔诚的佛教徒，在佛教徒中有很高的威信，他并不是故意与佛教哲学本来的意义相违背，但是由于时代的局限，他所理解的佛学只能是玄学化的佛教哲学。道安在主观上未尝没有感到中国的哲学概念、范畴不能和印度的佛教哲学的概念、范畴生搬硬套，他认为“先旧格义，于理多违”，但就他所理解的佛教哲学仍然没有超出魏晋唯心主义玄学家对于老庄的理解。当然他对老庄的理解并非老庄的本来面目。道安还曾特别允许他的得意弟子慧远讲佛书时可以借助“俗书”（佛经以外的书）以阐明佛教哲学：

远……年二十四，便就讲说。尝有客听讲，难实相义，往复移时，弥增疑昧。远乃引《庄子》义为连类，于是惑者晓然。是后安公特听慧远不废俗书。[③]

道安反对“格义”（用中国流行的非佛教的哲学名词、概念去

① 〔晋〕道安：《道地经序》，《出三藏记集》卷十。

② 同上。

③ 《释慧远传》，《高僧传》卷六。

比附解释佛教哲学的名词、概念），他自己也还是“格义”。由于他用了当时魏晋玄学唯心主义的观点以解释佛教的哲学思想，所以他的学派得到上层统治者的大力支持，并扩大了佛教的影响。

南北朝时期门阀士族的力量有了进一步的发展。他们世世代代掌握政治、经济、文化各方面的特权。当时，决定一个人的政治地位、社会地位，并不靠他们的能力，而是靠他们的门第出身。门阀士族占有巩固的统治地位，尽管改朝换代，但是它们不会倒，他们占有广大的田园，有的跨州连县。

社会上长期存在着极严重的不平等。南朝孙恩、田流等农民起义的领袖曾领导农民以革命行动企图打破这种不平等。这时佛教从维护门阀士族地主阶级的立场来解释这一不平等的现象。中国固有的儒家封建观念，一贯宣扬被统治者要无条件地为统治者效忠，宣传“贫而无怨”“富而不骄”“生死有命，富贵在天”。这些话对于要求改变现状的受苦受难的人民大众来说，是消极的解释、安抚，至于社会上为什么有不平等的现象，则缺乏系统的解释。涅槃佛性学说所讲的是人死后能不能成佛的问题。成佛，当然是骗人的假话。我们用不着回答可能或不可能。因为“佛”的“天国”本来是虚构出来的精神世界。但是被灾难痛苦折磨着的广大人民群众，要求摆脱苦难、向往幸福，这个真切的愿望可不是假的。这个不切实际的幻想是实际现实生活的深刻反映。当时佛教关于成佛的可能和成佛的途径有各种不同的说法。有人以为成佛要累世修行，积累功德。安世高的小乘禅法就是这样主张的。有人主张可以逐渐修行，到了一定的程度，即可飞跃一个阶段，然后再继续修行，即可成佛，如支道林等即是这样主张的。也有人主张修行到一定的阶段，只要一经顿悟，即可成佛。

他们引经据典地辩论、宣扬这个实际不存在的谎言，正如马克思说的，宗教把“对一切已使人受害的弊端的补偿搬到天上，从而为这些弊端的继续在地上存在进行辩护”[①]。西方基督教把另一个精神世界叫作“天国”，佛教把宗教精神世界叫作“涅槃”，意思是差不多的。据佛教描述这个涅槃精神世界和我们现实的、充满了矛盾、痛苦、压迫的社会完全相反。这个世界的特点是“常”“乐”“我”“净”，只有快乐，没有痛苦。他们出售“平等”的廉价“佛国”入门券，这种精神王国的“平等”正是为了加强、巩固现实社会的不平等。他们宣称，真正的幸福，在地上并不存在。佛教还故意地把剥削者和被剥削者的“苦”平列起来，按照佛教的说法，饥饿的人饿得难受，有痛苦；那些吃得过饱，胃里油腻过多的人，也有痛苦。抬轿子的人肩肿背驼，有痛苦；坐轿子的人，坐久了腰背酸痛，也有痛苦。不论什么阶级，贫民和贵族，都有痛苦。这就是他们一切人皆苦的逻辑。他们故意把现实社会的压迫者和被压迫者都说成是一样的痛苦，故意把幸福和痛苦说得无足轻重。他们说目前的一切苦乐都不过是暂时的，可以完全不必计较它，到另外的“佛国”可以使人得到充分的补偿。“一切众生皆有佛性”，在南朝，成为最有毒素的、麻痹广大人民的反抗意志的口号。

《涅槃经》在南北朝得到广泛的传布，宣传涅槃佛性学说、主张顿悟成佛的竺道生得到社会的普遍重视，与它的现实作用有不可分的关系。

① 《“莱茵观察家”的共产主义》，《马克思恩格斯全集》第四卷，第218页。

四、隋唐时期佛教的传播和宗派的建立

由于佛教的理论对门阀士族有用、有利，自然得到统治阶级的大力支持。寺院经济在南北朝有所发展。僧侣地主阶级也过着世俗封建地主一样的剥削生活，靠收租过活。

在隋唐时期，寺院有了自己的产业，必须保持它，于是发生了庙产继承权的问题。佛教徒也发生了像世俗地主封建宗法制度的传法关系。这样，一个庙的师父传授的佛教学说观点，只能连同庙产一并传给他的嫡系的弟子们，而不能传给另外学派的弟子。南北朝时，还不是一个寺院只讲一派的理论，一个寺的主要主持者死了，可以请另外一个学派的僧人来主持，这个寺院就属于另一个学派。由于寺院主持人的变更，该寺院所属的学派并不是固定的。所以说，南北朝时中国的佛教只有学派，还没有宗派。到了南朝末期，陈隋之际，才出现了佛教的宗派。

佛教经过南北朝的广泛传播，寺院经济有所发展，有的寺院由皇帝指定一个县的租税的一部分归寺院支配①。

有了独立的、雄厚的寺院经济，佛教宗教哲学有条件进行创造性的发挥。隋唐以后，中国佛教已基本上走向独立发展的道路，而不再靠翻译外来的经典了。开始有了大量的中国和尚自己对佛经的

① 陈宣帝太建九年（577年），令“割始丰县调以充众费”。见《唐高僧传》卷二十一。

注释和关于阐发佛教宗教学说的著作。这是佛教传入中国广泛发展后的最繁荣的一个阶段。

这时的佛教哲学思想，仍然和中国当时封建统治者有密切的联系，成为中国的宗教哲学上层建筑的一部分，积极为它的基础服务。

隋唐时期的中国佛教哲学思想又有它的历史特点。

唐代农民革命，就推翻旧王朝（隋）来说是成功的。胜利的果实却被封建地主阶级篡夺了去。农民起义的成功或失败，直接影响了起义以后下一个封建王朝的政策和政治思想，也间接影响了下一个封建王朝的哲学思想的精神面貌。比如，刘邦参加了农民起义，推翻了秦王朝，他们从地主阶级立场总结了经验，采取了轻徭薄赋的政策。在哲学思想上才出现了汉初黄老无为的哲学思想，它反映了小农经济发展的要求。魏晋王朝是在农民的骸骨堆上建立的。在哲学上表现为不管人民死活、专做抽象思维的清谈，有为大臣专政找理论的王弼，有为当权派门阀士族的腐化享乐思想进行辩护的郭象，有在政治斗争中悲观厌世的颓废派——《列子·杨朱篇》。这些流派更多地反映了统治集团内部的政治矛盾和思想矛盾。

唐王朝的统治者亲眼看到农民是怎么起来把隋朝打垮的。唐太宗懂得人民造反是由于“赋繁役重，官吏贪求，饥寒切身，故不暇顾廉耻耳”[①]。他们懂得对待农民的起义，光用镇压是不行的，于是特别注意加强思想意识方面的统治。唐代对儒、释、道三教都很重视。遇到国家重要的庆典、节日，经常诏三教讲论于殿庭，也经常利用佛、道在街道上做通俗讲演。唐太宗尽管自己不信佛，“至于佛

① 《资治通鉴》卷一九二，中华书局，1956年6月版，第6026页。

法，非意所遵”[1]，但是他还是拉拢利用新从印度回国的僧人玄奘，调用国家的人力、物力，支持、帮助他翻译佛经，到处建寺、度僧。

唐朝的几个主要宗派的建立、发展，与当时统治者支持有关。在统治者大力支持下，出了不少有学问的和尚，建立了几派不同的思想体系。

唐朝地主阶级的历史任务在于消灭南北朝以来的门阀士族的残余势力，团结全国更广大的范围的封建地主阶级知识分子，不断选拔、吸收他们中间有文武才干的人参加中央政权。佛教在唐朝对广大人民群众宣传成佛的道理。这些成佛的途径，一般说来，比过去南北朝时简易、易懂。当时各家各派都在不同的角度论证成佛的可能，而且一般都做了“保证”的。

成佛是在当世，还是要经过累世修行，在隋末唐初是个久悬未决的大问题。唐玄奘西行求法，在印度十五年（路上用了两年，共十七年）就是为了解决这个问题。最后，算是解决了：他的结论是当世，死后就可以成佛。这里，各派为了扩大影响，争取更多的宗教俘虏，有的宗派提出，成佛不需要等到死后，就在当下，当时即可成佛。有所谓“放下屠刀，立地成佛”的动人的口号。这当然是出售进入“天堂”的门票中最廉价的了，这一派就是禅宗。

* * *

东汉到隋唐，将近一千年的漫长的时期，我们从佛教在中国的传播可以看到，佛教虽有它自己的思想体系，但它自从传到中国那一天起，一直是按照中国当时封建地主阶级社会的解释和需要来传

---

① 《贬萧瑀手诏》，《全唐文》卷八。

播其宗教学说的。汉代的佛教在中国被理解为道术的一种；魏晋的佛教被理解为魏晋玄学的一派；隋唐时期佛教经典已有大量的翻译和介绍，应该不会被“误解”了，但是在中国广泛流布的不是生搬硬套印度经院哲学的法相宗，而是经过中国自己引申发挥，甚至在印度佛教学说中很少有根据的一些宗派（如天台、华严，特别是禅宗）。

如果说这是规律，我们应该说这就是历史唯物主义的基础决定上层建筑的规律在中国佛教发展史上的体现。

也正是由于中国佛教哲学有这种特点，它便构成了中国哲学史的有机组成部分。研究中国佛教哲学思想史，也就是研究中国哲学史。

五、今天研究佛教哲学思想的现实意义

第一，佛教是唯心主义的宗教体系。它是通过唯心主义的理论的论证以达到信仰的目的。它中间的逻辑分析、辩证法观点也相当丰富。作为思想资料的仓库，还大有可以发掘之处。比如佛教一开始，就用分析感觉、概念、物质属性来论证他的宗教唯心主义体系，它的论证的方法有些地方也很精致。佛教哲学比起古代中国和欧洲的哲学来，在这一方面是讲得比较充分的。当然它是从唯心主义的立场来讲的。通过对佛教唯心主义的批判，促进了中国唯物主义的深化。它起了反面教员的作用。

第二，佛教起源于印度，但发展是在中国，佛教的许多理论、学派是结合中国社会具体情况提出的，它是中国的上层建筑的一部分，也是中国哲学史中古时期的主要思潮。佛教哲学不搞清楚，对

于中国哲学史中间（魏、晋、南北朝、隋、唐）近八百年的思想斗争也会讲不清楚。而且佛教哲学对宋、明理学有直接的影响。

第三，中国唯物主义与无神论经常并肩前进，它与唯心主义、宗教迷信思想做过长期斗争。中国古代唯物主义正是在这种斗争中成长起来的。为了正确地阐明中国唯物主义、无神论思想的发展，作为它的对立面的佛教哲学思想也要摸透。不了解唯心主义，对于唯物主义的发展也不会有深刻的了解。

第四，佛教是相当长时期积累的、自成体系的唯心主义，有些唯心主义的一些手法，从论证方法到论据，有许多与西方现代资产阶级唯心主义相似或相同之处。回顾一下一两千年前他们用过的手法，对于批判现代资产阶级唯心主义会有启发。有些现代资产阶级唯心主义讲的一些歪道理，在古老的神殿中都可以找到它的原型。有些所谓“新”体系，并不是什么新货色。

第五，有些副产品，佛教的文学、艺术、音乐、逻辑（因明），可以扩大知识领域。

第六，学习历史唯物主义，进一步明确上层建筑与经济基础的关系，不但可以认识基础经济决定上层建筑，也可看出上层建筑对经济基础的反作用。我们从佛教的输入和传播，可以看到外来思想本身不会对当时的社会发生重大的作用，只有当它（思想）与当时社会的历史具体情况相结合，才能产生深刻而广泛的影响。与中国的社会条件相适应的宗派（如天台、华严、禅宗），就得到发展；生搬硬套的外来学说（如法相宗），即使得到统治者一度大力支持，仍旧生不了根，终归枯萎。

《中国佛教史》第三卷序*

南北朝时期是秦汉以后我国政局分裂持续时间最久的时期。中华民族长期以来形成了一种民族心理和传统观念，认为全国的统一是正常现象，而分裂则是不正常现象。从中国整个历史过程来看，应当怎样评述这一段历史的地位？

旧史学家一般认为，东晋十六国以及北魏和后来的东、西魏及北齐、北周时期是乱世，东晋及南朝是正统，其余王朝都不是正统。这种观点曾长期影响着人们对魏晋南北朝的如实认识。两晋南北朝在中国历史上起的重要作用，可以从四个方面来考察。

第一，民族大融合。

中国是个多民族的国家，中华民族是多民族长期融合形成的伟大民族。我国民族大融合历史上有五次。第一次是春秋战国时期。当时列国纷争，通过国家之间的经济交流、文化往来以至战争的促进，使得南方、北方、东方、西方各地区的不同民族融合。春秋以前，楚文化、秦文化还不被中原各族承认。进入战国，楚、秦文化不仅被承认，而且还各自为丰富共同的中华民族文化做出了自己的

---

* 据《中国佛教史》第三卷，中国社会科学出版社，1988年4月版。

贡献。像楚辞，反映了楚民族的文化，丰富了中华民族的文学宝库，成为世界文化的一颗珍珠。秦文化通过秦始皇的政治统一，大大扩大了它对全国的影响，奠定了秦汉以后两千年封建王朝的政治格局。赵武灵王提倡胡服骑射，吸收北方少数民族的战争技术，从而为后来中国军队及战争手段打下了基础。

第二次大融合在魏晋南北朝时期。这次的民族融合所波及的深度和广度远远超过春秋战国时期。因为这一次融合，持续时间很长，涉及面更广，其范围几乎包括今天中国的黄河、长江、珠江、辽河等广大区域。民族融合的方式也更为复杂多样。有以汉族为主，吸收少数民族文化的；也有以少数民族为主，大量吸收汉族文化的。这种互相吸收和融合，大大充实和丰富了中华民族文化，为后来的隋唐形成统一的高度发展的封建文化积累了丰富的资料。

民族融合与文化交流又有互相促进的作用。南北朝初期，南北双方，民族矛盾占主要地位，如刘裕北伐，曾得到关中群众的欢迎，即是明证。随着文化的交流，更确切地说，由于社会发展的内在动力和中国文化的凝聚力，北方少数民族迅速被带进了封建社会。因为封建制比奴隶制先进，奴隶制向封建制过渡是不可抗拒的趋势。这个转折点的显著标志是北魏孝文帝的迁都洛阳，大量接受华夏文化，禁胡语、胡服，改汉姓，学习儒家经史典籍，建立中国封建宗法制的政治管理体制。到南朝梁武帝时，南北朝对峙的民族色彩已经淡化，变成了单纯政权的对立。文人学者有了往来，双方互相收容政治避难者。在南北交流中，民族偏见已不占主要地位。这时佛教僧团在南北双方的传教活动，也为促进南北融合起了积极作用。

第三次大融合是西夏、辽、金及早期蒙古，第四次大融合在元朝，第五次大融合在清朝，这都是后来的事，这里暂不说它。

第二，南北广大地区的开发。

三国时期，南方经济发达地区只限于太湖流域、今南京附近、钱塘江三角洲及荆州以下沿江一带。其他广大地区还是榛莽荒芜，草莱未辟。南方少数民族与汉族隔阂尚多。经历了南北朝近三百年的长期交流，不断加深了各民族间的兄弟情谊。无论南方或北方，在经济开发、生产力提高方面都有进一步发展。尤其是北方各民族由逐水草而居的游牧生活，发展为定居的农业为主，加快了由奴隶制到封建制的转变。先进的生产关系，辅以先进的科学技术，又加上少数民族清新活泼的生命力带来的朝气，北朝统治区生产很快赶上了南朝，超过了南朝，以至于为北朝征服南朝奠定了基础。

第三，文化学术的广泛交流。

南北朝的长期分裂，一个国家的政治力量只限于辖区以内，有些像春秋战国列国纷争的情况，这就给文人、学者以逃避严密控制的机会，这一国不能立足，可以转到另一国。这为南北双方的人才往来，提供了学术交流的机会。这在佛教学风上也有明显的表现。有时，一个学派在北方受排斥，到了南方则找到了立足之地；有的南方学者的著作传到北方，受到北方的重视。像东晋时期南方的慧远曾影响到北方，北方的罗什大乘中观学派也影响到南方。到南北朝后期，南北交流愈益密切，北方慧思、慧文为天台开基，菩提达摩经南方而传教于嵩洛，南方摄论之学弘传于北方。

这一时期，国际交通也很频繁，除西北陆地丝绸之路为沟通东西方文化起了促进作用，海上丝绸之路的作用也日益重要。南方的广州，成为国际口岸，僧侣与商旅结伴往来，广州曾一度成为佛经传译的基地。

第四，反映时代思潮的佛教经学体系初步形成。

南北朝约三百年间，反映时代思潮的意识形态与汉代迥异。汉代白虎观会议以后，神学经学成为官方正统。魏晋时，汉朝的神学经学失势，代之而起的是玄学。细分起来，也有发展变化。魏初刑名较盛，而至正始（240—249年）老学较盛。西晋元康（291—299年），庄学较盛。东晋又重佛学。

南北朝时期，道教也建立了自己的阵地。南方的道教以陆修静、陶弘景为代表，北方道教以寇谦之为代表，形成完备的系统理论，有宗教实践，有宗教仪式。

这时，儒家的纲常名教仍然是维护中国封建制度的正统思想，无论是佛教还是道教，都在自己的范围内从理论上论证之，从实践上奉行之，强调忠君孝亲，以维护封建门阀士族的统治秩序。

儒、释、道三教互相争夺、互相吸收又互相配合的形势逐渐确立，这是南北朝近三百年来思想发展的总形势。有人从表面上看，认为魏晋南北朝时期的玄学、佛教势力大，儒家思想已退出历史舞台，这个看法不符合历史实际。只要中国处在封建制度下，儒家思想是不会退出历史舞台的。当时佛教、道教极力宣称他们的任务是配合儒家，宣扬王化治道的。

南北朝时期中国佛教文化的发展，是在当时社会思潮、历史发展的总形势下进行的。

由于中西交通的发达，译经事业也有了更大的进展。无论从参与译经的人数，译出经籍的数量、质量，译经涉及西方佛教流派，包括佛教斥为“外道”的著作，其规模之大，均属空前。佛教发展迅速，信奉者日渐众多。还有一些群众，利用佛教享有免除政府徭役及兵役的特权而躲进寺院。虔诚教徒固然不少，充数的和尚、尼姑也许更多。在北朝曾发生政府取缔佛教，勒令解散僧众团体的事件，南方也实行过沙汰僧尼的措施，但做法比北方温和。佛教戒律已基本传译完备，有些学僧着重研究戒律，并开始出现论释戒律的著作。这是因为犯戒的人多了，南北方都提出了整顿僧众行为法规的要求。在译经中，也有不少关于佛及菩萨的传记著作。介绍解释佛经的著作，即所谓“论”的数量，也与日俱增。有计划、按系统地大量译经的事业是从东晋时代开始的，到南北朝又有发展，当时著名的佛经翻译家有佛驮跋陀罗、菩提流支、真谛等人。

这一时期出现的佛教的著作中有所谓“伪经”。这是中土人士假托佛的名义，以佛经的形式撰述的。从作为西土所谓佛说经典来看，它当然是“伪”的。其实流传到今天的许多“经”，虽谓“佛说”，也毕竟只称“如是我闻”，不过它是出自天竺或西域佛徒之手，便受到重视。出自中土信徒之手，也不宜曾被斥为“伪经”就一概忽视之。抛开宗教偏见，从研究时代思潮的角度来考察这些“伪经”，它们在不同程度上也反映了其出现的特定时期和地区的时代思潮及意识形态，从这个角度来说，它不但一点也不伪，而且很有价值。

南北朝时期，南朝重义理，人们喜欢理论探讨；北方重宗教实践，对理论研究不像南朝人士那样有兴趣。这在佛教宣传方面也有所表现。北朝石窟造像，规模宏伟，数量众多，这也是北方重实践（造像积功德，是宗教实践之一）的证明。

南北朝时，由于佛教盛行，出现了佛教史传学、佛教典籍的目录学，影响所及不止于佛教界，也促进了儒家及道家相关的类似的著作涌现。

佛教的传播与中国传统文化密切配合，形成了中国佛教的特殊精神面貌，即中国化的佛教。这种中国化的佛教，随着中国文化与友好邻国的交往，传到了朝鲜、日本、越南等地区，这种佛教文化交流，起着联系中外民族文化纽带的作用。

宗教是社会意识形态之一，它与文学、艺术（包括音乐、建筑、雕塑）、哲学有着多方面的联系。研究宗教，要有众多学科的配合，才能互相启发，取长补短，收到实效。

东晋以后，佛教传播较以前更加广泛。南北朝时期的汉译佛经，基本上完成了介绍的使命。中国人士的著作，比重日渐增多，先后出现了许多“师说”，为后来隋唐佛教宗派的建立，做了资料和理论的准备。

这一时期，佛教传播的中心题目是佛性问题。佛教徒讲的佛性论，实际上是人性论的屈光折射。对这个问题的深入探讨，是中华民族认识史的一次深化。南北朝的摄论、地论等学派及《大乘起信论》等编译、撰述的涌现，看起来众说纷纭，而其问题都是环绕心性论开展的。它涉及人有无成佛的可能；人性是善是恶，如果是善，恶从何来；通过什么途径使人弃恶向善；成佛是否有捷径；有无“佛国净土”，如有，如何达到。这些众多的佛教神学问题被提出来了，却没有一个令人满意的答案。因为有些问题是佛教自己制造出来的假问题，佛教自然无法做出正确的回答；也有些问题受历史的局限，是当时任何人也不能回答的。总之，他们提出了一大堆问题，可以促进后来者进一步去思考，去寻求答案。

南北朝时期的佛教，由于学派多，著作丰富，思想活跃，在中国思想发展史上形成了佛教经学，并以出世的姿态积极为封建王权服务，成为中国古代上层建筑的重要部分。这不能不引起注意。我们不是用佛教说明历史，而是用历史说明佛教，研究南北朝佛教史也是如此，这是我们一贯遵循的原则。

南朝晋宋间佛教“般若”“涅槃”学说的政治作用*

任何宗教的滋长、蔓延都有它的社会基础，谁也不能强把“神”的意志灌输到人民群众的头脑中去。18世纪的法国启蒙运动者非常简单地肯定说：“宗教是由于傻子和骗子相遇中产生的。”这只是看到了统治阶级使用宗教以麻醉尚未觉醒的人民群众这一方面，他们没有指出宗教产生的社会根源。

在阶级社会里每一时代的宗教在实际上都是为它当时的统治阶级服务的。剥削者与被剥削者、压迫者与被压迫者尽管“平等”地站在佛（或“上帝”）的面前，而佛（或“上帝”）对他们的待遇却是不平等的。这种观念上的“平等”正是为了加强巩固现实社会的不平等。

南朝佛教以它的特殊的思想面貌出现在中国思想界。它曾以唯物论的敌人的立场坚决反对过唯物论的思想；它曾严重地影响到隋唐以后的佛教和理学思想的内容；作为封建统治阶级使用的宗教观念形态，它曾与儒家封建伦理思想密切结合，渗透到人民群众中，

* 据《汉唐佛教思想论集》。本文撰于1955年。

在较长时期内成为人民群众思想生活中的组成部分，因此，我们必须对它给以足够的注意。本文只涉及晋宋间佛教思想中的两个问题，正如本文的题目中所规定的。

一、佛教在南朝的滋长和蔓延

佛教本是外来的宗教，东汉时被当时的贵族认作方术的一种而信奉它。东汉时中国已有佛寺，但主要的是为了满足西域胡商的宗教信仰，法律上不允许中国人出家做和尚。后赵石勒时，王度上书说汉代“唯听西域人得立寺都邑，以奉其神，其汉人皆不得出家（按：个别出家的还是有的，如朱士行、严佛调）。魏承汉制，亦循前轨”[①]。

汉末经三国以至西晋，中间已有些比较简短的佛经译本。在西晋以前，佛教在上层统治阶级中间并没有引起广泛的注意。南齐尚书王俭讲到关于沙门见帝王的礼节的问题时说：“汉魏佛法未兴，不见其记传。”[②]在西晋玄学家的著作中还看不出受过佛教的影响。东晋以后佛教才正式以宗教哲学的姿态出现，它才与玄学密切结合，也就是在另一种形式下与儒家的封建伦理思想密切结合，统治着人民的思想。魏晋时僧众多出身寒微，只有道潜（王敦的从弟）等少数人出身世族。直到西晋倾覆，北方中国在石勒等统治的时期才出现大批的僧

① 《竺佛图澄传》，《高僧传》卷十。

② 《高僧传》卷五。

人，这些僧人得享受免役的待遇[①]。这时期，封建统治阶级才逐渐发现佛教可以用作统治的工具，因而大力扶持它，使它得到发展。它得到发展后又反转来积极为封建统治阶级服务。

在少数民族统治下的北方中国，佛教也曾被用来作为进行民族压迫的工具。所以石勒等认为“佛是戎神，正所应奉”。但民族压迫也还是阶级压迫的一种表现形式，所以佛教在中国的危害性，主要在于它实际上起了模糊阶级界限，和削弱被压迫阶级反抗意志的作用。

汉末及三国时已有佛经的译本流通。当时佛经的内容可分为两类：第一类是安世高、严佛调、韩林、皮业、陈慧以及康僧会等所介绍的小乘禅学；第二类是支谶、支亮、支谦等所介绍的大乘般若学。东晋时只有般若学得到广泛的传布，小乘禅学被搁置在一边。大乘般若学主要流布于当时的上层封建统治阶层。在东晋时，封建统治阶层盛行的是玄学。在当时玄学的空气下，偷安享乐的封建统治者有意地提倡般若空宗这一派接近玄学的宗教理论。所以，般若空宗这一学派在东晋初期曾产生了不同的流派[②]，表面上虽是佛教中的流派，实际上，这些流派乃是玄学中不同的学说对佛经不同的解释。东晋孙绰作《道贤论》，以七个和尚和“竹林七贤”相比拟。当时地主阶级的学者把玄学作为他们所主要信仰的学说，佛教的宗教哲学为了利用当时的客观情况，找寻它自己的出路，它必须与当时的封建地主阶级的上层统治者的思想取得一致。

① “沙门甚众，或有奸宄避役，多非其人。”见《竺佛图澄传》，《高僧传》卷十。

② 如“六家七宗”。

像东晋时表面清高，实际上与封建统治者联系最密的僧人慧远即宣传：“苟会之有宗，则百家同致。”[①]又说：“如今合内外之道以弘教之情，则知理会之必同。”[②]佛教徒把自己信奉的宗教思想信仰叫作“内学”，一切非佛教的思想信仰叫作“外道”。宗教对于一切异教的思想信仰是采取极端排斥态度的。从中国的佛教历史上所表现的事实看来，佛教对于佛教以外的儒家孔子的伦理学说不但不互相排斥，反而可以互相补充，他们认为有益于“教化”，有助于“治道”。当东晋时，正统的儒家封建伦理思想，是通过玄学的方式表现出来的。所以佛教思想与玄学思想的互相结合，正是说明佛教的宗教思想与儒家的封建伦理思想的结合。这是东晋佛教滋长、蔓延的第一阶段。

晋、宋以来南朝的豪门士族经过几代的剥削的积累，他们在经济、政治以及其他方面拥有极强大的力量。他们更进一步封固山泽，强行土地兼并，门阀制度日益强化，阶级压迫更加严重。这时人们不免要追问：阶级有高下，门第有贵贱，人性是否也有高下贵贱？门第贵贱，既然是命定，圣贤才智是否也出于天生？这些问题虽是先秦两汉以来的旧问题，但在南朝阶级对立趋向两极化的情况下，富者、贵者几乎已不可能贫贱，贫者、贱者也几乎不可能富贵。这一问题的提出，就特别有它的现实意义。而这时《涅槃经》已开始流传，从佛教的立场，来解释这一问题，是封建地主阶级所最需要的，也是“及时”的。因此，“涅槃佛性”的问题，成为晋、宋时代佛教的宗教哲学的中心问题。于是由般若学转到涅槃

① 《与刘遗民书》，《广弘明集》卷二十七。

② 《三报论》，《弘明集》卷五。

学，这一转变，是佛教滋长、蔓延的第二阶段。

齐、梁时代，南朝的封建统治阶级更加腐化、堕落。梁武帝曾宣布佛教为“国教”，使儒家的社会伦理观点与佛教的迷信思想密切结合。这一时期佛教的宗教哲学更进一步加深了神秘主义与反理性主义的内容。这是南朝佛教发展的第三阶段。

二、寺院经济的形成和南朝佛教的特点

东晋初期佛教已有初步发展，但寺院还没有独立的经济力量。南北朝时，佛教中有名的宣传者和组织者释道安，在襄阳讲经时，师生三百多人的生活要靠大官僚的捐助来维持。[①]有许多名僧讲经都要靠贵族的供养。宋齐时代，寺院已逐渐采取了一般地主阶级剥削方式，开始占有土地、经营土地。土地多半由帝王及贵族捐助来的。梁武帝时曾强买王导的子孙王骞的田八十顷捐赠佛寺。[②]因为他强买的是江南头等的豪门士族的田产，史书上特别记下来，至于强占人民的田产，那是极平常的事。

在封建社会制度下的中国佛教采取占有土地的剥削方式乃是必然的。但寺院经济在晋代还仅仅是一个开始，还不能从土地的剥削中全部解决僧众的生活问题。他们的生活要从多方面想办法。有的参加农业生产，有的做小生意，有的开赌博场，有的当医生给人看病，有的

① 《世说新语·雅量篇》及《高僧传》卷五载道安答习凿齿赠米事。

② 《南史》卷二十二。

招摇撞骗，有的看相算命，有的交结权贵，有的放高利贷。[①]

当时寺院若单靠土地剥削是不够的。南朝早期的寺院中一部分的僧人也参加劳动生产，还没有大量的避役人民躲进寺院。晋代名僧、翻译家和旅行家法显，未出国前，曾与同学数十人参加寺院的割稻的劳动。[②]

晋、宋以后，寺院经济力量逐渐强大，除了采取土地剥削作为主要剥削方式，也还经营高利贷、招纳佃客，与当时一般门阀地主所采取的剥削方式完全相同。寺院享有免役、免税等特权。宋代已有许多资累数百万的僧人[③]，宋以后的僧众已成为南朝封建地主阶级中新兴的阶层。寺院以内可蓄养“白徒”（没有出家的为寺僧服役的男人），尼姑可蓄“养女”（没有出家的为寺院服役的女人）。僧、尼、白徒、养女这批人不列入一般人民的户籍以内。据说梁代这些寺院管辖之下的人口竟占去国家的“户口之半”（这里要注意，梁代的户口之半应当是梁代的皇帝所能控制的人口数字。绝大部分的户口荫蔽在门阀士族及豪强地主的势力下，政府不能干涉。在豪强的包庇下，政府明知“百户合室，千丁共籍”，也不敢过问）。

---

① 《弘明集》晋释道恒《释驳论》：“今观沙门，……或垦殖田圃，与农夫齐流；或商旅博易，与众人竞利；或矜持医道，轻作寒暑；或机巧异端，以济生产；或占相孤虚，妄论吉凶；或诡道假权，要射时意；或聚畜委积，颐养有余；或指掌空谈，坐食百姓。”

② 《法显传》，《高僧传》卷三及《出三藏记集》卷十五。

③ 《宋书·王僧达传》：“吴郡西台寺多富沙门，僧达求须，不称意，乃遣主簿顾旷率门义劫寺内沙门法瑶，得数百万。”

南朝的佛寺在中国首先创立了以救济为名，以高利贷为实的“长生库”，即“质库”。从贵重的黄金到一束苎麻都可以送到佛寺的质库中押款[①]。

佛教广泛流行以后，一般人民往往“竭财以赴僧，破产以趋佛”[②]。寺院经济已达到巩固的地步，人民群众的“卖儿贴妇钱”[③]和帝王舍身佛寺赎身钱都源源不绝地向佛寺输送。刘宋以后佛教得到很快的发展，与寺院经济力量的壮大有分不开的关系。

佛教在南朝能够得到很大的发展，首先由于它掌握着大量的土地，有独立的寺院经济，并利用白徒及养女，做无偿劳动，以增加其财富。这些都是它得以发展的物质条件，但不能因此过高地估计寺院经济的力量。实际上，佛教寺院经济的力量还远远赶不上根深蒂固的门阀士族的经济力量。僧侣，这一新兴的地主阶级中一个阶层对于世俗地主阶级有极大程度的依赖性。道安早已说过：“不依国主，则法事难立。”[④]这种经济的依赖关系反映在宗教理论上，即表现为对儒家封建伦理观念的依赖性。

南朝佛教始终是封建统治阶级使用的工具。历史上曾有过个别的僧人参加一些政治活动，如慧琳[⑤]被称为“黑衣宰相”；尼姑妙音

① 《南史·甄法崇传》：“（甄彬）尝以一束苎就州长沙寺库质钱。后赎苎还，于苎中得五两金，以手巾裹之。彬得，送还寺库。道人惊云：‘近有人以此金质钱，时有事，不举而失，檀越乃能见还。’”

② 范缜：《神灭论》。

③ 《虞愿传》，《南史》卷七十。

④ 《道安传》，《高僧传》卷五。

⑤ 《慧琳传》，《高僧传》卷七及《宋书·文帝纪》。

权倾中外，“门有车马日百余乘”[①]。但佛教并不能像欧洲中古时期的教会那样直接支配中国的政治。中国的佛教的势力远不能与欧洲中古时期基督教的权力相比，因而佛在中国中古时期人民群众思想中所占的地位也远不能与欧洲中古时期的上帝在欧洲人民群众思想中所占的地位相比。

与南朝佛教发展的同时，还有道教。道教也是中国封建统治阶级压迫人民的工具。佛教与道教曾有过长期的斗争，双方互相争取国君、争取群众，佛教在中国不是唯一的宗教。因此，它的宗教影响也有一定的限度，而不是唯一无二的。

当佛教寺院的经济力量过分扩张时，会妨害皇帝和世俗的地主阶级的经济利益。这种矛盾首先表现在土地占有和劳力占有的关系上面。但僧、俗地主之间的矛盾并不能激烈化而演变为对抗的力量，因为寺院的经济的力量比起一般封建地主的力量来还薄弱得多。如公元462年，政府曾迫使僧人对皇帝行跪拜礼，有些僧人企图反抗，不遵守，马上遭到封建统治者的“剞斫之虐”和“鞭颜皴面而斩”[②]的镇压，佛教徒立刻屈服了。

南朝佛教最初以玄学的附庸资格出现，而玄学本身就是儒家的封建伦理思想的另一种表现方式，也可以说玄学是以老庄思想为外衣而骨子里是儒家封建伦理道德的积极支持者。佛教与玄学的亲密联系，也正说明了佛教与封建社会的地主阶级利益的密切联系，其后逐渐成长，但仍保留着玄学的尚清谈、重义解这些特点，与北朝的佛教注重戒行的风习不同。南朝佛教虽然有宗教的组织，而由于

① 《比丘尼传》卷一。

② 《弘明集》卷六。

学派分歧，没有全国统一的组织，虽有些分散的小的学派组织，但不严密。它是在共同讲说辩论某些佛教问题的关系下维持着的。当时的佛教还没有形成宗派的条件。

在不同的时期，南朝佛教有不同的宗教学说作为它的宣传的重点。这些学说都是在原则上不违背儒家的封建伦理观点下，并配合这一观点为封建统治阶级的政治及思想统治的要求的。

南朝的佛教，不同于欧洲中古时期具有绝对权力并能支配政治的基督教，不同于东汉以及魏晋时期附属在道术之下的佛教，不同于北朝注重修行坐禅的佛教，不同于后来隋唐时期封建宗法制度化的法嗣相传学说世袭的佛教。

三、在玄学思想支配下，般若学说的建立和发展

玄学是中国魏晋时代客观唯心主义的哲学流派。[①]它替当前的统治阶级的利益服务，并在儒家封建伦理观念的支配下得到了发展。魏晋时代，主要的唯心主义玄学家有王弼、何晏、向秀、郭象等。这一学派对于哲学的根本问题上，思维与存在的问题，精神与物质的问题，提出了“本”“末”的说法。它形而上学地企图割裂客观世界，把具体的感官所及的客观世界的变化、新事物的不断出现、事物之间的相互关联，叫作“末”。“末”又叫作“有”，因为它是有形象的。“末”，在玄学家看来，就是表面的、无关紧要的现

① 参看《魏晋玄学思想和它的政治背景》一文，《历史研究》1954年第3期。

象。与“末”相对的另一概念，他们叫作“本”，“本”是超乎现象的，非感官所及的，抽象的、“永恒的真理”。“本”又叫作“宗”，因为他们把抽象的“本”奉作一切的主宰。“本”又叫作“极”，因为他们企图在客观世界以外，寻找所谓最后不变的最高标准。“本”又叫作“无”，因为他们认为有所谓最后、最高的看不见的无形无象的精神实体。

玄学家从这种唯心主义的、形而上学的世界观出发，来观察世界，他们要在客观世界的背后寻求所谓永恒不变的本体，这种唯心主义的、形而上学的结论正是玄学家所企图证明的。他们认为这是用来反对唯物主义的最方便的武器。

玄学家利用当时的科学知识和一般常识，把事物具有发展和变化的规律这一事实给以绝对化、观念化。他们不把规律看作是事物的发生和变化的规律，而相反地认为有超乎物质之上并支配物质运动的“本”，从而倒转来把这样的“本”看作客观世界存在的根据。

这种观点表现在社会政治方面，必然构成他反动的社会政治理论。社会上人压迫人的不合理的制度，他们看来无非都是“末”，而这个“末”的背后还有合理的、永恒的“本”。“末”本来就不值得注意；值得追求、仰慕的是“本”，是“无”，是“理”，是“宗”，是“极”。

虽然玄学家还没有正式提出像后来中国哲学家惯用的“体用”的范畴，但“体用”的基本含义是魏晋玄学家首先发明的。唯心主义的玄学家深知物质世界的客观存在这一事实难于简单地否认，于是他们第一步，先把物质世界的地位贬抑到从属的地位。他们在文字上虽然承认有所谓客观世界，但他们说物质世界不过是“末”。

这种手法也是一切唯心主义者最惯于使用的一种欺骗手法。

作为玄学的唯心主义，如果只是简单地否认客观世界的存在和发展、变化是办不到的。玄学家所以从各方面进行不正确的论证，无非为了达到歪曲现实的企图。佛教的经典，如《般若经》恰好在“玄”风盛行的基础上，继续发挥了玄学理论，它用佛经的“出世”（不过问社会政治问题）的理论，忠诚地为世间的封建统治阶级服务。它实际上是用退出政治来参加政治的。

《般若经》本是印度佛教中一个学派所收集的一部大丛书。其中的各部分在魏晋以后有许多不同的译本，其基本意义都是企图证明客观世界为虚幻的，是不真实的。当时佛教既建立在玄学理论的基础上，因此，佛教中流行的有关“般若”的学说，实际上都是有意地发展玄学的观点[①]，般若学派中的“六家七宗”乃是东晋时代玄学家的流派在佛教思想中的反映。就其基本观点来分，只有三派：一是“本无”派，二是“即色”派，三是“心无”派。其余各家都可分别属于这三派。所谓“本无”“即色”这些派别，都是指的他们对于佛教《般若经》所谓“空”的意义所做出的不同的解释而说的。

《般若经》从客观唯心主义的观点企图否认精神作用及自然现象的真实性。[②]东晋时般若学派中，像“即色”派只顾到曲解自然现象的“不真实”这一意义，而忽略了作为客观唯心主义的般若学派的基本任务在于描绘一个抽象的本体世界，引导人们出家；像“本

① 参看道安的《道行经序》《合放光光赞随略解序》以及僧叡、僧肇诸人所作经序。

② 各种不同的《般若经》，总的精神都是宣扬一切物质现象和精神现象都是虚幻不实在的，按它的实质来说，是属于客观唯心论的哲学流派的。

无”派只强调了抽象真理的“真实性”，而忽略了如何曲解物质世界的变化的现象这一事实；像“心无”派只注重否认精神作用，有肯定物质世界的存在的倾向[①]。在佛教徒看来，认为最后一派（“心无”）只否认精神作用是不够的，这还不足以建立宗教的阵地，所以有些佛教徒认为这是丧失了唯心主义的宗教立场，认为这是“邪说”，非“破之”不可。当时的佛教徒为了保持宗教的彻底唯心主义，为了歪曲现实，他们不惜用最大的力量来向这一派斗争。[②]

在物质世界客观存在这个事实的面前，佛教般若学派的歪曲理论不得不陷入左右支绌的狼狈境地，他们自己的阵营内部的步调显得很混乱。针对这些佛教思想中的混乱现象，佛教中的唯心主义首领之一僧肇提出了他的彻底的、佛教般若学派的客观唯心主义的主张——“物不迁论”和“不真空论”。

僧肇[③]是鸠摩罗什的弟子，他的活动范围在北方关中（陕西）一带，但他的学说的影响，以及他的著作中所抨击的佛教中的各派学说是南方的。当时南方与北方的佛教徒往来很频繁，思想学说有极多交流的机会。约在后秦弘始十年（408年）夏末，道生南归，把僧肇的著作带给刘遗民，遗民转给慧远，曾使慧远叹为“未尝有”。僧肇的学说曾通过当时南方最有名的和尚慧远而得到传布。公元409年，他和刘遗民有往返回答，并且把所注的《维摩诘经》赠刘遗民。罗什死后不久，关中大乱，关中的佛教学说反而在南方得到流行。

以僧肇为代表的般若学派，以歪曲事实的唯心主义的世界观来

① 支愍度的“心无”义有唯物主义的倾向。

② 《竺法汰传》，《高僧传》卷五。

③ 《高僧传》卷六。

否认客观物质世界的真实性。他们明明知道事物的客观存在绝不是简单地不承认，或装作不看见就能发生骗人的作用的，因此他们说出了一套歪理。

僧肇在他的《不真空论》一文中集中地宣扬他这种荒谬的说法。他说，世界上的万物虽然看起来是多种多样的、有差别的，但这种差别不过是一种虚假的现象，而不是事物本身存在着差别。[①]

他们以诡辩的方式，先肯定世界上有种种千差万别的现象，但他们却说，世界的实际情况和这些现象完全不同。现象不过是“幻相”。僧肇曾说，并不是说世界上没有现象，而是说任何现象都不反映客观真实。[②]

僧肇利用佛教空宗一贯使用彻底否认物质世界存在的手法，狡猾地躲避了玄学家常用的“本”“末”这些旧范畴，提出了他的反对变化、反对发展的说法，从而替他的超世间、永恒不变的神学理论找根据。他毫不顾事实地硬说世界上没有发展，没有新的东西产生[③]，“真实”的世界只能存在于现实世界的时间之外。正如他在《不真空论》中玩弄“有”“无”的概念的手法一样，

他在《物不迁论》中同样使用非动非静、又动又静的玩弄概念的手法，利用动与静的相互依赖的对立的关系，做出诡辩式的结论，说动也不是动，静也不是静。在表面上暂不正面反对事物有变

---

① 《不真空论》：“万物虽殊，而不能自异；不能自异，故知象非真象；象非真象，故虽象而非象。”

② 《不真空论》：“如此则非无物也，物非真物。物非真物，故于何而可物？故经云：‘色（按：色即物质）之性（按：性即本质）空，非色败空。’”“譬如幻化人，非无幻化人，幻化人非真人也。”

③ 《放光般若经》：“法无去来，无动静。”

化[①]，而实际上，他恰恰要把世界说成没有发展变化。[②]他从否认事物有发展变化，企图达到他否认客观世界的真实性的目的。

佛教般若的学说，帮助僧肇避开了玄学家只从概念上纷争“有”或“无”的种种说法，他建立了违反科学、脱离实践的客观唯心主义的观点。他摆脱了玄学的束缚，为了更便于宣扬佛教出世的宗教世界观。他们说，世界本来是假的，又何必对这个假的世界坚持什么分别呢？真理是有的，但是在这个世界以内找不到，必须到另外的世界去找，当前的一切现象都是假的。佛教的般若学以这样的理论来使人们避开一切具有现实性的斗争，从而在客观上巩固了当时封建统治阶级的利益。照他们的见解，现实世界既是“假号不真”，在政治上，势必把人民引向脱离现实斗争的战场，向精神世界去寻求解脱，这乃是当时的封建统治阶级需要佛教这样做的。佛教般若学说正是这样，以“慈悲”众生的姿态向一切企图正视现实的人展开思想攻势。

四、门阀制度强化、严重的阶级压迫制度下涅槃佛性学说的流行

西晋政权虽然操在门阀士族的手中，但并没有完全切断寒门

① 《物不迁论》：“寻夫不动之作，岂释动以求静，必求静于诸动。必求静于诸动，故虽动而常静。不释动以求静，故虽静而不离动。然则动静未始异，而惑者不同。”

② 《物不迁论》：“旋岚偃岳而常静，江河竞注而不流，野马飘鼓而不动，日月历天而不周。”

上进的道路。①东晋初年，门第壁垒还不致过于森严。②东晋末年，门阀的界限就趋于绝对化。西晋时还有人指摘“九品选举”太重门第，不能得人才。东晋末，及刘宋以后，很少听到这种指摘；相反地，倒有人指摘那些不能坚持门阀原则的人，称赞那些完全按门第来决定官职高低清浊的吏部尚书。门第的界限极严格，成为社会上的风气。③

区别士、庶是南朝用人的原则，这是地主阶级内部的区别，一般平民与士庶更有云泥之隔。统治者与被统治者的上下之序，从当时的地主阶级观点看来，那是“天经地义”，不能混淆。统治集团内部的士与士、庶与庶之间也有等级。有些是第一等士族，有些是第二等士族。同一家族中，支派不同，地位也有高低。④按照族谱作为选举人才的标准，这是南朝晋、宋以后门阀制度的特征。⑤

---

① 石苞从车夫提拔为功曹，见《晋书》卷三十三。李含从亭长升为别驾，见《晋书》卷六十。

② 贺循曾提拔仆人杨方为太守，见《晋书》卷六十八。汝南周浚娶寒门之女，见《晋书》卷六十一。

③ 《南史》卷二十三《王球传》：宋文帝令王球跟殷景仁做朋友，王球拒绝说：“士庶区别，国之章也。臣不敢奉诏。”帝改容谢之。

④ 同是琅琊王氏，门第有高低。《南齐书》卷四十四《沈文季传》：尚书令王晏尝戏沈文季为“吴兴仆射”，文季答曰：“琅邪执法似不出卿门。”

⑤ 《南史》卷七十二《贾希镜传》：“先是，谱学未有名家。……希镜三世传学，凡十八州士族谱，合百帙，七百余卷。……建元初，希镜迁长水校尉，伧人王泰宝买袭《琅琊谱》，尚书令王晏以启明帝，希镜坐被收，当极法。”一个修谱专家由于出卖王氏的族谱，竟因此犯了死罪，可见刘宋以后门阀制度成了当时封建贵族的政治地位和社会地位的唯一保障。

南朝也有寒族出身的皇帝和他的亲信[①]，皇帝是在门阀士族的拥戴下，出来替门阀士族办事的。门阀士族并没有把皇帝放在眼里。至于那些参与机要的人物，官位不过七品，没有社会地位。尽管他们在政治上的势力炙手可热，但他们的子孙依然是寒门庶族。

中国古代早已有人怀疑过：何以安分守己的贤知之士反而贫贱夭死？何以欺压良善的恶人反而富贵寿考？人们所遭受的痛苦是否有解脱的日子？这时佛教的理论从反动的立场来回答这一问题。

佛教为了模糊人民反压迫的意志，它替封建统治者歪曲地解答了当时人压迫人这一不平等的事实。他们宣称真正的平等和幸福在地上根本不存在。佛教有意地把剥削者的苦和被剥削者的苦平列起来。他们说，被剥削者固然有饥寒贫困的痛苦，而剥削者过分的饱暖富贵也有他的烦恼，不论富贵或贫贱的人都有痛苦。

佛教更进而把现实社会上所能发生的痛苦和幸福说成无足轻重。他们把西方“极乐世界”的幸福渲染得千百倍于现实世界的幸福，又把“地狱”的痛苦描绘得比现实世界可能遭到的痛苦夸大到千百倍。他们告诉人们，当前所受的苦难和无数旷劫的长期苦难相比，根本算不了什么，能安心忍受一切苦，就可以换取将来百倍的幸福。佛教就是这样地教人对现实的阶级压迫忍耐着。

“涅槃”佛性学说是佛教宗教哲学中的客观唯心主义的另一种流派。这一流派以佛教的《涅槃经》（按：《涅槃经》也有许多不同的译本在中国流传）为根据，来宣传在一个理想的世界中有完全的“自由”“平等”的幸福。这个理想的世界完全跟现实世界中的

① 宋孝武帝时有戴法兴、巢尚之，南齐时有纪僧真、茹法亮，梁有朱异。

一切现象相反。

佛教廉价地预售给人们走进“极乐世界”的入门券，这就是南朝佛教的涅槃佛性学说的实际意义。当时南朝的佛教徒，利用《涅槃经》，并借此机会提出了“人皆可成佛”的宗教学说。

儒家的封建伦理观念，教人替统治阶级效忠、尽死，“贫而无怨”“富而不骄”。对于不平等的社会问题，他们不敢回答，并避免回答。他们只能说些“求仁而得仁”“不怨天，不尤人”这些消极安慰的空话。

佛教恰好对于儒家伦理观念中所不敢触到的问题，做了详尽的补充。这些补充，对于缓和封建社会的阶级矛盾，麻痹人民的斗争意志，在客观上起了极大的作用。

南朝的门阀制度这时已成了僵化的制度，人的社会地位、经济地位、政治地位，都要由家族出身和门第决定。不但在社会地位上由贫贱到富贵不能有所改变，即使在精神领域内，想做一个合乎封建统治阶级要求的“圣人”也办不到。孟子还说过“人皆可以为尧舜”，而南朝的地主阶级的学者已公认为“圣人”不可学了。当时社会上所发生的“圣人”不可学的问题，“圣人”与普通人有根本差异的问题，都是当时阶级压迫的事实在封建伦理学说方面的表现。一切都由当时阶级出身安排定了。佛教这时提出了“人人都有佛性”的说法，正是对于一切被压迫阶层的人们的鸦片烟。它使那些痛苦的人们，相信在另外的世界中有所谓公道，它教人们放弃现世的斗争，忍耐地等待着。

南朝涅槃佛性的学说和争论，虽然有不少派别，但归根到底，他们所争的焦点只在于成佛是否可能，成佛要经过一些什么阶段和手续。这本来是一个虚构的问题。这种宗教的幻想，却正是以歪曲的形态反映着当时的真实的社会问题。因为宗教问题，不是别的，只是世间的力量采取了超世间的形态。成佛是假的，我们用不着回答可能或不可能。但是摆脱苦难，向往幸福，这是人民的愿望，这个真切的愿望却不是假的。当时对于成佛有各种不同的说法。有人以为成佛要累世修行，积累功德，这是小乘佛教一般的主张，像安世高以来的小乘禅法就是这样主张的；有人主张可以逐渐修行，到了一定阶段，即可得到飞跃，然后再继续修行，即可成佛，像支道林、道安等就是这样主张的；又有一派主张只要顿悟，真正充分体会佛说的道理，即可以成佛，像竺道生等就是这样主张的。这些说法，都是毫无意义的佛教内部的争吵，这里不去为他们分疏。

替封建统治阶级服务的佛教，用“成佛”的号召来引导人民走向另一条“解脱苦难”的道路。佛教提出，用忍受苦难和忍受侮辱的不抵抗主义的方法，可得成佛（“安忍波罗蜜多”）；用极度降低物质生活水平的方法，可以成佛（“净戒波罗蜜多”）；用捐助大量财产给寺院的方法，也可以成佛（“布施波罗蜜多”）；此外还有所谓“精进波罗蜜多”“静虑波罗蜜多”“般若波罗蜜多”等方法。他们所提出的六种方法都是对佛教或僧人有利的，基本目的在于从思想上销毁人们反抗压迫、不满现实的意志，企图使人民在希望成佛的幻想前面，在“天国”的门前受尽一切敲骨取髓的剥削，使他们变成温驯的、毫无危害性的忠实的奴隶。

马克思对于欧洲宗教的反动本质的揭露也同样适用于中国南朝的佛教。马克思指出，“基督教的社会原则曾为古代奴隶制进行过辩护，也曾把中世纪的农奴制吹得天花乱坠”，宗教既然教人“把国教顾问答应对一切已使人受害的弊端的补偿搬到天上，从而为这些弊端的继续在地上存在进行辩护”。宗教“认为压迫者对待被压迫者的各种卑鄙龌龊的行为，不是对生就的罪恶和其他罪恶的公正惩罚，就是无限英明的上帝对人们赎罪的考验”。宗教“颂扬怯懦、自卑、自甘屈辱、顺从驯服，总之，颂扬愚民的各种特点”。[①]

六卷《泥洹》（“泥洹”，梵语作Nirāna。旧译作“泥洹”，新译作“涅槃”）译于东晋义熙十三年（417年）。这部佛经译出后解决了“一切众生皆有佛性”的问题，正式说出众生有成佛的可能性。《泥洹经》比般若空宗的理论更能表现出佛教的宗教特点，因为它更加明确地划分了现实世界和“极乐世界”的界限，也更加肯定了佛教“极乐世界”和现实世界完全相反。把现实世界中阶级压迫所造成的痛苦，曲解为“无常”“无我”“苦”“染污”。他们企图使人仍相信社会上的不合理是现实世界的本质，从而虚构出所谓的“常”“乐”“我”“净”的永恒世界。

人人都有佛性，都能成佛的理论，本来不是南朝时才开始知道的道理，也不是在《泥洹经》翻译后才有的理论，像早期的《维摩》《法华》以及一部分小乘经典，都已透露了这种思想[②]。在阶级压迫极端严重的南朝，对社会上的不平等现象和由这种不平等现象给人民造成的痛苦，统治者力图寻找一种有效的欺骗性的理论给

① 《“莱茵观察家”的共产主义》，《马克思恩格斯全集》第四卷，第218页。

② 见〔晋〕道生：《法华经疏》及《注维摩诘经》。

以解释。恰在这时，《泥洹经》有了译本。于是佛性问题，获得急转直下新的解决。因此，与其说《泥洹经》解决了佛性问题，毋宁说晋末宋初的封建统治阶级有此需要，《泥洹经》及时地起了它的作用。佛性问题本身就是一个假的问题。但通过这个问题反映出当时阶级压迫的严重，也反映了被侮辱和被损害的广大人民要求摆脱苦难的真诚愿望。南朝的统治者在儒家封建伦理学说的武库中所找不到的思想武器，却在佛教中找到了。一方面宣布所有的人（不论阶级和种族、门第）在佛法面前一律平等，另一方面又力图在现实世界内保持当时极端不平等的阶级压迫的现状。因此，“一切众生，皆有佛性”这一消极平等的宗教口号的反动性，却远远超过了它文字上的含义。它是具有实际反动的政治作用的。

当时最有名的佛性论者，首推竺道生。竺道生为了发挥人人都有佛性这一宗教口号，曾遭到当时佛教内部的反对。当时佛教中的保守分子还不能了解道生的佛性学说的深刻的政治作用。道生的学说首先与当时一切皆空的般若学表面上不相容，反而与汉以来以中国人相信的神明不灭的旧义相似。[①]这样，等于肯定了个人的灵魂是最后的真实，而否定了作为最后永恒真理的化身——佛的至高无上的地位。道生从佛教唯心主义的立场，反复说明佛性是“本性”，是“理”，是“自然”，是“本有”。

“一阐提人皆得成佛”，这是道生进一步提出的又一个为封建统治阶级所欣赏的宗教口号。

“一阐提人”，按照佛教的意义，是善性灭尽的人、不可救药

① 〔晋〕僧叡：《维摩诘经序》。

的人[①]。经有明文，这种人不能成佛。竺道生体会佛教的宗教精神在于满足人们在现实世界所不能达到目的的要求[②]。他“孤明先发”，提出了“一阐提人皆得成佛”的学说。后来北凉昙无谶所译的四十卷《涅槃经》传到南方，证明道生的话是有根据的。我们已很清楚，问题并不在于他的学说是否有佛经的根据。一切宗教体系本身就是一个实际上的大骗局。如果一定要找出它的根据，它的根据就是违反科学的唯心主义。我们只要看当时的地主阶级知识分子对道生的“一阐提人皆有佛性”的“证明”（当然是唯心主义的论证）是那样地欣喜若狂，顶礼赞叹，就知道这种学说正是他们所需要的。那些骑在人民头上的信佛者，希望永世过着剥削享乐的生活。既然“一阐提人”只要改过自新，还可成佛，何况其他恶人？道生在“贱价出售升入天堂享乐的门票”，统治阶级是非常欢迎的。

此外，根据“涅槃”的学说，道生又发挥了“顿悟成佛”的宗教理论。这种学说很快地得到广泛的传播。他认为只要有了符合宗教要求的“觉悟”，即可不必经过若干阶段，可以一直成佛（“径登十地”）。当时享乐腐化的封建统治阶级，世世代代都是不劳而获的，顿悟可以成佛，既省时又省力，颇为适合那些寄生虫的阶级

① 梵语为Iechantika（即作恶多端、贪求欲乐、不悔改的人）。《泥洹经》：“一阐提者”，“病即请佛世尊所不能治，何以故？各世死尸，医不能治”，“阐提如烧焦之种，已钻之核，即使有无上甘雨，犹亦不生”，“如一阐提，懈怠懒惰，尸卧终日，言当成佛。若成佛者，无有是处”。

② 《出三藏记集》卷十五、《高僧传》卷七：生叹曰：“象以尽意，得意则象忘；言以诠理，人理则言息。自经典东流，译人重阻，多守滞文，鲜见圆义。若忘筌取鱼，始可与言道矣。”

性格，所以他们非常欢迎这个学说。对于过着地狱般的被压迫阶级来说，他们亟欲摆脱现世的痛苦，顿悟既然不要累世修行，也是他们乐于接受的，于是道生这一派的涅槃佛性的学说得到很快的发展。

佛教在当时曾丰富了中国的文学、艺术、音乐，也曾帮助了中国的医学、历法的发展。佛教的著作中也带来了“因明”（逻辑）和一些比较细致的分析方法，从而刺激了中国说理的散文进一步的发展。这些功绩，都有它的历史的意义，我们一点也不愿抹杀它，相反地，我们今天也还要肯定它。但是作为唯心主义体系的佛教的宗教哲学，它是荒谬的，无论在当时和现在，都是唯心主义的、反科学的，所以对它应当加以彻底的批判。

中国古代也曾有些进步的思想在宗教的外衣下得到了传播，也有一些农民的革命运动利用宗教组织得以开展。但这并不能因此而认为宗教的唯心主义体系，或宗教迷信起了什么进步作用。本文并不全面地评价佛教在中国文化上的作用和价值，是指出南朝晋宋间佛教宗教哲学如何配合当时统治阶级的需要，而起着它的反动作用的。

中国哲学发展史（魏晋南北朝）·魏晋南北朝的佛教经学*

概述

佛教初传入中原地区，宫廷帝王、上层贵族把佛（浮屠）当作神仙，与黄帝、老子并列，没有把佛当作外国的教主，而是当作中国的神仙。后来佛经翻译渐多，信仰者对佛教的了解也逐渐深入，知道佛不同于中国“圣人”。经历了几百年在中国的传播、发展，佛教把它的宗教教义修饰得更加符合中国封建社会的需要，已成为中国文化的一部分。佛教教义的解释权已从外国僧人之手逐渐转移到中国僧人手中。中国僧人的著作越来越多，中国僧人学习佛教理论，不专靠诵习翻译经典，也借助于中国僧人的注疏，因为中国人教中国人，更有针对性使听受者容易理解。

中国人学习经典，自汉代开始，形成了经学家法的传授方式。

---

* 曾以《魏晋南北朝佛教经学》为名出版单行本，国家图书馆出版社，2013年8月版。

同一部经典，由于注释者观点、理解不同，可以有不同的解释，由此产生不同的学派。如《春秋》有左氏、公羊、穀梁，《诗》分毛、鲁、韩，《论语》有齐、鲁，等等。细案佛教知识僧侣，多从儒家转来（《高僧传》此例极多，不可胜举），他们用儒家治儒经的方法转而治佛教经典，本是轻车熟路。南北朝开始，形成佛教经学，决非偶然。佛教理论更加符合中国封建社会需要，已取得中国封建社会上层建筑的资格。

魏晋时期，佛教力图与玄学相适应，佛教理论家力图与玄学家讲的老庄之教相结合，出现了佛教般若学所谓“六家七宗”。般若学实际上是玄学佛教版的本体论。般若学的本体论，不同于玄学讲的名教与自然那样接近现实政治，与门阀士族的政治生活隔了一层。佛教为自身的发展，它还须进一步适应门阀士族的需要，随着玄学势力的下降，它又与儒家相结合，离开以老庄为标志的玄学，转而投向儒学，与儒教相结合。这一转变，以庐山慧远为契机。从此以后，佛教经学与儒家经学互相配合、取长补短，结成同盟军。

从南北朝开始，信仰佛教已不仅是个人的私事，佛教已成为封建政府教育人民、洽和王化的得力工具。当时虽有一部分反对佛教的政府官吏和知识分子，有一部分无神论者在理论上也做出了卓越的贡献，但他们人数不多，势力不大，佛教的社会影响并没有因为受到理论上的批判而减弱。只要佛教赖以滋生的土壤还在，光靠理论上的批判，是打不倒它的。在北方非汉族统治的地区，更没有把佛当作外国人看待，他们普遍认为释迦、周孔都是“圣人”，都是维系世道不可缺少的思想最高权威。理论上如发生争议，只要在儒、佛两家经典中找到根据，就算有了正确的答案。佛家经典与儒家经典有同样崇高的地位。[①]

中国僧人对佛教的经、论都做过系统的研究，并做出各自的解释。解释的形式有多种多样，经师讲经，弟子记录，号为“义疏”（如《摄论俱舍疏》），或号为“注记”（如《唯识论注记》），或称为“本记”（如《东域传灯录》、真谛《王仁疏》注云“诸疏云本记”、《金刚经本记》），或称“文义”（如《金刚经后记》称此经为“文义”）；集各家注释的号称“集解”（如《涅槃经集解》），着重经文字义解释的称为“注”，有串讲的称为“疏”。隋唐以后，佛教经学更趋烦琐。

正是由于佛教在南北朝时对国家有极大帮助，佛教享有极高的政治待遇。佛教徒遍及天下，上自朝廷，下及闾里，因果报应、轮回之说，深入人心，弥漫天下。北方少数民族统治地区，佛教徒达二百万以上，南朝“户口几亡其半”。译经费用由国库支付，僧众管理由国家任命僧官，寺院经济由国家给予免除租税劳役，佛教经像除私家传播，由国家资助传抄。寺院宏大建筑，有的由私人捐赠，有的由国家公帑建筑。由于佛教成为政府不可缺少的精神支柱，佛教经学才有可能成为官方公开提倡支持的文化事业。中间曾短期遭到打击，但为时不久，即得恢复。恢复之后，气焰转盛。

中国僧人经历了自己长期的创作和研究，形成了佛教经学，与儒家经学争衡。它表现在四个方面。

---

① 《弘明集》的辩论中，可以看出，无神论者反对佛教有神论，遇到儒家的有神论就不敢坚持己见。佛教的辩论，引出经中文句来就有了保证。这里不一一列举。

（一）注疏

南北朝译经，由主译者随译随讲。经典译出后，随着流布地区不断扩大，讲解者根据各自的理论修养及理解水平进行注解。南北朝时期，南方社会风气尚文采，重思辨，注疏较多；北方社会风气尚质朴，重宗教实践，石窟造像较多，而注疏较少。

佛教经学的传授方法与两汉儒家经学传授方法大体相同。中国知识僧人出家前夕受儒教熏陶，出家后为了传教，为了扩大佛教影响，为了与佛教以外的外道争辩，佛教徒不能不读佛教以外的典籍。僧传所载著名学僧“学通内外”。中国特殊历史环境培养出来的佛教知识分子，都受过儒家经学的训练。汉儒章句训诂之学，魏晋玄学，得意忘言之教，都给南北朝的佛教经学提供了现成的模式。东晋道安已开始对佛教经典进行注解，他在《安般守意经序》中说：“魏初康会为之注义，义或隐而未显者，安窃不自量，敢因前人，为解其下。”《道地经序》说：“寻章察句，造以训传。”道安的《人本欲生经序》说：“为人撮注，其义同而文别者，无所加训焉。”早期佛经注大致如道安所说的逐文释义，不做发挥，对佛经初学者有辅导作用。南北朝时期，长江南北有许多《成实论》师，他们一生讲《成实论》若干遍，受到朝廷和社会上重视。《成实论》为小乘学的一派，佛教的基本概念，这部书里讲得比较清楚，是当时流行的一种“佛教哲学手册”。学了《成实论》，对佛教的基本概念有了一些了解，再读其他经典就容易了。许多《成实论》师，自己没有什么体系，他们所从事的是佛教的章句之学。

有了章句之学为基础，中国僧人对佛教的理解逐步加深，他们不满足于文句解释，而要求钻研其基本思想。魏晋玄学探究“本末”“体用”的治学方法，也给佛教经学以启发。用玄学方法解释佛理，南北朝时曾被广泛采用。当时用“经序”来概括一部佛经的宗旨，用“品目”来概括经中某一章节的宗旨，可收到提纲挈领的效果。僧叡《中论序》称：“予玩之味之，不能释手，遂复忘其鄙拙，托悟怀于一序，并目品义，题之于首。”又如道生在《法华经疏》中对《药草喻品》说：“圣教沾神则烦恼病愈，故寄药草以目品焉。”佛经早期的章句解释，为了启迪初学，文字不能太简，有时注文与原著篇幅相当[①]。后来佛教受魏晋玄学的注疏方法影响，尚清通简要[②]，有的讲大义，有的指事数，注文篇幅往往不太长。南北朝后期，佛经著述逐渐增多，学派林立，讲经的章句、口义（讲义）渐多，越来越详备，注疏又由简到繁。到隋唐时，佛经注疏、佛经讲说，有似汉儒解经的末流，广博、烦琐兼而有之。

（二）论著

注疏不能离开原著经典，论著则可以离开原著，尽量发挥个人的见解。曾涌现了多种经序。经序是概括介绍某部经的基本要点，但随着个人的理解的不同，有的序并不一定能代表原著的宗旨。如鸠摩罗什译出《大智度论》后，请慧远作序。慧远的序反映慧远个人对《大智度论》的看法，有些话说对了，也有些见解并不符合中观学派的宗旨。[③]又如鸠摩罗什的《实相论》、僧肇的《肇论》都

① 如《人本欲生经》一卷，注本篇幅亦一卷。

② 《法华经》（鸠摩罗什译）有七卷，竺道生《疏》只有两卷。

③ 见《中国佛教史》第二卷（中国社会科学出版社，1985年11月版）《慧远的佛教思想体系》部分，第676页。

有独创性的见解。论著之中除了论，还有经序[①]，虽不能据以理解佛经原旨，而足说明作者的学术观点。此外还有专题论文，如支道林的《即色游玄论》《肇论》《心无义》《法性论》《佛性论》《辩宗论》等[②]。有义章，是专门为经中事数的，分门别释，与注疏体例不尽相同。有辩论集，如《神灭论》的辩论、《夷夏论》等。

（三）译著纂集

有全集的节略本[③]，有汇编本，如《众经要钞》《义林》《经律异相》《出要律仪》《法宝联璧》《内典博要》《增一法数》这类著作，有的把众经汇为一编，有的把一经简化，也有的属于辞典性质，是佛教学习的工具书。还有把几种佛经译本合编为一本，如《合首楞严经》《合维摩诘经》《合放光般若》等。这都是为了便于研读，对佛教经学的整理工作。

（四）佛教史传的编辑

佛教史传的编辑如释迦传记、印度圣贤传记，最多的是中国传人传记，如《释迦谱》《马鸣传》《龙树传》《提婆传》《佛图澄传》《支遁传》《道安传》《高僧传》《名僧传》《比丘尼传》《庐山僧传》等数十种。其中慧皎的《高僧传》起自佛教初传，讫梁天监十八年，开僧传的规模，分僧人为十科，后来的僧传都沿用这一体制。属于通史性质的，如《魏书·释老志》《三宝记传》《三宝集》，三书均为纪传体。寺志、山志著作有《庐山记略》《天台山铭序》《京师

---

① 《出三藏记集》保存经序很多。

② 论著保存在《弘明集》《广弘明集》及《高僧传》中，不具引。

③ 《大智度论》一百卷，慧远节抄为二十卷。

寺塔记》。最著名者有《洛阳伽蓝记》，保存史料极有价值。关于外国历史知识有《佛国记》，北魏慧生《行传》，如《扶南记》《历国传》《外国传》《游行外国传》《历国传记》等。

此外，佛教经学从道安开始，仿儒家经典整理方式，创建了佛教目录学。据唐智昇《开元释教录》所见到的有二十八家，今存僧祐的《出三藏记集》。

北朝自孝文帝迁都于洛阳，弘扬佛教，造像建寺的同时，也注意佛教理义的宣扬。当时南方佛教重心有三处，一在南京，一在庐山，后来海上交通发达，广州也成为中心之一。与南方相对峙，北方也有三个中心，一在彭城（徐州），一在洛阳，一在邺都。北朝后期，北周以长安为政治中心，佛教得到相应的发展，其活动规模、僧众数目，北方均超过南方。①

北方以徐州为中心的佛教学者，有僧渊、僧嵩、道登、慧纪、昙度，都宣传《成实论》《涅槃》之学。僧人智游兼擅《毗昙》《成实》。魏末齐初，渤海明彦擅《成实》，彭城慧嵩擅《毗昙》，如法上、慧远（净影寺）擅《涅槃》。当时山东、河南、河北、徐州广大地区，讲论学习的佛教经典，偏重在《成实》《涅槃》《毗昙》。东魏到北齐邺都，道宠、慧光宣扬《地论》，有相州南北二道两大学派。禅学也在嵩山、洛阳不断发展，唐朝相传禅宗初祖以下数代，均在北方。

佛教势力发展，佛教理论有广泛的社会影响，上面有朝廷的倡

① 据《续高僧传·靖嵩传》载，北魏建都洛阳后，译经、建寺、岩窟造像，规模均为前代所未见。都下大寺略计四千，所住僧尼将八万，讲席相拒二百有余。听者常过一万。又据《续高僧传·法上传》载，天下僧尼二百余万，寺四万余所。

导，更起了推波助澜的作用。魏孝文帝时，钦慕江南文化学术，朝臣中通晓佛教经学的，如崔光、王肃原为江南人。南方文人到北方多受到重视。东魏北齐时，朝廷上下颇好玄谈，亦杂以佛教理论。孝静帝曾召名僧于显法殿，讲说佛理。文学重臣如杜弼、杨愔、邢劭、魏收也参加辩论。杜弼也主讲佛经，与专业佛教徒僧达、道顺等往复问难，往复数十番，莫有能屈。杜弼好玄理，尝与孝静帝讲说佛性、法性。对形神生灭问题，北方也有兴趣，《老》《庄》《周易》“三玄”之学在北方又引起学术界的关注。孝静答杜弼诏：“卿栖息儒门，驰骋玄肆，既启专家之学，更畅释老之言。”三教之间交涉渐多，趋向融会。这种新趋势，江南与北方基本相似。北方由文化落后的奴隶制向封建制转化，不得不刻意摹仿，向南方学习。《续高僧传·菩提流支传》讲北方学风时，说“山东江表，乃称学海”，北方的佛教经学与江南并称。

南方的佛教经学与玄学关系较多，也可以说是从玄学中蜕变出来的。北方也吸收了魏晋玄学的学风，同时由于北方的儒家经学比南方更受重视，士大夫与汉族以外的少数民族帝王贵族共同统治着人民，因而生活在北方的门阀士族与江南的门阀士族有所不同，他们更注重汉代传统经学，北方经学较江南为盛。北朝的政局有一段较长的稳定时期，燕、齐、赵、魏之间，儒家经典著述颇多，超过江南。[①] 儒学极盛的地区也就是佛教理论极盛的地区。儒家经学与佛教经学同时繁荣，儒生与僧人相互影响，形成了佛教经学的特色。儒家学者高允信佛法，刘献之注《涅槃经》[②]，孙惠蔚侍讲儒学，也讲佛法，加

① 参看《北史·儒林传序》。

② 《魏书·刘献之传》。

法师称号。卢景裕在邺，寓僧寺，听讲佛法，李同轨兼读释氏，在洛阳平等寺与僧徒辩论。[①]崔暹好佛经，儒者权会馆于崔家，名僧昙迁乃权会之甥，并从之学《易》《礼》《诗》《书》《老》《庄》。释道宠为相州地论学派的重要人物。僧范从大儒熊安生问学。此外，如兖州僧人昙衍、定州僧人灵裕，都是从儒家转信佛教的。《地论》师慧光门下十哲，除了僧人，中有儒生冯衮。慧光通佛教律学，僧范、冯衮均由儒入佛。当时儒家“三礼”、佛之戒律均盛行于世，江南与北方都很重视。佛教律学兴起，出于客观需要。佛教发展迅速，人数众多，没有一个章程，难以管理。《魏书·释老志》引任城王澄奏：

> 今之僧寺，无处不有，或比满城邑之中，或连溢屠沽之肆，或三五少僧，共为一寺。梵唱屠音，连檐接响。象塔缠于腥臊，性灵没于嗜欲，真伪混居，往来纷杂。下司因习而莫非，僧曹对制而不问。

北朝出家人数达数百万之众，主要原因是群众为了避徭役，且僧法处分极轻，犯戒最重的逐出寺院为止。儒家重礼教，是门阀士族为了保护自己的世袭特权和高贵的社会地位的一种自我保护的措施。

一、佛教的输入与早期传播

（一）佛教的输入

佛教创立于公元前6—前5世纪的古印度，创始人为悉达多

① 参看《北史·儒林传序》。

（Siddhātha），族姓乔达摩（Gautama），中国旧译为“瞿昙”。他生于迦毗罗卫（Kapilavastu），该地现在尼泊尔境内，相传为净饭王太子。他一生传教于印度北部、中部恒河流域一带。释迦牟尼（Śākya-Muni）是佛教徒对他的尊号。关于他的生卒年，根据文献史料推算，约生于公元前565年，约死于公元前490—前480年，略早于中国的孔子[①]。

佛教开始在古印度传播时期，信徒甚少，地区也不出印度北部和中部。到公元前3世纪，孔雀王朝阿育王统治以后，佛教凭借国王的势力，向印度以及周围国家传播。向南传到斯里兰卡和东南亚国家；向北传入大夏、安息及大月氏，并越过葱岭传入中国西北地区，经丝绸商路传入中国内地。

佛教传入中国西北地区，经天山南路龟兹、于阗等国，进玉门关、阳关到河西走廊。由于佛教最早传入的主要途径是新疆、中亚一带，这一带信奉者多属小乘佛教。大乘佛教在印度创立时间迟于小乘佛教。但佛教小乘、大乘差不多同时传入中国，当时中国人士还不大了解小乘、大乘的区别，就一齐接受下来。而在西域一带，佛教大小乘区别比较明显。

印度的习惯，师徒传授多靠口头传诵，没有文字记载。最早传入的佛经称为“浮屠经”，也称“复豆经”。[②]东汉初年，上层统治者已有信奉佛教者，《后汉书·楚王英传》记载，楚王刘英“晚年更喜黄老学，为浮屠，斋戒祭祀”。汉明帝永平八年（65年）诏令

① 孔子生卒年为公元前551—前479年。参看汤用彤《印度哲学史略》。

② 参见《魏略》关于浮屠经的解释。据《世说新语》注引文作“复豆”，与“浮屠”“佛陀”同音。

天下有死罪者可用缣（细绢）赎罪。刘英派郎中令奉黄缣白纨三十匹送到中央赎罪。皇帝下诏安抚刘英，说：

> 楚王诵黄老之微言，尚浮屠之仁祠，洁斋三月，与神为誓。何嫌何疑，当有悔吝？其还赎，以助伊蒲塞（按：即优婆塞，男居士）、桑门（按：沙门，出家人）之盛馔。

可以看出，当时人把浮屠与黄老并提，也是祠祀的对象，用以祈福。刘英信奉方士，也信奉佛教（供养沙门），在上层贵族中有少数佛教信奉者，在社会上影响不大。

东汉末年，佛教的译经，如佛本生经，佛本行经，大、小乘经典渐多，对佛的所谓神通，有不少介绍。比如《牟子》[①]曾说：

> 佛者，谥号也。犹名三皇神、五帝圣也。佛乃道德之元祖，神明之宗绪。佛之言觉也。恍惚变化，分身散体，或存或亡，能小能大，能圆能方，能老能少，能隐能彰，蹈火不烧，履刃不伤，在污不染，在祸无殃，欲行则飞，坐则扬光。故号为佛也。[②]

《牟子》把佛描述得和中国传统宗教的所谓“神仙”“真人”“神人”相似。如《庄子》描写的“真人”能“入水不濡，入火不热”。秦始皇时，方士卢生说，“真人者，入水不濡，入火不热，凌云气与天地久长”[③]。《淮南子·精神训》所描述的真人是：

> 所谓真人者，……大泽焚而不能热，河汉迈而不能寒也，

① 《牟子》，三国时人的著作。见《中国佛教史》第一卷，中国社会科学出版社，1981年版，第186-224页。

② 《牟子》第二章。

③ 《史记·秦始皇本纪》。

> 大雷毁山而不能惊也，大风晦日而不能伤也。其动无形，其静无体，存而若亡，生而若死，出入无间，役使鬼神。

《牟子理惑论》还认为佛教与儒家、道家的道理没有什么差别，甚至认为佛教的道理是儒教的阐发，其基本精神是一致的，都宣扬忠孝。佛教出家，背离父母，是更大的孝；佛教离开政治活动，是更大的忠。

《牟子》尽量用中国熟悉的词句来解释什么是佛。佛能飞升变化，其崇高的地位有似中国的“圣人”（三皇、五帝）。只有“分身散体”是中国传统神仙方术中所没有的，但所占分量不多。

讲到佛的相貌奇特，不同于凡人，他尽量用中国古书中相传有关“圣人”的奇特相貌的记载，如“尧眉八彩、舜目重瞳、皋陶马喙、文王四乳”等骨相的说法，佛是“圣人”，不同于凡人。

《牟子》尽力避免用佛教语汇来表述佛教的基本教义。《牟子》以前已有一些佛经汉译本，安世高译“无常”为“非常”、“无我”为“非我”、“涅槃”为“无为”等。书中讲过“太子曰，万物无常，有存当亡”只有过一次，更多情况下用中国哲学家关于“道”的描写：

> 道之言导也，导人致于无为。牵之无前，引之无后，举之无上，抑之无下，视之无形，听之无声。

这里的对“道”的形容，与《淮南子》的《原道训》和马王堆出土帛书的《道原》十分相似。道家的“道”与佛教的“道”根本不相同，这些描述当然不准确。

《牟子》第四章进而发挥他理解的“道”：

立事不失道德，犹调弦不失宫商。天道法四时，人道法五常。老子曰："有物混成，先天地生，……可以为天下母，吾不知其名，强字之曰道。"道之为物，居家可以事亲，宰国可以治民，独立可以治身。履而行之，充乎天地，废而不用，消而不离。

这样的"道"，可以治国，可以治身，又是天地万物的根本。这样的"道"完全是中国儒家、道家的"道"，它不是佛教的教义。佛教从来不讲"五常"（仁、义、礼、智、信），更不讲居家事亲、宰国治民。这正好说明当时中国的佛教信奉者对佛教理解的水平。

稍后，三国时期吴国康僧会译出一部分佛经。当时大乘、小乘均已传入中国内地，而佛教徒还不大了解它们的区别。如康僧会在《安般守意经序》中认为安世高：

怀二仪之弘仁，愍黎庶之顽暗，……乃陈演正真之六度，译《安般》之秘奥。

安世高是小乘禅学者，康僧会把他看成宣扬"六度"的大乘信徒。康编译的《六度集经》充分体现了他的仁政救世思想。佛教制定戒律，本是用来约束僧众，只施用于僧团内部，康僧会把它扩大为人类共同的道德信条。"不盗"还要包括"捐己济众""富者济贫"。"不杀"还要"恩及群生""爱活众生"。"不饮酒"还要与"尽孝"相联系。《六度集经》还认为"慰孝悌，养孤独"，"布施一切圣贤，不如孝事其亲"。还经常以儒家的"三纲五常"解释佛教，说："君仁臣忠，父义子孝，夫信妇贞，比门皆贤。"康僧会还吸收中国传统灵魂不死的观念以解释佛教轮回说：

> 深睹人原，始自本无生。元气强者为地，软者为水，暖者为火，动者为风。四者和焉，识神生焉。上明能觉，止欲空心，还神本无。[①]

又说：

> 神依四立，大仁为天，小仁为人，众秽杂行为蜎飞蚑行蠕动之类。由行受身，厥形万端。魂灵与元气相合，终而复始，轮转无际，信有生死殃福所趣。[②]

早期传入的佛教，译文方面尽量用中国传统思想去翻译。从佛教观点看来是驳杂不纯。这种不纯，正是当时中国社会历史的反映。

佛教传来中国，对善恶报应、三世轮回之说很自然地与中国的灵魂不死观念相比附。有人问："为道亦死，不为道亦死，有何异乎？"《牟子》回答说："有道虽死，神归福堂；为恶既死，神当其殃。"

从《牟子》书中可以看出佛教传入初期中国人对佛教的理解。佛教传到一个新环境，不得不与当地的社会相适应。它要依附道家和中国的方士迷信思想，有许多解释与佛教宗旨不合。佛教正是靠了这种更为接近中国习惯的方式，逐渐成为中国的佛教的。

（二）佛教的早期传播

除了文献记载，近年考古发现也说明佛教传入中国后，与中国传统思想信仰相结合的事实。

---

① 《察微王经》。

② 同上。

1954年，山东沂南发掘一个东汉墓，墓室中八角柱上线雕的神仙、奇禽异兽中，刻有一个神童，头戴露顶帽，顶上用带结发，绕头有一个圆圈，如佛光之状，着花领衣，衣下缘做花瓣状，腰束花巾，巾下垂流苏，双手捧着一条像鲂鱼状的东西端立着。这种画像在柱南面和北面的上端各有一个。怎样解释这种艺术造像呢？《四十二章经序》说，汉明帝“夜梦见神人，身体有金色，项有日光，飞在殿前”，此经在东汉末已流行。印度犍陀罗佛教造像也有头背有佛光的佛陀立像。这个项有光圈的神童像，很可能是受佛教传说和佛教造像影响的产物。从沂南画像石墓的整个画像来看，除去反映生活宴乐祭祀等题材，都是与中国传统的神仙信仰有关的作品，如西王母、东王公，蛇身的伏羲、女娲，以及朱雀、白虎及各种奇禽异兽等等。在刻有项有光圈的神童的八角柱上，东面上端的同样位置处，刻有上张华盖、端坐山上的东王公，此外还刻有一些奇兽和带翼仙人。

这个画像墓所在的地方离东汉末太平道的发源地徐州的东海郡很近。这一带正是楚王刘英活动的地区。

在四川乐山县麻浩享堂梁上刻有一个端坐佛像，高三十九点五五公分，宽三十公分，面部已残，绕头有佛光，身上好像披着通肩袈裟，右手似做“施无畏相”（右手上举，伸五指，掌向外），左手似有所执。同墓的额枋上还刻有朱雀、铺首和垂钓者，而一般崖墓中在此部位也往往雕刻朱雀、龙、虎等神兽或神仙形象。在其附近与其风格相同的有纪年铭的崖墓里，有顺帝“永和”（136—141年）和桓帝“延熹”（158—167年）等年号[1]。这个墓中所雕佛像

① 闻宥：《四川汉代画像选集》，群众出版社，1955年4月版，第59图。

应是东汉末年的作品。

在四川彭山县崖墓内发掘出一个陶制佛座，高二十点四公分，座下部塑双龙衔璧，上塑端坐佛像，头上有肉髻，右手似做“施无畏印”，着通身袈裟，衣褶分明，左右各立一侍者。墓内虽无纪年铭，但与陶制佛座同时出土的陶俑、陶动物以及陶制屋宇等等，都具有明显的汉代明器的特征。①

关于四川的佛教，在东晋之前缺乏文字记载。四川佛像的发现给佛教史学界提出一个问题：四川的佛教是从什么途径输入的呢？是从西域经敦煌直接输入的，还是从长安、洛阳输入的？我们认为更大的可能是通过云南输入的。对此，虽史书无证，但从这些考古发现，至少可以证明，在三国以前，四川已传入佛教。

三国时期的佛教造像，至今还没有发现。但1956年因施工在武昌莲溪寺东吴墓中出土的陶俑，看来是受到印度佛教的影响。墓中出土四件陶俑，陶胎紫灰色，施青绿色釉。两俑为尖发髻，两俑着冠，裸身托掌，做跪坐状。俑的面部与以往的俑显著不同的地方是额部都塑有凸出的“白毫相”。这显然是受佛教造像的影响。吴支谦译《太子瑞应本起经》描述佛陀长相奇特，有“三十二相”，其中说：“躯体金色，顶有肉髻，其发绀青，眉间白毫，顶出日光……”因此，这种陶俑应是佛教流行后的产物。②墓中发现吴永安五年（262年）的纪年铅券。据《三国志·吴书·孙琳传》，在此前三年，孙琳曾“坏浮屠祠，斩道人”；再据《高僧传·康僧会

① 间引自《沂南画像石墓发掘报告》第6章及插图42。

② 湖北省文物管理委员会：《武昌莲溪寺东吴墓清理简报》及图版7，《考古》1959年第4期。

传》，在孙权末年康僧会立寺传教，吴国“大法（佛教）遂兴”。这说明，此墓的主人生活在吴国佛教流行的时候。这些陶俑的独特形象当是受了佛教的影响。

东汉三国是佛教开始传播的时期，其佛教造像还刚刚出现，正如佛教开始依附于中国传统的黄老道术一样，佛教造像也难免与中国许多传统的神仙、鸟兽的造像混在一起，还没能形成自己独特的风格。

二、魏晋玄学[①]与佛教般若学

魏晋玄学的出现，是汉代经学的终结，思辨哲学的开始。从汉代的宇宙论进入本体论，是中国哲学史发展的新阶段。

随着人类认识的深化，哲学家所讨论的问题，已不再停留在探索天地万物的构成，进而探索现象世界之后、之上有没有更根本的实体。他们追问世界万物存在的最后根据，即当时所谓“本末”“有无”等问题。万有诸现象“有”，“有”为什么会“有”，应当追问它的“所以”有。纷然杂陈的现象界变化万端，有没有一个比变化更根本的不变的实体作为变化的根据？这是魏晋玄学所关心的大问题。神学经学早有过解释，说成是“天”的意志、“上帝”的安排。经历了汉末理性主义的批判思潮的冲刷，魏晋玄学没有求助于“上帝”或“天意”，而是通过哲学思辨的途径去寻求答案。

① 魏晋玄学，本书有专题讲述，这里不重复。这里着重讲佛教般若学“六家七宗”的哲学思想。

哲学问题看似玄远，讲的都是抽象命题，号称“清谈”，魏晋玄学在这方面的特点尤为突出。实际上，任何抽象命题，都扎根在现实的土地上，须受阶级与社会的制约，绝不会无因而起。魏晋之际的社会面临着前所未有的政治危机与社会危机。这是东汉以来政治腐败，儒家礼教的虚伪说教造成的。欺世盗名，名不符实，口号与行为脱节，造成了信任危机。像“孝廉”不孝、“秀才”无学，这种讽刺性的现实普遍存在，“名”与“实”完全脱节。当时名教与自然的关系的讨论，就是当时社会矛盾的反映。“名教”指与封建秩序相适应的各种名分，如君臣父子，按照封建名分，规定每个人应有自己的位置，这种社会义务属于名教管辖的范围，也可以叫作社会本性。当时社会提倡的社会本性，如忠君、孝亲，往往与实际情况不符，于是有人提出君臣之间的忠、父子之间的孝是否出于人类自然本性。按照人类的本性，任其自然发展，能否自然地产生忠、孝等观念？当时有不少哲学家探讨了这类问题，如嵇康、阮籍等人提出的顺应自然的主张。上古之世没有君主的社会，人们生活得很幸福，有了君主，有了国家，给人类带来了不幸、不自由。这种思想《庄子》早已讲过。不是嵇康、阮籍等人最先提出的，魏晋哲学家重新提出来讨论，不能看作复古，它是当时社会矛盾的反映，是与“本末”“有无”等本体论同时出现的重要问题。关于名教与自然的讨论，这是魏晋玄学探讨社会、人生的重要题目。名教是维护封建宗法制的必要保证，封建地主阶级（包括门阀士族）不能废除名教，名教不能完全抛弃，但社会上对它已发生了信任危机，带头败坏名教的，往往是名教中实权人物。按照人的自然本性，在现实生活中应当怎么办？在传统哲学思想里，儒家重名教，道家尚自然，两家主张不同，玄学家力图探求二家的共同点。玄学家的理论兴趣与门阀士族的政治利益有密切关系。如果完全顺应自然，忽视名教，那就要否定封建社会的存在，门阀士族的特权也被否定，这是不行的；如果完全按照名教规定办事，已享特权放任自由的门阀士族也不能接受。他们需要在名教与自然之间探寻一种融通的途径。阮瞻与司徒王戎有一段对话：

> 戎问曰："圣人贵名教，老庄明自然，其旨同异？"瞻曰："将无同。"戎咨嗟良久，即命辟之。时人谓之"三语掾"。[①]

"本末""有无""名教""自然"所讨论的问题，看来好像很抽象、不着边际，实际上玄学并不玄虚，它是应门阀士族的需要而出现的哲学。儒家失去汉代的独尊地位，而道家的思想资料对本体论的创建有帮助，因而儒道融通，形成魏晋玄学的总趋势。魏晋玄学形成和发展，完全是中国封建社会的产物。它与现实政治关系密切，在玄学的风气下，佛教传入才有了一个立足的地方。

般若学说是印度大乘空宗为批判小乘有宗而出现的一种理论。《般若》经典在汉末魏晋时期已译为汉文传入中国，直到西晋初年，这种学说流传不广，还没有在哲学界有所反映，如王弼、何晏的著作中，以及后来向秀、郭象的著作中都没有发现佛教思想的影响。东晋时期，《列子》书中才开始在非佛教徒的著作中有所反映。早期的翻译用词也多沿用玄学家的词汇，如汉译"真如"为"本无"、译"般若"为"大明"等。佛教中流行的般若学说，都是有意识地发挥玄学的观点。如东晋时期的"六家七宗"就是东晋

---

① 《晋书·阮瞻传》。

时期玄学思想在佛教思想中的反映。

佛教般若学借助于中国的玄学的社会影响，开始迎合、适应玄学的需要，发展了自己。正如道安所说：“自经流秦土，有自来矣，……以斯邦人老庄教行，与方等兼忘相似，故因风易行也。”[①]所谓老庄，指的不是先秦的老子、庄子，而是指的当时玄学以王弼《老子注》及郭象《庄子注》为代表的老庄之学。

玄学提出一种新观点，不同于秦汉时代的哲学，它是在汉代宇宙论的基础上继续发展的一种哲学体系本体论。本体论探讨的中心问题即“体用”“本末”“有无”的问题。它关心的不是宇宙的结构、生成，而在于探求宇宙的本原。与本末问题相关联的认识有无可能、如何取得精神自由等，也是玄学所关心的。但这些问题都从属于“本末”“有无”的总题目。这种变化，标志着认识的深化、抽象思维的程度和理论概括的水平提高了。

魏晋玄学给佛教般若学提供适宜的土壤，般若学沿着魏晋玄学的道路发展下去，在社会上层知识阶层引起了广泛的影响，从东晋到南朝初，可以说是般若学流行时期，形成了魏晋玄学发展的新阶段。

佛教般若学以论证现实世界虚幻不实为目的，宣传出世的宗教理论。魏晋玄学则是肯定现实世界的秩序，在现实世界中提供一种对世界的理解之学。一个讲“出世”（佛），一个讲“入世”（玄）。魏晋玄学关心的中心问题是名教与自然；佛教关心的是“世间”与“出世间”。佛教、玄学涉及两大问题，又都可

---

① 《鼻奈耶序》。

以归结为“本末”“有无”这一对总范畴之下。名教与自然，玄学家有以何者为“本”、何者为“末”的争论，如王弼以自然为“本”，裴頠以名教为“本”。郭象把名教与自然的关系协调一致，提出了“玄冥”“独化”的自然论，认为名教与自然不是对立的，而是自然合一的，不但不背离，而且还可以互相补充，不能割裂。这种理论对门阀士族的专政政治体制提供了理论支持，既照顾到了封建礼法的合理地位，又给门阀士族上层贵族以精神自由；既享富贵，又得逍遥，身居庙堂之上，其心无异于山林之中。

佛教的“出世”哲学，当然不能明目张胆地去调和庙堂与山林的对立，但佛教并不真正“出世”，佛教虽讲“出世”，它实际上是以“出世”的姿态关注着世间。佛教信奉者宣称佛与周、孔并无二致。

> 周孔即佛，佛即周孔，盖外内名之耳。……周孔救极弊，佛教明其本耳。……渊默之与赫斯，其迹则胡越，然其所以迹者，何尝有际哉？故逆寻者每见其二，顺通者无往不一。[①]

这种儒佛调和论，在当时很有代表性。佛教也想为治道尽力，协助王化，表面上相去很远，好像胡与越南北背道而驰，而根本上是一致的，两家的“所以迹”是一致的。

这一时期佛教理论的玄学化，出现了许多派别。僧叡把当时各派归为“六家”[②]，刘宋昙济有《六家七宗论》[③]。“六家七宗”的代表人物见下表：

---

① 《弘明集·喻道论》，卷二。

② 《毗摩罗诘提经义疏序》“六家偏而不即”（《出三藏记集》卷八）。

③ 此论今佚，见〔唐〕元康《肇论疏》有记载。

六家	七宗	代表人物
本无	本无	道安（性空宗义）①
	本无异	竺法深、竺法汰（竺僧敷）
心无	心无	支愍度、竺法蕴、道恒（桓玄、刘遗民）
即色	即色	支道林（郗超）
识含	识含	于法开（于法威、何默）
幻化	幻化	道壹
缘会	缘会	于道邃

这几个学派在西晋之际几乎同时出现，各家学说内容已不可详考，有的资料已散失。这也是由于当时佛教各派为了迎合玄学，纷纷创立新说，仓猝上阵，理论准备不足，有的短命，没有流传下来。如《世说新语·假谲篇》载：

> 愍度道人始欲过江，与一伧道人为侣，谋曰："用旧义往江东恐不办得食。"便共立"心无义"。既而此道人不成渡，愍度果讲义积年。后有伧人来，先道人寄语云："为我致意愍度，无义那可立？治此计，权救饥尔！无为遂负如来也。"

这一条记载未必完全可信，可能出于"六家七宗"中的另一派的记载。因为当时持心无义的不光支愍度一人，此说曾流行于江南各地。如按照学说的内容划分，僧肇在《不真空论》中对当时般若学派集中批判了本无、心无、即色三家，可见这三家有广泛影响，有

① 吕澂先生认为本无宗代表人恐系竺法汰（见《中国佛学源流略讲》，中华书局，1979年8月版，第53页）。

代表性。

（一）本无宗

本无宗又可分为两家，本无及本无异。这一派把般若的“空”理解为本体、“无”，否认现象的真实性，只承认本体“空寂”。

> 释道安明本无义，谓无在万化之前，空为名形之始。夫人之所滞，滞在未有，若宅心本无，则异想便息。……安公明本无者，一切诸法，本性空寂，故云本无。①
>
> 道安法师《本无论》云，明本无者，称如来兴世，以本无弘教。……庐山远法师《本无义》云，因缘之所有者，本无之所无，本无之所无者，谓之本无。本无与法性，同实而异名也。②

从这些记载中可以看出，以道安为代表的本无宗，完全继承了魏晋玄学的中心议题，以“无”为世界万化之本。其弟子慧远继承师说，以“本无”为法性，也是以般若性空为实体。昙济《七宗论》也说：

> 无在万化之先，空为众形之始，故称本无。非虚豁之中能生万有也，夫人之所滞，滞在未有，苟宅心本无，则斯累豁矣。夫崇本可以息末者，盖此之谓也。③

照这种解释，“无”即万物之本，与王弼的“以无为本”的学说基本一致。王弼以《老》《易》为依据，发挥其“以无为本”的思想；道安等以般若性空为依据，发挥其“以无为本”的思想。两者

---

① 《中观论疏》。

② 《肇论疏》。

③ 《名僧传抄·昙济传》。

的世界观基本一致。再据安澄记载：

> 夫无者何也？壑然无形，而万物由之而生也。有虽可生，而无能生万物。故佛答梵志，四大空生也。……复有竺法深即云：诸法本无，壑然无形，为第一义谛。所生万物，名为世谛。[①]

竺法深的主张比道安的本无说，其理论上似乎后退了一步，道安的主张应属本体论范畴。竺法深的主张属宇宙生成论。“无能生万物”放在玄学本体论似不够格，与佛教般若学说宗旨相去更远。“以无为本”的本体论取代宇宙生成论是王弼的贡献，王弼也偶尔出现“无”能生“有”的说法，但他的基本思想是清楚的。[②]

道安一派“以无为本”的观点，被后来般若学派奉为正宗，在“六家七宗”中影响最大，原因在于它上承魏晋玄学的正统，在佛教理论界建立了与当时中国玄学相应的本体论。这种本体论可以和“实相”“法性”相呼应、衔接。道安的弟子僧叡，后来在鸠摩罗什门下接受中观学派的理论，对佛教大乘空宗学说有了较深的理解，他对道安过去所讲的本无学说有所评论，既肯定了他的功绩，又指出其不足：

> 自慧风东扇，法言流咏以来，虽曰讲肆，格义迂而乖本，六家偏而不即。性空之宗，以今验之，最得其实。然炉冶之功微恨不尽。当是无法可寻，非寻之不得也。[③]

僧叡还指出：

---

① 《中论疏记》。

② 参看任继愈：《中国佛教史》第二卷，中国社会科学出版社，1985年11月版，第224-225页。

③ 《毗摩罗诘提经义疏序》，《出三藏记集》卷八。

> 亡师安和上，凿荒途以开辙，标玄指于性空，……亹亹之功，思过其半。[1]

这里说的“性空之宗”即当时最大的本无宗。他批判了“格义”迂而乖本和“六家偏而不即”，特别推崇道安（安和上）。其实，道安也还是用的“格义”方法，道安也是“六家”中的一家。可能出师生之谊的避讳，没有公开批判，而是说由于“无法可寻”才造成了某些缺失。“无法可寻”即指道安没有机会接触中观学派的理论（“法”）。后来青年学者僧肇就不像僧叡有所避讳，直接指出本无宗的理论有错误：

> 本无者，情尚于无多，触言以宾无，故非有，有即无；非无，无即无。寻夫立文之本旨者，直以非有非真有，非无非真无耳。何必非有无此有，非无无彼无？此直好无之谈，岂谓顺通事实，即物之情哉？[2]

僧肇指出把“无”看作至高无上，其错误是把“无”当成了某种实体看待，这就把本是“空无”的世界给分割成“这个有”“那个无”“宰割以求通”，违背了大乘空宗的本旨。

（二）心无宗

心无宗创于支愍度，早于道安的本无宗。该说的资料保存得不全，不像本无宗留下来的资料那样多，只能从简略引文中窥见一二。元康《肇论疏》说：

---

① 《大品经序》，《出三藏记集》卷八。

② 《不真空论》。

> 心无者，破晋代支愍度心无义也。……“无心万物，万物未尝无”，谓经中言空者，但于物上不起执心，故言其空。然物是有，不曾无也。此“得在于神静，失在于物虚”者，正破也。能于法上无执，故名得。不知物性是空，故名失也。

元康所理解的僧肇论的宗旨大致不差，指出心无宗理解般若空义，其正确的地方是提出了教人“于物上不起执心”，破除了意识上的“有”，而没有破除外界（“物”）的“有”，没有认识物性是“空”，所以造成过失。结果将造成一种误解，好像佛教般若学派以“心”为“无”、以“物”为“有”。这显然不符合佛教的宗旨。据《高僧传·竺法汰传》：

> 时沙门道恒，颇有才力，常执心无义，大行荆土。汰曰：“此是邪说，应须破之。”乃大集名僧，令弟子昙壹难之。据经引理，析驳纷纭。恒仗其口辩，不肯受屈。日色既暮，明旦更集。慧远就席，攻难数番，关责锋起。恒自觉义途差异，神色渐动，麈尾扣案，未即有答。远曰：“不疾而速，杼轴何为？”坐者皆笑。心无之义，于此而息。

这次的大论战，道恒可能在本无宗大师法汰的安排下参加辩论的。参加者多倾向于本无宗。道恒最后“未即有答”，略有迟滞。当时谈名理，以捷悟为上，略有迟滞，即占下风。从《高僧传》的记载中，看不出道恒在理论上已被驳倒。而且当时佛教理论界尚未接受中观学说，理论准备不足，只靠般若旧义，是不可能把心无义驳倒的。到僧肇时期，集中批判当时般若学影响较大的三个学派中，就有心无学派。僧肇还指出它有正确的一方面，“得在于神静”。可见这一派并没有消失，在东晋流传了百年左右。

（三）即色宗

支道林倡即色论，这一派保留下来的资料较多[①]，影响也较大。据慧达《肇论疏》云：

> 支道林法师《即色论》云："吾以为即色是空，非色灭空[②]，此斯言至矣。何者？夫色之性，色不自色（三字依上段加），虽色而空。如知不自知，虽知恒寂也。

安澄《中论疏记》云：

> 支道林著《即色游玄论》云："夫色之性，色不自色；[色]不自[色]，虽色而空。知不自知，虽知而寂。"彼意明色心法空名真，一切不无空色心是俗也。《述义》云其制《即色论》云："吾以为即色显空，非色灭空。"

上述引文略异，但基本意思不差，可以代表支道林的思想。再看支道林自己的文章就更清楚：

> 夫般若波罗蜜者，众妙之渊府，群智之玄宗，神王之所由，如来之照功。其为经也，至无空豁，廓然无物者也。无物于物，故能齐于物。无智于智，故能运于智。……赖其至无，故能为用。[③]

---

① 支道林著作多保存下来，可参看汤用彤著《汉魏两晋南北朝佛教史》第九章，中华书局，1983年3月版，第180-181页。

② 此引《维摩诘经》。《肇论·不真空论》引之为"色之性空，非色败空"。

③ 《大小品对比要钞序》，《出三藏记集》卷八。

支道林以般若为“本无”，直承玄学的传统，至为明显。但他没有停留在本无宗的认识水平上，而是有所发展。

> 夫无也者，岂能无哉？无不能自无，理亦不能为理。理不能为理，则理非理矣；无不能自无，则无非无矣。……若存无以求寂，希智以忘心，智不足以尽无，寂不足以冥神。[①]

支道林仍然用魏晋玄学本体论的语汇来表达他对佛教般若性空的理解。他主张不应“存无以求寂，希智以忘心”。本体不同于具体实物，般若的“空”不同于本体的“无”。支道林受魏晋玄学影响甚深，对《逍遥游》提出新解，出向秀、郭象之外。他讲佛经，但取其大义，有时与佛经文句不合。他这些特点，时人以为是优点，认为他善于“得意”。其实，支道林解释的般若学，只能当作支道林所理解的般若学。因为当时中国学者对般若空宗的理解，也只能达到那样的水平。

支道林的《即色论》，在“六家七宗”中，思路比较灵活，对般若“空”的理论，发挥“即色是空”观，也有独到之处。僧肇在《不真空论》中批判支道林的即色义，说：

> 即色者，明色不自色，故虽色而非色也。夫言色者，但当色即色，岂待色色而后为色哉？此直语色不自色，未领色之非色也。

这是说，即色宗但知色非自色，因缘而成，不存在所谓色的实体。但是他的认识还差了一点，没有明确指色本身就是“空”的。色的“空”不是经过分析，然后才是“空”的。因而僧肇认为这一派也

① 《大小品对比要钞序》，《出三藏记集》卷八。

不能算真正理解般若空的宗旨。

（四）识含宗

据吉藏《中观论疏》引：

> 于法开立识含义：三界为长夜之宅，心识为大梦之主，今之所见群有，皆于梦中所见。其于大梦既觉，长夜获晓，即倒惑识灭，三界都空。是时无所从生，而靡所不生。

识含宗以三界为梦中所现，为心识所变，世间境界为心识所摄。据唐均正《四论玄义》述梁武帝之说，“彼（梁武帝）明生死以还，唯是大梦，故见有森罗万象。若得佛时，譬如大觉，则不复见有一切诸法”。按宗炳《明佛论》，谓“识含于神”[①]。于法开认为三界本空，众生由于神明不觉，如陷梦境，以为不空。及惑识尽除，则神明成佛。众生均有此神识，识有颠倒，觉三界为有，神明觉悟，则以三界为空。

这种学说否定物质现象为“实有”，符合佛教唯心主义世界观。更值得注意的是他提出了“神”“心”“意”“识”等范畴，以“神”为主宰，以“识”为功用。后来的佛教心性论重点探讨心性问题，识含宗已开始向这方向进行探索。他们的错误在于“空”了物质界，把“心”“神”当作根本，仍不符合般若讲“空”的宗旨。

（五）幻化宗

吉藏谓幻化宗为壹法师说。法汰有弟子昙壹及道壹。昙壹曾参加与道恒心无义的论辩，当为本无宗的信奉者。又据《中论疏记》云：“壹法师云，世谛之法，皆如幻化。是故经云，从本以来，未

---

① 《明佛论》：“知慧恶亡之识，常含于神矣。”

始有也。”[1]又说，此说但空诸法，不空心神。

> 《玄义》云第一释道壹著《神二谛论》云，一切诸法，皆同幻化，同幻化故，名为世谛。心神犹真不空，是第一义。若神复空，教何所施？谁修道？隔凡成圣，故知神不空。

道壹主张存神而空外境，与识含宗学说大体接近，但其神不灭观点更为明确，与慧远、梁武帝等人的神不灭说相呼应。

（六）缘会宗

缘会宗也没有多少资料流传下来。吉藏谓为于道邃之说。道邃为于法开同学，为于法兰之弟子。

《中论疏》云：“于道邃明缘会故有，名为世谛。缘散即无，称第一义谛。”《中论疏记》释云：

> 《玄义》云，第七于道邃著《缘会二谛论》，云缘会故有，是俗；推析无，是真。譬如土木合为舍，舍无前体，有名无实。故佛告罗陀，坏灭色相，无所见。

于道邃以因缘会合，形为万有，众缘分解，万有皆空。这一派与后来周颙的《三宗论》[2]的第二宗相同。这是用分析的方法，以论证万物不实。它和识含、幻化都否认物质世界为“实有”，都与心无宗对立。但缘会之说乃佛教大小乘通常所持观点。仅从上述资料，看不出有什么特点。这一派影响不大，后来没有什么影响。

统观“六家七宗”的学说，可以看出，佛教般若空宗学说到了中

---

① 《疏记》引《大集经》卷九。

② 《三宗论》，南齐周颙撰，为空假名、不空假名、假名空。

国，即被中国知识僧侣所曲解。这种曲解，不是任意歪曲，更不是无知妄说，而是用当时最高深的玄学原则和般若学说相附会。“六家七宗”的出现，标志着中国佛教哲学思想发展的新阶段。过去对佛教的解释权在外国译经人手里，从此以后，佛教经论的解释权转移到中国知识僧侣手中。佛教逐渐中国化，成为中国的上层建筑的一部分。

“六家七宗”的学说，是中国佛教化的本体论，它关注的不是世界万物的构成，而是世界万物的本体，它仍然是关于“本末”“有无”“体用”关系的讨论。这个议论的范围只是在佛教僧侣中开展的，也可说是魏晋玄学在佛教哲学的继续。

三、鸠摩罗什与中观学派

鸠摩罗什[①]祖籍印度，出生在中国，他实际是中国僧人。他的译经和传教事业，对中外文化交流，对国内民族文化交流，起过促进作用。

鸠摩罗什开始，中国佛教译经事业被政府当作国家的文化教育事业的组成部分，与国家太学同等看待。所不同的是，太学为政府培养官员，佛教机构为政府培养佛教神学人才。鸠摩罗什所译佛经，译文精美超过汉魏诸汉译本，他译经内容也比过去更有系统。后来中国佛教许多流派所据经典，多根据鸠摩罗什的译本。他译

① 鸠摩罗什：梵文为Kumārajitva，意译为“童寿”，344—413年，龟兹（今新疆库车）人，见《高僧传》卷二，为我国四大佛典译家之一。

出的《成实论》是小乘空宗向大乘空宗过渡的重要典籍，也是佛教徒的初级手册，发展为成实学派。《中论》《百论》《十二门论》号称“三论”，发展为三论学派。他重译的《法华经》代替了旧译《正法华经》，成为天台宗的主要经典。《阿弥陀经》成为净土宗的主要经典之一①。《十诵律》是一部完备的汉译小乘戒律，《梵网经》是大乘戒律的著作。《大智度论》是他根据中国读者的情况，自行编译的大乘空宗重要典籍。在长安十余年中，据《祐录》，共译出经论三十五部，二百九十四卷；据《开元录》，列为七十五部，三百八十四卷。据近人考订，现存三十九部，三百一十三卷。汉文著作有《实相论》（已佚）、《答王稚远十数问》（已佚）、《大乘大义章》《维摩诘经注》②等。《佑录》记载少于《开元录》，当由于当时南北阻隔，信息不全，有所遗漏。

鸠摩罗什的译文流畅易懂，不采取直译而采用意译，在我国译经史代表新的阶段。译文能够行久及远，除与他的学术修养造诣有关，也得力于他周围的一批才识优异的助手的协助。他的弟子中，有人称赞说：

> 什以高世之量，冥心真境，既尽环中，又善方言。时手执胡文，口自宣译。道俗虔虔，一言三复，陶冶精求，务存圣意。其文约而旨，其旨婉而彰，微远之言，于兹显然。③

---

① 净土宗依据的主要经典，还有《无量寿经》《观无量寿经》，号称“净土三大部”。

② 《维摩诘经注》：佚。僧肇《注维摩诘经》引用“什曰”处，当为鸠摩罗什著。

③ 僧肇：《维摩诘经序》。

与旧出译本相较，鸠摩罗什的译本大大超越了前人。同时也要看到鸠摩罗什译本的局限性：

法师（按：指鸠摩罗什）于秦语大格，唯译（识）一法，方言殊好，犹隔而未通，苟言不相喻，则情无由比；不比之情，则不可以托悟怀于文表；不喻之言，亦何得委殊途于一致？理固然矣。进欲停笔争是，则校竞终日，卒无所成；退欲简而便之，负伤手穿凿之讥。以二三唯案译而书，都不备饰。[①]

鸠摩罗什对自己的译文也不完全满意。他从更高的标准来看译文，甚至认为翻译为不可能。他说：

天竺国俗，甚重文制，其宫商体韵以入弦为善。凡觐国王，必有赞德。见佛之仪，以歌叹为贵。经中偈颂皆其式也。但改梵为秦，失其藻蔚，虽得大意，殊隔文体，有似嚼饭与人，非徒失味，乃令呕哕也。[②]

鸠摩罗什的译文有长处，也有短处。不论其长处和短处，都不能简单地归结为罗什个人的责任。罗什的一批助手都是当时著名僧人，翻译者的用词和表达方式都不能不受助手们的制约，这些局限使罗什认为翻译为不可能，比作“嚼饭与人”。罗什认为失误和不满之处，从另一角度看，未尝不可以认为是他的译文大受汉地读者欢迎之处。

鸠摩罗什不仅是一个翻译家，也是一个佛教理论家。他集中介

① 僧叡：《大智释论序》。

② 《高僧传》卷二本传。

绍印度龙树、提婆的中观学说。这一派的学说是大乘般若学后期的产物。

姚秦时期，参与译经的人数多达数百人，听讲人数多达三五千人。僧众人数众多，难免鱼龙混杂，政府创立管理僧众的机构，命僧䂮为僧正，僧迁为悦众（都维那），法钦、慧斌共掌僧录。后经北魏到隋唐，形成了一套适合中国情况的僧官制度，与印度制度很不一样。

为了发展佛教，鸠摩罗什培养了一大批佛教理论专家，千百弟子中，道生、道融、僧肇、僧叡号称“什门四哲”。其中道生、僧肇影响较大。

门阀士族地主阶级骄奢淫逸、放荡任性的生活方式，是魏晋以来形成社会上层的风气。在僧侣地主阶级中，随着寺院经济的逐渐发达，贵族式的生活也滋长起来。早期佛教严格遵行的出家人的戒律和操守，也逐渐被遗忘，以至于被攻击。鸠摩罗什本人对佛教的清规戒律未能遵守。姚秦国主认为他聪明绝顶，不能绝种，应当留有后代，赐他女子十人。他接受了这些女子，从此拥有家室，不住僧房。他到长安译出的第一部佛经是姚秦弘始三年（401年），即声讨头陀行的《诸法无行经》。

早期佛教为了反对婆罗门教的豪侈生活，提倡清心寡欲，释迦本人成道后，一贯靠乞食维持生活，僧人不得蓄积财物，用艰苦贫困的生活来磨炼意志，鄙夷富贵享乐，厌离世间。佛教从开始建立之日起，即力图与世俗生活划清界限，但佛教始终未曾提出消灭贫困，向富人对抗的主张。只是在僧众内部推行平均主义的集体过穷日子的出家人生活，所抨击的只限于僧众内部的享乐意识。鸠摩罗什所宣扬的大乘佛教已到了佛教后期，僧侣阶级已越来越富有，有财产及奴婢，早已脱离了乞食为生的生活方式。

《诸法无行经》批判锋芒指向持头陀行的代表“威仪比丘”。持头陀行者攻击城邑聚落之僧，坚持“见苦、断集、证灭、修道”，奉行“四谛”。头陀行者奉行“四谛”的结果，不但没有得到解脱，反而造成罪过，命终受报，“堕阿鼻大地狱，九百千亿劫受诸苦恼”，原因在于光靠苦行修炼，而不懂般若空观的道理。这部佛经提出了令一切小乘各派触目惊心的新命题：

> 一切众生皆得菩提，一切众生皆是道场。
>
> 一切诸佛皆成就贪欲，一切诸佛皆是邪见。
>
> 一切诸佛住四颠倒、五盖、五欲、三毒，得阿耨多罗三藐三菩提。

总结为偈颂：

> 贪欲是涅槃，恚、痴亦如是，如是三事中，有无量佛道。

大乘佛教反对小乘佛教的禁欲主义，批评小乘“小欲知足”不是真正少欲，而是为了得到来世的更大的好处。大乘佛教自称：

> 虽有财宝，心不贪着，乐于圣道，以是之故。虽复富有，七珍盈溢，心无希求，名为少欲。

他们批判了小乘佛教，认为小乘佛教：

> 虽无财宝，希求无厌，不得名为小欲知足。

这不但为富贵人辩护，也为富贵人占有、享用财富找到了理论根据。鸠摩罗什译出《华手经·验行品》，记述魔化一法师与女人共欲事。

求法者对法师的违戒行为很不理解，提出责难。大乘佛教解释说：

> 一切罪业皆从忆想分别故生。若我随所见相（按：指法师与女人共欲事），轻恚法师，亦能谤佛，毁逆佛法。

照这种解释，有过错、犯戒的不是那个法师，而是批评那个法师的人，因为他分别男女相，相信了自己主观产生的虚诳相。放荡不羁，蔑弃礼法，门阀士族的生活作风已成为上流社会的时尚，不这样，够不上高雅。维摩诘的人格受到普遍欣赏，败坏僧规受到称赞、拘守礼教遭到讥笑是当时的时代思潮，鸠摩罗什为人为学受到中原上层贵族的重视是可以理解的。后来竺道生提出一系列的惊世骇俗的涅槃学说命题，并非无因而起，鸠摩罗什已经为他铺设了道路。佛教史称竺道生“孤明先发”，细考其根源，最先给中国佛教教条主义以大胆的冲击的，不是道生，应当是道生的老师鸠摩罗什。

我们的目的不在于评论印度佛教大乘思想的产生的原因和背景，我们要指出的是印度大乘佛教得以在中国站住脚，并受到尊重的中国的社会环境。

（一）破除“神我”的有神论

鸠摩罗什不单纯是翻译家，他又是佛教理论家，通过他系统地介绍了印度龙树、提婆的中观学派，他的翻译是以中观学派为中心的经论。中观学派是大乘般若空宗的最高发展阶段。《大智度论》（龙树撰）一百卷汉文译本，是鸠摩罗什的译文代表作。据记载，原本有十万偈，汉译本初品（三十四卷）为全译，其余部分为节译。如果全译，当为今译本的十倍，“以秦人好简，故裁而略之”[①]。《大智度论》主要发挥《般若经》思想，但该书取材宏富，它涉及《阿含经》《阿毗昙》《法华经》《华严经》以及佛本生、佛传故事，戒律等多种佛教典籍，但是它的宗旨很明确，宣传“一切皆空”。

以世界为空幻，佛教的创始人开始传教就反复申明这种观点。原始佛教主张“众生空”，又名“人空”。把人身机构分解为“五蕴”“四大”，指出它无常，最后归结为“空”（不实在）。大乘空宗认为这种空观还不彻底，不但“众生空”，还要讲“法空”。在《大乘大义章》中说：“有二种论，一者大乘论，说二种空，众生空、法空；二者小乘论，说众生空。”鸠摩罗什给大小乘做出的这一分别，对中国佛教界产生广泛影响。后起大乘各大宗派，都以“二空”自命，与竺法护介绍的大乘普度众生的观点，成为区别大小乘的主要标志。

鸠摩罗什介绍的佛教经论，归结为两条战线的批判，一条战线是向佛教以外的教派斗争，一条是向佛教内部小乘有部斗争。这两条战线都做出了出色的成绩。佛教认为外道中，有唯物论倾向的教派有胜论（Vaiśeṣika）和数论（Sāṃkhya）。这两派都承认世界万物为“实有”，连小乘佛教也表示反对，大乘佛教对这种学说更加不能容忍。

《大智度论》以大量篇幅批判以“神我”为实体的观念。

> 若常相、非常相，自在相、不自在相，作相、不作相，色相、非色相，如是等种种（神我）皆不可得。[②]

① 《佑录》卷十，僧叡《大智释论序》《大智论记》。

② 《大智度论》卷十二。

因为生死、苦乐都是“非常”的表现，与“神我”是“常”的概念相矛盾。若主张神无“常相”，它又与天竺各教派相信后世有福罪报应的教义相抵触。若神是“自在”（自由）的，则应随欲所得皆得，事实上并不能说它自由。若“神我”有色身，则色身无常，神亦无常。大乘中观派，从神不是永恒实体、神不自由、神没有物质实体、神没有精神实体，最后论证“神我”不能成立。[①]中观派破“神我”，破得很彻底，不但人类无“神我”，天竺所传的世界的造物主摩醯首罗[②]也不实在。大乘空宗从两个方面驳斥自在天的存在，一是它不能创世，一是它不自在。

> 若万物从自在天生，皆应似自在天，是其子故。复次，若自在天作众生者，不应以苦与子。[③]
>
> 彼若自在者，不应有所须；有所须自作，不名自在。若无所须，何用变化作万物，如小儿戏？[④]

大乘空宗反对有神论，从个人的灵魂到创世大神，都给予驳斥。采用方法，都是从经验范围立论的。据此，有些佛教研究者认为佛教是一种哲学或人生观，而不是宗教信仰，或称它为“无神论”。这是一种误解。从佛教的全体看，不是所有佛教都持这种观点。小乘犊子部就相信“补特伽罗” 的存在，它是作为

① 参看《百论·破神品》。

② 摩醯首罗：Moheśvara，译为“大自在天”。“大自在天”的观念也曾被一部分佛教徒所接受，如北凉道秦译的《人大乘论》把“自在天”分为“净居自在”和“世间自在”。净居自在已“邻于佛地”。佛教密宗则把它作为“大日如来”的“应现”。

③ 《十二门论·观因果门》。

④ 同上。

轮回的主体的“神我”。大乘佛教有宗涅槃经系统，公开标榜“常”“乐”“我”“净”，也是一种“大神”。鸠摩罗什介绍的大乘中观学派，反对当时流行的有神论，却不能认为是唯物主义所理解的无神论。如：

> 若“自在”作万物，初作便定，不应有变，马则常马，人则常人。[①]

佛教大乘空宗不承认有神，只承认有业力作用造成的罪、福、善、恶。最终归结为因果报应的宗教教义。他们以“世俗谛”名义承认因果轮回，认为没有神或灵魂，但有一个“识”是因果轮回的承担者。同时又规定“识”的性质为“刹那灭”。这种解释，反对了永存的神或造物主，又抬出了“识”。“识”代替了神的功能。除了自己给自己制造麻烦，实际上没有把神取消。这种转弯抹角的有神论，是佛教大乘空宗特殊形式的有神论，不能理解为非宗教的无神论。

从宗教立场看，这种说法只是换了一个名称，用“识”代替了神或灵魂。僧叡在《毗摩罗诘提经义疏序》说：

> 此土先出诸经，于神识性空，明言处少，存神之文，其处甚多。[②]

僧叡指出的这一现象，符合我国佛教史实际情况。从前，汉译佛典，多把“无我”之“我”理解为“肉体之身”。鸠摩罗什通过译文，力图纠正这种长期形成的误解。但这种努力并未引起中国佛教

---

① 《十二门论·观因果门》。

② 《出三藏记集》卷八。

界、理论界的重视。相反，南方庐山慧远却发动了神不灭论向神灭论的论战。这种分歧也成为他与鸠摩罗什学说的重要分歧之一①。

中观学派对《大品般若经》中“十八空”②的阐述，表达了这一学派把大乘空宗的否定一切的世界观和方法论贯彻到底，是佛教讲“空”的理论的最后总结。所谓“十八空”，是把“空”的概念逐步分析、逐步深入的思维过程。批判小乘的“世间空”，讲出“世间空”，达到“毕竟空”，最后引导到认识论方面，主观世界与客观世界有无统一性，人能否认识世界。最后的答案是“一切法空”。《大智度论》讲的“十八空”，是从十八个方面说明“一切法空”的方法，而“一切法”并非因运用“十八空”的方法分析才成为“空”的。“非十八空故令色空，何以故？不以是空相强令空故。”因为一切事物本来是“空”的，“不以空智慧破色令空，亦不以破色因缘故有空。空即是色，色即是空”。这里讲的“空即是色，色即是空”是大乘空宗的一贯运用的总原则，《般若经》中反复讲说。它这种公式，适用于分析一切现象（包括物质现象及精神现象），讲到“识”时，它认为“空即是识，识即是空”。“空性”为现象自身所固有，而不依人的意志为转移，又称为“当体空”，后来流传的《摩诃般若波罗蜜大明咒经》（玄奘重译，称《般若波罗蜜多心经》）在民间流传得比《金刚经》还要广泛。此经的核心思想是“非色异空，非空异色，色即是空，空即是

① 鸠摩罗什与慧远的理论分歧，参看任继愈：《中国佛教史》第二卷，中国社会科学出版社，1985 年 11 月版，第 676-701 页。

② 《大品般若经》的译本中，《放光般若经》有“十四空”“十八空”，《光赞般若经》为“二十一空”。这里的“十八空”出自鸠摩罗什译的《摩诃般若经》。

色”[①]。大乘空宗的最根本的特征即“自性空”，一切现象从其本质来说是“空”的，不需要外在根据，这个“空”不是论证得出来的。

（二）“八不缘起”说

《中论》[②]开宗明义，提出了“八不”的主张：

> 不生亦不灭，不常亦不断，不一亦不异，不来亦不出。能说是因缘，善灭诸戏论，我稽首礼佛，诸说中第一。

《中论》中这“八不”是作为四对范畴提出来的。四对范畴中，第一对“生灭”范畴是关键，“常”与“断”解释世界连续性问题，“一”与“异”解释世界同一性问题，“来”与“去”解释世界转化问题。这四对范畴被提出来，说明佛教大乘理论思维发展达到了新的水平，它不像小乘佛教侧重于宣传解脱个人苦难的途径，而是从世界观的高度观察世界并探讨它的本原。小乘佛教用“四大”来解释世界的构成，那是一种宇宙生成论，属于宇宙论的发展阶段。大乘空宗的“八不”也探究世界的本原，它不是讲世界为何起源的，而是进一步探索世界何以有起源，探求世界之本，这已进入本体论的讨论范围，它与中国的魏晋玄学所关心的问题属于认识的同一层次。中观学派介绍到中原地区并引起佛学理论界的共鸣，应当说与当时中国理论界的玄学本体论的社会基础有关。

《中论·观因缘品》首先驳斥了外道和小乘关于世界起源的

---

① 见《摩诃般若波罗蜜大明咒经》。玄奘《般若波罗蜜多心经》译作“色不异空，空不异色，色即是空，空即是色”。

② 《中论》：梵文 Madhyamaka-śāstra，古印度龙树著，青目注释，罗什译为四卷，共二十七品，四百四十六颂，约称五百颂，是大乘空宗重要经典。

种种“戏论”。世界不是由“四大”所生，不是由“自在天”所生。小乘佛教主张世界由众因缘和合而生，《中论》驳斥了这种观点。它认为世界万物非自生、非他生，也非他自共生；不论从哪个方面说，世界都不能说是“生”出来的，它是“不生”。由于“不生”，所以“不灭”。小乘用“十二因缘”说明世界起源，构成小乘佛教的缘起说，称为“业感缘起”。但从大乘空宗的观点看，世界本来“不生”，小乘执着“十二因缘”说是“不知佛意”。中观学派以“八不”为根据，去改造“十二因缘”说。缘起说本来是用来说明世界起源的理论，中观学派却把“八不”当成世界的本源，缘起说退居次要地位，中观学派称之为“因缘无生”。①

《中论》说“诸法不自生，亦不从他生，不共、不无因，是故知无生”②。这里提出世界万物的发生不外四种可能：自生、他生、自他共生、无因生。

先说“自生”。“自生”是自己产生自己。“自生”又有两种可能：一是“待缘生”，二是“不待缘生”。“不待缘生”又有两种可能：一是“有为法”，二是“无为法”。“有为法”受因缘的制约，说它“不待缘”，与它定义不合。“有为法”表现为生、住、异、灭诸相。如说它不受因缘制约，其生灭无因果可循，造成混乱。因此，“有为法”生万物之说不能成立。“无为法”是与“有为法”相对待而存在，这也排除了“无为法”的不待缘性。可知“不待缘而生”是不可能的。现在再看“待缘生”是否可能。

“待缘生”也有两种解释。一是主张诸法由“六因四缘生”，

① 见僧叡《十二门论·观缘门》提要。

② 《中论·观因缘品》。

这是小乘佛教一切有部对因缘法的分类并为大乘佛教所接受。中论学派由因果关系分析“待缘生”的不可能。

首先，驳斥了“因生果”论：

> 因是法生果，是法名为缘；若是果未生，何不名非缘？①

有“缘”才有“果”，生“果”才称“缘”。能生“果”的法称为“缘”；尚未生“果”的法不能称作“缘”。要证明“待缘而生”，表示“果”尚未生，也就无“缘”可待。

其次，驳斥了“果待因”论：

> 若法因待成，是法还成待。今则无因待，亦无所成法。②

如果现象的生成“待缘而成”，现象未成之前，生成它的那些“缘”（条件）不能成立；若现象已生成，则生成它的那些所谓条件（“缘”）不起作用。所以说果不待因。

第三，驳斥了“因中有果”和“因中无果”论：

> 果先于缘中，有无俱不可。先无为谁缘？先有何用缘？③

这是从“果”未生之前存在的状态讲的。假如“果”已先存在于“缘”中，则“果”本来已生，“缘”没有必要；假如“缘”中根本无“果”，则“无”不能生“有”，“缘”没有作用。他们还考虑到“多缘”与“果”的关系：

> 若众缘和合而有果生者，和合中已有，何须和合生？若众

① 《中观·观因缘品》。

② 《中论·观燃可燃品》。

③ 《中论·观因缘品》。

缘和合，是中无果者，云何从众缘，和合而果生？[①]

由此推知，不论“因中有果”还是“因中无果”，“果”不可能被生出来。若“因”中之“果”“半有半无”亦不能成立。以“有”与“无”相违，一法不得有二相故。“果”既无，“缘”亦无，“生”即不可能。

第四，驳斥“因变果”论：

若因变为果，因即至于果，是则前生因，生已而复生。[②]

“因”能否变为“果”，《中论》从三个方面予以驳斥：假若“因”灭而后变为“果”，则“因”已灭，“因”的作用已失；要变为“果”，“应还更生”，这不可能；假若“因”即变为“果”，即“因”“果”相等，不存在变的问题；假若“因”不尽灭，但名字灭，而“因”体变为“果”，“如泥团变为瓶，若泥团但有名，不应变为瓶”[③]。

中观学派所用的方法很烦琐，也很精密，对中国的理论界有启发作用，但他得到的结论是不正确的。他的错误有二。第一，他从理论上割裂了因果之间的联系，孤立地看待因果。因与果毫无联系，变与不变毫无联系，非此即彼，犯了形式主义过失。第二，经不起实践的考验。实际生活中出现的事实，可以驳倒他所摆出来的那些空洞的推论。

佛教宗教教义要坚持因果轮回观念，而中观学派“因缘无生”

① 《中论·观因缘品》。

② 《中论·观因果品》。

③ 同上。

理论破坏了佛教的迷信宗教宣传，用纯粹的概念分析方法斩断因果之间的联系。破坏了轮回说，等于夺去佛教的生命。这也是使它不能长久得势的原因之一。

以上是从因缘关系来观察“因”与“果”之间没有联系。现在再从传统佛教的“四相”[①]说考察“生”的不可能。

> 有为法有三相：生、住、灭。万物以生法生，以住法住，以灭法灭，是故有诸法。[②]

世间万物（“法”）这“三相”是万物生成的元素，万物有“生相”才能生成。中论驳斥了这种观点：

> 若生是有为，则应有三相；若生是无为，何名为有相？[③]

《中论》不满足于万物有“生相”才促成它的存在，它进一步追问，“生相”自身也应有它的生、住、灭“三相”。推上去，可以推到无穷。说“生”属于“有为法”（现实世界的东西）不可能。说“生”属于“无为法”（非现实世界的存在），“无为法”的含义即“灭有为”，“灭有为”当然不能“生”万物。“有为”“无为”都与“生”没有关系。

关于“生”，还有一种解释：

> 生生之所生，生于彼本生；本生之所生，还生于生生。[④]

---

① 自小乘佛教开始，就提出世间法都有“四相”，四种存在的形式，即生、住、异、灭；也称为“三相”，即生、住、灭或生、住异、灭。

② 《中论·观因果品》。

③ 同上。

④ 同上。

这是避免上述“三相”说关于“生生”产生“生”，从而导致无穷的“生”的论据上的缺失而提出的一种补救说法，认为有一种能产生“（生）生”的作用，“本生”指能“生”的本体。这又有两种逻辑上的可能：一种认“本生”产生“生生”，“生生”产生“本生”。“生”的本体产生“生”的行为；“生”的行为又产生“生”的本体。这仍然是一种因果循环论证。另一种“生生”与“本生”没有时间上的先后，“生生”产生时，即生“本生”。

> 如灯能自照，亦能照于彼。生法亦如是，自生亦生彼。[①]

这种说法也不能成立。“生”法自身之生尚需论证（未能证实）。《中论》认为以灯照暗的例子也不妥。灯之体是明，明即无暗。照明破暗是灯之用。灯是无暗，“无暗则无照，何得言灯自照亦照彼”。可知灯不能产生照明作用。如果说，“灯生时，而能破于暗”，这也不对，因为灯有“明”即“无暗”，有明之灯不能达到无明之暗。

可否从时间上理解“自生”的可能性？这也不可能：

> 生非生已生，亦非未生生，生时亦不生。[②]

假定此“生”在过去已存在，则此“生”已生，则不须再生。如果“生时”生，那么“离生法，生时不可得；离生时，生法亦不可得”。不能说“生时”是“生”的原因，也不能说“生时”产生“生”。

以上是驳斥“待缘生”的观点。这是集中驳斥了小乘有部以“有为法”为实体的各种矛盾。“自生”不能成立，待缘的“他

① 《中论·观因果品》。

② 《中论·观三相品》。

生”同样不能成立：

> 自性无故，他性亦无。何以故？因自性，有他性，他性于他亦是自性。若破自性，即破他性。是故不应从他性生。[①]

上述论证诸法“不生”的观点，可用《百论·破因中无果品》的一段话作为总结：

> 物物非物，非物互不生。物不生物，非物不生非物。物不生非物，非物不生物。

“物”不能“自生”，也不能由“非物”产生，“非物”不能产生“物”，结论只能是“物”不能生“物”。照这种逻辑论证方法，与前面所举的因果不可能一样，生“物”同样不可能。甚至得出“母实不生子”的诡辩式的推论：

> 若物生物，如母生子者，是则不然。何以故？母实不生子。子先有，从母出故。若谓从母血分生，以为物生物者，是亦不然。何以故？离血分等，母不可得故。[②]

这里的推论，论证“不生”的道理总算很“彻底”，只是逻辑有些混乱。论证“母不生子”，讲的是母子之间没有相生的关系。但他们提出的根据是否认母的存在，母不过是血肉和合的一种存在，不过是“缘生”。它抛开母子相生的关系，专论母的不存在，偷换了概念，陷于错误。

我们要指出的是，中观学派否认有“生”的存在，为了论证

① 《中论·观因缘品》。

② 同上。

“灭”也不存在，无“生”无“灭”，一切皆空。

论证“常”与“断”、“一”与“异”、“来”与“出”诸范畴的关系，用的是同样的方式，为避免烦琐，这里不详说。[①]

（三）实相不可说

中观学派大力倡导的“八不缘起”说，不是探究关于现实世界是如何构成的，而是用逻辑分析法去论证现实世界的存在、变化如何不可能。夸大了人类思维活动规律、语言表达能力的局限性，论证一切认识皆属空幻。它揭露了认识中的矛盾，但没有认识矛盾存在的价值和意义，却抓住事物矛盾现象，错误地把矛盾当作谬误。人类思维中常用的“二律背反”，在于使两个相反的命题同样可以成立，从而深入揭示其内部矛盾。中观学派的“八不缘起”也使用了这种方法，它用两个以上矛盾，揭示现实世界的不真实，并把这种推论方法推向极端。连佛教公认的最高境界原则“无为法”（涅槃境界）也被指为不真实，这就破坏了佛教信仰的基本立场。

佛教是宗教，它和一切宗教一样，最终要引导人们走向一种精神解脱的世界去。为此，必须从各个方面把现实世界说得一无是处、无可留恋、全属虚幻，这样才可以引导人们走向“解脱”的大门。《大智度论》从各个方面论证世界为虚幻。提出凡所说，皆是可破。“语言度人，皆是有为虚诳法。”[②]除非不说，一说即有可破，“若有所说，皆是可破，可破故空”。

① 参见任继愈：《中国佛教史》第二卷，中国社会科学出版社，1985年11月版，第347页。

② 《大智度论》卷三十一。

大乘中观学派不仅“破斥”世界有所谓物的实体，他们对逻辑思维、判断、推理的形式也一概“破斥”，指为不真实。世间无常，一切诸法没有停止不动的时候，它随时变幻，令人无从把握。名言、概念则是凝固不变的。凝固不变的概念不可能反映变化不住的世间法。因此他们断定名言皆属虚妄。逻辑概念要求不矛盾，“生”不是“灭”，“常”不是“断”，而事物非“生”即“灭”、非“断”即“常”。这种逻辑推理形式也遭到中观学派的反对。他们用印度古代的逻辑形式来证明逻辑推理的不可靠，如“声常住论”者认为“声”是实体，“常住”不变，他们论证的方式是：

声是常（宗）
无身故（因）
如虚空（喻）①

虚空“无身”（形体），所以是“常”。不同的学派可以用同样的方式论证“声是无常”：

声是无常（宗）
作法故（因）
如瓶（喻）②

这样，“声”既可说是“常”，又可说是“无常”。上述两种论证，逻辑形式完整，表达正确。由此他们得出结论，断言认识为不可能。形式逻辑的立足点是同一律和排中律，甲是甲，不能同时是

① 见提婆的《百字论（释）》，元魏菩提留支译。
② 同上。

非甲。在一定范围内，它是一种正确的认识工具，但它有缺陷和不完善的地方。因为世界是复杂的又是变化的，人类认识既是有限的又是无限的。中观学派指出形式逻辑的不足，这是人类认识深化的表现。必须指出，中观学派反驳形式逻辑的不足，用的还是形式逻辑的方法，并没有站在辩证法的高度对待形式逻辑。中观学派只看到矛盾的对立，没有看到它的统一，不是在矛盾对立统一的规律指导下去评论形式逻辑，它没有从形式逻辑的局限中有所前进，而得出既然有矛盾，一定不真实，推出认识为不可能的错误结论。这种错误结论，不能仅归结为思想方法上的原因，而是受了宗教唯心主义世界观的蒙蔽。佛教大小乘一致努力否认现实世界的真实性。佛教从创立之日起，就从各个不同角度论证世界为虚幻。从小乘发展到大乘，出现了许多经典和流派，它们都论证世界是不真实的。

从认识能力说，中观学派认为世界的不可认识，是由于认识者的主观立场决定的：

> 种种取相，皆为虚妄，如颇梨珠随前色变，自无定色。诸法亦如是，无有定相，随心为异，若常、无常等相。如以嗔心，见此人为弊；若嗔心休息，淫欲心生，见此人还复为好。若以侨慢心生，见此人以为卑贱；闻其有德，还生敬心。如是等有理而憎爱，无理而憎爱，皆是虚妄忆想。若除虚诳相，亦无空相，无相相，无作相，无所破故。①

这是说世界上的美好、丑恶、高贵、卑下、爱与憎都不是固定不变的，无不随认识者的主观认识而定。同一个人，思想认识有前后变

① 《大智度论》卷四十三。

化；不同的人，观点有差异。这个因素都可使人对同一对象得出不同的印象。假定世界是客观存在，应当有共同的印象、共同的结论。如果人果真有认识能力，人的认识不应前后有差异。于是得出结论为认识不可能。

从认识工具说，中观学派彻底否定了世俗语言、文字的表达能力，认为世俗的语言、文字、概念、判断及推理，都是“戏论”[①]。只有按照佛教大乘宗教世界观去认识世界，才能得到正确的认识。在大乘佛教世界观指导下，语言、文字仍不失为走上解脱的必要工具。

> 是般若波罗蜜因语言文字章句可得其义，是故佛以般若经卷殷勤嘱累。……若失语言，则义不可得。[②]

通过般若智慧才能得知佛教最高的道理（“义”）。语言、文字来自世俗社会，是人类长期积累、交流思想的工具，为了引导人达到佛教宣传的最高真理，不能不用它，但仅仅是工具。

> 语以得义，义非语也。如人以指指月，以示惑者，惑者视指而不视月。……此亦如是。语为义指，语非义也。[③]

中观学派第一步否定语言、文字可以给人以真正的知识，这一步骤是对世俗人讲的。否定世俗见解之后，接受佛教般若观点，从佛教世界观出发，语言、文字仍然可以使用。中观学派认为这种认识不同于世俗认识，它不同于俗人的“识”，它是“慧”“智慧”。

---

① 戏论：佛教术语，违背佛教教义的判断、推理都虚妄不实，称为戏论。

② 《大智度论》卷七十九。

③ 同上。

> 具足佛道因缘已，用一念相应慧得一切种智，尔时一切烦恼习永尽，以不生故。[①]

这种智慧，也叫作“无生法忍”或“无生忍”。得到这种智慧，观一切法“毕竟空”。

人类正常的认识，即佛教所驳斥的世俗见解，来自社会实践。认识的对象为自然、社会及思维规律等，这些对象都是客观存在的。佛教为了引导人们厌离现实世界，把现实世界的一切存在都给否定掉了，说现实世界的物质生活和精神生活虚幻不真实，是人心的产物。他们破斥了第一层偏见（世俗见解）。光破了世俗见解还不够，中观学派认为还要进一步破除第二层偏见，对“无生法忍”也不能认作实体，它也是空而不实的。“圣人所得法……是虽名实，皆从因缘和合生故，先无今有，今有后无，故不可受，不可著，故亦空非实。”[②]

从认识对象说，中观学派把另一个精神世界称为“实相”。达到这种独立存在的客观真理，是佛教认识论力求完成的最高任务。涅槃是佛教各宗派都承认并追求的一种无烦恼的寂灭状态，是佛教宗教实践的最终目的。早期佛教小乘各派以“四谛”“十二因缘”的实相，以灰身灭智为涅槃。大乘佛教反对小乘佛教的这种主张，从大乘空宗起，提出以“法性”为“诸法实相”。就这个意义上说，“法性”“法相”“实际”“真际”有同样的含义，指佛教智慧（般若）所能达到的绝对真理，即“实”或“真”的最后极限。

---

① 《大智度论》卷八十五。

② 《大智度论》卷三十一。

> 实际者，以法性为实，证故为际。[①]
>
> 法性名为实，入处名为际。[②]

此处的“证”指神秘的体认，“入”即悟知，“证”或“入”都指主体与客体相契合的一种状态。他们把世俗常识中的现象界看作“假有”，相信在现象世界之外，确有一个称为“实相”的客体，这种客体只有靠佛教的特殊感知能力（智慧）才能证入。这样的智慧，一般称为“一切智”。在世俗世界之外还有一个真实的世界，在世俗认识能力之外还有一种神秘直观的认识。如：

> 一切诸法（按：指实相），不可说相，唯智者能知。[③]

这种实相，离诸语言文字，超越思维活动。他们认为：

> 一切法实性，皆过心、心数法，出名字语言道。[④]
>
> 法名无思无虑，无相无作，无忆无念，净妙无缘，无有文字，亦无言说，不可显示。[⑤]
>
> 诸法实相，常住不动。众生以无明等诸烦恼故，于实相中转异邪曲。诸佛破无明等诸烦恼，令众生还得实性，如本不异，是名为“如”。实性与无明合，故变异，则不清净，若除却无明等，得其真性，是名法性清净……[⑥]

---

① 《大智度论》卷三十二。

② 同上。

③ 《华手经·法门品》。

④ 《大智度论》卷一百。

⑤ 《华手经·法门品》。

⑥ 《大智度论》卷三十二。

从以上这些文句看，中观学派承认有一个客观存在的精神性的永恒存在的实体。如果联系中观学派的整个体系及思维方式考察，就会发现他们并未真正肯定有这样一种精神实体：

> 诸法不会诸根，不可以智知，不可以无智知，非可知，非不可知。[①]

佛教各流派所描述的彼岸世界不尽相同，拟定的到达彼岸的途径也各不相同。般若学派属于佛教大乘空宗，它全力反驳佛教小乘有部，反复强调“色即是空，空即是色”的宗教世界观，以“空”破“有”。中观学派为了把这一“空”的原则贯彻到底，最后不得不把彼岸世界的最高境界（如涅槃）也说成为“空”。

这种最高精神境界，不具有现实世界的一切性质，因为世俗的名词、概念只能用来描述世俗的事物，对于超世俗的另一种境界（涅槃），世俗的名言对它无能为力。对它做任何肯定的描述只能增加误解，把认识引向歧途。但否定词如“非×”，又不能用作描述对象的手段。否定词或肯定词都不能用作描述最高真理的手段。既然两者都不能用，“既肯定又否定”用“非可知，非不可知”还是不能用来描述。因为，如果这样，有可能把“非可知，非不可知”当成某种实体来对待。这就破坏了中观学派“一空到底”的宗教哲学体系。于是对实相做任何肯定或否定的描述，都将陷于“戏论”。

中观学派总算把大乘空宗的观点贯彻到底了，忠实介绍中观学说的鸠摩罗什，对涅槃是否为实体，持怀疑立场，得出“实相不可知”“涅槃不可得”的结论，“涅槃者，但有名字，犹如虚空，但

① 《华手经·法门品》。

有名字，不可得取”[①]。鸠摩罗什一生对小乘涅槃说尽力攻击，对大乘涅槃经类也不感兴趣。他的弟子中，如道生的“佛无净土”论，僧肇的“涅槃无名”论、提出了许多新见解，都不难在鸠摩罗什所介绍的大乘中观学说中找到启发的线索。

佛教既然号召人们出家，教人追求一种彼岸世界，而这个彼岸世界又被说成不可知、不真实。事实上要导致出家无意义、无必要，实相既不可知，涅槃也就不可能。鸠摩罗什倡导的中观学说，在反对小乘佛教、反对唯物主义方面做了最大的努力；在理论上，特别在评价人类认识主观能力方面，提供了可贵的借鉴。同时，也应指出，这种学说给佛教带来了一定的信仰危机。

中观学派对中国的佛教理论界起过诱导作用，对中国佛教的宗教实践起过消极作用。所以这种学说寿命不长，在当时敌不过庐山慧远僧团的势力，对后来影响也不及南北朝时期的地论、摄论深远。

四、慧远的佛教思想体系

儒教为入世哲学，它为中国封建社会的政治学说、伦理学说提供了理论基础。佛教的原始教义与儒教的基本思想不能相容。儒教在中国封建文化中占据极重要的地位。能否适应儒教，是关系到佛教能否在中国站得住，也可以说，是关系到佛教的生死存亡的大问题。从《牟子理惑论》即开始做这种努力，到慧远，这种结合更加

① 《思益梵天所问经·分别品》。

成熟。这是慧远在中国佛教史享有极高声誉的主要原因。

慧远[①]（334—416年）“内通佛理，外善群书”，他接受佛教思想不专一家。早期从道安受般若学，曾参与破心无宗的辩论，当时仍为玄学化的僧人。定居庐山后，曾钻研毗昙学，后数与鸠摩罗什往返讨论，有可能接受“关河三论”的影响，又接受佛驮跋陀罗的禅法，宣扬戒学，并信“阿弥陀西方净土”学说。他治学范围相当广泛，吸收各方面的思想，逐步形成自己的佛教思想体系。

（一）“沙门不敬王者”，调和佛教礼法与封建礼法

晋成康之世（326—344年），庾冰辅政，曾下令沙门致敬王者，曾遭到尚书令何充等人的反对，未能实行。东晋末年，桓玄在谋划篡晋之际，又提出沙门应致敬王者的问题。慧远为此提出反对意见，写了《沙门不敬王者论》。敬礼王者的辩论，涉及封建专制国家是否需要统一名教礼制、佛教对于封建专制的王权统治持什么态度的问题。

庾冰提出，“因父子之敬，建君臣之序”，是“为治之纲”，而佛教“易礼典，弃名教”，致使“卑尊不陈，王教不一”[②]。桓玄对庾冰的意见做了补充：

> 《老子》同王侯于三大，原其所重，皆在于资生通运，岂独以圣人在位而比称二仪哉？将以天地之大德曰生，通生理物，存乎王者沙门之所以生生资存，亦日用于理命，岂有受其

① 《高僧传·慧远传》，《出三藏记集·慧远传》卷十五，《世说新语·文学篇》注引张野《远法师铭》，《广弘明集》卷二十三谢灵运《庐山远法师诔》。

② 《代晋成帝沙门应尽敬诏》，《弘明集》卷十二。

德而遗其礼，沾其惠而废其敬哉？[1]

王者的地位与天地同尊，老子说“道大，天大，地大，王亦大”[2]，人民（包括沙门在内）靠天、地与王的覆育保护，人类才得以生存。人人对王应当致敬，实属天经地义。沙门也蒙受了王的恩惠，也应当敬礼王者。

有些佛教的拥护者，为了替佛教争地位，提出沙门不应敬礼王者。何充的理由是佛教教义有助于王化，起“上俾皇极”的社会作用[3]。同时代的王谧也提出了类似为佛教辩护的观点：

> 寻大法宣流，为日谅久，年逾四百，历代有三（按：指汉、魏、晋），虽风移政易，而弘之不异，岂不以独绝之化，有日用于陶渐；清约之风，无害于隆平者乎？[4]

慧远在《答桓太尉书》和《沙门不敬王者论》中，总结了上述意见，还在理论上有所发挥，除了肯定了佛教的社会职能、政治职能，还把佛教的义理同维护名教的封建传统理论结合起来，把佛教的适应世俗要求与出世的追求区别开来，把佛教教义、僧众的制度与封建礼教相协调。

> 佛经所明凡有二科：一者处俗弘教，二者出家修道。处俗则奉上之礼，尊亲之敬、忠孝之义表于经文。在三之训，彰于圣典，斯与王制同命有若符契。此一条全是檀越所明，理不容

① 桓玄：《与八座论沙门敬事书》，《弘明集》卷十二。

② 《老子》二十五章。

③ 《沙门不应尽敬表》，《弘明集》卷十二。

④ 《答桓太尉书》，《弘明集》卷十二。

异也。出家则是方外之宾，迹绝于物。其为教也，达患累缘于有身，不存身以息患；知生生由于禀化，不顺化以求宗。求宗不由顺化，故不重运通之资；息患不由于存身，故不贵厚生之益。此理之与世乖，道之与俗反者也。[①]

慧远巧妙地把在家与出家分开，世俗与出世分开。奉上之礼、尊亲之敬、忠孝之义都是在家人遵守的原则，并认为见于佛教经文，其实佛教经文中很少提倡这些忠孝道理[②]。慧远肯定了桓玄的一部分观点，在家的佛教徒也应尽忠尽孝。佛教教义与封建伦理关系不矛盾，完全一致。但是佛教僧人已经出家，就与在家信徒不同。

佛教僧侣以“身”为“苦”本，“身”是一切患累的总根源。“存身”不能息患，不能把“存身”当作息患的条件。人之有“身”在于有“生”，僧侣并不认为得到了生命便感恩戴德，因而不用去报答君亲父母的养育之恩。他认为：

凡在出家，皆隐居以求其志，变俗以达其道。变俗、服章不得与世典同礼，隐居，则宜高尚其迹。[③]

慧远还进一步发挥出家、在家之间的协调关系。表面上看，沙门不礼君亲，“内乖天属之情”“外阙奉主之荣”，但本质上却不违其孝，“不失其敬”。统治者在礼仪形式上向沙门让步，这可以抬高僧众的社会地位。他们的地位提高了，可以更深刻地影响群

① 同上。

② 康僧会编译的《六度集经》提倡“君仁臣忠、父义子孝”，《维摩诘经》有“若在王子，王子中尊，示以忠孝”。佛教很少讲忠孝。

③ 《答桓太尉书》，《弘明集》卷十二。

众，更有利于维护封建社会的利益。

> 如令一夫全德，则道洽六亲，泽流天下，虽不处王侯之位，固已协契皇极，大庇生民矣。[①]

佛教对统治阶级来说，不再是可有可无的文化点缀品，而是统治的重要手段。佛教也不再是私人的事，而是皇权、国家的事业。魏晋玄学开始争论名教与自然的关系，这是当时最重大的问题。同样性质的问题，表现在佛教僧侣地主阶级，则是佛教与名教的关系。慧远与儒家的立场基本一致。可以说，从慧远开始，结束了从东汉以来佛教教义与老庄相结合的历史，转向了主要同儒教紧密结合。儒教的许多基本思想，逐渐组织到佛教教义之中，这是慧远在中国佛教史上享有很高声誉的重要原因。

慧远把儒家的“礼”的观念引进了佛教。重要著作有《释袒服论》：

> 或问曰，沙门袒服，出自佛教，是礼与？答曰，然。[②]

佛徒袒露右臂，与印度天气炎热有关，至今印度次大陆的妇女服装仍袒右臂。慧远却说袒服乃天竺的“国法”、礼制的规定，是“尽敬于所尊，表诚于神明”的表示。把风俗习惯赋予伦理的意义。慧远以前的中国佛教著作中，如《四十二章经》等，把僧众的剃发、别妻子、离家室当作与世俗人生彻底决裂的表示，而对僧侣的服饰却没有什么规定。后来译出了多种戒本，对僧尼的言行、服饰有了

① 《答桓太尉书》，《弘明集》卷十二。

② 《弘明集》卷五。

若干规定。都是为了便于修行生活，防止邪淫，防止散漫习惯，都不曾把袒服纳入佛教的礼制。慧远说：

> 礼存则制教之旨可寻，迹废则遂志之欢莫由。何以明其然？夫沙门服章法用，虽非六代之典，自是道家之殊制，俗表之名器。名器相涉，则事乖其本；事乖其本，则礼失其用礼存则法可弘；法可弘，则道可寻。此古今所同，不易之大法也。[①]

把生活习惯说成佛教的典章制度，这种解释完全是从中国封建法制度的观点来看佛教的。慧远还进一步发挥了为什么右袒而不左袒的理由：

> 佛出于世，因而为教，明所不左，故应右袒。何者？将辨贵贱，必存乎位，位以进德，则尚贤之心生。是故沙门越名分以背时，不退已而求先。又人之所能，皆在于右，若动不以顺，则触事生累。……是故世尊以袒服笃其诚而闲其邪，使名实有当，敬慢不杂，然后开出要之路，导真性于久违。[②]

袒服不是佛的创造发明，只是古印度的生活习惯，慧远用儒家的礼教来给以特殊解释，把儒教“别贵贱，序尊卑”的精神，改成“别内外，序僧俗”，力图把佛教的服饰说成儒家的名教，或者说用儒家的名教创建佛教的“名教”。慧远进一步说明佛、儒不二的观点：

> 道法之与名教，如来之与尧孔，发致虽殊，潜相影响。出处诚异，终期则同。……理或有先合而后乖，有先乖而后合。……

① 《答桓玄书沙门不应敬王者书》，《弘明集》卷十二。

② 《释袒服论》，《弘明集》卷五。

若令先合而后乖，则释迦之与尧孔，发致不殊，断可知矣。

他宣称“内外之道可合”，“出处诚异，终期则同”。这种观点已被中国广大佛教徒所接受并奉为原则，所谓“三教同源”“殊途同归”，都可以上溯到慧远。慧远是佛教礼制论的创始人，认为儒家思想佛教中早已有了，佛高于儒。表面上，为佛教争地位，抬高佛教，实际上，把儒教的要求加到佛教中去，使佛教积极完成世俗地主阶级的政治要求，尘世味更重。

（二）慧远的形尽神不灭论

形神关系问题是哲学史上一向被重视的问题。汉代从桓谭、王充开始正式提出神随形的生灭而生灭，无形即无神，形尽神灭的唯物主义的形神观。这个问题经历了魏晋南北朝几百年的不断讨论，认识逐渐深化。在长期讨论中，慧远对这个问题发表过不少重点言论，并对后来的形神关系的讨论起过较大的影响。

“形尽神不灭”的观点是慧远全部宗教观念的奠基石，他对“神”的理解是：

盖神者，可以感涉而不可以迹求，必感之有物，则幽路咫尺；苟求之无主，则渺茫何津？[1]

“神”虽无迹可寻，但有感物的能力，证明它是存在的。假若没有一个精神主宰者，人们怎能达到“西方净土世界”？只要承认有一个彼岸世界可资追求，那就必须首先承认有一个追求它的永恒主体——“神”的存在。从精神解脱的要求看，需要有一个“神”作

① 《高僧传·慧远传》。

为主体，再从佛教轮回的教义看，也需要有一个被轮回的主体，才可以使“三世”说取得群众的信任。慧远在《法性论》[1]中说“至极以不变为性，得性以体极为宗”，这是说精神的本体是不变的，人们要达到这种精神境界，必须超出世俗的见解和脱离世俗生活，在精神上与至高无上的本体相契合（“得性以体极为宗”）。这观点，在他的《沙门不敬王者论》中有更具体的阐述：

> 神也者，圆应无生，妙尽无名，感物而动，假数而行。感物而非物，故物化而不灭；假数而非数，故数尽而不穷。……则知化以情感，神以化传。情为化之母，神为情之根。情有会物之道，神有冥移之功。但悟彻者反本，惑理者逐物耳。

慧远讲的“神”不是世俗所谓鬼神，而是做育化万物、推动变化的第一性的存在。它不同于具体的物质性的东西，而是物质性的东西赖以存在的根据（“母”），慧远的“神”相当于玄学所谓“体”“无”，才可以“感物而动，假数而行”。“形”有生灭，“神”无生灭。慧远的本体论直接继承道安“以无为体”的“本无”学说。

慧远把魏晋玄学的“本无”的命题扩充到佛教宗教哲学，构造了他的“形尽神不尽”说。他在《沙门不敬王者论》的最后一部分充分阐述了这个观点：

> 夫神者何耶？精极而为灵者也。精极则非卦象之所图，故圣人以妙物而为言。

① 《法性论》已佚，《高僧传》中保存了部分引文。

“神”没有确定的形体，没有不变的名称，更非感官所能直接感知，但它有周遍感应一切的能力，它又是普遍永恒的存在。慧远从宗教立场对人生本源做了解释：

> 有情则可以物感，有识则可以数求。数有精粗，故其性各异；智有明暗，故其照不同。[①]

“情”在中国哲学史上有多种含义，这里用的“情”指情欲，又称为“贪爱”。“识”指认识活动，佛教认为普通人的认识活动是“无明”的表现，神若被“贪爱”“无明”所染，必然受形体、寿命的限制。中国古代唯物主义者解释人何以有智愚的差别，在于所禀受于自然的“元气”有清浊、有厚薄。慧远继承了这一观点，只是认为人的智愚差别不是由于“元气”的禀赋不同，而是由于“神”所受的物质世界的干扰影响的程度造成的：

> 夫因缘之所感，变化之所生，岂不由其道哉？无明为惑网之渊，贪爱为众累之府。二理俱游，冥为神用。吉凶悔吝，唯此之动。无明掩其照，故情想凝滞于外物；贪爱流其性，故四大结而成形。形结则彼我有封，情滞则善恶有主。有封于彼我，则私其身而身不忘；有主于善恶，则恋其生而生不绝。[②]

慧远按照佛教传统说法，众生有“贪爱”“无明”的本性，从受胎之始就陷入了无边无尽的苦恼的深渊，由此陷入无尽的因果报应的轮回之中。

---

① 《沙门不敬王者论》。

② 《弘明集》卷五。

因果报应起于古印度，佛教继承了这种传统观点，给以佛教的解释。佛教反对灵魂不灭。中国本来没有因果报应的信仰传统，中国的善有善报、恶有恶报不是承认本人的灵魂受报，而是报及子孙，家族后代受其报应。慧远的报应论不同于印度佛教的传统观念，也不同于中国传统的报应观念。

印度佛教用一系列因果锁链，将佛教的“无我”论同报应论调和起来。慧远把印度的“十二缘生”的轮回说做了大幅度的简化，只采取其中的“无明”与“爱”两个环节，与中国的概念“情”与“识”相结合，以此作为促成轮回的根本原因。“情”“识”的骚扰，使“神”受到“形”的桎梏。轮回过程中，“神”可以感有三界、五道无数的形体，成为业报的主体，但“神”自身是不变的，是为“形尽神不灭”。他曾利用东汉桓谭以烛火喻“形尽神灭”的缺陷，用同样的比喻来宣扬“神不灭”的主张：

> 火之传于薪，犹神之传于形；火之传异薪，犹神之传异形。前薪非后薪，则知指穷之术妙；前形非后形，则悟情数之感深。惑者见形，朽于一生，便以谓神、情俱丧，犹睹火穷于一木，谓终期都尽耳。[①]

慧远的这种解释，与外来的“十二因缘”的“无我”哲理发生了矛盾。即使在汉译经文中有不少“神识”之词，与慧远的“神”不同，印度佛教传统观念所谓“神识”或“中阴”或“补特伽罗”，诚然可以作为因果连续的中间环节或承担者来理解，但他们都认为“情识”只在三界、五道中轮回，“情识”不能作为出世的主体。“情

① 《弘明集》卷五。

识”这种“神”不能解脱出世。慧远则认为“情识”是对“神”的污染，变化是“神”的沦落。“神”是始终不变的，因而“神”承担了转向彼岸世界的任务。“化”与“不变”是慧远用以区分人生与无生、世间与泥洹的一对主要概念。“顺化”是世俗的事，包括三界、五道的轮回中的一切精灵。“顺化”才是到达成佛之路。他在《法性论》中说：

至极以不变为性，得性以体极为宗。[1]

以不变的涅槃为追求目标，要超然于变化的世俗世界。这个不变的涅槃也就是“神”，摆脱“形”对“神”的限制。这个观点对后来隋唐时期中国佛教讲的“不变”与“随缘”、“出世间”与“世间”的关系学说发生过影响。这种观点与慧远关于佛教的法性问题的论述和他的神不灭论、法身观一样，也带有鲜明的魏晋玄学烙印。

在现实世界的背后，探究其不变的实体；在生灭变化的世界上，探求其所以生灭变化的根源，这是魏晋玄学关心的核心问题。慧远的佛教神学是接着玄学讲的，他直接从道安那里承接了“本无”理论，并用这个体系来理解大乘佛教般若学的教义，当佛教理论尚未全部系统地介绍到汉地时，道安、慧远那一辈学者所做出的对佛教教义的阐述，很容易被群众所接受。

晋以后，大乘空宗的经典不断大量介绍进来，《般若经》以外，还有许多阐明空宗的大乘论，如《大智度论》《中论》《百论》《十二门论》，再用玄学眼光看待、理解印度大乘中观学派，就遇到了新的困难。这也是慧远与鸠摩罗什往复问难，未能取得一致意见的

① 《高僧传》卷六。

原因。两家的分歧，在“实相”的看法上表现得尤为明显。

慧远向鸠摩罗什提出“法性”“如”“真际”这三个概念的关系如何严格区别。鸠摩罗什回答说，诸法相随时为名：

> 若如实得诸法性、相者，一切义论所不能破，名为如。如其法相，非心力所作也。①

“如”即如实而知。佛教大乘空宗认为世界不真实，又不是不存在，对这种情状不能用任何肯定的语言来描述，只能用“如”来表示。佛教防止有人把“如”看作一个东西，有时称为“如如”，意思是说，连“如”也不过是“如”。如果严格按照他们的表达方式和思维方式，“如如”也还不够确切，应该是“如如如……”，无限的“如”才可以。

> 诸相如相，性自尔故，如地坚性、水湿性如是诸法性，性自尔，是名法性。②

“法性”，即事物的本质属性，是“如”借以体现的根据。不过鸠摩罗什这里举的例子是事物的特殊性，在佛教实践中，“法性”主要指事物的共同本质。

> 入如法性也，更不求胜事，尔时心定，尽其边极，是名真际。③

认识所能达到的最终真理名为“真际”。这三个名称有它的次序：

---

① 《次问如、法性、真际并答》。

② 同上。

③ 同上。

初为如，中为法性，后为真际。[①]

慧远与鸠摩罗什从根本上就存在着分歧。世界现实是“如”，不过是“假有”，这一点，慧远就不能接受，慧远承认世界“常幻”“不常住”，但不像大乘中观学派那样否定得那样彻底。由于出发点不同，引出一系列的疑问。慧远问：“经说法性，则云有佛无佛，性住如故。”“法性常住”，它是“有”还是“无”？如果说“不有不无”，它不同于“有无”的地方是什么？意思是问，客观上有没有一个“常住”不变的“法性”。关于这一点，鸠摩罗什明确回答：

所谓断一切言语道，灭一切心行，名为诸法实相。[②]

“诸法实相”不过是个假名，它是对“如”的方便表达的符号，它并无真正存在的实体，不能按照世俗的理解当成一物；它不同于一物，既非“有”，也非“无”。但是，说它“异于有无”也是错的。

慧远从玄学本体论的观点，关注的是“绝对实体”，他在《法性论》中，强调至极不变的实体的重要性，认为“法性是法真性”。对印度鸠摩罗什介绍来的空宗理论，在当时中国人眼里算是最新的理论。对这种新理论，慧远是认真对待的，也尽力去理解、宣传它。慧远通读了鸠摩罗什新译的《大智度论》一百卷并做了笔记，抄集为二十卷，又作了序。慧远介绍《大智度论》说：

其为要也，发轸中衢，启惑智门，以无当为实、无照为

① 《次问如、法性、真际并答》。

② 同上。

> 宗。无当，则神凝于所趣；无照，则智寂于所行。寂以行智，则群邪革虑，是非息焉；神以凝趣，则二谛同轨，玄辙一焉。①

《大智度论》从“中道”出发，没有确定实在的对象，也没有主观意识的认识活动，可以泯除一切虚妄分别，不正当的观念、思维可以息灭。慧远所理解的《大智度论》的要点，有的地方说对了，比如要求“无当”“无照”，破除世界俗见，对一切事物都不能当作真实存在去了解，这符合“般若性空”的思想。慧远按照他自己的理论体系，把“神”与“智”融合在一起，用他的“神不灭”思想去改造佛教的般若空宗，“神”被当作般若认识的主体，这就与《大智度论》的宗旨不合。

慧远接着讲：

> 生途兆于无始之境，变化构于倚伏之场，咸生于未有而有，灭于既有而无。推而尽之，则知有无回谢于一法，相待而非原；生灭两行于一化，映空而无主。于是乃即之以成观，反鉴以求宗。鉴明则尘累不止而仪像可睹（按：指俗谛），观深则悟彻入微，而名实俱玄（按：指真谛）。将寻其要，必先于此，然后非有非无之谈，方可得而言。②

谈“有”谈“无”，都不是穷究底蕴之言，更本源的存在超于“有无”之外，它非“有”非“无”。这种观点，不是《大智度论》的原意。世界不是“有”，不是“无”，也不是非“有”非“无”。鸠摩罗什代表的大乘空宗，主张“当体空”，即“法体性空”，或

① 《大智度论抄序》，《出三藏记集》卷十。

② 同上。

曰“法空”。慧远力图接近鸠摩罗什介绍来的新学说，但始终没有理解“法空”的意义，他把“有无回谢”看作“一法”的不同表现，把“生灭两行”当作“一化”的具体体现。“生灭”“有无”成了“空”的表现形式，而“法”与“化”成了高一层次的实体。

慧远在《大智论抄序》中，在世俗见解的“有无”之上，提出了更高一层次的“有”，把“有”看作最后的实体即他的“法性”。

> 有而在有者，有于有者也；无而在无者，无于无者也。有有则非有，无无则非无。何以知其然？无性之性谓之法性，法性无性，因缘以之生。生缘无自相，虽有而常无；常无非绝有，犹火传而不息。夫然，则法无异趣，始末沦虚，毕竟同争，有无交归矣。[①]

慧远驳斥了世俗的“有”“无”见解，认为那都是虚妄的。世俗分别“有”“无”，都属于“缘生法”的范围。“缘生法”无“自性”，可称之为“无性之性”“法性无性”。至此为止，慧远解释的《大智度论》是正确的。接下去，慧远又回到他自己的本无宗的哲学体系，主张在变幻不实的世界之外，还有一个真实的世界，“常无”的境界。他仍用薪火之喻来说明他的观点，“薪”则生灭无常，“火”则永存不息。“薪”，“有无”不实，“火”则属非“有”非“无”的无性之性。慧远通读了《大智度论》更加深了他的神不灭思想。

慧远与鸠摩罗什的理论分歧，说明中国哲学发展有它的内在原因，有它的源远流长的传统。慧远从传统文化的角度去考察外来思

① 《大智度论抄序》，《出三藏记集》卷十。

想，慧远直接继承魏晋玄学本体论，在此基础上来迎接外来的中观学派，使他不同于印度中观学派那种怀疑一切、否定一切的虚无教义。也还要看到，魏晋玄学并不是出世主义，它对中国传统封建宗法制度、对忠孝等封建伦理观念是支持的。慧远身份是和尚，但他对封建宗法制度完全拥护。出家人对封建礼法丧服关心、研究，这也是他不同于印度僧人的地方。

（三）慧远僧团与鸠摩罗什僧团争辩的重大问题

东晋与北方各国持续对峙，南北僧人集团形成了两大中心。一个在长安，以鸠摩罗什为首，宣传般若大乘空宗的理论；一个在江南，以庐山慧远为首。南方首都建康（今江苏南京）也是一个中心，但影响不及庐山慧远。

南北两大领袖人物互相尊重、互相誉扬。慧远曾向鸠摩罗什提出许多问题，鸠摩罗什也一一答复。来往书信问答保存在《大乘大义章》中。归纳起来，即“法身”问题与“法性”问题。

关于“法身”问题，两晋时期中国佛教界尚未形成一统的看法，大致有三种见解：

> 一谓法身实相，无来无去，与泥洹同像；二谓法身同化，无四大五根，如水月镜像之类；三谓法性生身是真法身，能久住于世，犹如日现。此三各异，统以一名，故总谓法身。[①]

慧远很不理解所谓“法性生身”即“真法身”。鸠摩罗什回答说，小乘部中没有“法身”这个概念，因为小乘佛教以释迦牟尼创建的

---

① 《大乘大义章》。

佛理和遗留的佛典当作“法身”，“天竺诸国皆云虽无佛生身，法身犹存”。“法身”就是指佛的生身虽死，他的精神常在的意思。大乘佛教为适应信仰者的需要，增加“随俗分别”，认为：

> 菩萨得无生法忍（按：即得诸法实相），舍肉身（按：即生死身），次受后身，名为法身。所以者何？体无生忍力，无诸烦恼，示不取二乘证（按：指不中道涅槃），又未成佛，于其中间所受之身，名为法性生身。①

照佛教的说法，菩萨修行到七地（大乘菩萨修习划分为十个阶段，每一阶段称为一地，到达七地，修行已进入高级阶段），得到“无生法忍”，与“法性”相契合，无诸烦恼。由于大乘以救度众生为最大心愿，所以不中途泥洹，而愿继续受生，入于生死际，直到成佛。此种境界的特点是“不在涅槃，不在世间”，无定相而能行种种方便。

慧远对这样的“法身”很不理解，他要追问“法身”为什么会生成，它具有什么性质、什么相状。照慧远的思想体系，生而成身，必有使它成身的原因，促使“法身”产生的原因是什么？慧远还认为“生”必有“形”，“法身”借以成形的因素是什么？

对“法身”的理解，慧远与鸠摩罗什有很大的分歧，这不仅由于两人对“法身”的理解有深浅，其中还有更深刻的理论上的原因。鸠摩罗什对慧远提问的细节都做了答复，但未能解除慧远的疑惑，引起的疑问反而越来越多，如“法身”的相状，“法身”的“三十二相”是如何修得的；“法身”有无“身”“口”“意”三业，如有，与世人的“业”有什么不同；“法身”寿命长短；“法身”有神通，

① 《鸠摩罗什法师大义》卷上。

其神通是否凭借“四大”“五根”。慧远对“法身”寻根究底的追问，而鸠摩罗什的回答则不肯定也不否定，只答复说：

> 大乘法中，无决定分别是生身，是法身。所以者何？法相毕竟清净故，而随俗分别。
>
> 法身可以假名说，不可以取相求。

即诸佛所见之佛，“亦从众缘和合而生，虚妄非实，毕竟性空，如同法性”。鸠摩罗什的结论是“不须戏论有无之实也”。慧远以本无宗的立场观点来看待佛教“法身”，以“法身”为“本无之体”，“本无之体”是实在的，“法身”也应是实在的。变化多端的世间法是虚幻的。而大乘中观学派，认为一切都是假，佛经关于“法身”的种种解说也只是假说，本身都是不实在的，如果强生分别，说“有”说“无”，都属“戏论”，不合大乘佛教教义。

慧远还问道，“念佛三昧”中所现之佛：

> 为是定中之佛，外来之佛？若是定中之佛，则是我想之所立，还出于我了。若是定外之佛，则是梦表之圣人。然则成会之来，不专在内，不得令同于梦，明矣。[1]

慧远把定中出现的佛的形象分为两种，一种是内心专想而产生的幻相，一种是外来的“圣人”，后一种是真实的，不同于幻相。鸠摩罗什认为区别“定中之佛”与“定外之佛”也是虚妄。从俗谛来说，可以承认虚妄也有作用，它能令众生各得其利，引向信仰的道路。大乘佛教中观学派主张“三界之物，皆从忆想分别而有”。连佛的形象也

---

① 《次问念佛三昧并答》。

是忆想分别而有。这种种议论，在于使人“心厌三界”，从而增信佛教的教义。不可陷于“有无”真假的追求，流为“戏论”。

慧远的神不灭论，来自中国的传统的灵魂不灭，把祖先崇拜和天帝的崇拜给以神圣化，把法身作为崇拜的对象，它是人格化的独立实体，慧远无法理解印度大乘中观学派彻底打破一切实体的观点。鸠摩罗什解释“法身”的身字时说：

天竺但言歌耶（按：kāya），秦言或名为身，或名为众，或名为部，或名法之体相。或以心、心数法名为身。……众事和合，不相离故，得名为身。……此中真法身者，实法体相也。[①]

慧远不了解天竺语“身”的含义，照汉语理解为“身体”。这两人往复讨论的“法身”，实际上指的不是一个东西。鸠摩罗什指的是“诸法实相”，以“性空”为“法身”；慧远把“法身”看作全部佛法，即证得法性的“神”的表现[②]。

慧远的“神”和中国传统鬼神观念有某些继承关系。《孝经》称：

为之宗庙，以鬼享之；春秋祭祀，以时思之。

---

① 《次问真法身寿量并答》。

② 这种误解还由于中国佛教学者不固守印度传入佛教的一家一派，主张融会各家，比如慧远曾介绍《三法度论》，对此论评价甚高。据近人研究，《三法度论》为犊子系贤胄部的著作，古印度小乘诸部中，唯有犊子系提倡有“胜义我”（补特伽罗），主张有“我”，慧远的神不灭论，也有印度经典作依据。这种观点只不过是早期小乘佛教中的一派，慧远不加分别，当作真经来介绍（见吕澂：《中国佛学源流略讲》第四讲，中华书局，1979年8月版）。

牟子《理惑论》说：

> 魂神固不灭矣，但身自朽烂耳。

《理惑论》以五谷的根叶喻“身”，以五谷的种实喻“魂神”，这是以“神”有确定的个性。慧远所谓“神”，不同于《理惑论》所讲的“神”，它超乎报应以外，不受世俗的干扰。慧远所谓“神”，有似大乘佛教所讲的“法身”，既是永恒不变的本体，又能圆应无方，“洞玄根于法身，归宗一于无相”[①]。与魏晋王弼的“无”、道安的“本无”有直接继承关系。《周易·说卦》说：“神也者，妙万物而为言者也。”《周易·系辞上传》说：“夫易，圣人之所以极深而研几也。唯深也，故能通天下之志；唯几也，故能成天下之务；唯神也，故不疾而速，不行而至。”“不疾而速，不行而至”是支遁曾憧憬过的境界，当年的心无义的提倡者竺法汰也曾欣赏这个命题的精神境界。慧远融会了当时佛教及儒家的有关观点，形成自己的有神论，既可以做涅槃出世的依据，又能解释为世间轮回的主体。他完善了佛教的神学体系，所以慧远在中国佛教史上受到普遍重视。

慧远的神不灭论运用到佛教轮回观，他提出了报应论。慧远否认中国儒家传统的报及子孙的说法，而提出一切由行为者自身负责的报应论。

> 心以善恶为形声，报以罪福为影响，本以情感，而应自来，岂有幽司？……然则罪福之应，唯其所感，感之而然，故

① 《庐山出修行方便禅经统序》，《出三藏记集》卷九。

谓之自然。自然者，即我之影响耳，于夫主宰，复何功哉？[1]

慧远认为决定报应的不是有一个高高在上的天帝，而是由于每一个人自己的行为（行为包括“身”“口”“意”三个方面：行动是行为，言论及思想意识活动也是行为）。慧远把赏善罚恶的外因说成是每个人自己行为造成的内因。受报的主体，不再是祖宗与子孙之间的关系，而只限于作者自身，也就是中国流行的“自作自受”。

三业殊体，自同有定报。定则时来必受，非祈祷之所移，智力之所免也。[2]

把报应法则从“天”和家族中划出来，改为报在自身，这是慧远对中国传统宗教报应论的一大改造。这个改造非同小可，它对宗教宣传、对缓和社会阶级矛盾大有用处，它从宗教的立场回答了社会上善人不得好结果、坏人反而得到富贵的不公平现象。戴逵与慧远的信中说：

弟子常览经典，皆以祸福之来，由于积行，是以自少束脩至于白首，行不负于所知，言不伤于物类。而一生艰楚，荼毒备经，顾景块然，不尽惟己。夫冥理难推，近情易缠，每中宵幽念，悲慨盈怀。始知修短穷达，自有定分，积善积恶之谈，盖是劝教之言耳。[3]

慧远从“形尽神不灭”和业报自受的观点，给戴逵以答复：

经说业有三报：一曰现报，二曰生报，三曰后报。现报

① 《明报应论》，《弘明集》卷五。

② 同上。

③ 《与远法师书》，《广弘明集》卷十八。

者，善恶始于此身，即此身受。生报者，来生便受。后报者，或经二生、三生、百生、千生，然后乃受。[①]

佛教三报之说，机智地解决了善行不得善报，恶行反而得福的问题。他解说，不能只看这一世的结果，现在未报，以后还有受报的机会。这是佛教教人承认现实，安于现状，不必为自己的命运得不到公平的待遇而不满。这正是维护社会秩序的最好说教。这一命题与儒家的安于贫贱、乐天知命的教导互为表里，有助于王化，是显而易见的。

慧远既然回答世俗见解，也要回答佛教内部对神不灭说的怀疑。疑者认为：

夫四大之体，即地、水、火、风耳，结而成身，以为神宅。[②]

人的生命不过是“四大”所合成，戒杀生为佛门的“五戒”之一。身体是虚幻，杀人应当对不灭之神没有伤害，不应受报，为什么佛教不许杀生？

慧远解释说，从佛教的最高原则（“慧观”）看，人诚然受形于“四大”，是假于异物而有，“生若遗尘，起灭（生死）一化”。本质上如梦非实。这是一种最高级的佛教认识。

若彼我同得，心无两对，游刃则泯一玄观，交兵则莫逆相遇，伤之岂唯无害于神，故亦无生可杀。此则文殊按剑，迹逆而道顺，虽复终日挥戈，措刃无地矣。若然者，方将托鼓舞以

① 《三报论》，《弘明集》卷五。

② 《明报应论》，《弘明集》卷五。

尽神，运干戚以成化，虽功被犹无赏，何罪罚之有耶？[①]

照此看来，如果真正达到了大乘“性空”“假有”的认识，那就“无害于神”“无生可杀”，更没有赏罚可说。戒律对于达到最高境界者来说，没有必要。正如对于有高度自觉修养的人，“不偷”“不邪淫”的规定都无所谓一样。但是众生品类不齐，不能用最高的标准要求所有的人。对绝大多数人，还不能不讲为善去恶的教义，对他们加以约束。

慧远的《明报应论》和《沙门不敬王者论》都是从宗教立场向社会广大群众说教。就世俗论，天地有最大的功德，有最高的权威，但是还有比帝王的功德、权威更大的佛教，因为：

天地虽以生生为大，而未能令生者不死；王侯虽以存存为功，而未能令存者无患。

天地之道，功尽于运化；帝王之德，理极于顺通。若以对夫独绝之教，不变之宗，固不得同年而语，其优劣亦已明矣。[②]

天地能生万物，但不能令生者不死；王侯能造福社会，但不能令群众免于祸患（轮回之苦），这些功绩都无法与佛教相比，佛教的功绩超过天地，超过王侯。

理论上把佛教抬到极高无上的地位，但在现实生活中，儒家制定的社会秩序仍然是必不可少的。慧远力图把中国固有的宗教伦理观念安放在他的佛教体系之内。形式上占上风，在内容上却使佛教屈从于中国封建宗法文化传统。僧侣“高尚其事”“抗礼万乘”，

① 《明报应论》，《弘明集》卷五。

② 《沙门不敬王者论》，《弘明集》卷五。

却无处不是维护儒家的封建宗法制度。慧远在中国佛教史上受到历代僧俗的推重，根本原因就在这里。他是站在“方外”为“方内”服务最好的一位高僧。

五、从僧肇到竺道生

（一）僧肇

鸠摩罗什有四大弟子，世称“什门四哲”。僧肇在“四哲”中声望仅次于道生，对后世影响极大。僧肇卒于东晋义熙十年（414年），相传活了31岁（也有一说为44岁）。据《高僧传》，他是“京兆人，家贫，以佣书为业，遂因缮写，乃历观经史，备尽坟籍，志好玄微，每以《庄》《老》为心要”[①]，“后见《维摩经》，欢喜顶受，披寻玩味，乃言‘始知所归矣’，因此出家”。僧肇的从学经历，反映了在当时学术界一股思潮：东晋时期的知识分子，都是走的从玄学到佛教的道路。时人所说的《庄》《老》，指的是玄学，不完全指庄周、老子的思想。僧肇把《庄》《老》与《维摩诘经》沟通起来，从而形成自己的理论体系。

僧肇著作多种，以《肇论》最重要。《肇论》主要由四篇论文组成，即《物不迁论》《不真空论》《般若无知论》《涅槃无名论》。此四论最早见于南朝刘宋明帝（465—471年在位）时，陆澄所选《法集》目录。南朝陈时又收入了《宗本义》一篇，合成今本

① 《高僧传》卷六。

《肇论》。《宗本义》有人疑为伪作，但基本思想与僧肇其他四论并无抵牾。古今学者对《物不迁》《不真空》《般若无知》三篇没有怀疑，对《涅槃无名》或疑非僧肇作品，但理由尚不充分。从总体看，《肇论》思想前后一贯，观点明确，文章风格一致，是一个完整的体系。它发挥般若学说，对他以前及当时佛教界流行的以玄学论佛学的各种观点给以驳斥，争论的中心问题仍是体用关系。僧肇对此做出了总结性的回答，他把佛教神学问题（信仰问题）与认识论问题结合起来，用理论思维方式论证宗教信仰的必然性，他的著作标志着中国佛教神学理论和当时玄学理论的新水平。由于他的哲理性强，文字优美简练，所以流传极广，受到古今学人的重视，有深远的影响。

僧肇学术活动的时期，玄学理论已发展成熟，由王弼的“老学”时代进到郭象的“庄学”时代。他读《老子·德章》，乃叹曰：“美则美矣，然期栖神冥累之方，犹未尽善。”[1]从“老庄”转为“庄老”是当时玄学发展的一大变化，这对于理解僧肇思想形成过程，颇值得重视。

僧肇的般若学理论来自鸠摩罗什，自不待言，但《维摩诘经》对他影响也很大。《肇论》中引用的佛经，除鸠摩罗什的新译经典，还引用了《道行经》《放光般若经》等。但从根本上讲，他是用《维摩诘经》去会通其他经论的。《维摩诘经》被鸠摩罗什重译，足以说明社会对它的重视。对该经，道生有注，鸠摩罗什也有注，僧叡也有义疏（不存），在世俗上层贵族知识分子阶层也有广

① 《高僧传》本传。

泛市场。僧肇在《维摩诘经》的解释中多所发挥。《肇论》中讲得简略的地方，在《维摩诘经注》中有比较详明的解释。《维摩诘经注》可以看作《肇论》的补充。

1.《物不迁论》

《物不迁论》的宗旨在于为佛教的因果报应宗教信仰寻求理论论证。这里涉及的理论问题，也是当时玄学家所关心的问题。“物不迁”这个题目即取自《庄子》[①]。郭象对这个意思有过解释：

> 体夫极数之妙心，故能无物而不同。无物而不同，则死生变化，无往而非我矣。故生为我时，死为我顺；时为我聚，顺为我散。散聚虽异，而我皆我之。[②]

在死生聚散变化中，有一个永恒不变的“我”在。《庄子·大宗师》也说：

> 藏舟于壑，藏山于泽，谓之固矣。然而夜半有力者负之而走，昧者不知也，藏小大有宜，犹有所遁。若夫藏天下于天下，而不得所遁。……又况万物之所系，而一化之所待乎。[③]

郭象解释说，变化之力，不可抗拒，是不能强使不变的，人只能承认变化、顺应变化，“玄同万物而与化为体”，即可以“独与天地精神往来”。这种基本思想，与僧肇的《物不迁论》有接近处。僧肇也认为不能离开变化的世间法去寻求不变的世界。《物不迁论》

① 《庄子·德充符》引孔子言：“死生亦大矣，而不得与之变；虽天地覆坠，亦将不与之遗。审乎无假而不与物迁，命物之化而守其宗也。”

② 《德充符》注。

③ 《物不迁论》也引用了《庄子》中这个例子。僧肇所受庄学影响显而易见。

所用的例子也多来自《庄子》，如“交臂非故”“庄生之所以藏山”“有力者负之而趋”“吾犹昔人，非昔人也”都脱胎郭象《庄子注》。但对哲学的基本问题，他与玄学就出现了分歧。

《物不迁论》的目的是论证万物“不迁”，《庄子》的本意是“万物迁流变化”，人不得不随顺此种迁流变化，才可以得到“我”的存在。僧肇在于论证物本来是“不迁”的。“不迁”是物的本性。世俗人们认为物在“变化”，那是昧者自造的假象。僧肇的唯心主义更彻底了。

《物不迁论》首先破斥“有物流动”的见解：

> 夫人之所谓动者，以昔物不至今，故曰动而非静；我之所谓静者，亦以昔物不至今，故曰静而非动。

双方都是根据“昔物不至今”这一现象得出相反的两种结论，原因在于：

> 动而非静，以其不来；静而非动，以其不去。

“不来”，指过去的物已经流逝，所谓“人命速逝，速于川流”，可见事物有变化。“不去”，指“事各住于一性”，始终不变，所以是静止的。僧肇揭示了事物运动的内在矛盾，既是动的，又是静的，他进而批判了“动而非静”的观点：

> 既知往物而不来，而谓今物而可往？往物既不来，今物何所往？

“往物”只存在于过去，不存在于现在。可见，“今物”只存在于现在，而不会继续过去，也不会流向将来。

> 何则？求向物于向，于向未尝无；责向物于今，于今未尝有。于今未尝有，以明物不来；于向未尝无，故知物不去。覆而求今，今亦不往。是谓昔物自在昔，不从今以至昔；今物自在今，不从昔以至今。

在僧肇看来，世俗人没有认识“昔物不至今”，但“昔物”在过去时未尝无。“昔物”不是不存在，只是它“不至今”。过去之物、现在之物都如此，所以说“各性住于一世”。

《物不迁论》最后归结为：

> 果不俱因，因因而果。因因而果，因不昔灭；果不俱因，因不来今。不灭不来，则不迁之致明矣。

此中“果不俱因”“因不来今”，源于《中论》的观点。《中论》在于论证因中无果、果中无因、因不至果、果不因因，由此提出“因不生果”的“无生”的结论，目的在于发挥他的彻底的一切皆空的世界观。僧肇的《物不迁论》的目的在于得出“因能生果”的结论。他的根据是“因不昔灭”，即所谓业力不失的佛教传统观念。他用《物不迁论》支持佛教的轮回宗教信仰，证明三世因果的必然性和修习成佛的可能性。僧肇曾受过中观学派的洗礼，但他的宗教世界观与中观学派有区别，从而构成他自己的体系。

2.《不真空论》

《不真空论》是《肇论》的另一篇重要文章，讨论的是世俗认识与般若认识的不同。两种认识，其认识主体及认识对象都不同。世俗认识靠感官与外物的接触，而般若的认识不靠感官，而靠智慧体验“真如”本体。“真如”本体不是世间的有形的物体。

> 夫至虚无生者，盖是般若玄鉴之妙趣，有物之宗极者也。
>
> 至人通神心于无穷，穷所不能滞；极耳目于视听，声色所不能制。

“至人”（佛）的认识不同于凡夫，它超于感官视听之外，不以世间客体为对象，它是般若玄鉴的对象，此对象为本体（“宗极”）。

东晋时期，佛教般若空宗的学说相当流行。僧肇认为许多宣传般若学说的学派，都没有正确地解决万物与本体（“宗极”）的关系问题。僧肇认为不应脱离万物的存在去追求超越的本体。

> 寻夫不有不无者，岂谓涤除万物，杜塞视听，寂寥虚豁，然后为真谛者乎？诚以即物顺通，故物莫之逆；即伪即真，故性莫之易。

作为“真谛”的“不有不无”，并非要把处于“生灭”“有无”中的万物从认识中排除出去，而是承认万物以“生灭”“有无”的形式存在，又要进一步指出，认识到这种存在是假的，不是真的。

> 非无物也，物非真物；物非真物，故于何而可物？

“物非真物”是万物自身所具有的，不是认识者可以任意取舍的。

> 万物果有其所以不有，有其所以不无。有其所以不有，故虽有而非有；有其所以不无，故虽无而非无。虽无而非无，无者不绝虚；虽有而非有，有者非真有。若有不即真，无不夷迹，然则有无称异，其致一也。

僧肇既反对杜塞视听，从感官上驱除外物的方法，又反对用分析破除万物的观念（“色”）的途径。他用“有不即真”来解释佛教的

“二谛”观点：

> 第一真谛，无成无得；世俗谛故，便有成有得。

“成”指客观世界可以成立，“得”指主观世界可以反映“万有”。从“真谛”看，世俗世界、主观客观都不能成立；从“俗谛”看，则都可以成立。“真谛以名非有，俗谛以明非无。”“言有是为假有，以明非无，借无以辨非有。”“真谛”指万物的性空的本质，言伪是指万物多假的存在。透过万物形象认识万物的“性空”，一切存在都是虚假的。这就是“二谛”的统一，即“不真空”。

世界万物本来是实在的，客观地摆在人们的面前，它的存在可以通过人类的实践得到证实。僧肇否认外物为实有，从宗教唯心主义世界观，论证其为虚幻。他说：

> 夫有若真有，有自常有，岂待缘而后有哉？……昔有不能自有，待缘而后有者，故知有非真有……夫无则湛然不动，可谓之无。万物若无，则不应起；起则非无，以明缘起，故不无也。

在这里僧肇对“有”“无”这一对范畴做了割裂的理解，并进一步解释说：

> 若应有，即是有，不应言无；若应无，即是无，不应言有。

“有”与“无”是绝对排斥的，实际上“有”指“存在”，“无”指“非存在”，这是一对很抽象的范畴。“有”“无”都以运动变化着的万物为内容，离开了运动、变化去抽象地谈“有”谈“无”，“有”“无”就无意义，不可理解。僧肇认为“有”必“常有”，“无”必“湛然不动”。这种观察事物的方式是错误的。佛教小乘有部以“三世恒有”否认万物的变化，遭到后来的般若学派的破斥，这种破斥是可取的。般若学派（包括鸠摩罗什）驳斥了小乘有部的形而上学观点，却走向了另一个极端：既非“恒有”，必是“假有”。般若中观学派破斥“恒有”，仍立足于以“真有”为“恒有”。僧肇反对永恒的“有”和不动的“无”，在逻辑上同样犯了形而上学的错误。僧肇认为，既然没有“常有”，也不存在所谓不动的“无”，所以万物不可说“有”，亦不可说“无”，人世间所谓“有”“无”，完全不真实。由此引申出“名实无当”的第二个错误。

> 夫以物物于物，则所物而可物；以物物非物，故虽物而非物。是以物不即名而就实，名不即物而履真。

给物以名称，被叫作“物”。虽然被命名为“物”，它并不是物，不能说有了物之名，它就是物了，人们给物以名称，但此物之名并非实，原是非物。

> 夫以名求物，物无当名之实；以物求名，名无得物之功。物无当名之实，非物也；名无得物之功，非名也。是以名不当实，实不当名，名实无当，万物安在?

僧肇企图运用中国传统哲学上的名实范畴证明万物不存在，这里也犯了逻辑上的错误。名实是否相符、能否相符，只能表示名与实的关系如何摆法，即使名实不相符，把“人”叫作“狗”，但不可能得出被叫作“人”或“狗”的客体“不存在”的结论。《不真空论》是一篇比较严谨的论文，博得历代不少佛教学者的称赞，但从名实观点论证外物的“不真”是一处败笔，不足取。

僧肇还从认识者的立场不同，对世界产生不同的认识，从而得出世界为“不真”的结论：

> 《中观》云，物无彼此，而人以此为此，以彼为彼；彼亦以此为彼，以彼为此。此彼莫定乎一名，而惑者怀必然之志。然则彼此初非有，惑者初非无。既悟彼此之非有，有何物而可有哉？故知万物非真，假号久矣。

从用语到论证的方法，显然受《庄子》的影响。庄子认为由于彼此认识的不一致，把相同的东西看作不同，不同的看作相同，因而难以判断谁是谁非。僧肇根据同样的现象，比庄子走得更远。他由难以判断真假，推论出万物不存在。

僧肇为了维护其佛教出世立场，贯彻其宗教唯心主义世界观，在《维摩诘经注》中对世界的“不真”有比较明确的论述，可以帮助说明他对万法之本的看法：

> 若以“心动”为本，则有有相生，理极初动，更无本也；若以“无法”为本，则有因无生，无不因无，故更无本也。无住故想倒，想倒故分别，……则万法斯起。[①]

他把世界的“不真”归结为人的思想颠倒认识所造成。这种解释虽不符合实际，但可言之成理，不失为一种唯心主义观点，与佛教宗教哲学也符合，与“不真空”的理论相一致。尚不失为一种说法。

僧肇对世界的“不真”，不采取闭上眼睛装作看不见的办法。他提出，如果把虚假的现象当作虚假的现象，说它是“有”也是可以的。如他说“譬如幻化人，非无幻化人；幻化人非真人也”。把幻影

① 《维摩诘经注·观众生品》。

作为幻影看，只要不被幻影所蒙蔽，也无妨。他利用名实问题论证万物“不真”，在逻辑上有错误。他的本意是说，所谓“实”本来就不“真实”，用名来表达这种不真的实，毫无意义。但他没有抓着问题的关键，力图论证名实没有关系、事物之间无差别，这只能引向认识的相对主义，而不能达到他预期要证明“万物不真”的目的。何况“万物不真”只能靠实践来判断，是无法从理论上证实的。

僧肇把一切现象都说成虚幻不实，是他建立佛教宗教世界观的一种手法，他最终目的并非真正教人“空”掉一切。他否认现象界的一切，正是为了引导人们走向一个永恒、不变、圆满、真实的彼岸世界。那个世界是真实的，不是“空”的。彼岸世界和现实世界完全相反。如果认为僧肇主张一切完全“空无”，这是不对的，他是中国和尚，与印度的中观学派鸠摩罗什不尽一致。

3.《般若无知论》

《般若无知论》是配合《物不迁论》和《不真空论》提出的一套比较精致的唯心主义认识论，反复论证人类认识不可能接触到最高真理，力图区别佛教般若[①]（“圣智”）与通常人的认识（“惑智”）两者有本质的不同，它所讨论的是佛教的特殊认识论。这种认识论从般若经开始提出，后来为一切大乘经论和大乘派别所接受。早期般若学派，着重破除以“五阴”（“五蕴”）为世界构成

---

① “般若”（Prajña）一词，为印度佛教专门名词的音译，中国旧译为“智慧”。世俗人理解的智慧用于分析、认识现实世界，与生活经验相一致，承认主客的存在，承认逻辑思维的作用。佛教的般若不是用来认识现实世界的，它是一种神秘的直观，译作“智慧”容易误解为世俗习用的智慧，不符合佛教的原意，但中国汉语词汇中没有相当于“般若”的词，佛教界一般主张直接标音而不译，著名翻译家玄奘有“五不翻”的原则，“般若”即属不翻之类。

的学说。对于认识能力的进一步分析，成为后来佛教理论界共同感兴趣的题目。《般若无知论》写成后也曾引起争议。僧肇的佛教理论曾受当时玄学及老庄的思想影响，从论文的题目可以看出庄学的影子。《庄子·人间世》有“闻以有知知者矣，未闻以无知知者也”。《般若无知论》也肯定有一种“无知”之“知”。

> 夫有知则有所不知。以圣心无知，故无所不知。不知之知，乃曰一切知。故《经》[①]云：圣心无所知，无所不知。

此中的“有所知”简称“知”，又称“惑智”，是世间俗人的认识。“无知”“不知之知”简称“智”，又称“圣智”，即佛教的般若智慧。“知”与“无知”的对立，即世俗人的认识与佛的认识的对立。世俗人的认识，必须通过感官去摄取，其获得的知识只能是片断的、虚幻的。他认为现实世界本身是幻虚不实的，是人们主观意识造成的假象。僧肇看到“知”都是有限的，“有所知则有所不知”，这是对的；但他由世俗的认识有局限性推到凡是有局限性的“知”都不真实，这就错了。由于“有所不知”，便断定无法达到真理，把认识的有限与无限割裂开来，这是与事实不符的，因为：

> 人的思维是至上的，同样又是不至上的，它的认识能力是无限的，同样又是有限的。按它的本性、使命、可能和历史的终极目的来说，是至上的和无限的；按它的个别实现和每次的现实来说，又是不至上的和有限的。[②]

---

① 见《思益梵天所问经》卷一，“以无所得故得，以无所知故知”。

② 恩格斯：《反杜林论》，《马克思恩格斯选集》第三卷，人民出版社，1972年版，第126页。

僧肇把“有所不知”和“无所不知”对立起来，把认识看成一次完成，而没有反复认识过程，既然“有知”不能一次把握真理，于是宣判“有知”为无效，退回去追求所谓“无知”之“知”。他论证只有靠“无所知”才能“无所不知”[①]。般若圣智的对象为“真谛”或“无相之真谛”，“圣人以无知之般若，照彼无相之真谛”，“不得般若，不见真谛”。“无相之真谛”是般若认识的独特对象，是本体，对这种本体，世俗的“知”无法体认。“真谛”无相可取，故不能为世俗认识所及。

僧肇用“真谛非所知”以证明“真智亦非知”，这是《般若无知论》的核心观点。他说：

> 夫知与所知，相与而有，相与而无。相与而无，故物莫之有；相与而有，故物莫之无。

世俗的认识（“知”）有主体与客体两个对立面，对立面相互依存而存在。至于认识最高真理（“本体”“真如”），那就不具有世俗认识的相对性。般若智慧与世俗的知见根本不同。因为般若不以物质世界为认识的对象，不需要以“色”为“缘”而产生：

> 《放光》云，不缘色生识，是名不见色。又云，五阴清净，故般若清净。

佛教般若之所以能达到“至虚无生”的境界，全在于“五阴”本身是“至虚无生”。此处“清净”指“性空”“无相”“真谛”。唯有“惑智”才以“色”（“五阴”）等为认识对象，被“色”等幻

① 僧肇这里用的“无所不知”，梵文原文为“萨云若”，鸠摩罗什译作“一切智切种智”，认为只有佛那样的认识者才能洞察一切，有了这种智，才能无所不知。

相所左右。如果一定也用主观认识与客观对象来理解般若在佛智认识中的作用，般若只能以“真谛”为对象。但“真谛”不同于“五阴”，不是所缘，所以只能说“智（按：指般若）非知”也。僧肇反对把般若的认识降低为世俗的认识：

> 缘法故非真。非真，故非真谛也。故《中观》云，物从因缘有，故不真；不从因缘有，故即真。今言真谛曰真，真则非缘。真非缘，故无物从缘生也。

这里引《中论》为经典性依据，因缘所生法都不真实，但僧肇讲的“真则非缘”，是为了证实另有一个“真”体存在而做的发挥。凡“假”都是因缘所生，“真”是绝对的，则不受条件制约。

> 是以真智观真谛，未尝取所知。智不取所知，此智何由知？然智非无知，但真谛非所知，故真智亦非知。

“真谛”无相，不为“俗知”所取，不能成为“俗知”的对象。“真谛”是不可知的，只能以“无知”去知它。“真谛”的不可知性，造成了般若的无知性。僧肇还把这一观念进一步强调指出，般若的“无知”并非如草木瓦石的无知无觉，而是比有知有觉的认识主体有着更高明的知觉。“般若无知”只指它无世俗之知。体认“真谛”要在感觉之知之外，寻求一种另外的“知”。

> 是以般若可虚而照，真谛可亡而知，万动可即而静，圣应可无而为。

僧肇的认识论，不是引导人们走向不可知论，而是引向神秘的直观。“无知”而“无所不知”乃是“圣智”的品格。

圣人（按：佛）虚其心而实其照，终日知而未尝知也。故能默耀韬光，虚心玄鉴，闭智塞聪，而独觉冥冥者矣。

“虚其心而实其照”就是不知之知，不是知外物（“闭智塞聪”），而是知内心境界（“独觉冥冥”）。在行为表现上，“圣人”（佛）与众人不相背离。

智虽事外，未始无事；神虽世表，终日域中。

他追求一种“和光尘劳，周施五趣，寂然而往，泊尔而来，恬淡无为而无不为”的境界。这里也可以看出僧肇深受老庄影响，与当时玄学风尚有关。他曾提出“圣智无知而无所不知，无为而无所不为”[①]。

僧肇在佛教史和哲学史上的功绩，在于使般若学脱离了玄学的影响，纳入佛教的范围，从而结束了“六家七宗”所造成的理论界的纷乱。但僧肇深受鸠摩罗什中观学派的影响，除旧虽有余，建新似不足。东晋末年，社会上理论界逐渐上升的佛性问题，没有引起他的足够注意，而这个问题恰恰是当时门阀士族、朝野上下共同关心的问题。这一历史任务不得不由道生来完成。从僧肇到道生，沿着同一条道路继续前进。

（二）竺道生

竺道生[②]原为法汰弟子，与庐山慧远平辈，年岁小于慧远，约生于东晋永和十一年（355年），曾从僧伽提婆学小乘有部，后来到

① 《肇论·答刘遗民书》）。

② 《高僧传》卷七；释慧琳《竺道生法师诔文》，《广弘明集》；及《出三藏记集》，《释氏疑年录》卷一；《宋书》卷九十七。

关中，从鸠摩罗什学大乘般若中观学说，于东晋义熙五年（409年）南返，到建业。宋元嘉十一年（434年）卒于庐山。他的学术活动，集中在这二十五年间。他提倡涅槃学，当在自关中返江南以后，法显自印度携归六卷《涅槃》，于义熙十三年十月一日译出，即在道生还建业后之八年。道生立“顿悟成佛”义，未必与《涅槃经》的译出有关，因为这是当时佛教学术界普遍注意的问题。“一阐提成佛”义，当在《涅槃经》译出之后。他的学说对后来影响最大的在两方面，一是顿悟说，一是“一阐提人得成佛”。《高僧传》说：

> 生既潜思日久，彻悟言外。乃喟然叹曰：“夫象以尽意，得意则象忘；言以诠理，入理则言息。自经典东流，译人重阻，多守滞文，鲜见圆义。若忘筌取鱼，始可与言道矣。”于是校阅真俗，研思因果，乃言《善不受报》《顿悟成佛》，又著《二谛论》《佛性当有论》《法身无色论》《佛无净土论》《应有缘论》等[①]，笼罩旧说，妙有渊旨。而守文之徒，多生嫌疾。与夺之声，纷然竞起。[②]

道生的思想方法受玄学影响十分明显。“得意忘象”来自玄学，有了这个观点，才可能破除一些旧观念的束缚。当时佛教思想界十分活跃。因为佛教大部经典已有汉译本，佛教内部大小乘学说，中国都有人信奉，都能找到各自需要的佛典依据。当时佛教界共同感兴趣的，又一时搞不明白的是佛性问题。慧远与鸠摩罗什的多次讨论

---

① 论文之外，还著有《维摩诘经注》《妙法莲华经疏》《泥洹经义疏》《小品经义疏》。

② 《诔文》为“既而悟曰：‘象者理之所假，执象则违理；教者化之所因，束教则愚化。’是以征名责实，惑于虚诞；求心应事，芒昧格言”，意思相近。

“法身”问题，实质上就是佛性问题。

在《维摩诘经注》中说：

> 夫大乘之悟，本不近舍生死，远更求之也。斯为在生死事中，即用其实为悟矣。苟在其事，而变其实为悟始者，岂非佛之萌芽起于生死事哉？其悟既长，其事必巧。不亦种之义乎？所以始于自身，终至一切烦恼者，以明理转扶疏，至结大悟实也。

道生力图打通“世间”与“出世间”的界限。小乘佛教把“世间”与“出世间”绝对对立起来，在尘世之外去追求解脱。《维摩诘经》说过“何等为如来种？六十二见及一切烦恼皆系佛种”。道生领会了大乘佛教的这种灵活观点，主张善于理解佛教的精神实质，不能停留在经典的词句上。他说：

> 若投药失所，则药反为毒矣。苟曰得愈，毒为药也。是以大圣为心病之医王，触事皆是法之良药。

道生对大乘中观学派的思想，对“空有”“凡圣”“世间”“出世间”的依存关系有很深的理解。也可以说，在大乘中观学派“破除一切”的思想方法基础上建立起他的体系。僧肇在《注维摩诘经》中说：

> 小乘以封我为累，故尊于无我。无我既尊，则于我为一。大乘是非齐旨，二者不殊，为无我义也。

小乘割裂“我”与“无我”；大乘“是非齐旨”，不割裂“有我”与“无我”。这一点，道生、僧肇、鸠摩罗什的观点是一致的。至于探究佛性的内容，道生有其独到的见解。《法华经疏》：

> 故言以一大事因缘出现于世，欲令众生开佛知见。……众由

众生本有佛知见分，但为垢障不现耳。佛为开除，则得成之。

《涅槃经集解》引道生说：

苟能涉求，便反迷归极。归极得本，而似始起。始则必终，常之以昧。若寻其趣，乃是我始会之，非照今有。有不在今，则是莫先为大。既云大矣，所以为常，常必灭累，复曰般泥洹也。

可见道生主张佛性“本有”，为众生所本具，不从外来，不是后起。如果说是有始（即后起），佛性有始有终，就不是永恒的真理。以佛性为“本有”，如推究它的渊源，可以上溯到中国传统的性善说。如他说：“众生本有佛知见分，但为垢障不现耳。”扫除垢障（“佛为开除”），佛性自现（“则得成之”）。

“佛性永存”是佛教徒所追求的信念。佛教在中土传布，“佛性”与“神我”两种观念经常容易被混淆。佛性永存，并不等于“神不灭”。对这个问题，如一代大师庐山慧远也搞不明白，因此与鸠摩罗什反复讨论。从双方来往的书信看，慧远对“法身”的理解和他对佛性观念相一致，与中观学派的隔阂很严重。对这问题，道生既不同意慧远以“佛性”为“神我”，也不同意鸠摩罗什对“佛性”“法身”不肯定其为“实有”的观点。道生的佛性论，在理论上接受过般若空宗的洗礼，不把佛性当作一种崇高的实体，同时也没有把佛性说成“一切皆空”，看成方便设施，使他在中国佛教史上的地位得以与慧远齐名，其影响的深远超过鸠摩罗什和僧肇。

从理论上，否定概念，不能用作定义；从宗教信仰心理上，信教者均希求有一个安顿精神的世界。不论从理论上或宗教心理上，“一切皆空”的立场都不可能使人长期停驻不再前进。佛教宣称现实世界为污染、为烦恼，无非为希求彼岸世界者做思想准备。舍染归净，去苦得乐，才是宣传宗教者给人们指出的最后归宿。如果信仰了佛教，到头来一无所得，“一切皆空”，连佛国也成了虚幻，那又何必出家？《涅槃经》提出“涅槃四德”：“常”“乐”“我”“净”，等于对传统佛教做了一篇翻案文章，传统说法认为世界为“无常”“无我”“苦”，他们把这三个特点看作佛教标志，号称“三法印”。《涅槃经》的传入对佛教徒是一件大事，对佛教理论的发展也是一件大事。它是般若空宗在理论上的发展，也对佛教的宗教实践起了某种巩固作用。

道生号称“涅槃圣”，对佛教理论做过深入的阐发，以“涅槃四德”的“我”为“佛性我”；此最高精神境界，超出死幻灭，故曰“常”；永远脱离烦恼故为“乐”，此“乐”非对“苦”而言，而是宁静安谧的精神状态；此精神境界超越污染，与世间污染不属于同一层次，“真理自然”，“穷理乃睹”。《集解》卷五十四引用道生说：

> 夫体法者，冥合自然，一切诸佛，莫不皆然。所以法为佛性也。

又以“佛性常住”，又说：

> 作有故起灭，得本自然，无起灭矣。

他解释佛的“八德”说：

> 善性者，理妙为善，反本为性也。……涅槃惑灭，得本称性。

道生提倡“反本得性”。在这种世界观基础上，自然能得出“见性成佛”的结论。他的“顿悟成佛”说、“一阐提人皆得成佛”说，都是他的佛教哲学的组成部分，题内应有之义，不值得奇怪。

1. 顿悟说

佛教关于顿悟、渐悟的争论，不是竺道生首先提出的，但道生发展了顿悟说，有时不为当时一般人所理解，引起争论。人们以为顿悟说为道生所发明。东晋道安、支遁都曾提出过顿悟义。如《世说新语·文学篇注》说：

> 《支法师传》曰法师研十地①，则知顿悟于七住。

“十地”据佛教称为大乘菩萨修行必经的十个阶段，一个阶段称为一住（或一地）。十个阶段又可分为三个大的阶段。第一阶段称“欢喜地”，是起步入门阶段。从一地到六地，次第修习，到第七地出现一次飞跃，得“无生法忍”。“十地”之中，第七地至关重要。支道林最早提出七地以前的六地为渐悟阶段，从第七地开始，宗教实践及觉悟均已具足，由此前进，到十地则成就法身。

> 支公之论无生，以七住为道慧阴足（按：《大小品序》所谓“览通群妙”），十地则群方与能（按：支谓“感通无方”），在迹斯异，语照则一。②

---

① 十地：佛教认为有“三乘十地”与“大乘十地”两种。大乘菩萨进修，要经过十个阶段，一个阶段称为“一地”。古译“十地”为“十住”：欢喜地、离垢地、发光地、焰慧地、难胜地、现前地、远行地、不动地、善慧地、法云地。讲“十地”的还有《华严经·十住品》《渐备一切智德经》《十住经》《大智度论·发趣品》《十住毗婆娑》等。

② 刘虬《无量义经序》。

慧达《肇论疏》说：

> 第二小顿悟者（按：第一为大顿悟），支道林师云：“七地始见无生。”弥天释道安师云：“大乘初无漏慧，称摩诃般若，即是七地。”远师云：“二乘来得无有（按：当为‘生’），始于七地，方能得也。”埵法师云：“三界诸结，七地初得无生，一时顿断，为菩萨见地也。”肇法师亦同小顿悟义。

这里所列举的几家关于顿悟的学说，都属于“小顿悟”，都认为七地以前为逐渐修习阶段。到第七地，才道慧具足，万行皆备，再无一步一步的新的进展而得顿悟。支道林认为人有聪明、迟钝的差别，故悟有迟速。由初地渐进以至七住。既至七住，可有新的领悟。《肇论疏》解释说：

> 六地以还，有无不并，无二之理，心未全一，故未悟理也。若七地以上，有无双涉，始名理悟。

支道林倡群众品类不一，理解水平有高下，虽提出七地以上为顿悟，实际主渐修，而不是顿悟。由道安、僧肇等人主“小顿悟”都属于渐修派。

顿悟说的背后，仍体现了魏晋玄学的影子，这种学说仍是玄学体用学说在佛教修习的表现。玄学的“体”（或“本”），佛教所谓“诸法实相”或“真如”。“真如”无名无相，超绝言象，或称为“道”，或称为“理”。玄学家谓“理”为万物之全体，不可分、不可割裂，理解即全部理解，不理解即全部不理解。对此最高真理，不能理解其一部分，还留有一部分不去理解（或不能理解），这样的理解等于不理解。顿悟之说，说到底即悟与不悟的问题，悟了，即是顿悟；不悟，即完全不悟。支道林未曾理解玄学的“体用”“本末”的关系，他的“顿悟”，可称为渐修，不算顿悟。

但从认识过程及宗教实践方面考察，支道林的主张还不能说完全不对，认识某种事物，学习某种本领，养成某种习惯，总要日积月累，不能跳跃。只是“理”或“道”是“大全”，不同于某种某类事物，它不可分割。认识最高真理就须靠顿悟，即大彻大悟，而不能一点一滴地去认识。

道生的顿悟说，不同于前人者，即在此。

道生关于顿悟的文章言论大部佚失，只可从有关著作引文中及其哲学体系中勾画出他的顿悟说的基本脉络。探索道生的大顿悟说，关键在于正确理解他的“理不可分”的原则。在道生之前，有佚名作者的《首楞严经注序》，盛倡“理不可分”之说：

> 所以寂者，未可得而分也。故其篇云：“悉遍诸国，亦无所分，而于法身不坏也。”谓虽从感若流，身充宇宙，岂有为之者哉？谓化者以不化为宗，作者以不作为主。为主，其自忘焉，像可分哉？若至理之可分，斯非至极也。可分则有亏，斯成则有散，所谓为法身者，绝成亏，遗合散。灵鉴与玄风齐踪，员[①]神与太阳[②]俱畅。其明不分，万类殊观，法身全济，非亦宜乎？故曰不分，无所坏也。

这篇序深受魏晋玄学影响，讲的是体用之学，它是从魏晋玄学立场来理解佛教的。其中讲的“法身”“所以寂”都是指的本体。“化

① 员：当为“圆”的简体。

② 太阳：非与月亮并称的星体，而是指的最高真理，与“玄风”为并列句。

者以不化为宗，作者以不作为主”，“不化”“不作”也是指的本体。“绝成亏”“遗合散”源于《庄子》，也是指的本体。最高真理是永恒的，“法身”即最高真理，“至理”不可分，故云“法身”（“至理”）“无所坏”，这种观点颇近于“六家七宗”的本无宗。承认有至高无上、永恒不变、圆满完整不可分割的本体，也是道生顿悟说的理论依据。

《涅槃经集解》引道生序文，有云：

> 夫真理自然，悟亦冥符。真则无差，悟岂容易？故悟须顿，不易之体，为湛然常照，但从迷乖之，事未在我耳。

慧达《肇论疏》述道生学说，有云：

> 而顿悟者，两解不同。第一竺道生法师大顿悟（按：第二为支道林小顿悟，文见前）云：夫称顿者，明理不可分，悟语极照。以不二之悟，符不分之理。理智恚[①]释，谓之顿悟。见解名悟，闻解名信。信解非真，悟发信谢。理数自然，如果熟自零，悟不自生，必借信渐。用信伪[②]惑，悟以断结。悟境停照，信成万品，故十地四果，盖是圣人提理令[③]近，使夫[④]者自强不息。

慧达这段文字，有转述，有解释，他解释的大旨不差。道生认为真理绝言超象，不同于万物中的一物，不似“有为法”，可随时生灭，它无为无造，湛然常照。悟不同于世俗所谓认识。世俗认识有

① 恚：疑当作“悉”。

② 伪：疑当作“伏”，从汤用彤先生，改。

③ 令：疑当作“今”，从汤用彤先生，改。

④ 夫：疑当作“天”。《易》云：“天行健，君子以自强不息。”

主体和客体之间的反映和改变的关系。悟是一种生活智慧的体验，道生谓之“极照”。悟所照的是本体，本体不可分，悟则全悟，“理智悉释”。“闻解”来自耳目、感官，可以给人以闻见之知，通过“闻见之知”，可以得到一事一物的知识，来自闻见的知识，道生叫作“信”，把幻相信为“实有”，属于低级认识；“见解”不靠耳目见闻，“见解”之“见”，不是“闻见”之“见”，是真知灼见之见，是一种“洞鉴”“洞察”的直观，达到“悟”的境界，自然超脱于“闻见之知”而得到“真知”。达到这种境界，“信”即让位于悟（“悟发信谢”）。道生讲的“悟”，不是凭空冒出来的（“悟非自生”），而是通过长期宗教修养，开始时不得不借助于耳目见闻，如听人讲说道理，诵习经典名言（“闻教生解”），日积月累（“必借信渐”），积累到一定程度，认识发生质的飞跃，使闻见之知（“信”）发生质变，进入“悟”境。在大彻大悟之前，必须认真接受宗教训练，使其闻教生解。道生的顿悟说不是一般认识论，它是一种为宗教服务的理论，他认为“十地四果”，“皆圣人（佛）提理令近”，为顿悟做准备。他在《法华疏》中说：

> 此经（按：指《法华》）以大乘为宗。大乘者，谓平等大慧，始于一善，终于极慧是也。平等者，谓理无异趣，同归一极也。大慧者，就终为称耳。若统论始末者，一毫之善皆是也。

“始于一善”即渐修功夫，“终于极慧”即悟的结果。道生宣传的宗教修养是以渐修为初步，以一极为归宿。他在《维摩诘经注》中也说：

> 一念无不知者，始乎大悟时也。以向诸行，终得此事，故以

名焉。以直心为行初义，极一念知一切法，不亦是得佛之处乎？

“一念无不知”即大彻大悟，只有达到佛的境界终得此事。开始由闻生解（“为行初义”），终于达到最高真理（“极一念知一切法”），由渐而至理不可顿阶，经历由粗以至精的步骤。道生讲的宗教实践，不是世俗的认识论，而他的由渐修到顿悟的过程，对一般认识也有值得借鉴的地方。譬如千里之行，起于跬步，未到终点时，每一步都为“千里”做准备。如登高山，未到极峰以前的每一步，都为到达极峰做准备。一旦到达极峰，则别有一番境界。与攀登极峰之前及到达极峰之后的境界迥异，到达极峰之前的每一步的努力，属于渐修；到达极峰之时，视野开阔，另有一番景象，有如顿悟。这样的认识过程和生活经验，随处可见。道生说：

道品可以泥洹，非罗汉之名；六度可以至佛，非树王之谓。斩木之喻，木存故尺寸可渐。无生之证，生尽故其照必顿。[1]

无论从宗教实践的修行次第看，还是从沟通“真谛”和“俗谛”的观点看，道生显然接受过鸠摩罗什的中观学说，主顿悟而不废渐修，显“真谛”而不废“俗谛”，道生说：“大乘之悟，本不近舍生死，远更求之也。”涅槃佛性，湛然常照，但此湛然佛性不是在生死之外，而在世谛之中，事本在我。由闻生信，超越信解，得到见解，是真理的自然显发。道生说：

得无生法忍，实悟之徒，岂须言哉？……夫未见理时，必须言津。既见乎理，何用言为？其犹筌蹄以求鱼菟，鱼菟既

① 刘虬：《无量义经序》。

获，筌蹄何施？[1]

为了见理，必须借助于语言文字，好比过河须有桥梁，过了河，就没有必要永远背着桥走路；蹄筌为了获鱼菟，鱼菟既获，蹄筌自然不起作用。道生说：

果报是变谢之场，生死是大梦之境。从生死至金刚心，皆是梦，金刚后心，豁然大悟，无复所见也。[2]

大梦之境、变谢之场都属于闻解阶段；“豁然大悟”才进入另一见解境界，乃是真悟。十地以前不是真悟。

十住几见，仿佛大终也。始既无际，穷理乃睹也。[3]

“穷理乃睹”，即顿悟，是十住以后的结果。道生以般若学融会涅槃学，能使“真空”（中观学派）、“妙有”（涅槃学派）契合无间，融会大乘空有二宗。他讲“空”不流于怀疑一切，说“有”不陷于“神我”。此后，禅宗兴起，奉菩提达摩为始祖，传说已久，实据不多。夷考顿悟说发展脉络，不难发现中国禅宗血脉渊源于本土，似非来自葱岭之外。

2. 一阐提人皆得成佛

关于“一阐提人皆得成佛”的理论，是南北朝佛教界争议的一大问题，道生在这一大争论中起主要作用。据《高僧传·道生传》：

又六卷《泥洹》先至京都。生剖析经理，洞入幽微，乃说

① 《法华注》。

② 吉藏：《二谛义》引。

③ 《涅槃经集解》引。

一阐提人皆得成佛。于时大本未传，孤明先发，独见忤众。于是旧学以为邪说，讥愤滋甚，遂显大众，摈而遣之[①]。生于大众正容誓曰："若我所说，反于经义者，请于现身即表疠疾。若与实相不相违背者，愿舍寿之时据师子座。"言竟，拂衣而游。初投吴之虎丘山[②]，旬日之中，学徒数百……俄而投迹庐山，销影岩岫。山中僧众咸共敬服。后《涅槃》大本，至于南京，果称阐提悉有佛性，与前所说合若符契。

道生在虎丘有短暂停留，因虎丘距南京不远，佛教徒中滞守文句的保守分子对道生当有压力，道生便向庐山躲避。在庐山期间，得见北本《涅槃经》，据《三论游意》，谓观法师请道生讲《涅槃经》。北本《涅槃经》证实了道生的预见。道生《法华经疏序》说：

聊于讲日，疏录所闻。述记先言，其犹鼓生。又以元嘉九年（按：公元432年）春之三月，于庐山东林精舍，又治定之。加采访众本，具成一卷。

据《僧传》：

（道）生既得新经，寻即建讲。以宋元嘉十一年冬十一[③]月庚子，于庐山精舍升于法座。神色开朗，德音俊发。论议数番，穷理尽妙。观听之众，莫不悦悟。法席将毕，忽见麈尾纷然而坠。端坐正容，隐几而卒。……于是京邑诸僧，内惭自疚，追而信服。……葬于庐山之阜。

---

① 按僧律规定，佛徒犯戒律，当众公布其罪，驱出寺院。

② 道生在虎丘说法，顽石点头的传说，《吴中纪闻》谓见于《四蕃志》。

③ 是年十一月无庚子，从汤用彤先生说为"十月"。

关于佛性的争论，本来是佛教界早已存在的老问题。只是到了南北朝时期，这一争论又趋于高潮。它不是在《泥洹经》译为汉语以后才出现的问题。此前译出的《维摩诘经》《法华经》及一部小乘经典都已透露了这种思想的端倪。因为佛性问题牵涉到千百万佛教信徒的修习的出路。佛性问题本身是一个虚假问题，因为它要答复人们成佛有无可能。

但“人人可以成佛”这种空洞的诺言，却反映了当时被侮辱、被损害、失去生活乐趣的人民要求摆脱苦难的真实愿望。这种愿望不是假的，而是有它的广泛的社会基础。南北朝的统治者，在传统儒家哲学中可以找到巩固封建秩序、乐天安命的古训，但还不足以安抚广大群众要求改善处境的迫切愿望。在当时流行的十几家[①]佛性论中，道生的理论较为完善。“一阐提人得以成佛”是他的佛性理论的组成部分。

“一阐提人”，照它的定义，即善根断绝的人、不可救药的人。经有明文，不能成佛。但竺道生善于体会佛教的目的在于满足人们精神安慰的要求。虽然他“孤明先发”，话说得早了几年，南方佛教界未见到过北本《涅槃经》，没有经典作为根据，但《涅槃经》早有“四依”的教训——“依法不依人，依义不依语”，只要体会佛教渡世救人的宗旨，经上没有说的话，仍然可以当作佛的教导去宣传。只要看看一切众生都有佛性（包括一阐提人）的口号提出后，社会上掀起的一片欢腾、赞叹，就知道这种学说确实符合当时信仰者的要求。既然连作恶多端的一阐人提都能成佛，其余众生自然可以顺利地进入“佛国”（“天堂”）。

① 据《大玄论》，谈佛性者有十一家。

成佛的资格可以不受限制，成佛的途径又很直截了当，顿悟可以成佛，不但给众生指出可能性，还给人们指出应走的道路。道生的学说所以得到崇高的地位，与他巧于适应当时宗教需求有密切关系。一切众生悉有佛性，也与他的佛性论有关。道生在《维摩诘经注》中说：

> 夫大乘之悟，本不近舍生死，远更求之也。斯在生死事中，即用其实为悟矣。苟在其事，而变其实为悟始者，岂非佛之萌芽起于生死事哉？

道生认为佛性不在现实世界之外，在生死中即可体现涅槃。道生认为用不着，也不应当在生死世界之外另觅涅槃境界。不离世间而体"真如"实相，与鸠摩罗什、僧肇的空宗大旨相合，僧肇就是从变动的世界中体认不动的。道生与中观学派不同处，是他更明确地提出有一种涅槃不动的精神境界，不像中观学派把"一切皆空"的意义绝对化，其流弊将导致佛教信徒信心动摇，对佛教的发展不利。

一阐提人[①]，谓其"病即诸佛世尊所不能治。何以故？如世死尸，医不能治"[②]，"譬如掘地刈草、砍树、斩截死尸、骂詈鞭挞，无有罪报。杀一阐提亦复如是，无有罪报"[③]。阐提如烧焦之种、已钻之核，即使有无上甘雨，犹亦不生。早先译出的六卷《泥洹经》曾举一阐提为例，说此种善根断尽之人，永不能成佛。

> 如一阐提懈怠懒惰，尸卧终日，言当成佛。若成佛者，无

① 一阐提人：梵语为Iccanlika，意为"作恶多端、不知悔改的人"。

② 北本《涅槃经》卷九。

③ 北本《涅槃经》卷十六。

有是处。[1]

这一段在北本《涅槃经》卷五已有增改，意义不同于旧译：

> 如一阐提，究竟不移，犯重禁者，不成佛道，无有是处。何以故？是人若于佛正法中，心得净信，尔时便灭一阐提。若复得作优婆塞者，亦得断灭于一阐提，犯重禁者灭此罪已，则得成佛。是故言毕定不移，不成佛道，无有是故。真解脱中，都无如是灭尽之事。

又据法显本卷四：

> 一切众生皆有佛性在于身中。无量烦恼悉除灭已，佛便明显，除一阐提。

北本同一段，文句迥异：

> 一切众生，悉有佛性，烦恼覆故，不知不见。是故应当勤修方便，断坏烦恼。

又六卷本第六，有灰覆火偈，偈后有云：

> 彼一阐提于如来性，所以永绝。

北本卷九，灰覆火偈文句迥异：

> 彼一阐提，虽有佛性，而无量罪垢所缠，不能得出。

学术界对道生的“一阐提人皆得成佛”的理论论述颇多，认为北本《涅槃经》已有明文规定。其实，北本《涅槃》对一阐提人得

① 《泥洹经》卷三。

以成佛的问题，并不像人们所说的那样明确，经中关于成佛的许诺也不像人们想象的那样慷慨。他们有严格限制，必须皈依佛教，认真接受佛教教义的一阐提才可以成佛。

经过竺道生的发挥，结合中土性善说，以及“人皆可以为尧舜”的传统观念作为背景，道生的学说才得以顺利地产生社会影响。北本《涅槃经》对这个问题只是起了一种触媒剂的作用。道生学说所以受重视、起作用，都需在晋宋间社会基础中找原因。道生的学说是中国的土产，不是从国外输入的，早在大本《涅槃》传入以前，道生已“孤明先发”了。

六、魏晋南北朝流行的佛教主要经典

（一）《维摩诘经》

《维摩诘经》[①]从魏晋到南北朝（支谦到鸠摩罗什）一百五十年间，出现过多种汉译本和合编本，这部经既受到佛教徒重视，也受到帝王上层贵族的重视。在当时人看来，这部经书“厥旨幽而远”，是“先哲之格言，弘道之宏标”[②]。僧叡称《维摩诘经》对他有很重要的启发，“予始发心，启蒙于此，讽咏研求，以为喉衿”，把它看作佛教理论的基础读物。

① 三国吴支谦译《维摩诘经》（Vimalakīrti-nirdeśa-sūtra，二卷）。此后，又有《净名经》《无垢称经》等译本。姚秦鸠摩罗什译《维摩诘所说经》（三卷），唐玄奘译《说无垢称经》。还有几种经合编的《合维摩诘经注》。

② 支愍度：《合维摩诘经序》。

在士大夫阶层，《维摩诘经》的影响，甚至超过了在佛教界的影响。

《京师寺记》云：兴宁中瓦棺寺初置，僧众设会，请朝贤鸣刹注疏。其时士大夫莫有过十万者。既至，长康（按：顾恺之字长康）直打刹注百万。长康素贫，众以为大言。后寺众请勾疏。长康曰：‘宜备一壁。’遂闭户，往来一月余日，所画维摩诘一躯，工毕，将欲点眸子。乃谓寺僧曰：‘第一日观者请施十万，第二日可五万，第三日可任例责施。’及开户，光照一寺，施者填咽。俄而得百万钱。[①]

上述故事，固然说明顾恺之画得好，也说明这个主题有极大的号召力。维摩诘这个人物，是南北朝门阀士族地主阶级最崇拜、极力仿效的理想人格。南北朝到唐朝的壁画和文学著作中涉及维摩诘的很多。唐朝大诗人王维，字摩诘，显然受了《维摩诘经》的影响[②]。

1. 门阀士族企慕维摩诘风格

《维摩诘经》所以受到朝野僧俗的普遍欢迎，与这个经的思想内容有关。门阀士族地主阶级过着十分悠闲的生活，在玄学盛行的风气下，既要不脱离现实中的物质享受，又要标榜自己超乎世俗物质享受之上的精神境界。这部经也对佛教徒提供了理论依据。当寺院财产有了大量积蓄之后，僧徒养尊处优，羡慕世间生活，把处“世间”当作“出世间”，从而极力泯除出家和在家的区别，甚至

① 《历代名画记》卷五。

② “维”即“无”的音译，“摩诘”为“污垢”的音译。以“污垢”为字，没有道理。

在家比出家更能体现维摩诘的超越的智慧和高深的理论造诣。

> 虽为白衣，奉持沙门清静律行。虽处居家，不著三界。示有妻子，常修梵行。现有眷属，常乐远离。虽服宝饰，而以相好严身。虽复饭食，而以禅悦可味。若至博弈戏处，辄以度人。受诸异道，不毁正信。虽明世典，常乐佛法。一切见敬，为供养中最。执持正法，摄诸长幼。一切治生、谐偶，虽获俗利，不以喜悦。游诸四衢，饶益众生。入治政法，救护一切。入讲论处，导以大乘。入诸学堂，诱开童蒙。入诸淫舍，示欲之过。入诸酒肆，能立其志。①

这个维摩诘的生活方式与世俗贵族、富豪的生活方式没有什么两样，所不同的只是他的精神境界高于世俗贵族，比出家修行的菩萨们还高明。原因在于维摩诘具有超人的般若正智和无限灵活的善权方便。南北朝时期，门阀士族地主阶级享有政治、经济及社会地位的特权。他们有条件口头上讲超俗、清高。他们宣称不慕荣利、不关心富贵。这种风气弥漫于朝野上下，连处在统治阶级最高层的皇帝，也口谈玄理，想当起隐士来了。如：

> 简文②入华林园，顾谓左右曰："会心处不必在远，翳然林水，便有濠濮间想也。"③

维摩诘这个人有广大田园财产，有妻子儿女，有神通，有学问，连佛也要让他三分。佛弟子们知识、理论与这个不出家的居士相比，

---

① 《维摩诘所说经·方便品》。

② 简文：即晋简文帝司马昱，在位时间为371—372年。

③ 《世说新语·言语》。

只有自惭形秽。当维摩诘居士生病，佛派他的得力弟子去问疾。那些弟子们一个一个都推托，不敢去。因为维摩诘的道德修养和理论水平比佛弟子高得多。

用我们的眼光看，他能为自己的任何卑鄙可耻的世俗行径找到神圣不可亵渎的理论根据，也可以在神圣不可亵渎的理论掩护下，干出最卑鄙无耻的行径。他积累无量财富，不知餍足。他结交权贵，参与政治。也吃喝嫖赌，自命为人之导师。他不同于俗人的地方，在于他有一种高尚的精神境界。只有佛才具有那种精神境界。维摩诘在南北朝受到普遍的欢迎和尊重，就是因为它把南北朝门阀士族的腐朽生活神化了，把伪君子的二重性格美化了。当时政局不稳定，东晋以后，南朝几十年更换一次政权，当时的门阀士族中纲常名教已讲不下去，南朝头等门阀士族，所谓王、谢的后代，对王朝的更替无动于衷，每当旧王朝被推翻，新王朝建立，主持大典、捧玉玺、劝进的，往往是那些高门大族的有名气的人物，像王俭就惯于充当这类角色。

2. 佛国论

《维摩诘经》在魏晋南北朝时期受到重视，说明大乘佛教的社会化、世俗化的宣传已相当成功，玄学本体论体现到生活方面，成为生活、行为的准则。“体用”不可分，进一步表现为出家与在家、出世与入世已用不着去极力划分。比如《维摩诘经》中有一段话：

> 我闻佛言，父母不听，不得出家？
>
> 然。汝等便发阿耨多罗三藐三菩提心[1]，是即出家，是

① 阿耨多罗三藐三菩提心：梵文Anuttara-Samyaksabodhi，意译为“无上正等正觉”或“无上正遍知”。

即具足。

佛教徒与非佛教徒的区别已不在于是否出家，而在于是否有佛的觉悟。宣传重点在建立佛教的世界观。

《维摩诘经》在世俗“世间”建立了一个精神世界，它称为“佛国”[①]，它不在于宣传如何由此岸世界达到精神彼岸（“佛国”），而在于教人改变对此岸世界的看法，看法改变了，“佛国”就出现了。《维摩诘经》提出一个问题——“清净佛国”在什么地方。

《维摩诘经》提出“净土”“佛国”在何处，应该到哪里去寻求。它表示，“佛国”并不遥远，不是在现实世界之外，也不在现实世界之上，它就在现实世界之中，就在众生日常聚居、生活的地方。竺道生提出了一系列在当时看来是翻案文章的命题，如“善不受报”“一阐提人皆得成佛”“佛无净土”，看来似与佛说背离。如果吃透大乘佛教的理论，竺道生那些新观点本来是题内应有之义。

所谓“佛国”，乃是菩萨为了教化众生而建立的，这个超“世间”的世界并不在“世间”之外，只能在“世间”的基础上去实现。《经》中用譬喻的方式说：

> 譬如有人欲度空中造立宫室，终不能成，如是童子，菩萨欲度人民故，愿取佛国。愿取佛国者，非于空也。

这里讲的“佛国”不在现实世界之外，不能造“空中楼阁”，并不是通过改造世界的途径把不合理的世界变成美满幸福的世界，它只是教人学会大乘佛教的观点（道意）就会进入“佛国”，追求

① 引文出自《维摩诘经·佛国品》，均不注出处。

高妙的“佛国”。“佛国”是一种精神境界，清净国土的实现，全靠有一个清净的意识。社会净化，全靠意识的净化。用“净心”建立“净土”。鸠摩罗什译的《维摩诘所说经》“直心是菩萨净土，菩萨成佛时，不谄众生来生其国”。罗什自注：“直心，以诚心信佛法也。”僧肇注：“夫心直则信固，信固然后能发迹造行。然则始于万行者，其唯直心乎？”鸠摩罗什译文有“若菩萨欲得净土，当净其心。随其心净，则佛土净”，僧肇注释说：“净土盖是心之影响耳。”[①]。

思想支配一切，思想改变一切，思想创造一切。这是大乘佛教的共同主张。只是他们论证的方式各有不同。世界是不是清净，不是世界本身决定的，全在于观察世界者的心是不是清净。

> “云何舍利弗[②]，我日月净，不见色者，岂日月过耶？”对曰：“不也，非日月过。”佛言：“此舍利弗，咎在众人无有智慧，不见如来佛国严净，非如来咎。”

佛土光明严净，只是由于人们心中不光明严净，众人无有智慧，才视而不见。对现实世界所以产生不同的判断，完全是人们主观认识不同。

> 譬如诸天同金钵食，其福多者，举手自净。如是舍利弗，若人意清净者，便自见诸佛佛国清净。

追求“佛国”，向往“净土”，不要改变现实世界，现实世界的

---

① 见《维摩诘所说经注·佛国品》。

② 舍利弗：相传释迦牟尼十大弟子之一，以智慧著称。

秽、净因人的认识而异。只要把它看成“佛国”，它就是“佛国”。引导人们追求“佛国”，在于拯救人们苦难的灵魂。要使苦难者精神上得到满足，就是得到了“佛国”。鸠摩罗什的弟子僧肇在《维摩诘所说经注》中说：“万事物形，皆由心成。心有高下，故丘陵是生也。”

从当时人对《维摩诘经》的宣传、信仰和理解中可以看出，南北朝时期，人们对世界的认识的重点，已不在本体论方面，注意力转向心性论。这种转变也反映了南北朝门阀士族和地主阶级对社会、自然的看法，由外界转向内心；也反映了他们身处乱世，用以保富贵、全性命、处危难、安身心的人生哲学。

（二）《涅槃经》

佛教典籍中关于佛涅槃（逝世）的故事十分丰富，流传极广[①]，除文字记载，还有壁画、雕塑、通俗文艺宣传说唱故事等。《涅槃经》是记载佛逝世前的最后说教。从三国到南北朝，约二百年间出现不少汉译本[②]，有的已经佚失。现在流行并受到重视的《涅槃经》

---

① 有关佛涅槃的故事很多，有佛母大爱道、舍利弗、目连、阿难诸涅槃经，有叙述佛涅槃后事，如《般泥洹后灌腊经》《当来变经》等。《出三藏记集》有《泥洹后诸比丘经》，注云：“或云《小般泥洹经》。”还有与释迦涅槃有关，而不称为涅槃经的，如《遗教经》《大悲经》等。参看汤用彤《汉魏两晋南北朝佛教史》卷下，中华书局，1983年3月版，第431页。

② 《涅槃经》译本有多种，先后有《小乘涅槃经》，即《长阿含游行经》之异译；一卷《泥洹》；《佛般泥洹经》二卷，晋白法祖译；《大般涅槃经》三卷，失译；《般泥洹经》二卷，求那跋陀罗译；《方等泥洹经》，竺法护译（支谦译已佚）；《大般涅槃经》四十卷，昙无谶译，因译于北凉，称“北本”，因此译本篇幅最大，又称“大本”；《大般泥洹经》六卷，觉贤译。

汉译本有两种：一是法显与佛陀跋陀罗（觉贤）在建康（今南京）译的《大般泥洹[1]经》六卷，一是昙无谶于玄始三年至十年（414—421年）在北凉译的《大般涅槃经》四十卷本。南朝刘宋时，慧观、谢灵运依六卷本《泥洹经》北本之前五品分为十七品，删定为三十六卷，称《南本涅槃》，该本流行不广。

《涅槃经》在南北朝时期受到普遍欢迎与重视，不是偶然的。佛性问题、成佛问题是广大群众最关心的问题，《涅槃经》对这个举世关心的问题讲述得很充分。又由于它是一部大书，书中的重点有时前后不一致，有时自相矛盾，给注释者留下发挥的余地。

南北朝时期，门阀地主阶级过着极度豪华奢侈的生活，但又喜欢讲超脱，反对庸俗，他们生活在世俗中，又要极力表示他们不同于世俗。维摩诘的风格已成了朝野士大夫十分向往的典型。《涅槃经》讲到佛的一些表现，也有和《维摩诘经》中的维摩诘居士有类似的地方。《涅槃经》开始就提出了“随顺世间”的观念。

释迦牟尼本来是一个凡人，也过着世俗人的生活，曾娶妻生子。他出家后觉悟成道，建立佛教，后人奉他为教主，才不同于世俗凡人。释迦也曾经历了从不觉悟到觉悟的过程。当然，这个“觉悟”是否真正的觉悟，还可以讨论，但他的转变，无疑是一个飞跃。后来的佛教徒神化他，抬高他，百般为他粉饰，把他变成了神。从佛教徒信仰立场，美化他们的创始人是可以理解的。我们不必追究经中宣传那些故事的真伪，我们要注意何以制造的那些虚伪宣传竟能广泛流行。

---

① 泥洹：“泥洹”为早期译法，后期译为“涅槃”，均为梵语Nirvāṇa的音译。

《大般涅槃经》曾假托迦叶设问：佛已脱离烦恼、情欲，为什么还娶妻生子，“若佛已度烦恼大海者，何缘复与耶输陀罗生罗睺罗”？[①]如果尊重事实，说老实话，本来这个问题很容易回答。但《涅槃经》却不采取老实的办法，而是用“随顺世间”为理论，做出了另外的解释。它说如来有超人的智慧和神通，能以“三千大千世界纳一毛孔”，如来根本没有情欲，所谓佛生子罗睺罗，只是为了“随顺世间”。佛传记载释迦母亲为摩耶夫人，《涅槃经》解释说：

> 或阎浮提示入母胎，令其父母生我子想。而我此身毕竟不从淫欲和合而得生也[②]。我已从无量劫来离于淫欲，我今此身即是法身，随顺世间，示现入胎。

按照佛教传统说法，佛从出生到成长，经历了与众人大致相似的过程，“如来身者即是法身，非是血肉筋脉骨髓之所成立。随顺世间众生法故，示为婴儿”。佛剃发，也是为了“随顺世间法，故示现剃发”。“随顺世间法故”，“示现穿耳”。世间本来没有人能充当释迦老师，为“随顺世间法故”，“示入学堂”。后来学习、乘象、盘马、拥力种种技艺，也是为了“随顺世间法”。为太子时“于五欲中欢娱受乐”也是为了“随顺世间法故，示如是相”，佛早已舍去“五欲”之乐。一系列的“随顺世间法”的行为，与《维摩诘经》中描写的维摩诘的行为，可以说大同小异，所不同的只是一个是出家，一个是在家。《涅槃经》中的佛所示现的“随顺世间法”，与维摩诘所示现的世俗生活完全一样。人世间享乐生活与出

① 《大般涅槃经》卷四。

② 佛教关于投胎转生的解释，谓起投胎者的灵魂自身的淫欲所致。

世间的精神修养紧密结合起来，在理论上给当时门阀士族地主阶级以理论支柱。

《涅槃经》提出佛涅槃后，离开了佛当面指引时，如果众生对佛教的理解发生分歧，以什么为依据？它提出了所谓“涅槃四依”之说：

> 依法不依人，依义不依语，依智不依识，依了义经不依不了义经。[①]

“四依”的主张在《涅槃经》中都有详细的解释，但这“四依”的原则，给后来中国佛教各宗派留下了无限发挥的余地。因为这“四依”提倡不依文句，依精神。至于对精神的理解，可以因人而异，这正符合玄学开创的“得意忘言”的传统。佛教《涅槃经》在中华民族中引起重视，它影响的深远程度超过了《维摩诘经》。

1.“常”“乐”“我”“净”

《涅槃经》为佛教的大乘，大乘是小乘的发展，有许多命题对小乘做翻案文章。小乘为破世俗观念，提出世间是“污染”的、“无常”的，提倡“无我”，宣扬世间为“苦”。大乘涅槃佛教学说则公开提出最高修行境界是“常”（对小乘的“无常”）、“乐”（对小乘的“苦”）、“我”（对小乘的“无我”）、“净”（对小乘的“不净”）四德。小乘佛教教人厌离世间，灰身灭智，这样的涅槃，或称“灭度”，只能是死亡的讴歌，佛教向信徒传播厌世观念，但不可能使人产生一种向往、追求的激情。大乘佛教对小乘这种观点表示不满，提出了许多不同的补救措施（不同派别有不同的观

① 《大般涅槃经》卷六。

点）。《大般涅槃经》认为世俗观念的“实有”应当破除，但涅槃并不意味着死亡。诸佛如来都有入胎投生、出家得道、由凡入圣，最后得涅槃的过程。这只能看作如来“随顺世间”做出的一种“示现”，佛不同于凡人一样有生有死，他是超生死的。

佛教的发展过程表明了否定之否定。小乘破“世俗有”，大乘又破“小乘有”，建立涅槃真实。《涅槃经》承认了世俗人生为“无常”“苦”，提出了彼岸涅槃世界为“永恒”“乐”，在这种世界观指导下，建立了它的宗教哲学体系。

《大般涅槃经》开头在否定世间“常”“乐”“我”“净”，建立出世间的“常”“乐”“我”“净”。“常”即永恒性，为法身的特性。“乐”不同于世间的感官享受，感官享受是“无常”的，带来的是“苦”。涅槃境界的“乐”，是永恒的精神宁静，亦称“常乐”、永恒的“乐”，不会磨灭。

《涅槃经》讲的“我”，不同于小乘所破的“五蕴”构成的“我”，而是给予新的内容的“我”。“何者为我？若法是实、是真、是主、是依、性不变者，是名为我。”这样的“我”有绝对自由，“大自在，故名为我”。这个“我”又称“大我”。

“净，谓如来性善，纯净无染。”这种净又称“大净”。分别看，“常”指法身，“乐”指涅槃，“我”指佛身，“净”指佛法。总体看，“常”“乐”“我”“净”即涅槃的基本德性，亦称“大涅槃”，简称为“涅槃四德”[①]。证得“涅槃四德”，是名为佛，才算得到佛教的“真谛”。“有常、有乐、有我、有净，

---

① 《大般涅槃经·哀叹品》称“彼佛者是我义，法身是常义，泥洹是乐义，假名诸法是净义”，略有不同。

是则名为实谛之义。”[①]这是对大乘般若空宗理论的进一步发展。“常”“乐”“我”“净”观念在大乘空宗以前已出现，并曾遭到大乘空宗的批判[②]。《涅槃经》为了弥补般若空宗把“空”讲过了头而产生的弊病，才建立的一种新体系。法相唯识宗也是为了弥补大乘般若空宗的弊病而建立的另一流派。

“涅槃四德”在理论上承认有一个彼岸世界的真实存在。佛教和其他宗教一样，都不能不宣传有那样一个“天国”（佛刹净土），但这种“净土”要有理论支持，才有说服力。《涅槃经》把涅槃与佛和“净土”统一起来。“常”“乐”“我”“净”的境界，是佛的境界，也是“佛国”的境界，“西方极乐世界”不只是宗教信仰的想象，而是被安置在神学理论体系之中，使信仰主义增添了理论色彩，使信仰与理论之间、知识僧侣与一般信徒之间联系得紧密了。

佛教的消极悲观的基调，得到“涅槃四德”的理论的补救，给它带来若干欢快的希望。世俗观念所希求的长寿、幸福快乐、自由、道德高尚，这些难以达到的愿望，在下意识里经常出现，无从满足。而“涅槃四德”从理论上都给以满足，指出信了佛教，在涅槃境界中可以得到满足。看起来，《涅槃经》的理论是从世俗观念经过小乘又进入大乘，走了一个否定之否定的道路，而实际上，它提供了从大乘出世退回到世间的自我陶醉的一条捷径。

① 《大般涅槃经·圣行品》之三。

② 鸠摩罗什译《摩诃般若波罗蜜经·善知识品》：“常毕竟不可得”，“乐、净、我毕竟不可得”。这是为破“法执”而加以强调的说法。

2. 一切众生皆有佛性

《大般涅槃经》与其他宣传“佛国净土”的教派都说有一个“极乐世界”，净土教派教人往生“西方”，去找那个“佛国净土”。《涅槃经》则鼓励人们去发掘各自本有的成佛本性。它说：“一切众生，悉有佛性。”[①]

“一切众生，悉有佛性”的思想不是从《涅槃经》开始的，小乘佛教一切有部说过“心性本净，客尘所染”。中国早期禅学著作中也有类似的见解，如康僧会《安般守意经序》。

昙无谶译《大方等大集经》，把“客尘所染”改为“客尘所障”。

> 一切众生心本性，清净无秽如虚空。……以客烦恼障覆故，是故不得于解脱。[②]

《大集经·陀罗尼自在王菩萨品》之一：

> 一切众生心性本净。性本净者，烦恼诸结不能染着。犹如虚空，不可沾污。心性、空性等无有二。众生不知心性净故，为欲烦恼之所系缚。

“本净”之心，无染无净。《大般涅槃经》继承了“心性本净”的说法，只是把“心性”换成了“佛性”，使成佛的理论根据有了变化，因为佛性比心性有更广泛而深刻的含义。

“佛性”与“法性”，大乘佛教多用作同义语。法性，一般意义指万法（万物）的自性（属性），法性还有一个含义即佛理，佛

① 《大般涅槃经·如来性品》之四。

② 《大般涅槃经·不可说菩萨品》。

教教义真理。佛教教义被普遍化、永恒化，说成万事万物的普遍本质，即所谓“法性”。这样万物之本的法性也就是佛性。

佛教解释人生苦恼的根源，最先提出十二因缘说。这十二因缘说，推广到一切众生（不限于人类），这个“十二因缘”之理是永恒不变的，《大般涅槃经》也称“十二因缘”为佛性。“十二因缘”之理是佛性，构成人的“五蕴”（“色”“受”“想”“行”“识”）也都是佛性。

> 色是佛性，何以故？是色虽灭，次第相续，是故获得无上如来三十二相如来常色。……众生佛性，亦复如是。质虽无常，而色是常，以是故，说色为佛性。[①]

“色”是佛性，“受”“想”“行”“识”亦复如此。《涅槃经》讲的佛性，也包括心性，但它没有把佛性说简单地等于心性。它认为心性有时受到干扰，有净、不净，而佛性无不净。众生的心性属于“无常”，终将坏灭，佛性是“常”。但众生既有成佛之本性，众生的“五蕴”虽属“无常”，也有佛性，可以由“无常”转变为“常”。它譬喻金可以表现为钗、钏等形态，是“无常”，但金性是“常”。一切“无常”之物都有生、住、异、灭四个阶段，称为“四相”。任何具体事物均须经历此生、住、异、灭四个过程，是为“无常”，但此“四相”之理则是“常”。

> 性故，生、住、异、坏皆悉是常；（有为之法）念念灭故，故名无常。善男子，有漏之法，未生之时，已有生性，故

① 《大般涅槃经·师子吼菩萨品》之六。

生能生；无漏之法，本无生性，是故生不能生。[1]

“有漏法”为属世间法，是“无常”的。“无漏法”是不受“四相”的制约，它是“常”，所以是佛性。以涅槃为例：

涅槃之体，非本无今有。……有佛无佛，性相常住，以诸众生烦恼覆故，不见涅槃，便谓为无。[2]

这从认识论来看，把一般从个别中抽象出来，把它永恒化、实体化。反过来，再让一般成为个别赖以产生的本原和模型，也作为众生成佛的最后依据时，就叫作佛性。这是把一般概念当作单个的存在物[3]。这种单个的存在物，“常”是它的共性，也是涅槃的根本特征。“佛性是常，三世不摄。”[4]“涅槃四德”（“常”“乐”“我”“净”）也是“佛性四德”。《涅槃经》宣说众生悉有佛性，即是从事物概念的不变性（“常”）推导出来的结论。一般通过个别来体现，佛性通过众生来体现。“众生都有佛性”的结论，就可以言之有据。

十二因缘，一切众生等共有之，亦内亦外。……佛性亦尔，一切众生定当得阿耨多罗三藐三菩提，是故我说一切众生悉有佛性。[5]

又说：

---

① 《大般涅槃经·光明遍照高贵德王菩萨品》之三。

② 同上。

③ 参看列宁《哲学笔记》第420-421页有关论述。

④ 《大般涅槃经·迦叶菩萨品》之一。

⑤ 《大般涅槃经·师子吼菩萨品》之六。

> 若有人见十二因缘者，即是见法。见法者即是见佛。见佛者即是佛性。何以故？一切诸佛以此为性。[①]

这是说佛理即是佛性，《涅槃经》认为：

> 能信如是《大涅槃经》，其人则能自然了达三皈依处。何以故？如来秘藏有佛性故。其有宣说是经典者，皆言身中尽有佛性。[②]

这是以理为核心的佛性论。它不同于以心性为佛性的理论。实际上，这个理仍然离不开心性。

《大般涅槃经》除了以理为佛性，还提出以智慧为佛性的说法。

> 佛性者名第一义空，第一义空名为智慧。所言空者，不见空与不空，智者见空与不空、常与无常、苦之与乐、我与无我。空者一切生死，不空者谓大涅槃；乃至无我者即是生死，我者即是大涅槃。见一切空，不见不空，不名中道；乃至见一切无我，不见我者，不名中道。中道者名为佛性。……不得第一义空故。不行中道，不见佛性。[③]

“第一义空”“中道”指的是从小乘到大乘的认识道路的否定之否定。既要见到世间的“无常”“无我”“苦”，又要见到出世间的“常”“乐”“我”，构成高一个层次的统一，即所谓“智慧”。这样的智慧叫作佛性。以教理为佛性，以佛性为“常”，有客观唯心主

① 《大般涅槃经·师子吼菩萨品》之一。

② 《大般涅槃经·如来性品》之五。

③ 《大般涅槃经·师子吼菩萨品》之一。

义倾向；以智慧为佛性，则倾向内心的体验，有主观唯心主义倾向。这两种倾向发展下去，可能出现大的分歧，但在《涅槃经》中，这种分歧尚属潜在阶段。隋唐以后，他们的争论才得到充分的展开。

以智慧佛性说，认为众生本来就有“第一义谛”或“中道”的观念：

> 我亦不说内外六入及六识常、乐、我、净，我乃宣说，灭内外入所生六识名之为常。以是常故，名之为我。有常我故，名之为乐。常、我、乐故名之为净。……众生厌苦，断是苦因，自在远离，是名为我。[①]

这里的“常”即众生的“六识”，只是一种被实体化了的抽象认识能力，既可以陷于流转生死（“无常”），又可摆脱因缘的作用而保持其自性（“常”）。既然众生都有厌苦求乐的意向，希望断灭“无常”“苦”“无我”“不净之身”的心理，判定世界为“苦”，涅槃世界为“乐”，成为人心所向。佛教强调这种认识的重要性，把智慧也看作佛性。

3. 当果佛性

从成佛的因果关系上确定众生佛性的性质，也是《大般涅槃经》强调的内容。它说：

> 是果非因，谓大涅槃。……涅槃无因，而体是果。何以故？无生无灭，无所作故。……是因非果，名为佛性。非因生故，是因非果。非沙门果，故名非果。[②]

① 《大般涅槃经·憍陈如品》之一。

② 《大般涅槃经·师子吼菩萨品》之二。

所谓涅槃是“果”而非“因”，佛性是“因”而非“果”，并不是说佛性与涅槃之间有因果关系，因为二者都是常无生灭、永恒存在的精神境界。这里讲的因果，是相对众生而言。佛性普存于众生之中，未来必当成佛，故为成佛之因，因是成佛的根据，它只能是因，而不是果，“是因非果”。涅槃是众生开发本身具有的佛性的结果，它是最终的归宿，“是果非因”。从将来必得成佛这一个意义上来说，人人皆有佛性。讲到因果关系，它认为：

> 能生法者是名生因，灯能了物，故名了因。烦恼诸结，是名生因。众生父母，是名了因。如谷子等是名生因，地水粪等是名了因。[①]

对生物起促进作用的叫“生因”，使它完成的叫“了因”。佛性被看作“了因”，六波罗蜜列为“生因”。

> 生因，谓六波罗蜜阿耨多罗三藐三菩提。……了因，谓佛性阿耨多罗三藐三菩提。[②]

六波罗蜜和佛性都被当作无上菩提的内容，但“佛性之性不生涅槃，是故我言涅槃无因”[③]。佛性不能生出涅槃，所以不能成为生因。但涅槃毕竟还能显露出来，那是因为佛性的存在使涅槃有得以显露的根据，佛性即是“了因”。同品还说“涅槃不从道生，故名无果”，也就是说不从六波罗蜜生，涅槃本质是“无生”。六波罗蜜能破一切烦恼障碍，从而使涅槃得以显现，也可叫作“生因”。

---

① 《大般涅槃经·师子吼菩萨品》之二。

② 同上。

③ 《大般涅槃经·师子吼菩萨品》之三。

关于因果的论述，《涅槃经》自己也有时陷于混乱：

复有二因，一者作用，二者了因。如陶师轮绳，是名作因。如烧烛等照暗中物，是名了因。……大涅槃者，不从作因而有，唯有了因。了因者，所谓三十七助道法、六波罗蜜。

“了因”是照了有工具的意思，六波罗蜜说成“了因”。又说：

因有二种，一者正因，二者缘因。正因者如乳生酪，缘因者如煖酵等。从乳生故，故言乳中而有酪性。……众生佛性，亦二种因，一者正因，二者缘因。正因者谓诸众生，缘因者谓六波罗蜜。……众生佛性，不名为佛，以诸功德因缘和合得见佛性，然后成佛。……以是义故，我说二因：正因、缘因。正因者名为佛性，缘因者发菩提心。以二因缘得阿耨多罗三藐三菩提。[①]

以上的解释，比“了因”“生因”的说法清楚，在《涅槃经》的影响下，一般佛教徒都讲“正因佛性”。《大般涅槃经》又称众生即是佛性：

众生即是佛性，何以故？若离众生，不得阿耨多罗三藐三菩提。……一切无明烦恼等结，悉是佛性。何以故？佛性因故。[②]

佛性为精神本体，无所不在，如同“法身”，遍一切处。这给后来中国佛教各宗派留出尽量发挥各自学说的余地，所谓后来天台宗、华严宗、禅宗所宣扬那些看来不合常理的议论，《涅槃经》中都已埋藏着潜在的种子。

① 《大般涅槃经·师子吼菩萨品》之三。

② 《大般涅槃经·迦叶菩萨品》之三。

4. 成佛与一阐提

众生悉有佛性，与众生皆当成佛，是不同的两种概念。《大般涅槃经·邪正品》说：

> 我不知我当得作佛不，然我身中实有佛性。我今身中定有佛性，成以不成，未能审之。

佛性与众生的关系已在前数节中讲到，佛性为“理”，佛性为“法身”，佛性为“正因”，众生皆有佛性的结论是从佛教道理推演出来的必然结果。《涅槃经》还用比喻来阐明这个道理。

> 众生佛性如杂血乳。血者即是无明、行等[①]一切烦恼，乳者即是善五阴也。[②]

一切烦恼覆盖着本有的佛性，使众生不能得见，因而堕入生死轮回六道。如果能从血乳混杂中提炼出纯乳，再由乳炼成乳酪、生酥、熟酥、醍醐，就意味着成佛之道。由众生到佛地，关键在于“断障”，“了了见佛性”[③]断障。即对治烦恼，获得佛果，这是佛教各派都信奉的道理。而《涅槃经》特别强调“了了见佛性”作为成佛的标志。

> 菩萨摩诃萨见佛性故，得常乐我净，成就大涅槃。[④]
>
> 不见佛性而断烦恼，是名涅槃（按：指小乘），非大涅

---

① 无明、行等：指从“无明”开始的“十二因缘”。

② 《大般涅槃经·迦叶菩萨品》之三。

③ 《大般涅槃经·如来性品》之五。

④ 《大般涅槃经·梵行品》之三。

> 槃。……若见佛性，能断烦恼，是则名为大涅槃也。[①]

见不见佛性，也是大乘与小乘涅槃的区别。法显译的《大般泥洹经》将“见佛性”译为“开发佛性”“开发如来常住法”[②]。前后两种译本的不同，表示所强调的重点不同。《大般涅槃经》所谓见，是指一种神秘的直观，不是指视觉中的“看见”。它自己解释说：

> 见有二种：一相貌见，二了了见。云何相貌见？如远见烟，名为见火，实不见火，虽不见火，亦非虚妄。见空中鹤，便言见水，虽不见水，亦非虚妄。如见花叶，便言见根，虽不见根，亦非虚妄。……云何了了见？……菩萨摩诃萨了了见道，菩萨、涅槃亦复如是。虽如是见，初无见相。[③]

这种“了了见”，有感知而无表相，这是经过宗教训练，调练身心的结果。得到这种见佛性的地步，并不容易。“无量菩萨具行波罗蜜，乃至十位，犹未能见所有佛性”[④]，“佛性唯佛能知”。《大般涅槃经》反复讲说人人都有佛性，但未曾表示人人皆得成佛。

> 彼一阐提虽有佛性，而无量罪垢所缠，不能得出，如蚕处茧。以是业缘，不能生于菩提妙因，流转生死，无有穷已。[⑤]

一阐提不信佛教，罪孽深重，不得解脱，更说不上成佛。《大般涅槃经》后分，则一再讲说“定当得果”为佛性，从“众生悉有佛

---

① 《大般涅槃经·光明普照高贵德王菩萨品》之五。

② 《大般涅槃经·问菩萨品》。

③ 《大般涅槃经·梵行品》之三。

④ 《大般涅槃经·如来性品》之五。

⑤ 同上。

性”推演出众生悉得成佛。

> 断善根人[1]有佛性者，是人亦有如来佛性，亦有后身佛性，是二佛性障未来故，得名为无；毕竟得故，得名为有。[2]

所谓“如来佛性”即“法身”，即众生皆有的佛性。所谓“后身佛性”，指佛生身，亦即所成之佛身。这就是说，一阐提不止有佛性，未来毕竟得成佛。当得成佛的原因是“佛性不可得断”，“非如朽败种子不得生芽”。还有，佛有“大慈心”，关心众生，有“一子想”[3]，使一阐提萌生一念悔改之心，给他指明了光明的前途。从众生悉有佛性到一阐提亦能成佛，这表明大乘佛教力图扩大其传教效果，给广大群众许下进入“佛国”的诺言，使人人可以得到美满的结果。从南北朝到隋唐，每一宗派都讲佛性，都探索成佛之路。《大般涅槃经》对佛性问题提供了重要思想资料，这样讲的好处，使佛教与世俗更接近，佛也接近世俗，使它哲理化。犯了五逆大罪的坏透了的人，像一阐提，可得成佛，有一个最重要的条件，就是要皈依佛教。就是说，再坏的人，只要信仰佛教，即可成佛，对不信佛教的人，不在此限。因而《迦叶菩萨品》之一曾说过“杀害蚁子，犹得杀罪，杀一阐提，无有杀罪”。可见，由于宗教的偏见，为了佛教的利益，本来可以说得通的道理，也不得不修改成说不通的道理。“一阐提人得以成佛”的诺言，并不像字面上那样慷慨。

① 断善根人：即一阐提人。

② 《大般涅槃经·迦叶菩萨品》之三。

③ 一子想：佛关心爱护众生，就像父母对独生子那样关切备至。

（三）《法华经》

《法华经》为《妙法莲华经》的简称，梵文为Saddharma-puṇḍarīka-sūtra，先后汉文译过六次，现存三种译本，最早有西晋竺法护译《正法华经》十卷；姚秦鸠摩罗什译有《妙法莲华经》八卷；阇阁那崛多和达摩笈多译《添品妙法莲华经》七卷，影响不大。还有单品译本。

《法华经》是西晋到南北朝，流行于中国的重要佛经。竺法护在西晋太康七年（286年）初次译出，五六年内随校随讲，受到在长安和洛阳的僧俗的重视。姚秦弘始八年（406年）鸠摩罗什于长安重译，为了区别于旧译本，名为《妙法莲华经》。南北朝时，《法华经》成为佛教徒的主要教材。后来，隋智顗对此经发挥、注解，创立了天台宗。佛教传到日本，日本的日莲宗也是以《法华经》为主要经典的。

《法华经》汉译本今天流行最广的是鸠摩罗什的译本。此经共分二十八品，因其篇幅适中、译文流畅，其描述部分文学味道较浓，也有利于它的传播，其影响的广泛，超过了《维摩诘经》。就其内容来说，确有它得以在南北朝传播的内在原因。

1. “会三归一”

《法华经》为佛教大乘经典，产生于佛教后期，那时佛教有许多流派，许多经典，同时存在。它说：

> 佛世尊演说正法，初善、中善、后善。其义深远，其语巧妙。……为求声闻[①]者说应四谛法，度生老病死，究竟涅槃；为

① 声闻：梵文Śravaka的意译，遵照佛教修行，以自身解脱为目的的出家者。

> 求辟支佛[1]者，说应十二因缘法；为诸菩萨说应六波罗蜜，令得阿耨多罗三藐三菩提，成一切种智。[2]

所谓初、中、后三个层次，是指佛宣传佛法的等级。它认为佛经讲的道理都是佛教的“正法”，只是为了适应听众理解的水平、接受能力，来宣讲佛教的三种内容。初时为“声闻乘”说法，宣讲“四谛法”，使他们脱离生、老、病、死，以“究竟涅槃”为目标。中时为“辟支佛乘”讲十二因缘法，使他们得知诸法因缘而“自求涅槃”。最后为“菩萨乘”讲“六度”，使他们得“无上正真道”，成就一切种智，最后成佛。印度大乘佛教以声闻、缘觉、菩萨为“三乘”，表示佛教信徒的三个等级，声闻、缘觉二乘为小乘，菩萨乘为大乘。《法华经》没有采取旧说，而是把“三乘”统归为“一乘”。

> 如来但以一佛乘故，为众生说法，无有余乘，若二，若三。诸佛如来言无虚妄，无有余乘，唯一佛乘。[3]

《法华经》不仅给菩萨乘授记，预言将来成佛，还给那些公认为低于菩萨乘的声闻、缘觉大众授记，预言将来成佛。在《授记品》《五百弟子授记品》《授学无学人记品》等都做出类似的预言。《法华经》指出，众生中各有轻重不同的根性，佛根据他们各自的根性，对他们说法。

---

① 辟支佛：为梵文Pratyeka-buddha的音译，亦译为“辟支迦佛陀”，意译为“缘觉”或“独觉”。指此类信徒，当时佛法已灭，因有前世的因缘，自以智慧得道，他们靠自觉，不从他闻得道。

② 《法华经·序品》。

③ 《法华经·方便品》。

> 如来于时观是众生诸根利钝、精进懈怠，随其所堪而为说法，种种无量，皆令欢喜，快得善利。[①]

这里的“根性”或称“根器”，略相当于世俗的“天资”“资质”“品格”，除了天资智愚的含义，还有对佛教信仰深浅的含义。根性的利钝，决定对佛教教理理解水平的高下和信仰的深浅。根性因人而异。《法华经》把众生分为三类：第一种，罪根深重及增上慢者，“斯人甚少福德，不堪受是法”，这些人不够资格接受佛教大乘教义。第二种，“钝根”者，“贪着于生死，于诸无量佛不行深妙道”，这是小乘信徒。第三，“利根”者，“有佛子心净”的人，即菩萨乘人。佛说法，要照顾到根性不同的这三种人。《法华经》的《譬喻品》用了“火宅三车”的比喻来说明《法华经》三乘归一的道理：

> 有大长者，其年衰迈，财富无量，多有田宅及诸僮仆。其家广大，唯有一门，多诸人众，一百、二百乃至五百人，止住其中。……周匝俱时欻然火起，焚烧舍宅。长者诸子，若十、二十或至三十在此宅中。长者见是大火从四面起，即大惊怖。……而诸子等，于火宅内乐著嬉戏，不觉不知，不惊不怖。火来逼身，苦痛切己，心不厌患，无求出意。……父虽怜愍，善言诱喻，而诸子等乐著嬉戏，不肯信受，不惊不畏，了无出心。亦复不知何者是火，何者为舍，云何为失，但东西走戏，视父而已。
>
> 尔时长者即作是念：“此舍已为大火所烧，我及诸子若不时出，必为所焚。我今当设方便，令诸子等得免斯害。父知诸子先心各有所好，种种珍玩奇异之物，情必乐著。”而告之

① 《法华经·药草品》。

言："汝等所可玩好，稀有难得。放若不取，后必忧悔。如此种种。羊车、鹿车、牛车今在门外，可以游戏。汝等于此火宅宜速出来，随汝所欲，皆当与汝。"尔时诸子闻父所说珍玩之物，适其愿故，心各勇锐，互相推排，竞共驰走，争出火宅。是时长者见诸子等安隐得出，皆于四衢道中露地而坐，无复障碍。其心泰然，欢喜踊跃。时诸子等各白父言："父先所许玩好之具，羊车、鹿车、牛车愿时赐与。"

尔时长者愿赐诸子等一大车。其车高广，众宝庄校。周匝栏楯，四面悬铃。又于其上张设幰盖，亦以珍奇杂宝而严饰之，……安置丹枕。驾以白牛，肤色充洁，形体姝好，有大筋力，行步平正，其疾如风。又多仆从而侍卫之。……是大长者……而作是念："我财物无极，不应以下劣小车与诸子等。今此幼童皆是吾子，爱无偏党，我有如是七宝大车，其数无量，应当等心，各各与之，不宜差别。……以我此物周给一国，犹尚不匮，何况诸子？"是时诸子各乘大车，得未曾有，非本所望。

……如彼长者初以三车诱引诸子，然后但与大车，宝物庄严，安隐第一，然彼长者无虚妄之咎。如来亦复如是，无有虚妄。初说三乘引导众生，然后但以大乘而度脱之。[①]

《法华经》出于大乘后期，它试图把大乘佛教的一些不同的学说给以调和，佛教曾讲过"四谛""十二因缘"，只是为了照顾信仰者"深著五欲""志乐小法"，好比商旅长途旅行，产生畏怖情绪，不愿继续前进，佛以方便力，化作一城，使众生得以暂息让他

① 《法华经·譬喻品》。

们看到前途，增加前进的勇气：

如来方便深入众生之性，知其志乐小法，深著五欲，为是等故，说于涅槃。是人若闻，则便信受，譬如五百由旬险难恶道，旷绝无人怖畏之处。若有多众，欲过此道，至珍宝处。有一导师聪慧明达，善知险道通塞之相，将导众人欲过此难。所将人众中路懈退，白导师言："我等疲极而复怖畏，不能复进。前路犹远，今欲退还。"导师多诸方便，而作是念："此等可愍，云何舍大珍宝而欲退还？"作是念已，以方便力于险道中，过二百由旬化作一城，告众人言："汝等勿怖，莫得退还。今此大城，可于中止，随意所作。若入是城，快得安隐。若能前至，宝所亦可得去。"是时疲极之众，心大欢喜，叹未曾有："我等今者免斯恶道，快得安隐。"于是众人前入化城，生已度想，生安隐想。尔时导师知此人众既得止息，无复疲倦，即灭化城，语众人言："汝等去来，宝处在近。向者大城，我所化作，为止息耳。"

……如来亦复如是，今为汝等作大导师，知诸生死烦恼恶道险难长远应去应度。若众生但闻一佛乘者，则不欲见佛，不欲亲近，便作是念："佛道长远，久受勤苦，乃可得成。"佛知是心怯弱下劣，以方便力而于中道为止息，故说二涅槃。若众生住于二地，如来尔时即便为说："汝等所作未办，汝所住地近于佛慧，当观察筹量，所得涅槃非真实也。但是如来方便之力，于一佛乘分别说三。"如彼导师为止息故，化作大城，既知息已，而告之言："宝处在近，此城非实，我化作耳。"①

① 《法华经·化城喻品》。

传统说法，释迦在菩提树下得正觉，《法华经》对历来所传释迦的经历也做了新的解释：

为度众生故，方便现涅槃，而实不灭度，常住此说法。[①]

佛从出家到涅槃，无非是为了教化方便。三乘、涅槃都是为了方便，这种观点显然与《涅槃经》的宗旨不同，与《般若经》破除一切实体的宗旨也不同。它说：

今我喜无畏，于诸菩萨中，正直舍方便，但说无上道。[②]

三乘归于一乘，在理论上，要把佛教的一切理论归结为佛智慧。所谓佛智慧即成佛的标志[③]。佛授记之后，还要经历修习，才能成佛。这种成佛观到了中国，经过天台宗的解释，有了很大的改变，把成佛的希望说得更近了。《法华经》提倡众生可以成佛，这又是大乘佛教的共同趋向。

2. “开佛知见”与偶像崇拜

《法华经》强调“佛之知见”对成佛的重要性，以“佛之知见”代替“般若”一词：

诸佛世尊唯以一大事因缘故，出现于世。诸佛世尊欲令众生开佛知见，使得清净故，出现于世；欲示众生佛之知见故，……欲令众生悟佛知见故，……欲令众生入佛知见道故，

---

① 《法华经·如来寿量品》。

② 《法华经·方便品》。

③ 《般若经》也讲智慧，抬高智慧的作用，认为佛也是智慧的产物。般若被称为“诸佛之母”。《法华经》认为智慧出于佛，众生觉悟，在于“开佛知见”，佛被称为“众生之父”。

出现于世。[①]

这里再三讲述，令众生“开佛知见”“悟佛知见”“入佛知见”，认为这是佛出现于世的唯一“大事因缘”。佛的知见（佛慧），照《法华经》的见解，它能究尽“诸法实相”，即洞察一切的神秘直观能力。“诸法实相义”是《法华经》的要旨，它：

> 一切诸法，空无所有，无有常住，亦无起灭。……观一切法，皆无所有，犹如虚空，无有坚固，不生不出，不动不退，常住一相。[②]

但这里的“实相”，不同于“性空”，而是包括得以体现此实相的“世间相”。

> 所谓诸法，如是相，如是性，如是体，如是力，如是作，如是因，如是缘，如是果，如是报，如是本末究竟等。[③]

上述“十如是”，只见于《妙法莲华经》的译文，其他译文不见。“如是”即在于调和世俗谛与真如的隔阂。现实世界不能硬说它不存在，只是不真实，但这个不真实的世界只是好像（“如”）存在着，好像有因、有缘、有形状、有性质。不但现实世界是“如”，即“实相”“真如”，也应当看作“如实”，而不是真实[④]。“十如是”的提出，促进了佛教认识论的深化。它不再停留在般若学的全

① 《法华经·方便品》。

② 《法华经·安乐行品》。

③ 《法华经·方便品》。

④ 这种“十如是”的“实相”观，比起竺法护译的《正法华经》，带有明显的般若空宗的倾向，竺译《正法华》则以“法身”为实相，客观唯心主义的色彩更重。

面讲“空”，不停留在“色即是空”的一般说教，它要在“空”观的指导下，来回答世俗世界的一切问题，试图既不脱离世俗世界，又不肯定世俗世界的真实性。这种认识论，不是纯哲学的思辨，而是宗教哲学的认识论，这种认识论在于指导宗教实践。

> 以诸众生有种种性、种种欲、种种行、种种忆想分别故，欲令生诸善根，以若干因缘、譬喻、言辞，种种说法，所作佛事，未曾暂废。①

为了宣传宗教的缘故，它把佛教宣传中可能遇到的一切怀疑，预先想到，要针对不同根器的信奉者做不同的说教。实相是一，但使人从不同的途径接近实相，仍不能不用说法、做佛事，用种种表达方式去示现佛教的真理。《法华经》把传统的轮回说“五道”或“六道”，改划为“十界”，即所谓天、人、狱、鬼、畜、修罗，名为“六凡”；声闻、辟支佛、菩萨、佛，名为“四圣”②。后来天台宗根据《法华经》的“十如是”“十界”加上诸种“世间”，发展为“一念三千”宗教哲学体系，进一步丰富了一般与个别的关系的理论。

《法华经》的“开佛知见”是一种建立佛教哲学世界观的理论。它有哲学意义和宗教意义，而宗教意义占主要地位，它的理论的建立，目的在于巩固宗教思想信仰。

“开佛知见”，为了取得佛教大乘的实相观，以追求成佛的目的；他们还认为，众生的根器不同，对有相当文化的群众有说服作用，但芸芸众生，根器千差万别。《法华经》对文化知识落后的阶

① 《法华经·如来寿量品》。

② 《法华经·妙音菩萨品》。

层，指出了另一条趋向成佛的途径，即偶像崇拜、偶像供养。它提出建庙、造塔、塑佛像，装饰佛寺建筑，都可以使人得到解脱，最后成佛。即使没有这些物质奉献，信奉者只要虔诚礼拜、歌唱、讴颂佛德，乃至“合掌”“小低头”，以此供养像，“渐见无量佛，自成无上道”①。

《法华经》之所以得到广泛流行，除了它在理论上有自己的阐发，还把佛描绘成救世主，除了可以保证成佛，还可以解救当时现实生活中遇到的苦难，满足现实生活中迫切的需求。《法华经》的后部，《嘱累品》以后的一些篇幅，塑造了一个观世音菩萨，这个偶像出现以后，它在群众中的影响甚至超过了释迦牟尼。释迦牟尼似乎还不及观世音菩萨管得那样具体。

> 以何因缘名观世音？……若有无量百千万亿众生受诸苦恼，闻是观世音菩萨，一心称名，观世音菩萨即时观其音声，皆得解脱。若有持是观世音菩萨名者，设入大火，火不能烧，由是菩萨威神力故。若为大水所漂，称其名号，即得浅处。……设复有人，若有罪、若无罪，杻械、枷锁检系其身，称观世音菩萨名者，皆悉断坏，即得解脱。②

佛教有念佛一派，指的是意念、想念，在心中树立佛的形象。这里说念佛，即口中念诵佛菩萨名（“一心称名”），呼唤菩萨名的宗教实践。《法华经》与后来的净土宗念佛名号以求解脱的方式一样。

照佛教的理论，“法身”无处不在，“真如”无处不在。为

---

① 《法华经・方便品》。

② 《法华经・观世音菩萨普门品》。

了普及宣传，佛和菩萨可以适应不同众生的需求，现化为不同形体，“若有国土众生应以佛身得度者，观世音菩萨即现佛身而为说法”。它还能“以长者、居士、宰官、婆罗门、妇女身得度者，即现妇女身而为说法”。佛教诸神中，观世音在中国群众中，算是最能接近群众的一位神灵。

> 若有女人设欲求男（按：希望生男孩），礼拜供养观世音菩萨，便生福德智慧之男；设欲求女（按：希望生女孩），便生端正有相之女。

佛的形象多庄严、雄伟，为了在群众中树立他的高大形象，不得不表现得与众不同，如“三十二相”“八十种好”，均非凡人所可企及。佛书记载的种种瑞相自不用说，如佛身上“一一毛孔右旋”，凡人怎能办到？《法华经》塑造的观世音菩萨形象，在中国广大地区被接受、受欢迎，这个神像没有佛那种高不可攀的气势，而是一位慈眉善目、美丽的妇女的形象，把佛与人世的距离拉近了。佛教既照顾到知识上层，也普及到更广大的下层。由于面向下层，它不讲更多的理论，而是用信仰、布施的行动来扩大影响，俘虏群众。

> 若经卷所住处，皆应起七宝塔，极令高广严饰，不须复安舍利。所以者何？此中已有如来全身。[①]
>
> 求声闻者，求辟支佛者，求佛道者，如是等类，咸于佛前闻《妙法华经》一偈一句，乃至一念随喜者，我皆与授记。[②]

① 《法华经·法师品》。

② 同上。

《法华经》的作者为了抬高这部经的地位，把它说成佛的最后说教的记录：

> 佛说是《法华》，令众欢喜已，寻即于是日，告于天下众："……我今于中夜，当入于涅槃。"[①]

《法华经》就成了"释氏晚年定论"，它讲的道理最圆满，最正确。《法华经》中讲的大量布施、舍身为奴，甚至不惜伤残肢体以供佛，从而博取释氏的欢心。这也正符合南北朝时期僧侣地主阶级利用剥削建立寺院经济的趋势。没有《法华经》的译出，中国南北朝时期的寺院经济也会发展、壮大。《法华经》的一再翻译，更可以从经典中找到重利盘剥的理论依据。如《提婆达多品》中说，佛于过去曾做国王，他宣称"谁能为我说大乘者，吾当终身供给走使"。时有仙人授以《妙法莲华经》，于是国王舍身为奴，"随仙人供给所须，采果汲水，拾薪设食，乃至以身而为床座，身心无倦"，作偈曰"若为我解说（大法），身当为奴仆"。后来南北朝时，梁武帝等舍身为寺院奴役，他们找到了经典依据。《药王菩萨本事品》还讲药王菩萨曾想"我虽以神力供养于佛，不如以身供养"，随即服香饮油，以七宝衣缠身，"灌诸香油，以神通力愿而自然身"。时诸佛同为之赞曰：

> 善哉善哉！善男子，是真精进，是名真法供养如来。……是名第一之施，于诸施中最尊最上。

《法华经》还宣传若能燃手指乃至足指供养佛塔，其所获之福德

① 《法华经·序品》。

“胜以国城妻子及三千大千国土山林河池诸珍宝物而供养者”。这种教导，果然出现了许多燃指、炼顶、焚身以供佛的[①]。

3. 四安乐行

《普贤菩萨劝发品》对如何修习佛教做了简单概括：

> 若善男子、善女人，成就四法，于如来灭后，当得是《法华经》：一者为诸佛护念，二者植众德本，三者入正定聚，四者发救一切众生之心。

这里的第一条要求坚信佛的存在，以取得佛的佑护。第二条“植众德本”，包括布施、供养、读经、敬师第多种有利于佛教的奉献。第三条为《法华经》所规定的禅观。第四条是发大愿心，拯救众生。为了把修习的要求具体化、简单化，《法华经》提出了修习“四安乐行”。

《安乐行品》中说，第一，“安住菩萨行处及亲近处”。所谓“菩萨行处”指的是一种精神活动状态。要求修习者能忍辱，不粗暴，不惊恐，无怨恨，无报复，心态平静，不强做是非、善恶分别，深入“诸法实相”。所谓菩萨“亲近处”，是指按照佛教的要求，亲近哪些人，不亲近哪些人。不亲近国王、贵族，不亲近诸外道，远离妇女，不看佛教以外的书籍，不亲近二乘人。要亲近“善知识”，“法师”要行禅观。总之，第一种“安乐行”为使“身业”符合佛教准则。

第二种“安乐行”使“口业”符合佛教准则：

> 从禅定起，为诸国王、王子、臣民、婆罗门等，开化演

① 《高僧传》卷十二《亡身篇》，《续高僧传》卷二十七《遗身篇》。

畅，说斯经典。

第二种“安乐行”要积极宣传教义，特别是《法华经》的教义。同时要不说别人的短处，不批评别人信奉的经典的过失，不攻击不同派别的经师，不议论别人的长处或短处，不生怨嫌之心。力求做到无所毁誉。这是对言论的要求。

第三种“安乐行”使“意业”符合佛教准则。这里也有两方面。除了“无怀嫉妒谄诳之心”，还要积极发扬救人救世的大愿。

当于一切众生起大悲想，于诸如来起慈父想，于诸菩萨起大师想。

上述诸种想，无非要求佛教信徒一切意念符合佛教要求。

第四种“安乐行”要求深入众生中行大慈大悲，平等说法，解脱一切众生为目标，解脱最上道莫过于《法华经》。

此《法华经》能令众生至一切智，一切世间多怨难信，先所未说，而今说之。文殊师利，此《法华经》是诸如来第一之说，于诸说中最为甚深，末后赐与。……此《法华经》诸佛如来秘密之藏。于诸经中最在其上。长夜守护，不妄宣说。始于今日，乃与汝等而敷演之。

《法华经》提出的“四安乐行”，务使修习者纳“身”“口”“意”三业于佛教正轨，建立坚定的佛教大乘世界观，坚定佛教大乘世界观集中于禅、观并重：

观一切法空，如实相，不颠倒，不动、不退、不转，如虚空，无所有性。一切语言道断，不生、不出、不起，无名无相，实无所有，无量无边，无碍无障。但以因缘有，从颠倒生。

这里提出的观法，吸收了般若空宗的观点，在于观“空”，而不同于小乘禅法的“四念住”“不净观”。但般若空宗学派的“观”强调理解，《法华经》提出的观法，若密切配合禅定，要求学者“在于闲处，修摄其心，安住不动，如须弥山”，要人“入于静室，以正意念，随义观法”。既重理解又重禅定的理论，特别受到南北朝中国佛教趋向融会的思潮所欢迎。沿着这一趋势继续发展，到了陈隋之际，出现了天台宗，正式以“止观”为建立宗派的宗旨，以《法华经》为主要经典，从思想发展的线索看，这是很自然的结果。

《法华经》关于成佛顿悟和渐修的论述，前后并不一致，因为它不是成于一时一地一人之手，难免有矛盾之处。如《化城喻品》中主张渐悟成佛：

于今有住声闻地者，我常教化阿耨多罗三藐三菩提，是诸人等，应以是法渐入佛道。

在《提婆达多品》中，借用舍利弗的话说：

佛道悬旷，经无量劫，勤苦积行，具修诸度，然后乃成。

这里认为成佛将是一个遥远的过程。这也许可以被理解为针对声闻乘来说。声闻乘在佛教“三乘”中，应属“钝根”。在《提婆达多品》中，讲到有一个八岁龙女，听过文殊师利于海中宣说《法华经》，“于刹那顷发菩提心，得不退转，……须臾顷便成正觉”。这显然指明成佛是可速成的。

《法华经》没有解决成佛顿、渐之争，这两种思想同时存在。经历了南北朝中国佛教的长期辩论，争论的天秤才把问题逐渐向顿悟方面倾斜，到了禅宗兴起，顿悟说越来越盛。后来，华严、天台也不甘示弱，相互吹嘘，推波助澜，又与中国传统性善说相结合，顿悟说终于占有绝对优势。

（四）《华严经》

《华严经》全称为《大方广佛华严经》（Buddhavataṃsaka-mahavaipuly-sūtra）。汉译本有两种，第一个译本为佛驮跋陀罗于刘宋初年译出，为六十卷本[①]；第二个译本为唐实叉难陀等于证圣至至圣历年间（695—699年）译出，为八十卷本。六十卷本为七处八会（即佛在七个地方主持八次集会）共三十四品，八十卷本分七处九会共三十九品。唐译本比刘宋译本内容有所增加，文义也更加流畅。就其影响言，作为以《华严经》形成的佛教宗派所依据的仍是六十卷本。

《华严经》形成六十卷全集以前，现行《华严经》中的一些零散章节已先后译成汉文。如东汉支娄迦谶译《兜沙经》，即相当于今《华严经》的《如来名号品》；吴支谦译的《菩萨本业经》，相当于今《华严经》的《净行品》和《十住品》。西晋竺法护译经中，《华严经》中的成分增加甚多，如《菩萨十住经》相当于《华严经》的《十住品》，《渐备一切智德经》相当于《十地品》，《等目菩萨所问三昧经》相当于八十卷中的《十定品》，《如来兴

① 据赵城金藏本《华严经》分为五十卷，其内容与六十卷本相同，因此本流传不广，佛教界不大有人知道六十卷《华严经》以外还有一种五十卷本。该五十卷《华严经》现收入《中华大藏经（汉文部分）》第十二卷。

显经》相当于《如来性起品》和《十忍品》，《度世品经》相当于《离世间品》。此外，西秦圣坚译的《罗摩伽经》相当于《华严经》的《入法界品》。姚秦鸠摩罗什重译的《十住经》，后来全部移植为《华严经·十住品》。还有一些散品，到唐代还陆续以单行本形式出现，唐般若译有《大方广佛华严经入不思议解脱境界普贤行愿品》，亦称《大方广佛华严经》四十卷本，即《入法界品》的扩大本。可见《华严经》这一部大书，不是一时一地的产物[①]，它是《华严经》学派中流传的许多散本的最后结集。上述六十卷《华严经》与八十卷《华严经》相距二百七十余年，原本都采自于阗。前此介绍《华严经》散品最多的竺法护，据说他通晓西域三十六种语言，号称“敦煌菩萨”。至今除《入法界品》和《十地品》，尚未发现《华严》的梵文本。《华严经》可能是公元四世纪，流传在西域一带的佛教典籍，在于阗编纂的。

《华严经》把许多分散的单行经结集为一部大书，它有内在的体系，从佛教修行的次第，可分为三大阶段：从“地前”菩萨诸行，从信敬“三宝”开始，配合修习十波罗蜜[②]，分别讲述“十住”“十行”“十无尽藏”“十回向”，止于“十地”。这是对开始修行的人讲的修行步骤。经过“入地”的菩萨诸行，再进入佛界的菩萨诸行，即“十地”修行圆满，进入佛界，由此获得诸佛神通（“十明”）和智慧（“十忍”），并为普救众生兴显出世（“如

① 逐渐结集成书的不止《华严经》，如六百卷的《大般若经》、四十卷的《涅槃经》、一百二十卷的《大宝积经》都是由许多内容相近的单行本不断集合而成的。

② 在传统的六波罗蜜（布施、戒、忍、精进、禅、般若）中从般若波罗蜜中分出方便、愿、力、智四波罗蜜，合成十波罗蜜。

来性起”），深入法界（“入法界”）。

《华严经》通过数的描述提出“无限”的观念。

过去佛经一般用“阿僧祇”（a-saṃkhya）表示数目众多，旧译为“无数”“无央数”。《华严经》不满足于这个表达方式，它认为“阿僧祇”还不足以表达“无限”这个意思，它在《阿僧祇品》中，以平方做基数，把“阿僧祇”作为一个通向无限的表达媒介。“阿僧祇”个“阿僧祇”叫作一个“一阿僧祇转”（阿僧祇×阿僧祇=一阿僧祇转）。“阿僧祇转”个“阿僧祇转”叫作“一无量”。“无量”个“无量”叫作“一无量转”。如此推衍下去，达到“不可称”“不可思议”“不可说”。它这里形式上是计量单位，实际上是它提出了世界无限的观念。一般佛典多用“恒河沙”譬喻众多，《华严经》则用“佛刹微尘”或“佛世界微尘”。“一佛刹”等于一佛教化的世界，大都指三千大千世界。三千大千世界析为微尘的数量，比起印度一条恒河沙子的数量当然多得不可思议。

《华严经》为了表示佛法的广大无边、佛力无限，在表达计量方式上大大丰富了人们数量概念的想象力，使人们悟出世界的时间无限、空间无限。

《华严经》对世界的复杂性多以“十”来表示，如“十地”“十住”“十行”“十无尽藏”“十回向”等等。“十”本来是个数目概念，在《华严经》的体系中，“十”从数量符号上升为佛教神学宇宙观的基本范畴[①]。

① 除《入法界品》，其他各品都由“十”推演而形成体系。如《佛不思议法品》由三十个“十种法”组成，《离世间品》由二百多个“十种法”组成。这种以“十”框架结构的述达方式，使它臃肿、烦琐。

从十进位制的数量计算系统看，“十”意味着圆满、和谐、无欠缺，“十”是旧顺序的终结，又是新顺序的开始。在下一个顺序可以看作“十”，在上一个顺序看，它又可以是“一”。华严宗利用“十”这个基本范畴，推演出许多“道理”。这种重形式、重间架，颇似汉代哲学的用“五”的方式，“五德”“五行”“五方”“五色”“五味”“五帝”……《华严经》充分发挥了“十”在佛教经学中的妙用。

1.“法身”的解释

大乘佛教认为佛有三身：“法身”①“报身”“应身”。“法”相当于“道”（“真如”），以真心、本觉为成佛的依据，称为“法身”或“法佛”；“报身”，以“法身”为因，经过宗教修习而获得佛果之身，亦称“报身佛”；“应身”，指佛为教化众生而显示之身，亦指释迦牟尼之生身，或变现为世间众生的形象之身。还有一种三身说，认为佛有三身，它们是“自性身”“受用身”“变化身”。“自性身”亦称“法身”，指法界、法性，以佛为最高精神实体。“受用身”又分两种，一为“自受用”，二为“他受用”。“自受用”指佛累劫修行得到的永恒不变的成果，可以受用无穷。“他受用”指佛为诸修行菩萨现大神通，使他们分享佛的功德成果。“受用身”中的“他受用身”，又称为“应身”。“化身”即“变化身”，佛无固定形象，只是为了便于教化各种不同水平层次的对象而变现为各种形象。

据《华严经》解释，佛教出世间和世俗世界的分别是认识者

① 不同流派对“法身”有不同解释。可参考《大乘义章》卷十九、《成唯识论》卷十。

从各自的立场区别而产生的。世俗世界是人的心力业报和虚妄忆念的结果。佛世界是由于信奉者通过禅定或其他修习途径而勾画出来的。所谓佛的身色（佛的形象）外观，如“三十二相”“八十种好”都是观念中的身。佛的形象，“一切具是妙境界，随其所应悉能见”，“如来一法身，生诸佛身”[①]，“譬如净满月，善现一切水，影象虽无量，本月未曾一，佛身初无二”[②]。

《华严经》集中地描述了一位毗卢舍那（Vairocana），意为“光明遍照”。《华严经》提出以毗卢舍那代替释迦牟尼的地位，并作为“法身”的形象出现。“法身”是普遍永恒的真理、“真如”的代表者或体现者，也是佛教神学原理的人格化。佛教认为真理既然无所不在、无时不在，它就不应当局限于体现某一事物或某一佛。《毗卢舍那佛品》中描述，佛能于身上任何部位放出“佛世界微尘数光明”，“如是等一一光明各有佛世界微尘数光明以为眷属。一一光明照十佛土微尘等刹”。在佛光明中照见微尘数菩萨。微尘数菩萨中，于“一切毛孔中各生出十佛世界数等一切妙宝净光明云”，世界的存在是佛的光明普照的结果。佛光普照的范围无尽，世界无尽，佛表现出来诸多庄严美好形象，不应把它看作当真的佛的形象，它是真理的体现，“道”（“法”）的现实化（“身”）。因此，“法身”是客观存在的。

“法身”是佛法的化身，诸佛由佛法出，而佛法又是一佛的体现。在《华严经》的体系里，世界处在一种无穷无尽的关系之网中。众生必依靠佛的光明（佛智）才可以见“真如”，得到解脱，

① 《华严经·十地品》。

② 《华严经·赞佛品》。

众生既然依佛智而产生，众生自身也有佛智。它说：

> 如来智慧无处不至。何以故？无有无生无众生身、如来智慧不具足者，但众生颠倒。……如来智慧，无相智慧，无碍智慧，具足于众生身中。但愚痴众生，颠倒想覆，不知不见，不生信心。……我当教彼众生觉悟圣道，悉令永离妄想颠倒垢缚，具见如来在其身内，与佛无异。……如来菩提身，无所不在，无处不有。[①]

可见如来智慧本为众生本有，与佛无异，只是由于受世俗观念的颠倒观念所障蔽（“颠倒想覆”），才不得解脱。佛教教人通过宗教修习，反观内省，启发自身已有的智慧，以求解脱。当时宣扬这种观点的不止华严一家，如禅宗的“明心见性”也主张这种方法。

《华严经》的“法身”说，把佛教真理说通俗化，以毗卢舍那为代表，通过形象化的表达方式，阐发佛教宗教世界观。把“法身”作为毗卢舍那佛、崇拜对象，把佛理客体化为精神本体。《华严经》从宗教实践的立场，提出众生虽有佛性，但需要佛智的启发。《华严经》中展示了两种最高精神实体，一个是“法身”，这是客观的精神实体；另一个是“如来智慧”，这是主观精神实体。对“法身”来说，“如来智慧”是接受佛光明的主观条件；对“如来智慧”来说，“法身”则是取得自我觉悟的外在条件。这二者没有分出哪一个更根本，这种观点一直是中国佛教所关心的问题。

2. 三界唯心

“三界唯心”是《华严经》用以说明众生流转生死的原因，是世界的本源。

① 《华严经·如来性起品》之三。

> 三界虚妄，但是心作。十二缘分，是皆依心（唐译为“三界所有，唯是一心，如来于此分别演说十二有支，皆依一心”）。所以者何？随事生欲心，是心即是识，事是行；行诳心，故名无明；识所依处名名色。[①]

“十二缘生”是原始佛教的基本理论，小乘、大乘都有各自的解释。《华严经》关于“三界唯心”的著名论断，实质上是对佛教的基本理论“十二缘生”说给以新的概括。把原来仅属于宗教说教的学说引向哲学命题，使它具有世界观的性质。从竺法护首先译出《十住经》到鸠摩罗什再译《十地经》，都十分看重这个“三界唯心”的命题。

《华严经》认为：

> 心如画工师，画种种五阴，一切世界中，无法而不造。[②]
>
> 一切世间法，唯以心为主，随乐取相者，皆悉是颠倒。[③]

按照这一原理，佛如来也是“心”的创造，“知一切佛及与我心，皆悉如梦。……知一切佛皆悉如幻，己心亦尔。……诸佛菩萨一切自在无碍境界，皆由己心具甚深智，了一切法”[④]。这等于说修佛的关键在于修心，见心即见佛。

> 诸佛悉了知，一切从心转。若能如是解，彼人见真佛。[⑤]

---

① 《华严经·十地品》之三。

② 同上。

③ 《华严经·菩萨明难品》。

④ 《华严经·入法界品》之三。

⑤ 《华严经·十地品》之三。唐译本“若人知心行，普造诸世间。是人则见佛，了佛真实性”，意义相同。

“心”也成了“出世间”的本源。这一观点，在《华严经》中也有前后不一致的地方。如《毗卢舍那佛品》之二曾说：

> 有世界海尘数，因缘具故成，已成、今成、当成。所谓如来神力故，法应如是故，众生行业故。一切菩萨成一切智所得故，一切众生及诸菩萨同集善根故。

它认为世界形成的原因是无限多的，世界差别也是无限的。《华严经》用“世界海”表示世界的广大，“世界海尘数”表示无限多。世界的多样性、复杂性及无限性，都起于一心所造。

3. 一多相即

佛的“法身”是“一”，佛的“应化身”是“多”；“如来智慧”是“一”，“如来智慧”的运用是“多”；众生的“心”是“一”，“心”的造作是“多”。它提出把“一”与“多”统一的范畴，由此推而广之，广泛运用于论述一般与个别、全体与部分的关系。

《十住品》中的第七住，列举菩萨必学的“十法”，其第一法即“知一即是多，多即是一”。《十回向品》之八也说“于一法中知一切法，于一切法中亦知一法”。《十忍品》中说“观缘起法，于一法中解众多法，众多法中解一法”。从“一”与“多”，进而指出两者的关系。从世界的复杂性看，它是“多”；从世界“但从一心起”来看，它又是“一”。它承认世界的差别，又要求把差别统一起来。这样看待“一”与“多”的关系，有它的合理因素，因而提出：

> 知一世界即是无量无边世界，知无量无边世界即是一世界；知无量无边世界入一世界，知一世界入无量无边世

界；……于一毛孔中悉分别知一切世界，于一切世界中悉分别知一毛孔性。[①]

从宇宙时间上看有限、无限的关系，《华严经》也提出了一些可取的见解：

知异劫中有无异劫，知无异劫中有异劫；……知一切劫入无劫，知无劫入一切劫。[②]

从心理状态上看有限、无限的关系，《华严经》说：

一切欲即是一欲，一欲即是一切欲。[③]

在大乘佛教的经典中，把个别与一般的关系讲得这样深透，并把它提到哲学世界观、方法论的高度来考察，《华严经》堪称第一。但是《华严经》把十分丰富生动活泼的辩证法讲死了，讲成了僵化的格式。如果从客观实际去观察世界，而不是从概念推论去论述世界，人们可以发现，事物的“一”与“多”、全体和局部的确有着相互依存的关系。“一”与“多”有关系，但不能因为“一”与“多”有关系，便混同“多”和“一切”的概念。任何个别事物的存在必然和众多的条件相依存，但不能说任何个别事物的存在，必然以“一切”为条件。在理论上好像更完备无缺欠，而事实上却不可能。这里表现出《华严经》概念的混乱。说全体与部分不可分，但不能由此得出结论说认识部分即等于认识全部，更不能说部分就是全

① 《华严经·初发心菩萨功德品》。

② 同上。

③ 同上。

体。《华严经》为了论证其宗教理论，论证“佛法无边”，论证一切事物都分享“真如”的光辉，才尽力缩小世界与出世间的距离，它的用心是可以理解的，但事实上并不像他们所论证出来的那种关系。

《华严经》从“一”与“多”范畴进而论证“相即”“相入”的关系范畴。“相即”又称“相是”，表示二事物之间的相等或不相离；“相入”又称“相摄”“相有”，表示二物为另一物所包容的关系。

> 知秽世界即是净世界，知净世界是秽世界。……知长劫即是短劫，知短劫即是长劫。[①]

“秽”与“净”、“长”与“短”，性质相反，但《华严经》认为二者“相即”“相入”，仅就其概念上不可分这个意义上说，“秽”离不开“净”，“净”离不开“秽”，“长”与“短”也是互相依存的范畴。范畴的互相依存，不能等同于相互对立的具体事物也互相依存。更不能说对立的事物没有差别。如：

> 解佛法、世间法等无差别，世间法入佛法，佛法入世间法。佛法、世间法而不杂乱，世间法不坏佛法。[②]

佛法与世间法可以互相转换，所以二者“等无差别”，但二者又各有自性，所以又不“杂乱”。道理讲到此为止，还可以成立，但它引申发挥便出现了困难。

> 一切世界入一毛道，一毛道出不可思议刹。一切众生身悉入一身，于一身出无量诸身。……一切诸入[③]入于一入，令一入

① 《华严经·初发心菩萨功德品》。

② 《华严经·十行品》之一。

③ 入：感官接受外来的刺激的通道，即感觉活动机能。

入一切诸入。……一切诸相悉入一相，一相入于一切诸相。一切语音入一语音，一语音入一切语音。[1]

他们认为一切事物有统一性，可以互相转换、互相包容。这都是合理的、符合实际的。如果把“一”与“一切”的关系讲过了头，必然导致大小不分、长短不分、性质不分，抹杀事物之间的差别，就陷于荒谬，只好得出一切世界可以纳入一毛孔、一念之间可以容纳无限系列时间的荒唐结论。《华严经》为了宣扬佛法有无限威力，超越通常人的时空观念，他们认为（也可以说相信）佛的世界完全不同于世间见解，它是为佛教修行而提出的理论，不是为了认识现实世界、改变现实世界而提出的认识论途径。把世界上诸多现象归结为“一”与“多”的关系，把事物之间的千万差别归结为“相即”“相入”关系，这样涵摄万有的哲学格式，给后来华严宗的理事无碍、事事无碍的圆融体系提供了依据，客观上为阶级社会的互相依赖、互相补充寻找理论根据。

4. 入法界观

“法界”是Dharmadhātu的意译，音译为“达摩驮多”。有多种用法和解释。佛教“十八界”中之“法界”，特指意识所缘虑的对象，凡是感官的对象及思维理解的对象都称为“法界”。有时泛指各种事物。“界”指分界，即事物的类别。各种事物均有它的种类，都有它的特点，如“三界”“十八界”。《华严经》的《入法界品》列在全书的最后部，把“深入法界”作为修行的最后归宿。但《华严经》对“法界”未做出明确的解释，只可从它论述关于“法界”的内

① 《华严经·普贤菩萨行品》。

容归纳出它的含义[①]。

《华严经》认为“法界”即不变的法性，它是物种性质及佛教道理的实体化。与《大般涅槃经》把佛教教理实体化为“佛性”的处理方式相似。物种性质无限、无尽，“法界”也是无限、无尽的。在《华严经》中提到“法界”有多处，如“三世法界”“诸佛法界”“一切法界”“无量法界”“清净法界”“妙法界”以及“法界无量”“法界遍至”等。后来唐代的华严宗把“法界”概括为两大类，按物类性质划分的事物统称为“事法界”，按佛理划分的统称为“理法界”。这种明确的法界划分法，是后来佛教流派对《华严经》的理论的发挥，《华严经》并没有这样明确分类。

《华严经》把“悟入法界”“随顺法界”，看作修习的关键环节。把“游心清净法界中，所行饶益诸群众”[②]作为行动纲领。它教人“随顺一切法界，于一切世界修菩萨行”，“深入无量法界智”“分别不可思议法界智”“于一念中充满一切法界智”“自持一切法界自在智”，作为“普贤菩萨行门”的主要标志[③]，把深入“法界”当作觉悟成佛的途径：

> 入于真实妙法界，自然觉悟不由他。[④]要求修行者保持“等法界观”，即是不否认差别，也不肯定差别。用《华严经》的

① 在《华严经·十无尽藏品》中说：“何等为无为法？所谓虚空、涅槃，数缘灭、非数缘灭，十二缘起及法界。”唐译本把“十二缘起及法界”译为“缘起法性住”。可见“法界”与“法性住”同义。

② 《华严经·十行品》。

③ 《华严经·十回向品》之八。

④ 《华严经·十行品》。

说法，即“不起众生，不坏众生；不起诸刹，不坏诸刹；不起诸法，不坏诸法”[①]，对一切存在平等对待。在这种平等观思想指导下，向所有善知识学习。法界广大无边，向善知识学习的东西也无止境、无限量。在《入法界品》中，本来应该集中讲述佛教义理，它却大讲善财童子参学求法的许多过程。它教人体验最高真理，求究竟法，不在世界之外去找，要出世，又不离开世俗生活。世俗生活才是通向成佛之路。为了达到这个目的，不惜向世俗学习，向外道学习。这种入世思想，恰恰投合了当时中国封建传统儒家思想，得到当时有识之士的欣赏，他们认为佛教《华严经》的道理和中国传统观念十分相近。通过参问、学习，可以得到解脱，途径多方。不仅向佛教内部的善知识学习，还可以向佛教以外，社会上一般群众学习，甚至外道、婆罗门、仙人也是学习的对象。这也可以看出佛教大乘兼容的趋向。它提出“唯心观门”“法身观门”“念佛观门”“佛智观门”“法性实相观门”“般若如幻观门”等。佛教一贯反对苦行，认为靠苦行不能得解脱。《华严经》对苦行也给以一定的肯定。《华严经》认为世间严酷刑法也可以起到调伏众生、救度众生的手段。保持禁欲主义本来是佛教的根本教条，在《华严经》中，也承认有行为放荡的女人可以得“离欲三昧”，而给以肯定。

在《华严经》的宗教哲学体系里，凡社会上所有的一切现实存在的事物，都具有引导人们“深入法界”的法门，引导人们进入佛世界。从世俗生活中学习知识，救助众生，实现菩萨行，并从中

① 《十忍品》。

体现佛理。从而为佛教彻底世俗化提供了经典根据，世间法与出世间法的界限被打破。《华严经》对中国佛教界影响极大。它提倡游方、参学活动，这对于沟通南北佛教流派，加强理论学说交流，起了推动作用。对佛教内部吸收、融通不同流派，促进儒、释、道三教合一，发生过积极影响。也正由于《华严经》采取的包容一切、调和一切的态度，造成它体系臃肿、内容驳杂，有时自相矛盾。这又给后来的华严宗以任意发挥、构造体系的机会。

七、魏晋南北朝流行的佛教主要经论

（一）《摄大乘论》

《摄大乘论》[①]共有三种汉文译本，第一次译者为元魏佛陀扇多（二卷），第二次为南朝陈真谛译本（三卷），第三次为唐玄奘译（三卷）。印度有世亲为此论做注释，作《摄大乘论释》，也有三种汉文译本，第一次为真谛译（十五卷），第二次为隋达磨笈多译（十卷），第三次为玄奘译（十卷）。影响最大的是真谛的两个译本（一个是《论》，一个是《释》）。

《摄大乘论》简称"《摄论》"，它结构严密、译文清顺，篇幅长短适中，是法相唯识宗的重要代表作。"《释论》"贯穿了真谛学派的主张，在唯识学派中有它的独特的见解。自从玄奘创建唯识宗以来，真谛一派被称为旧唯识学。后来谈唯识者都奉玄奘为始

① 《摄大乘论》：梵文为Mahāyāna-saṃparigraha–śāstra。

祖，旧唯识学渐被遗忘。事实上，对中国思想界最早发生影响的，应推真谛传播的《摄论》。

1. 阿黎耶识的建立

佛教讲的“识”，是一种广义的认识活动。它不仅有观照、反映的意义，还包括痛痒、苦乐等感受，判断道德是非善恶的价值、利害取舍，它是一种综合的社会认识活动。

《摄论》的理论，在中国哲学界发生影响，主要在于它把人类认识论的过程讲得比较充分，这种理论丰富了中国哲学史的某些方面。

大乘佛教空宗一般承认“三界虚妄，但是一心作”[①]。但“三界”怎样被“心”创作出来的，这个“心”的性状如何，需要具体说明。佛教唯识学派力图解决这个课题。

传统佛教把人的“识”分为六个部分，眼、耳、鼻、舌、身、意，称为“六识”。这“六识”多偏重在主体方面的能力、作用，而没有很好地解释主观认识者与被认识的关系，更不利于消除世间与出世间的隔阂。摄论学派要在佛教传统的“六识”的基础上再增加新的认识功能，为精神创造物质的学说找寻理论根据。

真谛译有《转识论》，分“识”为三类：

（1）“果报识”，即阿黎耶识，第八识。

（2）“执识”，译为“阿陀那识”，第七识。

（3）“尘识”，即眼、耳、鼻、舌、身、意等六识，称“前六识”，是指在第七、第八识之前的六种识。

这八识之中最主要的是阿黎耶识，是众生遭受因果报应的受报

① 《十地经论》释第七地。

者。可见佛教的认识论是为宗教服务的宗教哲学。

《摄论》认为佛教旧的“六识”说不能圆满解释众生轮回的教义。佛教不承认有灵魂存在，主张一切无常，即使有灵魂，它也是无常的，不是永存的。佛教又主张众生受轮回之苦，没有一个受轮回之苦的主体（承受者），轮回之说就有困难。这个矛盾本来是佛教自己制造出来的。佛教为了补救这种困难，想尽了办法，唯识学提出的“八识”说，就是办法中的一种。

传统的“十二缘生”说，解释三世因果，回避了轮回的主体。《摄论》企图在“十二缘生”的过程中，找出轮回的主体来。《摄论释·引证品》说，“十二缘生”说既讲“名”，又讲“识”，说明二者不是一回事。“名”指“五阴”中的“非色四明”（受、想、行、识），只是与“色”（物质因素）并列，构成有情的精神因素，和“六识”相应。“名色依识生”，则表示“识”是“名”和“色”的共因。“识依名色生”，是指“识”又凭借“名”“色”得以流转，“识”是在“名”“色”之上，使“名”“色”得以实现的依据。由此推论，“六识”之上必须另有一种识[①]作为轮回的主体，而物质性的“色”之上还应有个更高层次的实体。

佛教传统所谓“六识”，认为是生灭无常的，不能说明全部精神活动的整体性和连续性。像经验的积累、记忆的储存、行为的连贯性、无意识或潜意识诸现象，都不好用已有的“六识”来说明。需要在“六识”之外建立一个统摄一切心理活动的识体，称为阿黎

① “六识”之外还有其他的知识，印度其他流派也有过各种主张，摩诃僧祇部称为“根本识”，弥沙塞部称为“穷生死阴”，正量部称为“果报识”，上座部称为“有分识”，一般俗人“误执为我”的那种识也是非“六识”的识。

耶识。阿黎耶识的创立，对于推动佛教的宗教认识论向更深的层次发展，具有重大意义。也可以说在印度佛教大乘体系里，它已走到了顶端。佛教世界观本来是虚构的，从整体来看，它漏洞很多，难以成立。就它局部范围来看，它对心理学、逻辑学、认识论的某些环节曾有过比较深入的探索，提出过一些有价值的见解。正如一幢楼房，构造宏伟，而根基不固，经不起风雨，不能居住，起不到楼房的作用。但其中砖木材料拆除下来，用在别的建筑上，还有用处。

摄论学派为了弥补传统佛教“六识”说的不足，提出“八识”说，为了建立“八识”说，提出了“熏习”和“种子”的概念。“熏习”和“种子”唯识学派用作哲学范畴。“熏习”和“种子”本来是一种比喻，如用花熏衣，花香缕缕升起，令衣着香，花体坏灭，香仍残留衣中，这种作用叫作“熏习”，此香气叫作“习气”。人类认识也有类似之处。通过经验的长期熏习，形成观念、习惯，即使离开了直接经验的情况下，熏习留下的观念依然保存在识念之中，名为“习气”。又譬如植物的种子，本是植物的果实，它在适宜的条件下，还会生出新的植物来，又结出同样的果实。储存在“识”中的“习气”，也像种子，在特定条件下，会按照观念的体系，引生出与它自身相应的生命体（根身）和周围世界（器界）。由“熏习”而生“种子”，由“种子”而生果报，形成循环系列，构成轮回的链条，众生由此受苦受难，不得解脱，这是“世间”产生的原因。

“熏习”成“种”，由“种”成“果”，都来源于“识”（人类长期形成的精神力量）。这种能力来自哪一种“识”？《摄论》认为佛教传统的六种识都不具备这种创造世间的职能。前六识没有前后相续的功能，而且“易动坏”，又互不相通。前五识各缘自境，各有固定的对象，眼不能听，耳不能见。如脱离自境，自性即消失，所以是“易动坏”。各识之间互不相通。第六识（意识）与前五识也互不相通。意识也有“易动坏”的缺点。像睡眠、醉梦、暂死，坐禅时可以出现使意识不起的境界（无想定、无想天）。各个识生灭相续，按前后顺序次第进行，“六识”不并起。“六识”不能成为受熏的对象，起到摄持“种子”的作用。以贪、嗔、痴为例，它们必须依附于识而存在，与识同生同灭。由于六识“易动坏”，不相联属，中间有隔阻，如世间的烦恼、“惑”“业”应当有一个被储存的场，否则，轮回将没有被轮回的主体作为受者。这就使佛教失去了用轮回教义推行其宗教宣传的凭借。

阿黎耶识，唐代通译作“阿赖耶识”，意译为“藏识”“宅识”，随其功用不同，还称为“本识”“显识”“果报识”“种子识”等。“应知依止，立名阿黎耶识。”阿黎耶识是三界六通凡圣众生一切事物赖以产生和变化的最后根据，也可以说是世界的本体。佛教不承认现实世界是真实存在，当然也不承认现实世间有所谓永恒的本体。佛教所指的世界的“依止”有贬义，不是中性词义。

> 此界无始时，一切法依止。若有诸道有，及有得涅槃。[①]
> 诸法依藏住，一切种子识。[②]

这是说，阿黎耶识从来就是万物存在的根源。此阿黎耶识是三界六道的总根源。阿黎耶识之所以作为世界万物的总根源，是由于言说“熏习”的作用所致。比如说“眼”这个名称，经常由“眼”这个

① 《众名品》。

② 同上。

名称的音声的熏习，有了眼的“种子”。“一切世间”都由言说“熏习”阿黎耶识而示现，它储存在阿黎耶识中。“种子”“熏习”所包括的“一切种子”，也就是一个概念体系。阿黎耶识的存在，实即概念体系的存在。万物来自“熏习”，但最初的“熏习”是从何而起？有没有造成“熏习”的“熏习”？《摄论》认为有所谓“无始熏习”，力图把“熏习”说成没有开端。这种解释可聊备一说，但不能解决既要“熏习”又无开端的逻辑矛盾。《摄论》把概念实体化，夸大概念的作用，“熏习”和“种子”都是概念转化的不同形态。

一切染污法都作为“种子”，藏于阿黎耶识中，它又是对后来染污的根据，引生未来的果报，所以又称“果报识”。阿黎耶识所以成为万物之源，就在于它作为摄持“种子”、积藏“种子”引生果报的主体上。有什么样的“熏习”，就有什么样的“种子”，不同的“种子”产生不同的果报。因为人类任何行为必产生相应的社会效应，有善有恶，有非善非恶，形成无尽链条，从而引起业报轮回、生死相续。本识与能熏相互为因、互相依持，称阿黎耶识的自相。“熏习”既是阿黎耶识的成因，又是阿黎耶识自身显现的一种功能，阿黎耶识自己产生自己，并以自己所产生的结果作为自己存在的根据。

佛教大乘认真地提出了唯心主义的世界起源说和世界构成说，力图抹杀世界存在的客观性、物质性。它把认识作用的主观、客观关系，转变为认识主体内部功能互相引发的关系。

心、性、识、情、意志一系列的心理活动，都得到进一步的探讨，把认识作用从外界探索引向内心反观。它的哲学体系并不见得被广大中国人士所接受，但他提倡的深入剖析人的心理活动，把认识论、道德观、人生观融合在一起，这种方式与中国的传统思维方式十分接近，从而起了佛儒两家互相渗透的作用。

佛教宣传“成佛”，儒家提倡“作圣”。成佛、作圣是佛儒两家号召群众去追求的目标，而两家所倡导的修习方法、行为规范，都教人为善去恶，却又十分接近。判断善恶行为完全以中国封建社会的上层建筑的要求为准。出世哲学与入世哲学并不那样隔绝，这两家确有通家之好。

2. “识”与“智”

《摄论》认为“八识”中的前五识，有它的共同性，意识又有它的特性。

> 眼等识以色等识为相，以眼识识为见，乃至以身识识为见。若意识，以一切眼为最初，法为最后，诸识为相，以意识识为见。

眼等前五识，各以自己的对象为“相”，亦各以自识为“见”。意识则以一切对象为“相”，以意识为“见”。此等认识的对象（“相”）和认识的活动（“见”），都是认识体自身的功能或作用，与“外尘”无关。真谛在《转识论》中说：

> 一一识中，皆具能听。能分别即是识，所分别即是境。

摄论学派认为前五识（眼、耳、鼻、舌、身）各自所取境（色、声、香、味、触）都属于纯粹的识，这种过程不夹杂任何意识的干预。只有意识能分别：

> 种种相生者，但意识是……以缘境不定故。其余诸识定缘一类尘，不能分别。能分别则成见，不能分别则成相。[1]

① 《释论·释应知性相·差别章》。

前五识只能接触自己那一部分对象缘自境（“一类尘”），所以不能分别。意识“缘境不定”，所以“种种相生”。意识所生出的种种“相”，都是前五识提供的“见相”材料，经意识的“分别”加工而成。这是说只有意识“能分别”，并即以此能分别作为自己的“相分”。因此，阿黎耶识以及意识前五识都有变现对象的能力。只是各个“识”的功用不同，变现的方式不同。摄论学派把客观事物的一切存在，都解释成识所变现出来的，提出了“唯识无尘”的唯心主义命题。

确立“唯识无尘”的世界观，被认为是一种智慧的完善的过程。建立唯识观需要智慧，被建立的唯识观又引发新的智慧。成就最高智慧，就会灭尽一切染污，获得“如来三身”[①]。

摄论学派充分发挥他们的“唯识无尘”的观点主张，提出有四种“智”。

（1）“相违识相智”。对同一境界，由于“识”的主体不同，所见也因而发生差别。由此推论出境可以随识变异，从而否认有客观的共同确认的“境”（对象），他们举例说：

> 譬如一江，……饿鬼[②]谓为脓血，鱼等畜生谓为住处，人谓为水，天[③]谓是地。随所分别，各成一境。若境是实，应互相

① 三身：不同佛教派别有不同的“三身”的解释。按唯识学派解释“三身”是“自性身”“受用身”“变化身”。指达到佛的精神境界，与真理为一，永恒常住，又应变无穷。

② 饿鬼：佛教宣传的生物界中永受饥饿的一种生物，食物对它来说有时变成火、脓血等不能食用的东西。

③ 天：佛教宣传的生物界中的住在天上的一种生物，寿命比人长得多，也有像人的情感欲望。地上的江河，从天上看，即是地的一部分。

妨，不应一处一时并成四境。①

这是说，对一江水，可以同时现为“脓血”“住处”“水”“地”四种境。

（2）“无境界识智”。认识的活动并不都由现前的实境引起，例如对过去、未来和梦幻物的认识，即属于“无境界识”。也就是说，“识”由“尘”生。

（3）“离功用无颠倒应成智”。人的认识并不都是如实而无颠倒。认识发生差错（颠倒），不能说由“尘”引起，而是由识者主观造成的。如果说“尘”（对象）为客观存在，“识缘尘起”，那么，认识就不应有颠倒，因为客体是客观存在、没有颠倒的问题，差错出在认识者这方面，应由“识”负责。

（4）“义随顺三慧智”。“三慧”指三种禅观。在禅观中，诸“尘”可以随禅观而改变其性状，如水变为土、青变为白等。各种道理可以随“思维义”显现，如“不净”“无常”“空”等；在禅观中也可使一切“尘”不显现，如无分别观中的“无分别智”等。

上述“四智”，在揭示主客矛盾，揭示认识过程的复杂性，防止简单化方面，有其贡献，因为它深入地发掘了人类认识的能力和局限，提出了主观条件对认识所起的能动作用，也指出认识受主观条件的多种制约。不同的人、不同的认识者对同一对象的认识有深浅、有差别，有时对立，即使同一个人对同一对象的认识，也不会在一切时间、一切条件下完全一样。它告诉人们不能单纯从客观对象一个方面来理解认识活动，主观方面发生了偏差，对同一个对象也会得到不同的结论，教人从主观方面找原因。形成主观差别的

① 《释依慧学差别胜相》。

原因多种多样，如社会条件、阶级立场、个人感情的爱憎、文化修养、思想方法、知识结构、能力高下，对认识都有关系。如果否认人们认识的主观因素的作用，就可能出差错。摄论学派从唯心主义立场来论证认识问题，大方向错了，但从他们所提出的问题来看，我们唯物主义者应认真对待。

摄论学派树立唯识观，把它当作佛教修习的任务，并把它分为几个阶段。要达到清净圆满的精神境界，首先要修方便道。途径是：

> 多闻所熏习依止，……正思维所摄，似法及义显相所生，似所取种类，有见，意言分别。[①]

多闻大乘法“熏习”所生“种子”，把它摄藏于“正思维[②]”中，以接近佛教教义文字显示出来，使它成为意识觉观思维的对象，通称为“意言分别”。这是说，以佛教教义为观想内容，建立唯识观。

为了达到清净圆满的精神境界，还要继续修习。佛教教义是“名言”，名言自身的性质还须探究。摄论学派提出了“名”与“义”的关系。在《论释·释应知入胜相·入方便道》中说，一般认为“言说皆属义，故名与义相应”。事实上，“名”与“义”各自独立，“名义互为客”，互不相属，二者不同体，如果说“名”与“义”同体，“未闻名时，于义中名智应成”，“又名多故，义亦应多”，“又名不定故，义亦应不定”。“名”与“义”生起的先后看，若先已有义，后以“名”显，则执“义”即是能了，何须后更立“名”？若此执不能了“义”，“名”岂能了？事实上，人

① 《摄论·应知入胜相》。

② 正思维：佛教的“八正道”之一，用佛教原则思维。

虽能了知此“名”，未必能了知此“义”。“若名定能了义，由此名不应有人有识物、有不识物。”由此推知，“名”与“义”应相异。“世间为显此义故，于此义中立此名，为想见言说故。”世人为了“想见言说”的方便，立某名以显某义。“义”是由“名”决定的。

若世间不安立色等名，于色类中无有一人能想此类是色。

世间于色类中给予一个“色名”才有了色类[①]。名义、自性、差别都是“假立言说”，是主观意识分别的结果。世间只有“意言分别”的存在，没有一个客观独立的存在。摄论学派指出了“名”“义”间有差别，这是对的。但把二者完全割裂，否认两者的同一性，这就错了。摄论学派不像般若学那样，把“名”“义”完全看作“假有”“不实”，它只是把“义”列在语言认识所达不到的领域，“谓色、受等类，色非色不可说，法非法不可说，有非有不可说”，没有直接否认在言语之外“义”的存在。

从方便修习的阶段，再提高，使“似唯识意言分别亦不得生”，修习者“唯住无分别一切义名中”，从而达到“唯识见位”，即“见道”。它的根本标志是摆脱语言中介，直观亲证“真如实相”。由于各学派的宗旨不同，他们心目中的“实相”的含义也不相同。摄论学派认为：

菩萨见一切法，但见（按：指意言）分别，无复外境。外境不成，故分别亦不成。若菩萨见内外无所有，则无所着，即

① 摄论学派把“类”当作为非语言所能表达的概念来使用，在“类”的意义讲“义”，同语言表达的“义”不是一回事，但“类”的确切意义没有解释。后来，玄奘的译本中没有“类”的概念，或所据梵本不同。

> 是无分别智。

这是一种神秘直观认识。“智”与相应之境对，“无分别智”所对之境不同于一般具体的境，它是“不可言说性”“法界真如”“真如境”，成就了“无分别智”，自然也证得“真如”境。这种境：

> 是智于真如境中平等平等生，无异无相。[①]

这时“境”与“智”浑然一体，“能缘”与“所缘”无分别，“不分别一切义，义即是境。此智于一切境无复能取、所取二种分别”。这种主客合一、浑然一体的精神境界，“无分别智”不是低级的无意识或下意识，也不是熟眠、昏醉、灭心定等离心的无所思维、无所知觉的状态，不同于形若木石无知。“无分别智”都是“唯识真如所显”，不同于世间的有分别的一般认识。佛教修习的目的，即转变世俗人的唯物主义认识论为唯心主义神秘主义的宗教世界观。

摄论学派教人通过转“识”成“智”的途径，得入唯识观。

> 为灭除其本阿黎耶识中一切有因诸法种子，为生长能触法身诸法种子，为转依，为得一切如来正法，为得一切智智故，入唯识观。

用“如来法身”的种子，替换掉阿黎耶识中的一切染污“种子”，以“无分别智”为体，以“真如智”为体，可以“见道”。“无分别智”是由“识”成“智”的转折点，这时已达到成佛的初步阶段（初地）。达到初地境界，“见真如即尽。何以故？真如无分数故。若见真如不尽，真如则有分数，……则同有为法。”[②]“真如”

---

① 《释依慧学差别胜相》。

② 《释入因果修差别胜相·对治章》。

具有全体性、普遍性，不同于“有为法”有局限、属于部分。如见“真如”，须见“真如”全体，不能只见一部分。竺道生讲顿悟，曾说过：“夫称顿者，明理不可分，悟语极照。以不二之悟，符不分之理。”[①]也有同样的理解。

修习的最后成果，即达到佛地，得到“三身”，具备“常”“乐”“我”“净”四德。这四德不从“种子”生。

摄论学派遇到一个无法解决的难题。阿黎耶识是“种子”，“种子”也是“熏习”，互为因果。阿黎耶识的本性，是染污的，是轮回的根源。他们又说，要转“识”成“智”。此八识如果是污染的，如何能转成清净无污染的“真如”？“常”“乐”“我”“净”四德是从哪里产生的？成佛如何可能？所谓“三身”“四智”的依据何在？

对这样的问题，《摄论》无法解决。但是《摄论》在南北朝后期，比较详细地、深入地提出了认识论方面的许多见解。有些见解虽然它不正确，但是深刻的，它深化了认识论。这也对中华民族的抽象思维有所推动。它启发了后来隋唐佛教法相唯识学派，自不待言。摄论学派的历史意义和影响，不限于佛教内部，它对当时哲学界也有影响。因为隋唐哲学思想的中心问题是心性论，对心性论进行探索而有贡献的不止摄论一派，而摄论学派无疑是其中的重要学派。

（二）《十地经论》（《地论》）

1.《地论》的传播

《十地经论》是南北朝时期流行颇广、影响深远的一部佛教经

① 见陈慧达《肇论疏》引道生语。

论。由于流传广泛，对这部经典的解释也出现了分歧，形成不同的两大流派。这两大流派各有师承，给佛教理论界提出了一个长期争论难决的问题，即佛性问题。这虽是个虚假问题，但它是佛教在理论上的要害。玄奘《启谢高昌王表》中，说他西行求法的目的是：

> 去圣时遥，义类差舛，遂使双林一味之旨，分成当现二常；大乘不二之宗，析为南北两道。纷纭争论，凡数百年[①]；率土怀疑，莫有匠决。

这里讲的"大乘不二之宗，析为南北两道"即指《十地经论》学派的两大派别争论了几百年，从南北朝直到唐初，没有取得一致的结论，不得不向佛教的发源地去寻求答案。

直到《十地经论》的译出，由于对佛性理解的不同，分为南道和北道两派，这个神学问题（佛性问题）发展为世界观、本体论的对立。玄奘到天竺寻求真理，自以为得到解决。事实上，这是谁也解答不了的问题。不是玄奘辈无能，而是佛教的信仰主义障蔽了思路。因为佛性，成佛的可能性，本来是假问题，对假问题做出任何严肃肯定的解答，都是错误的。

假问题所曲折反映的社会现实并不假。像成佛是否可能，要经过哪些阶段，这是假的，但人们要求摆脱苦难，要求解脱，盼望有一天得到精神上的自由，这种愿望却是真实的。我们的任务在于透过假问题，探求社会历史的真相。佛性问题的提出，意味着中国哲学发展的新阶段和提出的新课题。

关于《十地经论》的翻译，按崔光的《十地经论序》，北魏宣

---

① 《泥洹经》译于公元427年，玄奘出国西行在公元624年。

武帝于永平元年（508年）命三藏法师菩提流支和勒那摩提，及“传译沙门北天竺伏陀扇多并义学缁儒一十余人，在太极紫庭译出。……四年首夏，翻译周讫”。这部十多万字的经论，用了近四年时间。

北朝重义学，从魏孝文帝（471—499年在位）开始，《魏书》本纪称他“善谈老庄，尤精释义”，“每与名德沙门谈论往复”[①]。魏宣武帝（500—515年在位）“雅爱经史，尤长释氏之义，每至讲论，连夜忘疲”[②]。他曾“于式乾殿为诸僧朝臣讲《维摩诘经》”，又曾主持《十地经论》的翻译。由此可以看出《维摩诘经》和《十地经论》在当时流行的程度。宣武帝以后的孝明帝（516—528年在位）稚年即位，灵太后掌权，这位妇女也“略得佛经大义”[③]，相承袭的三代皇帝都信佛教。当时大臣崔光也喜欢讲《维摩诘经》《十地经》，并为二经义疏三十余卷。公元534年，北魏分为东、西两个王朝。在东魏的菩提流支等翻译家随迁邺都。西魏也崇奉佛教，令昙显等“撰菩萨藏众经要及百二十法门，始从佛性，终尽融门”[④]。研究的中心还是佛性论。

菩提流支到洛阳时（508年）即得到北魏统治者的支持，《十地经论》得到推广。历东、西魏及北齐、北周，得到重用的僧人也多为《十地经论》学派。

整个北朝，《十地经论》研习成风，涌现了小量《地论》师，其中最著名代表人物有道宠和慧光。

---

① 《魏书·韦阆传》。

② 《魏书·世宗纪》。

③ 《魏书·灵太后传》。

④ 《续高僧传》卷一。

道宠，俗姓张，名宾生。出家后，从菩提流支学《十地经论》，并自开讲席，其弟子堪可传道有千余人，著名的有僧休、法继、诞礼、牢宜、儒果等。这一派称为北道系。

《续高僧传》称“宠在道北，教牢宜四人；（慧）光在道南，教凭、范十人，故使洛下有南北二途”[①]。北道系统的著疏没有保存下来，史传[②]记载的有师徒承传关系，其学说内容却没有记载。地论南道系创始者慧光，门徒遍及全国，其影响不限于北方。历经魏、北齐、北周、隋、唐，传播时间也最长。

慧光，原定州人，从佛陀出家，后又转入勒那摩提门下。据《续高僧传》卷二十一：

> 会佛陀任少林寺主，勒那初译《十地》，至后合翻时预霑其席。以素习方言，通其两诠；取舍由悟，纲领存焉。自此《地论》流传，命章开释，《四分》一部，草创基兹。

慧光在菩提流支与勒那摩提双方发生分歧，慧光从中加以疏通，能够掌握《地论》纲领。慧光既学《地论》，又宣传《四分律》[③]，他

① 据《魏书・释老志》载，自北魏宣武帝至东魏末年（约500—550年），知名沙门十二人，有菩提流支、慧光，而无道宠。或为一时疏忽。地论学派分为南北两道，在隋唐已被公认。

② 《续高僧传》卷十一，志念“爰至受具，问道邺都，……又诣道宠法师学《十地论》”。

③ 从慧光的著作也说明《高僧传》记载符合实际。慧光著述甚多，注疏有《华严》《涅槃》《维摩》《十地》《地持》《胜鬘》《遗教》《温室》《仁王般若》，这也是当时地论学派学习的范围。另有关于戒律的《四分律疏》，删定《羯磨戒本》，著有《律义章》《仁王七诫》及《僧制》十八条。另著有《玄宗论》《大乘义》等。

是重义学又重律学的僧人。道宣说：

> 自正道东指，弘匠于世，则以道安为言初；缁素革风，广位声教，则慧光抑其次矣。[①]

道宣把慧光比作道安以后的第二人，这种过高的赞誉，应当指他对佛戒律、整顿僧团的贡献来说的。

慧光在东魏末年任国僧都，后召入邺，任国统。他一生宣传《十地经论》，入室弟子见于僧传的，有僧范、昙遵、慧顺、道凭、灵殉、法上、道慎、昙衍、僧达、安廪、冯兖、道云、道晖、昙隐、洪理等。地论南道得到历代朝廷的倚重，被国家任命为各级僧官，包括大统、国统、国都、州统等为数最多，这说明他们与朝廷上层联系十分密切。同时，他们也还注意普及宣传，经常游化江南江北各地。慧光弟子法上成为魏、齐两朝的僧都，掌管僧尼二百余万。法上著有《佛性论》二卷、《大乘义章》六卷，残存有《十地经义疏》一、三两卷。

北朝周武毁佛，北方部分僧众到南方避难，其中也有地论学派名僧靖嵩、法贵、灵侃等三百余人。当时南朝真谛传播的《摄大乘论》盛行。北方地论学派与南方摄论学派得到交流机会。隋朝统一全国，靖嵩、灵侃等二百余僧重返江北。地论学派与摄论学派相互交流，这是南北朝末期的佛教新思潮。政治上，是北方统一了南方；在学术上，也差不多以北方地论为主，吸收南方摄论，构成了隋唐佛教的格局。

① 《续高僧传》本传。

2. 地论南北两派的思想分歧

地论学派南北两道的分歧，不应仅仅看作承传、派系的不同，还应看到两派对佛性理论上的差别[①]。玄奘《启谢高昌王表》中明确指出南北两道的分歧之理论上的不同。道宣《续高僧传》中说：

> 宠在道北，教牢宜四人，光在道南，教凭、范十人。故使洛下有南、北二途，当现两说，自斯始也。四宗五宗，亦仍此起。

玄奘、道宣都是当时博学僧人。他们都说地论学派的南北二道关于成佛在将来（“当”）还是现世（“现”）的看法不同而发生争论。自从《大般泥洹经》传入后，引起南北朝人士普遍关注，对佛性论开展广泛讨论。此“常”即佛性。所谓“四宗”“五宗”的划分，是佛教中的一派对其他教派的看法，由此产生的褒、贬。慧观创二教五时，判《华严》为顿教、《般若》为渐教之“三乘通教”，地位略高于小乘教。《涅槃》则为“常住教”，是佛于渐教中的最高最后说法。这种判教，抬高《涅槃》，贬抑《般若》；捧大乘有宗，贬大乘空宗。南北朝中后期，佛教“空有”问题退居第二位，佛性问题推到第一位，刘宋道生开始已有这种倾向。大乘中观学派的衰落，涅槃佛性学说引起佛教界的普遍关注。从南北朝

---

① 地论南北两道有以下几种说法：（1）《法华文句记》相州（邺都）通往洛阳有南北两条道路。道宠系散居北道，慧光系散居南道。（2）在洛阳初传时，即分为南北二道，与邺都无关。见《续高僧传·道宠传》。（3）近人推测，菩提流支在洛阳住永宁寺，在御道北；勒那摩提可能住白马寺，在御道南。南北道的区别在道宠与慧光以前已经存在。这种推测缺乏根据。因为道宣明白说南北道的分别是在道宠与慧光之间发生的。而道宠大力宣传《地论》，当在去邺之后。唐初称南道，亦指洛阳向广州的通道。慧光思想体系与南方真谛相近。后人据此划分南北两道。此说较有据。

到隋唐时期，佛性问题上升为中心问题。不同的流派从各自的观点做出不同的解释，由此而产生了“四宗”“五宗”。如净影慧远在《大乘义章》中说，第一立性宗，亦名“因缘”：

> 小乘中浅，宣说诸法各有体性；虽说有性，皆从缘生，不同外道立自等性。此宗当彼阿毗昙也。

第二破性宗，亦曰“假名”：

> 小乘中深，宣说诸法虚假无性，不同前宗立法自性；法虽无胜，不无假相。此宗当彼《成实论》也。

第三破相宗，亦名“不真”：

> 大乘中浅，明前宗中虚假之相，亦无所有。如人远观，阳炎为水，近观本无，不但无性，水相亦无。……虽说无相，未显法实。

这一宗当指《般若》《中论》一派大乘空宗。第四显实宗，亦名“真宗”：

> 大乘中深，宣说诸法，妄想故有；妄想无体，起必托真。真者所谓如来藏性。……此之真性缘起，集成生死涅槃。真所集故，无不真实，辨此实性，故曰真宗。此中如《胜鬘》《鸯掘魔罗》《涅槃》等。

这是当时“四宗”的说法。

还有“五宗”之说，是把《华严》独立出来，别为法界宗。一般认为这是地论北道的主张。“法界”缘起为《华严》中心思想，其中《入法界品》把“法界”解释为“世间”和“出世间”的一切

“善知识”，因而有强调后天学习，向世俗外界探索的倾向。与地论南道的“真性缘起”确有差别。

隋吉藏（549—623年）述地论学派判教，有“三宗”“四宗”之说：

> 三宗者，一立相教，二舍相教，三显真实教。为二乘人说有相教；《大品》等经广明无相，故云舍相；《华严》等经名显真实教门。四宗者，《毗昙》是因缘宗，《成实》谓假名宗，三《论》名不真宗，《十地论》为真宗。[①]

“三宗”说以《华严》为究竟，当属北道主张；“四宗”之说与南道慧远说大同。

佛性论的“当”“现”之争，吉藏认为“若执本有，则非始有；若执始有，则非本有。各执一文，不得会通经意”[②]。隋朝全国统一，佛教各学派趋向调和。吉藏采取一种调和主张，认为“本有”“始有”两说不是对立的。

> 佛性有二种：一是理性，二是行性。理非物造，故言本有；行借修成，故言始有。

这里讲的“理”和“行”的两分法，除地论学派，早期禅宗的达摩禅法也讲“理入”“行入”。天台宗止观并重，“止”相当于“行”，“观”相当于“理”。可以看出“理”“行”并重，也是一种思潮。吉藏提出“理性”“行性”的解释，以“理性”为“本

---

① 《大乘玄论》卷五。

② 《大乘玄论》卷三。

有”，“行性”为“始有”，应当是他一家之言，地论学派南道与北道的纷争，并未因吉藏的调和而消失。对“当常”“现常”的理解，地论南道、北道都自以为有经典依据。纷争起于对阿黎耶识的理解。

印度佛教大乘有宗以阿黎耶识为万法根源，许多经典中都有记载。这个阿黎耶识是杂染的，还是清净的，引起了争论。地论北道认为阿黎耶识是杂染的，“阿黎耶为无明”[①]，佛性必从将来得到。地论南道认为阿黎耶识是清净的，只要通过修习，此本来清净的佛性即自然显现。这个问题在南北朝末期，已成为佛教徒普遍关心的问题。

与北方地论学派旗鼓相当，流行于南方的有《摄大乘论》。《摄大乘论》学派简称摄论学派，以第八识为杂染，以第九识为纯净。这里出现了地论与摄论两派对阿黎耶识的理解不同。地论南道的法上，在《十地论义疏》释“心”“意”“识”，认为：

> 心者第七心，意者第六意，识者五识识。故《楞伽经》云，心为采集主，意谓广采集，现识分别五。离此七种，转识成智。[②]

法上在释《华严》六相的“同相”时，说：

> 缘起者，第七阿黎耶识，是生死本也。……真如者，佛性真谛，第一义空也。

他所谓“第七阿黎耶识”，指为第七无明障蔽的“第八识”；所谓“佛性真谛”，指“清净阿黎耶识”，或曰“如来藏”，即第八识

① 《翻译名义集》卷六。

② 《十地论义疏》卷一。

的本净状态。传统佛教的缘生说，以“无明”开始；后起的佛教以“一心”为缘生的开始。早期无明源出于杂染说，似不及“妄依真有”说（“真有”为“如来藏”）更能自圆其说。从“无明”缘起发展为“如来藏”缘起，是佛教在理论上的发展，佛性（“真如”）广大无边，包容一切。

隋代净影慧远对第七、第八识的性质有更详尽的发挥。他把八识分为两大类：前六识随根受名[①]，而七、八两识就体立称[②]。前六识称为“事识”，是对具体事物起分别作用。第七识，其体是无明痴暗，它把妄心所执的相当作真实，造成因果报应，总称为妄识。关于第八识，名为“藏识”，它纯净无染，是世间法存在的依据（“妄依真有”），又称为“真识”。

慧远的观点与南北朝流行的《起信论》有一致之处。他讲的第八识，相当于《起信论》的“心真如门”。《起信论》的“心生灭门”可看作“心真如”另一种显现的方式。慧远企图调和地论与摄论的分歧，把摄论的观点引入地论。不论南方的摄论学派或北方的地论学派，所讨论的中心都是佛性问题。

真谛宣传的《摄大乘论》，在八识之外又增加了一个第九识，把第八识与第七识都看成“妄识”，第九识才是“心真如”性体。地论学派中，有以第八识为“真”，有以第八识为“妄”、第九识为“真”。我们没有必要分别哪一种更正确，严格说都不正确。但可以断言：当时许多流派中，不论是论“真心缘起”（或称“如来

---

① 随根受名：眼、耳、鼻、舌、身、意各以其器官得名，眼识得名于眼根，耳识得名于耳根，余类推。

② 七、八识由它们各自的性质而得名。

藏缘起”），还是“染心缘起”（或称为“阿赖耶缘起”），都在探索佛性问题。佛性问题成了南北朝佛教诸多派别关心的总课题。

《十地经论》学派所讲的道理，是佛教传入内地几百年逐渐形成的一种思潮，用解释《十地经论》的方式而建立的思想体系。它是儒家经学在佛教经学的翻版。中国儒家经学以述为作。王弼注《易》、注《老》、注《论语》，郭象注《庄子》，都是借题发挥。有的注解，其思想与原著关系不大；有的注解，其思想与原著相反。人们通过注释去理解原著，往往会上当；如果通过注解去了解注释者的思想体系，却是研究哲学史的正确途径。我们研究地论学派，不在于他们的宗教神学的答案，而在于考察他们提出的问题所反映的时代气息。神学问题从来不来自神学本身，而是一定社会历史的曲折的反映。

南北朝时期，南方、北方政权相对稳定，谁也吃不掉谁。社会的矛盾不在南北朝之间，更多表现在南北朝的内部。南北朝中后期，民族矛盾已退居次要地位，双方统治者，政治上注意于国内统治，思想上致力于安定人心，建立统治思想。佛教界关心佛性论，乃是从出世的角度为世俗门阀士族地主阶级服务。佛性论的实质是人性论。南北朝时期的人性论，比战国、秦汉的人性论要深入。佛性论不满足于划分人性善恶，而是进一步推究人性之所以善、所以恶，更进一步推究其如何弃恶从善、舍恶返善、抑恶扬善的心性修养。

以孔、孟儒家为主流，中华民族传统文化中的入世思想，包括儒家以外的各家，都有参与生活、关心政治、维护封建宗法制度的内容。外来佛教也不得不与儒家传统文化相适应。《大乘起信论》提出“心真如门”“心生灭门”，从出世角度论证人性善恶转化问题。地论学派，不论南道或北道，从出世角度论证人性的本质及其相互转化的可能。地论学说得以广泛流传，以至掀动佛教界，原因在于他们用佛性论配合了时代思潮。

深化了的神学，必然走向原罪说，佛教的神学心性论，也是一种原罪说。他们认为人的本性中充满着罪恶（“痴”“无明”）。善的因素是本来就有，有待于自己发展，还是靠外力的拯救？是染，是净，是染净混杂？如果染净混杂，又将如何舍染归净？佛性是染，何能得净？佛性为净，染从何来？当时佛教界各种学派都试图以注释佛教经论的方式，照各自的理解去回答这个为大家关注的问题。用注解的方式而不直截了当地用作者个人的名义发表意见，这是中外古代经学通用的手法。在古代，神学有最高权威，人比“神”矮了一等，为了增加学说权威性，取信于群众，必须捧出偶像作为幌子。中国儒、释、道三教都用借题发挥的方式，表达自己的思想。儒家有儒家经学，佛教有佛教经学，道教有道教经学。道教经学起步稍迟，那是在隋唐才建立的。

北方地论学派与南方摄论学派和后来盛行于唐初的唯识宗、华严宗同属大乘有宗体系。大乘有宗由大乘空宗的般若中观学派发展而来。他们对第八识（阿黎耶识）有着不同的理解。地论学派当时盛行的有南道与北道两派。从保存下来的材料看，南道的信徒人数及势力比北道大得多。南道以第八识为“清净种子”，为后来的华严宗奠定基础。北道保存下来的材料很少。从南道的主张我们推测北道对第八识的理解可能与摄论相近，也与《大乘起信论》学派相近，因而被《起信论》学说所掩盖而被淹没。南道以第八识为净的观点，更适合当时社会上层统治者的需要，后来发展为华严宗。

（二）《大乘起信论》

《大乘起信论》[①]，题为马鸣著，有梁真谛和唐实叉难陀两个译本。印度早已失传，唐玄奘把它译为梵文，还赠印度。

《大乘起信论》（以下简称“《起信论》”），有人怀疑为中国人伪托，也有人认为是印度传入。现在还不能得出最后结论。《起信论》反映了南北朝佛教的一种思潮，构成理论和宗教实践并重的唯心主义体系，影响了隋唐一代思潮，对它当给以应有的重视。

1.《起信论》的“一心二门”和“色心不二”的体系

南北朝时，佛教唯识学大量传入，不同学派有不同的侧重点。《起信论》企图调和当时不同学派的分歧，给唯识学以新解释。《起信论》作者的目的在于发起信徒对佛教大乘学派的信心。大乘学派不止一派，《起信论》所致力的在于调和大乘属于有宗的唯识学派。学说的中心问题着重阐述所谓“一心二门”的理论。

> 依一心法有二种门。云何为二？一者心真如门，二者心生灭门。是二种门皆各总摄一切法。[②]

此中“心真如门”大体相当于“无垢识”“寂灭心”，即“如来藏”；“心生灭门”大体相当于做“染净依”的阿黎耶识。这二种门（即类）可以包容世界一切现象。“心真如”就是“一法界，大总相法门体，所谓心性不生不灭”。“一法界”，指一切现象得以

---

① 古印度马鸣著，梁真谛译本为一卷，唐实叉难陀译本为二卷，较流行的为真谛译本。近人有疑此书为中国学者伪托之作。唐代佛教各宗派均未对此书提出怀疑。唐玄奘译为梵文，回赠印度，可见玄奘也认为此书不伪。

② 梁译本。下准此。

产生的依据；“大总相”，指遍及一切现象的共性，所以说它能够“总摄一切法”。“法”在这里指事物，“一切法”即万物，即世间万物都依“如来藏”（佛教最高本体）而有。万物不能离开“真如”。《起信论》特别指出，“如来藏”不同于具体的东西，万物离不开“如来藏”，但“如来藏”不具有世间生死、幻灭之类的事物。因为“真如”（“如来藏”）是纯净、无污染、不动的最高精神实体。不像一个无所不包的大容器，可以装进许多杂乱无章的东西和有价值的东西。因此“心真如”为“如实空”“离一切法差别之相”，与“一切染法不相应”。这是说，“如来藏”（“心真如”）是纯净至上的，无污染，“无虚妄心念”。另一方面，“心真如”同时又是“如实不空”，是具足无漏、永恒、至善的精神实体。

《起信论》的心本体（“如来藏”或“心真如”）是世界一切现象的本源。这是一种本体论，这个“本体”含藏万化，却不含藏世界污垢成分。这个“心真如”本身不动（“不生不灭”）而是动（“生灭法”）的根据。这是过去的唯识学派共同遇到的难题。一方面是纯善无污染的，一方面是有污染的、恶的，这两个世界如何统一于“心真如”？《起信论》企图解决这个矛盾，把一心分为二门，门即类，说“心”有两类，一类为“心真如”，是不动的本体，无漏染；另一类是“心生灭门”。“心生灭门”包容世间一切变化无常、污染的现象均从此出。

> 心生灭者，依如来藏故有生灭心。所谓不生不灭与生灭和合；非一非异，名为阿黎耶识。

这是讲的阿黎耶识，即“生灭心”，其最后的依据为“不生不灭”的“心真如门”。阿黎耶识的“心不生不灭”状态，谓之“觉”；

阿黎耶识的“心生灭”方面，谓之“不觉”。

> 所言觉义者，谓心体离念。离念相者，等虚空界，无所不遍。法界一相，即是如来平等法身。

此觉体除具有“心真如”包括的“如实空”和“如实不空”两重性质，还具有“因熏习镜”和“缘熏习镜”两种作用。

> 因熏习镜，谓如实不空。一切世间境界悉于中现，不出不入，不失不坏，常住一心，以一切法即真实性故。

“因熏习镜”，《起信论》认为是众生成佛的内因。“缘熏习镜”，《起信论》认为是众生利用一切机会（“缘”），令修善根，使心不再受障（“蔽障”），在“因熏习镜”与“缘熏习镜”相互辅助，“心真如门”本有的由染转净的作用，通过“觉”来促其实现。

《起信论》还指出，障碍众生不得成佛，在于“不觉”。“不觉”有三种性质：

> 所言不觉义者，谓不如实知真如法，在于有念。此不觉有三种相：
>
> 一者无明业相：以依不觉故心动。说名为业。

“心动”是“不觉”的标志，心受外界的牵引，引起反应，是为众苦的根源。

> 二者能见相：以依动，故能见。……三者境界相：以依能见故，境界妄现。

佛教唯识学派以“能见”“所见”为一切分别的基础，认为人的识别能力和识别作用是万物的本源。万物的存在不是客观外在的实体，而是由于人类的妄生分别制造出来的。《起信论》认为泯除“能”“所”，消灭主观和客观的分别，解脱的途径在于追求一种超乎主观和客观的最高智慧。主客观分别，《起信论》称为“心动”，“心动”原因在于“起念”。“起念”则“心动”，“心动”则有分别；无念则心不动，心不动则无分别，达到无分别境界乃最高智慧。

《起信论》还以大海水波涛与风的关系做比喻，这是许多佛经经常借用的比喻。它说：

> 如大海水因风波动，水相、风相不相舍离，而水非动性。若风止灭，动相则灭，湿相不坏故。如是众生自性清净心，因无明风动，心与无明俱无形相，不相舍离，而心非动性。若无明灭，相续则灭，智性不坏故。

这里说“心”的本质是不动的，受到“无明风动”的干扰，才引起心动。“无明风”，即愚昧无知，也是心理现象。这是说，心的本体不动，心的另一部分非本体的部分，扰乱了本心，才引起“心动”，产生分别。《楞伽经》也有关于风吹海水起波浪的比喻。《楞伽经》说境界风吹，起识波浪，以境界比作风力，那是认为外境的干扰引起内心的波动。《起信论》的“无明风”，依然是主观认识方面的因素，它的唯心主义更彻底。它说：

> 所谓心性常无念故，名为不变。以不达一法界故，心不相应，忽然念起，名为无明。

一念不起，是为“不变”；忽然念起，是为“无明”。把佛教的宗教训练方法看成主观努力，调节心理状态的过程。“忘念”产生

“不觉”，“无念”乃是“觉”。“无念”，自然“无相”，不产生世界万物（“万法”），一念之转，即为“出世间”。由“心真如”到“无念”“觉”“不动心”“无相”是一个系列；同样，由“心真如”到“忘念”“不觉”“有相”“动心”又是一个系列。佛教训练的目的，就是教导众生由“染”到“净”，由“动心”到“不动心”，由“不觉”到“觉”、“忘念”到“无念”，由“诸相”到“无相”，这样的解脱过程。

“真谛”和“俗谛”、“染”和“净”两重世界，都是“心真如”的显现。这两重世界经常互相作用、互相转化，众生的善念与恶念、“觉”与“不觉”、“真如”与“无明”，也经常互相影响。

> 真如净法，实无于染，但以无明而熏习故，则有染相；无明染法，实无净业，但以真如而熏习故，则有净用。

“真如”受“无明”的“熏习”，而有染法是众生堕落的原因。《起信论》这样的分析方法，教导人们加强内心的修养，“心真如”本来自足，不假外求。解脱之途，端在一念。建立大乘自我解脱的信心不难，关键在于各人的信心。它说：

> 心性无动，则有过恒沙等诸净功德相义示现。……如是净法无量功德，即是一心，更无所念，是故满足，名为法身如来之藏。

这种说法与中国传统的性善说、“万物皆备于我”“反求诸己”等观念有某些相似。它把佛教传统的宇宙发生论公式，外部的缘起论，转而向内，改为由“不动”到“动”的公式。对后来宋明理学也有相当影响。

《起信论》把“一心”当成万法的根源，色法也被溶解在“一心”之中：

> 一切色法，本来是心，实无外色。……唯一真心，无所不遍。

这个“唯一真心”，即是“觉”，即是“智”，作为本体来说，它也是“法身”。

> 即此法身是色体故，能现于色。所谓从本以来，色心不二，以色性即智故。色体无形，说名智身。以智性即色故，说名法身遍一切处。

“色”以“法身”为体，此体即“佛智”“一心”。“法身遍一切处”即“真心遍一切处”。“色”是“心”的表现，也是“法身”的表现，早期般若经类标榜的“色即是空，空即是色”的著名命题，在《起信论》的体系里被改造为“色即是心，心即是色”的唯心主义命题。“心外无物”“心外无理”也成为宋代的陆九渊学派的命题。

2.“无念无相”和“止观”

《起信论》提出“一心”为万法之源。从万物发生的过程说，“一心”显现为万法，由“觉”到“不觉”，由“不动”到“动”；从个人的宗教训练的途径说，则需要从“不觉”到“觉”，从“动”到“不动”，把万物发生的程序颠倒过来。它教人由“不觉”经历“始觉”，进而“究竟觉”，最后复归于“觉”。与“心真如”相待的“觉”，又称“本觉”。“心真如”是自我圆满的，它不需要向外追求，只要内观反省，所以说“若能察知心无念，即得随顺入真如门”。修行的方法是“无念”。有

"念"就有分别，生"见"，"见"则生"境"，"见"与"境"都是人们强生分别的结果，于是造种种业、身心等苦，陷入轮回诸道，不得解脱。出离世间，免受轮回，必须"无念"，"无念"即能与"心真如"契合。"一心无念"，使心性不起、不动、离见、离相，也就是智慧、功德、清净的体现。因此，"无念"是《起信论》指导修习的中心观念。"无念"观念到隋唐时期，许多佛教宗派接受了这一思想。

《起信论》还提出修行要经历一定的过程，众生必须经过许多阶段，譬如明珠，"体性明净，而有圹秽之垢。若人虽念宝性，不以方便种种磨治，终无得净"。如果修行者达到了一定阶段（水平），像证得"法身"的菩萨，则能"超地速成正觉"。"超地"，即超越按部就班的等级（"地"），"无明顿尽"，即可成佛。渐修到一定的阶段，将有一个飞跃——顿悟。这和南朝道生的顿悟说有接近的地方。后来朱熹的格物说，也认为格物功夫，先从小处积累，到了一定水平就能豁然贯通，"众物之表里精粗无不到，而吾心之全体大用无不明"[①]。

传统大乘经论都用"六度[②]"概括全部菩萨行。《起信论》则缩减为"修行五门"，把禅、慧两波罗蜜并为"止观门"。"六度"的内容未减少，项目给合并了。它的解释是：

① 朱熹：《大学章句》。

② 六度：梵、汉并译为"六波罗蜜"（Ṣaṭ-pāramitā），亦译为"六波罗蜜多"，意译为"六度""六度无极""六到彼岸"，意谓有六种从生死轮回渡到彼岸解脱的方法或途径，即布施（檀那）、持戒（尸罗）、忍辱（羼提）、精进（毗梨耶）、定（禅那）、智慧（般若）。

> 所言止者，谓止一切境界相，随顺奢摩他观义故；所言观者，谓分别因缘生灭相，随顺毗钵舍那观义故。

“奢摩他[①]”是“止”的梵文音译，“毗钵舍那[②]”是“观”的梵文音译。《起信论》说的“奢摩他观”及“毗钵舍那观”，文义重复，但意思还是清楚的。提出“止”是“止一切境界相”，与“心真如”的“无相”相应；“观”是观世间“无常”“苦”“空”“不净”而造成业报。“止”“观”并修，不相舍离，是为“止观俱行”。“止观俱行”是隋唐多数宗派奉行的修行方法，天台宗尤其重视。修“止”，要住于静处，端坐正意念，既不同于早期小乘禅依气息（“安般禅”），也“不依形色”（“十遍处定”），乃至“不依见闻觉知”，要求达到“遣除一切诸想”，甚至把“除想”之想也要遣除。这就可以做到“无念”。

> 心若驰散，即当摄来，住于正念。是正念者，当知唯心，无外境界；即复此心，亦无自相，念念不可得。

用“正念”收摄此心，不使驰散，目的在于使修习者“心”“境”双遣，达到无相，最后入“真如三昧”。“真如三昧”是佛教的最高精神境界，达到这种境界，则一切诸佛法身与众生身平等无二，即名“一行三昧”。佛教各流派对“一行三昧”有不同的解释，《起信论》指通达“心真如”的道理，做到无所见、无所得、无任何凝碍、绝对宁静的一种精神状态。

修习“观”者，要求观世间“无常”“苦”“空”“不净”，

---

① 奢摩他：梵文śamatha，又译作“奢摩陀”“舍摩陀”。

② 毗钵舍那：梵文Vipaśyanā，又译作“毗婆舍那”。

进而思考形成这些苦难的原因，由此“立大誓愿”，“救拔一切苦恼众生，令得涅槃第一义乐”。

“止”相当于“根本无分别智”，“观”相当于“后得无分别智”。前者要静坐、禅定；后者要进入社会，拔除众生苦难。这种拔除苦难不是给受苦难者以实际资助，而是用佛教的“苦”“空”的道理向群众做宣传。这就是“定慧合一”或“定慧双修”。

为了保持“止”“观”互不脱离（不能有“止”无“观”，也不能有“观”无“止”），要求信奉者在行、住、坐、卧，一言一行都按“止观”原则去做。

> 唯除坐时专念于止，若余一切，悉当观察应作、不应作。若行若住，若卧若起，皆应止观俱行。所谓虽念诸法自性不生，而复即念因缘和合善恶之业、苦乐等报，不失于怀。虽念因缘善恶业报，而亦即念性不可得。

以“无念”为指导，务在止恶行善；同时又指出，连止恶行善的意向也要泯除，才算真正“无念”。这种随立随破，不滞于固定的观念，使整个身心与佛教“无念”境界融合无间。这种精神状态为后来的天台宗、禅宗发扬，进而被宋代理学家们所接受，佛教的心性修养原则也成了理学家们的心性修养原则①。

《大乘起信论》的真伪问题，学术界还有争论，我们还不能也不必要从两种不同的意见中认定一种。梁启超在《大乘起信论考证》中说：

---

① 程颢的《定性书》说心性修养，要做到“动亦定，静亦定，无将迎，无内外”，与《起信论》“止观俱行”没有两样。

> 本论自出世以来，注释者百七十余家，为书不下千卷，其影响于我国民思想之深厚，可以概见。朝鲜、日本千年诵习无论矣。逮近世，而英译且有三本，巍然成为世界学术界之一重镇。……一旦忽证明其出于我先民之手，吾之欢喜踊跃乃不可言喻。

梁氏以《起信论》为伪书，可能受南京支那内学院诸位学者的影响，姑且不论；梁氏出于爱国主义热情，赞叹此书，这种心情可以理解，但毕竟科学论证不足。问题的关键不在于论证成书年代及其作者是否为印度学者，而在于考察此书何以南北朝时期风靡学术界。《起信论》受到当时广泛重视，不能仅仅从它的学说本身找原因，还要看到此种学说得以流行的社会条件，使它得以滋长的土壤气候。本书秦汉卷讲汉初黄老之学[①]曾指出，黄老之学创于战国中后期，发源于齐国稷下，但到了西汉初年，得到适当的条件，才成为显学，与《起信论》不盛行于印度以至失传，反而盛行于陈隋之际，情况有些类似。因为一种学说在一个民族中流行的程度，决定于该民族对这个学说需要的程度。本书着重探索南北朝佛教经学的心性之学的意义在此。

八、佛教经学的中心议题——心性论

魏晋南北朝的佛教经学有不少派别，本章只选取当时有影响有代表性的主要经、论进行评述。佛经中，择要剖析了《维摩诘经》

① 见《中国哲学发展史（秦汉）》。

《涅槃经》《法华经》《华严经》等四种。流行的佛经不止这些，就思想界发生的影响的深远来说，其余诸经都不及这四种[①]。经一般说以“佛说”名义，进行正面说教；经论有辩论论文性质，有立、有破，思辨性更强一些。南北朝流行的论也不止《十地经论》《摄大乘论》《大乘起信论》这三种，如《中论》经过鸠摩罗什的提倡，也曾盛行了一阵子[②]，不久即归消沉。当时还有北方禅法也有相当势力，还出现过楞伽学派[③]。由于他们的中心议题也与上述各派接近，为了避免重复，本书从略。

综观上述这一时期流行的佛教经论，不难发现它的时代和阶级的烙印。佛教大乘分有、空两大流派。空宗流派为般若学，以各种传承的《般若经》为代表。当时中国僧人对“般若空义”的理解很不相同，以至于出现了互相对立的许多学派。这些学派在印度找不到根据，在中国基本上可以找到和他们相当的玄学的影子。随着魏晋南北朝政治形势的推移，玄学的影响逐渐缩小。南北朝时期阶级关系基本稳定，政权的转移不影响门阀士族的社会地位和经济地位。也就是说，朝廷上的改朝换代没有引起社会危机、社会的结构相当稳定，这与魏晋之际尖锐的政治斗争带来的社会危机、民不

① 净土宗的经典，社会影响也很广泛，但理论影响不及上述诸经。

② 因为中观学派的观点与中国传统文化观、封建宗法观念、有神论思想格格不入，鸠摩罗什在世时，他已有“折翮”之叹。鸠摩罗什的得力弟子僧肇的《不真空论》并未遵守鸠摩罗什的教义，并未谨慎地保护着“真如”的实体。他的另一个弟子道生，盛弘涅槃学，也不尽合《中观》宗旨。

③ 参见任继愈主编《中国佛教史》第三卷（中国社会科学出版社，1988年4月版），有专文论楞伽学派。

聊生、知识分子朝不保夕的遭遇大不相同。名教与自然之间，不再使人感到“不相容”、难以协调，相反，南北朝时期，从上到下，倒是需要一种稳定的统治秩序，加强封建宗法制度，保护文化人，发展生产力。这一趋势在北方政权表现得尤为明显。这种向上的趋势，标志着大乱之后，人心求治的要求，也是中国历史上经历了民族的、文化的、思想的融合、交流之后，出现的新形势。政治、军事、经济、生产发展各方面，北方居优势。北方统一南方不是隋朝一时侥幸，而是北朝长期积蓄力量的结果。

政治、经济方面的实力，也必然反映到学术上。佛教经学与儒家经学都有所反映。但就其理论的深刻程度看，佛教经学的抽象思辨水平远在儒家经学之上，它直接承继魏晋玄学，发展为新的哲学体系——心性论。

心性论是中国哲学本体论逻辑地发展的必然归趣。本体论所涉及的“本末”“有无”“体用”关系，基本上从宏观着眼。它超越汉代的宇宙论而探究天地万物之“所以然”；心性论则从天人关系中，透过人的心理、生理现象，进而探究人性本质的“所以然”。佛教经学以佛教的语言“佛性”来说明这一现实现象。佛性，说到底，还是人性的折光返射。我们不是用神学说明社会历史，而是用社会历史说明神学。因此，佛性问题无处不反映着南北朝社会问题、政治问题。

仅从南北朝流行的四部经、三部论[①]，可以看出他们主要议题为佛性问题。成佛为未来，还是在现世；如果有佛性，佛性是“本有”还是“始有”；成佛要靠外力援引，还是靠自己的觉悟和努

① 四部经即《维摩诘经》《涅槃经》《法华经》《华严经》；三部论即《摄大乘论》《十地经论》《大乘起信论》。

力。以上列的经论中还可以看出中国当时大小二乘、空有二宗都有译著流传，都有著名学者为之宣扬、鼓吹，有的还得到国王的推动（如鸠摩罗什宣传的中观学派），但社会历史有它的选择标准[①]。这几个重要的流派中，社会上流行的、受朝野上下欢迎的不是大乘空宗，而是大乘有宗。这些佛教流派基本倾向于成佛可能，而主张不可能的，主张本性为有漏的观点不占优势。这种倾向（或称为“趋势”），《涅槃》《法华》《华严》诸经都有启示性的教义，为后来隋唐时期出现的天台宗、华严宗准备了思想理论基础，《地论》《摄论》都对阿黎耶识有所论述，他们要从心性论以探究物质世界的起源。心性论管辖的范围不限于个人的精神修养、宗教实践，还要通过心性论去说明宇宙万物的起因。从认识过程说，它从本体论到心性论是一个认识的飞跃，它们又从心性论反观宇宙本体。从而以心体为本体（如《法华》），或以性体为本体（如《华严》）。

佛教经学还反复论证了人类认识的极限，人类对现实世界认识是否可能。他们的结论并不正确，但他们对人类正常的认识提出怀疑，并指出要注意那些干扰正常认识的生理因素、心理因素、社会因素等。这许多方面，恰恰是中国哲学史认识论所没有接触或被忽略，但又不应忽略的方面。佛教经学加强了中国哲学史上一向比较薄弱的认识论环节。无论从正面或反面，都提供了有益的借鉴。

人人有佛性，人人可能成佛的问题，在南北朝时期成了许多宗教流派共同关心的大问题，因而唯识学提到的阿黎耶识这一新范畴，受到普遍的重视。只有建业一个地区受般若空宗影响较大，

① 历史唯物主义者认为，一种学说在一个民族流行的程度，决定于这个民族对于这种学说需要的程度。

也可说玄学影响较大，摄论学派受到排斥。其余广大地区，南到广州，北到中原地区，都是唯识学派的势力范围，其势力中心在北朝政权范围之内。这种状况一直持续到隋唐初期，成了中国佛教理论界的中心议题，甚至成为驱使玄奘西行求法的动力。大乘有宗、唯识学派肯定有一个圆满无亏欠的“真如”世界，肯定通过某种努力修持可以达到。这种积极追求真理的人生态度，是当时北朝政权处在向上发展阶段、社会思潮在宗教理论方面的反映。佛教经学从宗教理论上表现以北方为基础统一全中国的总形势。

南北朝佛教经学把哲学问题引向深入，从本体论走向心性论，是前进。但前进中遇到新问题，他们无法解决。因为南北朝时期佛教提出的心性问题，主要借助于外来的唯识学说，它与中国传统文化、传统意识还未融合在一处。如何使心性问题中国化、民族化，为更广大的群众所接受，用佛教的心性论俘虏更多的善男信女，这一南北朝时期的佛教经学的任务，要待隋唐佛教经学继续完成。

关于《物不迁论》*
——一篇形而上学的佛学论文

僧肇（384—414年）是东晋十六国时期著名的佛教哲学理论家。他的哲学思想体系集中地反映了南北朝中国佛教思想的历史特点。他在南北朝佛教史上的地位，正像王弼在魏晋玄学史上的地位一样的重要。僧肇的思想体系的形成标志着佛教传入中国后理论发展进入了新阶段。他又是中国重要的翻译家鸠摩罗什的四大弟子之一，也是鸠摩罗什译经的重要助手。

印度大乘空宗是印度后期佛教客观唯心主义一派，大乘空宗在中国南北朝时期得到广泛的传播，有它的社会根源，而僧肇对佛教的滋蔓确曾起过推波助澜的作用。

《肇论》是僧肇的论文集，《物不迁论》是其中的一篇。此外，他还有《维摩诘经注》等著作。

《物不迁论》力图论证世界上一切事物看来似乎在变化着，其实是不变的。这篇形而上学论文的特点在于它不采取闭着眼睛对事物的变化装作看不见的态度，而是表面上承认有所谓变化，实质上

* 原载于《学术月刊》1962年第2期。曾收入《汉唐佛教思想论集》。

抹杀了事物的变化。他比汉代董仲舒“天不变道亦不变”的死硬派形而上学狡猾多了。他是在巧妙含混的词句装潢下，把形而上学思想偷运给读者的。同时，他的形而上学体系又和他的宗教神学世界观联系着。他论证现实的世界一切事物似变而不变，为了佛教精神本体的万古长存寻找理论根据。

僧肇认为一般人所谓变化，不过是事物的假相。他夸大了事物变化过程中的不稳定性，并把它绝对化。他说，所谓变化必须是某一特定的事物在不同时间阶段里（过去、现在、将来）发生的性质或数量的改变。僧肇认为，过去的时间里的某种事物只存在于过去，现阶段的某种事物只存在于现在，它和过去的某种事物没关系。他说，人们常识上所认为的同一个人或同一件东西，它实际上在过去、现在、将来三个时间阶段没有延续的关系。这就是说，世界上一切现象，在他看来，不过是刹那生灭、各个独立的幻灯片式的映象，世界上根本不存在有物质性的“东西”，没有一个变化的主体，剩下的不过是幻象。

根据科学的理解，“运动是（时间和空间的）不间断性与（时间和空间的）间断性的统一”[①]。僧肇夸大了运动的间断性，否认运动的不间断性，正是为了论证有一个精神性的本体永恒存在、永不变化。如果把这一篇文章和他的另一篇《不真空论》互相参照，将更能帮助认识他的形而上学是怎样建立在唯心主义体系之上的。

南北朝的文体比较注重形式的整齐、音调的和谐，用字也多偏于含蓄、模棱，但这些限制并没有妨碍僧肇以流畅、华丽的词句发

---

① 列宁：《黑格尔〈哲学史讲演录〉一书摘要》，《列宁全集》第三十八卷，第283页。

挥他那诡辩文章的技巧。由于文章作得好，他的形而上学和唯心主义思想曾博得不少人的击节叹赏，俘虏过不少的信徒。

佛教哲学用宗教世界观作为判别真伪是非的标准，和一般人常识的看法相反。他们说一般人的认识是颠倒的，我们看来，他们才恰恰是颠倒着观察世界的。译文中所谓“真理”“原则”，只能理解为他们的真理、原则。唯心主义与唯物主义常用同一名词，指的却不是一回事。真理是具体的，它和世界观、阶级立场有不可分割的内在联系。这篇文章作为哲学史上的反面教材，还是有它的意义的。现把它试译为现代汉语，与原文对照，以供参考。

〔附〕《物不迁论》今译

夫生死交谢，寒暑迭迁，有物流动，人之常情。余则谓之不然。

〔以为〕死生、寒暑交互出现，有东西在变动着，这是人们通常的看法。我独认为不是这样。

何者？《放光》[①]云："法无去来，无为转者。"寻夫不动之作，岂释动以求静，必求静于诸动。必求静于诸动，故虽动而常静。不释动以求静，故虽静而不离动。然则动静未始异而惑者不同。缘使真言[②]滞于竞辩，宗途[③]屈于好异。所以静躁之极未易言也。

为什么？《放光经》说："事物没有生灭，没有变化。"佛经所谓"不变"，何尝教人离开了变化去寻求不变，而是教人在变动中去认识不变。必须在变动中认识不变，所以说〔事物〕虽然在变动着，

① 《放光般若经》（西晋无罗叉译）卷五《衍与空等品》："所言摩诃衍，亦不见来时，亦不见去时，亦不见住处。何以处？诸法不动摇故。"

② 真言：佛的说教，佛教徒认为是真理。

③ 宗途：总的道路，意译为"大道"。

而实际却是不变的。不应在变动之外去追求不变，所以说〔事物〕虽然是不变的，但又不脱离变动。那么，变和不变本来没有区别，糊涂人才认为它们有区别。从而使真理陷于相互辩论中，大道（“宗途”）被好异的学说所歪曲。可见变与不变的道理不是容易讲得清楚的。

> 何者？夫谈真则逆俗，顺俗则还真。违真则迷信而莫返，逆俗则言谈而无味[①]。缘使中人未分于存亡，下士抚掌而弗顾[②]。近而不可知者，其唯物性乎。然不能自已，聊复寄心于动静之际，岂曰必然？

为什么？宣扬真理，就会与世俗之见不合；顺从了世俗之见，又违反了真理。违反真理，会使人迷惑本性，以致丧失本性；与世俗之见不合，人们听了会不感兴趣，从而使得中等理解的人对真理将信将疑，〔使得〕下等理解的人对真理嘲笑而置之不理。摆在眼前，却又搞不清楚的问题，恐怕就是关于事物本性的问题吧。可是我忍不住还要分析一下变与不变的关系问题，不敢说一定正确。

> 试论之曰：《道行》[③]云：“诸法本无所从来，去亦无所

---

① 《老子》三十五章：“乐与饵，过客止。道之出口，淡乎其无味。视之不足见，听之不足闻，用之不足既。”我曾译作：“音乐与美食，能使行路人为之止步。但是‘道’，说出来，它淡得没有味道，看它又看不见，听它又听不到……”这里意译作“人们听了会不感兴趣”。

② 《老子》四十一章：“上士闻道，勤而行之；中士闻道，若存若亡；下士闻道，大笑之……”我曾译作“上士听见了‘道’的道理，赶快照着实施；中士听见了‘道’的道理，将信将疑；下士听见了‘道’的道理，就认为空洞而加以诽笑……”

③ 《道行般若经》（东汉支娄迦谶译）卷九《萨陀波伦菩萨品》：“空本无所从来，去亦无所至。”

至。”《中观》[1]云：“观方知彼去，去者不至方。”斯皆即动而求静，以知物不迁明矣。

试图论述如下：《道行经》说：“一切事物不是从另外的地方变来的，也不会变到另外的地方去。”《中论》说：“事物好像变到另外的地方，但实际上没有变到另外的地方去。”这都是通过事物的变以论证事物的不变。由此可知，事物不变，最明显不过。

夫人之所谓动者，以昔物不至今，故曰动而非静；我之所谓静者，亦以昔物不至今，故曰静而非动。动而非静，以其不来；静而非动，以其不去。然则所造未尝异，所见未尝同。逆之所谓塞，顺之所谓通。苟得其道，复何滞哉？

一般人所谓“变”，他们的根据是过去的事物不会延续到现在，从而说事物是变的，而不是不变的；我所谓〔事物〕不变的根据也是说过去的事物不会延续到现在，所以说事物是不变的而不是变动的。认为事物是变，根据是过去的事物不延续到现在；认为事物是不变，根据是现在的事物没有消逝。可见〔持这两种见解的人〕所接触到的问题虽然是一个，双方的理解却大不相同。违反真理的就是错误，符合真理的就是正确[2]。如果真正掌握了，真又有什么想不通的呢？

伤夫人情之惑久矣，目对真而莫觉！既知往物而不来，而谓今物而可往！往物既不来，今物何所往？

---

① 《中论》（鸠摩罗什译）卷一《观去来品》：“已去无有去，未去亦无去。离已去未去，去时亦无去。”

② 这里意译“逆之所谓塞，顺之所谓通”。

可怜啊，人们这种迷惑思想由来已久了，面对着真理，竟熟视无睹！既知过去的事物不会延续到现在，却说现在的事物可以延续到将来！过去的事物既然不能延续到现在，现在的事物又怎能延续到将来？

何则？求向物于向，于向未尝无；责向物于今，于今未尝有。于今未尝有，以明物不来；于向未尝无，故知物不去。复而求今，今亦不往。是谓昔物自在昔，不从今以至昔；今物自在今，不从昔以至今。故仲尼曰："回也见新，交臂非故[①]。"如此，则物不相往来，明矣。既无往返之微朕，有何物而可动乎？然则旋岚[②]偃岳而常静，江河竞注而不流，野马飘鼓而不动，日月历天而不周。复何怪哉？

为什么？已过去的时间里找过去的事物，它在过去未尝没有存在过；在现在的时间里找过去的事物，的确找不到它。既然现在不包括过去的东西，可见〔过去的〕事物不曾延续到现在；过去的时间里本来包括过去的东西，可见事物不会延续到将来。反过来看现在的事物〔和将来的关系〕，现在的事物也不会延续到将来。这就是说，过去的事物本来只存在于过去，不应从现在联系到它的过去；现在的事物本来只存在于现在，不应从过去延续到现在。所

① 《庄子·田子方》："丘以是日徂。吾终身与汝交一臂而失之，可不哀与？"《庄子》原意是说事物的变化一刻也不停留。

② 旋岚：元康《肇论疏》，"岚"作"兰"。这是梵文Vairambhaka的音译。慧苑的《音义》："毗兰风，正云吠兰婆。'吠'者散也，'兰婆'者所至也。曰此风所至之处，悉皆散坏也。又云毗者不也，兰婆者迟也。谓此风行最迅疾也。旧翻为迅猛风，是也。"又慧琳《一切经音义》十三："吠岚僧伽，劫灾时大猛风也。此风猛暴，能坏世界"。

以孔子说："颜回随时认识到事物的新变化。"这样看来，事物不在时间里变化，是再清楚不过的。既然过去、现在之间没有丝毫联系的迹象，又有什么事物可以说它有运动变化呢？那么，说狂吹着的暴风十分安静，说滚滚的江河不在奔流，说飘荡着的微尘没有游动，说经天的日月未尝巡回，还有什么值得奇怪的呢？

噫！圣人有言曰："人命逝速，速于川流。"是以声闻①悟非常以成道，缘觉②觉缘离以即真。苟万动而非化，岂寻化以阶道？复寻圣言，微隐难测。若动而静，似去而留。可以神会，难以事求。是以言去不必去，闲人之常想；称住不必住，释人之所谓住（按：据元康疏，"住"应作"往"）耳。岂曰去而可遣、住而可留耶！

啊！"圣人"（佛）说得好："人的生命的消逝，比流水消逝得还快。"因此，声闻的人，听到世界并非永恒的道理而相信了真理；缘觉的人，通过对于事物现象的分析因而达到真理。如果只认为万物在变动而不是幻化，又怎能通过幻化以逐步上升到真理？反复体会"圣人"的教导，实在高深奥妙，难以常情揣测。世界看来像运动，实际是静止；看来像消逝，实际在停留。只能从精神上体会，难以从事实上寻求。因此，说消逝，未必真消逝，这是为了

① 声闻：佛教认为有一种人只有听到佛的亲自教导才能理解和接受佛教宗教原理。

② 缘觉：佛教认为有一种人比声闻的人理解能力高明一些，他们可以通过分析事物的关系，从而认识到世界不过是许多关系（"众缘"）的集合体，其实现实世界是不存在的。他们由此接受佛教的宗教原理。

防止一般人所坚持的永恒观念；称停留，未必真停留，这是为了解除一般人所谓逝去的偏见罢了。怎么能一说到变化，就认为可以送走；一说到不变，就认为可停留？

> 故《成具》[①]云："菩萨处计常之中，而演非常之教。"摩诃衍论[②]云："诸法不动，无去来处。"斯皆导达群方，两言一会，岂曰文殊而乖其致哉？是以言常而不住，称去而不迁。不迁，故虽往而常静；不住，故虽静而常往。虽静而常往，故往而弗迁；虽往而常静，故静而弗留矣。然则庄生之所以藏山[③]，仲尼之所以临川[④]，斯皆感往者之难留，岂曰排今而可往？是以观圣人心者，不同人之所见得也。

《成具》说："菩萨生活在〔一般人〕认为不变的世界里，却进行打破不变的成见的说教。"《大智度论》说："一切事物是不变的，没有来处，也没有去处。"这都是为了开导世俗人而说的。两种典籍的说法（《经》说，非常即常；《论》说，不动而动），其实是一个道理，并非由于辞句不同而原理就有所分歧。因此，说不变并非停止，说消逝并非变化。〔由于事物〕不变，虽消逝而经常不变；

---

① 《成具》：《成具光明定意经》的简称，汉支曜译。经文是"处计常之中，而知无常之谛"。

② 《大智度论》（鸠摩罗什译）卷五十一《含受品》："须菩提，一切诸法不动相故。是法无来处，无去处，无住处。"

③ 藏山：《庄子·大宗师》："夫藏舟于壑，藏山于泽，谓之固矣。然而夜半有力者负之而走，昧者不知也。"这是说一切事物都在潜移默化，虽看不见，山也在变，舟也在变。

④ 临川：《论语·子罕》："子在川上曰：'逝者如斯夫，不舍昼夜。'"

〔由于事物〕不停止，虽不变而经常在消逝。虽不变而经常在消逝，所以虽消逝而没有变化；虽消逝而经常不变，所以虽不变而没有停留。那么，庄周之所以“藏山”，孔子之所以“临川”，都是深感事物逝去之难以挽留，何尝认为现在的事物延续为将来〔的事物〕？因此，能体会“圣人”的精神实质的人，和一般世俗见解是不同的。

何者？人则谓少壮同体，百龄一质，徒知年往，不觉形随。是以梵志出家，白首而归。邻人见之曰：“昔人尚存乎？”梵志曰：“吾犹昔人，非昔人也。”邻人皆愕然，非其言也。所谓有力者负之而趋[①]，昧者不觉，其斯之谓欤？

为什么？一般人总认为人从少年到壮年是同一个躯体，活到一百岁，还是这个躯体。他们只知道年龄在消逝而不感到人的躯体随着年龄一同变迁。所以梵志出家，头发白了，回家后，邻人们见了他，说：“从前的梵志还在吗？”梵志说：“我好像当年的梵志，又不是当年的梵志。”邻人听了感到惊讶，认为他乱说。〔庄周〕所谓“有力者（造化）背着天地奔驰，熟睡的人还不觉得”，难道不正是这个意思吗？

是以如来因群情之所滞，则方言以辨惑，乘莫二之真心，吐不一之殊教，乖而不可异者，其唯圣言乎？

因此，如来佛根据世俗人想不通的地方，用种种解说消除人们的迷惑，用真理进行各种不同的说教。只有佛的教导才能使人们通过不同的途径达到唯一的真理。

① 有力者负之而趋：参看前页“藏山”注。

> 故谈真有不迁之称，导俗有流动之说。虽复千途异唱，会归同致矣。而征文者，闻不迁，则谓昔物不至今；聆流动者，而谓今物可至昔。既曰古今，而欲迁之者，何也？是以言往不必往，古今常存，以其不动；称去不必去，谓不从今至古，以其不来。不来，故不驰骋于古今，不动，故各性住于一世。然则群籍殊文，百家异说，苟得其会，岂殊文之能惑哉？

所以，就真理而言，就有事物不变的说法；为了引导世俗的人便于理解，就有〔事物〕有变化的说法。尽管有一千种不同的论调，而最后归宿到一个原理。至于那些死抠字眼的人，一听到不变之说，就认为过去的事物不会延续到现在；听到变化之说，就认为现在的事物可以联系到过去。既然叫作过去和现在〔就是认为过去的事物不同于现在的事物〕，为什么硬要认定事物有变化呢？因此，说〔事物〕过去了，未必它真正过去，古〔总是古，〕今〔总是今，〕区别总是有的，因为它（事物）是不变的；说事物消逝了，未必它真正地消逝，只是说，不要从现在联系到它的过去，因为过去不会延续到现在。〔事物〕不会从过去延续到现在，所以不必枉费精神于古今之间，〔事物〕不变，所以它只分别地停留在它所停留的某一时间阶段。那么，〔尽管〕经籍的文句不同，百家的学说各异，如果掌握住它的纲领，文句的不同，难道就能困惑我们吗？

> 是以人之所谓住，我则言其去；人之所谓去，我则言其住。然则去住虽殊，其致一也。故经云[①]：“正言似反，谁当信

① 这里的“经云”是指的《普曜经》，西晋竺法护译。《商人奉麨品》：“万物无常，有身皆苦。身为非身，空无所有。众人不解，庸苦疲劳。所有亲戚家属，悉非人所。正言似反，谁肯信者？”

者？”斯言有由矣。

因此，一般人所谓不变，我就说它是消逝的；一般人所谓消逝，我就说它是不变的。那么，消逝与不变，在说法上有差别，而原则上没有两样。所以《佛经》说：“正面的话好似反面的话，几个人能懂呢？”〔但是〕这话是有根据的。

何者？人则求古于今，谓其不住；吾则求今于古，知其不去。今若至古，古应有今；古若至今，今应有古。今而无古，以知不来；古而无今，以知不去。若古不至今，今亦不至古，事各性住于一世，有何物而可去来？然则四象风驰，璇玑①电卷，得意毫微，虽速而不转。是以如来功流万世而常存，道通百劫②而弥固。成山假就于始篑，修途托至于初步，果以功业不可朽故也。功业不可朽，故虽在昔而不化，不化故不迁。不迁故，则湛然明矣。故经云：“三灾③弥纶，而行业④湛然。”信其言也。

---

① 璇玑：北斗星的第二颗叫作天璇，第三颗叫作天玑。北斗星的柄部是随着四时的推移而旋转的，这是人们都认为不必怀疑的常识。而僧肇硬说它们其实还是没有变化。

② 劫：佛经认为世界经历若干万年毁灭一次，重新再开始。这样一个周期叫作一劫。劫的时间长短，佛经有各种不同的说法。

③ 三灾：佛经常讲到世界到了毁灭时期，会发生火灾、水灾、风灾。这里的“经云”没有说明是什么经。在后秦佛陀耶舍和竺佛念译的《长阿含经》卷二一，也讲到三灾。僧肇曾参加这次的翻译工作，并为此经写过序，这里可能指的是这部经。

④ 行业：佛教认为一个人的活动（包括意识活动）一经发生，它就不会消除，它将引起善或恶的报应的后果。因果报应使人永远陷于轮回的灾难。只有相信佛教的教义，出家，能免于因果报应。

为什么？人们总是在现在中寻找过去，因为〔他们认为〕它（事物）是变化的；我却在过去中寻找现在，因而知道它（事物）的不变。现在若能联系到过去，过去应包括现在；过去若能延续到现在，现在应该包括着过去，〔而事实上〕现在不包括着过去，可见过去没有延续到现在；过去不包括着现在，可见现在不会延续到将来。如果过去没有延续到现在，现在也不会回到过去，事物各自停留在一定的阶段（译者按：这是说过去的事物只存在于过去，现在的事物只存在于现在，将来的事物只存在于将来），还有什么事物可以说得上有过去和将来呢？那么，春夏秋冬的变化，日月星辰的运行，即使它们飞快地运动着，如果从本质上看，也可以说它们是不动的。因此，即使万世之后，佛的功业也是常存的；即使世界毁灭一百次，真理（“道”）将更加坚实而不可动摇。造山由第一筐土堆起，长途旅行从第一步开始。就是说，佛的功业是不可毁坏的；功业不可毁坏，所以它虽然过去，也不会消逝（“化”）。不消逝，所以不变。事物不变化的道理，显而易见了。所以，佛经上说：“尽管经历了水、火、风三灾，而每人所造下的业却永远抹不掉。”这话是不错的。

> 何者？果不俱因，因因而果。因因而果，因不昔灭。果不俱因，因不来今。不灭不来，则不迁之致明矣。复何惑于去留，踟蹰于动静之间哉？然则乾坤倒覆，无谓不静；洪流滔天，无谓其动。苟能契神于即物，斯不远而可知矣。

为什么？果与因不同时存在。对因而言，叫它作果，〔所以〕因不会在从前就消灭；果与因不同时存在，〔所以过去的〕因不会延续到现在。既然过去的事物不会消灭，不会延续到现在，那么事物不变的道理就很明显了。对于去和留还有什么迷惑，对于动和不动〔的道理〕还有什么疑惑的呢？那么，〔即使〕天翻地覆，也不能认为不是静止；〔即使〕洪水滔天，也不能认为它在运动。如果能深入领会当前事物的实质，不变的道理就不难理解了。

〔附记〕关于事物发展、变化、运动的认识，古人往往有很精辟的见解，但是和现代人比起来，他们毕竟还是粗略了一些，没有我们今天了解得细致、精确。古人讲到变与不变、运动和静止，经常用“静”和“动”来表达；至于发展的观念，就更不明确了。《物不迁论》中用的“动”“静”，有时译作“变（动）”与“不变（静）”。

原文中有省略的字或词，译文中用“〔〕”中的字或词把它补足。

关于《不真空论》*

僧肇从宗教唯心主义观点否认事物的变化、发展，这一论点集中表现在他的《物不迁论》中。僧肇还不承认一切事物的物质性，认为客观世界是虚幻不实的。客观世界既然虚幻不实，人们即不应当对这一虚幻不实的世界有所取有所舍，应当放弃对客观世界的改造，教人以全力追求佛教的精神世界。

僧肇不同于当时一般拙劣的唯心主义流派，如小乘佛教那样，硬不承认外界的办法，他采取了比较隐蔽的办法，他先说世界的多种现象是“有”的。然后进一步分析，这些多种现象是不真实的，不过是虚假的现象。他说，如果认识现象界是虚假、不真实的，如果把它当作假的现象看，说它是“有”也是可以的。他认为，如果说连虚假的现象也没有，世界只是茫茫一片空虚，必然会与人们的生活经验发生抵触，这对于引导人们接近佛教的真理反而不利。正如《不真空论》所说的：“譬如幻化人，非无幻化人；幻化人非真人也。”唯心主义者把现象界的存在比作幻影，他们说，幻影的人物和故事情节还是有的，只是那些人物和故事不是真的，而是随时

* 原载《学术月刊》1963 年第 3 期。曾收入《汉唐佛教思想论集》。

变幻着的影子而已。因此，我们说，僧肇的否认外物存在的手法是比较巧妙、细致的。它和《物不迁论》——反对运动的那篇重要论文是互相配合的姊妹篇，都是对哲学的根本问题提出了和科学、常识相反的论证。《物不迁论》是宣扬形而上学的著作，这一篇则是一篇宣扬唯心主义的著作。

有些人望文生义，说《不真空论》是讲的“不真空”的原理，这是不对的。这一篇意思是说诸法只是假号，是“不真实”的，所以说它是“空”的。

在这一篇文章里也涉及“名实”关系的问题，他认为“名”不反映“实”，因为“实”本身就是不真实的，从而引导人们走向“名”与“实”没有关系的错误结论。它还认为一切事物的差别，不是事物本身具有的，事物本身无所谓差别（“即物之自虚”），“不假虚而虚物”。所谓差别，只是人们主观加给物的，是人们把物当作物，“物物”的结果。他的唯心主义认识论，集中表现在他另一篇文章《般若无知论》中，这里没有展开论证。

僧肇把一切现象都说成虚幻不实的，这是他的宣扬佛教宗教世界观的一种手法，他的最终目的并非真正教人“空”掉了一切。他否认了现象世界的一切，正是为了引导人走向一个永恒、不变、圆满、最真实的宗教精神世界，在那个彼岸世界是真实存在的，不是虚幻的；那个世界和现实世界恰恰相反，它是真实的，所以不是“空”的。也就是说，现实世界是不真实的，所以是“空”的；宗教精神世界是真实的，所以是“不空”的。如果认为僧肇主张一切完全“空”“无”，这是不对的。

〔附〕《不真空论》今译

夫至虚无生者，盖是般若[1]玄鉴之妙趣，有物之宗极者也。自非圣明特达，何能契神于有无之间哉？是以至人通神心于无穷，穷所不能滞；极耳目于视听，声色所不能制者，岂不以其即万物之自虚，故物不能累其神明者也？是以圣人乘真心而理顺，则无滞而不通；审一气以观化，故所遇而顺适。无滞而不通，故能混杂致淳；所遇而顺适，故则触物而一。如此，则万象虽殊，而不能自异。不能自异，故知象非真象；象非真象，故则虽象而非象。

一切虚无，没有实体，这是般若深远的神妙宗旨，是万物的最高原则。如果不具有"圣人"超越的理解，怎能对有和无有深入的体会？因此，"圣人"以超人的智慧探究无限的领域，而不受任何障碍；〔"圣人"〕尽量接触外界，而外界的形象局限不了他的

① 般若：梵语的音译，是"智慧"的意思。佛经说这种智慧只有佛才能完全得到。它和一般人正常的认识完全相反。佛教抹杀了主客观的对立，这是一种宗教神秘主义的认识论原则。般若不是用来认识客观对象的知识（因为佛教不承认有所谓客观事物的存在），而是用来体验宗教神秘主义的本体的直观。

认识，〔“圣人”之所以能够如此，〕难道不是由于他把万物看作本来就是虚无的，因而他的精神才不受外物的干扰吗？因此，“圣人”用真理去对待事物，就不会有所滞碍；从统一的原则观察万物的变化，就不会与外界发生抵触。不会有所滞碍，所以能透过复杂的现象达到纯一的真理；不与外界发生抵触，所以能泯除外界的差别。这样，世界万物虽表现差别，这种差别〔是人加给它们的，〕不是万物自己本来具有的。〔既然〕万物自身本不具有差别，可见现象不真实。现象既不真实，所以现象不是〔真实的〕现象。

然则物我同根，是非一气，潜微幽隐，殆非群情之所尽。故顷尔谈论，至于虚宗，每有不同。夫以不同而适同，有何物而可同哉？故众论竞作而性莫同焉。何则？

那么〔现在说〕客观和主观、是和非都是一个根源，其深奥微妙，决不是一般人所能理解的。所以近来的谈论，对于佛教空宗学说，经常存在着分歧。从不同的观点对待一个问题，那还有什么可以取得一致的地方呢？所以多种学说纷纷出现，而认识无法取得一致。为什么？

心无[①]者，无心于万物，万物未尝无。此得在于神静，失在于物虚。

---

① 心无：南北朝时“六家七宗”中的一派，这一派具有唯物主义倾向，佛教正统派认为它是异端。《世说新语》：“愍度道人始欲渡江，与一伧道人为侣。谋曰：‘用旧义，在江东恐不办得食。’便共立心无义。既而此道人不成渡，愍度果讲义积年。后有伧人来，先道人寄语云：‘为我致意愍度，无义那可立。治此计，权救饥耳，无为遂负如来也。’”这一段记载是正统派对心无派的挖苦，不可信。法汰传见《梁高僧传》卷五。

心无这一派，他们只是主观方面排除万物对心的干扰，但没有否认万物的存在。优点在于使心神安静（不受外物的干扰），错误在于没有取消外界的存在。

即色[①]者，明色不自色，故虽色而非色也。夫言色者，但当色即色，岂待色色而后为色哉？此直语色不自色，未领色之非色也。

即色这一派，论证物质不是自己形成的，所以它不是物质的。所谓物质，由于方便才把它看作物质的，何尝是把事物赋予物质性才算是物质呢？这一派只是说明了物质不是自己形成的，还没有认识到物质现象本来就是非物质性的。

本无[②]者，情尚于无多，触言以宾无。故非有，有即无；非无，无即无。寻夫立文之本旨者，直以非有非真有，非无非真无耳。何必非有无此有，非无无彼无？此直好无之谈，岂谓顺通事实，即物之情哉？

夫以物物于物，则所物而可物；以物物非物，故虽物而非物。是以物不即名而就实，名不即物而履真。然则真谛独静于名教之外，岂曰文言之能辩哉？

本无这一派，偏重在"无"，从理论上抬高"无"的地位。所以〔它〕否认事物的有，〔认为〕有离不开无；否认事物的无，

① 即色："六家七宗"中的一派，以支遁为代表，主张"夫色之性也，不自有色，虽色而空"。

② 本无："六家七宗"中的一派，势力最大，以道安为代表人物，主张"无在万化之先，空为众形之始"。

〔认为〕无也离不开无。探究〔“圣人”〕立教的本意，不过是告诉人们，非有，不是真有；非无，不是真无罢了。为什么一定说非有，就是没有这个“有”；非无，就是没有那个“无”？这乃是好无的言论，哪里算得上符合事实、符合事物实际情况呢？

用物的名强加给物，那么凡是被指名的，都可被称为“物”；用物的名加给非物，那么它虽然被加上物之名，而实际上不是物。因此，物不是由于它有了物之名就符合于它的实；物之名也不是它加给了物，它就是真实的。那么，真理乃是超然于名称概念之外的，哪里是文字、语言所能说得清楚的呢？

然不能杜默，聊复厝言以拟之。试论之曰：摩诃衍论[①]云：“诸法亦非有相，亦非无相。”《中论》[②]云：“诸法不有不无者，第一真谛也。”寻夫不有不无者，岂谓涤除万物，杜塞视听，寂寥虚豁，然后为真谛者乎？诚以即物顺通，故物莫之逆；即伪即真，故性莫之易。性莫之易，故虽无而有；物莫之逆，故虽有而无。虽有而无，所谓非有；虽无而有，所谓非无。如此，则非无物也，物非真物。物非真物，故于何而可物？故经[③]云：

① 《大智度论》卷六《元康疏》：“若法因缘生，是法性实空。若此法不空，不从因缘有。譬如镜中像，非镜亦非面；亦非持镜人。非自非无因；非有亦非无；亦复非有无。此语亦不受，如是名中道。”

② 《元康疏》：“若使无有无，云何当有无。有无既已无，知有无者谁？”

③ 鸠摩罗什译《维摩诘经》（Vimalkīrti-nirdeśa-sūtra）卷中《入不二法门品》：“色色空为二。色即是空，非色灭空，色性自空。如是受、想、行、识，识空为二。”这一观点，僧肇在《维摩诘经注》中有解释。他说：“色即是空，不待色灭然后为空。是以见色异于空者，则二于法相也。”

"色之性空，非色败空。"以明夫圣人之于物也，即万物之自虚，岂待宰割以求通哉？

但是，〔我〕不能沉默，姑且说几句来论证有无的关系。试做以下的议论：大智度论说："诸法既不是固定的形相，也不是非固定的形相。"《中论》说："所以说诸法既不是有又不是无，因为这里说的是最后的真理（第一真谛）。"我们探究不有不无，难道是说把万物从世界上清除掉，把耳目感官封闭起来，把世界看成空荡荡的，这样然后才算是体现了最后的真理吗？〔当然不是。〕实际上是说顺应外物而不摒弃它，而外物也不会和我们的认识抵触；不脱离假象又不脱离真实，所以本性就不会有所丧失。本性不会丧失，所以虽然是无，却又是有；外物与认识不抵触，所以虽然是有，却又是无。虽然是有却又是无，这就是所谓"非有"；虽然是无却又是有，这就是所谓"非无"。这样，并非说没有外物，〔只不过是〕外物不真实罢了。外物不真实，那么何从给物强加以物之名呢？所以佛经说："物质〔之作为物质，〕本质就是不真实（空）的，并非物质毁灭后，它才是空的。"由此可见圣人对于物的态度，是认为本来就不真实，何尝机械地把世界分割为有无，然后才贯彻空无的原理呢？

是以寝疾[①]有不真之谈，《超日》[②]有即虚之称。然则三藏殊文，统之者一也。故《放光》[③]云："第一真谛，无成无得；

① 寝疾：《维摩诘经·文殊师利问疾品》："如我此病非真、非有，众生病亦非真非有。"

② 《超日》：《超日明三昧经》，西晋聂承远译。

③ 《放光般若经》卷五："须菩提言，有所逮，有所得，不以二世俗之事有逮有得。但以世事故有须陀洹、斯陀含、阿那含、阿罗汉、辟支佛，有佛。欲论最第一者，无有逮，无有得。从须陀洹上至佛，亦无逮，亦无得。"

世俗谛故，便有成有得。”夫有得，即是无得之伪号；无得，即是有得之真名。真名，故虽真而非有；伪号，故虽伪而非无。是以言真未尝有，言伪未尝无。二言未始一，二理未始殊。故经[1]云：“真谛俗谛，谓有异耶？”答曰：“无异也。”此经直辨真谛以明非有，俗谛以明非无。岂以谛二而二于物哉？

因此，〔《维摩诘经》〕有患病不是真病的说法，《超日明三昧经》中有“四大”（地、水、火、风）是虚幻的说法。尽管佛经的词句不同，其原则是一样的。所以《放光般若经》说：“从真谛的观点看，没有所谓各个修炼的阶段和成就；如果从俗谛的观点看，就有所谓各个修炼的阶段和成就。”有成就是无成就的假号，无成就是有成就的真名。因为是真名，所以虽真实，而非有；假号，所以虽虚假，而非无。因此，说〔它是〕真，却未尝实有；说〔它是〕假，却未尝空无。两种说法不同，其中道理一致。所以佛经说：“真谛与俗谛，能说它们有差别吗？”答曰：“没有差别。”这是佛经通过真谛以阐明非有，又通过俗谛以阐明非无的道理。哪里可以说有〔真谛、俗谛〕两种观点，便认为道理也有两种呢？

然则万物果有其所以不有，有其所以不无。有其所以不有，故虽有而非有；有其所以不无，故虽无而非无。虽无而非无，无者不绝虚；虽有而非有，有者非真有。若有不即真，无不夷迹，然则有无称异，其致一也。

① 《摩诃般若波罗蜜经》卷二十二《道树品》：“世尊，世谛、第一义谛有异耶？须菩提，世谛、第一义谛无异也。何以故？世谛如，即是第一义谛如。以众不知不见是如故。”

那么，万物究竟有它所以不存在的一方面，也有它所以不是不存在的一方面。〔万物〕有它所以不存在的一方面，所以〔它〕虽然存在，而非存在；〔万物〕有它所以不是不存在的一方面，所以〔它〕虽然不存在，而非不存在。〔万物〕虽然是无，而又不是无，〔因为这里所谓〕无不是绝对的虚空；〔万物〕虽然是有，而又不是有，〔因为这里所谓〕有不是真正的有。如果说，有不就是真实，无不是消除形迹，那么，有和无称谓不同，归宿则一。

故童子[①]叹曰："说法不有亦不无，以因缘故诸法生。"《璎珞经》[②]云："转法轮者，亦非有转，亦非无转，是谓转无所转。"此乃众经之微言也。

所以童子慨叹说："说法不是有也不是无，只是由于因缘的缘故，诸法才产生。"《璎珞经》说："所谓转法轮，既不是有法轮在

① 《维摩诘经·佛国品》："长者子宝积作偈：说法不有亦不无，以因缘故诸法生。无我无造无受者，善恶之业亦不亡。"

又《注维摩诘经》卷一："肇曰：'欲言其有，有不自生。欲言其无，缘会即形。会形非谓无，非自非谓有。且有有故有无，无有何所无？有无故有有，无无何所有？然则自有则不有，自无则不无。此法王之正说也。有亦不由缘，无亦不由缘。以法非有无，故由因缘生。论曰：法从缘故不有，缘起故不无。诸法皆从缘生耳。无别有真主宰之者，故无我也。夫以有我，故能造善恶，受祸福法。既无我，故无造无受者也。若无造无受者，则不应有为善获福，为恶致殃也。然众生心识相传，善恶由起。报应之道，连环相袭。其犹声和响顺，形直影端。此自然之理无差毫分。复何假常我而主之哉？'"

② 《菩萨璎珞经》（姚秦竺佛念译）卷十三："文殊师利三白佛言：'法有生灭，法无生灭？一切诸佛，所转法轮，为有转耶，为无转耶？''……诸佛正法，亦不有转，亦不无转……''诸法如空，故无有转，故无无转。'"

转，也不是无法轮在转，而是说转就是不转。”许多经典都是宣讲这个道理。

何者？谓物无耶，则邪见非惑；谓物有耶，则常见为得。以物非无，故邪见为惑；以物非有，故常见不得。然则非有非无者，信真谛之谈也。故《道行》[①]云：“心亦不有亦不无。”[②]《中观》云：“物从因缘故不有，缘起故不无。”寻理，即其然矣。所以然者，夫有若真有，有自常有，岂待缘而后有哉？譬彼真无，无自常无，岂待缘而后无也？若有不能自有，待缘而后有者，故知有非真有。有非真有，虽有，不可谓之有矣。不无者，夫无则湛然不动，可谓之无。万物若无，则不应起，起则非无，以明缘起，故不无也。

为什么？如果说物是空无的，那么，〔相信世界是空无的〕邪说就不是错误的了；如果说物是实有的，那么，〔相信世界是〕永恒不变的错误学说就可以算作正确的了。正是由于物不是空无的，所以〔我们认为主张空无的〕邪说是错误的；正是由于物不是实在的，所以〔我们认为主张永恒不变的〕邪说没有得到真理。那么，〔只有认为事物〕非有、非无的观点才真是真理。所以《道行经》说：“心既不是有，也不是无。”《中论》说：“物从因缘产生

① 《道行般若》（后汉支娄迦谶译）卷一：“舍利弗谓须菩提，何而心亦不有亦不无，亦不能得？”

② 《中论》卷四《观四谛品》：“众因缘生法，我说即是空。何以故？众缘具足，和合而物生。是物属众因缘，故无自性。无自性故空。空亦复空。但为引导众生故，以假名说。离有无二边，故名中道。”

的，所以不能说它是有；它又是由缘而起，所以不能说它是无。”按照真理，就是如此的。其所以是如此，〔是由于〕有，如果是真有，〔那么〕有应当永远是有，哪里等待条件然后才有有？也正如真正的无，无应当永远是无，哪里待缘而后才成为无？如果说有不能自己构成有，需要有一定的条件〔而后构成有〕，可知有不是真有。有不是真有，虽然叫作“有”，也不能认为是有。〔所谓世界〕不是无，〔因为只有〕湛然不动，才可以叫作“无”。万物如果是无，就不应有万物的发生，有万物的发生，就不是无，万物既是由条件构成，所以不是无。

> 故摩诃衍论[①]云：“一切诸法，一切因缘，故应有；一切诸法，一切因缘，故不应有；一切无法，一切因缘，故应有；一切有法，一切因缘，故不应有。”寻此有无之言，岂直反论而已哉？

所以《大智度论》说：“一切诸法，一切因缘，应当说有；一切诸法，一切因缘，所以不应有；一切无法，一切因缘，所以应有；一切有法，一切因缘，所以不应有。”探究这些有和无的言论，哪里只是相反呢？

> 若应有即是有，不应言无；若应无即是无，不应言有。言有是为假有，以明非无，借无以辨非有。此事一称二，其文有似不同。苟领其所同，则无异而不同。然则万法果有其所以不

① 《大智度论》卷八十：“一切法不自在，皆属因缘生。有人虽见一切法从因缘生，谓为从邪因缘生。邪因缘者微尘世性等。是故说不见法无因缘生，亦不见法从常因缘微尘世性生。”

有，不可得而有；有其所以不无，不可得而无。何则？欲言其有，有非真生；欲言其无，事象既形。形象不即无，非真非实有。然则不真空义显于兹矣。

如果认为世界万物是有，就不应说世界万物是无；若认为世界万物是无，就不应说世界万物是有。〔实际上〕说世界万物是有，为的是通过有，以表示〔世界万物〕不是空无；〔为的是〕通过无，以表明〔世界万物〕的非有。这是一回事的两种说法，字句上似乎有所不同。如果理解这个说法的相同部分，那就所有差异的东西都可以说是相同的。那么，一切的事物真能有它所以不有（存在）的根据，不能说它是有；同时又有它所不无的根据，不能说它是无。为什么？如果说它是有，有不是真正的存在；如果说它是无，事物却已出现。事物既已出现，不就是无，只是它不是真实的，不是实有罢了。那么，不真空的道理现在可以明白了。

故《放光》[①]云："诸法假号不真。譬如幻化人[②]，非无幻化人，幻化人非真人也。"夫以名求物，物无当名之实。以物求名，名无得物之功。物无当名之实，非物也；名无得物之功，非名也。是以名不当实，实不当名。名实无当，万物安在？故《中观》[③]云："物无彼此[④]，而人以此为此，以彼为

---

① 《放光般若经》卷十八："佛告须菩提，名字者不真，假号为名，假号为五阴，假名为人、为男、为女。"

② 《列子》："知幻化之不异生死也，始可与学幻矣。"

③ 《中论·观苦品》第七、第九偈："自作若不成，云何彼作苦？若彼人作苦，即亦名自作。"

④ 彼此：《庄子·齐物论》："物无非彼，物无非是。"

> 彼。彼亦以此为彼，以彼为此。”此彼莫定乎一名，而惑者怀必然之志。然则彼此初非有，惑者初非无。既悟彼此之非有，有何物而可有哉？故知万物非真，假号久矣。是以《成具》[①]立强名之文，园林[②]托指马之况。如此，则深远之言，于何而不在？是以圣人乘千化而不变，履万惑而常通者，以其即万物之自虚，不假虚而虚物也。

所以《放光般若经》说：“诸法是假的称号，不是真实的。譬如幻化人，不是没有幻化人这回事，而是说幻化人不是真实的人罢了。”那么，从物的概念（“名”）去认识物，物没有和名相当的实。从物去认识名，名只能得无物的结果。物没有相当于它的概念（“名”）的实体，可见它不是〔名的〕物。名实既互不相当，哪里还有所谓万物？所以《中论》说：“事物没有彼此的分别，只是人们把它当作此，或把它当作彼。同样，人们也可以把此当作彼，把彼当作此。”此和彼不能由一个固定的名来决定，而糊涂人硬要认定它们有区别。而实际上，彼和此本来不能说是有（“非有”），糊涂人的见解也不能说是无。既然明白了彼和此是不存在，还有什么事物可以认为是有呢？可见万物不是真实的，〔所谓万物〕从来就是假的称号。因此，《成具光明定意经》有勉强建立“名”的说法，庄子有“指”和“马”的譬喻。这样，深远的理论，随处可见。因此“圣人”所以能通过千种变化，而他不变，经

① 《成具光明定意经》：“是法无所有法故，强为其名。”

② 庄子曾为蒙漆园吏。《庄子·齐物论》说：“以指喻指之非指，不若以非指喻指之非指也。以马喻马之非马，不若以非马喻马之非马也。天地一指也，万物一马也。”

历无数的迷惑而不受其迷惑，正是由于他认识到万物本来是虚幻的，不是把万物说成虚幻它才是虚幻的。

> 故经[①]云："甚奇，世尊！不动真际，为诸法立处。"非离真而立处，立处即真也。然则道远乎哉？触事而真。圣远乎哉？体之即神！

所以佛经说："世尊，真是奇怪！不变的本体是诸法的依据。"不是离开不变的本体另有所谓依据，因为所依据的即是不变的本体。那么，道〔离人们〕遥远吗？任何一件事物都有道，佛（"圣人"）〔离人们〕遥远吗？随时体验，都可以显现出佛的神妙作用。

① 大意出于《摩诃般若波罗蜜多经》卷二十五："须菩提白佛言：'世尊，若实际即是众生际，菩萨则为建立实际于实际。世尊，若建立实际于实际，则为建立自性于自性。'"

关于《般若无知论》*

哲学的认识论都是围绕主体与客体的关系开展的，都要回答主观认识能力与客观认识对象如何发生关系的，认识可能还是不可能。认识如果可能，有没有限度？认识如果不可能，又是如何不可能的？

哲学认识论问题是建立在一定的哲学世界观的基础上的。世界是物质性的，还是非物质性的；这个世界是从来如此的、永恒不变的，还是发展变化的。对待上述这一系列的哲学根本问题，僧肇都站在唯物主义和辩证法的对立面。他的《物不迁论》宣扬形而上学观点；他的《不真空论》宣扬客观世界不真实，否认客观世界的物质性。僧肇与其他唯心主义者和形而上学者不同处在于他不是生硬地否认客观现象不存在，而是说世界上的东西存在，但是虚幻，不真实。他的形而上学也比过去的形而上学者圆滑，他不说事物没有变化，而是通过一些手法来论证出事物的变化不过是假象，实际上是不变的，从而得出，变正是体现了不变。

这一篇《般若无知论》是配合《不真空论》和《物不迁论》，

---

* 原载于《世界宗教研究》1979年第一集（创刊号）。曾收入1981年12月第3版《汉唐佛教思想论集》。

提出的一套比较精致的唯心主义认识论，反复论证人类认识是不可能的。

僧肇在《般若无知论》中，力图说明佛教般若（“圣智”）和通常人的认识（“惑智”）有本质的不同。他认为，通常人所讲的认识，只限于对现象世界片断的、虚幻对象的认识。而且这个现象世界本身就是虚幻不真实的，不过是人们主观意识造成的假象。僧肇生怕他的唯心主义发挥得不彻底，他一再反复申述，即使有人主张世界是虚无的，主张有一个最高的“无”这样的精神实体，这也不对。因为承认有这样一个实体的绝对存在，就有把世界独立于主观认识之外的嫌疑，连这样以“无”为本的观点也要破除，才能彻底奠立他的唯心主义神学认识论的基础。

根据以上的思想，僧肇提出了“般若无知”的说法。“般若”一词是印度佛教专用名词的音译。它是一种智慧，但不同于人们习惯理解的智慧。因为人们习惯的智慧用于认识、分析现实世界，与生活经验是一致的，承认主客观的存在，承认逻辑思维、推理作用。佛教的般若不是用来认识现实世界的，它是一种神秘的直观，译作“智慧”容易引起误解，不符合佛教的宗教哲学原义。僧肇和一些著名僧人都认为在中国语言里没有相当于印度般若的观念，主张不译。著名的翻译家玄奘曾提出“五不翻”的原则，“般若”即属于不翻之类。僧肇为了行文方便有时用“圣智”来表示“般若”，以区别世俗的“惑智”。与“般若”相当的最高精神是“真谛”。“真谛”虽然是最真实的，却不同于一般人认识上的任何一种实体。既不是有形相（“有”）的实体，也不是无形相（“无”）的实体。般若不同于通常人所谓的认识，这种认识是

“无知”，却是“无所不知”。它是洞察一切、无所遗漏的“一切知”，即最全面最高的智慧，即“圣智”。

僧肇宣扬般若“无知”的目的，并不认为佛教智慧就像木石那样根本无知无觉，而是为了反对把客观物质世界看作真实的认识对象。符合科学实际的、经过千百万人实践所证明了的唯物主义反映论，在僧肇看来是颠倒、是“惑智”。正常的、符合科学的认识，是主体与客观对象的接触，通过感觉、思维才能得到的。僧肇极力反对这种唯物主义的认识论，他反复说明般若的对象不是任何具体的客观事物，不需要经过任何感觉和思维，不借助任何言语、文字，而是对无相的“真谛”（佛教的最高真理）的一种神秘直观。这样的神秘直观，只有“圣人”（佛）才能具备。“圣人”有异于常人的“神明”，他能“不知而自知，不为而自为”。

僧肇在这篇文章中采用了当时流行的自设问难和答辩的体裁。他站在宗教神学的立场，旗帜鲜明地向唯物主义认识论进攻。从他的九次反复答辩中，可以看到佛教唯心主义是如何论证其宗教教义的。

《般若无知论》向人们表明唯心主义是怎样设下陷阱的。如果按照他们指引的道路走去，必然被引到蒙昧主义。宗教神学与唯心主义一脉相通，相依为命。唯心主义哲学是精致的宗教，宗教是粗糙的唯心主义哲学。《般若无知论》给我们提供了生动的例证。

〔附〕《般若无知论》[1]今译

夫般若[2]虚玄者，盖是三乘[3]之宗极也，诚真一之无差，然异端之论，纷然久矣。

般若〔这个〕虚寂的原理，可算得一切佛教徒公认的最高原理了，〔它〕是唯一的真理，但是长期以来〔对它〕有着各种错误的解释。

有天竺沙门鸠摩罗什者[4]，少践大方[5]，研机斯趣，独拔于

① 原文据影印国家图书馆藏宋本《肇论中吴集解》。

② 般若：梵文Prajña的音译，旧译作“班若”“波若”“钵若”“般罗若”“钵剌若”“波赖若”等，意译为“智”或“智慧”。佛教所谓“智慧”与一般所谓“聪明智慧”的意义根本不同。他们认为世界上有一种超越人类一般认识能力之上的神秘的直观认识能力，可以不依靠人们的感觉、思维、推理就可以得到最高的真理。佛教把这种神秘的认识叫作般若（智慧），而正常的认识，佛教叫作惑。他们为了区别于人们对智慧的含义，所以译为“般若”。

③ 三乘：佛教认为信徒有三种达到不同解脱境界的修行途径，即所谓“声闻乘”“缘觉乘”“菩萨乘”。

④ 鸠摩罗什（344—413年），龟兹（现属新疆）人。“天竺”即印度不同的音译，鸠摩罗什留学印度，取了印度名字Kumārajīva，意为“童寿”。

⑤ 《老子》“大方无隅”，后人引申为“道”，庄子因之。《庄子·山木》“乃蹈乎大方”，又《庄子·徐无鬼》“知大方”，《庄子·秋水》“吾见笑于大方之家”。“大方”即“大道”。

言象之表，妙契于希夷之境。齐异学于迦夷，扬淳风以东扇。将爰烛殊方而匿耀凉土者，所以道不虚应，应必有由矣。

天竺沙门鸠摩罗什〔这个人〕，少年时就通达大道，钻研佛理，透过〔佛经〕语言文字的表面意义，深入体会〔佛教〕深奥的境界。〔他〕在外国曾驳倒过异端邪说，〔如今〕又把佛教传播到东方来。他虽愿播佛教于远方，却〔不得不〕在凉国埋没着才智〔，达十八年之久〕。〔可见〕佛教不是凭空传播的，要具备一定的条件。

弘始三年，岁次星纪[①]，秦乘入国之谋[②]，举师以来之。意也，北天之运，数其然矣。

弘始三年，正当辛丑年，秦国利用〔后凉〕入侵的时机，发兵把鸠摩罗什迎接了来。我想，佛教预言佛法将从北方转向东方，肯定要实现了。

大秦天王者[③]，道契百王之端，德洽千载之下，游刃万机，弘道终日。信季俗苍生之所天，释迦遗法之所仗也。

大秦天王〔的〕道德符合以前百代圣王，他的恩惠〔能使〕千载后世受益。〔他〕每天〔既要〕处理繁忙的政事，〔又要〕宣扬佛法。乱世的百姓要靠他的保护，释迦遗教全靠他的支持。

---

① 弘始三年：后秦姚兴年号，即公元401年。星纪：是指岁星处于丑位。弘始三年正当丑年，所以说“岁次星纪”。

② 僧肇不说姚秦对后凉进兵，却说后凉向姚秦侵略，姚秦才去应战，这是对姚秦统治者的阿谀奉承。

③ 大秦天王：是对后秦王姚兴的尊称。

时乃集义学沙门五百余人于逍遥观[①]，躬执秦文，与什公参定方等[②]。其所开拓者，岂唯当时之益，乃累劫之津梁矣。

当时在逍遥观召集通晓佛法的沙门五百余人，秦王与鸠摩罗什共同译述大乘经典。他们的贡献不只有益于当时，而且是永世渡人的桥梁。

余以短乏，曾厕嘉会，以为上闻异要，始于时也。

像才疏学浅的我，有幸参与译场盛会，听到罗什关于般若的异闻要义，是从这时开始的。

然则圣智幽微，深隐难测。无相无名，乃非言象之所得。为试惘象[③]其怀，寄之狂言耳，岂曰圣心而可辨哉?

但是，“圣（佛）智”深奥，难以常情测度，〔它〕既无形象，又非概念，绝不是通过言语所能理解的。姑且以无心的态度、狂言的方式谈谈〔自己的看法〕。佛的智慧（“圣心”）哪能用言语讲得清楚呢?

试论之曰，《放光》[④]云：“般若无所有相，无生灭相。”

① 秦王有逍遥园，逍遥观是一所宫殿，在园中。

② 方等：泛指大乘经典。

③ 《庄子·天地》：“黄帝游乎赤水之北，登乎昆仑之丘，而南望还归，遗其玄珠。使知索之而不得，使离朱索之而不得，使吃诟索之而不得也。乃使象罔，象罔得之。黄帝曰：‘异哉，象罔乃可以得之乎！’”此处“惘象”当为“象罔”，文小异而义同。庄子认为通过知识、通过感觉、通过语言都不可能得到真理（“玄珠”），通过无心（“象罔”）反而得到真理。僧肇借用了庄子的寓言。

④ 《放光般若经》卷十四：“佛言，般若波罗蜜，如虚空相。亦非相，亦不作相。”

《道行》[1]云：“般若无所知，无所见。”此辨智照之用，而曰无相无知者，何耶？果有无相之知，不知之照，明矣。

试做以下的论述：《放光般若经》说：“〔对于〕般若，它不具有无相，也不具有生灭相”。《道行经》说：“般若没有〔世俗所谓〕知识，没有〔世俗所谓〕见闻。”明明说的是关于般若智照的作用，却说它没有实体、没知识，这是为什么？可见的确存在着没有实体的知识，存在着没有知识的洞察（“照”），再明白不过了。

何者？夫有所知则有所不知。以圣心无知，故无所不知。不知之知，乃曰一切知。故经[2]云：“圣心无所知，无所不知。”信矣。是以圣人虚其心而实其照，终日知而未尝知也。故能默耀韬光，虚心玄鉴，闭智塞聪，而独觉冥冥[3]者矣。

为什么？〔因为〕有所知就有所不知。因为“圣人”（佛）无知，所以〔它才〕无所不知。〔这种〕不知的知，才算得上一切知。所以佛经说：“圣心是无所知〔的，它才〕无所不知。”这话一点不假。因此，“圣人”（佛）使自己的心思〔保持〕虚静而使自己的洞察〔保持〕充实，〔佛〕虽有认识（“知”）活动，但未尝进行认识（“知”）。所以〔佛〕能隐蔽着聪明，用虚静之心进

---

① 《道行般若经》卷一：“何所是菩萨般若波罗蜜，当何从说菩萨都不可得见，亦不可知处。”

② 《思益梵天所问经》卷一：“如来坐道场时，唯得虚妄颠倒所起烦恼，毕竟性空。以无所得，故得；以无所知，故知。”

③ 《庄子·天地》：“视乎冥冥，听乎无声。冥冥之中，独见晓焉；无声之中，独闻和焉。”又《庄子·知北游》：“昭昭生于冥冥，有伦生于无形。”

行深远的直观，闭目塞听，却能得到最高的觉悟。

然则智有穷幽之鉴，而无知焉；神有应会之用，而无虑焉。神无虑，故能独王于世表；智无知，故能玄照于事外。智虽事外，未始无事；神虽世表，终日域中。所以俯仰顺化，应接无穷，无幽不察，而无照功。斯则无知之所知，圣神之所会也。然其为物也，实而不有，虚而不无，存而不可论[①]者，其唯圣智乎！

那么，〔般若〕有洞察一切的直观，却没有知识；佛的智慧（神）具有反应的作用，却不用思考。它不用思考，所以超越于现实世界之上；〔般若〕没有〔世俗所谓〕知识，所以洞察于万事之外。〔佛的智慧〕虽洞察万事之外，并不排斥万事；〔它〕虽超越于现实世界之上，而毕竟在现实世界之中。所以〔佛〕能随顺世俗，反应一切，没有洞察不到的，却看不出洞察的功绩。这就是〔般若〕无知的〔最大〕的知，〔也正是〕佛的最高精神境界。但是〔必须懂得〕般若的特点是真实而非〔具体的〕实有，虚寂而非空无。它存在着，却无法对它进行任何描述，恐怕就是这个“圣智”（般若）了吧！

何者？欲言其有，无状无名；欲言其无，圣以之灵。圣以之灵，故虚不失照；无状无名，故照不失虚。照不失虚，故混而不渝；虚不失照，故动以接粗。

为什么？要是说它（般若）存在（“有”）；它又无形相，非概

① 《庄子·齐物论》：“六合之外，圣人存而不论；六合之内，圣人论而不议；春秋经世先王之志，圣人议而不辩。”僧肇这里以《庄》解佛，实际上庄子的意思与佛教观点不一样。

念；说它（般若）不存在（“无”），佛靠它才能洞察一切。佛靠它洞察一切，故虽虚寂而不失其洞察；〔它〕无形相、非概念，故虽洞察而不失其虚寂。洞察而不失其虚寂，所以它随顺世俗而又不背离佛教原则；虚寂而不失其洞察，所以〔它的〕活动不脱离外境（“粗”）。

是以圣智之用，未始暂废。求之形相，未暂可得。故《宝积》[①]曰：“以无心意而现行。”《放光》[②]云：“不动等觉而建立诸法。”所以圣迹万端，其致一而已矣。

因此，“圣智”（般若）没有一刻不在起作用。若从形相上去寻求它，那是永远找不到的。所以《维摩诘经》说：“以无意识的活动为活动。”《放光般若经》说：“以般若智慧而建立起世界万物。”所以佛有种种说法（“迹”），其最终原则是一致的。

是以般若可虚而照，真谛可亡而知，万动可即而静，圣应可无而为。斯则不知而自知，不为而自为矣。复何知哉？复何为哉？

因此，般若虽虚静而能洞察，真谛虽无相而能鉴知，现象虽变化而能不动，佛〔对外界〕虽无为而能有为。这正是所谓〔般若〕不进行认识（“知”）而〔它〕自有真知，不行动而自有行动。〔此外〕还有什么认识，还有什么行动呢？

① 《维摩诘经》（支谦译）卷一，童子宝事偈赞云：“始在佛树力降魔，得甘露灭觉道成，以无心意而现行。”罗什译《维摩诘所说经》长者童子宝积偈赞云：“始在佛树力降魔，得甘露灭觉道成，已无心意、无受行，而悉摧伏诸外道。”

② 《放光般若经》卷二十：“凡夫声闻辟支佛于等正觉，亦复不动。”

难曰：夫圣人真心独朗，物物斯照，应接无方，动与事会。物物斯照，故知无所遗；动与事会，故会不失机。会不失机，故必有会于可会；知无所遗，故必有知于可知。必有知于可知，故圣不虚知；必有会于可会，故圣不虚会。既知既会，而曰无知无会者，何耶？若夫忘知遗会者，则是圣人无私于知会，以成其私耳。斯可谓不自有其知，安得无知哉？

诘难曰："圣人"（佛）有超人的智慧，万物都在他的洞察之中，与外界多方接触，无时不与外界事物接触。万物都在〔佛的〕洞察之内，所以〔佛的〕认识无所遗漏；〔佛〕无时不与外界事物接触，所以没有差错。接触外界事物没有差错，所以必然接触其应当接触的；〔佛的〕认识无所遗漏，所以必然认识其应当认识的，所以"圣人"（佛）不做虚妄的认识；〔"圣人"〕必然接触其应当接触的，所以"圣人"（佛）不做虚妄的接触。已经认识，已经接触了，却说没有认识、没有接触，这是为什么？至于忘掉认识，抛弃接触，无非是说"圣人"（佛）不带偏见地进行认识和接触，以达到他的偏见罢了。只能认为他（佛）不以有知自居，怎能谓佛〔主张〕无知呢？

答曰：夫圣人功高二仪而不仁，明逾日月而弥昏。岂曰木石瞽[①]其怀，其于无知而已哉？诚以异于人者神明，故不可以事相求之耳。子意欲令圣人不自有其知，而圣人未尝不有知。无乃乖于圣心，失于文旨者乎？

① 瞽：《元康疏》作"鼓"。

答曰：“圣人”（佛）的功德大于天地，而不自以为仁慈，〔“圣人”〕的明智超过日月，而不自以为聪明。哪里是说“圣人”（佛）的心思像木石一样无知呢？实际上“圣人”（佛）与世俗人不同处就在于精神方面，所以不能从表面现象上去理解“圣人”。你的意思是想论证佛不自以为有认识，而佛未尝不进行认识活动，这岂不背离了佛教的原意，失去经文的宗旨吗？

何者？经[①]云：“真般若者，清净如虚空，无知无见，无作无缘。”斯则知自无知矣，岂待返照而后无知哉？若有知性空而称净者，则不辨于惑智。三毒[②]四倒[③]皆亦清净，有何独尊净于般若？

为什么〔说是背离了佛教的原意〕？〔因为〕佛经指出：“真般若，清净如虚空，无知觉，无见闻，无造作，无感触，”这表明般若本来是无知的。何尝要等待反复考查〔以后〕才得出结论说〔般若〕是无知呢？如果认为有一个被称为清净的实体存在着，那就无法分辨世俗认识（“惑智”）〔与般若圣智〕的区别，〔甚至把〕“三毒”“四倒”〔这种坏东西〕看作清净〔的东西〕，那么般若的清净还有什么可贵呢？

---

① 《大品般若经》卷六《等空品》：“说摩诃衍与空等，如虚空无见无闻，无觉无识。”

② 佛教认为贪、嗔、痴三者是众生解脱的主要障碍，称为“三毒”。

③ 佛教认为人们对于佛教关于涅槃（常、乐、我、净）神秘境界抱有错误的态度，或以为这四种神秘境界不存在，或以为不具有这四种神秘性质，都称作“四倒”。

若以所知美般若，所知非般若。所知自常净，故般若未尝净，亦无缘致净叹于般若。

如果当作一种认识对象去赞美般若，认识对象并不是般若。如果说它（世俗认识）是清净的，那么，般若反倒无所谓清净，这就无从赞美般若的清净了。

然经[①]云“般若清净”者，将无以般若体性真净，本无惑取之知。本无惑取之知，不可以知名哉？岂唯无知名，无知知，自无知矣！

可是佛经〔分明〕说，般若清净，那岂不意味着般若本质是清净的，本来不像世俗的认识，〔因而〕不可以称为认识吗？〔般若〕不仅没有“知”（知识）的称号，［也没有知（认识）的］作用，当然它是无知了。

是以圣人以无知之般若，照彼无相之真谛。真谛无兔马之遗[②]，般若无不穷之鉴。所以会而不差，当而无是，寂怕无知，而无不知者矣。

因此，“圣人”（佛）用无知的般若来洞察无相的真谛。不论深浅，〔一切真理〕没有不被真谛所包括的；不论远近，没有不被

---

① 不确定。

② 昙无谶译《优婆塞戒经》卷一：“如恒河水，三兽俱渡：兔、马、香象。兔不至底，浮水而过；马或至底，或不至底；象则尽底。恒河水者即是十二因缘河也。声闻渡时，犹如彼兔。缘觉渡时，犹如彼马。如来渡时，犹如香象。”（参照《大般涅槃经》）这里是说佛教的真理（真谛）所包括的道理十全十美，针对不同的对象，讲的道理虽有深有浅，它总是无所不包，没有遗漏。

般若所洞察的。所以〔在般若指导下〕接触外界而没有差错，正确而没有偏见，虚寂无知而无所不知。

难曰：夫物无以自通，故立名以通物。物虽非名，果有可名之物，当于此名矣。是以即名求物，物不能隐。而论云“圣心无知”，又云“无所不知”。意谓无知未尝知，知未尝无知。斯则名教之所通，立言之本意也。然论者欲一于圣心，异于文旨，寻文求实，未见其当。

诘难曰：事物不能自己表达自己，所以建立名来表达。事物虽不等于名，而毕竟有与名相当的事物。因此，按照名寻求事物，事物不能隐藏。可是你说“圣心无知”，又说“〔圣心〕无所不知”。我的理解是〔既说它〕无知，就不可能有知；〔既说它〕有知，就不可能无知。这是逻辑的通例，立言的依据。但是你力图符合圣心，却背离了〔佛经〕明文规定的含义。根据文句探求实际含义，〔你的论据〕显然不妥当的。

何者？若知得于圣心，无知无所辨；若无知得于圣心，知亦无所辨。若二都无得，无所复论哉？

为什么？如果说〔般若有〕知符合佛教宗旨，〔那么〕说〔般若〕无知就不对了；如果说〔般若〕无知符合佛教宗旨，说〔般若〕有知就不对了。如果说这两种说法不符合佛教宗旨，那还有什么可以讨论的呢？

答曰：经[①]云，般若义者，无名无说，非有非无，非实非

① 《般若经》《三假品》《等空品》大意。这种说法，大乘空宗的著作中到处都是。

虚。虚不失照，照不失虚，斯则无名之法。故非言所能言也。言虽不能言，然非言无以传。是以圣人终日言，而未尝言也。今试为子狂言[①]辨之。

答曰：佛经说，般若的含义是〔它〕既没有名称，也无需论证；既不是有也不是无，既非实体，也非虚寂。虚寂不失其洞察，洞察不失其虚寂。它是无名的东西，所以不是语言所能表达的。语言虽不能表达，若不通过语言又无从把这层意思表达出来。因此，“圣人”（佛）终日讲说，实际上等于没有说什么。现在试图尽量给你讲清楚。

夫圣心者，微妙无相，不可为有；用之弥勤[②]，不可为无。不可为无，故圣智存焉；不可为有，故名教绝焉。是以言知不为知，欲以通其鉴；不知非不知，欲以辨其相。辨相不为无，通鉴不为有。非有，故知而无知；非无，故无知而知。是以知即无知，无知即知。无以言异，而异于圣心也！

圣心微妙，没有实体，不能说〔它〕是有；它的作用无穷，不能说〔它〕是无。不能说〔它〕是无，所以有圣智存在；不能说〔它〕是有，所以名教〔对它〕不起作用。因此，讲到〔关于〕知〔的问题〕，目的不在于求知，而在于洞达〔般若〕直观；不求

① 《庄子·知北游》：“夫子，无所发予之狂言，而死矣夫。……而犹知藏其狂言而死。”

② 《老子》六章：“谷神不死，是谓玄牝；玄牝之门，是谓天地根。绵绵若存，用之不勤。”《老子》原意是说，“道”（“玄牝”）虽看不见，它的作用是无穷的.。这句话用意译，不是直译。

知，目的不在无知，而在于体认〔般若〕实相。体认实相，它不是无；洞达直观，它不是有。不是有，所以它（般若）知而无知；不是无，所以它（般若）无知而知。因此，知离不开无知，无知离不开知。不要由于说法的不同而背离了佛教的宗旨啊！

难曰：夫真谛深玄，非智不测。圣智之能，在兹而显。故经[①]云："不得般若，不见真谛。"真谛则般若之缘也。以缘求智，智则知矣。

诘难曰：真谛深奥玄远，不用〔圣〕智就无从探测，这里恰好显示出圣智的本领。所以《般若经》说："得不到般若就见不到真谛。"〔可见〕真谛就是般若〔认识〕的对象。根据对象去寻求智慧，〔这个〕智慧就是认识（"知"）了。

答曰：以缘求智，智非知也。何者？《放光》[②]云："不缘色生识，是名不见色。"又云："五阴清净，故般若清净。"般若即能知也。五阴即所知也，所知即缘也。夫知与所知，相与而有，相与而无。相与而无，故物莫之有；相与而有，故物莫之无。物莫之无，故为缘之所起；物莫之有，故则缘所不能生。缘所不能生，故照缘而非知。为缘之所起，故知缘相因而生。是以知与无知，生于所知矣。

答曰：以缘求智慧，智慧不是知觉。为什么？《放光般若经》说："不是由于接触外物才产生认识，是名不见色。"又说："五

① 《大智度论》卷十八："解脱涅槃道，皆从般若得。"

② 《放光般若经》卷十一《问相品》："须菩提问佛言：'世尊，云何不见五阴为世间导？''须菩提，不以五阴因缘起识者，是为不见五阴。'"

阴（按：指“五蕴”）清净，故般若清净。”般若即能认识的主体，五阴即认识的对象。认识的对象即缘。认识与对象，相互存在，又相互不存在。相互不存在，所以万物不存在；相互存在，所以万物非不存在。万物非不存在，所以说万物是认识对象形成的；万物不存在，所以说万物又不是认识对象形成的。认识对象所不能生，所以说对于认识对象（“缘”）只能洞察它而不能认识它。由于〔事物〕是认识对象所形成，所以认识（“知”）和认识对象互相依存。因此，不论有知和无知都是由所认识的对象引起的。

何者？夫智以知所知取相，故名知。真谛自无相，真智何由知？所以然者，夫所知非所知，所知生于知。所知既生知，知亦生所知。所知既相生，相生即缘法。缘法故非真，非真，故非真谛也。故《中观》[①]云，物以因缘有，故不真；不从因缘有，故即真。今真谛曰真，真则非缘。真非缘，故无物从缘而生也。故经[②]云，不见有法无缘而生。是以真智观真谛，未尝取所知；智不取所知，此智何由知？

为什么？因为一般人的智是认识它的对象，所以叫作认识。而真谛本来没有形相，真智（般若）又从哪里取得认识？所以是这样，就在于〔人们〕所认识的并非所认识的对象，对象是认识产生的。认识对象既产生认识，认识也产生认识对象。对象之间既然互相产生，它们不过是条件构成的东西。条件构成的东西是不真实的。不真实的东

① 《中论》卷四《观四谛品》：“众因缘生法，我说即是无，亦为是假名，亦是中道义。”

② 《般若经》。

西当然不是真谛（真理）。所以《中观》说，事物是条件构成的，所以它不真实；不属于条件构成的才真实。现在真谛指出的真实，〔这样的真实〕不靠条件。真谛不靠条件，所以〔说到底〕没有事物是从条件产生的，所以《般若经》指出不曾看到有什么东西是无条件而产生的。因此，通过真智（般若）体认真谛，不同于一般地掌握认识对象；〔真〕智不从对象取得知识，这个智又何从有知？

然智非无知，但真谛非所知，故真智亦非知。而子欲以缘求智，故以智为知。缘自非缘，于何而求知？

但是一般人的智慧不是无知，但真谛不是认识的对象。所以真正的智（般若）不是知识。现在你以条件来寻求智慧，才把智慧当作知识。认识对象本来就不是认识对象，你从哪里求得知识呢？

难曰：论云，不取者为无知，故不取为知，然后不取耶？若无知故不取，圣人则冥若夜游，不辨缁素之异耶？若知然后不取，知则异于不取矣。

诘难曰：照此说来，你认为不进行认识是由于没有可认识的，所以以不进行认识为有知识，然后才不进行认识吗？如根本没有可认识的，所以不进行认识，〔难道〕“圣人”（佛）只能像盲目夜游，黑白不分吗？如果认为有可认识的然后不进行认识，那么知识和不进行认识是两回事。

答曰：非无知故不取，又非知然后不取。知即不取，故能不取而知。

答曰：不是由于没有可认识的才不进行认识，也不是有可认识的才不进行认识。认识本身就是不进行认识。所以能够不进行认识而有认识。

难曰：不取者，诚以圣人不物于物，故无惑取也。无取则无是，无是则无当，谁当圣心？而云圣心无所不知耶？

诘难曰：不进行认识，实际上由于“圣人”（佛）不被外界所支配，才避免错误的认识。不进行认识，就无所肯定。无所肯定，就没有和认识相对应的东西，如何与佛教精神符合？能说佛教精神无所不知吗？

答曰：然无是无当者，夫无当则物无不当，无是则物无不是。物无不是，故是而无是；物无不当，故当而无当。故经[①]云，尽见诸法而无所见。

答曰：无所肯定、无所对应〔的认识对象〕，〔就是说〕无所对应就没有事物不与它对应，无所肯定就没有事物不予以肯定。事物非无所肯定，就是说既肯定又不肯定；与事物没有不对应，就是说既对应又不对应。所以佛经说，看见了万物却又不曾看见万物。

难曰：圣心非不能是，诚以无是可是。虽无是可是，故当是于无是矣。是以经云，真谛无相，故般若无知者，诚以般若无有有相之知。若以无相为无相，有何累于真谛耶？

诘难曰：圣心并非不能肯定，实在是没有可肯定的东西。虽然没有可肯定的东西，所以应该肯定其不肯定。因此佛经说，真谛无

① 《放光般若经》卷二：“菩萨作是行般若波罗蜜。于诸法无所见，……一切诸法悉不见。”

相而般若无知。所以这样说，确实由于般若没有有相认识作用。如果把无相看作无相，对于真谛有什么妨害呢?

答曰：圣人无无相也。何者？若以无相为无相，无相即为相。舍有而之无，譬犹逃峰而赴壑，俱不免于患矣。是以至人处有而不有，居无而不无。虽不取于有无，然亦不舍于有无。所以和光尘劳，周旋五趣[1]，寂然而往，怕尔[2]而来，恬淡无为而无不为。

答曰："圣人"连无相也认为是无的。为什么？如果以无相作为〔一种〕相看待，这个无相就成了相。抛弃了有，而投奔了无，好像逃离高峰，进入沟底，都没有避免〔片面的〕毛病。因此"至人"（"圣人"）站在有这一方面而不陷于有，站在无这一方面而不陷于无。虽然他（"至人"）对有、无不固执，但对有、无也不舍弃，他能够与现实事物共处，在世间轮回中应付，他的行动是那样的往来自如，他自然无为而无不为。

难曰：圣心虽无知，然其应会之道不差。是以可应者应之，不可应者存之。然则圣心有时而生，有时而灭，可得然乎?

诘难曰：圣心虽无知，但他对事物的反应没有差错，因此，应该反应的就反应，不应该反应的就放在一边。那就是说圣心有时存在（"生"），有时不存在（"灭"），能够这样吗?

答曰：生灭者，生灭心也。圣人无心，生灭焉起？然非无心，但是无心心耳。又非不应，但是不应应耳。是以圣人应会

① 五趣：又称"五恶趣"或"五道"，即地狱、饿鬼、畜生、人、天。

② 怕尔：即"泊尔"，恬淡无为的样子。

之道，则信若四时之质，直以虚无为体，斯不可得而生，不可得而灭也。

答曰：所谓生灭，指的是心的生灭。“圣人”无心，生灭心又哪里产生？〔“圣人”〕也不能说无心，只是〔他〕不把这个心当作他的心罢了。〔“圣人”〕也不是对外界不做出反应，只是〔他〕不把这反应当作反应罢了。因此，“圣人”的应付外界的原则活像一年四季那样〔变动着〕，简直以虚无为根据，不能使它生，不能使它灭。

难曰：圣智之无，惑智之无，俱无生灭，何以异之？

诘难曰：圣智（般若）也讲无，惑智（世俗智）也讲无，它们都没有生灭，怎样区别它们？

答曰：圣智之无者无知，惑智之无者知无。其无虽同，所以无者异也。何者？夫圣心虚静，无知可无。可曰无知，非谓知无。惑智有知，故有知可无，可谓知无，非曰无知也。无知即般若之无也。知无[1]即真谛之无也。是以般若之与真谛，言用即同而异，言寂即异而同。同，故无心于彼此异，故不失于照功。是以辨同者同于异，辨异者异于同。斯则不可得而异，不可得而同也。

答：圣智讲的无，是无认识（“无知”）；惑智讲的无，是认识无（“知无”）。它们“无”的名称虽同，所主张的根据不同。为什么？“圣人”是虚静的，根本没有什么认识可以被否定的，可以称作

---

① 这里的“知无”指真谛的虚无，不同于上句的惑者的“知无”（认识无）。因此，把它译为“体认无的道理”。

无知，不是知无。惑智承认认识作用，所以有一个认识作用可以被否定，这可以叫作知无，不能叫作无知。无知（否认认识作用）即般若讲的无，真正体认无的道理，这是真谛所指的无。因此，般若与真谛这两者，就其作用来说相同而异，就两者的本质来说相异而同。〔两者〕相同，所以不必过分看重彼此的差别；〔两者〕相异，所以不能不注意彼此的作用。因此，明确两者的相同，在于着眼相异的地方；明确两者的相异，在于着眼于相同的地方。这就是〔般若、真谛〕不能强使它们相异，不能强使它们相同。

> 何者？内有独鉴之明，外有万法之实。万法虽实，然非照不得。内外相与以成其照功，此则圣所不能同用也。内虽照而无知，外虽实而无相，内外寂然，相与俱无。此则圣所不能异寂也。是以经[①]云，诸法不异者，岂曰续凫截鹤[②]，夷岳盈壑，然后无异哉？诚以不异于异，故异而不异也。故经[③]云，甚奇世尊，于无异法中而说诸法异。又云[④]，般若与诸法，亦不一相，亦不异相，信矣。

为什么？对主观（“内”）有独鉴的观照，对客观（“外”）有万物之存在。万法虽存在，然非观照不得。内外互相配合才构成观照的效果，就是“圣人”（佛）不同于世俗的地方。主观方面虽

① 《般若波罗蜜经》卷二十二：“诸法无相，非一相，非异相。”

② 《庄子·骈拇》：“凫胫虽短，续之则忧；鹤胫虽长，断之则悲。”

③ 《摩诃般若波罗蜜经》卷二十三《六喻品》：“云何无异法中而分别说异相。”

④ 《摩诃般若波罗蜜经》卷二十二《遍学品》：“诸法无相，非一相，非异相。”

然用观照，但是无知；客观方面虽实有而没有形相。主观和客观寂然不动，主观客观一齐消除，这就是“圣人”（佛）所不能与本体相异的地方。因此，《般若经》说，一切事物没有差别，何尝是接长野鸭的短脚，截短仙鹤的长脚，削平山峰填充山谷，这样才算作没有差别呢？实际上是说，不把差别当差别，所以虽有差别，等于没有差别。所以《般若经》说，太奇妙了，世尊，〔您能〕在没有差别的事物中来说出事物的差别来！〔《般若经》〕又说，般若与万物，既不有着相同的相，也不有着相异的相，这话不假。

难曰：论云，言用则异，言寂则同。未详般若之内，则有用寂之异乎？

诘难曰：你说，就用（作用）说〔事物之间〕有差别，就本体（“寂”）说〔事物之间〕没有差别。不知道般若内部有作用和本体的差别吗？

答曰：用即寂，寂即用。用寂体一，同出而异名[①]，更无无用之寂而主于用也。是以智弥昧，照逾明；神弥静，应逾动。岂曰明、昧、动、静之异哉？故《成具》[②]云：“不为而过为。”宝积[③]曰：“无心无识，无不觉知。”斯则穷神尽智，极

① “同出而异名”（《老子》），同一个来源名称不同。

② 《成具光明定意经》：“不为而过为。”

③ 《维摩诘经》卷上长者宝积说偈曰：“已无心意无受行，而悉摧伏诸外道。”译曰：“心者何也？染有以生；受者何也？苦乐是行。至人冥真体寂，空虚其怀，虽复万法并照，而心未尝有。苦乐是径，而不为受。物我永寂，岂心受之可得。受者三受也，苦受、乐受、不苦不乐受也。无心伏于物，而物无不伏。”

象外之谈也。即之明文，圣心可知矣。

答曰：用离不开体，体离不开用。用和体是一回事，“同出而异名”，并没有个离开用的本体来给用做主宰。因此，智越是不起作用，它观照作用越强；精神越寂静，它对外界的反应越主动。怎能说明与昧、动与静有差别呢？《成具经》说：“虽不作为，超过了有作为。”《维摩诘经》说：“取消心意、取消知识，〔反而〕无所不知。”这才是最深刻、最高明、最超越的理论啊。对照佛经的指示，佛教精神不难理解了。

关于《神灭论》*

范缜生于公元450年，约死于公元507年以后。他是中国哲学史上最有力的反对佛教的哲学家。他那个时代，佛教的影响极为广泛，皇帝曾经颁布命令，宣布以佛教为国教。梁武帝常年吃斋信佛，后来有三次还把自己舍给寺院当服役的人，朝廷百官花了许多钱把他赎回来。范缜就是在这样一个顽固、迷信的皇帝底下做官的。

范缜一生坚持无神论。他认为人死了，灵魂不会单独存在；灵魂不会转世投胎，变成别的生物。当时的佛教徒所宣扬的是人的灵魂是不会消灭的，人死了，只要他今生信佛，来生可以托生在富贵人家，可以享福；如果不信佛，死后要入地狱，或者变猫、变狗，不再成为人。范缜《神灭论》所说的“神”，就是指的当时社会上那些宗教迷信家所说的灵魂。当时那些迷信的人认为人活着，能思想，能行动，有感情，必有一个发号施令的主持者，这个主持者就是灵魂（“神”）。死人为什么不能思想、行动呢？就是因为失去了灵魂，灵魂离开了他的身体跑到另外的地方去了。

* 原载《人民日报》，1956年11月2日，题为《范缜“神灭论”今译》。曾收入《汉唐佛教思想论集》。

范缜的《神灭论》针对这种思想展开了战斗。

当时在南朝占统治地位的是门阀士族地主阶级。门阀士族地主阶级的成员世世代代占有广大土地，有的占有山和湖，拥有大批农奴。他们在政治上也有特权，凡是门阀士族的家庭里出身的人，哪怕文墨不通，甚至又笨又呆，也能做大官。那些出身寒门的读书人，哪怕有天大的本领，也只能做个小官，甚至做不了官。范缜代表寒门庶族地主阶层的利益。他的祖先曾做过大官，也是"世代书香"的门第，但到了范缜父亲的时代已经衰落了。范缜对当时那些门阀士族地主阶级的专横、享有特权，很不满意。这种不满情绪是和他的无神论思想有关系。

当时那些享有特权的门阀士族地主阶级，为了说明他们的特权"有根据"，就利用佛教灵魂不灭的说法，说自己今生享有特权，是因为前生做了好事。他们说这是"因果报应"。可是范缜却不信这一套。他曾经和当时皇帝的本家——萧子良——进行过一场辩论。

萧子良对范缜说："你不相信有鬼神因果报应，那么你说世界上为什么有人富贵，有人贫贱；有人享福，有人受苦呢？"

范缜就指着庭前盛开的花树说："人生就好像这棵树上的花。有些花瓣被风吹到了厅堂上，落在坐垫上；也有些花瓣被风吹落到厕所里。这完全是偶然的，哪里有什么因果报应呢？像您，生在皇族，就像飘落在坐垫上的花瓣；像我，一生倒霉，就像飘落在厕所里的花瓣。"

范缜这个生动的比喻，把萧子良驳得张口结舌。今天我们看来，范缜这种说法的确很机智，但不能从根本上说明社会上的富贵贫贱的现象。我们知道，世界上只要有阶级就有贫富，有贫富就有贵贱；这里没有什么偶然性。

这个故事使我们明白，佛教宣传灵魂不死，实际上是对当时享有特权的门阀士族特别有利的。因此，范缜的神灭论的意义，不仅有科学理论的意义，也有现实的意义。

《神灭论》这一篇文章主要贡献有以下几个方面：

第一，它正确地指出了精神与物质的关系。物质（身体）是第一性的，精神是派生的、第二性的。所以精神不能单独存在，只能依靠身体的存在而存在。身体消灭了，精神也就消灭了。

第二，神灭论正确地指出思维作用产生于思维的器官。思维的器官就是“心”。他把人心当作思维的器官，这一点是错的，但是他坚持了唯物主义的原则，否认思维作用的基础是灵魂，这是一大进步。这种卓越的见解，和他所采取的路线，值得特别重视，因为他把心理的活动，安放在生理的基础上。

第三，神灭论批判了灵魂不灭的说法，直接揭露了当时门阀士族地主阶级的剥削特权是由前生命定的谎言。当时有人劝范缜说：“你如果放弃了你的神灭论的主张，哪怕做不到中书郎？”范缜真不愧为坚持真理的战士，他笑道：“假如我肯出卖我的神灭论主张换官做的话，早已做到宰相了。”

范缜的无神论坚决地批判了灵魂不死的说法。他的学说的弱点是（也是古代无神论的共同弱点）陷于物质结构的机械论，认为“圣人”和有天才的人是由于体质构造的不同。这当然不能科学地说明问题。他还不能够辩证地认识精神对身体的作用。由于范缜是站在地主阶级的立场上对佛教攻击的，因而他对儒家的经典中提到鬼神的记载不敢公开怀疑，这就相对地削弱了他的无神论的力量。他只看到佛教徒是剥削者，不生产，但他没有，也不可能认识到世俗地主阶级也是不劳而食的剥削者。这是他的阶级偏见给他的局限。

哲学历史的发展表明，无神论在理论上战胜了，并不意味着宗教的传播就因此停止了。因为宗教的存在有它的阶级根源，只要剥削制度存在，宗教就有它的社会基础，它就不可能消灭；甚至剥削阶级被打倒的社会里，旧思想的残余还存在时，宗教思想还会存在。范缜神灭论的成就，可以作为我们今天宣传无神论的借鉴。

范缜有许多著作都失散了，现存的《神灭论》是他全部著作中残存的一部分，发表在507年。就在这些断简残篇中，已透露出耀眼的光芒，这篇论文奠定了范缜在哲学史上不朽的地位。这是一篇充满了战斗性、宣扬无神论的论文，它有论证、有分析，逻辑性也相当强。

论文是用自己设问、自己答复的方式写的，这是南北朝时流行的辩论文的体裁，叫作“自设宾主”。文章中的“问曰”（宾）代表反面的意见，“答曰”（主）代表作者正面的主张。

这篇论文也有一些弱点，比如说，在个别问题上唯物主义的观点不够彻底，在论证方法上有时不够严密。有些问题读者自己会辨别，也有些问题要进一步来研究、分析。

本文是根据《四部丛刊》本《弘明集》的原文译出的。《弘明集》有错误时，就参照《梁书·范缜传》引用的《神灭论》原文作了一些校正。

〔附〕《神灭论》今译

问曰：子云神[1]灭，何以知其灭耶？

问：您说精神会消灭，怎样知道它会消灭呢？

答曰：神即形也，形即神也。是以形存则神存，形谢则神灭也。

答：精神离不开形体，形体离不开精神。因此，形体存在，精神才存在；形体衰亡，精神也就消灭。

问曰：形者无知之称，神者有知之名。知与无知，即事有异，神之与形，理不容一。形神相即，非所闻也。

问：无知，才叫作形体；有知，才叫作精神。有知和无知根本是两回事，精神和形体，原则上不能混为一谈。形体和精神不可分离的说法，不是我所能同意的。

---

① 这篇论文中所用的“神”字，固然指的“精神”，但也指的“灵魂”。当时主张“神不灭”的人，认为使人产生精神作用的是灵魂，灵魂可以附在人的身体上，人死后，灵魂又转移到其他的地方，但不会消灭。范缜的神灭论就是针对当时流行的这种“灵魂不灭”的迷信思想展开斗争的。译作“灵魂”不太妥当，译作“精神”也和今天我们常用的“精神”的含义有差别。

答曰：形者神之质[1]，神者形之用。是则形称其质，神言其用；形之与神不得相异。

答：形体是精神的质体，精神是形体的作用。所以形体是指的它的质体，精神是指的它的作用。形体和精神不能割裂。

问曰：神故非质，形故非用；不得为异，其义安在？

问：精神既不是质体，形体又不是作用，但二者又不能割裂，它的理论根据在哪里？

答曰：名殊而体一也。

答：〔精神和形体〕名称不同，而实质上是一回事。

问曰：名既已殊，体何得一？

问：〔精神和形体〕名称既然不同，如何能说有不可分的关系？

答曰：神之于质犹利之于刃[2]，形之于用犹刃之于利。利之

---

① 质："质"有"物质"的意义，又有"实体"的意义，现在把它译为"质体"。"质"和"用"是范缜提出的一对重要的哲学范畴。

② 刃：据宋、元、明及金陵本《弘明集》，均作"刃"，唯《梁书》及高丽本《弘明集》作"刀"。《广弘明集》卷二十二，沈约《难神灭论》引范缜说，是"刀"字。沈约云："刀之与利既不同矣，形之与神岂可妄合耶？又昔日之刀，今铸为剑，剑利即是刀利，而刀形非剑形。于利之用弗改，而质之形已移。与夫前生为甲，后生为丙；天人之道或异，往识之神犹传，与夫剑之为刀，刀之为剑有何异哉？又以一刀之质，分为二刀，形已分矣，而各有其利。今取一牛之身而剖之为两，则饮龁之生即谢，任重之用不分，又何得以刀之与利，譬形之与神耶？"沈约利用刀可以改为剑，剑仍有其利，由此论证利和刀可以脱离以论证精神可以脱离身体。沈约的错误在于相信有一个脱离任何具体物质的"利"，这个"利"可以附在刀上，也可以附在剑上。而范缜所用的刀和利的比喻也的确有不妥的地方。可能在辩论中，感到"刀"字不如"刃"字好，他自己改正的。《弘明集》的编者从佛教神不灭的立场，把《神灭论》作为反面资料，不会替范缜改正这个有缺点的例子。

名非刃也，刃之名非利也，然而舍利无刃，舍刃无利；未闻刃没而利存，岂容形亡而神在？

利和刀刃的关系一样。身体和作用的关系，恰如刀刃和锋利的关系一样。既叫作锋利，当然不是刀刃；既叫作刀刃，当然不是锋利。但是离开了锋利就无所谓刀刃，离开了刀刃就无所谓锋利。从来没有听说过刀刃不存在而锋利单独存在的，哪能说形体死亡而精神能单独存在？

问曰：刃之与利，或如来说，形之与神，其义不然。何以言之？木之质，无知也；人之质，有知也。人既有如木之质，而有异木之知，岂非木有其一、人有其二耶？

问：刀刃和锋利的关系，可能像您所说的那样，但是形体和精神，它的道理却不是这样。为什么这样说呢？树木的质体是没有知觉的，人类的质体是有知觉的。人类既有相同于树木的质体，却有不同于树木的知觉。岂不是树木只有一种特性，人类有两种特性吗？

答曰：异哉言乎！人若有如木之质以为形，又有异木之知以为神，则可如来论也。今人之质，质有知也，木之质，质无知也；人之质非木质也，木之质非人质也。安在有如木之质而复有异木之知？

答：这话可奇怪了！人类若有以相同于树木的质体作为形体，又有以相异于树木的知觉作为精神，倒可以照您的说法；事实上人类的质体，〔就在于它〕有知觉；树木的质体，〔就在于它〕没有知觉。人类的质体不是树木的质体，树木的质体也不是人类的质体。〔人类〕怎么可能既有同于树木的质体，又有异于树木的知觉呢？

问曰：人之质所以异木质者，以其有知耳；人而无知，与木何异？

问：人类的质体之所以不同于树木的质体，就在于它有知觉。人类若是没有知觉，它和树木有什么区别呢？

答曰：人无无知之质，犹木无有知之形。

答：人类没有无知觉的质体，恰如树木没有有知觉的形体一样。

问曰：死者之形骸，岂非无知之质耶？

问：死人的形体岂不就是没有知觉的质体吗？

答曰：是无知之质也。

答：这（死人）是没有知觉的质体。

问曰：若然者，人果有如木之质而有异木之知矣。

问：既然这样，可见人类确实既有相同于树木的质体，又有不同于树木的知觉。

答曰：死者有如木之质而无异木之知，生者有异木之知而无如木之质。

答：死人虽然有相同于树木的质体，却没有不同于树木的知觉；活人虽有不同于树木的知觉，却没有相同于树木的质体。

问曰：死者之骨骼，非生者之形骸耶？

问：死人的骨骼不就是活人的形体吗？

答曰：生形之非死形，死形之非生形，区已革矣；安有生人之形骸而有死人之骨骼哉？

答：活的形体不是死的形体，死的形体也不是活的形体。这根本是不同的两类。怎能有活人的形体却具有死人的骨骼呢？

问曰：若生者之形骸，非死者之骨骼，死者之骨骼则应不由生者之形骸。不由生者之形骸，则此骨骼从何而至？

问：如果活人的形体根本不是死人的骨骼，死人的骨骼也就应当不从活人的形体产生。既然不从活人的形体产生，那么这（死人的）骨骼是从哪里来的？

答曰：是生者之形骸，变为死者之骨骼也。

答：这是活人的形体变成了死人的骨骼的啊！

问曰：生者之形骸，虽变为死者之骨骼，岂不因生而有死？则知死体犹生体也。

问：活人的形体能变为死人的骨骼，岂不正是因为有了生才有死，可见死人的形体也就是活人的形体了。

答曰：如因荣木变为枯木，枯木之质宁是荣木之体？

答：如果根据活的树变成枯的树木〔来推论〕，枯树的质体怎能说就是活树的形体？

问曰：荣体变为枯体，枯体即是荣体；如丝体变为缕体，缕体即是丝体。有何别焉？

问：活树的形体既能变成枯树的形体，可见枯树的形体也就是活树的形体。好像一条一条的丝的形体变成了线的形体，线的形体也就是丝的形体。这有什么不同呢？

答曰：若枯即是荣，荣即是枯，则应荣时凋零，枯时结实；又荣木不应变为枯木，以荣即是枯，无所复变也。又荣枯是一，何不先枯后荣？要先荣后枯何也？丝缕同时，不得为喻。

答：若〔照你的说法，〕枯树就是活树，活树就是枯树，就应当在树活的时候凋零，树枯的时候结果。活树不应当变成枯树，因为〔照你的说法，〕活树即是枯树，所以枯树不必从活树变来了。〔照你的说法，〕活树枯树既然一样，为什么不先从枯树变成活树，一定先从活树变成枯树，这是什么道理呢？至于丝和缕是同时存在的，〔不是丝消灭后才成为缕，〕不能用来作为这个辩论的比喻。

问曰：生形之谢便应豁然都尽，何故方受死形，绵历未已耶？

问：当活人形体衰亡时，应当立刻死去，为什么人总是逐渐地死去呢？

答曰：生灭之体要有其次故也。夫欻而生者必欻而灭，渐而生者必渐而灭。欻而生者，飘骤是也；渐而生者，动植是也。有欻有渐，物之理也。

答：〔这是因为〕凡是生灭的形体，必须有一定程序的缘故。突然发生的，必然突然消灭；逐渐发生的，必然逐渐消灭。突然发生的，像狂风暴雨就是；逐渐发生的，像动物植物就是。有突然发生的，也有逐渐发生的，这是事物的规律。

问曰：形即神者，手等亦是神耶?

问：您说“形体离不开精神”，那么像手这些器官也是精神吗?

答曰：皆是神分。

答：都有它的精神方面。

问曰：若皆是神分，神应能虑，手等亦应能虑也。

问：如果说手这类肢体都有它的精神方面，精神能思虑，手这类肢体也应当能思虑了。

答曰：手等有痛痒之知，而无是非之虑。

答：手这类肢体有痛痒的感觉，但没有辨别是非的思虑。

问曰：知之与虑，为一为异?

问：感觉和思虑是一回事，还是两回事?

答曰：知即是虑。浅则为知，深则为虑。

答：感觉也就是思虑。粗浅的叫作感觉，深刻的叫作思虑。

问曰：若尔，应有二虑；虑既有二，神有二乎?

问：既是这样，应当有两种思虑了。思虑有两种，难道精神也有两种吗?

答曰：人体唯一，神何得二?

答：人的形体只有一个，精神哪能有两种呢？

问曰：若不得二，安有痛痒之知而复有是非之虑？

问：如果不能有两种精神，怎么能够既有知痛知痒的感觉，又有辨别是非的思虑？

答曰：如手足虽异，总为一人，是非痛痒，虽复有异，亦总为一神矣。

答：比如手、足虽然不同，但总归是一个人的肢体；辨别是非、感知痛痒虽不相同，也总归是一个人的精神。

问曰：是非之虑，不关手足，当关何处？

问：辨别是非的思虑和手、足无关，和什么〔器官〕有关呢？

答曰：是非之虑，心器所主。

答：辨别是非的思虑是由心这个器官主宰的。

问曰：心器是五脏之心，非耶？

问：心器官是五脏的心，不是吗？

答曰：是也。

答：是的。

问曰：五脏有何殊别，而心独有是非之虑？

问：五脏有什么不同，而单单心有辨别是非的思虑作用呢？

答曰：七窍亦复何殊，而司用不均何也？

答：七窍又有什么不同，而所担任的职能并不一样，这是什么缘故呢？

问曰：虑思无方，何以知是心器所主？

问：思虑作用不受任何局限，何以知道是心器官所主宰的？

答曰：心病则思乖，是以知心为虑本。

答：心有疾病就会使思虑作用失常，因此知道心器官是思虑的基础。

问曰：何〔虑〕不寄在眼等分中？

问：怎样知道思虑不寄托于眼这些器官呢？

答曰：若虑可寄于眼分，眼何故不寄于耳分耶？

答：假若思虑作用可寄托于眼这些器官，眼的作用为什么不寄托于耳呢？

问曰：虑体无本，故可寄之于眼分；眼自有本，不假寄于他分也。

问：思虑自身没有基础，所以可寄托于眼这一方面。眼自有它的基础，所以不寄托于其他感官方面。

答曰：眼何故有本而虑无本？苟无本于我形，而可遍寄于异地，亦可张甲之情寄王乙之躯，李丙之性托赵丁之体，然乎哉？不然也。

答：眼为什么有它的基础而思虑没有呢？假如思虑在我的形

体上没有基础，可寄托在任何地方，那么张大的情感可以寄托在王二的身上，李三的性格可以寄托在赵四的身上。是这样吗？不是吧。

问曰：圣人之形犹凡人之形，而有凡圣之殊，故知形神异矣。

问："圣人"的形体也恰如一般人的形体，而究竟有一般人和"圣人"的差别，所以知道形体和精神是两回事。

答曰：不然。金之精者能照，秽者不能照。能照之精金宁有不照之秽质？又岂有圣人之神而寄凡人之器？亦无凡人之神而托圣人之体。是以八彩重瞳，勋华之容，龙颜马口，轩皞之状，此形表之异也。比干之心，七窍并列；伯约之胆，其大如拳，此心器之殊也。是以知圣人区分，每绝常品；非唯道革群生，乃亦形超万有。凡圣均体，所未敢安。

答：不然。纯金有光泽，杂质的金没有光泽。有光泽的纯金怎会有无光泽的杂质？由此看来，怎会有"圣人"的精神反而寄托在一般人的形体之中？自然也不会有一般人的精神寄托在"圣人"的形体之中。因此，尧有八彩的眉毛，舜有双瞳孔的眼睛，黄帝的前额像龙，皋陶的口形像马，这些都是身体外形特殊。比干的心，七个孔窍并列，姜维的胆有拳头那样大，这些都是内部器官的特别。由此可见，"圣人"的特殊，常常和普通人不一样；"圣人"不仅在道德上超出众人，就在形体上也是与众不同的。所谓一般人和"圣人"形体一样的说法，我认为不妥当。

问曰：子云圣人之形必异于凡。敢问，阳货类仲尼，项籍似帝舜，舜、项、孔、阳智革形同，其故何耶？

问：您说“圣人”的形体一定不同于一般人，那么请问阳货的相貌像孔子，项羽的眼睛像舜，舜、项羽、孔子、阳货他们的才智不同而形貌相似，这是什么缘故？

答曰：珉似玉而非玉，鶋类凤而非凤，物诚有之，人故宜尔。项、阳貌似而非实似，心器不均，虽貌无益也。

答：珉像玉却不是玉，鸡像凤却不是凤，事物中确有这种现象，人类也不例外。项羽、阳货的相貌〔和舜、孔子〕相似，却不真相似，他们的内部器官不同，虽外形类似，也是枉然。

问曰：凡圣之殊，形器不一可也。圣人圆极，理无有二，而丘、旦殊姿，汤、文异状，神不系色，于此益明。

问：一般人和“圣人”有差别，而形体不一致，这是说得通的。“圣人”都是圆满的，照道理讲没有两样，但是孔子和周公的相貌不同，汤和文王的相貌也两样，因此更可以证明，精神不依赖于形体了。

答曰：圣与圣同，同于心器，而形不必同也，犹马殊毛而齐逸，玉异色而均美。是以晋棘、楚和等价连城，骅、骝、騄、骊俱致千里。

答：“圣人”和“圣人”之所以相同，在于他们都有“圣人”的心器官，但他们的形体不必相同。如同马的毛色不同却都可以是骏马，玉的色泽不同而都可以是美玉一样。因此，晋国的棘氏璧、楚国的和氏璧都价值连城，骅、骝、騄、骊都能远行千里。

问曰：形神不二，既闻之矣。形谢神灭，理固宜然。敢问经云“为之宗庙，以鬼享之”，何谓也？

问：形体和精神不是两回事，已经领教了。形体衰亡精神也随着消灭，道理确也应当这样。请问古书上说“为〔鬼神〕建立宗庙，鬼神飨受它”，这是什么意思呢？

答曰：圣人之教然也。所以从孝子之心而厉偷薄之意，神而明之，此之谓矣。

答：这是“圣人”的教化方法啊，目的在于顺从孝子的情感，并纠正偷惰和轻浮的倾向。所谓神而明之，就是这个意思。

问曰：伯有被甲，彭生豕见，“坟”“索”著其事，宁是设教而已耶？①

问：伯有的鬼披着甲惊扰郑国，彭生的鬼化为野猪出现，在经典中写得清清楚楚，怎能认为这仅仅是利用神道来教化人们呢？

答曰：妖怪茫茫，或存或亡；强死者众，不皆为鬼，彭生、伯有何独能然？乍人乍豕，未必齐、郑之公子也。

答：奇怪的事情是渺茫的，或真或假；遭到凶死的太多了，没

① 《左传·昭公七年》载，郑国贵族伯有在内战中被杀，后来郑国的人民常常有人自相惊扰，有人喊“伯有来了”，于是全城的人吓得乱跑。彭生事见《左传》桓公十八年及庄公八年彭生被杀事，书上记载彭生死后化为野猪出现。

有听说都变成鬼，为什么单单彭生、伯有就会变成了鬼呢？忽然是人，忽然又是猪，未必就是齐国的彭生、郑国的伯有公子啊。

问曰：《易》称“故知鬼神之情状，与天地相似而不违”，又曰“载鬼一车”，其义云何？

问：《周易》说“因此认识鬼神的情况和天地相似而不违背”，又说“装满了一车鬼”，这些话的意义何在呢？

答曰：有禽焉，有兽焉，飞走之别也；有人焉，有鬼焉，幽明之别也。人灭而为鬼，鬼灭而为人，则吾未知也。

答：有〔的叫作〕禽，有〔的叫作〕兽，〔它们的〕区别是〔前者〕能飞、〔后者〕能走；有〔的叫作〕人，有〔的叫作〕鬼，〔它们的〕区别是〔前者〕显露、〔后者〕隐蔽。至于人死变成鬼，鬼消灭了又变成人，这是我无法理解的。

问曰：知此神灭，有何利用耶？

问：认识了精神消灭的道理，有什么实际意义呢？

答曰：浮屠害政，桑门蠹俗，风惊雾起，驰荡不休。吾哀其弊，思拯其溺。夫竭财以赴僧，破产以趋佛，而不恤亲戚，不怜穷匮者何耶？良由厚我之情深，济物之意浅。是以圭撮涉于贫友，吝情动于颜色；千钟委于富僧，欢怀畅于容发。岂不以僧有多稌之期，友无遗秉之报；务施不关周急，归德必于在己，又惑以茫昧之言，惧以阿鼻之苦，诱以虚诞之词，欣以兜率之乐；故舍逢掖，袭横衣，废俎豆，列瓶钵[1]；家家弃其亲爱，人人绝其嗣续。至使兵挫于行间，吏空于官府，粟罄于惰游，货殚于土木，所以奸宄弗胜，颂声尚拥。唯此之故。其流莫已，其病无垠！

答：佛教对政治的危害，和尚对风俗的腐蚀，就像狂风迷雾一样，广泛地传播着。我痛心社会上这种弊端，想要挽救它的沉沦。人们宁可倾家荡产去求僧拜佛，但是不照顾亲戚、不怜惜穷困，这是什么原因呢？就是由于自私的打算过多，救人的意思太少。因此，送给穷朋友一把米，吝惜的情绪就流露在脸上；捐赠给豪富的和尚上千石粮食，从内心到汗毛也感到舒畅。岂不是因为和尚有夸大的预偿的诺言（按：指和尚用布施可以进天堂的诺言），而穷朋友没有一升半斗的报答吗？帮助人，却不在于救人急难，做好事仅仅为了自私。〔佛教〕用渺茫的谎言迷惑人，用地狱的痛苦吓唬人，用夸大的言词引诱人，用天堂的快乐招引人。所以使得人们抛弃了儒者的服装，披上僧人的袈裟；废掉了传统的礼器，摆上了水瓶饭钵；家家骨肉分离，人人子嗣绝灭。以至于使得士兵丧失战斗力，吏役在机关中缺额；粮食被游手好闲的僧众吃光，财富被奢侈的寺院建筑耗尽。坏人充斥，不能禁止，却高颂"阿弥陀佛"。这都是佛教所造成的。它的源流不加遏止，它的祸害就没有边际。

若知陶甄禀于自然，森罗均于独化，忽焉自有，恍尔而无，来也不御，去也不追，乘夫天理，各安其性：小人甘其垄

① 袈裟和瓶、钵都是和尚的衣服和用具，是从印度传来的，和当时中国民族习惯不一样。

亩，君子保其恬素；耕而食，食不可穷也，蚕而衣，衣不可尽也。下有余以奉其上，上无为以待其下，可以全生，可以养亲，可以为己，可以为人，可以匡国，可以霸君，用此道也。

如果能够认识到万物的生成是由于它自己的原因，复杂的现象完全是它自己在变化，忽然自己发生了，忽然自己消灭了。对它的发生既不能防止，对它的消灭也无须留恋。顺从着自然的法则，各人满足自己的本性：劳动者安于他们的田野，统治者保持他们的朴素。种了田然后吃饭，粮食是吃不完的；养了蚕然后制衣，衣服是穿不尽的。在下者把多余的产品奉养在上者，在上者以不干涉的态度对待在下者。这样，就可以保全生命，可以赡仰父母，可以满足自己，可以满足大家，可以使国家安定，可以使君主称霸，都是由于这个原则啊！

《汉魏两晋南北朝佛教史》重印后记*

解放后开始学习马克思列宁主义，回头来看这一部旧作，感到非常惶悚。现在借重印的机会，做以下几点说明。

我过去反对以盲目信仰的态度来研究佛教史，因为这样必然会看不清楚佛教思想的真相。但是我在这一部书中把佛教史仅仅看作一种宗教思想的发展，而没有认识到佛教思想的发展和它当时的社会历史条件是分不开的。马克思早已指出：

> 我们不是把世间问题变为神学问题，我们要把神学问题变为世间问题。①

在马克思主义原则下，只有把宗教、神学的问题安放在现实问题的基础上，才可能正确地理解它。对于这一原则，恩格斯也同样做出了重要指示：

> 任何宗教不是别的，只是那些支配人们日常生活的外界力

---

* 据汤用彤：《汉魏两晋南北朝佛教史》，中华书局，1955年9月版。1962年，汤用彤先生《重印再版小记》称："解放后由中华书局重印。当时我正患重病，赖任继愈同志在个别文字上做了修改并删去原跋，另作重印后记。"

① 马克思：《论犹太人问题》。

量在人们头脑中幻想的反映，在这种反映中，人间的力量采取了超世间的形态。[①]

马克思、恩格斯这些原则性的指示，适用于一切宗教，自然佛教史也非例外。

在这一部书中，我没有能够认识作为宗教的佛教唯心主义的本质，没有能够认识它是麻醉人民的鸦片。我只是孤立地就思想论思想、就信仰论信仰，这显然不能正确地认识佛教在中国文化思想领域中所起的反动作用。因此，对于佛教的估价也不可能是正确的。随着佛教的输入，曾引起国际文化的交流，应当肯定这是有意义的事，但决不能认为唯心主义的宗教给中国文化带来了什么好处，倒是那些伴随着佛教一齐来的其他方面的（如医学、历算、艺术、音乐、文学等）那些非宗教的东西却丰富了我们的文化。这两者应当严格区别，而不能混为一谈。

在这部书中，过分强调了佛教史中个别历史人物所起的作用，而完全忽视了当时历史发展的全部过程对佛教发展的决定性的制约。例如在叙述中不免夸大了道安、慧远、鸠摩罗什等人推动佛教发展的作用。在另一方面，我又认为由于僧众的道德败坏，不能体现佛教的宗旨，才引起了佛教的衰亡。这些看法，显然是不正确的。

佛教在中国的发展，和当时其他反佛教的思想斗争是分不开的，比如对道教的斗争、对儒家思想的斗争、对当时科学思想的斗争等。我们不能设想脱离了当时思想斗争的全部内容而能单独讲明

① 恩格斯：《反杜林论》。

佛教史。这部书显然在这一方面，没有完成它应该完成的任务。

希望读者留意本书中存在的这些带有根本性质的缺点。

如果说重印这部书，今天对于一些从事于思想史、文化史的研究工作者还有少许参考价值的话，那仅仅在于它供给了关于中国佛教史的一些比较可信的材料，它提出了中国佛教史发展变迁的一般线索，它也还揭露了中国佛教史上某些重要的现象。这绝不是说这部书在材料的审订、发展的线索、现象的揭露这些方面就完全没有问题。应当肯定，在旧的观点、方法支配之下所进行的考订研究工作，它可能取得的成绩终归是有限的。

因此，这里要重复声明，这部书仅仅是参考而已。

隋唐时期的佛教文化*

一、佛教经学的建立

汉代佛教传入内地，与中国传统宗教相结合，表现为祠祀，成为黄老、神仙信仰的附庸。魏晋时期，《老》《庄》学说流行，佛教般若学依附玄学，遂有般若学的“六家七宗”。“六家七宗”是佛教理论中国化的开始，也是中国僧人系统地发挥佛教理论的开始。此后，中国佛教界有越来越多的理论家由中国僧人充当，西方来的译经大师逐渐退居第二位，中国僧人经历了自己长期的创作和研究，形成了佛教经学与儒家经学争衡的局面。

经典注疏。南北朝译经，由主译者随译随讲。经典译出后，随着流布地区不断扩大，讲解者根据自己的理论水平、理论修养进行注解。南北朝时期，南方学术风气尚文采、重思辨，注疏较多。北方社会风气尚质朴、重宗教实践，石窟造像较多，注疏较少。佛教经学传授方法深受两汉儒家经学传授方法影响，两者采用方式大致相同。中

* 载《任继愈学术论著自选集》。曾收入1998年5月版《汉唐佛教思想论集》。

国知识僧人出家前多受儒教熏陶，出家后为了传教，为了扩大佛教影响，为了与佛教以外的“异教”辩论，佛教徒不得不学习佛教以外的典籍，僧传所载著名学僧“学通内外”。中国社会环境培养出来的佛教知识分子，大都先接受儒家经学的基本训练。汉儒的章句训诂之学，魏晋玄学的“得意忘言”之教，都给魏晋隋唐佛教经学的建立提供了现成的模式。东晋道安在《安般注序》中说：

> 魏初康会为之注义，义或隐而未显者，安窃不自量，敢因前人为解其下。

《道地经序》说：

> 寻章察句，造此训传。

《人本欲生经序》说：

> 为之撮注，其义同而文别者，无所加训焉。

早期佛经注，大致如道安所说，逐文释义，不做发挥，这对于佛经初学者有辅导作用。南北朝时期，长江南北有许多成实论师，他们一生讲解《成实论》若干遍，受到朝廷和社会的重视。《成实论》为小乘学的一派，出现时期较迟，佛教的基本概念，这部书里讲得比较清楚，是当时流行的一种“佛教哲学手册”。学了《成实论》，对佛教的一些基本概念有了一个大致了解，再读其他佛经就容易了。许多成实论师自己没有什么体系，他们所从事的是佛教的章句之学。

有了章句之学为基础，更进一步研究，他们要系统钻研基本思想，玄学方法被广泛采用，用“经序”来概括一部佛教的宗旨，用

“目品”来概括经中某一章节的宗旨[①]。南北朝后期，佛经著述逐渐增多，学派林立，讲经的章句、口义（讲义）渐多，日趋详备，注疏日趋繁复，到隋唐时，佛经注疏及讲说著作比南北朝又有所发展，有似汉儒解经，广博、烦琐，兼而有之。

注疏不能离开经典原文，论著则可以离开原著，尽量发挥作者的见解。曾涌现过多种经序。经序本来是经的提要，但有的经序却不一定能代表原著宗旨。如鸠摩罗什译出《大智度论》后，请慧远作序，慧远的序，有的地方并不符合《大智度论》的看法。此外，还有专题论文的论[②]。此外有译著纂集，有全集节略本，有汇编本，有的具有辞书性质。此外尚有佛教史传的编辑、佛教经典目录学。

经过南北朝几百年的发展，佛教经学到了隋唐已有很大规模。

> 开皇元年（按：581年），高祖普诏天下，任听出家，仍令计口出钱，营造经像。而京师及并州、相州、洛州等诸大都邑之处并官写一切经，置于寺内；而又别写藏于秘阁。天下之人，从风而靡，竞相景慕，民间佛经，多于六经数十百倍。[③]

---

① 〔晋〕僧叡《中论序》称：“予玩之味之，不能释手，遂复忘其鄙拙，托悟怀于一序，并目品义，题之于首。”道生在《法华经疏》中对《药草喻品》说：“圣教沾神则烦恼病愈，故寄药草以目品焉。”

② 佛经的论文保存在《弘明集》及《广弘明集》中，不具引。

③ 《隋书·经籍志》。

二、佛教的普及与提高

任何宗教的传播都要注意吸收广大群众，有了群众基础，宗教才能扩大势力范围。根据群众的水平、社会地位，采取不同的传教内容。对上层知识阶层，用佛教哲学打动他们，并利用中国的儒家传统经籍知识，与教义融通发挥，佛教理论已成为中国哲学的一部分，充实了中国哲学的内容。佛教的心性论，经过了南北朝近四百年的长期发掘，形成许多流派，构造了许多哲学体系。如影响较大的摄论学派和地论学派，把哲学心性论推向一个高峰。隋唐时期，由于国家的统一，经济、政治、文化的高度发达，佛教哲学理论也较南北朝时有所前进，佛教哲学与民族传统文化结合得更紧密。这既是理论的需要，也是社会的需要，它更加中国化，更具有中华民族的特色。表示佛性“本有”“始有”的基本概念，已不再围绕着阿赖耶识转圈子，而是明确使用了“心性”等中国哲学范畴，经过了佛教理论洗礼的范畴，它不同于先秦两汉时期的“心性”的含义，而是有了更丰富的内容。

理论的阐发，只限于上层知识分子；更广大的信徒，则靠佛教的通俗宣传。各大寺院都有成系列的佛教故事画，壁画多出自名家手笔。如吴道子的作品中，有很多属于佛教故事。唐人记载，吴道子画佛教轮回的故事，致屠宰场的生意大量减少。唐代各大寺设有“俗讲”讲座，用佛教经典中的劝人为善的故事吸引听众，除了一般市民，宫廷贵妇也前往听讲。善于讲故事的僧人，用趣味性吸引群众，有时连续讲一两个月，听众听得入迷。还有用幻灯或图画吸引听众的。这种文娱方式，后来成为中国说书、说唱、皮影戏、评书的开端。

隋唐佛教的发达，不是孤立的现象，佛教已成为隋唐社会的上层建筑，它的政治作用不下于儒教，影响的广泛甚至在儒教之上。佛教经历了魏晋南北朝的长期传播，积累了大量资料，并不断地修改得与中国封建宗法制度相适应。佛教信仰在中国，已不止是个人的事，它是协和王化的一种工具，不但不违背忠孝，而且成了维护忠孝的必要手段①。

在唐代，释迦、孔子、老子并列为“圣人”，都被看作人类的导航者，中国广大佛教徒已不把释迦当外国人看待。佛教寺庙与孔庙同受尊重。孔庙，一个城市只有一所，而佛寺在大小城市数目无法统计。佛教经典与儒教经典同样不可亵渎。佛教经学与儒教经学平分天下。道教也力图凭借皇家的支持，建立自己的经学体系，但根基不及儒、佛两家深厚，也有广大信徒，三家之中，道家势力最小。

三、佛教与儒、道两教的融合

中国封建社会的特点为封建宗法制，是以父系家长为本位构成

① 反对佛教的大臣贵族，为了给死后的父母修福，也开凿佛窟，表达孝思。姚崇在洛阳龙门极南洞有为父母造佛像的题记。

的封建制度。这种制度用家族血缘关系为纽带，以保证自天子以至于平民的多等级的统治秩序。周民族统治中原后，即建立了奴隶宗法制。春秋战国时期，奴隶制转变为封建制，宗法血缘为纽带的统治经验被保持下来。这个特点在世界范围内也是很特殊的。

从周公相传下来的典章制度为孔、孟所继承，孔、孟建立了儒家。儒家的理论成为后来维持封建宗法制的指导思想。董仲舒开始把儒家思想与阴阳家思想相结合，造成神学体系，天子是人又是神，为君权神授建立了理论基础。经历了东汉白虎观会议，形成书面记录，《白虎通》神学经学正式建立。神学经学以儒家标榜的“三纲”为骨干，君臣关系又是“三纲”中的核心。治天下、为人、处世，都要服从君臣大义。君臣关系成为一对永恒的原则。推衍到极端，甚至认为天地日月所以能按规律运行、不出差错，就在于它符合、体现了“三纲”的原则。

只要有封建制，就离不开儒家的说教来维持其统治秩序。南北朝时期，中国处于分裂状态，儒家定于一尊的独霸地位受到削弱，玄学思想一度上升，以后又有了佛教和道教，于是出现了四种思想体系：儒家、玄学、佛教、道教。这四种体系中，玄学势力不久即衰，南北朝时期只剩下三种思想体系，即儒、佛、道。只要有封建制度存在，必然离不开儒家的思想。儒家在南北朝时期，失去独尊地位（与汉代比），但朝廷离不了它，它是稳定封建等级制的最有效的思想工具。门阀士族地主阶级为了更好地巩固其政治特权，把儒家经典中的礼制，尤以与继承权有关的丧服制受到更大重视。甚至有一部分有名望的僧人，也研究起丧服经来。

道教作为一种中国本土的宗教，在汉末已形成一股强大势力。

道教的传播得到两股社会力量的支持。道教讲长生、黄白术，宣传兴国广嗣之术，对上层贵族、宫廷有吸引力，为帝王、贵族所信奉。道教同时用符水治病，它的某些互助互救的制度，为下层劳苦群众所欢迎。这样，上下结合，东汉末年发展得很快。在民生困苦、政治黑暗的东汉末年，造成了道教滋生蔓延的条件。黄巾起义以道教组织为号召，动摇了汉王朝的统治，从此国家无力进行中央集权，陷于地方军阀割据混战的局面。

南北朝时期，道教有了发展。道教作为一种宗教形态，更加完备。为了取得政府当权者的信任，南方和北方的道教领袖人物，对道教进行了改造，使道教更符合上层门阀士族及帝王的需要，切断了与下层农民的密切联系。南方有葛洪、陆修静、陶弘景，北方有寇谦之，他们编辑有关道教著作，形成系统①。他们的主要任务是把道教贵族化，使它符合上层贵族们的要求，讲长生不死、成仙得道的理论多了，炼丹服食成了风尚。这种主张颇能满足贵族及帝王纵欲享乐的要求。道教还有一个理论上的重大变化：它力图与儒教思想融合，吸收“三纲”说，为封建宗法制服务。道教虽号称“出世”，实际上与政治十分接近。南朝的陶弘景、北朝的寇谦之都是政治道士，为朝廷所倚重。

唐朝李渊父子是北方少数民族与汉族混血儿，社会地位不及门阀士族高贵，他们自称老子李耳之后，以抬高自己的社会地位。道教经过了南北朝的大力改造，已被改造得适合隋唐封建宗法制的要求，既讲长生，又讲忠孝。道教受到唐朝的支持、保护，因而发展

① 按流派建立了“三洞”“四辅”的道藏分类法，至今尚被沿用。

得比较快。成为当时的中国三大宗教（儒、佛、道）之一。

佛教经历了南北朝的长期传播，进一步适应儒家封建宗法制度，佛教教义中尽力吸收中国传统的“三纲”思想，辅助政教。

《魏书·释老志》载：“太宗践位，……亦好黄老，又崇佛法，京邑四方建立图像，仍令沙门敷导居俗。”

唐朝时期，佛教经历了比南北朝更充分的发展，佛教已成为三大教中的重要势力，它配合儒教，维护封建社会秩序的功能表现得更加充分，国家重大庆典、帝王诞辰，召三教（儒、佛、道）辩论于殿廷[①]。佛教寺院除了用宗教教义教人守清净、安贫富、遵循君臣大义等思想，还利用寺院的雄厚财力培养知识分子，教育儿童。有不少家贫无力读书的青年人，在寺院中利用其图书设备，攻读科举考试的科目，后来做了大官的很多。直到宋代，此风未衰。[②]佛教经典中有一部分“伪经”，假托佛说，实际是中国僧人编造的，有一部分的主要内容是宣传忠孝。这类伪经，从南北朝到隋唐不断出现。它调和佛教与儒教，为了取信于人，抬高经典的威信，于是假托佛说。把佛经当作佛所说的经典，可以认为是伪的；如果把它看作当时中国佛教适应儒教的反映，它不但不“伪”，而且是极可信的原始资料。

道教徒的知识结构，一般比佛教徒差一些，人数也远不如佛教信徒众多，道教寺院数目也比佛教少。道教经典有不少抄袭佛经，如轮回报应思想，本来不是道教思想，可是道教不少劝善经典中宣

① 通常在麟德殿。这是唐朝朝会大臣、接见外国使节的正殿，也是举行比较隆重典礼的场所。

② 宋代名臣范仲淹、吕端少年时在寺院读书。

扬轮回报应，其判断行为善恶的标准，完全靠儒家“三纲”封建宗法原则。

总之，三教的融合，是隋唐佛教的总趋势。融合的目的在于互相配合，更好地为当时封建宗法制度服务。三教既存在着分立，又有融合，构成了隋唐文化的一个特点。

四、佛教文化的国际化

隋唐时期中国佛教已完全独立，创造了适应中国本土的佛教系统。虽有著名僧人去印度求法（如玄奘、义净等），但印度佛教已处在衰落的边沿，缺少生气，他们的名僧、大寺，安享供养，治学方法陷于烦琐，经不起外道的冲击[①]。相反，中国佛教创立了不少宗派，这些宗派都是根据创始人的宗教哲学思想构成独特的体系的。由于当时中国在亚洲是政治、经济、文化的中心，中国佛教也凭借其政治、经济的优势，向外传播，影响到一些邻近地区。

天台宗大师智者，其弟子有波若，是高丽人。法相宗玄奘的弟子有两派，一派为窥基，是于阗人；另一派为圆测，其弟子为新罗人。华严宗法藏，为华严宗的实际创始人（他以前的杜顺、智俨是华严宗蔚为大宗以后，才跟着显赫起来的），华严宗传到朝鲜的有义湘，号称“海东华严初祖”。

---

① 印度佛教中心那烂陀寺，遇有外道挑战要求辩论，寺中僧众近万人，无人敢出应战。多亏了中国留学僧人玄奘出来应战，才给这个寺院解脱困境。见《慈恩传》。

东邻诸国求法僧人，并不一定去印度，而是来中国。西域各地佛教著作，在汉末到两晋，曾经是印度传入中国的中转站，中国早期佛经，胡本（西域本）多于梵本（印度本）。唐代由于国力强大，对西域有统治权或有决定性的政治影响，西域佛教所用经典不少是中国内地反馈回去的。西藏地区的佛教一部分出自本土，也有一部分由汉地传入，由汉文转译为藏文的。

朝鲜新罗的佛教体系，几乎是从中国搬去的，其中有天台、华严、法相、禅宗等。日本所谓“古京六宗”，也是中国传去的唐代的佛教宗派。日本来华留学的最著名的僧人，传法大师最澄、弘法大师空海所传授的都是中国佛教宗派。据圆珍撰《诸家教相同异集》：

> 常途所云，我大日本国总有八宗，其八宗者何？答：南京有六宗，上都有二宗，是为八宗也。南京六宗者，一华严宗，二律宗，三法相宗，四三论宗，五成实宗，六俱舍宗也。上都二宗者，一天台宗，二真言宗。[①]

空海、最澄约于公元805年来华。空海（774—835年）为日本密宗开创者，最澄（767—822年）为日本天台宗的开创者。上都二宗的创立，是海空、最澄的贡献。9世纪，安然（841年生）作《教时诤》[②]，加上禅宗，日本九宗都是中国佛教的学说流派。

佛教除向日本、朝鲜传播，越南佛教也受中国佛教影响。中国藏传佛教与汉地佛教也曾发生影响，但主要为国内民族间的思想交

① 《大正藏》第七十四卷。

② 《大正藏》第七十五卷。

流，与国际文化交流有所区别，这里不多说。

佛教的国际交流，不限于宗教教义、宗教思想，事实上，随着宗教的交往，文化也得以沟通，如唐朝鉴真（688—763年）带到日本的，不止是他的戒律、仪式，还带去中国的医药知识、建筑技术、夹纻造像技术。日本的黄檗宗，还带去了中国佛教汉语读音的诵经方法，在语言学方面也起了文化交流的作用。

唐代三教中的佛教*

在南北朝末期，北周时佛教已与儒、道并称三教。隋唐时期，佛、儒、道分立，成为唐朝三百年来安定社会的主要思想支柱。

佛教在三教中的社会影响最大，道教次之，儒家最弱①。佛教的因果报应、天堂地狱的学说深为广大群众所接受。佛教宣传方式比其他二教都深入、广泛。佛教通过绘画、雕塑、音乐、俗讲、通俗

---

* 原载于《五台山研究》1990年第3期。曾收入1998年5月版《汉唐佛教思想论集》。

① 《体道通鉴后集》卷三，《云笈七籤》卷一一六“王奉仙”条：“天尊化于天上，主宰万物，若世人之父也。世尊化于世上，劝人以善，若世人之母也。儒典行于世间，若世人之兄也。举世人如婴儿焉，但识其母，不知其父兄之尊，故知道者少，重儒者寡，不足怪也。”

文学等各种形象宣传，上自皇帝、公主、贵族②，下至平民百姓、不识字的男女老少都有接受佛教教义的机会，抓住了广大群众②。

佛教寺院经济发达③，有固定产业，收租过活，与世俗地主有同等的特权。寺院掌握经济，提供信贷，经营典当抵押、货栈租赁，

---

② 唐武则天开始敕使臣往凤翔法门寺迎佛骨。长安四年（704年），迎佛骨置京都明堂供养。信徒“顶缸指炬”“舍财投宝”，盛况空前。

宪宗元和十三年（818年），“功德使上言：‘凤翔法门寺塔有佛指骨，相传三十年一开，开则岁丰人安。来年应开，请迎之。’十二月，庚戌朔，上遣中使帅僧众迎之”。见《资治通鉴》卷二四〇，中华书局，1956年6月版，第7756页。

懿宗十四年（873年），“春，三月，癸巳，上遣敕使诣法门寺迎佛骨，群臣谏者甚众，至有言宪宗迎佛骨寻晏驾者。上曰：‘朕生得见之，死亦无恨！’广造浮图、宝帐、香舆、幡花、幢盖以迎之，皆饰以金玉、锦绣、珠翠。自京域至寺三百里间，道路车马，昼夜不绝。夏，四月，壬寅，佛骨至京师，导以禁军兵仗、公私音乐，沸天烛地，绵亘数十里；仪卫之盛，过于郊祀，元和之时不及远矣。富室夹道为彩楼及无遮会，竞为侈靡。上御安福门，降楼膜拜，流涕沾臆，赐僧及京城耆老尝见元和事者金帛。迎佛骨入禁中，三日，出置安国崇化寺。宰相已下竞施金帛，不可胜纪。因下德音，降中外系囚”。见《资治通鉴》卷二五二，中华书局，1956年6月版，第8165页。

② 见向达《唐代俗讲考》，《唐代长安与西域文明》，生活·读书·新知三联书店，1957年4月版。

③ 参看任继愈《中国佛教史》第三卷，中国社会科学出版社，1988年5月版，第75–92页。

陈文帝为天台国清寺指定始丰县租税供给该寺。参见《佛祖统纪》。

唐太宗在天下交兵处为阵亡将士立寺，令寺院附近州为所立寺提供劳力和生产工具，牛、车、田庄。参见《广弘明集》卷二十八《于行阵所立七寺诏》。

寺院除国家颁赐财产，还有个人捐献的寺产。还有寺院专营的在水渠上建立的碾硙为粮仓加工。参见《唐会要》卷八十九《碾硙》。

唐武宗下令，毁寺四千六百余所、兰若招提四万余所，还僧尼二十六万五百人，检出奴婢十五万人，均收充两税户，更收青腴上田数十万顷。参见《旧唐书·武宗纪》，中华书局，1975年5月版，第606页。

寺院吸收信徒捐助钱物及个人劳动力，创建无尽藏。参见敦煌文书，伦敦藏S213、S100、S712号。

起着银行的作用，是经济中心。

寺院有丰富的图书设备，除了佛书，还藏有丰富的世俗典籍。寺院同时又是一个文化中心。佛教鼓励抄写佛经做功德，在印刷术发明以前，手写佛教典籍数量超过儒家六经数十百倍[①]。

佛教对上层知识分子、文化人，充分利用其抽象理论思维影响，发挥其宗教哲学理论优势，建立理论体系，在理论上丰富了中国哲学史的内容。佛教理论学说与中国哲学史的发展相呼应，发展了本体论、心性论[②]，深化了中国哲学。

唐朝经济力量雄厚，文化发达，其影响不仅及于内地，也达到偏远地区。佛教代表人物与文化界名流交往，参与政治活动，有的僧人参加了宫廷政治斗争。唐代诗人著作没有不涉及寺院和僧人的。佛教的影响不但在国内，也成为国际文化交往的纽带，如朝鲜、日本的佛教的重要流派，都与唐代佛教宗派有关[③]。

道教的发展与佛教差不多同时。因道教曾与东汉末年的农民起

---

① 《隋书·经籍志·道佛经类》（中华书局，1973年8月版，第1099页）："开皇元年，高祖普诏天下，任听出家，仍令计口出钱，营造经像。而京师及并州、相州、洛州等诸大都邑之处，并官写一切经，置于寺内；而又别写，藏于秘阁。天下之人，从风而靡，竞相景慕，民间佛经，多于六经数十百倍。"

"唐承隋制，佛教有更大的发展，写经造像，风靡全国。据敦煌千佛洞所出手写佛经题记，可以看出，上层贵族、下层平民都捐资抄写佛经，有的为祖先祈福，有的为家人保平安、为皇帝祈福（洛阳龙门石窟造像），也有为老年耕牛敬写《金刚经》一卷，'愿此牛领受功德往生净土，再莫受畜生身'。"（王重民《记敦煌写本的佛经》，《敦煌吐鲁番文献研究论集》第二辑，北京大学出版社，1983年12月版）

② 佛教关心的佛性论，即中国哲学的心性论，是由本体论演化、发展而来的新课题，从南北朝已提出。见《中国佛教史》第三卷，第167-329、340-392页，及《中国佛教史》第四卷有关天台、华严、禅宗部分。

③ 参看汤用彤《隋唐佛教史稿》，中华书局，1982年8月版，第105-233页。

义有牵连（中国东部的黄巾，西部的张陵、张鲁），受到中央政府和上层统治者的疑忌，限制其活动，因而道教的发展比佛教迟了一步。佛教已占有了广大群众的信仰市场，道教不得不受到限制[①]。

但道教为本国宗教，更适合中国国情，它还有自己的优势。道教对上层统治者、帝王、贵族宣传养生、长寿、祛病、延年的知识[②]，对下层平民宣传宗教信仰，配合符水治病结合利用中草药，也得到了广大农村信徒。唐朝帝王自称为老子的后裔，在政治上予以支持[③]，使道教成为国内仅次于佛教的第二大宗教。

道教吸取佛教成功的经验，结交上层，注重道教理论建设，除了养生长寿一些宗教实践，还注意发展哲学的本体论和心性论。唐代道教的内丹学，就是道教的心性论[④]，不但有宗教意义，也有哲学理论

---

① 《道藏提要序》，《世界宗教研究》1987年第4期。

② 《资治通鉴》（中华书局，1956年6月版，第7754页）：“上（宪宗）晚节好神仙，诏天下求方士，……乃因皇甫鏄荐山人柳泌，云能合长生药。甲戌，诏泌居兴店观炼药。……柳泌言于上曰：‘天台山神仙所聚，多灵草，臣虽知之，力不能致，诚得为彼长吏，庶几可求。’上信之。丁亥，以泌知台州刺史，仍赐服金紫。谏官多论奏，以为：‘人主喜方士，未有使之临民赋政者。’上曰：‘烦一州之力而能为人主致长生，臣子亦何爱焉！’由是群臣莫敢言。”

③ 《唐大诏令集》卷一一三，唐彦琮《法琳别传》载贞观十年正月诏：“至如佛法之兴，基于西域，爰自东汉，方被中华。神变之理多方，报应之缘匪一。洎乎近世，崇信滋深。人冀当年之福，家惧来生之祸。由是滞俗者闻玄宗而大笑，好异者望真谛而争归。始波涌于闾里，终风靡于朝廷。遂使殊俗之典，郁为众妙之先；诸夏之教，翻居一乘之后。流遁忘反，于兹累代。朕夙夜夤畏，缅惟至道。思革前弊，纳诸轨物。况朕之本系，出自柱下。鼎祚克昌，既凭上德之庆，下下大定，亦赖无为之功。宜有改张，阐兹玄化。今自以后，斋供行法，至于称谓，道士、女冠宜在僧、尼之前，庶敦本系之化，畅于九有；尊祖宗之风，贻诸万叶。”

④ 唐朝道教重要代表人物司马承祯的《坐忘论》即道教心性论的推动、倡导者，为后来道教的内丹派开创者之一。

意义。道教也学习佛教，编辑道教全书，与佛教全书互争高下[①]。

在唐朝，三教之中儒教势力最弱[②]。代表中国封建宗法制度思想体系，通过科举，培养政府各级官员，是现实政权的直接支持者。佛教、道教以出家相号召，只能站在政治外去参与政治，对封建政权起着间接支持的作用，不是直接去做官，管理国家大事。儒教是世俗地主阶级的直接代表，只要地主阶级存在，就有儒教的地盘，尽管它的社会影响不及佛、道二教广泛而深入，但它是中国古代封建宗法制的主要支柱，这种作用是佛、道二教无法代替的。

唐朝儒教在抽象思维方面的造诣远远落后于佛、道二教。儒家代言人如韩愈，就提出消除佛、道二教的影响、建立儒教的思想体系的愿望[③]，由于条件不具备，当时未能实现。又过了一二百年，到了宋

① 唐玄宗先命道士史崇玄搜求道书，编辑《一切道经音义》，约二千卷。后继续搜求，编成《三洞琼纲》，数量增至三千七百卷。参见《道教提要序》，《世界宗教研究》1989年第4期。

② 唐代儒教地位远不及佛、道两教重要，孔子地位也不及佛教释迦牟尼、道教教主老子尊贵。《旧唐书·文宗纪》：大和“六年，……二月……己丑，寒食节，上宴群臣于麟德殿。是日，杂戏人弄孔子，帝曰：‘孔子，古今之师，安得侮渎。’亟命驱出”。这里记载得不太具体，杂戏上表演娱乐节目，用以取笑，伶人扮演孔子，君臣们看过之后，认为侮渎古今之师，才驱出的。唐诗人罗隐有《谒文宣庙》诗：“晚来乘兴谒先师，松柏凄凄人不知。九仞萧墙堆瓦砾，三间茅殿走狐狸。雨淋状似悲麟泣，露滴还同叹凤悲。倘使小儒名稍立，岂教吾道受栖迟。”佛、道寺观建筑宏大、壮丽，文庙卑小（“三间茅殿”）。五代时这种情况没有什么改变，冯道镇同州，有酒务吏乞以家财修夫子庙。参见《旧五代史》卷一二六，中华书局，1976年5月版，第1664页。

③ 韩愈、李翱均有振兴儒教的愿望，提出恢复周孔道统，抵制佛、道二教。韩愈的《原道》即他建立儒教，代替佛、道二教的宣言。

朝，吸收佛、道教的合理成分，正式建成完整的儒教思想体系。[1]

三教鼎立，各成体系，在总体上都在为大一统的封建宗法制服务，但三教之间也有不协调的地方，各有各的利益。对于高度集中的大国来说，三教分立的形势不能满足社会的客观要求，有时三教之间发生严重分歧，引起内容混乱[2]。建立一个有效的中央集权政府，既要照顾到高度集中的中央政权，又要照顾到极端分散的自然经济。小农经济得到适当发展，失去了集中，出现唐末五代的军阀割据，使天下大乱，连年内战，民不聊生，既无力维持生产，也无力统筹治理水患，抵御外来侵略势力。中央政权过分集中，忽视了小农经济的利益，使生产停顿，遭到破坏，也会损害封建社会赖以存在的基础，个体农民不能安居乐业，则国无宁日。

如何使政治上的高度统一与经济上的极端分散这一对矛盾协调得好，就成为秦汉以后直到鸦片战争前中国政治、哲学、宗教关心的总课题。唐朝的三教鼎立，只是在漫长的历史过程中的一段历程。从三教鼎立，佛教为首，到三教融合，儒教为主，最后形成完整的儒教体系，是唐宋哲学发展的总脉络。

---

① 参看《朱熹与宗教》，见《中国社会科学》1982年第5期。

② 三教的共同目的是为唐王朝服务，但又有各自的价值标准，有时互相冲突。《佛祖统纪》卷三十九：“世谓炀帝禀戒学慧，而弑父代立，何智者之不预鉴耶？然能借阇王之事以此决之，则此滞自消。故《观经疏》释之，则有二义：一者事属前因，由彼宿怨，来为父子。故阿阇世此云‘未生怨’。二者大权现逆，非同俗间恶逆之比。故佛言：‘阇王昔于毗婆尸佛发菩提心，未尝堕于地狱。’”儒家一致认为炀帝是个昏君，道德败坏，荒淫无道。佛教对炀帝另有评价，认为炀帝的罪过与世俗罪恶不同，是夙因造成的。炀帝的行为是佛教有意安排用来教化世人的，炀帝不但无罪，反而有功。炀帝在佛教中地位的尊贵，远远超过中国的任何帝王，连崇信佛教的梁武帝也不及炀帝的高贵。

《中国哲学发展史（隋唐）·佛教编》序

佛教在隋唐时期深受中华传统文化影响，佛经的撰述、流传、保管、整理、分类也采取了儒家经学的方式，形成了中国佛教经学的特点。儒家典籍兴盛于汉代，经学讲家法、重师承，有训诂考订、史传、家乘及目录分类之学。佛教经学兴起于南北朝，隋唐时期佛教完全摆脱了依靠外国译人主持领导经学的发展的状况，走向独立发展创造的新阶段。

汉以后，儒家学者多用注解经典的方式来表达当时的新见解，即古人所谓“以述为作”。佛教经学继承了这一传统。佛教典籍浩如烟海，据隋开皇法经目录记载，佛经总数达五千三百一十卷；炀帝大业年间智果目录有六千一百九十八卷。《隋书·经籍志》中佛教经、律、论、疏及记，有一千一百二十七卷。隋以前，中国人的撰著约有千卷。唐道世《法苑珠林》，庐山东林寺藏有译本五千卷、文记三千卷。据唐贞元《续开元录》，从隋初到唐元和间唐人注疏不下三千卷。卷帙数量远远超过儒家典籍。

隋唐佛教典籍按涉及内容可分为五大类：注疏类、论著类、纂集类、史传类、目录类。

一、注疏类

为解释经、律、论之作。虽号称“注解”，承袭儒家传统方式，但佛教经学有更详尽的体例。

注——随文逐句，注明文义或阐明音训、典故。如杜顺的《法界观门注》。

文句——随文句解说，讲明句义。如《法华文句》。

玄义——有钩玄索隐的作用，为总揽一书的主旨，不同于随文注解，主要是用概括全书的大义。如《三论玄义》。

述记——依据师说、笔记成篇。如《成唯识论述记》，是玄奘讲授唯识学时弟子的笔记。

科文——寻章摘句，逐段讲解。

义疏——随文解释，把注释连贯起来，串讲。

集注——汇集前人有关注解于一处。如道世《金刚经集注》。

疏钞——疏的注解。

音义——为工具性的书。如慧琳《一切经音义》。因佛教经学发达，仅音义类的工具书达二十部。

问答——为了突出主题，自设问答，解释难点。如法藏的《华严经问答》。

疏演义抄——对经疏的演义的经解。如澄观的《华严经疏演义抄》。

注疏一类，有的是客观的诠释原旨，多数不在于注解原书，而在于借佛经发挥注者个人的经学见解。

二、论著类

注疏类基本上随经典文句，阐发作者的宗旨；论著类则为作者独标新解，开展论战的著作。有专著性质，有的书名为“论”，如法上的《佛性论》、杨上善的《六趣论》、道世的《敬福论》、善应的《破邪论》、法琳的《辩正论》、彦琮的《崇正论》、宗密的《原人论》。不以“论”的名称出现，实际上属于论著类的，如法藏的《华严一乘教义分齐章》、智顗的《小止观》、惠能的《坛经》。

论著类最能体现佛教各宗派的特色，本书论述隋唐佛教经学部分取材于佛教各大宗派的专注。佛教经学的精华部分都在这一类著作中。不同宗派各有自己的注疏。

三、纂集类

这是佛教经学形成以后，大量经典出现，按经典整理归并，成为合集。如宝贵合《金光明经》四家八卷，道世的《法苑珠林》一百卷，道宣的《广弘明集》三十卷、《集古今佛道论衡》三卷。

四、史传类

大体可分为释迦传，如《释迦氏谱》；佛教重要人物，有道宣《高僧传》；著名僧人塔铭、传、赞等，如灌顶《智者大师别传》、彦琮《法林别传》；有教派史，如净苑《楞伽师资记》、智炬《宝林传》、天台宗《国清百录》、慧祥《古清凉传》、圆照的《悟空入竺记》。

五、目录类

目录之学起源于汉儒，佛教经典传入后，仿照儒家典籍编制目录，一则便于研读，二则便于寺院内部管理、检查、贮藏。目录分类的方式，不仅仅是典籍的按类排列，也是佛教当时流通、传播宗派影响力的一面镜子。仅隋唐时期见于史籍记载的佛经目录已十余种，影响最大，至今仍为僧众所采用的是智昇的《开元释教录》。据敦煌手写佛经资料，可知《开元释教录》以前各地大寺院藏经编目有不同办法，有经目帙号法，有定格贮存法，吐蕃统治时期敦煌地区还流行偈颂帙号编号方式，经过实践考验，最后《千字文》编号法取得了全国通行的胜利。因为《千字文》是古人普及识字的初级课本，人人都记得，《千字文》不重复，便于安排顺序。

总之，隋唐时期的佛教经学全部资料均分属于上述五类。本书论述佛教经学思想多取材于论著及注疏两类。这两大类之中也只能选取与中国哲学发展关系较深、影响较大的几个宗派。了解佛教经学，可以透过这几大宗派来窥见佛教思潮发展的概貌。注疏、论著类，各宗派拥有自己的典籍，世代相传。今举华严、天台两家为例。

华严宗：

《华严疏》六十卷（澄观）

《华严一乘十玄门》（杜顺）

《华严一乘法界图》（新罗义湘）

《演义抄》九十卷（澄观）

《华严一乘成佛妙义》（见登）

《华严一乘教义分齐》（法藏）

《华严十明论》（李通玄）

《华严五教止观》（杜顺）

《华严法界玄镜》（杜顺）

《华严法界观科文注》（宗密述）

《华严金师子章》（法藏）

《华严原人论并解》（宗密）

《华严发菩提心章》（法藏）

《华严关脉义记》（法藏）

《华严经七处九会颂释章》（澄观）

《华严经大意》（李通玄）

《华严内章门等杂孔目章》（智俨）

《华严经文义记》（灵裕）

《华严经玄义》（静居）

《华严经行愿品疏》（澄观述）

《华严经旨归》（法藏）

《华严经明法界品》（法藏）
《华严经修行次第决疑论》（李通玄）
《华严经愿行观门首目》（湛然撰述）
《华严经探玄记》（法藏）
《华严经略疏》（智俨）
《华严经搜玄记》（智俨）
《华严经普贤行愿王品》（澄观）
《华严经普贤观行法门》（法藏）
《华严经疏》（澄观）
《华严经疏演义抄》（澄观）
《华严经传记》（法藏）
《华严经义海百门》（法藏）
《华严经纲要》（澄观）
《华严经随疏演义钞》（澄观）
《华严五十要问答》（智俨）
《华严心要法门注》（宗密）
《华严法界观门注》（杜顺、宗密注）
《华严法界观科文注》（宗豫述）
《华严原人论》（宗密）
《华严海印三昧论》（新罗明晶）
《华严奥旨妄尽还原观》（法藏）
《华严玄谈会玄记》（澄观）
《华严入法界品十八问答》（澄观）
《华严经不思议佛境界分》（提云般若）
《华严经文义要诀问答》（新罗表员）

《华严经文义纲目》（法藏）
《华严经合论》（李通玄）
《华严经行愿拼疏抄》（宗密撰集）
《华严决疑论》（李通玄）
《华严经音义》（慧苑）
《华严修慈分》（提云般若等）
《华严经海印道场九会请佛仪》（一行）
《华严经略策》（澄观）
《华严经刊定记》（慧苑）
《华严经策林》（法藏）
《华严经行愿品疏科》（宗密疏钞）
《华严经问答》（法藏）
《华严经疏注》（澄观）
《华严经疏抄玄谈》（澄观）
《华严经感应传》（惠英）
《华严游意》（吉藏）
《新华严经论》（李通玄）
《大乘无差别论疏》（法藏）
天台宗：
《法界次第初门》（智顗）
《法苑义林章》（窥基）
《法苑义林章补阙》（慧沼）
《法华三昧忏仪》（智顗）
《法苑珠林》（道世）
《法苑义林章抉择记》（智周）

《法华三昧行事运想补助仪》（湛然）
《法华五百问论》（湛然）
《法华宗要》（新罗元晓）
《法华经大意》（湛然）
《法华经文句记》（湛然）
《法华经文句私志诸品要义》（智云）
《法华（经）玄义》（智顗）
《法华经玄赞》（窥基）
《法华经玄赞抉择记》（崇俊）
《法华经玄赞摄释》（智周）
《法华经为为章》（窥基）
《法华经游意》（吉藏）
《法华经疏略》（吉藏）
《法华论疏》（吉藏）
《法华开题》（慧祥）
《法华文句》（智顗）
《法华经文句私志记》（智云）
《法华经文句辅正记》（道暹）
《法华（经）玄义释义》（湛然）
《法华经玄赞要集》（栖复）
《法华经玄赞义决》（慧沼）
《法华经玄论》（吉藏）
《法华经疏义赞》（智度）
《法华经义疏》（吉藏）
《法华经传记》（慧祥）

武则天与宗教[*]

武则天是中国唯一的女皇帝。她雄才大略，英武过人，有政治才干，有极强烈的权力欲，但不是蓄谋已久，一进宫就想当皇帝的，而是地位的变化、权力的增长，以及客观形势等因素，才促成她当了皇帝。

一

唐继承隋朝，结束了南北朝以来的门阀士族享有统治特权社会结构，建成中央直接控制个体农民的政治体制。隋文帝曾下令清理全国户口，宣称要把荫庇在门阀士族之下的部曲、佃户清理出来，使他们变成向国家直接纳租税的农民①。这一政策符合中国封建社会发展的规律，所以取得成功。

---

* 据《汉唐佛教思想论集》，人民出版社，1994年3月版。

① 《通典》卷七：隋朝颁布百姓受田命令和赋役政策，有利于争取农民从门阀士族人身依附地位中解放出来，使人民感到："为浮客（按：门阀士族的佃户）被强家收大半之赋；编氓（按：编入国家户籍的农民），奉公上，蒙轻减之征。"

唐初开国，李渊父子以原来隋朝的旧贵族（唐朝李渊也是隋朝的贵族），杂有北方少数民族血统的贵族集团为核心力量，及时吸收了北方贵族以外的庶族人物，主要是山东（包括河南、山东、河北广大地区）地主阶级及江南地主阶级。

扩大地主阶级的统治基础，吸收更多地主阶级人士参加中央政权，增强中央政府的有效统治，增加全国地主阶级的向心力，是唐朝强大的社会基础。唐太宗一方面打击旧日门阀士族的势力，一方面又建立追随李氏王朝开国打天下的新兴的军功贵族势力，提高他们的社会地位。唐太宗即位后，命大臣修《氏族志》。主持者以山东崔民幹为第一等，唐太宗很不满意，将崔置为三等[①]。重新颁布门第出身排列次序，不是一件小事，它是唐朝削弱门阀士族势力的政策措施。武则天聪慧过人，又通晓文史，十四岁入宫，二十二岁出宫，八年间有机会受到唐太宗的政治、作风的影响，她的作风和严酷的手段曾为唐太宗所赏识[②]，太宗的政策也为她所接受。这一段生活经历对武则天后来的政治路线有很大的关系。

唐朝继承隋朝的政策，打击门阀士族，使农民摆脱人身依附，提高农民发展生产的生产积极性。唐太宗即位后，贯彻这一政策很有成效，用人不论出身、不拘一格，限制门阀士族，提拔庶族地主中的人才。到了晚年，因皇位继承问题出现了波折，任用庶族地主阶级的政策有所后退。

---

① 共分九等，上、中、下三类又分为三等，如上上为第一等，上中为第二等，上下为第三等。

② 唐太宗有烈马，不驯难制。武则天提出用铁鞭、铁挝、匕首三件工具可以制服，深得太宗的赏识。

唐太宗长孙皇后生三子，长子承乾被废黜，魏王泰及晋王治都有继位的资格。朝臣分为两派，一派拥护魏王泰，一派拥护晋王治。拥护魏王泰的大臣有岑文本、刘洎、崔仁师等，拥护晋王治的有长孙无忌、褚遂良等。长孙无忌与唐太宗共同起事，有开国功勋，又是皇后的长兄。拥护魏王泰的岑文本、刘洎代表新兴的庶族地主阶级，不属于勋旧高门。魏王泰为人英武，有才干，曾与承乾争夺继承权，太宗发现了这个矛盾，曾说：

> 我若立泰，则是太子之位可经营而得。自今太子失道，藩王窥伺者，皆两弃之，传诸子孙，永为后法。且泰立，承乾与治皆不全；治立，则承乾与泰皆无恙矣。①

唐太宗觉得李治懦弱，守摊子还可以。唐太宗的勋旧功臣长孙无忌认为晋王治懦弱，便于操纵。李泰当了皇帝，对长孙无忌不利。唐太宗也深知朝廷内部的几股势力如不在生前处理好，将来要有后患。唐太宗去世前，全力扶植关陇旧日功臣，打击庶族地主的新贵族，已离开了他早年用人的路线。

李治继位后，长孙无忌为首相，利用高宗的懦弱，继续执行太宗晚年限制庶族地主阶级的政策。武则天立为皇后，也利用李治的懦弱，逐步取得权力，排斥褚遂良，罢黜长孙无忌，大量引用庶族地主阶级新人，用人不限于关陇集团，削弱贵族世袭特权，扭转了唐太宗晚年的保守政策，恢复了唐太宗早年广收人才的政策。武则天是唐太宗事业真正继承人。

---

① 《资治通鉴》卷一九七，中华书局，1956年6月版，第6196-6197页。

历史人物的主观愿望与客观结局有时产生意想不到的效应[1]。武则天为了满足其政治野心，尽力排斥异己，甚至残害自己亲生的子女，培植势力，大量引进庶族地主阶级人才，扩大了政府成员的社会基础，她先后用过的宰相如李昭德、魏元忠、杜景俭、狄仁杰、姚崇、宋璟、张柬之等，边将如唐休憬、娄师德、郭元振都是一时之选。《资治通鉴》说武则天"虽滥以禄位收天下人心，然不称职者寻亦黜之，或加刑诛。挟刑赏之柄以驾驭天下，政由己出，明察善断，故当时英贤亦竞为之用"[2]。武则天重用庶族地主，打击门阀士族，解放农民的人身依附地位，符合社会发展的规律，顺应历史潮流，所以她取得了政治上的成功。

武则天为了做皇帝，充分利用宗教为她服务。当高宗在世时，武则天奉行太宗尊崇道教的政策，赞助道教推行封禅活动。唐高宗病，她曾劝皇帝封中岳嵩山，以病重未行。高宗为玄奘新译佛经作序，唐初三教并重的政策没有明显的改变。

武则天当皇帝的野心是一步一步发展起来的，也是当时政治形势促成的。武则天推行的宗教政策也随着政治形势有所改变。

武则天立为皇后以后，开始清除反对她的大臣，先罢黜了褚遂

① 秦始皇为了传帝业于万世，废分封，实行天子直接统治全国的郡县制，后来开创了大一统的政治格局。他本想万世一系永远传下去，他的私心却办了一件好事。王夫之说："秦以私天下之心而罢侯置守，而天假其私以行其大公，存乎神者之不测，有如是夫！"（《船山全书·读通鉴论》卷一）隋炀帝为了游玩享乐，兴修了南北水运的干渠，为后世建立了南北通航的基础。

② 《资治通鉴》卷二〇五。司马光是一位思想保守的政治家，他在《资治通鉴》中对武则天的政绩还是说了一些公道话。

良，又逐去长孙无忌，逐渐取得政权，当时号称“二圣”。武氏的掌权曾一度引起高宗的反感，曾有意废黜武后。但高宗懦弱，未能逃出武则天的掌握，只好听命于武氏。君主专制政体只有皇帝有最高权力，皇后以皇帝为傀儡，得以借皇帝名义发号施令。高宗去世，武则天当然地成了皇太后，皇太后不具有合法的行政地位。为了掌握行政权力，武则天发挥她的行政才干，逐步为她当皇帝铺设道路。

北方早有妇女参加社会活动的传统。据《颜氏家训》记载，北方妇女享有充分的社交自由：替儿子求官，替丈夫申冤，妇女乘车到处活动，衣服车马先尽妇女享用，妇女受封建礼教影响较少[①]。武则天生长在北方，她父亲武士彟是当地土豪，不是士族。赶上隋炀帝大肆兴建宫殿、园林，他经营木材而发财致富，有机会结交上层人物。李渊起兵，曾得到武士彟的资助，他在唐初开国功臣中地位不高[②]。北方妇女有参加社交的传统，武则天参加政治活动，以至当皇帝，在民间当不会遭到很大的阻力。但在上层社会，儒家经典中找不到对她有利的理论根据，相反，倒是有一系列的反对妇人干预政治的训诫。武则天为了摆脱对她当皇帝不利的因素，她不得不求助于宗教预言、神仙的启示，制造符瑞，充分利用宗教的功能。

武则天利用宗教为她的政治权力服务，随着政治形势的改变，大致可以为三个阶段。

武后入宫后，为了巩固她在宫中的地位，谋取宫内的最高地位，登上皇后的宝座，她要打击宫内妨碍她上进的人物，首先是王

① 见《颜氏家训·治家篇》。

② 高宗立武氏为皇后，大臣反对，理由是出身不高贵。骆宾王《讨武氏檄》中也指摘武氏出身微贱。

皇后，她不惜用扼杀生女以陷害王皇后，同时又打击有资格和她争宠的嫔妃，以做到固宠。

她还善于逢迎高宗，遵循祖训（表示奉行唐初政府的现行政策）。从显庆五年（660年）起，高宗患风眩（可能属于高血压之类症状）[①]，政归武氏（660—674年）。到上元元年（674年），高宗称天皇，武氏称天后，她还是奉行唐初宗教政策，请高宗令王公以下习《老子》。仪凤元年（676年），上封事劝封中岳[②]。调露元年（679年），偃师人明崇俨以符咒、幻术为上（高宗）及天后所重。明崇俨为正谏大夫。后明崇俨为盗所杀，朝廷赠侍中（中央政府高级官爵）。永隆元年（680年），幸道士潘师正居，上及天后、太子都向这位道士礼拜致敬。永淳元年（682年），上欲遍封五岳（这一举动应当得到武则天的鼓励），由于高宗身体不佳，未能实现。次年高宗逝世（年五十六）。这一阶段，武后用心计于揽取权力，加强政府的威信。立了新皇帝中宗，旋即废为庐陵王。她一方面安抚朝廷勋旧大臣[③]；一方面设置告密网络，排除不利于自己的力量[④]。

---

① 古代医疗方法对高血压采用放血手术，可以使病情暂时得到缓解。《资治通鉴》卷二〇三载，高宗曾请医生在头上放血，感觉良好。欧洲古代医术也多采用放血治疗。《黄帝内经》针刺疗法中，也有放血的记载。

② 中岳为道教圣地之一。

③ 《资治通鉴》卷二〇三（中华书局，1956年6月版）："太后以泽州刺史韩王元嘉等，地尊望重，恐其为变，并加三公等官以慰其心。……以刘仁轨为左仆射，裴炎为中书令。"

④ 《资治通鉴》卷二〇三（中华书局，1956年6月版）："有飞骑十余人饮于坊曲，一人言：'向知别无勋赏，不若奉庐陵。'一人起，出诣北门告之。座未散，皆捕得，系羽林狱。言者斩，余以知反不告皆绞；告者除五品官。"

刘仁轨有战功，有众望，武后命仁轨“知西京留守事”。仁轨知武氏有野心，难以伺奉，请辞，武氏以书挽留[①]。

武则天对于那些老资格、有影响的人物，不便直接和他们发生冲突。对于她认为可以控制得了的朝臣，就不客气地给以训斥[②]。当高宗在世时，武后掌握政权后，用心重点在于夺权、掌权，其宗教政策仍保持唐初立国时的规矩，三教并用，独尊道教。为了讨好高宗及李氏家族，上表令王公习《老子》，并用《老子》科目与儒家六经同等待遇，参与政府考试。

① 《资治通鉴》卷二〇三（中华书局，1956年6月版，第6418-6419页）：“太后与刘仁轨书曰：‘昔汉以关中事委萧何，今托公亦犹是矣。”仁轨上疏，辞以衰老不堪居守，因陈吕后祸败事以申规戒。太后使秘书监武承嗣赍玺书慰谕之曰：“……‘吕氏见嗤于后代，禄、产贻祸于汉朝’，引喻良深，愧慰交集。公忠贞之操，始终不渝，劲直之风，古今罕比。初闻此语，能不罔然；静而思之，是为龟镜。况公先朝旧德，遐迩具瞻，愿以匡救为怀，无以暮年致请。’”

② 《资治通鉴》卷二〇三（中华书局，1956年6月版，第6432页胡注）：“太后震怒，召群臣问曰：‘朕于天下无负，群臣皆知之乎？’群臣曰：‘唯。’太后曰：‘朕事先帝二十余年，忧天下至矣！公卿富贵，皆朕与之；天下安乐，朕长养之。及先帝弃群臣，以天下托顾于朕，不爱身而爱百姓。今为戎首，皆出于将相，群臣何负朕之深也！且卿辈有受遗老臣，倔强难制过裴炎者乎？有将门贵种，能纠合亡命过徐敬业者乎？有握兵宿将，攻战必胜过程务挺者乎？此三人者，人望也，不利于朕，朕能戮之。卿等有能过此三者，当即为之；不然，须革心事朕，无为天下笑。’群臣顿首，不敢仰视，曰：‘唯太后所使。’”《通鉴考异》认为这一段话太浅薄，不符合皇帝的身份。作者认为，这段话虽有失皇帝的身份，却符合武后作为古代妇女的刻薄、峻急的性格，可信性较大。

二

高宗逝世，武后不甘心退居颐养当皇太后，她进一步制造舆论，为自己掌权创造更有利的条件，宗教便是她选用的一种思想工具。自从高宗逝世后，弘道元年（683年）到永昌元年（689年），她登上皇帝宝座，这六年间，她加强制造符命，以实现她的政治企图。

文明元年（684年），武则天垂帘听政。有政治敏感的人已感到她还有取代李氏夺取政权的打算。洪州豫章县民邬元崇假托神命，传言于武后，说“我是太上老君，汝帝之主”，受命传言于武后，“国家祚永而享太平，不宜有所僭也”。邬元崇至京师，传达了这条神的指示，武后不悦，邬元崇被“禁锢而死”（见《历代崇道记》）。本来武氏信奉道教的，在这一关键时刻，道教不但没有帮她的忙，反而起了相反的作用，她要下决心贬抑道教，利用其他宗教迷信思想为她的政治前途铺路。垂拱四年（688年），也就是高宗逝世后五年，武则天示意武承嗣，进行了一次制造符命的行动。

> 武承嗣使凿白石为文曰：“圣母临人，永昌帝业。”末紫石杂药物填之。庚午，使雍州人唐同泰奉表献之，称获之于洛水。太后喜，命其石曰“宝图”。擢同泰为游击将军。五月，戊辰，诏当亲拜洛，受“宝图”；有事南郊，告谢昊天；礼毕，御明堂，朝群臣。……太后加尊号为“圣母神皇”。[①]

① 《资治通鉴》，中华书局，1956年6月版，第6448页。

秋，七月，……赦天下。更命“宝图”为“天授圣图”；洛水为永昌洛水，封其神为显圣侯。[①]

及太后称制，四方争言符瑞；嵩阳令樊文献瑞石，太后命于朝堂示百官，元常奏：“状涉谄诈，不可诬罔天下。”太后不悦，出为陇州刺史。[②]

“河出图，洛出书”是史书记载新王朝统治天下而出现的祥瑞（神圣的启示）。武后有意取代唐朝，洛水给她提供了“宝图”，她对洛水有好感，后来她长期驻在洛阳，有经济的原因，也未尝没有图个吉祥兆头的意念。符瑞和谶纬图书，自秦汉以来，在民间不断传播，后来因为符命谶纬之书，可以为改朝换代制造舆论，但也有不利于政局的安定，从西晋经南北朝到隋朝，不断遭到限制，谶纬的势力受到致命的打击，从此退出历史舞台[③]，武则天想要改朝换代，不得不另找工具。符瑞、图谶，人为痕迹很易被人拆穿，有时成为笑柄[④]。武后是个聪明人，而且博通经史，这类拙劣的手法，她不会满意的。她为达到当女皇的目的，必须另想办法，她选中了佛教。

---

① 《资治通鉴》，中华书局，1956年6月版，第6449页。

② 《资治通鉴》，中华书局，1956年6月版，第6421页。

③ 《隋书·经籍志》：“至宋大明中，始禁图谶，梁天监以后，又重其制。及高祖受禅，禁之逾切。炀帝即位，乃发使四出，搜天下书籍与谶纬相涉者，皆焚之，为吏所纠者至死。自是无复其学，秘府之内，亦多散亡。”

④ 《资治通鉴》卷二〇五（中华书局，1956年6月版，第6484页）：“太后好祥瑞，有献白石赤文者，执政诘其异，对曰：‘以其赤心。’昭德怒曰：‘此石赤心，他石尽反邪？’左右皆笑。襄州人胡庆以丹漆书龟腹曰：‘天子万万年。’诣阙献之。昭德以刀刮尽，奏请付法。太后曰：‘此心亦无恶。’命释之。”

三

隋唐时期，三教中佛教的社会影响最大，道教第二，儒教第三。武则天制造符命，并未能收到预期的效果，反倒引起有识之士的非议。但武氏的举动却引起有政治敏感的佛教徒的注意。当时有法明等十名僧众向武则天奉献《大云经》，指出佛经中有女主“为转轮圣王”的预言。这一举动大大迎合了武则天的政治需求。对武氏以女主当皇帝有成见的封建正统史学家，认为《大云经》也像符命一样，是伪造的[①]。事实上《大云经》并非唐人伪造，在北凉时期，已有汉文译本。[②]佛教经典中的预言比洛水发现的“圣图”有更大的权威性。《大云经》的发现，帮了武则天的大忙[③]。

武则天登上皇帝的宝座得力于《大云经》，称帝以后，《大云经》就成为已陈之刍狗，为武氏政权存在寻找理论支柱，还得另外想办法。于是武则天从《大云经》转到了《华严经》。武则天当皇帝以后，亲自主持八十卷《华严经》的翻译和宣传工作，在她的大力扶持下，法藏得以建立了华严宗。

《华严经》是一部十分庞杂的佛教晚期经典，它是在《十地

① 《资治通鉴》及《旧唐书》均指僧众伪造《大云经》。

② 近人王国维、陈寅恪、王重民均根据敦煌发现的《大云经》手抄本，有文章论证。

③ 宗教预言的号召力及鼓动性，在古代具有深厚的社会心理和群众基础。帝王兴起，没有不利用宗教神灵为工具的。

经》的《入法界品》《普贤行愿品》及《兜沙经》的基础上衍发出来的一部大经。[①]此经纂集的地点当在于阗一带，而非印度产品。于阗地处中原地区通往西域的交通要道，自然地成为华夏文化与西域文化交汇的地带。这种地区文化的特色在《华严经》中也有所反映。此经新译本有八十卷，内容芜杂。唐代僧众及朝廷欣赏的是经中的兼容并存、一多相即、圆融无碍等一系列观点。

华严宗的佛教理论比玄奘的佛教理论更能体现盛唐气象。华严宗的哲学体系，在于论证现实的即是合理的，它体现了上升时期唐朝封建社会兼容并蓄的思想倾向。它说明世界上万事万物并存而不相害，不但不相害，而且是互相补充、互相不可缺少的。这种观点不应看作华严宗一家的观点，它体现了盛唐时期从佛教观点阐发的协和万邦的理论体系。

唐朝的文化艺术给人的印象是多样又谐和，既繁富又统一；既有多民族纷然杂陈的特色，又不失其唐帝国高度统一的宏伟气概。以人们习见的敦煌壁画为例，分开来看，不难发现某一局部、某一装饰图案出自某一个民族，合而观之，整个作品都在显示了盛世大一统的唐朝风貌。武则天在众多佛教宗派中选取华严宗，大力提倡，予以特出荣誉，不能仅仅看作出于武则天个人的偏好。

武则天欣赏华严宗，还有一定的思想基础。据《华严经传记》，道士孙思邈曾劝唐高宗诵读《华严经》，这可能对武则天有一定的影响。在洛阳龙门建奉先寺，开凿石窟，依山造毗卢舍那大佛像。毗卢舍那佛，意译为“光明遍照”“遍一切处”。历时十余

① 见吕澂《中国佛学源流略讲》，中华书局，1979年8月版，第364-366页。

年[1]，费工数万［开凿于龙朔二年（662年），完成于上元二年（675年）］。

龙门石窟造像题记中，发愿为天皇天后祝福、增寿并祈求来世的祝词颇多。她的佛教信仰团结了广大下层佛教群众，使自己得到他们的拥护，这也有利于唐中央政权。

华严宗法藏为武则天讲述华严经的要旨，这次的讲经，法藏做了充分的准备。法藏并不在于讲《华严经》，而是借《华严经》，大力阐扬华严宗法藏的佛教哲学体系。流传甚广的《华严金师子章》是法藏的得意之作。但“十玄门”的主张，在《华严经》中并无多少根据[2]，完全是智俨及法藏的思想体系。

法藏在这次讲授中，集中重点发挥他的“括六相”“勒十玄”的道理。法藏以殿前金狮子为喻，使武则天听懂了法藏宣讲的道理。

“六相”是总别、同异、成坏，讲世界的生成、存在、差别问题。“十玄”是佛教的认识论到心性论的解脱的途径。法藏讲的“十玄门”，论述了世界万物的产生无先无后，同时存在；整体与部分不可分，“一”与“多”相容又有区别，一事物中包括它事物；被观察的对象，注意时凸出，不注意时隐去。“一”与“多”、有限与无限、理与事都是互相包容、互相依存的关系。整个世界构成了一张完整无缺的关系之网。承认了世界是在相互依存、相互融摄，此中有彼，彼中有此；善中有恶，恶中有善；清静不离污染，佛性不离人性。本文这种理论的政治倾向和当时的实际

① 据龛记，历时十三年以上。宋僧志磐称此石窟三年完成，无据，不取。

② 见吕澂《中国佛学源流略讲》关于华严宗章节。

意义，确实是唐初的政治所需要的[①]。

武则天除了崇奉华严宗，对禅宗几位有影响的大师也表示崇敬。

武则天遵照唐朝的制度，以长安、洛阳两京为首都，武则天在洛阳留驻的时间比她在长安更多些。嵩洛地区正是禅宗活动的古老的根据地。到了弘忍时期，才把禅宗的传播势力扩展到长江流域以及岭南。禅宗的一个特点是僧众多来自社会下层，多为农民，他们能开荒种地，自食其力，自给自足，不甚仰赖政府的资助，有时成百上千的僧众结草为庵，互相传授。和尚们会种田，有的为了深山中防备野兽袭击，也练习武艺。李世民起兵平王世充，曾借用少林寺僧兵助战。武则天曾在太宗身边生活过，对这类掌故不可能不知道。洛阳为唐朝东都，对辇毂之下嵩洛山中许多僧众不能不给以关注。武则天对禅宗的崇奉，有尊崇的一面，未尝没有拉拢、羁縻的意图。只要看她任用大批酷吏，以谋反罪名进行大批屠杀异己势力，可以证明她虽博得佛教徒的支持，但她并不具备菩萨心肠，而是一个铁腕的政治家。

武则天崇敬禅宗，也崇敬宣传佛教戒律的名僧义净。义净在玄奘之后，曾到印度留学二十五年，带回佛经数百部。他系统地翻译了佛教律藏多部，对中国的律教有所贡献。义净有些骛虚名，比玄奘更为世故。玄奘取经返回，在高昌上表给唐太宗待命返国，因为玄奘是在贞观初年冒犯国法，私越国境到印度去的。玄奘在高昌国待命等了两个月，得到唐太宗热情的回音，不但不加罪，反对他慰

① 宗教在唐朝的许多宗派，都用不同的语言表达他们不是到另一个世界中寻求解脱，而是在现实世界中改造自己的世界观，以达到解脱苦难的目的。法藏的理论更具有迎合统治阶级的倾向。

勉有加，命令沿途地方官护送到京师。义净在印度留学二十五年，回国时，在广州也上书皇帝武则天，报告他从印度留学的经过。武则天对他的求法译经事业大力支持，备加奖励，在洛阳上东门迎接，仪式比当年太宗时迎接玄奘还隆重。实际上义净两年前，曾一个人回到广州采购纸张文具，带到国外，抄写经卷。这是第二次回国，他停留在广州上表陈情，这完全是为了扩大影响，制造声势，借朝廷诏书以抬高他的政治地位。武则天也想利用这样一位有学问的僧人为她粉饰太平。

武则天三教并尊，特别重视佛教，但她也不是对佛教一切宗派同等看待，对三阶教不但不推重，还采取了压制政策①。曾多次下令检查三阶教寺院，清查他们账目财产。如意元年（692年）检校东都福先寺无尽藏院；证圣元年（695年）敕列三阶教典籍为伪经，认为它们“违背佛意，别构异端”②，这一年武则天参加新译八十卷《华严经》开始译经的仪式；圣历二年（699年）敕三阶教徒“其有学三阶者，唯得乞食长斋绝谷持戒坐禅，此外辄行，皆是违法”③，这一年法藏对武则天讲授《华严金师子章》；长安中（701—703年）复敕检校化度寺无尽藏院。在崇奖华严宗的同时，却接二连三限制三阶教。因为华

① 三阶教创始人为信行（540—594年）。敦煌发现的三阶教典籍颇多。王重民先生认为：“这个宗派与武则天的政治改革有关系，所以初唐时期达到了极盛。有不少三阶教经典在这个时期（618—781年）传到了敦煌。”（北京大学出版社，1983年12月版《敦煌吐鲁番文献研究论集》第二辑，《记敦煌写本的佛经》）王重民先生的见解自成一家言，本文未采取，附在这里供参考。

② 见《两京新记》。

③ 《开元释教录》卷十八。

严宗以它三理论为唐初盛世做论证，三阶教认为已到了末法时代，面临世界末日，发出一片衰世哀鸣。武则天好大喜功，信瑞符，对她的事业充满信心，三阶教在盛世唱挽歌，是武则天所不能容忍的。

四

武则天利用宗教为她的政治目的服务，是她的一贯宗旨。至于什么机会利用什么宗教，完全看实际政治需要而定。她当年信过道教，劝高宗封禅。为了当皇帝，利用过符瑞，利用过《大云经》为她铺平道路。登上宝座之后，又利用法藏创造的华严宗的哲学体系为她的政权做论证。在这些活动之外，我们还应看到她毕竟是7世纪中国封建社会的妇女，她还受到中国传统封建迷信、巫术的影响，这些构成她复杂多元的宗教迷信。她信佛，信神仙，信天命，信符瑞，信报应。她有偏执的权力欲望，表现为刚愎自用、过分自信；由于武则天出生于中国传统儒家文化环境，妇女地位低于男子，当了皇帝，并不能心安理得、坦然自如，有时不免心虚胆怯，陷于疑神疑鬼的变态心理状态。她信天命，又信巫术占卜。一次，她做梦后起了疑心，问大臣狄仁杰：

> “朕梦大鹦鹉两翼皆折，何也？”对曰：“武者，陛下之姓；两翼，二子也。陛下起二子，则两翼振矣。”太后由是无立承嗣、三思之意。[①]

① 《资治通鉴》卷二〇六，中华书局，1956年6月版，第6526页。

武则天还迷信灵魂转世，后世报应：

> （武后囚王皇后）令人杖庶人（按：王皇后被废为庶人）及萧氏各一百，截去手足，投于酒瓮中，曰："令此二妪骨醉！"数日而卒。后则天频见王、萧二庶人披发沥血，如死时状。武后恶之，祷以巫祝，又移居蓬莱宫，复见，故多在东都。[①]

史书上的记载出于宫廷传闻。从这类传闻，可以想见武则天对于巫术、符咒之类的社会流传的迷信，不能无动于衷。正史还记载唐太宗信道士李淳风预言李氏子孙将受武氏之害，唐太宗一代英主，还不能不受当时宗教巫术的干扰，《旧唐书》所记武则天的行动和心理状态，是完全可以理解的。

武则天复杂的宗教迷信心理，也表现在她当权后多次改变年号的举动上。从高宗显庆五年（660年），帝患风眩，政归武氏开始，到长安四年（704年）止，四十五年间，共改元二十九次，平均一年多改元一次，有时一年改二次。年号命名，不外祈求神圣保佑、延年平安之类的祝愿词句，如天授、长寿、如意、延载、万岁登封、万岁通天、神功、久视、大足、长安等。

这都说明武则天享有威凌天下的权势，同时又内心有所不足，有祈求神佛保佑的软弱、怯懦的一面。政治权力并不能满足一个精神生活有欠缺的中国妇女的要求，于是不得不到宗教中求安慰，找一个安心立命的境界。身为帝王，不同于一般人可以抛开家室，出家求道。她一生追求政治权力，同时又要求得到一种精神上的满足，投靠宗教是唯一的途径。

---

① 《旧唐书》卷五一，中华书局，1975年5月版，第2170页。

武则天与一般宗教信徒不同，一方面她私用宗教为自己谋取权力，另一方面也借宗教以自我安慰。说武则天虔心于佛教或任何一种宗教，不合事实；说武则天无法无天，完全把宗教作为工具，一点迷信也没有，也不合事实。她信奉的不止佛教一种，她的宗教信仰有较高层次的宗教神学体系（如华严宗），也有世俗群众神鬼迷信、福祸报应、神仙巫术之类低层次的宗教活动。从武则天身上不难看出唐代社会宗教活动的缩影。

武则天有着丰富的政治斗争经验，她祈求的差不多都达到了目的，贵为天子，富有四海，享有至高无上的权力，她自以为想办的没有办不到的。只有一件事，她以天子之尊也无能为力。面对皇位继承问题，武则天碰了壁。在男性为中心的社会里，家庭的继承权只能由男性掌握，妇女从属夫家。武则天用行政权力为武氏七祖立庙，但武则天不能令武氏家族为姑母立庙，武氏的帝业只能由李姓家族继承。否则，则断了香火，不得血食。在世俗习惯、法律制度方面，佛教、道教又不及儒教影响的深远。武则天奋斗了一生，崇道崇佛，信巫祝、禨祥，归根到底，又不得不受儒教的约束。

从武氏的一生，可以看到隋唐三教并行，各自发挥其社会作用。如何使三教协调，共同为大一统的封建王朝服务，在整个隋唐时期没有解决好，武则天以妇女身份从政更有其特殊的困难，只好在三教中游移，希望有个归宿，但并没有找到这样的归宿。以“金轮皇帝”之尊，仍然不能摆脱李氏家族的主妇地位。社会力量、历史的惯力，任何英雄豪杰只能在大潮中利用其潮流做些力所能及的事业，但不能超越时代，更不能逆着时代。

天台宗哲学思想略论*

一

天台一宗，渊源于北齐、南陈，创于隋，盛于唐。中唐以后趋于衰落。本文只就隋唐时期的天台宗的宗教理论加以评述。虽然也讲到它的历史的发展，但不是写天台宗史。

据佛教历史的记载，天台宗的传授关系是：

> 龙树……慧文—慧思（515—577年）—智顗（531—597年）—灌顶（561—632年）—智威（？—680年）—慧威—玄朗（673—754年）—湛然（711—782年）—道邃—广修—物外—元琇（唐末）……羲寂……

这个传法世系，勉强拉上印度的龙树，当然没有根据，其余的世系是可信的。其中只有慧思、智顗、湛然三人较为重要。其余诸人，都不过起了承先启后的作用罢了。但唐末以后，天台宗分为山家一派，开始于知礼；山外一派，开始于悟恩。山家一派自称为天

* 原载于《哲学研究》1960年第2期。曾收入《汉唐佛教思想论集》。

台正宗，以后有广智、神照、南屏等。山外一派悟恩以后有仁岳、崇义等。这时佛教已趋于衰落。

天台宗的著作，卷帙浩繁，冗杂重复。他们讲说佛经，有的在印度有根据，也有的是他们杜撰的。印度佛教名词的原意他们讲错了的也很多。他们的目的不过是借题发挥，犹如儒者托古改制。根据天台宗以了解印度佛教哲学，必然会搞错，因为他们制造新体系是为当时的政治服务的。中国佛教与印度佛教必须区别开，除法相宗原封搬运印度的一套烦琐经院哲学，中国佛教都曾“篡改”过印度佛教哲学。过去有过不少佛教哲学研究者不满意天台宗（对中国的许多重要宗教宗派也是一样）对印度佛教哲学的篡改，说他们把佛教哲学讲错了。但是，从中国哲学史的角度来看待这一现象，就不应着眼于它“讲错了”，而应当研究它为什么这样讲错而不那样讲错。本文在于说明天台宗为了给隋唐时期的政治服务，才建立它的宗教体系。他们讲的是如何“成佛”，实际上指的是在教人安心受剥削，不要去革命。

天台宗的开创人智𫖮是一个政治活动能力很强的宗教领袖。他在南朝的陈朝与皇帝为首的达官贵人来往极为密切。智𫖮的政治活动能力可参看《国清百录》《智者大师别传》《天台九祖传》等。由于他和陈朝的帝王将相有很深的关系，隋灭陈后，他受到隋文帝的警告：

> 师既已离世网，修己化人，必希奖进僧伍，固守禁戒。使见者钦服，闻即生善，方副大道之心，是为出家之业。若身从道服，心染俗尘。非直含生之类无所归依，抑恐妙法之门更来

谤讟，宜相劝勉，以同朕心。[1]

新王朝的统治者深悉智顗的政治活动才能。这一封信既有鼓励，又有威吓。智顗不久即成为隋王朝的积极支持者。在隋炀帝（杨广）还没当皇帝时，智顗和他深相结纳，成了知心朋友。天台宗之所以得到迅速的发展，固然靠它的宗教宣传的欺骗性，同时，他们得到当时统治阶级的大力支持，也是一个重要因素。

隋帝国统治时期较短，天台宗广泛流行并传播于海外，是在唐朝。为什么唐朝的佛教特别发达，这是一个值得注意的问题。

隋末的农民大起义，打垮了隋帝国。李渊封建地主集团利用农民起义，建立了唐帝国。唐朝的统治者们亲眼看到强大繁荣的隋朝是怎样被农民起义的铁拳粉碎的，所以唐朝制定他们的政策时，首先要重视农民的问题。在政治上，他们对农民采取轻徭薄赋的政策，这就是历史上所谓唐朝的盛世（如“贞观之治”）的由来。上述措施，只能说明新王朝的统治者领教过农民的厉害，却不能认为他们放松了对农民的统治。唐太宗对农民革命有过较深刻的体会，他又尝谓侍臣曰：“‘君依于国，国依于民。刻民以奉君，犹割肉以充腹，腹饱而身毙，君富而国亡。故人君之患，不自外来，常由身出。夫欲盛则费广，费广则赋重，赋重则民愁，民愁则国危，国危则君丧矣。朕常以此思之，故不敢纵欲也。’”[2]唐初对付农民的办法，是比较重视从思想上解除农民的武装的。唐太宗本人虽然不相信佛教，他在《贬萧瑀手诏》中说：“至于佛教，非意所遵。虽

① 《国清百录》卷二录隋文帝给智顗的信。

② 《资治通鉴》卷一九二，中华书局，1956年6月版，第6026页。

有国之常经，固弊俗之虚术。何则？求其道者未验福于将来，修其教者翻受辜于既往。……报施之征，何其缪也。”[①]但唐太宗却大力发展佛教，优礼僧人，并下诏度僧、建寺。唐代御用思想武器中有佛教、道教、儒家思想。唐朝遇有重要节日，常诏三教（儒、释、道）在宫廷中讲论，这里可以看出唐代统治者从历史上积累了一些思想统治的经验，他们深知宗教与封建伦理道德互相配合的用处。中国历史上的“农民的起义和农民的战争，才是历史发展的真正动力”[②]，因此农民革命也在极大的程度上决定着中国哲学史的发展和变化以及学派学说的兴亡。上层建筑产生于基础，而反转来又为它的基础服务。唐朝佛教的发展也是这一历史唯物主义原理的具体例证。

二

天台宗与华严宗、禅宗都是隋唐时期势力最大的佛教宗派。在这三派之中，天台宗的势力和影响仅次于禅宗。至于法相唯识宗，虽曾风靡一时，但影响所及的区域，不过在两京（长安与洛阳）附近，流行的时间也不过三四十年。天台宗是中国佛教史上真正建立宗派的开始。

南北朝时，佛教中只有学派，没有形成宗派。当时也有许多讲《成实论》《三论》（《中论》《百论》《十二门论》）、《地

① 《全唐文》卷八。

② 毛泽东：《中国革命和中国共产党》。

论》（《十地经论》）、《华严》《俱舍》《涅槃》的大师。但是当时仅限于学术知识上的传授。国际上一些资产阶级学者研究中国佛教史，说中国佛教中有什么“成实宗”“俱舍宗”等等，是与事实不符的。其实，《成实论》是小乘后期的著作，它标志着向大乘空宗转化的过程。这部书里包括了佛教许多基本哲学范畴，因此，《成实论》就成了佛教徒初学必读的佛教手册。《俱舍论》也有类似的情况，这部书是小乘有宗向大乘有宗过渡的代表著作。南北朝时，其他的佛教流派都是这种学术性的学派，它和隋唐佛教的宗派不同。

南朝的末期，陈隋之际，佛教的寺院经济有了进一步的发展。如天台宗的创始人智顗在建立寺院时，由皇帝指定一个县的税收的一半作为他的寺院经费。陈宣帝太建九年（577年）曾命令“割始丰县调以充众费。……天台山县名为乐安”[①]。以出家人的身份直接经营世俗地主阶级的剥削，在南北朝已经开始，到隋唐更有所发展。

从南北朝到隋唐，在政治上占统治地位的是世代贵族地主阶级——门阀士族。他们在政治上经济上享有特权，占有广大的土地、山泽，并有极高的社会地位和政治地位。他们不必凭借任何的本领，只凭他们的家族、门第出身、封建文化教养，就骑在人民头上作威作福。

佛教寺院集团是当时的僧侣地主阶级，它的剥削方式和政治特权同门阀士族一样，只是不直接做官，摆出一副“超政治”的姿态罢了。

① 《唐高僧传》卷二一及《佛祖统纪》卷三七。

从南北朝经过隋朝，到唐朝的安史战乱以前，二百余年间各寺院一直拥有广大的土地，并拥有大量的为僧寺服役的劳动者，供僧侣地主驱使，从事生产。寺院占有的劳动者，可以不再负担皇帝（即国家）的劳役征调，也不再向国家交纳租税。这些被剥削者在宗教迷信的宣传蛊惑下，往往甘心受寺院的剥削，幻想着只要熬过今生的苦难，来生可以享福。

隋唐时期的佛教宗派，已不再像南北朝那样作为宗教团体而存在；它除了学术上保持其家学传授的关系，还有寺院财产的继承关系，所以从南北朝末期到隋唐时代的佛教宗派的封建宗法的特点和教义上的排他性表现得特别强烈。甚至为了“传法”的关系，寺院内部的倾轧表现为对抗性的矛盾。如南岳慧思有好几次几乎被毒死；[①]禅宗的惠能在从弘忍处得到传法的衣钵后，也几乎送了性命。[②]像这样的事例还很多，事实可能有所渲染、夸大，但宗派之间为了争正统、争庙产的继承权而引起激烈的内部斗争，是经常发生的。僧侣地主阶级毕竟是地主阶级，地主阶级的剥削本质决定了它的残酷性。证诸中外宗教史，这类事例极多。

资产阶级学者把隋唐时期各宗派的传授仅仅说成是学术渊源的师承关系，显然是不妥当的。隋唐时期各宗派之间的斗争，既有宗教派别的排他性，也有寺院财产的独占性。

南朝与北朝的社会性质、经济发展的情况很不相同，因而作为上层建筑的宗教理论也各有它的特点。

南朝的佛教配合唯心主义玄学清谈，为门阀士族特权制度服

① 见慧思《誓愿文》及《唐高僧传》卷二一。

② 见《六祖法宝坛经》的《行由品》。

务。例如，当时般若学说即与当时门阀士族的“贵无”学说相联系；涅槃佛性学说即公然为当时的门阀士族的世袭特权做辩护；南朝的“神不灭”学说，实即宣传宗教有神有鬼论，乃是为当时的封建宗法制度、血缘关系找理论根据。①当时僧众中有许多人对儒家的《礼记·丧服》极感兴趣，并有不少这方面的著作。儒生与佛教徒沆瀣一气，是当时的普遍现象。

南朝与北朝的社会发展的情况不同，学风各异。北朝的学风比较单纯、朴实，在一定程度上保持着汉代经学的传统。南朝学风在晋宋时期，尚“清通简要”，齐梁以后则尚经论的讲说，以博学强记相夸饰。无论晋宋以前或齐梁以后，都是偏重佛教理论的探寻，与北方佛教偏重戒律、禅定的宗教实践的学风有很大的差别。如果对这一现象进一步加以分析，就可以发现北朝学风的特点是北方社会的经济、政治的特点在学术上的反映。在“五胡十六国”的长期混战中，北朝在北魏孝文帝以前，经常处于兵荒马乱的战争中，北方少数民族的贵族奴隶主把他们的落后的奴隶制生产方式企图强加在早已进入封建制社会的汉族人民的头上，把农民变成奴隶。因此，北方广大人民被迫起来反抗。北方的大地主阶级中，一部分带着他们的部曲、宾客（按：部曲、宾客都是依附于大地主的农民）南渡。大部分留下的地主，为了保存他们已经享有的封建剥削特权，也进行了一些武装反抗（地主武装在三国以后即已形成），一部分农民在民族矛盾逐渐尖锐的时候，为了避免当奴隶的命运，被迫暂时地依附于北方的大地主的堡垒周围。北方的大地主阶级为了

① 参看梁武帝《立神明成佛义记》，《弘明集》卷九及《敕答臣下神灭论》，《弘明集》卷十。

保存自己既得的封建剥削特权，利用汉代的经学作为精神武器，宣传封建宗法伦理观念，加强宗法制度。一般说来，北方由于战争、生产力的破坏，经济上落后于南朝。北方文人、学者的文化修养一般也比南朝落后。北方门阀士族地主阶级为了保存他们的阶级特权，在文化思想方面为了要抵抗得住当时文化落后的部族的干扰，它们不崇尚名理的辩论，而是教人从行动上照儒家六经字句去理解、记诵并照着实行。封建世俗地主阶级学风，也必然在僧侣地主阶级中有所反映。北方佛教也具有谨守佛教经典的指示，少议论、少发挥、多实行的特点。

北魏孝文帝的“汉化”运动，在客观上对发展北方的文化起过促进作用。所谓“汉化”的实质即是有政治领导地采用了封建剥削方式以及和封建剥削方式相适应的一套上层建筑，如政治制度、政治机构，保护封建所有制的法律，宣传封建统治阶级的文化、道德艺术和宗教等等，用汉族的封建文化代替他们原来的奴隶制文化。这样，就加快了北方文化落后民族由奴隶社会进入封建社会的步伐。实际上，他们用汉化的方式，向北方汉族地主阶级妥协了，汉族地主阶级和异族的贵族统治者携起手来，共同对付广大的汉族农民。剥削阶级利益使他们和异族贵族勾结在一起，联成一气。北方的佛教和经学起了巩固北方统治秩序的作用。北方儒家经学发展的道路和它的特点，这里不谈，现在只讲佛教问题。北方佛教把禅定作为佛教徒行动的指南，他们把禅定作为宣传绝对服从、乐天安命、温驯、奴化性格最有效的思想工具。在阶级压迫和种族压迫的双重苦难下，北方佛教注重宗教实践的反动作用，比起单纯用唯心主义的宗教哲学世界观去麻痹人民的反抗意志更为直截了当一些。

当然，利用宗教世界观向人民的反抗意志进攻，当时的封建统治者并没有放松了这一方面，只是在两者之间，北方的佛教对禅定更为关心。当时在北方社会相对地落后于江南的情况下，更多地注意宗教实践的推广，少做理论上的发挥，是符合当时统治阶级的要求的。

根据以上的历史事实，可以看出禅法在北方得到深入的传播，是有它的社会基础的。

禅法在北朝的传播可以上溯到北魏孝文帝（452—464年在位）时的佛陀扇多[①]和他的弟子们慧光、道房。此后有道房的继承者僧稠[②]，天竺僧勒那漫提[③]和他的弟子僧达、僧实，以及被后来佛教推奉为禅宗初祖的菩提达摩[④]和他的弟子慧可、道育、道正、信行[⑤]，都是禅学中的重要人物。

例如当时北方禅学的主要人物之一菩提达摩的禅法在一般禅法中算是最简易的，就在这种简易的禅法中，也集中宣扬消灭人们对于当前剥削者压迫的反抗意图。比如他的“入道四行”（按：“入道四行”即抱怨行、随缘行、无所求行、称法行）[⑥]的总目的在于教人对一切阶级压迫造成的不幸、灾难，“甘心受之，都无怨诉”。他教人从思想上做到“得失随缘，心无增减，违顺风静”[⑦]。这里

① 《唐高僧传》卷一九。

② 同上。

③ 《唐高僧传》卷三三。

④ 《唐高僧传》卷一九。

⑤ 《唐高僧传》卷二十。

⑥ 《唐高僧传》卷十九。

⑦ 同上。

所谓“风”是佛教哲学中的专门术语，即“四大”地、水、火、风的“风”，它略相当于中国古代哲学中的“气”的概念（所谓相当，即不全同），有“血气”及“精气”等含义。与身体相适应的“风”叫作“顺风”；与身体不适应的“风”叫作“违风”。达摩认为不论在与自己适应或不适应的任何情况下，都要保持心理和平、温驯的状态，不应存有反抗的意图。

佛教禅法，不论它的理论和办法是简单或是复杂，它的基本目的无非是教人安于现在的命运遭遇，培养奴才性格，消灭反抗意志。

隋唐时期是中国封建社会前期发展的高峰。隋唐帝国的建立和发展，说明6世纪到9世纪时期中国经济、政治在各方面都取得新的成就。它顺应历史的要求，结束了南北朝以来长期分裂的局面。

与隋唐帝国的政治统一局面相适应的文化等上层建筑必然有新的特点。因此，唐朝的文学、建筑、艺术、书法、音乐、儒家经典的解释如《五经正义》等，各方面都结束了南北朝长期独立对峙的情况，融合了南北特点，形成了南北统一新的上层建筑，为隋唐帝国的统一的政治要求服务。佛教也不例外，结束了南北朝长期相沿的南北学风，形成了新的学风。

因此，隋唐佛教既摄取南朝佛教的重讲说的学风，从哲理方面阐扬封建制度的永恒性，也保留了北朝佛教注重禅定的学风，从宗教实践方面把人民纳入奴化教育的封建规范之内。隋唐时期的地主阶级建成他们的封建大帝国，他们在文化上在推行宗教政策方面也取得了一定的效果。

唐代重要佛教宗派，一方面有他们的哲学理论体系，一方面又有自己的一套禅定方法（即“观法”）。如华严宗的“一真法界观”、禅宗的“见性成佛”、天台宗的“一心三观”都是佛教中的出世理论与宗教实践相结合的学说。当时理论上的一代大师，如唐玄奘，在印度曾与外道辩论，所向披靡，极为五印度人士所尊仰。但他回到中国后，在国内当时定（坐禅）慧（宗教理论）并重的学风笼罩下，玄奘深以自己禅定工夫欠缺而感到有些歉然，并要求补足这一方面的宗教训练。显庆二年（657年），他在《请入少林寺习禅并翻译佛经》的奏章里提到：“断伏烦恼，必定慧相资，如车二轮，阙一不可。至如研味经论，慧学也；依林宴坐，定学也。玄奘少来颇得专精教义，唯于四禅九定，未暇安心。今愿讬虑禅门，澄心定水。制情猿之逸躁，絷意马之奔驰……”[①]

禅定应与理论并重，已成为当时佛教徒公认的宗教修行标准。“定慧双修”本来也是印度的学说，但佛经中在很多地方讲的是“三学”（戒、定、慧），也在更多的地方讲到“六度”（戒、定、慧、施舍、忍辱、精进）。隋唐佛教对禅定与钻研理论特别加以强调，完全是南北佛教学风汇合的结果，它与印度的关系不大。

智𫖮创立天台宗，正式提出“止观不可偏废”，并作为这一宗派的最高修养原则。天台宗的宗教实践到处贯串着“止观并重”的精神：

> 泥洹之法，入乃多途，论其急要不出止观二法。所以然者，止乃伏结之初门，观是断惑之正要；止则爱养心识之善资，观则策发神解之妙术；止是禅定之胜因，观是智慧之由借。[②]

① 《大慈恩寺三藏法师传》卷九。

② 《修习止观坐禅法要》。

为什么要“止观并重”，天台宗的智顗也做了解释：

若人成就定（止）、慧（观）二法，……当知此之二法，如车之双轮、鸟之双翼，若偏修习，即堕邪倒。……故经云：“声闻之人，多定力故，不见佛性；十住菩萨智慧力多，虽见佛性而不明了；诸佛如来定慧力等，是故了了见于佛性。”①

从以上事实不难看出天台宗的定（“止”）慧（“观”）并重的宗教修养原则，是南北朝佛教学风在隋唐统一后的新历史条件下融合的表现。

三

天台宗还没建立之前，它的先驱者是北齐慧文与南岳慧思。北齐慧文的宗教活动的时期约当北朝魏齐之际（535—557年）。他被天台宗佛教徒追溯为东土的第一祖。他没有著作流传下来，也可能不曾有过著作。对于专门奉行禅法的和尚，这是不足为奇的。慧文奉行的是北方所普遍遵行的禅法，他是当时有名的禅师。据《止观辅行传弘决》第一之一及《佛祖统纪》第六的记载，在智顗以前的禅法共有八家：

第一，明师，多用七方便。

第二，最师，融心性相诸法无碍。

第三，嵩师，用三世本无来去。

① 《修习止观坐禅法要》卷上。

第四，就师，多用寂心。

第五，鉴师，多用了心，能观一如。

第六，慧师，多用踏心，内外中间心不可得。

第七，文师（慧文），用觉心，重观三昧，灭尽三昧，无间三昧，于一切法心无分别。

第八，思师（慧思），多用随自意安乐行。

以上这八家，除明师（道明）时代略早于其他诸师，其余各家差不多同时。这些不同的家数对佛教禅定各有不同的解释。

《大智度论》卷三十引自《大品般若波罗蜜经》中的一段话：

> 欲以道智具足道种智，当学般若；欲以道种智具足一切智，当学般若；欲以一切种智具足一切种智，当学般若；欲以一切种智断烦恼及习，当学般若。

慧文的解释是：

> 此中为令人信般若波罗蜜故，次第差别说。欲令众生得清净心，是故如是说。复次，虽一心中得，亦有初、中、后次第。如一心有三相，生因缘住，住因缘灭。又如心心数法，不相应诸行及身业、口业。以道智具足一切智，以一切智具足一切种智，以一切种智断烦恼及习亦如是。

又说：

> 《论》中三智，实在一心中得。且果既一心而得，因岂前后而获？故此观成时，证一心三智，双亡双照，即入初住无生忍位。[①]

① 《止观辅行传弘决》及《佛祖统纪》卷六。

慧文读《中论》的《四谛品偈》：

因缘所生法，我说即是空，亦为是假名，亦名中道义。

慧文认为：

诸法（按："法"即东西、事物，"诸法"即一切东西）无非因缘（按："因缘"相当于"关系"）所生。而此因缘，有不定有，空不定空。空有不二，名为中道。①

慧文的思想缺乏文字的直接记录，天台宗后代佛教徒的追记未必完全符合原意。但不难看出慧文的基本方向是一种客观唯心主义的宗教哲学。他否认客观世界的一切东西（"法"）的真实性，硬说一切东西（"法"）不过是由于众多的关系凑合在一起而产生；而这众多的关系又不过是抽象的概念，它的本身是非物质性的。这样，就抽空了物质存在的客观物质基础。抽去了物质，剩下来的就是精神（"心"）。这就是说，用不着改造客观世界去解除人们的烦恼；相反，一切烦恼的根源都是自己的精神（"心"）所造成的。因此，慧文教人用静观的方法，深入思考，把造成痛苦的一切客观条件都看作个人的思想问题、认识问题。当然他们所谓认识问题，也是被歪曲了的。这就是他们提倡禅定的宗教目的。

慧文的继承者慧思（515—577年），被追溯为天台宗的第二代祖师。由于北方的东魏和北齐的战乱，他由北方转移到江南。在慧思的宗教哲学思想中与北齐的慧文有所不同，他不但注重北方的禅法的传统，也受到南方佛教学风的影响，注重宗教哲学理论的阐明。唐道宣说：

① 《佛祖统纪》卷六。

自江东佛法，弘重义门（按：“义门”即理论），至于禅法，盖蔑如也。而思慨斯南服，定慧双开，昼谈理义，夜便思择。故所发言，无非致远，便验因定发慧，此旨不虚。南北禅宗，罕不承绪。[①]

慧思到了江南，“昼谈理义”，谈的是宗教哲学的理论；“夜便思择”，“思择”即禅定、静观的工夫。这里已开了定慧并重的先路。但必须指出，南岳慧思所谈的理论和印度的佛教理论上直接的关系不多，绝大部分是他自己制造出来的。

慧思的著作不多，多半是口授的讲义，由门人笔记整理而成的有《四十二字门》《无净行门》各二卷，《释论玄》《随自意》《安乐行》《次第禅要》《三智观门》各一卷，自著的有《誓愿文》一卷。

慧思除了继承慧文的宗教思想，还大量增加了宗教迷信、预言（悬记），他吸收了当时中国的神仙方术之士的一套传教手法，也吸取了外来的印度的神仙方术之士的传教手法，开始形成了自己的宗教哲学思想体系。

佛教经典经过南北朝的大量的翻译介绍，以及中印人民文化经济的长期交流，隋唐时期，印度的佛教和其他有关的思想大量传入中国。慧文的宗教思想来自《大智度论》。《大智度论》出自印度龙树（300—400年）。龙树是印度传说的多才多艺的神仙，是释迦牟尼逝世后约五百年从佛教小乘大众部（小乘中的一派）分化出来的大乘空宗的重要创始人。他的重要著作有《大智度论》《十二门

① 《唐高僧传》卷二十一。

论》《中论释》，都已有中译本，并在中国佛教思想中产生过广泛的影响。印度相传龙树还会长生的方术。《隋书·经籍志》中曾著录《龙树菩萨药方》四卷、《龙树菩萨养性方》一卷。唐玄奘到印度去留学时：

> 到磔迦国东境，至一大城。城西道北有大庵罗林，林中有一七百岁婆罗门。及至观之，可三十许，形质魁梧，神理淹审，明《中》《百》诸论，善《吠陀》等书。有二侍者，各百余岁。[①]

唐代澄观（760—820年）的著作中也有类似的记载：

> 又案《西域记》，唐三藏初遇龙树宗师，欲从学法。师令服药求得长生，方能穷究。三藏自思本欲求经，恐仙术不成，辜我夙愿，遂不学此宗，乃学法相之宗。[②]

可见当时印度和中国都流行着一些长生不死的方术，南岳慧思曾接受了这种长生、求仙的思想。

又据《唐高僧传》记载，印度僧人那提三藏（唐太宗、高宗时来中国）传为“龙树之门人”。由那提上溯到龙树[③]约有四五百年，和玄奘到印度遇到的那位自称七百岁的婆罗门差不多。他们都有几分

---

① 《大慈恩寺三藏法师传》卷二。

② 《大方广佛华严经随疏演义抄》卷十三。

③ 龙树（Nāgārjuna）：印度文学家中有好几个名龙树的，以佛教中观派的大师最著名。参见英国A.K.Warder著*Indian Buddhism*。

江湖术士的吹骗手法。唐朝皇帝信了他的一套吹嘘，使他“往昆仑诸国采取异药”[①]。这些事实虽然发生在唐初，时间略比慧思的时代迟了四十年左右，但是事实的性质和它要说明的问题却是一致的。

慧思在他的《誓愿文》中曾发愿希望“成就五通神仙”，并声明他要求长生，不是为了个人的长寿，而是为了更有效地宣传佛法。慧思以佛教徒的立场，大量吸取神仙方术迷信，并建立自己的宗教体系。在《誓愿文》中说：

> 今故入山，忏悔修禅，学五通仙，求无上道，愿先成就五通神仙，然后乃学第六神通，受持释迦十二部经及十方佛。

他的目的是：

> 我今入山修习苦行，忏悔破戒障道重罪。今身及先身是罪恶忏悔。为护法故，求长寿命。不愿生天及余趣，愿诸贤圣佐助我，得好芝草及神丹，疗治众病除饥渴，常得经行修诸禅。愿得深山寂静处，足神丹药修此愿。借外丹力修内丹，欲安众生先自安。己身有缚，能解他缚，无有是处。[②]

慧思在《誓愿文》中反复提到神仙、芝草、内丹，显然吸取了道教的一些内容，但他的根本立场还是为了宣扬佛教宗教原理。据记载，他的禅定的观点“多用随意安乐行”。据《高僧传》的记载，他的禅定的原则是：

> 自观察：我今病者，皆从业生，业由心起，本无外境。反

---

① 《唐高僧传》卷四。

② 《南岳思大禅师立誓愿文》。

见心源，业非可得，身如云影，相有体空。如是观已，颠倒想灭。心性清净，所苦消除。[①]

慧思这里采用了佛教一贯的手法，从否认一切客观世界的存在开始，他说人生痛苦的根源是过去行为的结果。慧思教人把个人的存在看作虚幻不实的假想（“身如云影”）。他们就是用这种掩耳盗铃的办法去教人忘记痛苦，他们所谓“消灭”“颠倒想”，在每一个正常的人看来，恰恰是颠倒观念的建立。

从慧文到慧思的思想发展，可以看出有以下的变化。

第一，慧文还保持有北方禅师重坐禅、轻理论的特色。到了慧思时代，已开始出现了南北学风合流的迹象。只是当时政治上南北朝还在对峙着，所以南北朝佛教的融合时机尚未完全成熟。

第二，从慧文到慧思逐渐形成具有中国特点的宗教哲学体系，开始脱离依傍，与中国固有的宗教相结合。当时的佛教为了更好地为当时的中国封建社会的经济基础服务，属于上层建筑的意识形态也要随时做相应的调整。因为印度的佛教只能为当时印度社会的基础服务，他们不可能为中国的封建社会预制一套理论为中国的基础服务。

汉末的佛教被解释为神仙方术，魏晋佛教被附会为玄学清谈，都说明为当时封建统治阶级服务的上层建筑从印度输入后的改装、加工的必要。如果认为汉末、魏晋南北朝的佛教发展出于求法高僧们对印度佛教有兴趣，有求法的诚意，那未免把问题简单化了。

① 《唐高僧传》卷二十一。

四

自从南北朝以来，大量佛教经典介绍到中国来。佛教在统治阶级大力扶持之下，得到广泛传播。这时人们开始发现大乘、小乘、空宗、有宗都存在着严重的分歧。其中互相矛盾的地方很多。在南北朝分散割据的政治局面下，佛教各派（即学派）实际上各不相谋，各讲各的。甚至对于佛教的一些基本观点，这一家和那一家的解释完全不同。这时与佛教长期敌对的道教也有了相当的发展。道教从民间的原始道教被上层统治者改装后，变成了御用的统治人民的道教，并与佛教争夺宗教的垄断权。佛教为了自己的利益，也认为有统一思想的必要。这时还有其他反佛教的一切理论，都在不同的方面对佛教展开了斗争。有不同宗教之间的（如佛教与道教）斗争，有佛教内部的长期分歧（如相州南北道之争、顿悟与渐修之争等），也有唯物主义无神论反对宗教迷信（包括佛教）之争。佛教为了弥缝佛教内部长期存在的理论上的分歧，加强佛教的理论战线的防御力量，共同对付来自外部的唯物主义的攻击，在隋唐时期各宗派都建立了判教的体系。

判教，就是佛教根据各宗派自己的观点、方法，把所有的佛教经典著作和理论加以系统地批判和整理，重新估价、安排。目的在于说明佛教的一切经典著作不但不互相矛盾，而且是相互补充的；在于说明佛教经典著作和理论的相互矛盾的现象，是由于佛对不同的听众、在不同的时机进行的不同的说教。但他们认为佛教的基本精神没有矛盾。判教工作是隋唐佛教各宗派对外防止攻击、对内统一分歧而采取的必要措施。印度的佛教经典中如《涅槃经》把佛的讲经分为“五时”，《解深密经》分为“三时”，《缨络本业经》分为“顿”“渐”。印度这种“五时”“三时”“顿”“渐”的区分没有包括佛教的一切经典著作和理论在内。它和隋唐时期各宗派的判教的性质不同。如“天台四教义”说判教的方法是“义蕴佛经，名出智者”，意思是精神实质是佛经早已有的，办法是智顗想出来的。隋唐时期除天台宗，华严宗[①]、法相宗[②]、禅宗[③]都建立了他们自己的判教的原则标准。

天台宗把佛教的一切经典著作经过他们的批判整理以后分为“五时”与“八教”。[④]“五时”是华严时、鹿苑时、方等时、般若时、法华涅槃时。“八教”是藏、通、别、圆、顿、渐、秘密、不定。“八教”用来分别佛在五个不同的时间所讲的佛教宗教哲学原理的内容和说教方式的不同。

天台宗认为华严时是佛对已有深厚佛教基本知识的听众宣传的道理。鹿苑时（鹿苑是佛第一次说法的地名）讲的是小乘佛教四《阿含》的一些基础知识，是对一般不了解佛教的听众讲的。方等

---

① 宗密《原人论》把佛教分为人天教、小乘教、大乘法相教、大乘破相教、一乘显性教。

② 据《大慈恩寺三藏法师传》卷四：“法师（玄奘）妙闲《中》《百》，又善瑜伽，以为圣人立教各随一意，不相违妨。惑者不能会通，谓为乖反。此乃失在传人，岂关于法也？……乃著《会宗论》三千颂。”

③ 按：禅宗的“顿”“渐”也是一种判教。

④ 参看智顗《四教义》与灌顶《天台八教大意》。

时听众对象是已有小乘宗教基础的听众，这是为了使他们进一步能够接受大乘的宗教原理，讲的是《维摩》《思益》（《思益梵天所问经》）、《楞伽》《楞严三昧》《金光明》《胜鬘》等经，在于驳斥小乘，赞美大乘（“弹偏，斥小，叹大，褒圆”）。般若时讲的是大乘空宗的宗教原理，向听众宣传“色即是空，空即是色”的世界观。法华涅槃时对佛教宗教训练最深的听众讲《法华经》《涅槃经》，描绘涅槃世界是永恒、真实的世界，是佛教的最后真理。也是天台宗教人出家，接受佛教原理的最终目标。

八教又可分为“化法四教”（藏、通、别、圆）和“化仪四教”（顿、渐、秘密、不定）。

“藏”即“三藏”（经、律、论），主要是根据佛经（包括经、律、论）的文句，逐字逐句地了解，所讲的道理以小乘为主，内容比较浅近。“别”教是专对少数（个别）有佛教宗教训练的人讲的，不是对广大的一般听众讲的，所以叫作“别”教。“通”教所讲的内容是由“藏”教提高到“别”教的过渡。其中既包括较深奥的道理，也包括浅近的佛教原理。“圆”教是为佛教的宗教训练最深的人讲的最高的道理。以上这四种教（按：佛教把宗教宣传叫作“教”）是根据听众的程度、对象来运用的，天台宗叫作“化法四教”，即根据听众的宗教训练程度决定宣传的内容的难易深浅。“化法四教”实际上是天台宗进行宗教宣传内容的指导原则。

“化仪四教”是根据听众的才能、智慧来决定进行宗教宣传的方式。对利根人（聪明人）就直接讲大乘顿教的佛教原理，如华严时所讲的；对钝根人（聪明较差，接受能力比较迟钝的）就先说小乘，逐渐引导他们接受佛教的宗教世界观，如鹿苑时（因佛在鹿苑说教时讲的四《阿含》，又称“阿含时”）、方等时讲的佛教教义都是对钝根人进行“渐教”时采用的；秘密教，天台教自称佛有一种神秘的能力，使在座同时听讲的人听到的道理，各随自己的程度不同，互不相通，都能有所收获，这有似复式教学，令听众在同一课堂上都能学到他要学得的东西；不定教是佛根据不同情况，运用神通力量，使听众有不同的理解，这更是瞎扯了。“化仪四教”实际上是天台宗宗教宣传方式的指导原则。

天台宗提出“五时”“八教”在于给佛教中许多不同的学派都做一个合理的安排，最后目的还是宣传它的唯心主义宗教世界观。天台宗的创始人智顗在这一方面曾起过积极的作用，留下了大量的著作。据《智者大师别传》说“智者弘法三十余年，不畜章疏，安无碍辩……”智顗自著的书有《净名经疏》三十八卷、《觉意三昧》一卷、《六妙门》一卷、《法界次第章》三卷、《修习止观坐禅法要》一卷（该书又名《小止观》或《童蒙止观》）、《法华三昧行》一卷。智顗讲说经过门人整理过的笔记有《禅波罗蜜次第法门》三十卷（略为二十卷）、《法华玄义》十卷、《摩诃止观》十卷、《法华文句》十卷。以上三种是智顗反复讲述过多年的讲义，被后来的宗教徒尊奉为三大部。此外尚有《维摩诘经玄疏》十六卷、《菩萨戒经义疏》二卷、《仁王经疏》五卷、《阿弥陀经义记》一卷、《金刚经疏》一卷、《金光明玄义》二卷、《金光明文句》六卷、《观音玄疏》二卷、《观音义疏》五卷、《请观音经疏》一卷、《四教义》六卷、《四念处》四卷、《方等三昧行法》一卷、《观心论》一卷、《观心食法》一卷、《观心诵经法》一卷。

在智顗的著作中，充满了臆造的、铺张的、烦琐的经院哲学的特点。比如，天台宗为了炫耀它的宗教体系的复杂、丰富，他们故意把本来简单的东西弄得神秘，使人难以理解，以高深文其浅陋。他们故弄玄虚，制造烦琐的体系。隋唐佛教都带有这种烦琐、重复的特点，例如在《摩诃止观》中说明大意（缘起），开章分为十大项（大意、释名、显体、摄法、偏圆、方便、正观、果报、起教、旨归），叫作“十广”。“十广”中的“大意”一项又分为五科（发大心、修大行、感大果、裂大纲、归大处）。五科中如“发大心”一项又分为三小项（方言、简非、显是）。这不过仅就“大意”一项就这样七拼八凑地罗列了一大堆，其余各项可以想见。起初，智顗讲经还不敢过分放肆地制造体系，后来经慧思的亲手指点，慧思命“智顗代讲金经（按：这是慧思所写的金字《大品经》），至一心具万行处，顗有疑焉。思为释曰：‘汝向所疑，此乃大品次第意耳，未是法华圆顿旨也。吾昔夏中苦节思此。后夜一念顿发诸法。吾既身证，不劳致疑。’智顗即咨受法华行法”[①]。此后智顗就放手发挥起来了。天台判教也是智者的杜撰，至于对佛经中的个别字句经常望文生义，信口解释。比如“悉檀”一词，本是梵文的Sidhaṃ的音译，或译作“悉谈”，意思是“成就”。但天台的三大著作之一的《法华文句》，就抓住“悉檀”两个汉字大加发挥，慧思、智顗都解作：

悉之言遍，檀为施。佛以四法普施众生，故言悉檀。

像这样的例子还很多，这里不必多举。尽管智顗和他的天台宗的哲学思想中包括神仙迷信、不伦不类的唯心主义谬论，是一大堆杂烩，但是他们的宗教唯心主义立场却十分鲜明，对唯心主义世界观也

① 《慧思传》，《唐高僧传》卷二十一。

非常坚定。他们挖空心思，制造体系，目的无非在于否认客观世界的物质性，把精神的作用夸大、吹胀，用“心”吞并物。智顗用他的宗教唯心主义世界观论述思维与存在、主体与客体的关系时说：

> 夫一心具十法界（按：“十法界”即现实世界的“六道”，加上声闻、缘觉、菩萨、佛。前六称为“六凡”，后四称为“四圣”），一法界又具十法界，成百法界。一界具三十种世间（按：据《大智度论》，世间有三种：众生世间、国土世间、五阴世间，每一法界各具十法界，所以共有三十种世间），百法界即具三千种世间。此三千在一念心。若无心而已，介尔有心，即具三千。[①]

很明显，世界的多样性、复杂性，在他们看来，不过是“一念心”的产物；没有主观的思维，就没有了这个变化、丰富的世界［“此三千在一念心。若无心而已，介尔（按：“介尔”即一点点）有心，即具三千”］[②]，这是十分露骨的唯心主义。天台宗认为只有“心”才是最真实、最可靠、最根本的实体。所以他们说：

> 心全体唯作一小毛孔，复全体能作大城。心既是一，无大小故：毛孔与城俱全用一心为体。当知毛孔与城，体融平等也。[③]

这是天台宗从空间上论证没有客观实在的基础。空间的大、小都是由主观意识想象出来的。他们认为不论设想一座大城或设想一个小

---

① 《摩诃止观》。

② 同上。

③ 〔南朝陈〕慧思：《大乘止观法门》卷二。或疑此为伪书。笔者认为此书可信。

毛孔，在意识的领域里完全一样，没有区别。天台宗就是这样去曲解事物存在的客观性质，他们还从时间上曲解事物存在具体时间内这一事实，他们说：

> 据觉论梦，梦里长时，便则不实；据梦论觉，觉时食顷，亦则为虚。

这里完全否认了认识的客观基础，企图以相对主义的诡辩论去抹杀客观事物必须在时间里存在这一事实。他们不顾实践，做出了十分荒唐的结论：

> 正以心体平等，非长非短。故心性所起长短之相（按：即意识中想象的时间的长短的表象），即无长短之实（按：即并没有实际上的时间长短），故得相摄。[①]

所以不论长达十年，短到一刹都可包罗在一心之中。

照天台宗的唯心主义的观点，事物的存在完全可以超出空间、时间之外，不过是人们一心虚构的产物。因此，在认识论方面，智顗大力宣扬他的“三谛圆融”的宗教学说。

所谓“三谛圆融”，即根据《中论》的三谛偈做出进一步的唯心主义的发挥。《中论》说：

> 因缘所生法，我说即是空，亦为是假名，亦名中道义。

相传北齐慧文宣扬的“一心三观”之说，认为《大智度论》中所宣称的所谓通过“道种智”“一切智”“一切种智”这三种超乎一般正常认识之上的神秘主义的直观才能认识他们所谓最后的真

---

① 〔南朝陈〕慧思：《大乘止观法门》卷二。

理（“真如”）。只要有了这三种智，就可以不要感性认识、理性认识、逻辑思维，直接认识真理。并且他们更进一步地宣称，如果通过感性认识、理性认识的途径，运用逻辑思维，反而不能认识真理。照他们颠倒的世界观看来，真理是超乎现实世界之上、永恒存在的精神性的实体，它既然不是感觉和思维的对象，因而感性认识和理性认识在真理面前无能为力，只能起障碍作用。当然，像这样的“真理”对一个正常人的思维过程来说是难以设想的，为了宗教的目的，他们只有睁着眼睛说瞎话。

智顗发挥的“三谛圆融”的观点，在于说明一切事物不具有客观存在的物质性的基础，事物只是因缘和合的假想。因缘是假说的一种关系，它不是独立存在的实体，所以说是“空”的。大乘佛教所谓“空”不等于“不存在”或“空虚”，而是“虚幻不实”。这种意义的“空”，他们有时又叫作“妙有”，它又是无自性的存在，没有任何质的规定性，所以叫作“假”。“中道”是“空”和“假”的统一。天台宗的认识论是先掏空了认识对象的客观物质基础，然后再去“认识”。他们的神秘主义的认识论和他们神秘主义的世界观完全吻合。“中”离不开“假”和“空”，“空”离不开“假”和“中”，“假”也离不开“中”和“空”。这种玩弄名词的手法即所谓“三谛圆融”，说穿了，无非是主观精神与主观精神的符合与一致。人们认识能力和范围只限于认识思维中的对象，这是他们的认识论原则——“三谛圆融”。他们认为没有“心”，就没有了一切，这是他们的宇宙观——“一念三千”。

天台宗力图抹杀客观世界的真实性，目的在于证明“真如”的永恒性、绝对性（“一切法真实如是，唯是一心，故名此一心以为真如。若心外有法者，即非真实，亦不如是”①）。天台宗所理解的世界“一切皆空”，并不意味着什么也不存在，他们“空”的是客观物质世界的一切现象，他们“空”物质世界，正是为了肯定他们的宗教的核心——“真如”，精神实体的“不空”。

天台宗这样的认识论首先没有事实根据，生活实践足以完全粉碎他们无视客观物质世界的谬说。他们既然没有客观事实的根据，就只好从理论上做文章，虚构体系。即使在理论上，智顗等人也不可避免地遇到了不可克服的困难。

按照天台宗的说法，既然一切都是虚幻的假相，是“空”，那么，“真如”世界（佛教的“天国”）与现实世界势必陷于绝对隔绝的状态。他们如果不极力抹杀或贬低现实世界，就不足以“证明”“真如”世界的永恒、超越、绝对等等神学的特点。他们必须把“世间”和“真如”世界绝对对立起来。但把两者绝对对立起来又会阻塞了通向“天国”的道路，对宗教宣传的目的不利。宗教总希望俘虏更多的信徒，因此，在宗教理论上，需要更好地补一补漏洞，使“天国”与人间现实世界有桥梁可通。在天台宗发展的同时，佛教的其他宗派不但分别提出了他们的判教原则，并且也在宗教理论上力图缩短人世间（现实生活的世界）和宗教“天国”的距离，如华严宗讲他们“理事无碍”法界，禅宗讲他们“顿悟成佛”，法相宗也以他们的“三性”“三无性”“转识成智”来向群众散布宗教思想。至于那些站在反宗教立场的无神论学派和其他唯物主义直接对佛教的批判和驳斥，给他们造成根本性的困难，就更加暴露了宗教唯心主义在理论上的漏洞。即使在佛教内部也出现了许多“王麻子”“汪麻子”等同

① 〔南朝陈〕慧思：《大乘止观法门》卷一。

行竞争者。正如天台宗教的佛教史家志磐所说的：

> 每以智者破斥南北之后，百余年间，学佛之士莫不自谓双弘定慧，圆照一乘。……自唐以来，传衣钵者起于庾岭（按：此指惠能的禅宗），谈法界（按：此指华严宗）、阐名相者（按：此指法相宗）盛于长安，是三者皆以道行卓荦，名播九重，为帝王师范。故得侈大其学，自名一家。然而宗经弘论，判释无归。讲华严者，唯尊我佛（按：此指华严宗）；读唯识者，不许他经（按：此指玄奘法相宗）；至于教外别传，但任胸臆而已（按：此指禅宗）。……识者谓荆溪（按：此指湛然）不生，则圆义将永沈矣。①

智𫖮对于佛教，更确切一点说，对当时的统治阶级是有功的。他融合南北佛教，“双弘定慧”，使它更好地为统治阶级服务，从佛教徒的立场看来，不失为杰出的领袖。但是佛教中其他宗派也相继以他们的“贡献”为当时统治阶级服务，纷纷“侈大其学，自名一家”。既然出现了这些有力的竞争者，对于天台宗的发展是不利的，于是湛然对天台宗的教义做了某些发展，这就是佛教史上所谓湛然“中兴台教”的实质。

五

天台宗的湛然为了从理论上补救他们所遭到的困难，提出“无

① 《佛祖统纪》卷七。

情有性”的宗教世界观。这一学说集中表现在他著的《金刚錍》[①]一书中。

佛性问题是佛教的中心问题，这一问题的实质是人们能不能进入“天国”，人们能不能成佛，成佛是在当下还是在遥远的将来。这些问题都构成佛性问题的内容。

唐玄奘在赴印度取经之前，在国内遍谒名师，钻研佛教这一根本问题，但是不能找到肯定一致的回答。为了解决这个问题，玄奘决定往印度取经。他自己说：

> 去圣时遥，义类差舛，遂使双林一味之旨，分成当现二常；大乘不二之宗，析为南北两道。纷纭争论，凡数百年，率土怀疑，莫有匠决。[②]

用我们的话说，玄奘认为佛教的教义在中国存在着种种不同的解释。成佛究竟是来世还是当世，有不同的争论。大乘有宗的地论宗（分成相州南道和相州北道对峙的两派），争论了几百年，没有办法解决。

能不能当世成佛，在玄奘的思想里始终是一个重大的问题。他归国前，往游伊烂拏钵伐多国路经迦布德伽蓝，向菩萨神像前祈祷时，发三个誓愿，第三个誓愿是：“圣教称众生界中有一分无佛性者，玄奘今自疑不知有不？若有佛性，修行可成佛者，愿华贯挂尊（按：指神像）颈项。”[③]

---

① 本文引用湛然文句，凡出自《金刚錍》的，不再注出处。

② 《启谢高昌王表》，《大唐大慈恩寺三藏法师传》卷一。

③ 《大唐大慈恩寺三藏法师传》卷三。

玄奘到印度留学，是带着当时中国佛教徒认为难以解答的疑难问题去的。他的疑难具有一定的代表性。人有没有佛性，即人成佛的可能性，这个问题本身是荒谬的。但在阶级压迫的社会里，人们迫切要求摆脱当前苦难的愿望却是十分现实的，一点也不荒谬。宗教通过它的宣传和欺骗，帮了统治阶级的忙，它的政治意义也是十分现实的。这个无意义的问题起着有意义的作用。如果不能成佛，宗教将失去它的鸦片烟的作用，谁还相信它？如果进一步追问是不是人人对成佛都有分，如果有些人能成佛，有些人不能成佛，佛教所能俘虏的信徒就会减少。在佛教中，分明有一派说过有人不能成佛，像一阐提人（善根丧尽的人）即不能成佛，正如原始基督教认为富人不能升入“天国”一样。

宗教的“天国”是人间社会的折光反射。人间社会有一部分人永远受苦、受难，另一部分人安富尊荣，是合理呢，还是不合理呢？凡是关心它的基础的一切上层建筑对这一问题必须做出回答。古代的农民革命曾以武器的批判企图改变这一不合理的现象；佛教却完全站在相反的立场，他们对阶级社会的不合理的剥削压迫现象做了系统的歪曲的解释。

佛性问题在南朝就是一个争论得十分尖锐的问题。南朝的佛性问题的提出，是直接为南朝的门阀制度服务的。佛教的守旧派，为了维护人世间的不平等的封建等级制度，对未来的“天国”的门票也十分悭吝，也不肯让人民分享。佛教的新派，如竺道生等头脑比较灵活些，他们对人世间的不平等制度极力支持，但对未来的“天国”的门票却愿廉价地大量出售。实际上后者的说法对剥削阶级更为有利，经过统治阶级的选择，后者占了上风，但问题不可能真正解决。

隋唐时代，从南北朝百余年来相沿袭的门阀士族制度势力还很大，他们在政治上、经济上仍有很大的势力。据《新唐书》卷一百九十九《柳冲传》记载："过江则为'侨姓'，王、谢、袁、萧为大；东南则为'吴姓'，朱、张、顾、陆为大；山东则为'郡姓'，王、崔、卢、李、郑为大；关中亦号'郡姓'，韦、裴、柳、薛、杨、杜首之；代北则为'虏姓'，元、长孙、宇文、于、陆、源、窦首之。……'郡姓'者，以中国士人差第阀阅为之制，凡三世有三公者曰'膏粱'，有令、仆者曰'华腴'，尚书、领、护而上者为'甲姓'，九卿若方伯者为'乙姓'，散骑常侍、大中大夫者为'丙姓'，吏部正员郎为'丁姓'。凡得入者谓之'四姓'。"这里讲的是南北朝时期的门阀士族的情况，但这种情况到了唐初并没有很大的改变。一般非门阀出身的中、小地主阶层几经斗争，也在政治上、社会上争到了一定的地位。如唐代的科举制度即是这一地主阶层向门阀地主阶级斗争取得的政治权利。又据《新唐书》卷九十五《高俭传》记载："初，太宗尝以山东士人尚阀阅，后虽衰，子孙犹负世望，……由是诏士廉……责天下谱牒，……合二百九十三姓，……为九等，号曰《氏族志》。而崔幹仍居第一。帝曰'……朕以今日冠冕为等级高下。'遂以崔幹为第三姓，班其书天下。"唐初如此，唐朝后期，门阀士族仍然有一定的社会势力，他们听说文宗皇帝给太子选妃子，门阀士族都不愿意以女儿入选。[①]如宣宗时：

万寿公主，上（宣宗）之女。将嫁，命择良婿。郑颢，相

① 参看《太平广记》卷一百四十八"庄恪太子妃"条。

门子，……待婚卢氏。宰相白敏中奏选尚，颢深衔之。[①]

被选中当了皇帝女婿的郑颢没有能够与卢姓（门阀士族）女儿结婚，自认为倒了霉，被媒人白敏中出卖了，因而对白敏中怀恨在心。可见皇帝的女儿还比不上门阀士族的女儿尊贵。终唐朝宰相三百六十九人，崔氏一族竟占二十三人。[②]

在这样门第等级制度森严的社会里，天台宗的湛然慨然地提出了他的"无情有性"的学说，宣扬连没有生命的东西，如草木砖石都有佛性（都能进入"天国"），当然人人都可以进入"天国"了。它的政治目的也十分清楚，教人相信佛的教导，安于苦难。另外，天台宗的宗教理论也将会得出湛然的"无情有性"的学说。

湛然认为一切都是佛性的具体表现，佛性即永恒的精神实体，它是一切东西的基础，这是一种鲜明的客观唯心主义的立场。他还认为佛性包括一切的存在（虚空也是存在），所以他说：

> 故知经以正因结难，一切世间何所不摄，岂隔烦恼及二乘乎？虚空之言，何所不该？安弃墙壁瓦石等邪？

佛教从释迦牟尼以来，即认为成佛是众生（也称为"有情"动物）的事，"无情"（非生物的东西）没有意识、感觉、思维等等活动，所以不存在佛性的问题。湛然认为"若分大小，则随缘不变之说出自大教，木石无心之语生于小宗"。

湛然认为木石无心这种观点是不正确的，他把一切东西都看作佛性的体现，他说：

---

① 〔唐〕裴庭裕：《东观奏记》上。

② 参看《唐朝宰相世系表》。

> 故知一尘（按：此指客观对象）一心（按：此指精神活动）即一切生佛之心性。

照他看来，一切心性都是与佛性共同形成，共同变化，共同造成一切对象，共同改变一切行为的缘故（“以共造故，以共变故，同化境故，同化事故”）。

湛然进一步就思维和存在的关系提出了他的存在统一于思维的唯心主义主张：

> 故……应知，万法是真如，由不变故；真如是万法，由随缘故。

他所谓“真如”（精神实体），是属于精神方面的；所谓“万法”即万物，是存在方面的。思维与存在的关系，是哲学上的根本问题。在这一问题上，看哪是第一性和第二性来区别唯物主义和唯心主义。天台宗和一切唯心主义一样，它混清思维与存在的界限，目的在于把客观世界纳入主观世界之中。

在思维与存在的统一的模糊命题下，他进一步把现象与本质这一对范畴也给以唯心主义的解释。他们认为现象与本质不在于反映事物的本质的规律，它不过是两个概念的互相依存：

> 子信无情无佛性者，岂非万法无真如耶？故万法之称，宁隔于纤尘？真如之体，何专于彼我？

这是说精神性的实体无所不在，充满了一切事物。湛然还借用水与波的关系以说明他的哲学体系的本质与现象的关系：

> 是则无有无波之水，未有不湿之波。在湿讵间于混澄，为

波自分于清浊。虽有清有浊，而一性无殊；纵造正造依，依理终无异辙。

他认为现象只能作为精神实体的现象而存在。现象虽然有多种多样，但最后的精神实体只有一个，即所谓佛性。他们从逻辑上论证思维与存在的统一，归根结底，是用思维去统一存在。唯物主义者认为思维不能离开存在，而存在可以不必依靠思维。湛然和其他唯心主义者一样，在思维与存在统一的烟幕下，取消了存在，只保留了思维。“真如”（“理”）是唯一真实的存在。他宁可闭上眼睛抹杀一切现象，决不允许忽视精神第一性的地位，所以他说：

若唯从理，只可云水本无波，必不可云波中无水。

尽管有人根据《大智度论》“真如在无情中但名法性，在有情中方名佛性”的说法，怀疑湛然的学说，但湛然肯定地回答说，这种怀疑态度是表面看问题，是“迷名而不知义”（只抠名词而不懂精神实质）。

天台宗从慧文、慧思、智𫖮开始，就充分运用了他们的大胆演义的手法，他们不管有没有佛教经典的依据，只要符合他们主观需要，他们就一律来纳入他们的庞杂的哲学体系里面。湛然更做了进一步的发展，“无情”的东西也有佛性，本来在书上找不到根据，但为了更好地填补他们佛教客观唯心主义的理论上的漏洞，为了更有效地扩大他们的宗教信仰的市场，不得不对过去佛教书中所没有的这一方面加以增饰。

哲学史已经证明，一切唯心主义越是彻底，就越难于自圆其说。如果不彻底，就会留下了唯物主义活动的地盘，对唯心主义也同样不利。从佛教的宗教唯心主义哲学来说，如果他们认为佛性不具有普遍性，佛性在某些时候对某些事物不起作用或不发生关系，那么佛性的威力就是有限的，佛性的最高、最广大、法力无边的神圣不可侵犯性就会因而降低。佛性（至高的精神实体）的管辖区域被规定在一定的范围之内，那么它的管辖区域之外，就会成为唯物主义的领域。宗教是唯物主义和科学的死敌，它不会给客观物质世界以应有的地位的，它只能粗暴地让万物匍匐在上帝（或佛）的脚下，这本来是古今中外一切宗教哲学不得不做出共同的结论。难题也发生在这里：佛性既然无所不在，它当然也要在稊稗、在瓦甓、在屎溺[①]。天台宗“无情有性”的宗教学说，从一方面说，挽救了佛教的佛性不具有普遍性、管辖范围不广的缺点，它可以“囊括宇宙，统贯天人”，不给物质世界留有任何余地。湛然在唯心主义理论上的坚决性、彻底性比过去智𫖮等人的理论有了进一步的发展。但从另一方面来看，天台宗的宗教哲学，虽经湛然的进一步发展，却从内部制造了它的新危机。唯物主义是真理，唯心主义企图一手遮天，硬要抹杀它的存在是办不到的。天台宗把佛性融解在客观自然里面，把草木瓦石也看作佛性的表现，势必破坏了佛性至高无上的尊严，必然模糊了世间和出世间两个世界的界限。他们虽然把佛性的普遍性强调到无比的高度，但佛性的绝对性、超越性的这些特点不得不遭到贬抑。沿着这一方向发展下去，将给佛教的前途带来新的危机，对佛教是不利的。因此，不难看出，宗教哲学如果把神性自然化，表面上扩大了神干预自然界的范围，实质上在缩小神干

① 参看《庄子·知北游》庄子与东廓子关于“道”的一段对话。

预自然界的权力；他们主观上力图加强神的地位，实质上神的地位却暗中遭到削弱。因为宗教教人摆脱现实世界的苦难的办法是劝人走向另一个“超现实”的精神世界。一切宗教的特点都如此。湛然所引导的道路不但不能达到他预期的目的，在一定的意义上，对宗教唯心主义起着破坏作用。这也是一切唯心主义共同遇到的难题。他们无论采取什么手法，都是枉费心机，无法堵住这个漏洞。

马克思主义经典作家曾指出：

> 大不列颠的经院哲学家邓斯·司各脱就曾经问过自己：“物质能不能思维？”
>
> 为了使这种奇迹能够实现，他求助于上帝的万能，即迫使神学本身来宣扬唯物主义。此外，他还是一个唯名论者。唯名论是英国唯物主义者理论的主要成分之一，而且一般说来它是唯物主义的最初表现。[①]

湛然认为一草一木中也有佛性，这种命题已接近了“物质能不能思维”的边缘，已经接近了泛神论或自然神论。“自然神论——至少对唯物主义者来说——不过是摆脱宗教的一种简便易行的方法罢了。”[②]湛然不是唯物主义者，他的宗教立场和论证方法都没有想到会导致“摆脱宗教”的结果，这是和马克思所说的英国的唯物主

① 马克思、恩格斯：《神圣家族》，《马克思恩格斯全集》第二卷，第163页。

② 马克思、恩格斯：《神圣家族》，《马克思恩格斯全集》第二卷，第165页。

义哲学家们“铲除了洛克感觉论的最后的神学藩篱”[①]，无论在时代和社会历史条件方面，都是不同的。但是逻辑理论上，“无情有性”的学说，给佛教前途带来了困难和新危机则是客观事实。后来宋明唯物主义哲学家，特别是张载和王夫之，在反对有所谓超越一切的“太极”或“理”的斗争中，强调“道”或“理”不能脱离了“物”或“器”，“道”内蕴于万物之中而不在万物之外、之上；他们对于天台宗及禅宗后期学说中泛神论和自然神论倾向的思想资料加以批判地吸收改造，建立了更加完整的唯物主义体系。后来宋明唯心主义哲学家如王守仁的“草木瓦石也有人的良知”的命题，就是对湛然“无情有性”学说的直接继承，他走的是神秘主义、主观唯心主义的道路。

① 马克思、恩格斯：《神圣家族》，《马克思恩格斯全集》第二卷，第165页。

法相宗哲学思想略论*

法相宗在中国的创始人是唐代著名翻译家玄奘[①]和他的弟子窥基[②]。如果追溯这一宗派的印度远祖，一般都认为应从无著[③]和世亲[④]开始，中间经过护法和他的弟子戒贤[⑤]而传到中国的。

佛教一开始就从分析物质和精神现象入手，建立它的宗教体系。分析到最后，认为一切象（“相”）都是虚妄的，都不是实有的。只是小乘（早期佛教）分析得不彻底，大乘（后期佛教）在小乘佛教的理论基础上做了更彻底、更琐碎的分析，构成了一套完整的唯心主义体系。由于它集中地分析了世界各种（“心”的和“物”的）现象，所以叫作法相学派；分析到最后，认为一切现象不过识所变现出来的。就它前一特点（分析现象的特点）说，叫作法相学；就后一特点说，把世界的存在、变化归结为识的作用，叫

---

* 原载于《哲学研究》1962年第2期。曾收入《汉唐佛教思想论集》。

① 玄奘：602—664年，见《唐高僧传》卷四及《大唐大慈恩寺三藏法师传》。

② 窥基：632—682年，见《宋高僧传》卷四。

③ 无著：Asaṅga，约410—500年。

④ 世亲：Vasubandhu，约420—500年。

⑤ 参看《大唐大慈恩寺三藏法师传》卷三。

作唯识学。前人有人把这一派分别开来，称无著一派为法相学，世亲一派为唯识学。我们从它的体系上看，所谓法相学是唯识学的开始，但没有完成；所谓唯识学是法相学的继续，完成的只是法相学的体系，所以称为法相学或法相唯识学。把这一套学说完整地从印度搬到中国，并建立宗派，加以传播，是唐代玄奘开始的，窥基继续的。法相和唯识截然划分，至少玄奘等人没有这种看法，也没有这样做。我们也不必强加区分。正如我国宋代的程朱学派，如分别研究，固然有所不同，但从体系上看，程朱还是一个体系，不必再把他们不重要的小差别看作根本差别。无著和世亲之间的学术渊源和体系比起程颐和朱熹之间的相同之处就更多，关系更密，完全没有必要分为两派。

玄奘一生的主要宗教活动在于全力从事佛教经典的翻译工作，他的弟子窥基推广了他的学说。说玄奘是法相宗的实际创始人，是由于他把法相宗的主要经典都翻译成汉语并做了初步的宣传；说窥基是法相宗的创始人，是因为窥基在玄奘所奠定的基础上扩大了这一宗派的理论影响。窥基著作很多，后世有“百疏论主”[①]的称号。

玄奘从印度回国后，在他的主持下，领导一个译经的集体，曾译出从印度带回的经、论共七十四部，合计一千三百三十五卷。法

① 窥基著作近五十种，今存的（包括残存的）也有些是别人的著作，被误认为窥基的著作的。

相宗的主要依据有六部经[①]和十一部论[②]。在六部经中，有的早有了译本，如《华严经》《解深密经》及《楞伽经》等，玄奘译了《解深密经》（第四次重译）和《菩萨藏经》。在十一部论中，法相宗有“一本十支”的说法，他们认为《瑜伽师地论》是“一本”，其余十种是“十支”。在十一部中，多数是玄奘译的。玄奘的弟子窥基的著作，现存的有二十七部（有的不完全），也有一些是别人伪托的。研究法相宗的主要依据的材料还是依靠《解深密经》和《瑜伽师地论》《成唯识论》等主要著作。

玄奘以艰苦卓绝的精神，克服种种困难，完成了赴印度取经的任务，回国后，出色地进行了翻译工作。他在印度求学时期也曾虚心学习当时各种有关佛教经典知识和工具知识（如因明学等），在中印文化交流的历史上写下了光辉的一页。他对增进中印人民之间的友谊也做出了卓越的贡献。这一方面，中外学者从不同的角度和不同的方面论述得不少，这里不打算多说，本文这里要谈到的是以玄奘为代表的法相宗这一派宗教哲学的思想体系，并对这一思想体系进行初步的估价和评论。

佛教在印度的早期和后期是不同的。早期佛教对当时流行的旧宗教只注重祭祀的形式以及大量搜括信奉者的财物有所抨击。释迦牟尼以宗教革新者的姿态建立了他的新宗教。在印度奴隶制初期，

---

① 法相宗“六经”是《大方广佛华严经》《解深密经》《如来出现功德庄严经》《阿毗达磨经》《楞伽经》《厚严经》。

② 十一部论据《成唯识论述记》卷一是《瑜伽师地论》《金刚般若论》《大乘庄严论》《集量论》《摄大乘论》《十地经论》《分别瑜伽论》《辨中边论》《二十唯识论》《观所缘缘论》《阿毗达磨杂集论》。

佛教不像旧的宗教那样腐败。

玄奘到印度时，当时占优势的早已不是小乘佛教了。约在佛逝世一千年后，无著、世亲建立了大乘佛教的法相之学。传到了护法，已是佛死后的一千一百年左右。这时印度已进入封建社会，佛教已不再有当年释迦牟尼的革新姿态，而主要表现了封建时期经院哲学琐碎形式主义，成了为当权王室贵族直接服务的工具。佛教徒形成了特权阶级，已不再乞食于村邑、晏息于林泉，而是过着大官僚、大地主一样的豪华奢侈的生活了。以玄奘在印度留学期间居留最久的那烂陀寺为例：

> 至那烂陀寺，……更安置上房，……加诸供给：日得瞻步罗果一百二十枚、槟榔子二十颗、豆蔻二十颗、龙脑香一两、供大人米一升。其米大于乌豆，作饭香鲜，余米不及。唯摩揭陀国有此粳米，余处更无。独供国王及多闻大德，故号为“供大人米”。月给油三斗，酥乳等随日取足。净人一人，婆罗门一人，免诸僧事。行乘象舆。那烂陀寺主客万僧，预此供给，添法师合有十人。[①]

这里描述了玄奘在印度那烂陀寺受到的重视，但也透露出当时的僧众的上层人物过的是王公大人一样的生活。还有，记载这里寺院建筑的华丽壮观，也极尽豪侈靡丽之能事：

> 庭序别开，中分八院，宝台星列，琼楼岳峙。……诸院僧室皆有四重重阁，虬栋虹梁，绿栌朱柱，雕楹镂槛，玉础文，

① 《大唐大慈恩寺三藏法师传》卷三。

甍接瑶晖，榱连绳彩。

这一寺里连常住的僧人（约四千人）、临时的僧人以及其他来学者共有万人。这些僧人之中，据记载，通晓经论的学者不少：

凡解经论二十部者一千余人，三十部者五百余人，五十部者并法师（按：即玄奘）十人。

这一大寺主要经济来源是靠租税剥削的：

建立已来，七百余载，……国王钦重，舍百余邑，充其供养。邑二百户，日进粳米、酥乳数百石。①

有一百多个乡镇，每一乡镇二百户的农民，要负担数百担的粳米、酥乳的供应，在当时的印度不能不算极重的剥削。正是靠了这种剥削，才使得这上万的僧众：

端拱无求，而四事自足。艺业成就，斯其力焉。②

这时寺院已采取封建地主阶级的剥削方式，供养了一大批寄生的僧众。这些人是否真正那么精通经论，学有根底呢？当然，也有像戒贤那样个别的有学问僧人，而更多的是不学无术，只吃饭，不研究学问的人。玄奘在那烂陀寺留学期间曾遇到两件事。有一次，一个“顺世外道”（不信佛教的一个唯物主义学派的学者）来到那烂陀寺，向这一群和尚挑起理论的争辩：

书四十条义，悬于寺曰：“若有难破一条者，我则斩首相

① 以上引文均见《大唐大慈恩寺三藏法师传》卷三。

② 《大唐大慈恩寺三藏法师传》卷四。

谢。”经数日无人出应。[①]

后来，玄奘为了维护佛教唯心主义，出来应战，才驳倒了这个挑战的人。从这件事可见玄奘对唯物主义是坚决敌视的，但也说明了这许多吃“供大人米”的高僧，并没有什么本领，别人骂到大门口来了，他们居然躲起来，“数日无人出应”，多亏了玄奘这个外国留学生，才给这一万多人解了围。

还有一次，也是玄奘留学那烂陀寺期间，有一个叫般若毱多的老婆罗门，用正量部[②]的哲学观点向大乘佛教的学说挑战，并把挑战的论文送到一向支持那烂陀寺的戒日王那里。戒日王命令那烂陀寺派出四名代表，向小乘佛教进行辩论。戒贤从中挑选了四名学问最好的[③]“应王之命”。但是“海慧等咸忧”，不敢去参加论战。玄奘给他们打气，说：

> 小乘诸部三藏，玄奘在本国及入迦湿弥罗已来遍学皆讫，具悉其宗。……奘虽学浅智微，当之必了，愿诸德不烦忧也。若其有负，自是支那国僧，无关此（按：“此”即指那烂陀）事。诸人咸喜。[④]

这是说，辩论胜了，是全寺的光荣；败了，由玄奘一个人负责。这也看出他们尽管号称通二十部、三十部、五十部经论，其实只是死

---

① 《大唐大慈恩寺三藏法师传》卷四。

② 正量部是佛教小乘一切有部分化出来的一个学派。他们的学说中有些唯物主义因素。大乘佛教认为他们的唯心主义不够彻底。

③ 四名中，三名印度和尚是海慧、智光、师子光，一名是玄奘。

④ 《大唐大慈恩寺三藏法师传》卷四。

记了一些经论的条文，也许有些僧人连条文也未必能记得。这并不是说那烂陀寺不是当时的佛教中心，也不是说当时那烂陀寺的僧人全是不学无术，而是说从以上的这些事实，可以看出当时印度佛教的经院哲学已走向严重的形式主义，外强中干，同时又有思想包袱，放不下架子，不论向佛教以外的唯物主义斗争还是和佛教内部的不同学派的斗争，都没有胆量，显得暮气沉沉。

玄奘怀着宗教徒的虔诚，在印度十几年求师访友，学了不少书本上知识，看到了佛国的一些遗迹，是有收获的。玄奘在出国前也曾遍谒名师。玄奘在国内已偏重大乘有宗一派，对大乘空宗不大感兴趣。他问学受业的十三位最有名的大师[①]，其中学《摄论》的有六人，当时虽有般若学的专家，如明旷法师[②]，玄奘就没有向他问学。玄奘自己屡次提到他西行求法的动机是为了解决佛性的问题，也就是成佛是在累世修行之后，还是在当世死后就能成佛的问题。玄奘在那烂陀寺学习的重点是法相无著、世亲派的学说。这恰恰是他在国内长期不能解决的问题。因为宗教总是追求另外幻想的“天国”，也就是佛教的成佛；在佛教看来成佛对每一个人是否可能，需要时期的久暂，是头等重要的问题。

玄奘最后怀着满意的心情回国了。他认为多年的疑问，在印度所取来的，以及听来的佛教教义中得到了解决。他在回国途中，在于阗上唐太宗表中说：

---

① 参看《唐高僧传》卷四、《大唐大慈恩寺三藏法师传》卷一。

② 《唐高僧传》卷十五。

见不见迹，闻未闻经。穷宇宙之灵奇，尽阴阳之化育。[①]

玄奘自以为他的疑难问题，到了印度后，最后得到了解决。他的理论根据就是法相宗所宣扬的那一套完整的、忠实于印度后期佛教大乘有宗、无著、世亲的哲学体系。

二

佛教不论大乘或小乘，有一共同的信念，就是不承认物质世界的真实性。他们在这一共同出发点指导下，分别建立起自己的宗教世界观和神学唯心主义体系。

世界本来是物质的，它客观地存在着。要否认它的存在，本来是办不到的事。而佛教，为了宣传他们的出世主义，为了引导人们到另外的世界去寻找现实世界里找不到的安慰，他们必须否认现实世界是真正存在的，并进一步证明现实世界不值得留恋。这样就在理论上打开通向“天国”（不论那些不同的宗教把他们幻想的“天国”叫作什么，实质上都是超现实的“天国”）的大门。这样就可以更有效地使人们屈服于地上王国的奴役，而不会起来造反。正如马克思所指出的：

基督教的社会原则曾为古代奴隶制进行过辩护，也曾把中世纪的农奴制吹得天花乱坠。必要的时候，虽然装出几分怜悯的表情，也还可以为无产阶级遭受压迫进行辩解。

① 《大唐大慈恩寺三藏法师传》卷五。

> 基督教的社会原则宣扬阶级（统治阶级和被压迫阶级）存在的必要性，它们对被压迫阶级只有一个虔诚的愿望，希望他们能得到统治阶级的恩典。
>
> 基督教的社会原则把国教顾问答应对一切已使人受害的弊端的补偿搬到天上，从而为这些弊端的继续在地上存在进行辩护。[①]

马克思讲的是基督教在欧洲历代的反动的社会作用，但是其他宗教的反动的社会本质也在这些尖锐、深刻的批判中揭露出来了。唐代中国的佛教何尝不是这样？只是他们用的是另外的一套手法和词句，活动的地区主要在古代东方的亚洲罢了。

佛教对于现实物质世界否定和对神学世界的建立，本来是一件事情的两个方面。现实世界不是闭上眼睛装作看不见就能否认得掉的，神学世界（“天堂”）也不是一下子就能把本来不存在的东西从理论上说得完整无缺，这也是一件事情的两个方面。我们从大乘佛教法相宗的宗教理论中很可以看出他们是如何把宗教唯心主义更彻底化，他们如何掏空客观物质世界的物质性。他们用过的这些手法和论证，有些到今天还被有些唯心主义哲学流派反复地重复着。

早期佛教（小乘佛教）叫人们脱离现实生活的世界，寻求解脱的世界，把世界说成苦难的海洋，只有信奉佛教的道理，才可免于苦海的沉沦。但是在理论上，他们还没有把物质世界的客观存在性完全否定掉。他们有些人相信世界是由许多“极微”（原子性质的）构成的。关于“极微”，本来是一种直观的揣测的唯物主义学说，不能用科学实践来证明给人看，不能从理论上驳倒唯心主义者

① 《“莱茵观察家”的共产主义》，《马克思恩格斯全集》第四卷，第218页。

的进攻。关于“极微”的问题，佛教中有不少记载的材料，大乘佛教反对这种学说。他们认为这种学说有唯物主义的嫌疑，至少有承认“心”之外还有一个物的世界存在着[①]。

法相宗还用类似西方哲学史唯心主义经验论的方法，论证对现实世界的一切事物不过是众多感觉经验的复合体，它（客观世界的事物）本身是不存在的，眼感觉它有颜色，耳听到它有声音，触觉得到它的质碍性，冷、热等等。而这些，都是感觉通过人们不同的主观感觉器官得到的表象，可知外物并不真实。他们这种分析，在小乘佛教的后期，已渐趋于精密，到了大乘法相宗才比较彻底。法相宗提出了“唯识”的基本原理。玄奘的大弟子窥基说：

> 唯谓简别，遮无外境；识谓能了，诠有内心。识体即唯，持业释也。识性识相，皆不离心。心所心王，以识为主。归心泯相，总言唯识。唯遮境有，执有者丧其真；识简心空，滞空者乖其实。所以晦斯空有，长溺二边；悟彼有空，高履中道。[②]

这里，法相宗的根本观点在于论证世界只是“识”的作用，而没有什么离开“识”的客观物质世界存在。法相宗比佛教其他学说不同的地方，在于它更彻底地全盘否定了有所谓物质世界存在，它把一切现象都归结为“识”的作用，“识”决定现实世界的一切；只有进入“真如”世界后，“识”才失去它的作用。他们这种说法不过是骗人的。进入“真如”世界，只能说它是用更高级的精神境界代替了低级的“识”的活动，而不能说精神活动不起作用。相反，倒

① 法相宗的反对物质客观存在的某些观点，可参看《唯识二十论》。

② 《成唯识论述记》卷一。

是把精神活动抬到超越一切、至高无上的地位。

小乘佛教的主要错误，法相宗看来，在于承认有认识者和被认识者两个方面，至少从被认识的这一方面来说，容易引起承认外界的可能。其中也确有一些带有唯物主义倾向的学派。大乘空宗的般若学派为了防止这种“不良倾向”，他们就把“空”的观念进一步强调，即所谓“我法二空”：一方面把主观方面认识者（人）做了种种分析，最后把它说成是“空”的；同时又把客观世界及其规律也说成是“空”的。这种“我法二空”比小乘佛教还有些承认现实世界的习惯看法，承认有所谓主观与客观的对立存在，在唯心主义的道路上前进了一步。在佛教唯心主义看来，是更“正确”了。像空宗的根本性的经典《大般若经》中说“七空”[①]或“二十空”[②]。他们不但“空”外境，而且认为连最高原理也不宜执为“实有”，如果看得过死，将会导致人们对现实世界产生客观实体的感觉。

> 时诸天子问善现言：“岂可涅槃，亦复如幻？”善现答言：“设更有法胜涅槃者，亦复如幻，何况涅槃？”[③]

“涅槃”即佛教认为修行所祈求达到的最善、最完美、最幸福、最高的精神境界，而大乘空宗却教人们认为它是幻的，甚至说如果有比涅槃境界更高的，也是幻的。空宗把话说绝了，他们企图彻底堵死通向承认客观实体的一切道路。不难看出，佛教越是到了后期，越是粗暴地对待物质世界的客观存在。他们全力防止唯物主义倾向

---

① 详《大般若经》第二分。

② 详《大般若经》初分第一会。

③ 《大般若经》卷五百五十六。

的滋长，不惜用尽一切手法。但是这种防止的办法，从更全面的佛教立场来看，也有不利于佛教的地方。法相宗继大乘空宗之后，提出了新的补充，目的在于防止大乘空宗所造成可能发生的新偏差。

余修多罗①中，皆说一切空，此中②何故说，有真如佛性？

又问：

处处经中说，内外一切空。有为法③如云，及如梦幻等。此中④何故说，一切诸众生，皆有真如性，而不说空寂？

法相宗回答说：

以有怯弱心，轻慢诸众生，执着虚妄法，谤真如佛性，计身有神我。为令如是等，远离五种过。⑤

法相宗为佛教长远利益着想，他们认为“空”得太过分，把“真如”、佛性也给掏空了，显然对佛教有害。所以在与唯物主义观点为敌，不承认有客观世界的存在这一根本立场上，法相宗与大乘空宗没有两样。但是法相宗不满意的是大乘空宗把“空”的原则说过了头，对佛教信仰带来不利的后果，所以说它有“五种过”。第一种过，动摇信徒们成佛的信心，使他产生畏难思想（“以有怯弱心”）；第二种过，对众生（一切动物）的成佛决心估计不足

① 修多罗：Sūtra，即“经”。“修多罗”是梵文“经”的音译。

② “此中”的“此”即法相宗的经典。

③ 有为法：指一切现实世界的东西。佛教认为现实世界的东西，有成就有坏，最后归于空幻。

④ “此中”的“此”即法相宗的经典。

⑤ 《宝性论·为何义说品》第七。

（“轻慢诸众生”）；第三种过，夸大了一切皆虚妄的原理（“执着虚妄法”）；第四种过，也是在佛教立场看来最严重的错误，一切皆“空”，连“真如”佛性也给掏空了，简直是对“真如佛性”的诽谤（“谤真如佛性”）；第五种过，是由第四种过引起的后果，意思是说，不承认“真如”佛性为“实有”，势必导致脱离佛教的根本立场，放弃了“真如”佛性，而走向相信有一个不生不灭、永恒存在的“神我”的邪门歪道的宗教中去。

法相宗是在大乘空宗用全力破除现实世界非真正存在这一基础上建立起的佛教哲学体系。所以法相宗的大师玄奘用了毕生最后的精力，译成了六百卷的《大般若经》。他并不是真正相信大乘般若空宗是最高的真理，而是认为，只有在般若空宗的理论基础上建立唯心主义体系才是有利于佛教的、彻底的唯心主义。法相宗认为大乘空宗尽管有它的缺点，但比小乘佛教承认世界有主客观对立的说法要好一些。认为法相宗不反对大乘般若空宗的说法，在这一意义上说是正确的；但是如果认为法相宗相信般若空宗和相信法相宗自己的宗派那样真诚，说玄奘不专守一家，他对各家各派都相信，这是错的。法相宗的根本经典之一，如《解深密经》以“三时”判别佛教各宗高下深浅：初时，为小乘说有教，“明人空”“五蕴空”，未显“法空”，很不彻底；第二时，大乘空宗所依之《般若经》，然是“有上[①]、有容”[②]，未为“了义”；第三时，有宗，说“非有非空”，

① 有上：上面还有更高的，意思是说《般若经》的道理不是最高的，还有待进一步提高它。

② 有容：里面还有待补充的，意思是说《般若经》的道理还不全面，还有补充的余地。

“中道教”。[①]这就是说，般若空宗的学说是法相宗的学说的低级阶段，最高的真理还是大乘有宗的理论。玄奘在印度曾作过《会宗论》[②]，今已不存，据《解深密经》判教原则推知他必以法相宗作为最高原则，般若学说是法相学说的低级阶段，调和大乘空宗和有宗的对立。

> 法师又以《中〔论〕》《百〔论〕》论旨唯破遍计所执[③]，不言依他起性及圆成实性。师子光不能善悟，见论[④]称一切无所得，谓《瑜伽》[⑤]所立圆成实[⑥]等亦皆须遣，所以每形于言。法师为和会二宗言不相违背，遂著《会宗论》三千颂。

法相宗并不是不讲“空”（现实世界是虚幻不实的），因为不讲“空”即不能否认客观物质世界的实在性，就不能建立他的虚构的“真如”、佛性的体系。如《解深密经》《瑜伽师地论》[⑦]都说有“十七空”，《显扬圣教论》[⑧]说“十六空”，《辨中边论》也有相类似的说法。在玄奘以前的真谛译有《十八空论》，也是从法相唯识的立场宣扬“空”现实世界的物质性的宗教学说的。他们不同于大乘空宗的是他们否认物质世界的同时，小心地保护着“真如”、

---

① 《解深密经·无自性相品》大意。

② 见《大唐大慈恩寺三藏法师传》卷四。

③ 遍计所执性是大乘法相宗“三性”学说中的一性，后面要讲到。

④ 这里的“论”，是指《中论》《百论》等。

⑤ 《瑜伽》：《瑜伽师地论》，法相宗的根本典籍之一。

⑥ 圆成实：即真如佛性，“三性”学说中的一性，后面要讲到。

⑦ 参看《瑜伽师地论》卷七十七。

⑧ 参看《显扬圣教论》卷十五。

佛性的“有”，更加明确地肯定了“真如”、佛性的实在而不是“空”的。

现在且看法相宗是如何对待物质世界的存在并如何歪曲它，把它说成精神存在的。

三

法相宗继承小乘的传统，把一切现象（“法”）分为两大类，一方面是精神方面的，叫作“心法”；一方面是自然现象方面的，叫作“色法”。不论是属于精神方面或自然现象方面，都不承认有客观实在的物质作为基础，都是“识”所变现出来的。这种现象，他们在印度小乘《俱舍论》七十五法的基础上分为一百法（如再细分还可更多），其中又分为五大类。

第一，八识：眼识、耳识、鼻识、舌识、身识、意识、末那识、阿赖耶识。这八识中，前面五种是属感觉方面的；第六意识管思维，也管感觉；第八识是总管一切；第七识联系第八识与前六识。这八种法，他们叫作心法。

第二，从心法（八识）派生的有许多心理活动，包括感情、意志、思想倾向（显著的和不显著的）等等，法相宗分为六组。

第一组，有触（感触）、作意（具有取境的倾向的意愿）、受（感觉）、思（思想）、想（观念）。这些，他们叫作“遍行”，带有普遍性，人人都有。

第二组，有欲（欲望）、胜解（认为）、念（记忆）、定（一心专注）、慧（佛教带有神秘直观意义的智慧）。这些，他们叫作“别境”，因为这些心理活动，是对各个人的特殊的“境”而起的，不是普遍随时都起的。

第三组，有信（信念）、惭（对自己的惭愧）、愧（对于别人的惭愧）、无贪（不贪求）、无瞋（不仇恨）、无痴（不愚昧）、精进（努力）、轻安（心情舒适）、不放逸（不断努力）、舍（心情放松，但不忘记）、不害（不伤害别人）。这些，都是属于“善”的心理活动，叫作“善”。

第四组，有贪（贪求）、瞋（仇恨）、痴（愚昧）、慢（自高自大）、疑（犹豫不决）、恶见（错误见解）。这些，特别是前三种佛教叫作“三毒”，是众恶之首，都叫作“烦恼”，也叫作“本惑”，因为他们认为这些都是人类所具有的根本性的迷惑。

第五组，有忿（怒）、恨（仇恨）、复（掩饰错误）、恼（狠戾）、嫉（忌妒）、悭、诳、谄、害（伤害）、侨（骄傲）、无惭（对自己的不知惭愧）、无愧（对别人的不知惭愧）、掉举（心不平静）、惛沈（懵懂）、不信（不相信）、懈怠、放逸、失念（不记忆）、散乱（放逸的加重）、不正知（荒谬知解）。这些，叫作“随烦恼”，是从根本烦恼（“本惑”）派生的。

第六组，有悔（懊悔）、随眠（追逐外界的一种不由自主的精神状态）、寻（寻求）、伺（深度的寻求）。这些，叫作“不定”。

以上六组都是心的作用，统称为“心所有法”，简称为“心所”，就是心所具有的东西（“法”）。

第三，色法，是属于自然现象方面的，有眼、耳、鼻、舌、身、色、声、香、味、触等。

第四，不相应行法，“不相应”即“不相似”，不同于前面所说的“心法”“心所有法”“色法”等，又不同于后面的“无为法”，这一类的“法”，不相似于其他四类的“法”。它们是得（获得或成就）、无想定（坚持不去思想外界，使心不动，这是佛教以外的一种宗教的修养方法，佛教借用来说明人类有这种心理活动）、灭尽定（用力克制使思想不活动的一种心理状态）、无想天（无想定所追求的精神境界）、命根（即众生在一生全部活动过程）、众同分（众生各各自类相似的一些活动）、生（出生）、老（年龄衰老）、住（暂时停止，假说为住）、无常（现象的刹那生灭）、名身（两个以上的音节合集而形成的概念）、句身（两个以上的句子的合集）、文身（两个以上的字母合集）、异生法（或“异生性”，形成众生不同种类本性）、流转（变化）、定异（区别）、相应（因果现象的联系）、势速（速度）、次第（继续）、时（时间）、方（空间）、数（数目）、和合（全部、总体）、不和合（分解）等。不相应行，也称为“心不相应行”，意思是说，这一类的“法”，特别和“心”的活动现象有区别（不相应）。其实，它和“色法”也有区别（不相应）。

第五，无为法，是属于不产生也不消灭的法。有虚空无为（认识真理犹如虚空的精神境界）、择灭无为（得到至善的智慧的精神境界）、非择灭无为（通过神秘的直观而得到的精神境界）、不动灭无为（深思静虑，不为苦乐所动的精神境界）、想受灭无为（断灭一切观念、感觉，以直观显现真理的精神境界）、真如无为（得到真理的精神境界）。

法相宗这些法共一百个[①]，绝大部分有生灭，只有第五类“无为法”才是无生灭的实体。他们认为世界一切现象都是假相，是第八识的产物。分析诸法的目的，是为了证明给人们看：世界上现象虽然复杂，千差万别，但它们只不过是由识所变现出来的假象。只有破除了这些假象的物质基础，才会给“真如”（他们所谓本体）留出地盘。许多研究法相宗的人，被他们那些繁复的名词、琐碎的论证唬住了，只看到他们千门万户，搞得眼花缭乱，反而忘了他们分析这些法是为了什么。这就容易在敌人的烟幕下，放走了敌人。

哲学上的根本问题，就是思维和存在哪是第一性的问题和两者的关系的问题。经典作家的指示是颠扑不破的真理。从法相宗的哲学思想体系，也充分证明这派学说是怎样向唯物主义进攻，并如何抹杀客观物质世界的存在的。

法相宗在佛逝世后约一千一百年才最后完成了它的体系，因此，它有更多的机会吸取佛教前辈唯心主义的成果，加以发挥。为了更彻底地反对唯物主义，法相宗从哲学的根本问题入手，构造它的唯心主义哲学体系。法相宗的基本办法是企图取消主观和客观对立的关系，他们把客观世界完全说成主观世界的作用。他们还主张，就是主观方面，能起认识、了别作用的，也不是由于人的身体的物质结构（如眼、耳、心等等），而是纯精神。也就是说，他们把哲学的根本问题，说成不是主观对客观的关系的问题，而说成纯主观的作用；在主观方面，起作用的也不是由于生理、心理的条

① 参看《百法明门论》《五蕴论》和《广五蕴论》等。计“心法”八，“心所有法”五十一，“色法”十一，“不相应行法”二十四，“无为法”六，合计为一百个法。

件，而是纯精神的作用。

法相宗为了扩大主观世界无限辖区，他们开始不满足于以前的佛教哲学把人的主观认识能力、作用只限于六种识：眼、耳、鼻、舌、身、意，他们开始建立八种识。除了前面所讲的六种识，他们还说有第七识叫作“末那”（Manas），第八识叫作“阿赖耶”（Alaya）。法相宗认为六个识，还是不能解决彻底否定外界存在的困难。因为，“识”总是具有了解、认识的作用的，人们的传统的理解，总是认为“识”是属于主观方面的。大乘空宗在打破外界的物质实体这一方面做了不少努力，单纯打破（佛教所谓“遮诠”）的方法，就是用消极的、取消、否定的方法，还不能使人们建立起对“真如”佛性永恒存在的宗教信仰。法相宗创造“八识”的学说，就是为了满足这种宗教要求。

> 准诸识皆名心意识，随义胜说，第八名心，第七名意，余识名识。[①]

窥基又对第八识做了补充解释：

> 第八以集起义胜，故独名为心。[②]

在《入楞伽经》中也说：

> 藏识[③]说名心，思量性名意，能了诸境相，是说名为识。[④]

---

① 《成唯识论》卷五之三。

② 《成唯识论述记》卷三。

③ 藏识：第八识的另一个名称。因为它是构成世界的基本精神单子（“种子”）含藏的地方，所以又称为“藏识”。

④ 参看《成唯识论》卷五。

法相宗的意思是说，八个识根据它们的主要特点分为三类。前六识（眼识、耳识、鼻识、舌识、身识、意识）是一类，其主要特点是起了别、认识的作用，通过它可以区别色、声、香（气味）、味（味觉）、触和思想想到的一切东西，包括有形的事物和无形的法则等。前六识的活动比较具体，也比较强烈，主要任务是向它所要认识的对象起追求作用。前六识（眼、耳、鼻、舌、身、意）中，前五识（意识除外）“唯外门转”，只向外追求它所要认识的东西。第六意识能“内外门转”，能向外追求，认识外境，也能向内思考，自己进行思维活动。前五识，向外追求，不会无因而起，总要有所依据，它们依据的是色、声、香等境界。第六识也不能无因而起，它所依据，据法相宗的说法，是以“染污末那为依止等”[①]。

重要的是第八识，阿赖耶识。第八识是前七识的最根本的共同的依据，所以又叫作“根本依”。有了第八识，其他七个识才能分别起它们应起的作用。第八识有发号施令、主持一切的作用，所以称它为“心”，它的特点是“动而无为”。

第七识是联系前六识和第八识的桥梁，它“执有相故，是先我执所生引故，令六识相缚不脱”[②]。第七识虽然是桥梁，它也要依靠第八识才能起作用，“由有本识[③]，故有末那”。第七识的主要任务是永远、经常地维持前六识与第八识的联系。它是为第八识服务的，所以说“由有本识，故有末那”。它坚持第八识是它的依

① 《显扬圣教论》卷十七。

② 《成唯识论述记》卷二十三。

③ 本识：第八识是前七识的“根本依”，所以也称为“本识”。

据，它的存在以第八识的存在为前提。

法相宗虚构的“八识”学说是一系列的主观作用的描画，在这些主观作用的八个识中，他们把感觉经验方面五个识放在极不重要的地位，把“动而无为”，不与外界直接关系的第八识放在发号施令的地位。前五识起作用时，要受第六识意识的管束。意识可以单独活动，也可以与前五识一起活动，这种情况叫作“五俱意识”。前五活动时，意识一定和它们一起，起指导和辅助前五识的作用。这里，法相宗也接触到感性与思维的关系的问题，但是实际上是贬抑感性的作用。而且他们连“感觉经验”也给改造成脱离客观对象的“感觉经验”。[①]

法相宗还在佛教唯心主义世界观的基础上，进一步加工，不允许有离开“识”有实在的“境”（对象）。法相宗认为八个识都是先分别由它们自己变现出它们所认识的对象（“境”），然后才起认识的作用。认识不是主观与客观在发生关系，只是各个识的自己认识自己的过程。[②]这种彻底唯心主义的观点是从陈那[③]开始的。陈那在认识论问题上创立了“三分”的学说，他的目的在于反对唯物主义认识论（和有唯物主义倾向的）认为“心”外有客观对象的观点。法相宗认为一般人所谓“境”（外界、对象），不是主观（“识”）去认识外界（“境”），其实是自己的识所变现的“相分”；就是说，人们之所以能有外境的感觉，不是由于真正有离开

① 这些观点，参看《成唯识论述记》卷一。

② 这些观点，参看《唯识三十颂》。

③ 陈那：Dignāga，5—6世纪印度法相学说的创始人之一，也是著名的因明学家，对因明的改造有贡献。他的著作《观所缘缘论》有玄奘译本。

主观独立存在的外境，而是由于人们自己的思想中现出来的外境的形相。

“相分”就是心的属于被认识的形相的部分；与“相分”相对待的心的能够认识的部分，叫作“见分”，它是认识者的心中属于具有认识能力的部分。心的具有能认识的作用的部分（“见分”）和心中属于被认识的形相的部分（“相分”）都要依据心自己的“自证分”（也就是心的具有认识作用的第三部分）。这一部分（“自证分”）是“相分”和“见分”共同所依的。[①]他们不允许有离开心独立存在的“物”，“物”在法相宗的体系中不过是“心”的“相分”。

以玄奘为代表的法相宗与旧的以真谛为代表的一派，对于“识”的能变作用有不同的解释。真谛等也认为认识中的影相是“识”所变的，而不是外界事物自己所固有的，但真谛的说法，只承认第八识具有能变的作用，其余前七识只起能认识的作用，不能变现出它们（前七识）所认识的形相。他们说：

> 三界但唯有识，何者是耶？三界有二种识：一者显识[②]，二者分别识[③]。

三界唯识已经是唯心主义的观点，但玄奘、窥基等人对于真谛等人的旧说法还不满足。他们不满足于真谛所主张的只有第八识具有能变的作用。窥基曾说：“真谛法师似朋一意识师意。”[④]这是说，

① 大意参看《成唯识论》卷二之六、《成唯识论述记》卷十五。

② 显识：即第八阿赖耶识。

③ 分别识：即前七识。见真谛译《显识论》。

④ 《辨中边论述记》。

真谛倾向于同情“一意识”学派的意见，窥基认为他们的看法是错的。玄奘、窥基要求更彻底地取消认识论中主客观的分别。因为前七识如果只起能认识的作用而不能变现它们所认识的对象的形相，那还是有认识论的主观与客观对立的嫌疑。有主有客，在法相宗的立场看来，总不如只有主观而无客观更能保证唯心主义的彻底性。因此，他们就把八个识的认识对象，都分别地归为它们自己“见分”所认识它们自己变现出来的“相分”。他们认为，只有这样，才能把物质世界的客观存在消灭干净。

只消灭了客观对象还不算。法相宗更进一步对于主观认识方面的能力的物质基础也一概否定。佛教小乘认为认识要通过一定的身体部分的机构，他们叫作“根”。如通过眼的感觉器官（“眼根”）可以认识色，通过耳的感觉器官（“耳根”）可以认识声音，等等。法相宗认为这种说法还不免有精神作用依赖物质结构的嫌疑，岂不是会引申出没有物质结构的“眼根”，就没有精神作用的眼识？佛教小乘所讲的“净色根”，有些像今天所谓神经系，是细致的物质性的结构。意识（第六识）的“根”是“胸中色物”，意思是指的心脏。世亲早期著作，曾指出各个“根”的部位和形状，显然是物质性的。比如他说：

> 眼根极微，在眼星上，傍布而住，如香菱花；……耳根极微，居耳穴内，旋环而住，如卷桦皮；鼻根极微，居鼻额内，背上面下，如双爪甲；舌根极微，布在舌上，形如半月；身根极微，遍住身分，如身形量。[1]

---

① 《俱舍论》卷二。

从无著开始，对“根”的解释有所改变。他们认为只靠“根”，如前五识的“根”，不能起作用，必须通过意识（第六识）与前五识俱，同时在起作用（“俱起”）。这里，他们剥夺了通过物质性的“根”可以起认识作用的能力。法相唯识一派十师之一的难陀（即“欢喜”的音译）认为五识的功能叫作“根”，不承认还有非物质性的“净色根”，并因此引起十师中另一派安慧的反对[①]。法相宗中，如护法、玄奘等彻底的唯心主义的一派，对小乘佛教的“净色根”加以改造，认为“净色根”：

> 以有发生五识用故，比知有根。由果比因故。[②]

这就是说，能起认识作用的不是由于物质性的生理组织，生理组织他们叫作“扶根尘”，对认识只能起一点扶助作用，而主要的非物质性的“净色根”在起作用。

在法相宗的体系里，从认识论方面讲，他们取消了认识中的主客观对立的关系，把认识的作用仅仅归结为主观精神（“心”）的自我认识。在认识的主观能力方面，又改造了小乘佛教相沿已久的“根”的说法，取消了“根”的物质性，使生理结构在认识过程中只占极不重要的从属地位。总之，法相宗在促进佛教哲学彻底唯心主义化方面，尽了一切力量，可谓无所不用其极了。他们建立了“八识”的学说，以阿赖耶为主宰。别的“识”可以消灭，比如说，人死了，“识”就消灭了，不起作用了，只有第八识是永存的。这就为佛教的因果报应的宗教迷信制造了条件。如果没有一个

---

① 参看《成唯识论》卷四、《成唯识论述记》卷二十六。

② 《成唯识论述记》卷四。

永恒的不消灭的阿赖耶识，“人死如灯灭”，宗教宣传也就失去它诱骗人们进入“佛国”的作用了。

在认识论方面，可以玄奘在印度提出的“真唯识量”作为代表。玄奘在回国前的印度僧俗无遮大会[①]上用生命来维护这一唯心主义观点的一组命题。[②]他的立论是这样的：

> 真故极成色，不离于眼识——宗。
> 自许初三摄，眼所不摄故——因。
> 犹如眼识——喻。[③]

单就三支因明推论的形式和玄奘所使用的概念的明确性来说，这个推论是没有问题的。但是命题的真假和逻辑推理形式的是否正确毕竟不是一回事。因此，只要不承认他的唯心主义的观点，不承认他们的因和喻，自然也就得不出有所谓“定不离眼识”的色，他这个自命为颠扑不破的“真唯识量”不过是概念上的玩弄。这“真唯识量”并不难破。如果承认了他的前提，接受了法相宗一贯坚持的“根”不能有认识作用，只有识才有认识作用，那就等于陷入玄奘给论敌预先设下的圈套，就难以自拔了。实践是认识的出发点，也是检验真理的尺度。法相宗这一套，在实践的考验下，可以完全被粉碎。

经法相宗改造过的“根”的学说，就成了否认“根”的物质性的学说，他们只承认识能认识，而所认识的不过它自己变现出来

---

① 无遮大会：不论什么人都可以参加的大会。

② 玄奘立“真唯识量”，自称：“若其间有一字无理，能难破者，请斩首相谢。”见《大唐大慈恩寺三藏法师传》卷五。

③ 《因明入正理论疏》卷五。

的“相分”。前六识进行活动时，变现出所认识或所思维的“相分”，再用它们的“见分”去认识它的“相分”。世界上当然没有这样的事。第七识的活动，所认识的只是变现出一个似我的“相分”。第八识（阿赖耶识）的“见分”“相分”的关系的解释就更加支离了。法相宗说，第八识的“相分”可分为三部分：一是“种子”，二是“根身”，三是“器界”。“种子”是第八识所藏，不是第八识所变。照他们的逻辑，如果“种子”也说成“八识”所变，它（“八识”）的永恒性就会动摇。所以只能说“八识”是包藏“种子”的地方，第八识也叫作“藏识”。只是由于第八识的“见分”以“种子”为认识的对象，所以“种子”从它在认识中的地位来说，逻辑上只好勉强叫它作“八识”的“相分”。“根身”，法相宗说，它有自己的“种子”，也有的说它是第八识的“见分”所变。它在第八识的性质他们自己也说不清楚。法相宗认为它是更带有神秘性，难以理解的。“器界”，相当于一般人所谓物质界，但也是“八识”所变。第八识“见分”的认识对象（“相分”）是上述的“种子”“根身”“器界”，而“八识”的“见分”据说“极深细，不可知”，只有佛才能认识“八识”的“见分”。

以上可见，法相宗反反复复，用了许多力气，无非论证他们的外在客观世界不存在，一切都是“识”（“心”），没有“物”（“境”）而已。他们所依靠的、起决定作用的第八识，又是这样神秘的、难以理解的，因为它是臆造的，所以它是无法证实的。阿赖耶识这种精神性的实体，他们说是每一动物都有的，并且不随着动物的生命的结束而消灭，它会转移到另一个生物中去。实际上，第八识就是变相的不死的灵魂，不过他们不肯这样承认罢了。单就认识的作用和过程来说，法相宗的认识学说是主观唯心主义的，但是就他们建立的第八识永远存在，不因个人的死亡而消灭，它又是“客观”的、多元的精神性的微粒，又是客观唯心主义的。

四

法相宗在认识论方面，取消“外境”，只留下“心”的活动和功能。在世界的构成、发展的问题上，也同样体现了它的彻底的唯心主义特点。

法相宗建立了精神性的单子——“种子”说，认为“种子”是构成世界的原因。据说“种子”有六种或七种特性。

第一，“种子”是各各独立的、最小单位的实体。

第二，“种子”不是不生不灭，而是刹那生灭，前者随灭，后者随生，即灭即生，不是前者灭了之后后者方生。

第三，“种子”是诸识的对立面，“种子”是能生，诸识（也叫作“现行”）是所生。一能一所，互相依赖。

第四，“种子”生自己同类的“种子”，各不相乱（如眼识的“种子”亲生自己的眼识）。

第五，“种子”分“本有种子”和“始起种子”[①]。

---

① “本有种子”又称“法尔种”，是本来就有的，不是从别的东西引发出来的。“始起种子”又称“新熏种”，是由于后来的外在原因引发出来的，因为它有开始，所以叫作“始起种子”。

第六，“种子”分为“相分”“见分”[①]。

第七，一切“种子”有染、净的分别。他们也叫作“有漏种子”（染污的、恶的）和“无漏种子”（至善的。一般的善仍是“有漏种子”）[②]。

法相宗建立的“种子”观念，可能看到谷种、稻种能产生新的谷和稻，由此主观地推论出世界万物的产生也应当有它的“种子”。又由于他们否认有物质的客观世界，他们认为一切都是人的识产生的，从而认为“种子”离不开人的主观的精神，它不是物质性的，只能是精神性的。他们又认为人的主观精神（“心”）最根本的是第八识，“种子”藏住的地方在第八识的里面。“种子”和第八识是虚构的互相依存的精神实体。

无著认为“种子”是本来就有的，《瑜伽》说“种子”有七义，世亲的《摄大乘论释》中说“种子”有六义[③]。不论“种子”有六义或七义，它的根本意义在于说明“种子”是一切“法”（东西）的根本原因，所以又称为“第一缘起”。无著认为“种子”是本来就存在的。世亲以下，有不同的说法。有一派遵循无著的成说，认为“种子”“本有”；还有一种说法，认为“种子”是由“现行”熏习才有的。“现行”（前七识）在生灭的过程中留有余

① 无著开始建立“种子”说，只是讲八类心和心所有法各各有种。世亲、护法发展了无著的学说，都分为“相分”和“见分”。

② “种子六义”是刹那灭、果俱有、恒随转、性决定、待众缘、引自果。并参看《成唯识论》卷二。

③ “种子”的性质参看《瑜伽师地论》卷五十二，《成唯识论》卷六、卷二，世亲的《摄大乘论释》卷二。

势，这种余势不会立刻消灭，投入第八识中，即形成了“种子”，这一类的“种子”是“新熏种”。“种子”作为因缘（因果关系的因），产生后一刹那（“后一念”）的“种子”。护法、玄奘、窥基等综合了“本有”和“新熏”（即“始有”）两种说法。照法相宗的理论，如果只有“新熏种”，不立“本有种”，开始时即无因而起，理论上有困难；如果只讲“本有”，不讲“新熏”，也不容易说人类的前念对后念、前一事物对后一事物的影响的关系[①]。

法相宗建立了“种子”学说，为了便于他们解释世界上一切心理现象和自然现象的起源、变化的原因。当然，他们的原因，只不过是精神的原因。

法相宗在“种子”学说的基础上创制了他们的“缘生”的理论。“缘生”，本来是小乘佛教中早已有的观点，但在法相宗的体系中，完全改造了小乘的“缘生”说法，从而形成了他们的唯心主义的世界起源的学说体系。他们认为精神现象的产生要具有四种缘；自然现象的产生，要具备四种缘中的两种就行了。“四缘”是：

> 一因缘，二等无间缘，三所缘缘，四增上缘。因缘者，谓种子。等无间缘者，谓若此识无间，诸识决定生，此是彼等无间缘。所缘缘者，谓诸心心所所缘境界。增上缘者，谓除种子，余所依。……由种子故，建立因缘；由自性故，立等无间缘；由所缘境故，立所缘缘；由所依及助伴等故，立增上缘。[②]

---

① 关于“种子”“本有”和“新熏”的问题，参看《成唯识论述记》。

② 《瑜伽师地论》卷三。参看《瑜伽师地论》卷八十五、五十一，《成唯识论》卷七。在这些不同的著作里，对于“四缘”都有大同小异的论述。

法相宗认为自然现象的产生，只要“因缘”和“增上缘”即可。无论精神方面的活动和自然现象，“因缘”是最基本的。“因缘”是有生灭的，它的特点是“亲办自果”，它自己的因产生它自己的果。“种子”引发前七识的活动，而前七识的活动又引发新的“种子”；“种子”又可以引发它自己的“种子”。关于“因缘”的详细的解说见《成唯识论》卷七，《瑜伽师地论》卷五十一、卷八十五，《显扬论》卷六，《成唯识论》卷二，《集论》卷三等著作都有类似的论述。

“因缘”是法相宗的关于万物起源的重要观点。它是“种子”和前七识（“现行”）交互影响的产物。“种子”生“种子”，“种子”生“现行”（前七识），“现行”生“种子”。法相宗的“因缘”说，认为事物的成因不是由于外界物质原因（他们不承认有所谓物质），而是由于精神。物界、心界都是“种子”的产物。

法相宗的“因缘”说已涉及因果关系的问题。法相宗反对无因论，认为一切事物的生灭都受它的因果关系的制约。我们必须指出，他们所讲的“因果”，不是指的现实物质世界的客观规律。他们说：

> 此识（按：即第八识）无始因果，非断常义。谓此性识无始时来，刹那刹那果生因灭。果生故非断，因灭故非常。非断非常，是缘起理。故说此识恒转如流。[①]

从科学的观点来说，因果不是抽象地存在着，而是事物的规律所表现的现象间在一定条件下所具有的本质的、普遍的、必然的联系。这种联系是在一定的条件下、一定的时间里出现的。正因为如此，

① 《成唯识论》卷三。

所以它体现了物质运动的规律性，也就是事物的本质的关系。列宁说，规律就是“本质的关系或本质之间的关系”[①]。因果关系，正是事物间的一种本质联系。唯物主义者的因果观，认为一定是前因后果，体现事物在时间中的发展过程。而一切唯心主义者都在因果关系上进行歪曲。法相宗的因果观，首先指的不是物质性的事物，不是客观的实在，他们只是指的在心中前一观念与后一观念的刹那生灭的因果关系。因果范畴，在他们的哲学体系里被歪曲为识的流转相续，抽掉了物质基础，他就可以大胆地乱说：

> 前因灭位，后果即生。如秤两头，低昂时等。如是因果相续如流，何假去来，方成非断？因现有位，后果未生，因是谁因？果现有时，前因已灭，果是谁果？既无因果，谁离断常？若有因时，已有后果，果既本有，何待前因？因义既无，果义宁有？无因无果，岂离断常？……应信大乘缘起正理，谓此正理深妙离言，因果等言皆假施设。[②]

法相宗在这里极力反对小乘佛教把因果关系说得过死的观点，反对符合常识的因果观，而建立它的超因果的观点，抹杀科学的因果规律。第一，他所谓因果不是指的事物的发展的过程；第二，因果不是在一定的时间里进行的；第三，取消了因果的关系和时间先后的相继续的特点，而把因果说成不在时间里的同时出现的思想活动，如果抽掉了时间的制约，因果就失去它的基本意义，“因”也可以说成“果”，“果”也可以说成“因”，等于否认因果。事实上，

① 《黑格尔〈逻辑学〉一书摘要》，《列宁全集》第五十五卷，第161页。

② 《成唯识论》卷三。

法相宗正是要抹杀现实世界的、科学的因果关系。

在“等无间缘”的问题上，法相宗也把现象界的发生变化的关系先肯定，随后歪曲，终于抹杀。他们说：

> 等无间缘，谓八现识及彼心所前聚于后，自类无间，等而开导，令彼定生。多同类种俱时转故。①

从字面上看是说，“识”从前念或“识”不断地让位给后起的“念”或“识”，永不停止。它是按次序的先后产生的，所以又叫作“次第缘”。但是我们考查一下，法相宗是如何认识时间范畴的，就可看出他们的所谓先后，并不是在时间里真正有先后。他们说：

> 时者，谓于因果相续流转，假立为时。何以故？由有因果相续转故。若此因果已生、已灭，立过去时；此若未生，立未来时；已生、未灭，立现在时。②

又说：

> 依一念生灭，假说过、现、未，而实无有时分可得。③

法相宗所谓“三世”，其实只是一识的变现。既然讲先后“识”的过渡、延续的关系，却又否认时间是客观事物存在的形式，还有什么先后的必然关系可说？

同时，他的对空间的看法也是采取了取消的手法：

> 依何分位建立方？此复几种？答：依所摄受诸色分位建立

① 《成唯识论》卷七。并参看《瑜伽师地论》卷五十二、卷八十五。

② 《杂集论》卷二。

③ 《成唯识论述记》卷八。

方。此复三种，谓上、下、傍。[①]

法相宗虽然讲到所谓空间（“方”），这种方位并不认为是真实的，而是“假立为方”[②]。

列宁指出：

世界上除了运动着的物质，什么也没有，而运动着的物质只有在空间和时间之内才能运动。[③]

列宁又说：

唯物主义既然承认客观实在即运动着的物质不依赖于我们的意识而存在，也就必然要承认时间和空间的客观实在性。[④]

和唯物主义者恰恰相反，法相宗的时间、空间的观念，是为他们的宗教唯心主义服务的。否认外界，取消外界，当然也要否认时、空的客观实在性，只有把它说成“假设”的东西。他们又把这“假立”的时空观念反转来帮助论证现实世界是“识”变化的结果。

所缘缘，谓若有法，是带己相心或相应，所虑所托。此体有二：一亲，二疏。[⑤]

“所缘缘”，以所缘境为依托，这也是法相宗的唯心主义突出的

① 《瑜伽师地论》卷五十六。

② 《杂集论》卷二。

③ 《唯物主义和经验批判主义》，《列宁选集》第二卷，第177页。

④ 《唯物主义和经验批判主义》，《列宁选集》第二卷，第176页。

⑤ 《成唯识论》卷七、卷一，并参看《瑜伽师地论》卷五十二、卷八十五，《杂集论》卷五。

一个观点。法相宗认为一种外境和认识的主体不可分开，“能缘（按：主体）人所缘（按：对象）宛若一体”，主客不分，才能产生认识作用。玄奘在印度曾与印度小乘佛教正量部的般若毱多进行辩论，玄奘用“挟带义”（主观吞没客观的挟带作用）攻击般若毱多[①]。法相宗反对认识作用是反映外物的过程。

> 增上缘，谓若有法，有胜势用，能于余法，或顺或违。虽前三缘，亦是增上，而今第四，除彼取余。[②]

“增上缘”就是增加的条件或关系，“增上”有“扶助”的意思。有的增加的条件是对于某种事物起积极作用，使它便于发展的，叫作“顺”的“增上缘”；也有的增加的条件对于某种事物起消极、限制作用，使它不能顺利发展的叫作“违”的“增上缘”。法相宗认为“增上缘”对于促进或延缓事物的发展是很重要的。

以上这四缘共同的特点，都可表明法相宗对于世界万物的起源、发生和发展都看作是“种子”或“识”的作用的结果。他们在宇宙论方面也贯彻了他们的唯心主义原则。法相宗把产生万物的最根本的“缘”，“因缘”的“种子”，安放在阿赖耶识中。因此心或精神成了万化之源。又由于“种子”是“多”，不是“一”，是永恒存在，不是随生物的躯体的消灭而消灭，所以在宇宙生成的学说上，法相宗又有些像莱布尼茨的“单子”说，它具有多元的客观唯心主义的特点。

法相宗之所以建立他的“缘生”学说，目的不在说明世界，而

① 《成唯识论述记》卷四。

② 《成唯识论》卷七，《瑜伽师地论》卷五十二、卷八十五，《杂集论》卷五。

是在于通过对世界歪曲的说明，以建立他们的宗教世界观。

世界是“种子”在生生灭灭中进行着的。“种子”又是经常处在染污的情况下，每一众生的第八识中包含着“有漏种子”和“无漏种子”。实际上，在现实世界里，起作用的指导着人们的生活的是“有漏种子”，“无漏种子”不得显发。佛教法相宗认为，“有漏种子”是使人类陷于苦海的根本原因，只有根本切断“有漏种子”，才能使人免于轮回之苦。那就要彻底消灭“有漏种子”，使阿赖耶识不再起作用。为了开辟一条通向“天国”（“真如”世界）的道路，在人生问题方面，他们提出了“三性”“三无性”的学说。

“三性”是遍计所执性、依他起性、圆成实性。法相宗把人类的正常认识叫作“迷妄”，他们说，人们之所以有迷妄，就在于人们相信外界事物是真实的。

> 遍计所执自性者，谓依名言，假立自性。为欲随顺世间言说故。[①]

法相宗认为只要接受他们的“相无性”的原则，就可以对治遍计所执自性的“迷妄”。他们叫人第一步就否认外界的客观真实性，接受他们的一切事物没有实体的“相无性”的观点。

“依他起自性”是法相宗缘生说的另一个提法。他们认为依他起性是：

> 心心所及所变现，众缘生故，如幻事等，非有似有，诳惑

① 《显扬圣教论》卷六。并参看《瑜伽师地论》卷七十三、《摄大乘论》卷二、《成唯识论》卷八。“三性”，或译作“三自性”，义同。

愚夫。一切皆名依他起性。[①]

既然一切心和物的现象是由“众缘”而起，所以法相宗认为只要接受了“缘生”这一唯心主义的关系学说，就不致以幻为真，就可以接受他们的“生无性”的观点。“生无性”是说事物的产生由于“四缘”，因而取消了事物产生的物质基础。

“圆成实自性”，是“真如”佛性的另一个说法：

云何圆成实自性？谓诸法真如。圣智所行，圣智境界，圣智所缘。[②]

法相宗破除物质世界，反对唯物主义的观点，目的无非教人接受他的“真如”佛性的出世哲学。他们认为，如果认识了并且接受了他们的圆成实性的学说，就达到了“胜义无性”的最高境界。“三无性”的学说是针对“三性”学说来说的。

依此初遍计所执，立相无性。由此体相毕竟非有，如空华故。

依次依他，立生无性。此如幻事，托众缘生。无如妄执自然性故，假说无性，非性全无。

依后圆成实，立胜义无性。谓即胜义，由远离前遍计所执我法性故，假说无性，非性全无。[③]

① 《成唯识论》卷八。

② 《瑜伽师地论》卷七十三。并参看《显扬圣教论》卷六、《摄大乘论》卷二、《成唯识论》卷八。

③ 《成唯识论》卷九。

法相宗真正“空”的只有遍计所执性。依他起性，他们认为是相对的真实，比如作为“因缘”的“种子”就不是“空无”的。至于圆成实性，是“实有”，并非“空无”，是绝对真实的。

可是，问题恰恰出在这“三性”和“三无性”的关系上。圆成实性或“真如”佛性，法相宗认为是万法（一切事物）的实体，但佛教认为“真如”是无为法，就是说它对于世界不具有加工、改造、推动的作用，它是不造作、不生灭、永世长存的。它是绝对清净，不杂有染污的精神实体。法相宗抬出这样一个虚构的超现实的本体，作为人们向往的目标。

同时，在现实世界里经常起主导作用的是阿赖耶识中所藏的“种子”，而“种子”和阿赖耶识又是互为因果的。如果照法相宗的指点，舍染归净，就必须割断阿赖耶识和众生活动的内在联系。“真如”界是永远不生不灭的，现实世界是永远生生灭灭的；“真如”界是绝对清净的，现实世界是染污的。“真如”佛性是“无漏”的、圆满的；现实世界中，人们的意识（包括八个识）是“有漏”的、不圆满的。如何才能沟通现实世界和“真如”世界隔阂呢?

法相宗企图从理论上打通人间和“佛国”两个世界，使人们逃避现实，进入“佛国”。他们说阿赖耶识包括“有漏种子”和“无漏种子”。“有漏种子”不断经过善行的熏习，可以从“有漏”转到“无漏”。阿赖耶识即转成“无垢识”[1]，阿赖耶识就不存在了。但佛教大乘法相宗的体系，“本有种”是“法尔故有”的，不是由“真如”产生的。“熏习种”也不是“真如”熏成的，它是前七识

① 法相宗变“有漏”为“无漏”的学说，可参看《成唯识论》卷三。

所熏的。“真如”对于“本有种”或“熏习种”都无能为力。“真如”是无为无作，不能产生万物。“真如”既不能产生万物，又如何使人舍染归净呢？[①]且不说教人“成佛”本身是个骗局，单就理论上说，法相宗认为只有佛能断尽“有漏种子”；“有漏种子”断尽才是佛。这一循环论证的窘境，他们无法摆脱。

法相宗宣扬离开每个具体的人还有所谓独立永恒存在的精神的实体阿赖耶识和它含藏的精神的“种子”，认为人类的认识不过是自己的“见分”认识自己的“相分”，只承认主观世界而抹杀了客观世界。这种错误，正如马克思所指出的：“无人身的理性在自身之外既没有可以安置自己的地盘，又没有可与自己对置的客体，也没有自己可与之结合的主体，所以它只得把自己颠来倒去：安置自己，把自己跟自己对置起来，自相结合——安置、对置、结合。”[②]马克思刺中了近代客观唯心主义的心脏。法相宗的阿赖耶识虽不就是近代资产阶级哲学家们所谓“理性”，但是这些指示的基本精神和原则对于我们剖析古代法相宗的唯心主义体系也是完全适用的。

五

法相宗在中国佛教史上可谓最忠实于印度大乘有宗的哲学体系的。玄奘本人和他的弟子们都严守从印度搬回来的经典的教义，

① 法相宗变“有漏”为“无漏”的学说，可参看《成唯识论》卷三。

② 《政治经济学的形而上学》，《马克思恩格斯选集》第一卷，第105页。

他们介绍印度学说的谨严的治学态度也是为佛教学者及资产阶级学者所称道的，在唐太宗和唐高宗时期也曾风靡过一时，但前后不过四十年即衰落，并从此一蹶不振。直到辛亥革命后的十几年间，军阀统治时期又曾呈现过一度表面的热闹。一些资产阶级学者们说，中国人民喜欢概括，不喜欢烦琐，所以这一派衰落了。我们认为这是一种不能自圆其说的唯心史观的说法。既然中国人喜欢概括，不喜欢烦琐，就应当根本不能流行，何以有三四十年的兴盛时期？既然中国人不喜欢烦琐，为什么辛亥革命后的十几年间，中国人忽然又喜欢烦琐了？如果说喜欢概括是中国人的天性，那么禅宗总算够概括了，何以禅宗盛行了一阵子也衰败下去了？我们还是应当牢记着马克思的教导：

> 我们不把世俗问题化为神学问题，我们要把神学问题化为世俗问题。①

法相宗之所以暂时得到发展和传播，和唐太宗的政治要求有直接的联系，也和唐初的宗教政策有关系，同时和玄奘个人为建立他的宗派的政治积极活动也有关系。

唐太宗本人是不信佛教的。他有几次下诏书明白宣示他对佛教的态度。②但是他为了利用宗教作为工具，他的确也曾下诏建寺、度僧。在他取天下时，他和他父亲李渊都利用僧人的力量，帮他打天

① 《论犹太人问题》，《马克思恩格斯全集》第一卷，第425页。

② 《贞观政要》卷六载唐太宗的手诏：“朕今所好，唯在尧舜之道，周孔之教。”又《旧唐书》卷六十三说：“至于佛教，非意所遵。”

下。[①]唐代统治者为了加强对人民的思想统治，对佛教曾充分利用。尽管唐太宗不喜欢佛教，但是为了他自己王朝的长远利益，制定一些推广佛教的政策，这是可以理解的。唐太宗也正是这样做的。

玄奘是一个学者、翻译家，这是人所公认的。但是，作为一个宗派的开创者，没有一定的政治活动能力是不可能的。玄奘与唐太宗关系处得很好，他也善于迎合统治者的心意。有一次唐太宗问他，到印度求法，“山川阻远，方俗异心”，他怎么能到达的呢？玄奘回答说，由于皇帝的威德所致。这种回答近于阿谀奉承，显然不像由衷之言。玄奘为了扩大他所译经的影响，曾经几次恳求皇帝给他译的经作序，唐太宗不愿为他作序，而对他的《西域记》很感兴趣。在玄奘的坚决请求下，皇帝终于写了一篇序文。这对于玄奘的学说的推广，应当是起了积极作用的。玄奘还利用皇太子为他的译经作序以扩大他的影响。果然，“自二圣序文出后，王公百辟，法俗黎庶，手舞足蹈，叹咏德音，内外揄扬。未及浛辰，而周六合。……归依之徒，波回雾委。所谓上之化下，犹风靡草，其斯之谓乎！如来所以法付国王，良为此也”[②]。《大唐大慈恩寺三藏法师传》的著者彦悰，对于皇帝给玄奘的支持和它产生的效果说得很清楚了。玄奘还经常与皇帝谈论，有一个时期，成了太宗每天不可少的侍从人员。这固然影响了他的翻译工作的进行，但也有利于他出入宫廷，结交皇族、达官贵人。而且玄奘绝不是不问外事的书呆

---

① 《唐高僧传》卷三十一：“武德七年，任僧法雅发京寺骁悍千僧，充军位。”又《金石萃编》卷四十一载，李世民曾借少林寺僧平王世充。

② 《大唐大慈恩寺三藏法师传》卷七。这里说的“二圣序文”就是指的唐太宗和唐高宗先后给玄奘的译经写的序。

子，就连宫廷里皇后怀孕将诞生太子，他都事先打听清楚，并为皇后“乞平安”。[①]太子出生后，他又要收太子做徒弟，上尊号奉为“佛光王”。这些行动都不是一般不懂政治的僧人能做得到的。道宣《唐高僧传》曾讲到大慈恩寺梵僧那提由于相信空宗，与玄奘的法相宗理论不合，携来的经籍没有机会翻译。[②]可见打击别人，抬高自己，扩充地盘，这些手法，玄奘也是惯于使用的。道宣与玄奘无利害关系的矛盾，不必无中生有。后来法藏一派的华严宗排斥玄奘的法相宗，已成为公认的事实。

宗教和其他上层建筑一样，它能不能起作用，主要看它能不能很好地为它的基础服务。马克思说过：“理论在一个国家的实现程度，决定于理论满足这个国家的需要的程度。”[③]法相宗不是中国土生土长的，不是为了适应中国当时唐帝国的基础而建立的，是佛逝世后一千年到一千二百年间纯粹印度的佛教理论。这一派理论，在印度已开始没落，已成为典型的中世纪烦琐的形式主义的佛教经院哲学。而当时，中国的各宗派，针对着中国社会内部的矛盾，纷纷提出如何解决成佛的问题和佛性有无的问题，玄奘也是带着这个问题上西方求经的。可是他到了印度时，学到的是一些书本的知识，而对于如何转变“有漏种子”为“无漏种子”，如何割断阿赖耶识在生命中的作用，玄奘在理论上没有获得解决。玄奘法相宗全力以赴，做的最多的是“取消”客观世界物质性的工作。对于当时中国

---

① 《大唐大慈恩寺三藏法师传》卷九：“皇后在孕，未遂分诞，玄奘深忧惧，愿乞平安。”

② 《唐高僧传》卷四。

③ 《〈黑格尔法哲学批判〉导言》，《马克思恩格斯选集》第一卷，第10页。

具有丰富的阶级斗争经验的统治阶级来说，他们要求的是如何向人民大众散发廉价的进入“天堂”的门票，而不是反反复复地从理论上论证客观世界和阿赖耶识的问题。

玄奘的建立法相宗及其不久即遭失败这一事实，说明上层建筑，即使与经济基础离得较远的，像宗教，它毕竟要适合它的经济基础。外来的上层建筑搬了来，不加改装，只能暂时靠某些外因，起一时的作用，到底它生不了根，更不能发展。我们从隋唐的几个重要宗派的建立和发展的过程中不难看出，凡是对经济基础适合的就得到发展，不适合的就停滞，生硬移植的就会枯萎。这一事实也说明了历史唯物主义关于经济基础和上层建筑的关系的原理。正如恩格斯所指出过的：

> 每一时代的社会经济结构形成现实基础，每一个历史时期由法律设施和政治设施以及宗教的、哲学的和其他的观点所构成的全部上层建筑，归根到底都是应由这个基础来说明的。[1]

由此可见，法相宗的哲学思想的兴衰，不能从人民的性格中去找寻原因，应该也只能从它和当时的经济基础和阶级斗争中去寻找原因。辛亥革命后十几年间，旧中国曾有过一度抬头的法相唯识之学，也不是由于法相宗本身有什么真理，而是在当时学术界复古主义的逆流影响下，有中国考据，也有洋考据；有汉学家的章句之学，也有洋章句之学。那时的法相唯识之学曾热闹过一阵，正是当时复古主义用烦琐的唯心主义对抗新思潮而出现的一股逆流。他们以佛教烦琐哲学向当时的唯物主义进攻。

---

① 《反杜林论》，《马克思恩格斯选集》第三卷，第66页。

今天我们还要研究法相宗的学问，但是今天我们不是打算在这里面去寻求“真如境界”，去找什么“精神的寄托”，而是要经过批判，来总结过去唯心主义如何向唯物主义进攻的经验教训，找出它的规律，并揭示它如何千方百计否认客观物质世界的存在，所做的徒劳无益的努力。而这些手法，今天有些资产阶级流派还用不同的形式重复这些谬误的观点。我们和几十年前以“振兴佛法”“济世救国”为借口，坚持唯心主义，对抗唯物主义，引导人们脱离现实斗争的人士们的想法和做法，是根本不同的。

华严宗哲学思想略论*

一

华严宗以阐扬《华严经》而得名。

《华严经》译于东晋义熙年中（约5世纪初年），当时由佛陀跋陀罗译出六十卷本。早在六十卷本之前，东汉末年三国以来已先后译出过《华严经》的有关部分佛教经典。六十卷本译出后，曾有许多僧人讲述、传播《华严经》，但没有华严宗。《华严经》是后期印度佛教中有宗这一派的重要经典之一。佛教各种大部头的经典都是先有短篇的宗教故事或长诗（偈颂），经过佛教徒多年的讲授和补充，最后才编成为一部大书的。《华严经》就是一部总集名称。在《华严经》之前就有许多短篇或卷数较少

* 原载于《哲学研究》1961年第1期。曾收入《汉唐佛教思想论集》。

的零星译本[①]。

---

① 《兜沙经》一卷，东汉支娄迦谶译，即后来《华严经》的《如来名号品》；《菩萨本业经》一卷，三国时支谦译，即《华严经》的《净行品》；《诸菩萨求佛本业经》一卷，即《华严经》的《净行品》，西晋聂道真译；《菩萨本愿行品经》一卷，即《华严经》的《净行品》，西晋聂道真译。以上四种译经都属于《华严经》的第二会中的组成部分。

《菩萨十住经》一卷，即《华严经》的《十住品》，东晋祇多蜜译；《菩萨十住经》一卷，即《华严经·十住品》，西晋沙门竺法护译；《菩萨十道地经》一卷，即《华严经》的《十住品》，聂道真译；《十住断结经》十卷，也是《华严经》的《十住品》。以上四种译本都属于《华严经》的第三会中的组成部分。

《十地断经》十卷，即《华严经》的《十地品》，后秦竺佛念译；《十住经》十二卷，即《华严经》的《十地品》，西晋聂道真译；《菩萨十地经》一卷，即《华严经》的《十地品》，西晋竺法护译；《大方广十地经》一卷，疑即《华严经》的《十地品》，东晋诃支译；《十住经》四卷，即《华严经》的《十地品》，后秦鸠摩罗什等译；《渐备一切智德经》五卷，即《华严经》的《十地品》，西晋法护译；《菩萨初地经》一卷，即《华严经》的《初地品》，聂道真译。以上七种译本都属于《华严经》的第六会中的组成部分。

《等目菩萨经》二卷，即《华严经》的《十定品》，竺法护译；《显无边佛土功德经》一卷，即《华严经》的《寿命品》唐玄奘译；《如来兴现经》四卷，即《华严经》的《性起品》，竺法护译；《如来兴现经》一卷，即《华严经》的《性起品》，白法祖译；《大方广如来性起经》二卷，《大方广如来性起微密藏经》二卷，都是西晋译本。以上六种译本都属于《华严经》第七会中的组成部分。

《度世经》六卷，即《华严经》的《离世间品》，竺法护译；《普贤菩萨答难二千经》，即《华严经》的《离世间品》，三国时吴代译出。以上两种都属于《华严经》第八会中的组成部分。

《罗摩伽经》三卷，即《华严经》的《入法界品》，西秦沙门圣坚译。此外尚有魏安法贤译三卷本、北凉昙无谶译一卷本，都属于《华严经》第九会中的组成部分。

此外尚有八九种译本，同属《华严经》内容，而《华严经》没有收进去的。以上均参看《华严经传记》。

这种情况不止《华严经》，像《大般若经》《涅槃经》《大宝积经》等都有同样的情况。

据华严宗记载，早期创始人有陈、隋之间的杜顺（557—640年）[①]和智正（559—639年）[②]。杜顺偏重禅法，智正长于理论，他们两个人对华严第二祖智俨（602—668年）[③]的影响都很重要，只是杜顺的政治活动更多，而且活动的范围在终南山一带，与唐代的政治中心较近，被追溯为华严宗第一祖。

华严宗建立宗派，确立名称，应当从法藏（643—712年）[④]开始。法藏的地位相当于禅宗的真正创始人惠能的地位。智俨的著作有一半已佚失，现存的有《华严孔目章》四卷、《华严五十要答问》二卷、《华严一乘十玄门》一卷、《金刚般若经疏》二卷、《金刚般若经略疏》一卷。法藏的著作很多，都保存下来，他参加《华严经》新经的翻译工作，他又是一个有政治活动能力的和尚，和皇帝武则天以及朝廷贵族有很深的勾结。他凭借政治势力使华严宗得到传布和推广。法藏的著作很多[⑤]，他死后，他的弟子静法寺

① 《唐高僧传》卷三十四、《金石萃编》卷一百一十四、《杜顺和尚行记》《法界宗五祖略记》。

② 《华严经传记》。

③ 《华严经传记》卷二、《唐高僧传》卷三十四、《法界宗五祖略记》。

④ 《宋高僧传》卷五、《法界宗五祖略记》、新罗崔致远《法藏和尚传》。

⑤ 《华严经探玄记》二十卷、《华严经旨归》一卷、《华严经文义纲目》一卷、《华严策林》一卷、《华严一乘教义分齐章》（又称《五教章》或《教分记》）四卷、《华严问答》二卷、《华严经义海百门》一卷、《华严游心法界记》一卷、《华严发菩提心章》一卷、《华严关脉义记》一卷、《华严金师子章》一卷、《修华严奥旨妄尽还原观》一卷、《华严经明法品内立三宝章》二卷、《华严经普贤观行法门》一卷、《密严经疏》四卷、《般若心经略疏》一卷、《入楞伽心玄义》一卷、《梵网经疏》六卷、《大乘起信论义记》五卷、《大乘起信论别记》一卷、《法界无差别论疏》一卷、《十二门论宗致义记》一卷、《华严经传记》五卷。

慧苑作《刊定记》三十卷，对法藏的学说做了一些修改。约六十年后，澄观（760—820年）[①]中兴华严宗，称为华严第四祖。

澄观著作也较多，有《华严经疏》六十卷、《华严经随疏演义钞》九十卷、《贞元经疏》十卷、《华严法界玄镜》一卷、《华严经略策》一卷、《新经七处九会颂释章》一卷、《三圣圆融观门》一卷。

华严宗第五祖是宗密（780—841年）[②]，著有《华严经行愿品别行疏钞》六卷、《注华严法界观门》一卷、《圆觉经大疏》三卷、《圆觉经大疏钞》十三卷、《盂兰盆经疏》二卷、《华严原人论》一卷、《禅源诸诠集都序》四卷、《禅门师资承袭图》一卷。

宗密死后四年，发生了唐朝武宗皇帝利用道教打击佛教的“毁佛”事件，拆庙宇，毁佛像，没收寺院财产，强令僧尼还俗，给佛教各宗派以严重的经济的和政治的打击，华严宗也遭到极大的损失。又过了三十年（875年），爆发了黄巢领导下的农民大起义，寺院经济从此破坏，除了禅宗，唐朝佛教各宗都走下坡路了。

华严宗这个佛教宗派不仅在当时中国北方较为流行，并且传播到朝鲜和日本。从唐朝中宗到晚唐武宗，约一百七十多年是它流行时期，此后即一蹶不振。北宋初年，虽然有僧人子璿、净源等曾一度活跃，但死灰不能复燃，过后又趋消沉。

华严宗和其他佛教宗派一样，在统治者直接支持、提倡之下得到蔓延传布。远在晋代，佛教领袖道安[③]曾教导他的弟子说：“不依

① 《宋高僧传》卷五及《法界宗五祖略记》。

② 《宋高僧传》卷六及《法界宗五祖略记》。

③ 《高僧传》卷五。

国主，则法事不立。”他讲的是他个人传教的经验，却也不难看出佛教是为谁服务的政治本质。像隋唐时期天台宗的创始人智顗就是陈、隋两朝皇帝得力的政治工具。唐玄奘的翻译和他创立的法相宗由于得到唐太宗的大力支持才能推广。法藏开创（他是实际的开创者）的华严宗也是为配合当时女皇帝武则天的政治目的并得到她的支持。华严宗也是用宗教神学给皇帝、贵族们服务的。

武则天为了给她做皇帝制造宗教神学预言，曾指使一批和尚伪造《大云经》[①]。以后，八十卷《华严经》译出时，武则天大力支持这一新译本的宣传，并为新译本作序，请法藏在宫廷中讲授新经。在新译经序中再三重复她做皇帝符合了佛经的预言：

> 联曩劫植因，叨承佛记：金仙降旨，《大云》之偈先彰；玉扆披祥，《宝雨》之文后及。加以积善余庆，俯集微躬，遂得地平天成，河清海晏。殊祯绝瑞，既日至而月书；贝牒灵文，亦时臻而岁洽。[②]

法藏在讲授《华严经》时，讲到《华藏世界品》，忽然觉得“讲堂及寺中地皆震动”，法藏等赶快向皇帝报告。武则天又一次利用这一“奇迹”做了一番自我宣扬，她批答：

---

① 按：《旧唐书》卷一八三《薛怀义传》、卷六《则天皇后本纪》都说载初元年（689年）沙门怀义、法明等造《大云经》，陈符命。据王国维《观堂集林》卷二十一《唐写本大云经疏跋》考证，武则天利用旧译《大方等无想经》，加以发挥。《癸巳存稿》卷十二，据《明藏》“比”字号《佛说宝雨经》卷十，有“佛授月光天子长寿天女说当于支那国作女主”的宗教预言。

② 《大方广佛华严经随疏演义钞》第二十九。

斯乃如来降迹，用符九会之文；岂朕庸虚，敢当六种之震。[①]

华严宗虽然大部分依据《华严经》进行宗教宣传，但他们并不限于《华严经》一部书，他们对《般若经》《涅槃经》《梵网经》《圆觉经》《大乘起信论》等佛教经典也都利用注疏发挥他们自己的观点。他们对佛教经典不是照本宣科，而是加以塑造、编排，然后构成他们的体系。这一情况和唐朝的天台宗、禅宗等各自制造自己的体系的情况一样。隋唐佛教各宗派宗教学说和印度的佛教是两回事，因为他们的宗教哲学体系是用来为唐朝的统治者服务的，对印度进口的宗教哲学成品必须加以改装。

《华严经》在六十卷本和八十卷本翻入中国以前，已有了一些零星的短篇译本。《华严经》可以说是在《十地经》及其他性质相近的零星佛经的基础上逐渐扩大发展成的总集。《十地经论》是印度世亲著的对《十地经》的注疏，于北魏永平元年（508年）译于洛阳。此后，在中国北方逐渐形成了地论学派。地论学派是南北朝时南朝涅槃佛性问题的争论在北朝的表现，地论学派与唐朝的华严宗有密切关系。

按照印度佛教一般学说，佛教为了给他的奴隶主服务，把地上的等级制度搬到了“佛国”。他们说，成佛要经过若干阶段的考验，只能循序渐进，不能躐等。“十地”[②]（或“十住”）都是讲的成佛的过程和阶段。印度的佛教一般认为人们不能当世成

① 《宋高僧传》卷五。

② 《十地经》的“十地”是成佛的十个阶段，依次为欢喜地、离垢地、明地、焰地、难胜地、现前地、远行地、不动地、善慧地、法云地。

佛；在中国，当世能不能成佛的问题，却引起了佛教内部几百年的争吵。

马克思在《论犹太人问题》中说："我们不是到犹太人的宗教里去寻找犹太人的秘密，而是到现实的犹太人里去寻找犹太教的秘密。"[①]马克思研究宗教问题的经典性的指示，给我们研究中国宗教问题提供了钥匙。我们现在不是到佛教中去寻找古代中国人现实生活的秘密，而是在中国古代阶级斗争中、现实生活中去寻找佛教的秘密。

从这一观点出发，我们可以看出，南北朝时期门阀士族要从各个方面对人民施行压迫、欺骗，宗教是他们的精神武器之一。因此，竺道生[②]的"顿悟成佛"的学说，随着门阀制度的巩固、加强，越来越引起了上层人士兴趣。此外，他的"一阐提人皆得成佛""佛无净土"等说法，都是千方百计地把"天国"的幻灯幕挂得靠近人民一些。这样，它的骗人作用会更大些。地论学派的产生和建立，是门阀士族阶级压迫制度在北朝的反映。他们从宗教哲学的立场力图把社会上不平等现象解释成"合理"的。在地论学派中，有以道宠为代表的相州北派和以慧光为代表的相州南派。

相州北派趋向于保守印度旧说，把凡人与佛的界限截然分开，成佛要累世修行。相州南派的骗人手法更灵活一些，他们主张只要努力修行，真心相信佛教，本人死后即可成佛。因为这一派的宗教宣传更有利于巩固当时门阀士族的封建秩序，它的影响也较北派大

① 《马克思恩格斯全集》第一卷，第446页。

② 《高僧传》卷七。

些，支持的人多些[①]。

佛教各宗派之间的斗争，有些属于争权夺利，这本来是剥削阶级的本性，这里不去多说它。在理论上他们之间说不上谁是谁非，实质上他们争论的是哪一宗派的理论更能有效地打消人民的反抗的念头，哪一派的理论更能抵挡唯物主义的进攻。不论哪一宗派，它们对唯物主义都是坚决敌视的。

华严宗的法藏，青年时参加玄奘主持的佛经翻译工作，“后因笔受、证义、润文[②]见识不同而出译场”[③]。本来法相宗与华严宗都是大乘有宗，都是后期佛教中的唯心主义流派，没有必要势成水火。在法藏看来，玄奘贩运的印度佛教经院哲学把现实世界与佛教的“极乐世界”过分隔离，使人不能逾越，它结果会削弱了人民对佛教信仰的积极性，会减少一批宗教俘虏，对佛教的利益是不明智的。华严宗讲“无碍缘起”“事理无碍”，力图缩短两个世界（现实世界与宗教幻想的世界）的距离。华严宗兴起后，法相宗立即衰落，这不是没有原因的。

---

① 北派以道宠为首，南派以慧光为首。慧光弟子中有法上、道凭、僧范、惠顺、灵询、僧达、道慎、安廪、昙衍、昙遵、冯衮、昙隐等，再传弟子有法存、融智、慧远、灵裕、昙迁等人。参看《唐高僧传》有关各本传。

② 按：佛教翻译有主译人，称为译主，译主通晓原文并通晓所译经的基本精神。译主以外还有一大批助手。笔受用笔写下译文，证义检查意义是否有错误，润文负责文字加工。

③ 《宋高僧传》卷五。如果这个记载是实在的，这时法藏还没有正式出家，而是以佛教信徒的资格参加译场的。当时的译场有些是参加翻译工作的人，有些是来听讲的人。听讲者也可以对所译经提出疑难问题，由译主解答。

二

一切宗教都是唯物主义的死敌。宗教哲学首先要全力反对客观物质世界的真实性。华严宗是唐朝开创的一个重要流派。华严宗说：

尘是心缘，心为尘因。因缘和合，幻相方生。①

这几句话的意思本来是佛教许多经典中共同信奉的老生常谈，不是华严宗所独有的。这是说被认识的对象（“尘”）不是独立于人的认识之外的第一性的存在，它只是作为主观认识的对象而存在。主观认识（“心”）才是客观对象的基础（“因”）。主观认识的对象和主观认识的作用发生关系（“因缘和合”），才产生世界（“幻相”）。华严宗根本取消了客观世界存在的物质基础，硬把认识的结果说成“幻相”。又说：

尘不自缘，必待于心；心不自心，亦待于缘。②

这里没有说明客观对象对主观认识的“心”“物”关系到底哪是第一性，哪是第二性，而是采取了一种模棱两可的手法，说什么互相影响的作用。仅从字句上讲，好像他们也讲到认识关系是主客的关系，而实际上他们有意地避开客观世界和主观世界哪是第一性、哪是第二性这一根本前提。他们把主客观的相互作用抽象化，完全脱

① 《华严义海百门》。

② 同上。

离了实践，脱离由感性到理性的必然认识过程，成了不分主从、不分第一性和第二性的笼统的主客观认识关系。他们虽然也用了主观（“心”）、客观（“尘”）的字样，这里的“客观”是主观化了的“客观”。在华严宗看来，没有独立于意识之外的客观世界，只有经过主观意识加工了的认识对象。在他们的哲学里只承认认识中的“对象”。他们否认有离开主观认识单独存在的客观对象（心为尘因）。所以，不难看出，华严宗所讲的主客观的关系只不过是掩人耳目，用了些主观（“心”）、客观（“尘”）的字眼，事实上，他们取消了客观的物质性，只留下了主观（“心”），它和唯物主义反映论是根本对立的，他们认为人们所认识的现实世界的现象不过是“幻相”。因此他们粗暴地否认了客观事物的存在：

> 尘是自心现；由自心现，即与自心为缘。由缘现前，心法方起。[①]

现实世界的存在毕竟是事实，世界万物能被认识是生活实践所无数次反复证明了的。佛教哲学只是不承认或装作看不见，当然不行。哲学史上一切唯心主义流派都曾挖空了心思，力图抹杀物质存在第一性这一事实。华严宗也有他们自己的一套手法，他们沿用佛教哲学中“法界”一词，进一步做了唯心主义的发挥。

华严宗以“一真法界”作为世界的根源。如《华严法界玄镜》说：

> 言法界者，一经之玄宗，总以缘起法界不思议为宗。

这一派用“法界”一词混淆唯心、唯物主义的界限之后，再大肆散

---

① 《华严义海百门》。

布他的唯心主义观点。“法界”一词有些接近现代资产阶级哲学所用“存在”的含义。说到“存在”，可以包括物的存在，心的存在，规律、原理的存在，等等。唯心主义为了避开回答这个所谓“存在”是物质性的还是精神性的，首先笼统地肯定了有这样一个“存在”，却暗中抽空了“存在”的物质内容，偷偷贩运唯心主义世界观，这个“一真法界”是不折不扣精神性的。他们认为客观世界没有它自己的物质基础（“尘无自性”），是不真实的（“即空也”），它呈现在人们面前的不过是“幻相”。仅仅把它当作“幻相”来看，这个“幻相”世界倒也不好说硬是不存在（“幻相宛然，即有也”）[①]，存在着的不过是“幻相”罢了。

华严宗这些唯心主义的理论是它的宗教哲学的立足点，他们宣传唯心主义，抹杀唯物主义，却还有为其他佛教宗派所不常用，而他自己惯用的一套诡辩手法。这些手法集中表现在他们的“六相圆融”“四法界”“十玄门”这些学说中。

华严宗根据《华严经》提出许多对范畴（“六相”：总、别、同、异、成、坏）来说明世界事物的互相依存、制约、数量、变化、消灭过程的关系，目的在于歪曲地解释客观世界，从而企图取消客观世界。

他们通过事物的全体和部分（“总相”“别相”）的关系散布唯心主义观点。他们借用舍（房子）和椽（房子上面摆瓦的木条）这两者的依存关系来说明“总相”和“别相”：

问：“何者是总相？”

① 《华严妄尽还原观》。

答："舍是。"

问："此但椽等诸缘，何者是舍耶？"

问："椽即是舍。何以故？为椽全自独能作舍故，若离于椽，舍即不成；若得椽时，即得舍矣。"[①]

他们不是通过概念去认识客观事物，从而发现它的规律，而是颠倒过来，制造事物的部分和全体一对概念的混乱，去抹杀事物的客观存在。照他们逻辑，就是用部分代替全体，用个别代替一般（"得椽"即是"得舍"）。

人们可以追问：如果椽即是房子，那么瓦是不是房子？他们诡辩说，对于缺瓦的房子的椽只是一根一根的木头，不算作椽；叫它作"椽"时，它已是房子的组成部分了；就瓦来说，也是一样。房子的一椽一瓦都是房子整体的一部分。缺了一椽一瓦，就不叫作房子。

人所共知，个别与整体是一对相互依存的范畴，没有一方面也就没有另一方面，但不能因此得出结论说，某一个别的东西不存在，所有个别部分也一齐在世界上消逝了。世界上缺少一椽一瓦的房子有的是，但不能说房子不存在。华严宗的目的本来在于用诡辩为他们的宗教哲学服务。

华严宗千方百计地否认现实世界，宣扬相对主义和不可知论，为了充实他的"缘起"理论，他们认为世界没有任何真实的东西，只有一个无边无际的关系之网。

若缺一缘，余不成起，起不成故，缘义即坏。得此一缘，令一切成起，所起成故，缘义方立。是故一缘是能起，多缘及

① 《华严一乘教义分齐章》第四。

果俱是所起。

他们混淆个别与整体的差别，目的在于进一步混淆个别与一般的差别：

> 是故无有不多之一，无有不一之多。一多既尔，多一亦然。[①]

我们马克思主义哲学从来就认为个别与一般本来有相互依存的关系：

> 从最简单、最普通、最常见的等等东西开始；从任何一个命题开始，如树叶是绿的、伊万是人、哈巴狗是狗等等。在这里（正如黑格尔天才地指出过的）就已经有辩证法：个别就是一般。……这就是说，对立面（个别跟一般相对立）是同一的：个别一定与一般相联而存在。一般只能在个别中存在，只能通过个别而存在。任何个别（不论怎样）都是一般。任何一般都是个别的（一部分，或一方面，或本质）。任何一般只是大致地包括一切个别事物。任何个别都不能完全地包括在一般之中，如此等等。任何个别经过千万次的转化而与另一类的个别（事物、现象、过程）相联系，如此等等。[②]

列宁从辩证唯物主义立场科学地指明了人类认识过程中个别与一般的关系。个别与一般有内在的联系，不可分割。仅仅从个别与一般有内在联系来看，华严宗总算有一点辩证法思想，但是唯心主义的颠倒的立足点使他们不愿承认个别事物是客观存在的，他们更关心于联系（“缘”），他们夸大了、吹胀了个别与一般的联系，

---

① 《华严经探玄记》。

② 《谈谈辩证法问题》，《列宁选集》第二卷，第713页。

把联系绝对化，甚至抹杀个别的存在，这一观点和“无个性即无共性”[①]这一唯物主义的观点是根本对立的。那么，他们所谓关系（“缘”）只能是虚无缥缈的关系，不是物质第一、存在第二，而是关系第一了。

对同一性和差别性（“同相”“异相”）这一对范畴，他们也采取了同样的手法，认为椽和瓦等共同构成房子，不但椽与椽之间有同一性，椽与瓦也有同一性。反过来看，每一根椽又与其他的椽有所不同，这又是它们的差别性。从这几句话，也可以看出华严宗确也有些辩证法思想。因为他们看到了事物的联系，并且指出了事物的同一性与差别性的辩证关系。但是他们这点辩证法的观点，终归和唯心主义的体系是不能相容的。哲学史上，无论中国和外国的事例都说明唯心主义终归要破坏辩证法。

“成相”与“坏相”这一对范畴的关系，他们也用了同样的手法，认为“成”就是“坏”，“坏”也就是“成”。《华严一乘教义分齐章》说：“由此诸缘，舍义成故。由成舍故，椽等名缘。”这是说，房子不是由众缘构成的，房子的构成是由众缘的相互支持、促成的结果。同时，这种相互促成的关系中又具有相互抵消的消极关系，对构成房子起着不利作用，即“坏相”。“坏相者，椽等诸缘，各住自法，本不作故。”这是说，构成房子的相互促成的“缘”（条件），同时又是对房子起消极破坏作用的“缘”，如椽、瓦等部分，各自保留它们自己的特点，这些特点对于各个部分说，是有积极意义的，但对整个房子说，则有消极破坏作用。因为

① 毛泽东：《矛盾论》。

各个构成房子的部件如果更好地体现它们自己（如瓦、椽等），就要从房子整体中分离开来，所以叫作“坏相”。

事物在不断发展着，随时有新东西产生，随时有旧东西在死亡，是辩证法。不能认为讲到变化的就是辩证法，更根本的是看这一哲学流派从什么立场来对待变化，是抹杀它，还是承认它；是正确理解它，还是有意歪曲它。

> 主观主义（怀疑论和诡辩等等）和辩证法的区别在于：在（客观的）辩证法中，相对和绝对的差别也是相对的。对于客观的辩证法说来，相对中有绝对。对于主观主义和诡辩说来，相对只是相对的，是排斥绝对的。[①]

我们相信一切事物都在矛盾对立、转化中，但不是否认转化中有一定的质的稳定性，“相对中有绝对”。一种事物在某种条件下可以转化为它的对立物，但在条件不具备时，它的性质没有转化。我们说世界上有活人有死人，活人将变成死人，这是客观的辩证法，但生和死毕竟是两回事，不能混淆，不能说生就是死，死也就是生；建设和破坏有联系，在一定条件下也能互相转化，但不能笼统地说建设就是破坏，破坏也就是建设。

华严宗不承认人有正常的认识能力，他们反常识、反科学，归宿到神秘主义。这些荒谬的观点都直接和他们的唯心主义世界观密切联系着。

在“一”与“多”的关系上，他们先抽象地承认“一中有多，

---

① 《谈谈辩证法问题》，《列宁选集》第二卷，第712页。

多中有一”的一多辩证关系，进而企图制造“一即多，多即一”[①]的诡辩结论。他们说：“一即一切，一切即一。”华严宗以数钱为例，展开他们的诡辩：

> 一者十，何以故？缘成故十即一。何以故？若无十即无一故。……今既得成十，明知一即十也。……若一不即十，十即不得成；由不成十故，一义亦不成。何以故？若无十，是谁一。故今既得一，明知一即十。[②]

科学实践证明数目从一到十，表示着事物的量的连续性，在十进位的计算系统中，一是十的一，十是一的十。华严宗这里也透露了一些辩证法思想。但是数目中的量的连续性和质的规定性又内在地联系着，不可割裂开来。恩格斯指出：

> 数。单个的数在记数法中已经得到了某种质，而且质是依照这种记数法来决定的。9不仅是1相加九次之和，而且是90、99、900000等等的基数。一切数的定律都取决于所采用的记数法，而且被这个记数法所决定。

又说：

> 因此，基数不但决定它自己的质，而且也决定其他一切数的质。[③]

华严宗不是通过数量的辩证关系来认识客观世界，相反，倒是利用

---

① 《华严一乘教义分齐章》第四。

② 同上。

③ 上文均见《自然辩证法》，《马克思恩格斯全集》第二十卷，第603页。

计算数目的知识转弯抹角地引导人们离开实践、离开对客观世界规律去论证他们的“关系之网”。他们说，一中有十，十中有一，每一个十和每一个一又有它的“一”与“多”的相互关系：

> 十复自迭，相即相入，重重成无尽也。①
>
> 于佛一毛孔中即有一切佛、一切处、一切时，乃至一切益，如一毛孔一切遍法界。诸毛孔现，皆亦如是。……于一尘中，微细国土庄严清净，旷然安住。②

他们得出的结论就是“一”和“多”没有差别。华严宗论证“一”与“多”的关系上完全否认了“一”“多”的相对对待关系中还有绝对。承认或不承认相对之中有绝对，恰恰是辩证法和相对主义的分界线。他们把相对绝对化，只有相对，否认绝对，必然陷入相对主义、诡辩论、唯心主义。华严宗正是沿着这条错误堕入歧途的。他们说：

> 无定相者，谓以小非定小，故能容大；大非定大，故能入小。③

由此得出结论：

> 是故大小随心回转，即入无碍。④

按照华严宗的逻辑，认为“大”和“小”仅仅是主观的感觉，它不

---

① 《华严一乘教义分齐章》第四。

② 《华严经旨归》。

③ 《华严经义海百门》。

④ 同上。

必也不可能是事物客观存在的反映。这和古代希腊诡辩论者普拉塔哥拉斯的“人是万物的尺度”唱的同一个调子。他们说：

> 见高广之时，是自心现作大，非别有大；今见尘圆小之时，亦是自心现作小，非别有小。①

经过他们这样反复论证，他们自以为完全可以取消大小事物的客观差别，把它粗暴地归结为主观感觉的产物。结果，取消了空间上的差别。他们说：

> 大是小大，小是大小。小无定性，终自遍于十方；大非定形，历劫皎于一世。则知小时正大，芥子纳于须弥；大时正小，海水纳于毛孔。②

这就是说，认识没有必要，也没有可能。这一点上，华严宗继承了《庄子》书中的相对主义观点：

> 知天地之为稊米也，知毫末之为丘山也，则差数睹矣。……万物一齐，孰短孰长。③

华严宗说：

> 是故初门同体，即摄同异二门中，无尽、无尽、无尽、无尽、无尽、无尽、无尽、无尽、无尽、无尽。穷其圆极法界，无不摄尽耳。④

---

① 《华严经义海百门》。

② 《华严策林》。

③ 《庄子·秋水篇》。

④ 《华严一乘教义分齐章》第四。

这种烦琐论证和欧洲中世纪经院哲学讨论一个针尖上能站几个天使同样的荒诞不经。尽管问题荒诞不经，而问题的背后却有它严肃的阶级内容和现实意义。他们把现实世界的大小、多少、社会地位的高低、阶级压迫都说成“无所谓”，这就为劝人追求出世的世界准备了条件。他们把当前现实世界说成“假”的，正是为了把“佛国”世界说成“真”的。

华严宗还力图抹杀时间先后的客观差别和它的客观基础：

> 百千大劫由本一念，方成大劫；既相成立，俱无体性。由一念无体，即通大劫；大劫无体，即该一念。[①]

在《金师子章》中也说：

> 师子是有为之法，念念生灭，刹那之间分为三际，谓过去、现在、未来。此三际各有过去、现在、未来，总有三三之位以立九世，即束为一段法门。虽则九世，各各有隔，相由成立，融通无碍，同为一念，名为“十世隔法异成门”。

从唯物主义观点来看，时间和空间都是物质存在的形式。时间表示物质存在和发展的连续性，时间不是脱离物质而抽象的存在，不是思想中“念念生灭”观念的产物。过去、现在、未来的无限性，只能通过物质发展运动的无限性表现出来。但是华严宗却认为时间先后不过是主观观念，三世可以分为九世，九世也还是一个主观观念。他们既然认为时间观念脱离物质存在，抽象成为思想的产物，完全可以不必依照客观事物运动中出现的次序，可以任意颠

① 《华严经义海百门》。

倒先后，那么他们的结论是古就是今，今也就是古。华严宗否认时间和空间是物质的存在形式，认为时空可以脱离物质的主观观念，因此，他们的三世（过去、未来、现在）当然可从思想中“融通无碍”“隔法异成”，任意安排了。他们的根本错误就在于把时间、空间看作人的意识随便加到事物上去的主观概念，而不是客观事物本身所固有的存在形式，他们首先否认世界的物质性，必然导致上述荒谬的结论。

对现象与本质的关系的问题上，他们也提出了他们的相对主义的看法。华严宗的“一即一切”“一切即一”的错误观点还不止于混淆了数量的大小多少的差别，更重要的还在于抹杀现象与本质的差别。法藏以分析金师子的例子来论证他的观点：

> 若看师子，唯师子，无金，即师子显，金隐；若看金，唯金，无师子，即金显，师子隐。若两处看，具隐具显。

又说：

> 一全是多，方名为一；又多全是一，方名为多。多外无别一，明知是多中一；一外无别多，明知是一中多。[①]

由此得出结论：

> 理不碍事，纯恒杂也；事恒全理，杂恒纯也。由理事自在，纯杂无碍也。[②]

法藏还“为学不了者设巧便，取鉴十面，八方安排，上下各一，相

① 《华严经义海百门》。

② 同上。

去一丈余，面面相对，中安一佛像，燃一炬以照之，互影交光。学者因晓刹海涉入无尽之义”[①]。

如果从教学法的角度来看，法藏不失为一个聪明的教师，也算世界上较早制造教具的教师。我们这里主要指出的不是这些，而是揭露华严宗通过相对主义宣传唯心主义的伎俩。我们有必要重读一下列宁的指示：

> 主观主义（怀疑论和诡辩等等）和辩证法的区别在于：在（客观的）辩证法中，相对和绝对的差别也是相对的。对于客观的辩证法说来，相对中有绝对。对于主观主义和诡辩说来，相对只是相对的，是排斥绝对的。[②]

毛泽东也指出：

> 这一共性个性、绝对相对的道理，是关于事物矛盾的问题的精髓，不懂得它，就等于抛弃了辩证法。[③]

从经典作家的科学论断中可以看出，相对主义、唯心主义、诡辩论是一脉相通的，它们是唯物主义和辩证法的死对头。马克思主义哲学如实地揭示出客观世界的存在、发展的真相，认为世界的物质性，物质的运动和发展和它的规律都是绝对的、客观存在着的，不以人的主观意志为转移的。否认这一真理，必然陷入唯心主义的泥坑。而相对主义，恰恰把“相对”神秘化、神圣化，把物质世界永恒发展和它的规律完全取消了，物质也成了相对的，事物发展变化

---

① 《宋高僧传》卷五。

② 《谈谈辩证法问题》，《列宁选集》第二卷，第712页。

③ 《矛盾论》。

的基本原理也说成为相对的。他们这一批诡辩家千方百计歪曲辩证法，仇视辩证法。

中国哲学史发展到唐代，唯物主义与唯心主义在长期斗争中都积累了不少经验，唯心主义哲学流派深知唯物主义不是容易对付的，因此他们也经常在辩证法的形式下掩盖它的相对主义、唯心主义、诡辩论的实质。辩证法认为：

> 任何具体的东西、任何具体的某物，都是和其余的一切处于相异的并且常常是矛盾的关系中，因此，它往往既是自身又是他物。[①]

华严宗不惜全力去说明“变化”“联系”，但是他有意地不讲是什么东西的“变化”、什么东西的“联系”。抽空了物质，悬空讲什么“变化”“联系”，把“变化”“联系”神秘化，只能引导到宗教神学、唯心主义，它必然和科学的结论背道而驰。世界上根本没有没有物质的运动和变化，因为“运动总得是从某个东西开始的”[②]。

华严宗由以上的唯心主义观点出发，他们对现象和本质这一对范畴进行了一系列的曲解。他们否认事物有本质，把一切存在的客观事物都看作假象、幻相。我们不否认事物有假象，有幻相，正如列宁说的：

> 非本质的东西，假象的东西，表面的东西常常消失，不像“本质”那样“扎实”，那样“稳固”。例如：河水的流动就

① 《黑格尔〈逻辑学〉一书摘要》，《列宁全集》第五十五卷，第144页

② 《黑格尔〈逻辑学〉一书摘要》，《列宁全集》第五十五卷，第138页。

是泡沫在上面，深流在下面。然而就连泡沫也是本质的表现！[①]

唯心主义者把物质世界看成佛性、“真如”（绝对精神）的投影，而我们认为假象是客观存在的事物具体表现的一个方面。“假象的东西是本质的一个规定，本质的一个方面，本质的一个环节。”[②]我们认为不仅本质是客观的，而且假象也是客观的。因为假象中有客观世界的一个方面，它也是客观世界的表现。唯物主义哲学注重研究本质和现象的关系，目的在于掌握它的规律：

人对事物、现象、过程等等的认识从现象到本质、从不甚深刻的本质到更深刻的本质的深化的无限过程。[③]

至于一切唯心主义哲学，首先不承认世界是客观存在的，当然他们所谓“现象”“本质”不过是唯心主义认识论支配下的抽象概念，和具体存在的客观事物毫不相干。他们讲现象和本质，不在于认识事物发展的内在规律，而在于否认事物之间有内在的、本质的联系。所以他们把世界看作一个凌空高悬的无限的大网（“因陀罗网”）。他们讲了很多的“联系”，不过是精神方面、主观制造的联系，实际上取消了具体事物之间的内在联系。

总起来看，华严宗在中国哲学史上许多流派中较为注意范畴的阐明。它涉及个别与一般、同一与差别、发生与消灭、时间与空间、本质与现象等等。从认识论上说，不能不说是一个发展。只是由他们从颠倒的世界观看事物，一切都被歪曲、颠倒了。它不但不

① 《黑格尔〈逻辑学〉一书摘要》，《列宁全集》第五十五卷，第134页。

② 《黑格尔〈逻辑学〉一书摘要》，《列宁全集》第五十五卷，第137页。

③ 《黑格尔〈逻辑学〉一书摘要》，《列宁全集》第五十五卷，第134页。

能促使认识的深刻化、接近科学，相反，倒是引导人们向反科学的道路迈进了一步。如果说华严宗还有些历史的价值，它的价值即在于起了反面教员的作用。

我们认为范畴是客观事物的某些普遍性质和内部联系在思维上的反映形式。对立的范畴之间的关系，是客观事物本身矛盾运动的反映。而一切唯心主义者和我们恰恰相反。他们首先否认世界是客观存在的，当然也否认范畴是客观事物的普遍本性的反映，在他们的哲学体系里，对立的范畴只能是概念游戏。范畴不再是认识事物存在、发展的规律的工具，而是把范畴当作论证唯心主义的工具。因此，范畴在他们的唯心主义世界观支配下，必然脱离认识的实践，范畴成了一套空洞的概念。

正由于他们的哲学不在于认识客观世界，所以本来应当严肃对待的一系列的主要范畴，到了他们的哲学体系里都变得无足轻重。每一个有正常思想的人，都不难指出他们的违反科学、违反常识的混乱、颠倒。但是他们从唯心主义的世界观出发，反而诬蔑一般人正常的看法为“混乱”“颠倒”，自称他们的哲学是“圆融无碍”。他们所谓“圆融无碍”，其实就是抹杀差别，调和矛盾，不辨是非。

我们必须强调指出，像华严宗这种糊涂思想显然是荒谬的，而他们之所以系统地制造混乱的宗教哲学体系的目的却十分清楚明白。这一点，他们一点也不糊涂。他们的哲学有鲜明的宗教目的，顽固地向唯物主义、向科学进攻，为当时封建地主阶级的利益服务。华严宗抹杀世界上的一切差别，为了引导人们离开当前现实的斗争，便劝人对现实世界的一切不感兴趣，他们教人到佛国寻求最后的安慰。

三

中国佛教到了隋唐时期，比南北朝时有了进一步的发展，他们为了防御唯物主义的攻击，对内协调步伐，更好地宣扬佛教宗教哲学，有必要把佛教经典著作进行一次系统整理。又由于国家统一，政治安定，寺院经济有所发展，帝王贵族大力支持，对于总结过去的佛教经典和学派也提供了有利的条件。唐代各个宗派都建立了自己的判教标准。各个宗派对自己宗派以外的其他宗派，有的贬低，有的抬高，当然各宗派都认为自己的宗派的地位和理论最高、最完整。

从华严宗的判教中不但可以看出它的根本观点，还可通过分析，看出它对唯物主义的坚决仇视，以及和其他宗派之间的异同。

法藏根据华严宗的观点把一切佛教流派按理论的深浅、全面和片面，划分为五等：愚法声闻教、大乘始教、大乘终教、大乘顿教、一乘圆教。

法藏认为只有一乘圆教是佛教哲学发展的最高阶段。后来华严宗的宗密在法藏判教理论的基础上做了更详细的划分。由于宗教的教规，他虽不敢公开违背法藏的五教的判教标准，而事实上他对判教标准与法藏有些不同。他分为人天教、小乘教、大乘法相教、大乘破相教、一乘显性教。在这五教之外，还有一种比人天教更低级的“教”，即儒教和道教，实际上是六种“教”。现在根据宗密的《原人论》，对华严宗的判教观点加以评论。

宗密在他的《原人论》里，直接对世界的起源、生命的起源，人类社会不平等、富贵贫贱的根源等做了明确的宗教唯心主义的解说。宗密认为佛教内部虽有高下精粗之分，但基本方向是符合唯心主义的，因而也是“正确”的；儒家和道家中的唯物主义观点完全是“错”的。所以他一开始即明确地对传统的唯物主义进行攻击：

> 儒道二教说人畜等类皆是虚无大道生成养育，谓“道法自然”，生于元气，元气生天地，天地生万物。故愚、智、贵、贱、贫、富、苦、乐皆禀于天，由于时、命故，死后却归天地，复其虚无。

宗密所引的这一种观点，就是秦汉以来，一切唯物主义者共同相信并反复发挥的唯物主义观点。从宋、尹到王充、范缜都是用这种理论说明物质世界和人类发生和发展的。恰恰在一点上，引起了佛教哲学的仇视，因而首先遭到佛教徒的“驳斥”，被认为是“迷执”[①]。

他反对儒、道两家的唯物主义观点，举出了以下的理由：第一，如果像儒、道两家所说的，“大道是生死贤愚之本”，人们没有必要也没有可能去避祸求福，只有被动地等待命运的安排；第二，“万物皆是自然化生，非因缘者，则一切无因缘处悉应生化，石应生草，草或生人”，世界将是没有规律的；第三，相信生禀“元气”，死后又回到“元气”，死后没有鬼神，就不能解释古书上关于鬼神的许多记载、传说；第四，草木也由“元气”生成，为什么草木没有智识；第五，富贵贫贱皆由“天命”，何以贫多富少、贱多贵少，天何以不公平？如何解释“无德而富，有德而贫”的现象？

---

① 《原人论》,《斥迷执》第一。

宗密公开责难唯物主义不能回答他所提出的问题，他的目的不过是为了“将”唯物主义一“军”，从而为宗教唯心主义争地盘，他的用心是十分明显的，这里不去多说。从他向唯物主义的挑战中，我们不难看出古代朴素唯物主义在哲学许多根本问题上，如对世界的物质性、物质和精神的关系等方面不可能做出完全科学的说明，因而不能巩固地占领阵地。同时也可以看出，古代唯物主义者，哪怕卓越的唯物主义者，在社会历史观方面仍然是唯心主义的，这就必然给宗教唯心主义留下了广阔活动的余地。像贫富问题、祸福问题，古代唯物主义者都无法正确答复。有了这一空隙，宗教迷信乘隙而入。由此更可以使我们认识马克思主义哲学是哲学上的革命变革的伟大意义和作用。只有马克思主义哲学才把唯物主义贯彻到底，只有掌握了历史唯物主义原则，才能把唯心主义最后的防空洞彻底摧毁。

当然，我们也必须指出，宗密对唯物主义所提出的几个难题，尽管可以给唯物主义制造一些麻烦，起了反面教员的刺激作用，但宗密自己的唯心主义哲学同样没有解决，不但没有解决，而且他所提出的用宗教唯心主义解决方案更荒谬、更错误。

宗密在《原人论》中首先批判了人天教。他说人天教只是对刚刚入门的佛教徒讲的最粗浅的道理。行善事、遵守佛教教义的信徒死后升“天堂”，不遵守佛教教义的人死后入地狱、变畜生。他认为这一种教对身体和精神的关系问题上没有很好地解决，如果犯了罪或行善的人是今生的张三，或受到惩罚或享福的是来生的李四，那么“岂有今日身心造罪、修福，令他后世身心受苦、受乐？据此则修福者屈甚，造罪者幸甚。如何神理如此无道”？

宗密这里没有批判人天教相信因果报应是错的，只不过埋怨人天教把因果报应的理论讲得简单化了，对宗教的宣传不利。所以说这一派“虽信业缘，不达身本”。他还是为宗教迷信寻求辩护的借口。

《原人论》又批判了小乘教（早期原始佛教），认为小乘教“以色、心二法及贪、嗔、痴为根身器界之本”的主张在理论上还有漏洞，对唯心主义不利。宗密认为小乘佛教承认“色”（物质界，即“四大”：地、水、火、风）和“心”（精神心理方面的受、想、行、识）是构成世界的基础是实有的。宗密认为小乘佛教承认物质和精神都是实际存在的东西，即承认了世界有物质因素，他看来，就是小乘佛教对唯物主义有所让步，这种说法至少有二元论的嫌疑。他认为如果不坚决贯彻唯心主义原则，就会给唯物主义留下一半的天下，这是彻底的唯心主义者所不能容忍的。所以宗密从更坚决的唯心主义立场反对小乘教，说它“专此教者，亦未原身”。

《原人论》还批判了大乘法相教。这一派认为现实世界以及人类都是“唯识所变，识为身本”。宗密指出，把“识”绝对化，“识”有被理解为客观实在的嫌疑，没有彻底否认一切存在的实在性，他们的唯心主义还不够彻底。其实，远在宗密以前，法藏早已对法相宗提出了批评，他的批评比宗密更能联系宗教宣传的实际一些。法藏反对法相宗把“圆成实性”（或叫作“佛性”或“真如”，是佛教宗教哲学所认为最后真理）看作脱离现实世界、远离染污环境、超越一切的精神世界。他主张：

> 圆成〔实性〕虽复随缘成于染净，而恒不失自性清净。只由不失自性清净，故能随缘成染净也。[①]

① 《华严一乘教义分齐章》第四。

法藏认为法相宗说佛性是“真”，现实世界是“妄”。“真”和“妄”（“真如世界”和现实世界）不应分割得太辽远，太辽远了就会挫伤了人们走向“天国”的积极性，这对于佛教势力的扩张，对于销毁人民的反抗意志没有好处，所以应当反对。无论法藏或宗密，他们之所以反对大乘法相教，是从一种唯心主义立场反对另外一种唯心主义。

华严宗和法相宗对待唯物主义的立场都很坚决①，法藏和玄奘根本上没有什么不同，所争论的只是如何更有效地麻醉人民。

“进入天国”本来是一张无法兑现的空头支票，只是华严宗的空头支票日期近些，它反对法相宗把空头支票的日期开得过远，对争取群众不利。随着佛教各宗派的建立，各派都力图扩大自己的影响。天台宗的“无情有性”②、禅宗的“顿悟成佛”③都抱着同样目的，大肆宣传，以广招徕。华严宗为了纠正法相宗的缺点，他们主张：

> 真该妄末，妄彻真源，性相通融，无障无碍。④

《原人论》又批判大乘破相教，认为大乘破相教比大乘法相教在理论上提高了一步，它指出了大乘法相教以“识”有客观实体的

---

① 《唐高僧传》卷四：玄奘在印度那烂陀寺留学时，曾遇到“顺世外道来求论难，书四十条义，悬于四门，若有屈者斩首相谢。彼计‘四大’为人物因”。这里讲的“四大”即地、水、火、风四种元素。顺世派认为地、水、火、风是构成人和物的物质基础，这是印度古代素朴唯物主义一个流派。唐玄奘“申大乘义破之，名《制恶见论》”。

② 《金刚錍》。

③ 《六祖法宝坛经·顿渐品》。

④ 《华严一乘教义分齐章》第四。

嫌疑，破相教指出了法相教的理论困难在于：

> 所变之境既妄，能变之识岂真？

宗密看来，一切存在都是空的，“心（主观认识、心理作用、机构等等）境（认识对象）皆空，方是大乘实理”。宗密认为大乘破相教真正能够杜绝唯物主义活动的道路，是最安全、最彻底的唯心主义宗教哲学。华严宗对佛教各宗派中小乘、大乘都在不同程度、不同角度提出了不同的批评，经过判教评定的结果，认为大乘破相教最“高”，因为大乘破相教的唯心主义最彻底。

华严宗看来，大乘破相教尽管唯心主义哲学观点比较最彻底，同时也给佛教立场带来了一些新的困难。因为大乘破相教对现实世界的一切存在，不论是主观世界（“心”）或客观世界（“境”）都破得彻底，而破光了这些之后，必须建立佛教的“天国”，论证现实世界之“幻”，正是为了显示佛教“天国”之“真”。宗教哲学的最终目的在于引导人们出世，从人世走向“天国”。所以宗密说：

> 现见世间虚妄之物，未有不依实法而能起者。
>
> 如无湿性不变之水，何有虚妄假相之波？
>
> 若无净明不变之境（按：“净明不变之境”即“真如世界”，佛教的“天国”），何有种种虚假之影？

因此，这派“但破执情，亦未明显真灵之性”。对华严宗来说，以上这些流派都有些片面理论上的缺点，只有一乘显性教（华严宗）才能显示佛教最高、最圆满的真理。

一乘显性教在大乘破相教的基础上建立起自己的宗教神学体系，宗密认为：

> 一切有情（按：“有情”即众生）皆有本觉真心，无始以来，常住清净，昭昭不昧，了了常知，亦名佛性，亦名如来藏。……但以妄想执着而不证得，若离妄想，一切智、自然智、无碍智即得现前。

破除了世间的所谓“成见”，也就是说，接受了佛教唯心主义的世界观，即可成佛。佛教徒认为只有佛才有“一切智”“自然智”“无碍智”。

四

华严宗尽力运用一切诡辩方法，反反复复论证现实世界不真实、不能认识，说它是空幻的、相对的，它最终目的在于引导人们由人世通向“天国”。

通向“天国”，也有各种“通”的方法。华严宗吸取了中国佛教历史上比较灵活、比较狡猾的顿悟成佛的传统观点，结合了当时阶级压迫的具体情况，建立了他们独特的宗教神学体系。

华严宗以“十玄门”“四法界”“法界缘起”学说打开通向“天国”的大门。华严“十玄门”首创于智俨。法藏对智俨的学说有部分修正。智俨“十玄门”学说[①]与法藏“十玄门”（对智俨旧说，

① 智俨的“十玄门”对法藏的“十玄门”来说叫作“古十玄”，它是同时具足相应门、一多相容不同门、诸法相即自在门、因陀罗网境界门、微细相容安立门、秘密隐显俱成门、诸藏纯杂俱德门、十世隔法异成门、唯心回转善成门、托事显法生解门。

又称“新十玄”）大致相同，只是第二改称“诸藏纯杂具德门”，第七改称“广狭自在无碍门”，第九改称“主伴圆明具德门”。

照华严宗看来，要求得解脱人生的苦恼，不必改造现实世界，而只要改变一下对现实世界的看法，就可以圆满解决了。他们要在反对唯物主义世界观的基础上，建立一个圆满的、没有缺欠、各方面协调、没有矛盾、没有斗争的精神世界。“十玄门”主要目的在于阐明只要坚持唯心主义世界观，从宗教立场对待事物，一切都是“圆满”的，人人都得到满足（同时具足相应门）。个别和一般在统一的整体世界中各自存在，互不相妨，而又互不相同（一多相容不同门）。各个事物（“诸法”）相互依存，各得其所（诸法相即自在门）。各个事物都是整个世界的不可分割的一部分，好像天帝戴的结了宝珠的网帽子，每一颗宝珠都照见全部其他宝珠的影子，交相辉映，重重无尽（因陀罗网境界门）。事物无论抽象原理和具体事物，都同时显现，不相妨害（微细相容安立门）。世界上存在，如说它是隐，可以说都是隐；说它是显，可以说都是显。比如只讲本体，一切事物都可以说是本体，只讲现象，一切事物都可以说是现象（秘密隐显俱成门）。世上事物，可以说是复杂的，又可以说都是单纯的，可以通过个别感官（“纯”）去感知，也可以通过众多感官（“杂”）去感知，不论是由前者（“纯”）感知或是后者（“杂”）感知，都能与“佛国”发生联系（诸藏纯杂俱德门）。不同时间都可分为过去、现在、未来，每一个过去、现在、未来又可分为过去、现在、未来。虽然有九世而实际生于一念（十世隔法异成门）。一切事物或隐或显、或一或多，都是由于主观意识的作用（唯心回转善成门）。真理蕴藏于每一具体事物中，通过每一事物都可以显示佛性、“真如”（托事显法生解门）。

上述这一大堆杂乱、重叠的主观观念罗列，无非反复说明，世界虽然看来很复杂，但世界上任何事物都和佛性、“真如”有关系，都体现了佛性、“真如”的一个方面。华严宗认为世界上任何存在的事物，不论是好是坏、是大是小，对构成整个世界的完整无缺来说，都是必不可少的。这里，只是用更加烦琐的词句、拙劣的描述，论证统治阶级所需要的论证的结论“凡是存在的都是合理的”。这一套理论完全是替唐代当时腐朽的、反动的、残酷的剥削制度建立理论根据，统治阶级当然十分欢喜，愿意鼓励这种御用学派的传布和发展。

华严宗所谓“四法界”同样在说明它迎合统治阶级的要求，力图在不触动当时的统治秩序的一丝一毫的前提下，大做哲学文章。

“四法界”是事法界、理法界、理事无碍法界、事事无碍法界。

从表面看来，华严宗所谓“事”与“理”有点像古典哲学所谓现象（“事”）与本体（“理”）的关系，又有些像中国古典哲学中所谓体（“理”）与用（“事”）的关系。但实际上它这一点点相似只是表面上的，实质上华严宗又有自己的体系。华严宗所谓“事”，有些像所谓“现象”或“用”，但是正如上面所做过的分析，华严宗根本否认有独立于意识之外的客观世界。从这一根本前提出发，他们的“理”不是事物的规律，“事”也不是客观世界的现象。他们所谓“事”只是纷然杂陈的，体现“真如”、佛性的个别存在；所谓“理”，也只是不反映客观世界的悬空无着落的“理”。明确了这一点，再看他们反复讲说的“事”与“理”

的关系只不过是概念上的关系。华严宗也力图和唯物主义的“理”和“事”相区别，他们叫它作“理法界”“事法界”。称为“法界”，即意味着与真实的客观世界不同。

在“四法界”的学说中，基本观点和他们的宗教哲学体系完全一致，都是为了说明在世界一切都是佛性或“真如”的映象（或体现），无论所体现的个别存在（“事”）或一般原理（“理”）都是和谐的，无矛盾冲突的，互相需要、互相补充的。华严宗指引人解脱苦难的道路是承认并接受当前的一切命运的安排。这样，无往而不自由，就是“解脱”了。世界上没有比这种用改变观点，躲避现实的方法更容易起麻痹作用了。这一方法确是安全省力而对统治阶级没有危害性的方法。

“法界缘起”看来复杂精致，又援引了一些佛经的话吓唬人，实质上不过是用唯心主义的观点来论证世界在概念上有相互依存、相互制约的关系，他们认为概念的关系是构成世界的纽带（“缘起”）。

总的来看，华严宗的宗教哲学用它那烦琐的、芜杂的经院方式，从各方面去论证客观物质世界不存在，人类一切苦难不是来自阶级压迫，它与当前的现实社会制度、社会存在没有关系。他们教人接受佛教的宗教宣传，安于现状。他们大力宣扬进入“佛国”不必等到遥远的将来，不必到另外的地方去寻找，就在当前的世界上，只要改变一下观点，就能进入“佛国乐土”。这是唐代佛教宗教哲学各宗各派理论的总趋势，华严宗作为一个哲学流派，在这一总趋势中，不甘落后，也分担了重要的角色。

华严宗从理论上反复阐明封建秩序的合理性，从唯心主义立场解释一些基本范畴。后来的许多唯心主义学派都继承了他的衣钵，特别是程朱为代表的客观唯心主义理学，不论从思想上、从体系上都可看出他们的思想传授的渊源。程朱哲学经常宣扬什么“体用一源，显微无间”[①]，说明事物都是这个总的精神实体的“理”的体现，这和华严宗的“理事无碍法界，事事无碍法界”的思想完全一致。程朱学派认为“人人有一太极，物物有一太极”[②]也正是华严宗“一真法界”“一切即一”“一即一切”的翻版。程朱学派所讲的“理”也不是物质世界的客观规律，而是精神法则（“天理”）。程朱学派为了进一步把封建社会的统治秩序绝对化，他们更加发挥了形而上学的哲学思想，连华严宗的哲学中一点点辩证法思想的因素也给抛掉了。

从华严宗的宗教唯心主义哲学里我们可以认识到，辩证法和唯心主义归根到底是对立的。华严宗的哲学里即使有些辩证法思想，在它的唯心主义体系下，只能把那一点点辩证法的因素引导走向相对主义和诡辩论。力图维持唐朝的封建统治制度的僧侣地主阶级必不敢正视辩证法，因为辩证法的根本原则是“事物的矛盾法则，即对立统一的法则，是唯物辩证法的最根本的法则”[③]。而华严宗的哲学只就相互联系、相互制约、部分与全体等方面做了一些说明。我们只能说它有些辩证法思想的因素，而不就是辩证法，因

① 《程氏易传序》。

② 《朱子语类》卷一。

③ 毛泽东：《矛盾论》。

为它对辩证法的核心避而不谈，他们不敢面对矛盾、对立面的斗争，不敢面对世界的运动和变化，而是从平静、和谐的观点去抽象地讲事物的联系。结果必然导致不问善恶、是非，世界上的一切东西都“圆满无碍”地过着和平共居的生活。压迫者和被压迫者、农民和地主、皇族和平民都成了宇宙关系之网的不可缺少的纽结。又由于它头脚倒立着，从唯心主义世界观出发，它那点辩证法因素不能正常发展，因而必然通向相对主义、诡辩论，最终离开了辩证法，归宿到形而上学，把世界看作充满了协调的、互相补充的、互相需要的、静止的“关系之网”。矛盾被抹杀了，辩证法也随着被消灭了。

华严宗的相对主义、诡辩论的特点是否认相对中有绝对，但他们却不否认最后有它的精神世界的“绝对”。华严宗的“一真法界”是绝对的。他们否认现实世界的真实，正是为了给佛性、“真如”或精神性的“理”保留地盘，给他们宗教哲学的“绝对观念”保留地盘。

再从阶级根源来看这个问题，就更容易说明华严宗为什么不敢正视辩证法的核心。因为辩证法“在对现存事物的肯定的理解中同时包含对现存事物的否定的理解，即对现存事物的必然灭亡的理解。……按其本质来说，它是批判的和革命的”[①]。华严宗不能也不敢把“一真法界”的永恒不变的崇高地位给否定掉了，他们绝不敢正视当时的社会的矛盾和不协调。辩证法在唯心主义体系中只有被

① 马克思：《〈资本论〉第一卷第二版跋》，《马克思恩格斯选集》第二卷，第218页。

阉割了它最有生命力的核心部分。彻底的辩证法的宇宙观最后必然会突破唯心主义的束缚，彻底的唯物主义最后也必然会与形而上学决裂。在马克思主义哲学出现以前，辩证法与唯物主义没有有机地结合。马克思主义哲学的出现才开辟了人类认识世界改造世界的新纪元，结束了哲学史上的史前期。

禅宗哲学思想略论*

禅宗是中国佛教史上重要流派之一。按照传统旧说，认为它创始于北朝，但它真正形成佛教宗派，应当看作从唐代开始的。“安史之乱”以后到北宋初年是它的极盛时期。宋、元以后继续流传，没有断绝。这一派佛教思想不仅影响了宋代理学，也曾波及朝鲜和日本。因此，有必要对禅宗哲学思想进行初步考察。本文仅初步探讨禅宗的基本思想，而不在于做历史叙述。

佛教思想经过南北朝长时期的翻译介绍阶段，在社会上已有广泛的影响，并形成许多学派。像众所周知的三论宗、地论宗、摄论宗、成实宗等学派，他们讲授佛教经、论，各有师承、家法。这一时期已有“宗”的称号，实际上是学派，它和汉儒经师传授的方式相似，和后来隋唐时期的佛教宗派不同。隋唐以后的佛教宗派，模仿世俗地主阶级的宗法制度，把师徒之间的学术继承关系看作父子继承的关系，并仿照宗法制度的方式建立自己的传法的法统，制定自己的谱系，即所谓“法裔”“法嗣”衣钵相传的制度。这是南北朝以来，门阀士族制度在中国僧侣地主阶级中的

* 原载于《哲学研究》1957年第4期。曾收入《汉唐佛教思想论集》。

反映。

隋唐佛教中有许多重要宗派。其中对后来中国哲学界影响较大的有三派：天台宗、华严宗、禅宗。以玄奘为首的法相宗（或称唯识宗）只风行三四十年，后即消沉；三阶教颇有广泛的信徒，但它偏重迷信宣传，哲学理论对后来影响较少。这些宗派远不能和天台、华严、禅宗相提并论。

一、早期禅宗的建立
——菩提达摩和他的门徒

“禅”是天竺语dhyāna一词音译的简称，音译作“禅那”；意译，旧译作“思惟修”“弃恶”等，通常译作“静虑”。佛教把禅定看作宗教修养的六个重要途径之一。禅定就是安静地沉思。这种宗教修养方法一般地又可分为四个阶段或者八个阶段，还有更详细的划分，这里不去详说。

印度佛教，不论大小乘各派，甚至佛教以外的宗教，都很注意禅定的宗教修养方法，但在印度没有相当于中国禅宗的宗派。禅宗是纯粹中国佛教的产物。

南北朝时期，中国佛教思想和学风大致分为两大趋势。南方佛教哲学和南朝的玄学相适应，体现了南方中国学风的特点，它比较重视义理的理解，以清通简要为特色。北方佛教哲学和北朝的经学相适应，比较重视戒行和禅定，对于纯理论的兴趣不高。北方佛教徒多注重禅定，所采取的方法基本上和印度传入的方法一致。

相传菩提达摩从南印度到达北魏，提出了一种新的禅定的方法，与过去禅定方法不同，也就是和印度的禅法有所不同。道宣在《唐高僧传》中曾指出菩提达摩禅法的特点：

> 稠（按："稠"即僧稠，代表旧禅法）怀念处，清范可崇；摩（按："摩"即菩提达摩）法虚宗（按："虚宗"即大乘空宗），玄旨幽赜。可崇则情事易显，幽赜则理性难通。

道宣是唐初和玄奘同时最有学问的佛教史专家，从道宣的眼里看菩提达摩的禅法和僧稠一派不同。僧稠采取的是静坐，调整呼吸，舌拄上腭，心注一境的坐禅方法。

菩提达摩禅法主要的特点，在于以禅定的形式下进行思想意识的锻炼。他提出了"理入"和"行入"的宗教修养方法。

"理入"即"壁观"（按：旧说达摩面壁九年，把面壁静坐叫作"壁观"。根据《唐高僧传》的记载，"壁观"是使心如壁立，不偏不倚）。道宣在《唐高僧传》中说：

> 理入者，谓借教悟宗，深信含生同一真性。客尘障故（按：《楞伽师资记》作"客尘妄复，不得显了"）。令舍伪归真，凝住壁观，无自无他，凡圣等一，坚住不移，不随他教（按：《楞伽师资记》作"更不随于言教"），与道冥符，寂然无为，是其本也。

这就是说，他教人从认识上脱离现实世界（"舍伪"），追求所谓超现实的真如世界（"归真"）。不但否认个人存在的真实性（"无自"），还要否认客观世界的真实性（"无他"），否认人类道德、社会存在的真实性。菩提达摩认为人类之所以不能接受佛教“真如”的原则，就在于人们受了感官对象的欺骗和蒙蔽的缘故（“客尘障故”）。

道宣在《唐高僧传》中又说到菩提达摩的“行入”的四种宗教修养方法：

> 初报怨行者，修道苦至，当念往劫，舍本逐末，多起爱憎。今虽无犯，是我宿作，甘心受之，都无怨诉。经云：“逢苦不忧，识达故也。”

“报怨行”劝人们放弃一切反抗外来压迫的企图，养成忍受奴役的性格。

> 二随缘行者，众生无我，苦乐随缘，纵得荣誉等事，宿因所构，今方得之，缘尽还无，何喜之有？得失随缘，心无增减，违顺风静，冥顺于法也。

“随缘行”劝人放弃对外界是非善恶的分别，不计痛苦和快乐，把一切幸运和不幸都看作命运早已决定了的。第三，“无所求行”，教人放弃改善当前生活的任何要求和愿望。第四，“称法行”，教人按着佛教的基本教义（“法”）去行动。《楞伽师资记》说：

> 性净之理，因之为法，此理众相斯空，无染无著，无此无彼。……若能信解此理，应当称法而行。法体无悭于身命，则行檀舍施，心无吝惜。……檀度（按：檀度，dānapāramitā，即对寺院经济捐助以获得解脱的方法，这是僧众敛财的理论根据）既尔，余五亦然。为除妄想，修行六度，而无所行，是为称法行。

菩提达摩的学说可以考见的不过如此。他提出了这样简单的修行方法，是以前所没有过的。他还提出用《楞伽经》四卷[①]作为宣扬禅宗教义的教本，传给慧可。菩提达摩学说的主要特点，在于把印度输入的复杂繁难的坐禅的宗教修养方法改变为简易的宗教修养方法。

这里必须指出，菩提达摩的禅法的这些特点，并不是他的特点，而应当看作当时北方佛教学风的特点。因为当时的北方学风比较重朴实、单纯，在一定的程度上保持着汉代经学的传统。北朝的佛教有重实行的特点，北朝的儒家思想也有同样的特点。当时社会风气、世俗地主阶级的学术风气必然会在僧侣地主阶级的宗教思想中得到反映。

达摩初到北魏，自称“南天竺一乘宗”，当时“文学之士多不齿之”[②]。我们不难设想，达摩当时如果不与当时当地的学风相适应，是不能立足的。他的社会地位和学术地位远不能和他以后隋唐时期的其他宗派创始人，如天台宗的智顗，华严宗的法藏、澄观，法相宗的玄奘等人相比。他宣扬《楞伽经》，也是因为这一部经的内容和当时北方流行的地论学派（宣扬《十地经论》的思想）属于同一思想流派。而他把禅法简单化，也和当时北方重实行、轻义理

① 《楞伽经》，即《楞伽阿跋多罗宝经》，或译为《大乘楞伽经》。这部经有四个译本：（1）北凉时中天竺沙门昙无谶译，四卷本，今佚；（2）刘宋时中天竺沙门求那跋陀罗译，四卷本，今存；（3）北魏时天竺沙门菩提流支译，十卷本，今存；（4）唐武后末年于阗沙门实义难陀译，七卷本，今存。菩提达摩所传的《楞伽经》即求那跋陀罗译的四卷本。所以净觉在他的《楞伽师资记》中以求那跋陀罗为第一祖，以菩提达摩为第二祖。

② 《唐高僧传》卷十九。

的普遍学风相适应。北方的地论学派和南方的摄论学派（在印度原属一派）都以“阿赖耶识”为中心问题。对于佛性是“当常”（来世会成佛）和“现常”（现世即可成佛）的问题有不同的说法，这种争论直到唐初还没有取得一致。涅槃佛性问题正是南北朝时期中国佛教史上被认为头等重要问题之一。

因此，达摩在北方中国开始形成他的新宗派时，就和当时北方中国的具体环境相适应。虽然他的禅法和僧稠有所差异，虽然他自称是“南天竺一乘宗”，虽然他本人是一个异邦的佛教徒，但他所提出的主张和所走的道路，完全是当时北方中国具体环境下的产物。

据史传记载，达摩传法于慧可，慧可传法于僧粲，僧粲传法于道信（579—652年），道信传法于弘忍（601—674年）。因为弘忍死于道宣死后七年，所以《唐高僧传》没有他的传记①。禅宗自慧可到道信，学的都是《楞伽经》。弘忍在黄梅东山寺传教，开始改用《金刚般若经》②，这一转变是值得注意的。因为达摩最初在北方开始传教，北方是地论学派盛行的地方，用《楞伽经》比较适宜；弘忍传教的地区在湖北黄梅，湖北从南北朝以来就是三论宗流行的地区。三论宗属于大乘空宗，《金刚经》是它的主要依据的经典。《金刚经》开始被禅宗所采用，这都是受当时的客观环境决定的。

从达摩到弘忍，这五代法裔相传的过程，可以看作禅宗的预备阶段，也可称为禅宗的先驱。这时期禅宗还没有形成宗派，也没有

① 敦煌本《楞伽人法志》说：“大师俗姓周，其先寻阳人，贯黄梅，……七岁奉事道信禅师。自出家，处幽居寺……”

② 弘忍所讲说的《金刚经》即现存的《大般若经》中的第五百七十七卷。这一卷经前后共有六种译本，最通行的是姚秦鸠摩罗什的译本。

正式以“禅宗”作为自己宗派的名称。

就初期禅学的特点而论，无论它以《楞伽经》为中心思想（佛教大乘有宗），或以《金刚经》为中心思想（佛教大乘空宗），它都是客观唯心主义。它用宗教哲学宣传客观世界不实在，把主观精神作用（“我”）和客观事物及其规律（“法”）都看作是虚幻不实的。它夸大了世界上事物永远在生灭、变化的现象，说任何事物都不真实。它也接触到世界事物都在相互制约的关系之中，把事物的关系（“众缘”）孤立起来，使它脱离具体客观事物，而把它仅仅看作观念的相互制约的关系。它也提出了人类认识的局限性和产生错误的可能性，从而宣称认识为不可能。禅对人类认识提出怀疑，它的贡献在于指出认识的局限性。方法失误在于过分夸大了这种局限性，由此得出结论，认为认识不可能，把认识说成愚昧无知的根源，这就荒谬了。

二、从客观唯心主义到主观唯心主义
——禅宗的正式建立，惠能和他的学派

在惠能（638—713年）以前，中国流行的禅学流派很多，有的受印度禅定学说影响较深，也有的独创性较多。惠能取得“六祖”的正统独尊地位，那是他的宗派得到更广泛流传以后的事。宗密曾亲身经历了禅宗百家争胜的局面。他编过一部禅宗的语录集，叫作《禅源诸诠集》，这部大书可惜已经散失了，只留下一篇总序。他说：

> 今集所述殆且百家，宗义别者犹将十室，谓江西、菏泽、北秀、南侁、牛头、石头、保唐、宣什及稠那、天台等，……立宗传法，互相乖阻。有以空为本，有以知为源；有云寂默方真，有云行坐皆是；有云见今朝暮分别为作一切皆妄，有云分别为作一切皆真；有万行悉存，有兼佛亦泯；有放任其志，有拘束其心；有以经律为所依，有以经律为障道。非唯泛语而乃确言，确弘其宗确毁余类，……争得和会也。[①]

虽包括近百家，他们的主要流派可分为“十室”。这“十室”之中按他们的学说的基本宗旨约可分为三大宗，就是息妄修心宗、泯绝无寄宗、直显心性宗。与这三宗分别依次相应的说教方式也有所不同，它们是密意依性说相教（对息妄修心宗）、密意破相显性教（对泯绝无寄宗）、直显心性教（对直显心性宗）。

按照宗密的划分标准，这三宗不便分高下，只是说教的方式和重点有所偏重。第一派是息妄修心宗：

> 初，息妄修心宗者，说众生虽本有佛性，而无始无明，覆之不见，故轮回生死。诸佛已断妄想，故见性了，出离生死，神通自在。当知凡圣功用不同，外境内心各有分限。故须依师言教，背境观心，息灭妄念。念尽即觉悟，无所不知。如镜昏尘，须勤勤拂拭，尘尽明现，即无所不照。又须明解趣入禅境方便，远离愦闹，住闲静处，调身调息，跏趺宴默，舌拄上腭，心注一境。南侁、北秀、保唐、宣什等门下皆此类也。牛

① 《禅源诸诠集都序》卷上之一。

头、天台、惠稠、求那等，进趣方便，迹即大同，见解即别。[①]

这一派基本上接近于后来所谓禅宗的北派，其中主要代表人为神秀、智诜等。他们要教人通过坐禅的方法，训练一种脱离现实的宗教世界观，他们和印度的传统禅法还保持一定的联系，如坐禅和调息的方法（“舌拄上腭，心注一境”）基本上是印度佛教瑜伽的修炼的方法。这一派唐中叶以后，即趋没落。

第二派是泯绝无寄宗：

> 二，泯绝无寄宗者，说凡圣等法皆如梦幻，都无所有，本来空寂，非今始无。即此达无之智亦不可得。平等法界，无佛无众生，法界亦是假名。心既不有，谁言法界？无修不修，无佛不佛。设有一法胜过涅槃，我说亦如梦幻。无法可拘，无佛可作，凡有所作，皆是迷妄。如此了达，本来无事，心无所寄，方免颠倒，始名解脱。石头、牛头下至径山，皆示此理，便令心行与此相应，不令滞情于一法上。日久功至，尘习自亡，则于怨亲苦乐一切无碍。因此便有一类道士、儒生、闲僧泛参禅理者，皆说此言，便为臻极。不知此宗不但以此言为法。菏泽、江西、天台等门下亦说此理，然非所宗。[②]

这一派的主要代表人物是惠能的嫡传弟子们，他们的教学方法与第一派有很大的不同。他们主张顿悟，不主张坐禅，比前者有更多的中国佛教的特点。

第三派是直显心性宗：

---

① 《禅源诸诠集都序》卷上之二。

② 同上。

三，直显心性宗者，说一切诸法，若有若空，皆唯真性。真性无相无为，体非一切，谓非凡非圣、非因非果、非善非恶等。然即体之用而能造作种种，谓能凡能圣、现色现相等。于中指示心性，复有二类。一云即今能语言、动作，贪嗔慈忍，适善恶、受苦乐等，即汝佛性，即此本来是佛，除此无别佛也。了此天真自然，故不可起心修道。道即是心，不可将心还修于心。恶亦是心，不可将心还断于心。不断不修，任运自在，方名解脱。性如虚空，不增不减，何假添补？但随时随处息业养神，圣胎增长，显发自然神妙。此即是为真悟、真修、真证也。二云诸法如梦，诸圣同说，故妄念本寂，尘境本空。空寂之心，灵知不昧。即此空寂之知，是汝真性。任迷任悟，心本自知，不藉缘生，不因境起，知之一字，众妙之门。由无始迷之故，妄执身心为我，起贪嗔等念。若得善友开示，顿悟空寂之知，知且无念无形，谁为我相人相？觉诸相空，心自无念。念起即觉，觉之即无，修行妙门唯在此也。故虽备修万行，唯以无念为宗，但得无念知见。[①]

这一派是第二派（泯绝无寄宗）的发展，与第二派有密切的思想渊源。宗密虽然在这里没有讲这一派的主要代表有哪些人，而他实际所指的是禅宗后期和华严宗后期合流后的新情况。

宗密认为上述三宗的基本原理并不矛盾，它们之间可以互相调和。他认为当时佛教禅宗流派很多，甚至互相敌视，是不应该的：

十，师资传授须识药病者，谓承上传授方便，皆先开示本

① 《禅源诸诠集都序》卷上之二。

性，方令依性修禅。性不易悟，多由执相。故欲显性，先须破执。破执方便，须凡圣俱泯，功过齐祛。戒即无犯无持，禅即无定无乱。三十二相都是空花，三十七品皆为梦幻。意使心无所著，方可修禅。后学浅识，便但只执此言为究竟道。又以修习之门，人多放逸，故复广说欣厌，毁责贪恚，赞叹勤俭，调身调息，粗细次第。后人闻此，又迷本觉之用，便一向执相。唯根利志坚者，始终事师，方得悟修之旨。其有性浮浅者，才闻一意，即谓已足，仍恃小慧，便为人师，未穷本末，多成偏执。故顿渐门下，相见如仇雠；南北宗中，相敌如楚汉。洗足之诲，摸象之喻，验于此矣。[①]

宗密还在他的《圆觉大疏抄》卷三下讲到禅宗的“七家”。

第一，神秀、普寂等“凝心入定，住心看净，起心外照，摄心内证”。

第二，成都净众寺无相（其传法世系为弘忍—智诜—处寂—无相），以“无忆、无念、莫忘”三句为宗。

第三，成都保唐寺无住（无相之弟子）以“无妄”为宗，“起心即妄，不起即真”，“释门事相，一切不行。礼忏、转读、画佛、写经，一切毁除。所住之院，不置佛事。但贵无心，而为妙极”。

第四，江西道一以“触类是道，任心为修”，“所作所为，……贪嗔烦恼，并是佛性。扬眉动睛，笑欠声咳，或动摇等，皆是佛事”，“不断不修，任运自在，名为解脱”，“无法可拘，

① 《禅源诸诠集都序》卷上之一。

无佛可作”。

第五，牛头山慧融、智威、慧忠，鹤林马素，径山道钦以心境“本来空寂，非今始无。……了达本来无事，心无所寄，方免颠倒，始名解脱”。

第六，南山念佛门以念佛为宗。

第七，菏泽神会以“无念”为宗，“知之一字，众妙之门”，但无妄念，即是修行。

宗密是华严宗的第五祖，他也吸取禅宗的一些观点。他讲的“十室”“三宗”“七家”只是大体的分类。从宗密的《都序》中可以反映出唐中期以后的禅宗的基本状况。

第一，禅宗在唐中期以后已蔚为大宗，它传播的范围已相当广泛。

第二，由于派别纷立，他们内部已开始分化，并有尖锐斗争，“顿渐门下，相见如仇雠；南北宗中，相敌如楚汉”。

第三，惠能一派在十宗中势力和影响最大。

我们把惠能当作中国禅宗的真正创始人是有事实根据的。菩提达摩以下五世，只是惠能禅宗的先驱。后来中国哲学史上所谓“禅学”，某人的学说近禅（如宋儒、明儒说陆九渊、王守仁的哲学体系近禅），都是说他们的学说和思想方法和惠能以后的禅学接近，而不是指的惠能以前的禅学，更不是指的禅定的禅学。

隋唐政权与南北朝时期的政权性质有所不同。隋唐中央政府一方面和相沿数百年、享有政治和经济特权的门阀士族相勾结，另一方面也和当时数量更广大的一般寒门素族的地主阶级相联系。唐朝的巩固、统一和繁荣富强之所以在当时达到全世界封建文化的高峰，和它得到当时新、旧、大、小的地主阶级各个阶层的支持有关，也和它夺取了隋末农民起义的成果有关。

隋唐时期的其他宗派，比较着重烦琐的章句解释、经院学派式的钻研。那一些显贵的僧人，可以交结官府，出入宫廷。他们占有广大的土地，拥有众多的奴仆。佛教一方面宣扬要看轻世俗富贵，摒弃物质享受，但是在佛教徒和寺院经济特别发达的情况下，将不可避免地要走向奢侈、腐化、享乐的道路，在人民面前失去了它的欺骗作用。①为了挽救当时佛教面临的危机，在内部产生了像禅宗这样的宗派。他们没有很多的学问，甚至有不识字的宗教领袖，他们多半出身于一般平民家庭，在生活作风上比较能够刻苦。他们没有占有大量的庄园，不要累世修行，不要大量的布施，不要许多麻烦的宗教仪式，不要背诵那些浩如烟海、穷年累月还不能完全记诵的经卷。

这样的革新运动，他们要有自己的武器。他们没有隋唐佛教其他宗派的优越条件，没有很多的理论和旧的佛教宗派相抗衡。他们唯一的武器就是用主观唯心主义，他们不要论证、不要引经据典，只要凭借每个人主观信仰和良心。因此，禅宗从惠能以后，从客观唯心主义转向主观唯心主义，不能仅仅看作禅宗本身的转变，它标志着唐代佛教发展中遇到危机后的新趋势。

惠能以后，经过几代的传播，禅宗在中国广大地区发展为五个

① 据佛教历史的记载，从武则天开始，用赐法腊（按：佛教徒以出家年岁计算法腊）、赐官职、赐品级的办法，收买佛教徒。薛怀义被任命为新平道行军总管；法朗等九人被封为县公，赐紫袈裟、银龟袋；不空封爵为开府仪同三司，封肃国公，食邑三千户；赐杜义、玄嶷法腊三十岁；赐刘总法腊五十岁。

较大的支派，禅宗这些支派曾流传到日本与朝鲜，并且有了进一步的发展。这五个支派是沩仰宗，开创人是沩山灵祐和他的弟子仰山慧寂；临济宗，开创人是临济义玄；曹洞宗，开创人是洞山良价和他的弟子曹山本寂[①]；云门宗，开创人是云门文偃；法眼宗，开创人是法眼文益。这五宗所创立的时代都在唐末五代的时候。灵祐的生卒是771—853年；义玄死于866年；洞山良价的生卒年代是807—869年；文偃的活动年代在宣宗、懿宗时代（847—872年）；文益死于958年，这时唐朝已灭亡。

这正是唐朝从衰亡到崩溃的时期，农民革命大规模爆发，最大的一次是875—884年的黄巢起义。全国各地，甚至包括当时的首都长安在内，都经常受到军阀战争的灾害。佛教的寺院经济和当时的门阀士族以及一般地主阶级的命运一样，在农民起义的震荡下，纷纷破产。唐朝中央政府为了挽救财政的危机，曾在845年进行了一次规模最大的灭佛运动，佛教各宗派遭到极为严重的打击。[②]

“安史之乱”到唐末，这一时期人民的生活比过去更加痛苦了，农民起义的军队遭到地主武装勾结外族军队的镇压而失败了。在广大的人民群众生命财产没有丝毫保障的时候，在反抗遭到失败的时候，在敌人过于强大，不具备起义的条件，他们对自己的力量失去信心的时候，他们往往要在宗教中求安慰。在马克思主义经典

① 后人为了音调的协调，不称“洞曹宗”，而称“曹洞宗”。

② 会昌五年八月，唐武宗下令，限期拆毁天下寺院四千六百所、兰若四万所。把佛寺的木材及建筑材料用来修理政府房屋，金银佛像交归国家的财政机关，把铁制的佛像用来改制农具，把铜制的佛像以及铜制的法器用来铸钱。没收了良田数千万亩、奴婢十五万人，僧尼还俗的有二十六万余人。佛教徒称这次的打击为“会昌法难”。

著作中已不乏论述。

这时的佛教其他宗派的物质条件所遭到的摧残已难以恢复，寺院经济从此一蹶不振。禅宗的宣传方式和它所采取的精神修养方法的“优越性”就特别突出地显现出来。

从宗教哲学的发展看来，每当客观唯心主义失去它的欺骗作用时，主观唯心主义经常是接替者。因为宗教只能是唯心主义的，而唯心主义总不外是客观唯心主义和主观唯心主义两种基本形式。这时的阶级斗争更加尖锐了，随着唐帝国统治阶级的崩溃和倾覆，旧秩序已失去统治威力时候，统治者对人们思想束缚暂时失势的时候，人们有可能重新估价过去一切思想权威。在宗教信仰的领域内，由客观唯心主义转入主观唯心主义，那就成为极自然的事。

禅宗从惠能以后，呈现了崭新的面貌。它号召人们选择成佛的道路时，只要有坚定的主观信仰，相信自己的内心，就可以解脱苦难，避免错误。惠能有两首著名的偈：

> 菩提本无树，明镜亦无台。佛性常青（清）净，何处有尘埃。
>
> 心是菩提树，身为明镜台。明镜本清净，何处染尘埃。[①]

同样，在《六祖法宝坛经》中也有一首流行更广的类似的记载：

> 菩提本无树，明镜亦非台。本来无一物，何处惹尘埃。

这里，惠能所谓“觉悟”，不是外在的东西，而是由主观决定的。他认为要求解脱，不能向外面找寻原因，只能向自己的内心找寻原因，所以他又说：

① 敦煌本《坛经》。

> 东方人造罪，念佛求生西方；西方人造罪，念佛求生何国？凡愚不了自性，不识身中净土，愿东愿西，悟人在处一般。所以佛言："随所住处恒安乐。"①

他分明告诉人们不要向现实世界中寻求自由和平等，不要对现实世界的不合理提出任何抗议，痛苦的根源是由于自己的认识错误造成的，只要思想上有了转变，接受佛教的基本原理，马上即可得到解脱。他说：

> 菩提只向心觅，何劳向外求玄？听说依此修行，西方只在目前。②

又说：

> 佛向性中作，莫向身外求。③

禅宗在这里积极宣扬逆来顺受的奴化思想，它教人们安于环境，向不合理的社会现象妥协。这一点，仍然是佛教以及一切宗教的基本立场。

据说惠能是一个不认字的和尚，生活刻苦，曾在黄梅五祖弘忍处做行者，后来成了禅宗的真正创始人。从他开始，主张不要背诵佛经，而是要体会佛经的精神；不需要累世修行，也不需要大量布施财物，只要主观上有觉悟，就可以成佛。这一简单速成的道路，对当时那些陷于极度困苦，而又看不出解放自己的道路的广大

---

① 《坛经·决疑第三》，《大正藏》卷四十八。

② 同上。

③ 同上。

群众，有着极大的引诱力；对于反动统治者来说，这种宗教学说，恰好投合了他们不劳而获的阶级性格。哪怕犯了残害人民的大罪，只要“放下屠刀”，即可“立地成佛”。这样廉价地出售进入“天堂”的门票，当时的统治阶级也是欢迎的。

而这些特点，恰恰是隋时期其他宗派所缺少，而为禅宗所独有的。禅宗的发展和滋长，就不值得惊讶了。

在哲学体系上看来，禅宗自从惠能以后，开始放弃了佛教的经典，不但不坐禅（虽然在名义上叫作“禅宗”），而且也不念经：

> 王常侍一日访师，同师于僧堂前看，乃问：“这一堂僧还看经么？”师云：“不看经。”常侍云：“还学禅么？”师云：“不学视野。”常侍云：“经又不看，禅又不学，毕竟作个什么？”师云：“总教伊成佛作祖去。”[①]

在惠能以前，禅宗大师还是允许坐禅，比如四祖道信，据《高僧传》记载，他曾“胁不至席者四十年”，虽然菩提达摩以后的禅法和过去的旧禅法有所不同。可是到了惠能，就更进一步提出反对坐禅：

> 师曰：“道由心悟，岂在坐也？经云：‘若言如来若坐若卧，是行邪道。’何故？无所从来，亦无所去。无生无灭，是如来清净禅。[②]

惠能认为旧的坐禅方式，“住心观净”“长坐不卧”，是错误的方法。《坛经》指出：“住心观净，是病非禅。”又说偈曰：

---

① 《镇州临济慧照禅师语录》，《大正藏》卷四十七。

② 《坛经·护法第九》，《大正藏》卷四十八。

生来坐不卧，死去卧不坐。一具臭骨头，何为立功课。[1]

惠能的禅学，表面上废除了禅定的修行方式，而实质上却扩大了禅定的修行范围。因为，禅定的目的在于通过禅定的方法，达到否认客观世界真实性的目的，从而教人放弃对现实社会的斗争。如果能从思想意识上、从世界观上达到了否认客观现实世界的目的，又何必一定要用禅定的方法呢？所以惠能以后的禅宗不把坐禅当作一种可靠的宗教修养方法，而是把宣传主观唯心主义的认识论作为主要的宗教修养方法，要通过认识论的途径以建立他们的宗教唯心主义世界观。形式上对宗教的仪式、清规戒律的要求放松了，实质上是对宗教唯心主义的世界观的宣传加强了。它把修养方法、认识论和宗教唯心主义的世界观，进一步统一起来。

时有风吹幡动。一僧曰风动，一僧曰幡动，议论不已。惠能进曰："不是风动，不是幡动，仁者心动。"[2]

可见惠能这一学派，否认外在事物的存在和发展。他们认为这些变化都是由于人们主观意识来决定的。还有一段著名的对话：

马祖道一，师（按：怀让）之弟子也。初居南岳传法院，独处一庵，唯习坐禅，凡有来访者都不顾。师往，彼亦不顾。师观其神宇有异，遂忆六祖谶记，乃多方而诱导之。一日，将砖于庵前磨。马祖亦不顾。时既久，乃问曰："作什么？"师云："磨作镜。"马祖云："磨砖岂得成镜？"师云："磨砖

① 《坛经·顿渐第八》，《大正藏》卷四十八。

② 同上。

既不成镜，坐禅岂能成佛？”马祖乃离座云：“如何即是？”师云：“譬牛驾车，车若不行，打牛即是，打车即是？”又云：“汝学坐禅，为学坐佛？若学坐禅，禅非坐卧；若学坐佛，佛非定相。于无住法，不应取舍。汝若坐佛，即是杀佛。若执坐相，非达其理。”①

又据记载，越州大珠慧海禅师初至江西参谒马祖，求问佛法。马祖曰：

今问我者，是汝宝藏一切具足，更无欠少，使用自在，何假向外求觅？

这一观点，来源于《坛经》：

汝今当信，佛知见者，只汝自心，更无别佛。②

佛向性中作，莫向身外求。③

尔欲得作佛，莫随万物。心生，种种法生；心灭，种种法灭。一心不生，万法无咎。④

惠能以后的五宗，对禅宗的主观唯心主义思想方法向神秘主义方面有所发展，但基本上和惠能的思想方法是一致的。他们强调“真如”不可以用语言和文字表示。他们认为语言所能表达的只是个体事物或属于某一类的事物。而他们精神所寄托的理想，却不在任何个体事物以内。他们不仅认为坐禅、念佛不能使人解脱苦痛，

① 《景德传灯录》卷六，《古尊宿语录》卷一。

② 《坛经·机缘第七》，《大正藏》卷四十八。

③ 《坛经·决疑第三》，《大正藏》卷四十八。

④ 《镇州临济慧照禅师语录》，《大正藏》卷四十七。

即使用任何语言文字的表现方式，也不能把佛教的“真理”表达出来。下面的故事可以说明后期（五宗时期）禅宗的精神特点：

> 师（按：义玄）初在黄檗会下，行业纯一。首座乃叹曰：“虽是后生，与众有异。”遂问：“上座在此多少时？”师云：“三年。”首座云：“曾参问也无？”师云：“不曾参问，不知问个什么。”首座云：“汝何不去问堂头和尚，如何是佛法的大意？”师便去。问声未绝，黄檗便打。师下来。……如是三度发问，三度被打。师来白首座云：“……自恨障缘，不领深旨，今且辞去。”……师去辞黄檗，檗云：“不得往别处去，汝向高安滩头大愚处去，必为汝说。”师到大愚。大愚问：“什么处来？”师云：“黄檗处来。”大愚问：“黄檗有何言句？”师云：“某甲三度问佛法的大意，三度被打，不知某甲有过无过？”大愚云：“黄檗恁么老婆心切，为汝得彻困，更来这里问有过无过！”师于言下大悟，云：“原来黄檗佛法无多子！”大愚搊住云：“这尿床鬼子，适来道有过无过，如今却道黄檗佛法无多子。你见个什么道理？速道！”师于大愚胁下筑三拳。大愚托开云：“汝师黄檗，非干我事。”师辞大愚，却回黄檗。黄檗见来，便问：“这汉来来去去，有什么了期。”师云：“只为老婆心切。”……黄檗云：“大愚有何言句？”师遂举前话。黄檗云：“作么生得这汉（按：“这汉”指大愚）来，待痛与一顿。”师云：“说什么待来，即今便吃。”随后便掌。黄檗云：“这疯颠汉，却来这里捋虎须！”师便喝。黄檗云：“侍者引这疯颠汉参堂去。”[①]

① 《古尊宿语录》卷五。

从以上的例子，不难看出后期禅宗有以下两个特点：

第一，他们否认正面语言的表述能够说明禅宗的基本原理，因此，他们用比喻、用隐语、用拳打脚踢的动作来表述的方法。照禅宗的观点，认为语言不能正确地表达出真理的正确性。他们根本否认概念、推理、判断，一切理性思维、逻辑抽象可以反映真实情况。实际上他们否认人类正常的认识能力和认识作用。

第二，他们之所以否认人类有通过逻辑思维认识客观真理的可能，是由于他们认为禅宗所相信的真理是超现实的，在现实世界中不存在，因而不能用认识现实世界的方法来认识真理。他们所谓真理内容和性质，是建立在宗教信仰、宗教感情、主观意识的基础上的，而不是通过科学实践可以证实的。

根据以上两点，我们可以看出，禅宗仍然继承了佛教宗教哲学的基本立场，否认世界的客观真实性，从而否认了人类正常的认识作用。

从他们颠倒了的世界观出发（否认有客观世界），如果还要承认人类有正常的认识能力，并承认人类可以认识客观世界，这在禅宗的哲学体系里是不允许的。如果客观世界与主观认识不一致时，禅宗采取了“修正”客观世界的方法以服从主观认识。禅宗认为“真如”是最完全、最圆满的主观精神（“本心”），它不可以用语言表达。语言所表达的只能是有限的、不圆满的东西。禅宗认识到人类认识能力有它的局限性，就这一点来说，它见到了事实的一方面，但禅宗的失足处，在于夸大了这一方面。他们认为要认识真理，不能靠感觉、经验，也不能靠语言、文字，不能靠理性思维，认为这些途径会造成认识上的错误，从而做出神秘主义的结论来。他们认为世界真相不能说，它不属于人类感觉和思维的对象。因为禅宗所谓真理，根本是一种主观神秘境界。这使他们不得不陷入荒谬的结论。

禅宗还意识到哲学上的根本问题是主观思维和客观现实的矛盾如何统一的问题。在哲学史上，禅宗以严肃的态度对待哲学上这一根本问题。它以主观吞没了客观，以心代替了物，但是，作为反面教材，它使中国哲学史上的认识论比过去更加深刻、丰富了。例如，临济宗的“四宾主”“四照用”等宣传方式即体现了禅宗的唯心主义认识论原则和它如何对待认识论原则。

“四宾主”是临济宗经常使用的师生（或宾主）问答的方法，也是他们衡量双方真伪的标准。如果问学的人更能体会禅宗主观唯心主义的世界观，叫作“宾看主”。相反的情形，师傅能坚持禅宗的观点，问学的人不能体会这种主观唯心主义世界观的，叫作“主看宾”。问答双方都能接受这种主观唯心主义世界观的，叫作“主看主”。问答双方都不理解禅宗的观点，但又装模作样，互相卖弄“机锋”，就是“宾看宾”。

“四照用”是禅宗从主观唯心主义的认识论的立场对参学者进行说教的四种方式。这四种方式都是环绕着思维和存在的关系提出的。禅宗和佛教其他宗派的基本观点一样（这也是一切宗教哲学的基本观点），认为人们之所以不能接受佛教的认识论，都是由于存在着“我”“法”两种“偏见”。佛教通常把这种“偏见”叫作“我执”和“法执”。当一个人没有放弃自己主观精神作用符合常识、符合科学的一般见解，对自己的认识能力抱有肯定的态度时，禅宗说这是“我执”“妄生分别”，它坚决反对人们通过正常的途径，可以认识真理。所以它要破除“我执”或“我见”。禅宗也反对人们坚持一切事物和它的规律有客观真实性。它深恐人们一旦坚持事物的存在和它的规律也是客观的，就会背叛唯心主义而接受唯物主义的观点。所以禅宗和佛教其他宗派一样，坚决反对人类有认识能力（认为认识活动只能给人们带来偏见），坚决反对有客观存在的物质世界及其规律（他们认为客观世界不过是一幻觉）。所以他们要破除“法执”。

临济宗所提出的“四照用”就是捍卫他们的主观唯心主义的认识论四个原则和教学方法。

有人已放弃“我执”，还没有放弃“法执”时，禅宗对这种人说教时，要肯定他放弃“我执”的一方面，而批判他坚持“法执”的一方面。这就是临济宗所谓“先照后用”，也叫作“夺境不夺人”（“境”是“法”，“人”是“我”）。禅宗有时用文学形象化的语言，把这种情况比作“上苑花已谢，车马尚骈阗”。这里，“上苑花”喻“境”，“车马”喻“人”。

和上述情况相反，有人放弃“法执”，但坚持“我执”这种偏见，在说教时就要肯定他放弃“法执”的一方面，而批判他坚持“我执”的一方面。对这种人要“先用后照”，也叫作“夺人不夺境”。禅宗有时用文学形象化的语言，把这种情况比作“是处有芳草，满城无故人”。“有芳草”是“不夺境”，“无故人”是“夺人”。

有人能够完全放弃“我”“法”二执，很好地接受禅宗的认识论观点，对这种人，就要全部肯定，即“照用不同时”，也叫作“人境俱不夺”。禅宗有时用文学形象的语言，把这种情况比作“一片月生海，几家人上楼”。“月生海”是“不夺境”，“人上楼”是“不夺人”。

最严重的是有些人坚持“我”“法”二执，禅宗认为这是带有根本性质的错误，对于这种反唯心主义的认识论要进行严酷的思想斗争，就好像“驱耕夫之牛，夺饥人之食”，给他们以致命打击，要“敲骨取髓，痛下针椎”。禅宗有时用文学形象的语言，把这种情况比作“云散水流去，寂然天地空”。这是既无“境”也无“人”。对于这种错误的人要“照用同时”，要“人境两俱夺”。

此外，曹洞宗的“五位君臣”的原则［按：“五位君臣”即“正中偏”“偏中正”“正中来”“偏中至”（又称“兼中至”）、“兼中到”。它和临济宗的“四照用”相似，都是针对学禅的人、在本体论或认识论方面所能接受禅宗的思想体系的程度而提出的说教的方法］、云门宗的“三句”（按：“云门三句”即云门宗有本体论方面三个主要范畴：“函盖乾坤句”“截断众流句”“随波逐浪句”）都是利用禅宗特有的“机锋”，以宣扬它的宗教神秘主义。

曹洞宗另有“五位君臣”的说教方式，有所谓“五位君臣图”：

正中偏　君位
偏中正　臣位
正中来　君视臣
偏中至　臣向君
兼中到　君臣合

所谓“正中偏”“偏中正”等五位君臣，是曹洞宗唯心主义本体论的一套神秘主义说教方式。他们认为作为万法根源的是佛性、“真如”，这是世界的最后的本体，也就是精神实体。曹洞宗的宗教哲学把这样的精神性的本体叫作“君”（“体”）；本体所显现出来的现象（“幻相”“假相”），他们叫作“臣”（“用”）。

禅宗否认现实世界的物质存在是一切现象的基础，但是他们为了欺骗和麻痹群众，不得不虚构出现象与本质的关系。因为哲学上体用问题，即现象世界之后、之上有没有更根本的基础作为现象世界的依据。在魏晋时期，如“本末”问题就是关于本质与现象的关系问题的初步探索。唐代的华严宗也曾对这一方面的问题做过系统的唯心主义的说明。因为他们知道，这一块阵地如果不去占领，对唯心主义的巩固不利。

曹洞宗提出了比较系统的唯心主义的体用观点——“五位君臣图”。他们认为一切事物都是幻相，它们存在的关系也不是真实的。有一段对话，可以说明他们否认外物的观点：

> 曹山答僧曰：“但有一切，总归斩尽。”
> 僧曰：“忽逢父母则将如何？”
> 师（曹山）曰：“拣什么？”
> 曰：“争奈自己何？”
> 师曰：“谁奈我何？”
> 曰：“为什么不杀？”
> 师曰：“无下手处。”①

这里的“师曰”都是曹山本寂的话，它代表曹洞宗认为正确的意见。这一段的大意是教人否认一切存在是真实的，要人们和现实世界的客观存在斩断联系，对任何现象都不能例外，即使“忽逢父母”也要毫不容情。在封建社会里，天地君亲师是有绝对权威的，对父母也要“斩尽”虽是一个比喻的说法，却可以看出禅宗怎样把

---

① 《抚州曹山本寂禅师语录》卷上，《大正藏》卷四十七。

问题提得尖锐而坚定。他们认为对一切存在都要毫不容情地与它斩断联系，不承认它们的存在。禅宗所谓“斩尽”并不是真正用刀去斩杀，而是教人从思想上与唯物主义世界观划清界限，所以僧人问“为什么不杀”，他答曰“无下手处”，意思是并不是真正有那么一个具体的现实世界可以用刀“斩尽”，而是改变一下对世界的认识，换一换观点就可以算是“斩尽”了。

在他们否认外物存在的基础上，论证他们的唯心主义本体论。禅宗认为涉及本体论的问题，最容易发生的“片面性”，它有四种可能：

有一种人承认有所谓本体（或“真如”），但还不懂得事物（现象、“用”）是从精神本体派生的关系。这种情况，曹洞宗叫作“正中偏”，要求学人由体起用。

另一种人承认现象是“假”，但还不懂得透过现象进一步探寻佛教的本体（“真如”），曹洞宗对这种情况叫作“偏中正”，要求学人由用归体。

还有一种人，承认有所谓精神性的本体（“真如”），并已开始努力由体到用，这种情况叫作“君视臣”。

也有一种人，承认现象是“假”，并力图透过所谓幻相去探求精神性的本体，这种情况叫作“臣视君”。

前两种人是学佛入门的初步阶段，后两种人是学佛入门后的较高的阶段。但都有“片面性”，这种“片面性”都使他们不能掌握禅宗否认外界、否认事物存在的完整的宗教唯心主义世界观。他们认为理想的、“正确”的宗教世界观是坚决从唯心主义立场对待现象与本体的关系问题，这就是曹洞宗所谓“兼中到”，也叫作

“君臣合”。

从曹洞宗的五位君臣的关系的学说，可以看出唯心主义在向唯物主义思想斗争中是怎样地不放过每一方面的哲学问题而全力以赴的宗教唯心主义立场。

禅宗所谓“机锋”，是因人因时因地而进行的一种宗教神秘主义的教学方法。有时对同一问题做出不同的回答，有时对不同的问题做出相同的回答，有时对提出的问题不做回答。只就它的教学方法而论，也还不是全无可取之处，他们叫作“对病施药”。

如云门宗回答学人问：“如何是祖师西来意？”师云：“日里看山。”意思可能是说，本来分明，只有不去看的人，才会看不见。

> 问：“如何是吹毛剑？”
> 师云：“骼。”

这段问答大意是问者以为用般若（智慧）慧剑无比锋利可以斩断一切烦恼，好像最锋利的剑，把毛发向它的刃上吹去，毛发立断。但是骨骼根本无毛，纵有吹毛的利剑也无所施。是说无涅槃可得，无菩提可证。

> 问：“不起一念，有过无过？”
> 师云：“须弥山。”

禅宗反对任何固定的、肯定的认识。如果有人把“不起一念”作为精神解脱的原则，执着在“不起一念”上，这个“不起一念”的念头本身也是不对的（过失）。所以他们回答：“须弥山。”须弥山是佛经中经常讲到的最大的山。意思是说，即使不起一念，不言不动（像须弥山那样），它（过）仍然是存在的。

问："如何是佛法大意？"

师云："面南看北斗。"

北斗只能向北看，面南看当然看不到。但是，一旦回过头来，北斗又恰在对面。意思是叫人不要向外面用力，回头即是。禅宗叫人用神秘的内心反省工夫。

他们认为言语、文字、概念只能给人们增加负担，而不能教导人们发现佛教的真理，他们反对求知，认为用求知的方法去理解禅宗的宗教原理，就像"头上安头，雪上加霜，棺木里眨眼，灸瘢上更著艾燗"。雪峰义存曾说："饭箩边坐饿死人，临河渴死汉。"玄沙师备更进一步强调说："饭箩里坐饿死人，水里没头浸渴死汉。"意思是只记得一些佛说的字句，即使这些经典上的字句勉强塞进自己的肠胃，也不能解决对"真理"的饥渴。光靠外来的灌输，不通过每个人的自觉的理解，是不能达到"解脱"的目的。这种人好像饿死在饭箩里、渴死在河里的人那样愚蠢可笑。

禅宗的认识论的原则和科学的、常识的认识情况完全相反。他们所谓"正确"，实际上是错误；他们所谓"觉悟"，实际上是迷惑。这种颠倒的世界观、认识论是荒谬的。我们要指出，禅宗在哲学史上深刻地揭示了哲学上的根本问题，而且在这方面留下丰富的反面教材。中国哲学史上的许多学派，即使不同意禅宗的观点的，也要通过批判、扬弃的过程，而不能对它置之不理。这也就是后来许多宋明理学家不得不"出入于佛老"的原因。

三、禅宗哲学思想的评价

禅宗虽然讲的是哲学，它毕竟还是宗教。它的哲学是为它的宗教目的服务的。它有它的特殊性，这种特殊性乃是在宗教一般性之下表现的特殊性。因而，它首先要具备宗教的本质，它必须宣扬那些落后的、忍受压迫的、温驯的道德品质。它必须反对科学，反对认识的作用，反对革命的社会实践。

马克思在他的《〈黑格尔法哲学批判〉导言》中说过：

> 他破除了对权威的信仰，却恢复了信仰的权威。他把僧侣变成了俗人，但又把俗人变成了僧侣。他把人从外在宗教解放出来，但又把宗教变成了人的内在世界。他把肉体从锁链中解放出来，但又给人的心灵套上了锁链。[①]

马克思在这里虽然在批判马丁·路德宗教改革的实质，和中国封建时期的禅宗有所不同，但这一分析，对于我们理解中国佛教的禅宗有极重要的启示。禅宗在一定程度上，也是“把俗人变成僧侣”，把佛性灌输到人的内心，“给人的心灵套上了锁链”的，其作用是反动的。

禅宗从客观唯心主义向主观主义的转化，使它更深地陷入唯心主义的泥坑。它把一切存在（“法”）的客观真实性完全抹杀，采取了更粗暴、更独断、更主观的极端唯心主义的认识论。在它建立主观

① 《〈黑格尔法哲学批判〉导言》，《马克思恩格斯选集》第一卷，第9页。

唯心主义认识论的同时，它比过去的哲学学派更深刻、更集中地对待思维与存在的问题。在中国哲学史上，它引起了人们对认识论问题的重视，虽然它走的方向错了。它构成了认识论上不可缺少的一个环节。它起着反面教员的作用，它把认识论引向深刻化的道路。

我们不同意有些哲学家对禅宗思想所做的抽象的估价，说禅宗的价值在于它有“独立思考”“大胆怀疑”的精神。仅从字句上看，禅宗似乎有些“左”的表现，这种现象和王阳明所提出的“良知”学说十分相似。王阳明提出让人不要盲从，要学会独立思考。王阳明教人独立思考，是在他们的唯心主义世界观的前提下去独立思考的。尽管他教人思考问题要本着自己的良知，可是王阳明对于事父事君的封建道德规范从来没有独立思考过，相反，假使有人对这些伦理关系引起怀疑，王阳明倒是认为他没有独立思考，丧失了良知。王阳明所宣扬的天赋观念的支配力量经常和反理性的主观盲动主义结不解之缘。

禅宗的大胆怀疑、独立思考，和王阳明的哲学观点基本上有类似之处。禅宗教人大胆地怀疑那些不够专诚、不够主观的宗教学说，禅宗没有教人怀疑成佛、出世可以脱离苦海的可能性。禅宗的独立思考、大胆怀疑，只能在它的宗教观点所容许的范围以内进行活动。

总起来考察，禅宗是中国哲学史上所特有的一种宗教哲学。以宗教麻痹人心是它的主要方面。它和其他宗教一样，教导人们忍受苦难，把苦难看作无足轻重，甚至教人当作快乐去迎接它，培养人们逆来顺受的奴化性格。它号召的思想解脱，正是对人们的思想束缚。尽管它在一定条件下起过某些进步作用并有一些有价值的思想资料，但不能忘记它首先是宗教，其次才是哲学。这种哲学是深刻的，但是头脚颠倒的。

禅宗力图把佛性从彼岸世界拉回到每个人的内心，把依靠佛教的经典转向引导人们相信个人的顿悟（内心的神秘启示），把拜佛转向呵佛骂祖，这就埋藏下了毁灭它自己的炸弹。遇到一定的条件，遇到革命的阶级或进步的集团，或者这一武器拿到不满意现实剥削制度人们的手上，它将会沿着另一个方向——佛教教义所反对的方向前进。

禅宗后期，发展为宗教神秘主义、直觉主义，完全走向反科学、反常识的道路，这是禅宗思想发展的主流。另外一方面也值得我们注意，那就是禅宗哲学思想中潜伏着从理论上导致破坏宗教的倾向，这虽不是禅宗思想的主流，却也是不可忽视的一种倾向。如果忽略了这一方面，对于禅宗的评价就不全面。

禅宗后期，把人类一切活动、把世界一切事物都看作寻求解脱的“妙道”。它认为在一切事物中都体现了真如。所以禅宗说：“青青翠竹，尽是法身；郁郁黄花，无非般若。”[①]

禅宗企图用主观唯心主义、神秘主义吞没物质世界，但物质世界毕竟客观地存在着，是不可能任意抹杀的。禅宗把“真如”融解在自然界里面，因而破坏了“真如”的超自然的精神实体；把佛性从“西方极乐世界”移植到人们的内心，使佛性人性化，因而贬低了佛性的尊严；把般若的绝对超越性还俗为“运水搬柴”的生活琐事，因而模糊了“世间”和“出世间”的严格界限。以上这些观点，在一定的意义下，都对宗教唯心主义起着破坏作用。

禅宗消除彼岸世界与现实世界的差别，说“极乐世界”并不在“西方”，而是在人的心内。禅宗说，佛“无一法与人”，佛法不

① 《景德传灯录》第二十八。

过“着衣、吃饭、屙屎、送尿”，“我见犹如厕孔”[①]。

像以上这些思想，表现得不是那么温良驯顺，一遇到另外的机会，为进步的阶级和集团所掌握、改造后，就会完全起着另外的作用。

禅宗从惠能开始，并没有打算建立一支破坏佛教的宗教哲学。但自从把彼岸世界与此岸（现实社会）的藩篱撤除后，却在理论上也会给佛教带来了危机。就在禅宗鼎盛的时候，已经出现了“离经叛道”的倾向。

文益的弟子延寿（904—975年）也曾呼吁禅宗面临的危机：

> 近代相承，不看古教，唯专己见，不合圆诠。或称悟而意解情传，设得定而守愚暗证。所以后学讹谬，不禀师承。[②]

又说：

> 今时学者，全寡见闻。恃我解而不近明师，执己见而罔披宝藏。[③]

如果认为禅宗的危机仅仅是不读佛经，缺少知识，这还不算什么大问题。问题在于“唯专己见”，会走向背离佛教的道路。不同的阶级，不同的政治集团，都各有他们自己的“己见”。各种思想都反映一定阶级的要求。如果有人认真地从无神论的立场去理解禅宗，就会成为一个天不怕地不怕的叛教者。佛既然“无一法与人”，又何必信佛呢？“西方极乐世界”既然在每人的心中，又何必礼佛、敬菩萨？既然一切思想束缚都要打破才可以获得彻底解

---

① 《古尊宿语录》卷四

② 《宗镜录》卷四十三。

③ 《宗镜录》卷六十一。

脱，最好连和尚也不必做了。在古代宗教神学势力笼罩着思想界的条件下，泛神论经常是宗教神学内部的破坏力量。它把神融化于自然界中，否认有所谓超自然的本源，西方的资产阶级初期的进步思想家，如布鲁诺、斯宾诺莎都是通过泛神论从宗教神学的迷雾中自己解放出来的。中国的禅宗时代比他们早得多，它不是以新兴的资本主义作为内部推动力量，而是在佛教内部反对贵族僧侣阶级的斗争中出现的，这一派是以世俗地主阶级中不当权派的中小地主阶级作为它的社会基础的，它的主要锋芒指向当权派的豪门贵族、特权阶级。

经过了唐末五代，北宋时期的大唯物主义哲学家张载和王安石都是出入于佛老，利用佛教（特别是禅宗）的泛神论思想的萌芽作为酵母，通过酝酿、改造，最后形成他们的唯物主义哲学体系。也有一些唯心主义者，谨守禅宗的唯心主义观点，扬弃了禅宗的僧侣宗教生活，而吸取了它的僧侣主义，形成了直接为世俗地主阶级服务的唯心主义理学，如程颢、程颐、陆九渊、朱熹、王守仁都是这一派人物的代表。还有一些进步的思想家，利用禅宗所倡导的不信权威的口号，敢于正面攻击封建正统思想的权威，相信自己的理性，如明末进步思想家李贽就是从左的方面批判继承禅宗的主观唯心主义思想的代表，清末的谭嗣同则是深受禅宗泛神论萌芽思想影响的资产阶级改良主义激进派。

最后，必须指出，李贽用主观唯心主义抗拒传统的封建正统思想，不失为一种武器，但不是最好的可以摧毁敌人的武器，因为它的理论不是建立在有充分根据的唯物主义基础上的。泛神论在宗教神学盛行的条件下，不失为一种披着神学的外衣偷运唯物主义的哲学表现形式，但是它毕竟没有和宗教神学划清界限，因而也不是最有效的反宗教神学的思想武器。谭嗣同的时代是在马克思主义出现以后，但他的哲学却属于马克思主义以前的。这种理论武器用于19世纪末20世纪初的中国思想战场上，必然显得陈旧无力，达不到“冲决网罗”的目的。

现在，和李贽、谭嗣同所处的时代已有更大的不同。帝国主义为了对抗唯物主义，他们也在宣扬泛神论。泛神论不但不像古代那样，成为酝酿无神论和唯物主义的酵母，它反倒是培育宗教神学和唯心主义的温床。今天世界上流行的泛神论是彻头彻尾的资产阶级唯心主义的反动思想。

附　注

禅宗的远祖旧说西土佛祖相传历二十八祖。《禅宗传法正宗记》《景德传灯录》《坛经付嘱品》并有此说。以禅宗《传灯录》传行最广，影响亦最大。此说最晚出，遂成定论。先乎此者，则众说纷纭：

（一）八代说

神会于滑台之会，答崇远法师问，引《禅经》曰：

> 佛灭度后，尊者大迦叶、尊者阿难、尊者田末地、尊者舍那婆斯、尊者优婆崛、尊者婆须密、尊者僧伽罗义、尊者达摩多罗，及至尊者不若蜜多罗，诸持法者，以此慧灯次第传授。

此神会误以达摩多罗（Dharmatrāta）为菩提达摩（Bodhidharma）。

（二）五十一代说

马祖门下惟宽禅师，以达摩为五十一世，惠能为五十六世[①]。此或据僧祐《出三藏记集》中萨婆多部世系而言。

（三）三十五代说

敦煌本《六祖坛经》，如来为七代，达摩为三十五代。

（四）三十代说

李华《故左溪大师碑》云，佛以心法付大迦叶，此后凡二十九世，至梁魏间有菩提达摩禅师传楞伽法[②]。

（五）七代说

东都净觉以求那跋陀罗为一祖，菩提达摩为第二祖。

（六）六代说

杜础《传法宝记》即以达摩为初祖。禅宗北宗诸师多守此说。

（七）二十八代说

最早见于《付法藏传》（即《付法因缘传》），元魏西域三藏吉迦叶共昙曜译。此说即为后来《景德传灯录》及诸书所据之张本。

西土传法世系完全无征，有诸祖之名但无衣钵相授之实，以上七说没有一个说法是可信的，附列于后，以澄清这些不正确的旧说的影响（见图1）。

---

① 见白居易《传法堂碑》。

② 《全唐文》卷三二〇。

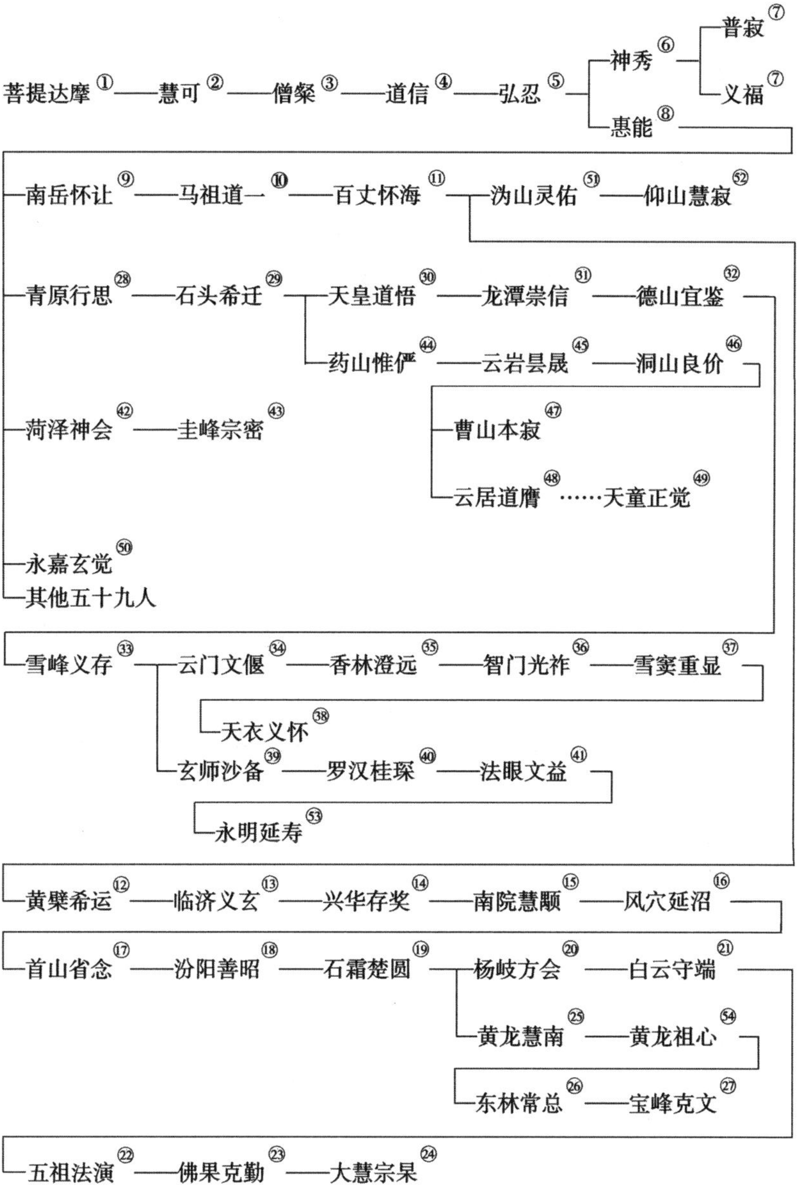
菩提达摩①
慧可②
僧粲③
道信④
弘忍⑤
神秀⑥
普寂⑦
义福⑦
惠能⑧
南岳怀让⑨
马祖道一⑩
百丈怀海⑪
沩山灵佑51
仰山慧寂52
青原行思28
石头希迁29
天皇道悟30
龙潭崇信31
德山宣鉴32
药山惟俨44
云岩昙晟45
洞山良价46
菏泽神会42
圭峰宗密43
曹山本寂47
云居道膺48
……天童正觉49
永嘉玄觉50
其他五十九人
雪峰义存33
云门文偃34
香林澄远35
智门光祚36
雪窦重显37
天衣义怀38
玄师沙备39
罗汉桂琛40
法眼文益41
永明延寿53
黄檗希运⑫
临济义玄⑬
兴华存奖⑭
南院慧颙⑮
风穴延沼⑯
首山省念⑰
汾阳善昭⑱
石霜楚圆⑲
杨岐方会⑳
白云守端㉑
黄龙慧南25
黄龙祖心54
东林常总26
宝峰克文27
五祖法演㉒
佛果克勤㉓
大慧宗杲㉔

图1　禅宗传法世系图

图中注释如下：

①《唐高僧传》卷十六，《景德传灯录》卷三，《传法正宗记》卷五。

②《唐高僧传》卷十六，《景德传灯录》卷三，《传法正宗记》卷六。

③《景德传灯录》卷三，《传法正宗记》卷六。

④《唐高僧传》卷二十六，《景德传灯录》卷三，《传法正宗记》卷六。

⑤《宋高僧传》卷八，《景德传灯录》卷三，《传法正宗记》卷六。

⑥《宋高僧传》卷八，《景德传灯录》卷四。

⑦《宋高僧传》卷九。

⑧《宋高僧传》卷八，《景德传灯录》卷五，《传法正宗记》卷六，《古尊宿语录》卷一。

⑨《宋高僧传》卷九，《景德传灯录》卷五，《传法正宗记》卷七，《古尊宿语录》卷一。

⑩《宋高僧传》卷十，《景德传灯录》卷六、二十八，《传法正宗记》卷七，《古尊宿语录》卷一。

⑪《宋高僧传》卷十，《景德传灯录》卷六，《传法正宗记》卷七，《古尊宿语录》卷一。

⑫《宋高僧传》卷二十，《景德传灯录》卷九，《传法正宗记》卷七，《古尊宿语录》卷二、卷三。

⑬《宋高僧传》卷十二，《景德传灯录》卷十二、卷二十八，《传法正宗记》卷七，《古尊宿语录》卷四、卷五。

⑭《景德传灯录》卷十二，《古尊宿语录》卷五。

⑮《景德传灯录》卷十三，《古尊宿语录》卷七。

⑯《景德传灯录》卷十三。

⑰《景德传灯录》卷十三，《古尊宿语录》卷八。

⑱《景德传灯录》卷十三，《古尊宿语录》卷十，《续传灯录》卷一。

⑲《古尊宿语录》卷十一，《续传灯录》卷三。

⑳《古尊宿语录》卷十九，《续传灯录》卷七。

㉑《续传灯录》卷十三。

㉒《古尊宿语录》卷二十二，《续传灯录》卷二十。

㉓《续传灯录》卷二十五。

㉔《续传灯录》卷二十七，《明高僧传》卷五。

㉕《续传灯录》卷七。

㉖《古尊宿语录》卷四十七，《续传灯录》卷十六。

㉗《续传灯录》卷二十。

㉘《宋高僧传》卷九，《景德传灯录》卷五。

㉙《宋高僧传》卷九，《景德传灯录》卷十四。

㉚《宋高僧传》卷十，《景德传灯录》卷十四。

㉛《宋高僧传》卷十，《景德传灯录》卷十四。

㉜《宋高僧传》卷十二，《景德传灯录》卷十五。

㉝《宋高僧传》卷十二，《景德传灯录》卷十六。

㉞《传法正宗记》卷八，《古尊宿语录》卷十五、卷十六、卷十七、卷十八。

㉟《传法正宗记》卷八。

㊱《古尊宿语录》卷三十九。

㊲《续传灯录》卷二。

㊳《续传灯录》卷六。

㊴《宋高僧传》卷十三，《景德传灯录》卷十八、卷二十八。

㊵《宋高僧传》卷十三，《景德传灯录》卷二十一、卷二十八。

㊶《宋高僧传》卷十三，《景德传灯录》卷二十四、卷二十八、卷二十九，《传法正宗记》卷八。

㊷《宋高僧传》卷八，《景德传灯录》卷二十八，《传法正宗记》卷七。

㊸《宋高僧传》卷五，《法界五宗略记》。

㊹《景德传灯录》卷十四、卷二十八，《传法正宗记》卷七。

㊺《宋高僧传》卷十一，《景德传灯录》卷十四。

㊻《宋高僧传》卷十二，《景德传灯录》卷十五、卷二十九。

㊼《宋高僧传》卷十三，《景德传灯录》卷十七。

㊽《宋高僧传》卷十二，《景德传灯录》卷十七。

㊾《明高僧传》卷五，《续传灯录》卷十七。

㊿《宋高僧传》卷八，《景德传灯录》卷三十。

(51)《宋高僧传》卷十一，《景德传灯录》卷九。

(52)《宋高僧传》卷十二，《景德传灯录》卷十一。

(53)《景德传灯录》卷二十六，《传法正宗记》卷八。

(54)《续传灯录》卷十五。

潘桂明《智顗评传》序*

佛教自印度传入中国，经历了一段漫长过程，终于在这块土地上生了根并发生广泛而深远的影响，形成了中国佛教。中国佛教有佛教外来文化因素，又有中国文化特色。我们称之为“中国佛教”，并不是“佛教在中国”，因为它是中国化的佛教，已不同于古印度佛教的精神面貌。

佛教在中国广大地区出现了三个分支：在云南省与缅甸、老挝接壤地区的中国佛教带有中国云南边疆地区民族文化的特色，流行范围不大，信徒不多。这一分支，我们称之为云南佛教上座部。在藏语地区传播的中国佛教主要流行范围在中国西南藏族地区，后来扩展到西藏以外，如云南、四川、甘肃、青海、内蒙古、蒙古人民共和国以及俄罗斯的远东地区。这一支系，我们称之为藏传佛教，外国称之为喇嘛教。流行地域最广，信徒人数最多，并由中国内地传播至韩国、朝鲜、日本、越南等地的这一支派，我们称之为汉传佛教。

---

* 据《任继愈禅学论集》。曾以繁体版《〈智顗评传〉序——汉传佛教的分期》刊载于《学术集林》卷八。曾收入《念旧企新——任继愈自述》。潘桂明：《智顗评传》，南京大学出版社，1996年2月版。

这里只说汉传佛教。

汉传佛教与中国传统文化相结合，凭借中印双方古老文化的深厚根基，得到充分的发展，繁茂壮大，蔚为大宗，它对后世的影响及持续绵延的寿命，大大超过了印度佛教。今天在印度只能看到当年佛教遗址，已难以看到佛教的活动，它的重心已转到了中国。中国佛教接受了中国封建传统文化中的“三纲”思想，成为中国古代上层建筑的一部分。释迦牟尼早被中国人民所接纳，与中国“圣人”孔子、老子受到同等尊奉，并称“三圣”。

佛教传入中国，逐渐成为中国佛教，曾经历过四个发展阶段，或称为四个时期：

第一个时期是介绍阶段——汉至东晋。

第二个时期是融合阶段——南北朝。

第三个时期是创造阶段——隋唐。

第四个时期是儒化阶段——宋至清。

为了适应佛教在中国的发展，佛教界在各个不同阶段涌现过一些杰出的历史人物，他们完成了不同的历史任务。

在第一个阶段（汉至东晋）的中国著名僧人，《高僧传》上的重要人物，都是译经大师。佛典的翻译者，同时也是所译佛典的宣传者，并由译出经典引发出不同学派。当时主译者多为外国佛教学者。早期译者来自天竺者少，来自西域（中亚）者多。早期佛经多出自“胡语”，即中亚语言。直接从梵语译出的佛教典籍，南北朝后期才逐渐增多，隋唐以后汉译佛教典籍底本才完全出自梵文。其所以出现这种现象，有人才的原因，有中外交通的原因，也有当时中国政治形势的原因，这里不详说。

在第一阶段（介绍时期）有早期和晚期的差异。最早的介绍没有系统，有什么佛教经典就译什么。译者水平受语言的局限，未必完全准确地表达原意。出于宗教徒的虔诚心理，他们对佛经的话绝对相信，从不怀疑。翻译早期佛教经典的一些外国僧人到中国后才开始学习汉语，汉语水平不高，不得不借助于中国助手，在译文中难免，甚至必然地，搀入当时当地的流行思想，用语、词汇往往借助于当时流行用语。对中国译经助手们来说，他们起着融合的作用。早期佛教专门术语用的“格义”，就是常见的表达方式。

中华民族是个伟大的民族，它善于继承和创新。经常以继承的方式来创新，即古人所说的“以述为作”。正是由于中国古人以述为作的表达方式的特殊性，在介绍阶段已孕育着融合的成分，融合阶段也孕育着创造的成分。近代从事佛教研究的有些外国学者看到中国佛教未严格遵循古天竺佛教的原意，认为中国佛教失去印度佛教原旨，这是由于他们不了解中国古代学者著述的特点。真正理解中国学术发展规律的研究者，恰恰在这些地方探骊得珠，从中寻出学术文化发展的脉络所在。

天台宗的开创人智顗生活在陈隋之际。他凭借《法华经》的基本理论框架，大胆发挥其理论的创造性，构建了比较完整的宗派体系，为中国佛教发展开了新生面。外国学者论述中国佛教时，讲什么中国有“十宗”“八宗”之说，均不可取，因为他们误把学派当成了宗派，与历史实况不符。

智顗以阐释《法华经》的方式写出不少著作。研究者如果根据智顗的阐释去理解《法华经》，有时会失望。但智顗的哲学体系，确实是他通过对《法华经》的阐释完成的，是极有价值的思想资料。智顗是中国佛教从融会阶段走向创造阶段的先行者，他创建的天台宗不失为中国佛教发展史上的里程碑。从此以后，中国佛教撰述摆脱依傍，开始走自己的路，与中国的传统文化打成一片，与中国的现实社会密切结合，体现了中国哲学史在心性论和本体论方面不断深化、不断前进的轨迹。前进要探索，探索过程中有收获，也会有失误。中华民族创造的文化就是这样走过来的，全世界所有高度文化成就的民族都是这样走过来的。从这个角度来考察智顗这个人和他的思想，不但对中国佛教史有意义，也有哲学史的普遍意义。

我国研究佛教史的专人和专著不算少，但对智顗下过功夫的不算多。少数专家中，潘桂明同志是功力比较深厚的一个。学术界若干年来，深受社会浮夸风传染病的毒害，不读书，却好求甚解。以此自娱，聊胜于博弈；如果印成书册，向人发售，必会误人。社会科学、人文科学都有它科学的严肃性。潘桂明同志的治学态度是认真而严肃的。潘桂明同志治学一向勤奋刻苦，好学深思，不求闻达。孔子对他的及门弟子曾参有过评论，说“参也鲁”。“鲁”有质朴、平实、不虚浮的品质。在当今学术界，质朴学风越来越淡，有识之士很为学术界的前途担忧。潘桂明同志治学务实，不随波逐流，为知识分子多保持几分质朴、平实，十分可喜，也十分可贵。这本书的内容得失由读者去评论，这里只在《智顗评传》以外谈了一些可采可不采的意见，以应潘桂明同志的嘱托。

杰出人物与伟大时代*
——玄奘的译经事业

玄奘是中国历史上杰出的翻译家、旅行家、中印文化交流的友好使者，中国佛教重要宗派创始人。他的成就的每一个方面，都足以载入史册，永远为后人怀念。集合众多的成就于一身的杰出人物，历史上很不多见，玄奘是我国，也是世界上，为数不多的天才之一。

现在只就玄奘译经事业这一个侧面谈一谈杰出人物与伟大时代的关系。

佛教典籍译为汉文的，最早有《四十二章经》。这属于译经的草创时期，翻译的佛经内容还不够严格，说它是翻译也可以，说它是编译也可以，说它是论述也可以。总之，是一部最早用汉文介绍早期佛教思想的书，是毫无疑义的。后来，佛经的翻译有以西域本为根据的胡本，有以印度梵本为根据的梵本。随后，专业的翻译家不断涌现，呈群星灿烂的局面。人所熟知的有鸠摩罗什、菩提留支、义净等人都是很有名气、有成就的。在众多翻译家中，玄奘的贡献是其他翻译家不能比拟的。玄奘译经，从大处着眼，有全局观

* 据《任继愈学术文化随笔》。原载《玄奘研究》1994年创刊号。

点，规模宏远，译法谨严，后来的佛经译者无法超过。

玄奘翻译佛教典籍不是遇到什么翻什么，他先对汉译佛经进行了普查，有的已有多种汉译本，他认为译得不够准确的，要重新译过；有的经典，为一般佛教徒忽略的，他认真介绍；有的经典卷帙浩繁，别人畏难，不敢动笔，他全部译出。总之，他对佛经介绍特别注重系统性。他信奉法相宗，但翻译成汉文的典籍绝不限于法相宗一派。他向中国佛教介绍印度古代佛教的演变和分化，介绍了与佛教发生重大争论的"外道"学说，介绍了佛教内部不同教派的知识，介绍了思辩工具因明知识。总之，玄奘向国内介绍的一千三百多卷译文中，有佛教的，也有佛教以外的；有古代印度的，也有玄奘留学时期当时流行的。他译成汉文的一长串书目，展示了佛教发展变迁的概貌，这在玄奘以前没有人做到过。这是玄奘不同于以前的翻译家的地方，也是玄奘的学与识超过前人的地方。至于他译笔的谨严、译例的完备，前人谈论的很多，这里不再多说。

玄奘的成就是空前的，他的成就与他所处的伟大时代是分不开的。

唐朝是秦汉以后中国历史上第二个发展高峰。唐太宗及高宗、武后统治时期，是唐朝的极盛时期，当时国力昌盛，百姓富足，国内民族关系比较融洽，国际经济文化交流的渠道比较通畅。这些条件汇集起来，构成昌盛、繁荣的大唐王朝。唐朝在当时国际上也处在列国前列。

凡是从事过翻译工作的人，都深知翻译的艰难。今天的物质条件、科学设备条件都大大超过唐朝玄奘时期，但今天翻译、出版一部译著还相当艰难。从今天的情况可以推想出古代情况。有主观翻译能力，如果没有客观翻译条件，翻译也无法进行。即使勉强翻译出来，其成果也难以与读者见面，发挥社会效应。

玄奘译经工作是在国家力量支持下，才得以高速度、高质量、按计划完成的。玄奘规范化了译经的标准，规定每天译经数量，当日未成的，次日补足。他以过人的毅力、坚定虔诚的宗教信仰，把一生中最后岁月献给翻译事业。

史书记载，玄奘精通梵、汉两种语文，不必靠助手传语（前代著名翻译家，如鸠摩罗什，离开助手即无法工作），是玄奘翻译在程序上较前人简便、优胜的地方。即使有这种长处，如果把译成汉文的著作记录下来，编成卷帙，与读者见面，并不容易，中间还要经过十道手续，才算最后定稿。每一道程序都由有关专家学者把关，如润文、正定、证义……众多助手都有明确职责。参加玄奘译经组织（译场）聘用的助手，都是选择当时第一流学者，由玄奘提名，由国家从各地调来的。这批学者，有的主持一个寺院，有的有其他讲习任务，如果没有政府命令，凭玄奘个人分别邀请，显然不可能，或者要困难得多。

译经要有一个安静、宽敞的工作环境，国家为玄奘译场安排了建筑宏丽、环境清幽的最大寺院。为了防止闲杂人等干扰，政府为译场派驻专人守卫。译经要有充足的经费开支、辅助人员，政府提供很多得力的抄写人员（当时印刷还未普及），译经人员的生活待遇从优，自不待言。唐太宗父子为译经工作及时供应物力，还指派政府高级官员负责后勤事务，使译者集中精力从事翻译工作，不为杂务分心。

玄奘的翻译成就超越前人，由于他具有超越前人的学识和毅力（前人论述比较详备），别人无法与他相比。同时还要看到，国家为玄奘提供的优厚条件，别人也无法与他相比。翻译事业要取得成功，要有两个条件，第一个条件是译者的学识、毅力，这是主要的；第二个条件是外力的支持，包括财力、物力、人力。这两个条件同时具备的机会不多，可以说是千载难逢。熟悉中国佛教翻译史的人都知道，历代都有有才华、有学识的僧人，有志于发展佛教翻译的人，由于得不到政府的支持，抱憾终生。这种情况玄奘以前、以后，以及与玄奘同时期，都存在过，他们都不及玄奘幸运。晋朝名僧道安说过："不依国主，则法事难立。"道安的个人经验不失为传播宗教的普遍经验，可以放之四海而皆准。古今中外，宗教得到正常发展，都是在国家支持下得以实现的。

玄奘译经事业的成功，还得力于唐朝的宗教保护政策。唐朝统治者重视南北朝以来的佛教社会影响，对待宗教采取保护、引导、扶持政策，唐太宗、武则天都是中国古代杰出的政治家，他们从唐王朝的长远利益考虑，给佛教以政策支持。照唐太宗个人倾向，更偏爱道教，武则天个人倾向更偏爱佛教，而唐朝的政策是三教并重，儒、佛、道同样受到保护。他们制定政策没有受个人爱恶的影响。

还要指出，实现政策与国力的盛衰有关。唐朝宪宗迎佛骨，遭到韩愈的批评；懿宗迎佛骨也引起人民不满。实际上，武则天也在法门寺迎过佛骨，规模之大、花费之多不在宪宗、懿宗之下，且有过之。洛阳奉先寺开凿石窟大佛像，前后十几年，所费不赀。只是当时国家财力丰厚，没有更多的人反对。玄奘生逢唐代开国盛世，才能完成他的译业。如果玄奘是在唐末而不在唐初，他携回的经卷不必说翻译、传布，恐怕连保存也困难。古人说："知人论世。"英雄人物的产生和他的时代是不能分开的。离开了时代，离开了一定的社会环境，把英雄说成神，是不符合历史实际的。

唐玄奘取经与《西游记》及其现代启示意义*

玄奘其人

玄奘，河南偃师人，俗姓陈。十三岁出家，二十一岁受戒（得到和尚的资格证书），成为正式僧人。他之所以在历史上很著名，有以下几个方面的贡献，值得大书特书。第一是介绍中印两国的文化典籍，尤其是印度的佛教文化，有名的“唐僧取经”，就讲的这件事情。他早就想申请去印度留学，但唐朝政府不批准。贞观三年（629年），河南偃师等地闹饥荒，当地政府允许老百姓自行外出避荒，自谋生路，有许多人就开始往西走。他利用政府允许出外逃荒的机会，偷越国境。当时人的交通知识非常有限，知道佛经是从西方传来的，就知道一直往西走，经过武威，经过敦煌，一直向着正西走，再向南折进入印度。玄奘出国的动机，自己也有过交代。他非常好学，学问很好，遍访名师，但发觉各人所说的都不一样，都有经书的根据，不知谁对谁错。他很想找到一个对的，弄清楚到

* 原载《文津讲演录》之一，北京图书馆出版社，2002 年 1 月版。

底是怎么回事，解决分歧。围绕一个什么问题，他才出去的呢？佛经上讲，一个人要修行成佛，得到解脱，一种是靠身后修行，这一辈子，下一辈子，再下一辈子，死了以后再修行，再修行，从而得到解脱，圆满成佛。还有一种说法，成佛在当生，这一辈子死后就可以成佛。这两种说法都有根据，谁也不能说谁错。玄奘就想亲自到西方去看一看，问一问到底是怎么回事。在今天看来，成佛不成佛是一个假的问题。但在当时的佛教徒看来，是解脱现实苦难、解决现实问题的唯一途径。成佛的问题虽然是假的，但玄奘研究印度文化的愿望与追求却是实在的。玄奘到印度以后，先到了当时佛教的研究中心——那烂陀寺。我曾去考察过，现在已仅存当年遗址，寺院的建筑已全部成为废墟。这里当时是佛教研究的一个中心，聚集了许多佛学大师。经常有四千学者住在这里，加上流动的学者，总共可达万余人。玄奘就拜戒贤法师为师，学习佛经，戒贤为他讲了两遍。该寺院上万名学者中，精通二十部经论的约有五百人，精通五十部以上的约有十人。这十人之中，就有唐玄奘。这十位高僧有单独住处划列出来，配有服役人，出门可以乘象，可以享用酥油和香；可以和贵族一样，食用一种个大粒米，蒸熟后，香气飘溢，只有王公大人可以享用，被称为“大人米”。这说明，玄奘留学时期的印度佛教与释迦牟尼时的佛教相比，已经有了很大的变化。释迦牟尼时的佛教徒生活靠俗人的施舍，施舍什么就吃什么，当然就有可能也吃肉，并不是一开始只吃素，不吃肉。中国的和尚吃素是在梁武帝以后才出现的。原始的佛教没有私人财产，除了身上的袈裟、蒲团和钵子，其他一无所有。玄奘到印度时，释迦牟尼去世已经一千多年，和尚拥有豪华的住所，有伺候的人，有私有的财产。

这个变化影响了佛教经典的内容，出现了经学哲学，讲究记诵，注重书本的文献功夫，生活上的修养反倒不重视了。这是与早期佛教的很大区别。早期的佛教则被称为小乘。后来人们称后期佛教为大乘，意思是可以装更多东西（道理）。

玄奘在印度留学期间学习优异，非常出色。有一次，有一个不同学派的学者找到那烂陀寺，要进行辩论，“书四十条义，悬于寺曰：‘若有难破一条者，我则斩首相谢。’经数日，无人出应”。玄奘为了维护佛教的尊严及本教的教义，出来应战，驳倒这个挑战的僧人，当然没有让这个挑战者割下头来。这也说明，当时玄奘留学的这座最高学府的高僧们学问不算高明，别人骂上门来了，他们居然躲起来，“数日，无人出应”。多亏了玄奘这个外国青年留学生站出来，才给这一万人解了围。玄奘的声望也大大地提高了。当时小乘佛教叫他“解脱天”，大乘佛教叫他“大乘天”。玄奘的中文名字印度人不熟悉，提到“大乘天”“解脱天”，很多印度人都知道。临回国时，玄奘又参加了一次规模很大的辩论会，佛教叫“无遮大会”，不加限制，人人都可以参加。唐玄奘的题目挂出来以后，成千上万的人里没有一个人敢于向他挑战。唐玄奘载誉而归，得到了极高的声望。所以说，唐玄奘的声誉是靠他的本事得来的，而不是靠别的什么外力。

回国以后，他就立意翻译佛经。中国历史上有四大佛经翻译家，一说是鸠摩罗什、真谛、唐玄奘、义净，一说是鸠摩罗什、唐玄奘、不空和义净。四大翻译家中，最有影响的是鸠摩罗什和玄奘，他们代表了两种不同的翻译思想和方法。鸠摩罗什翻译的是集中介绍空宗的一派，玄奘翻译的则介绍有宗一派，两派都属于大乘。鸠摩罗什翻译的注重意译，将主要的意思翻译出来即可。玄奘一派则注重语句的对应，逐字逐句地直译。他对许多早年译出经典的翻译都不满意，有选择地进行了重译。玄奘译经的数量也很大。他学问好，文才极佳，相貌端庄，唐太宗非常欣赏，多次劝他还俗做官。唐太宗还想请他讲讲印度的社会、文化状况。唐太宗的政治野心很大，想通过了解外国的情况，伺机扩大领土。唐玄奘归国不久写了一部《大唐西域记》，介绍西方国家的物产、制度、种族、语言、宗教信仰、风俗、人口等。提到的国家亲身经历的有一百一十个国家，没有到过而听说的有二十八个，从后来的地图看，几乎印度现在国境的全部他都走遍了，不愧是一个旅行家。前不久被阿富汗塔利班炸毁的大佛，唐玄奘那时就亲自看到过，非常瑰丽雄伟。

当然，他也经历了许多苦难和危险。途中有一个很落后的小部落，他们有人头祭风俗，每年要找一个仪表端正的男子，将他杀了祭神，以祈求风调雨顺、五谷丰登。唐玄奘不幸被抓住了，要被杀了祭神。玄奘没有办法，就只好默默地念经，可巧一阵暴风，刮得所有的人都逃走了。他还经过流沙河。沙漠戈壁上没有道路，没有路标，只有靠死马、死人的骨头往前走。没有水喝更是常见。由于玄奘当时出国是非法偷越出境的，经过高昌国（即今天的新疆吐鲁番地区）时，国王也是一个虔诚的佛教徒，又很欣赏玄奘的学问，就想留他，供养他，他不答应。国王就又和他在佛像前发誓，结为兄弟，取得国王兄弟的资格，以国王的名义发给关文，放他前行。这是《西游记》所说“御弟唐三藏”的根据。回国时他再经高昌国，此时老国王已死。唐玄奘就在此地给唐太宗写信，表明自己是一个私自出境的人，希望唐太宗赦免他的罪行。唐太宗正在洛阳，接信后马上回信，表示欢迎他回来，以前的一切既往不咎。唐玄奘在高昌国给唐太宗的上表中，还表明他当初出国的目的，是为了解决人是当世修行还是来世成佛的问题。

唐玄奘回来后，唐太宗就让他讲沿途的所见所闻，出巡时邀他陪同，这使唐玄奘很苦恼，因为他急于翻译佛经。经过反复的申请，唐太宗终于同意他翻译佛经，但不同意他住到终南山中去，因为要随时召见他，只能住在都城长安附近。他善于交际，曾请唐太宗为他的译经作序，大家所熟悉的《大唐三藏圣教序》就是唐太宗写的。唐太宗本来不信佛，也不太喜欢佛教，但为了笼络唐玄奘，给他写了序，这就是流传广泛的《圣教序》。后来唐高宗也写了序。有两代皇帝作序、支持，唐玄奘的地位就更加显赫了。唐玄奘及其弟子创立了一个宗派叫法相宗，也叫法相唯识宗。过去的翻译都是由许多人共同参加，组织译场。玄奘在皇帝的支持下，在全国范围内邀请了有学问的十名高僧来参与译经，翻译的经费由国库支付。唐太宗还指派一名宰相级的大臣来负责协调及人力支持等事。所以，玄奘的译经工作是比较顺利的，前后共翻译了一千三百三十五部。而且，唐玄奘的译经带有很强的学术性，一边翻译，一边讲解，听讲的人也有几百人。参加翻译的人差不多都成了法相宗的信徒，但也有不赞同他思想的。如后来成为华严宗创始人的法藏（贤首），开始参加唐玄奘的译经，后来发现跟自己的思想不一致，就离开了。这样的翻译，一边翻，一边讲，还解答听众的提问，从而培养了大量的人才。

《西游记》与唐玄奘取经的关系

由于唐玄奘取经是一件大事，故事的流传很广泛。玄奘取经回国后，口述西域诸国见闻，经历百余国，由弟子著有《大唐西域记》，这是《西游记》最早的根据。明朝吴承恩写了《西游记》。比如说八百里流沙河，就跟《大唐西域记》中的原始记载接近；白龙马的原型则与唐僧取经途中乘用一匹老马有关；《西游记》中多次讲吃了唐僧肉可以延年益寿，又与唐僧遭遇人头祭是分不开的；还有小说中的火焰山、西梁女国等，也从玄奘记载的事实或传说中找到了根据。

唐玄奘取经的现代启示

任何一个新的认识的形成，都是在旧的认识的基础上进行的，这是认识活动的规律。人类的认识就是不断加深认识，纠正失误，丰富新知识，这样积累起来的。凭空的认识是不存在的。文化的发展是一个不断积累的过程，在旧的基础上增加新的内容。文化既要继承，又要发展。文化没有暴发户，不可能像炒股那样一夜之间就暴富。文化也不能突击，只能在原来的基础上有所提高。新旧文化之间的继承关系非常重要。文化要发展，当然也离不了交流，离开了交流，它就停止了。比如西藏佛教的几代大的活佛，比如宗喀巴以及达赖、班禅等，基本都出生在汉藏交界的青海湟源、湟中等地，西藏内部反倒没有出现活佛。再看看中国近代的情况，一些有影响的思想家和革命家，如魏源、林则徐、洪秀全、康有为、孙中山都是从广东、广西等地出来的，思想变革和政治变革也是从两广开始的，比如太平天国、康梁变法、辛亥革命以及毛泽东倡导的农民运动，都是这种情况。先从南方兴起，然后逐渐影响、推行到北方地区。南北两种文化的结合和撞击产生了火花，北方跟着南方走，一直到新时期改革开放，全国学深圳，仍然是这样的情形。这就告诉我们，今天我们面临的开放时代，应该在两种文化的结合点上，寻找发展的机会和切入点。中国要想发展，非走开放的道路不可。关不住，也退不回去。这一点，早在唐代就已有了先例。当时的开放，使中国和外国双方受益，印度和中国在当时都是文明程度很高的国家，两国彼此交流，互相碰撞，共同发展，不是你吃掉我、我吃掉你。如果没有开放和交流，印度的佛教就不可能那么大量地传进来，中国的文化也很难吸收新的内容。唐以后中国的文化包括佛教文化发生了很大的变化，印度佛教文化的传入是一个很重要的契机，是一个新的起点。

两种文化的交流，还存在势差的现象。一般是水平高的文化，影响和推动水平低的文化，而水平低的一方，则受文化水平高的一方的支配和影响。历史上没有发现低的一方去影响高的一方的现象。就像水流，总是从高处往低处流。基督教在非洲的传播就是基督教影响了非洲的原始宗教的落后文化，基督教在非洲也非常容易地传播开来，被许多人接受了。处在21世纪，面向未来，我们从事文化教育及科研工作的人，必须认识历史发展的总趋势，承认文化交流，利用文化交流来发展壮大自己。既然有文化势差问题，我们就应当尽快提高自己的科学和文化水平，使自己在文化交流中处于比较主动的有利地位，吸收一切可以为我所用的文化。否则，就会在国际大交流中处于被动的地位。自己的文化落后，科学落后、处在被别人影响的地位，就只能跟着别人走。学习研究历史，就是了解过去，给认识现在一个参照点。从历史上看，汉唐是中国文化的发展繁荣时期，汉朝开辟的丝绸之路，使西方（欧洲）知道了中国；利用丝绸之路的对外交流，广泛地吸收了外国的先进文化。唐朝的对外交流，除了大陆的丝绸之路，还有开辟了海上的丝绸之路，沿着登州、泉州、广州的路线出海。中国唐以后的造船业比较发展，又有罗盘针的利用，远洋航行非常频繁，可以使许多人有机会互相交往、互相学习。

唐玄奘取经经过的高昌国在当时是佛教比较发达的地方，但到了10世纪宋朝以后，伊斯兰教传入，高昌国人改信了伊斯兰教。现在在高昌国的遗址上千佛洞所看到的佛像，都被人用刀划破了，壁画也被撕揭了，起初我还以为是外国人想偷佛像和壁画，仔细一看，原来是宗教信仰的变化所引起的信仰冲突。民族还是原来的民族，而宗教信仰完全是可以改变的。玄奘留学印度时，他看到古代印度佛教几乎遍布很多国家，但后来分裂了，有些地区就不再信佛教了，而改信伊斯兰教，如现在的巴基斯坦就没有一点佛教活动。可见民族和宗教既有区别，又有联系。

一种学说的建立和传播，首先看它自身的价值，但更要看它对社会起什么作用，这种学说是否为当时社会所需要。玄奘翻译的佛经数量和质量都很高，是无可挑剔的，但他所创立的法相宗在中国佛教影响了几十年就消沉了，这一学派影响不算大，玄奘死后不久，法相宗就渐渐地消沉下去了。而禅宗的创始人，如六祖惠能就大字不识几个，但禅宗在中国却扎下了很深的根，发展得也很快，从南到北，几乎全是禅宗的天下。这是怎么回事呢？再结合中国共产党在中国的发展，也能给我们很多启示。比如，《共产党宣言》在中国介绍得很早，但并没有生根，直到中国共产党成立后，马克思主义才得到广泛传播。马克思有一句名言："理论在一个国家实现的程度，总是决定于理论满足这个国家的需要的程度。"[①]我们现在回过头来反思宗教史的情况，也可以看出这个问题。中国古代的四大佛经翻译家，鸠摩罗什翻译得并不多，但流行很广，影响很大；玄奘翻译的数量和质量都超过鸠摩罗什，但他的学说影响反倒不大。问题就在于介绍的不是很适合中国的情况。鸠摩罗什和唐玄奘都是学问很好的学者，这两家学说的命运却不相同。中国还有一个庐山慧远，他与鸠摩罗什同时，学问不及鸠摩罗什，但他在佛教史上的影响非常大。他创立了净土宗，信仰阿弥陀佛，相信今生死后，可以进入"西方净土世界"。这些例子都从各个方面、多个角度说明，理论如果结合了社会的需要，这个理论就有生命；如果脱离了社会的需要，再玄妙，再精深，再系统，它的生命力就是很微弱的。唐玄奘的法相宗对人的心理分析非常细致，这对于中国的心理学的发展很有用，但对于解决中国的社会问题却没有帮助。宗教的宣传如果不能吸引听众，就无法广泛地流传。现在有些文章把玄奘讲得似乎有超人的能力，不符合历史事实。玄奘能翻译那么多的佛经，曾得到国库的财力支持，玄奘所具有的条件是许多人所不能

① 《〈黑格尔法哲学批判〉导言》，《马克思恩格斯选集》第一卷，人民出版社，1995年6月版。

比拟的。我们有时候称某人自学成材，似乎就全靠自己的力量，没有任何外部的因素，这是不符合实际的。我们是唯物论者，一定要看到客观世界对人的作用。人的思想似乎完全可以自由地想，比如做梦能做到白天做不到的事，好像很自由，像梦见头上长出了角，梦见飞了起来，这都是与现实中所看到的现象、时间、地点错位的结果。古往今来关于梦境的记载很多，从来没有人梦见坐着车跑到老鼠洞里去的，也没有人梦见吃铁棒的。我们研究学问、研究历史，就要了解中国社会，从中国的国情出发，不然就要出偏差。我们要了解学问本身，还要了解它在社会中的位置。唯物主义的不可抗拒性就是以事实为根据，不能歪曲和臆造。只有充分考虑到社会实际，对社会问题的认识就会更全面、更合乎实际。在这里，还有一个个人与集体、与社会的关系问题。集体与个人的关系是一个辩证的关系，集体给个人创造了条件，反过来个人也应给集体有所回报。这一层关系摆对了，个人在社会上就无往而不利，无往而不胜。如果把社会比作一盆水，每一个人都可以从里面取水来喝，但同时也要往里面添水。如果添的比取的多，社会就繁荣发展；如果只取而不添，那么社会就贫乏，就枯竭萎缩了。这个问题本来很简单。世界观的问题说复杂，可以写好几本书，说简单，就是哪些事可以做，哪些事不能做，哪些事坚决不能做。这三条搞清楚了，人生道路就非常简单，走起来也很平坦，对集体、对个人都可以有无限广阔的前途。

科学研究和人类的进步，可以用“已知+未知+消化=新知识”这个公式来表示。我们已经进入了21世纪，创造新文化是我们每一个人的责任，但我们必须在继承已有文化和知识的基础上进行，没有文化底子，碰到什么就收什么，是不能解决问题的。玄奘所提倡的学术没有取得预期的成功，没有产生广泛的影响，就是由于当时的佛学已经走向重书本、重文献、重背诵的末路，不能解决实际的问题，与中国当时的国情不相符合，借助皇帝的提倡、支持可以产生一些影响，但没有旺盛的生命力，跟禅宗比，就没有怎么流行开来。

《西游记》宣扬了不怕困难、克服困难的精神，玄奘取经的故事也是一个不怕困难、不断克服困难的过程。玄奘为了学习印度的佛经，不辞辛苦，历经艰险，他是充满了很崇高的理想的。这就是鲁迅先生所称誉的“民族的脊梁”。一个民族如果没有奋斗的精神，没有理想，那就好比是一个软体动物，永远也站不起来。我们现在在学习和工作中仍然需要胸怀大志，特别是年轻的同志，一定要正确对待理想与现实的关系，不能太脱离实际，但也不能只看到眼前的利害，否则就容易“近视”，缺乏动力，民族活力就会衰竭，就会枯萎。

附：问答

提问：对唐玄奘的了解，一般人大多是通过《西游记》了解的，他的著作现在还能读到吗？

任继愈：唐玄奘翻译的一千多部经现在都保存完好，都能够看得到。一般人看到的比较少，就是因为太专门，也不容易读懂。

提问：佛教造像大约在什么时候开始？中国的造像是本土就有的，还是从印度传入的？

任继愈：佛教造像开始于佛教产生的后期。中国的造像则是从印度传入的。

提问：佛教是不是从一创始就非常盛行？

任继愈：佛教在印度，自始至终不是主流，它的地位有些像道教在中国历史上的地位，历史很长，也有很多的信众，但声势并不是最大、最强盛。

提问：中印佛教对僧俗问题有什么不同？

任继愈：印度早期的佛教，宣传出家之后就不再关心世俗之事，与家庭完全脱离关系，也不再关心国家大事，也不敬仰父母。中国佛教与印度佛教不同，僧人出家，还要尊敬父母、忠于国君，僧人也提倡忠君爱国。所以中国的寺院有的称为“护国寺”，有的称“报国寺”。他们认为佛教为国家在培养大德之人，是大忠大孝。慧远在庐山讲经，就讲诵儒家的《丧服经》，阐述服丧的问题，与印度佛教不同。玄奘从印度回来后，回家去看他的一个老姐姐，这在印度也是不允许的。一旦出家，不要说姐姐，父母亲也没必要看望。

提问：早期传入中国的佛教是大乘还是小乘？

任继愈：早期经由西域（中亚）传入中国的佛教主要是小乘佛教，用的是胡文（西域当地文字），有“译胡为汉”之说；后来直接由印度传入，以梵文翻译，所谓“译梵为汉”。

提问：佛教与基督教、伊斯兰教等相比，似乎更具有开放性，似乎什么都讲，既有神，又有人，怎么理解？

任继愈：任何宗教都具有排外性，有时候甚至发展到武力冲突的程度。佛教还是讲神的，佛不承认其他宗教的神，佛本身就被信徒们奉为神，菩萨是低一个等级的神。

论胡适在禅宗史研究中的谬误*

胡适从1924年开始，写他有关中国佛教的《禅学史稿》，直到1934年，他还在讲述他的主观唯心论的禅学史。在他的著作中，关于禅学史的著作占有相当大的分量。①

直到今天也还有人以为胡适在这一方面也还说对了些事实。其实他的所谓“研究”完全是“买空卖空”。他说了许多连他自己也不懂的问题，并在这些问题上借机会散布他的主观唯心主义的、反理性主义的盲目行动的思想方法，从而为帝国主义及大资产阶级服务。

在马克思主义已被中国先进的工人阶级及广大知识分子所接受时，胡适为了反动的剥削阶级的利益，他在“教人一套防身的本领”。胡适宣扬佛教中的禅宗，就是为了用一种伪装了、隐蔽了的

---

* 原载《历史研究》1955年第5期。曾收入1998年5月版《汉唐佛教思想论集》。

① 《从译本里研究佛教的禅法》（1927年1月），《菩提达摩考》（《中国中古哲学史》的一章，1927年8月21日），《论禅宗史的纲领》（1928年7月21日），《白居易时代的禅宗世系》（1928年3月24日），《禅学古史考》（1928年7月），《神会和尚遗集》，《菩提达摩考》，《楞伽宗考》；另外在他的《戴东原的哲学》《白话文学史》中也常谈到佛教中的禅学。

神秘主义、信仰主义对抗马克思主义。他反对“迷信”，反对拜泥菩萨，而提倡“科学的宗教”，正是由于迷信已成为全国青年反对的对象，泥菩萨已骗不了觉悟的群众及知识分子，胡适才提出“科学的宗教”来骗人。任何宗教都是和科学对立的。为宗教服务的宗教哲学都是反对认识自然界、反对认识客观规律的唯心主义哲学。禅宗的反理性主义的神秘主义，禅宗的主观唯心主义，禅宗的反对拜泥菩萨的一套“学说”，在胡适看来，正符合了他的实用主义的宗教观，可以用来作为传布信仰主义的工具。胡适在《神会和尚遗集》中说：

> 民国十三年，我试作《中国禅学史》稿，写到了惠能，我已很怀疑了；写到了神会，我不能不搁笔了。

我们不能不问，以胡适那样反动透顶的政客，为什么却对于一千多年以前的中国佛教中的一个宗派的历史和学说特别有兴趣呢？他写禅学史写不下去，当然不是为了研究禅宗历史发展的规律，而是为了找寻他主观需要的东西。

胡适在《不朽》一文中说：“说一句话而不敢忘这句话的影响。”在胡适的买办头脑里经常记住的，是对大资产阶级有利还是有害的问题。胡适深知：“没有不在政治史上发生影响的文化；如果把政治划出文化之外，那就又成了躲懒的、出世的、非人生的文化了。”[①]不难看出，胡适讲他的禅学史，是为了宣传他的实用主义的思想方法，通过宣传实用主义的方法给他的反动的政治目的服务。

① 《我的歧路》，《胡适文存二集》卷三，第100页。

一

禅宗是中国佛教中一个支派，它正式作为一个佛教的宗派出现并建立它自己的宗教哲学，实际上是从唐代7世纪后半期开始的。它在全国范围内得到广泛的流传，那是唐代8世纪“安史之乱”以后的事。禅宗一向被误认为有进步思想的宗教流派，这是由于被禅宗的“呵佛骂祖”“不立文字”的表面现象所迷惑，作为一种宗教思想流派来说，它属于反动的主观唯心主义哲学的阵营。

禅宗有它特殊的宗教面貌，我们必须从它的宗教意义的普遍性中认识它的特殊性，否则就会迷失方向。过去的一些资产阶级的哲学史家（包括胡适在内），把禅宗以及佛教的宗教哲学孤立地来看待，而不看作宗教、神学问题，这是错的。但仅仅把佛教禅宗看作神学问题，也还不够，因为神学的问题也还是现实政治问题的反映。马克思早已指出：

> 我们不把世俗问题化为神学问题。我们要把神学问题化为世俗问题。①

在马克思主义的原则下，只有把宗教、神学的问题安放在世间现实问题的基础上，才能正确地理解它。对于这一原则，恩格斯也同样地做出了重要的指示：

① 《论犹太人问题》，《马克思恩格斯全集》第一卷，第425页。

> 一切宗教都不过是支配着人们日常生活的外部力量在人们头脑中的幻想的反映，在这种反映中人间的力量采取了超人间的力量的形式。[①]

马克思、恩格斯这些原则性的指示，包括了一切的宗教，佛教以及中国佛教中的禅宗也非例外。

唐代经过“安史之乱”，南北朝以来相沿数百年的门阀士族的经济地位，遭到了打击，因而社会地位也发生了动摇。这时，与门阀士族制度相适应的佛教各宗派也纷纷遭到厄运。禅宗的教义简单，宣扬“放下屠刀，立地成佛”的顿悟学说，不主张念经拜佛。这一宗派也还保持着苦行的生活作风，比起穷奢极欲的其他宗派来，对教外的群众更有迷惑的能力。从它的开山祖师惠能开始，就受到唐朝皇帝武则天的拉拢、抬举，这并不是偶然的。禅宗在开始时确也曾遭受佛教中已经占有势力的其他宗派的排挤，但它本身却是为当时的统治者所利用、所欢迎的，实际上也和其他佛教宗派一样，都是为当时的统治阶级服务的。

禅宗的主要倡导者和主要宣传者有些出身于平民，很容易给人以印象，认为它多少还有些进步作用。今天我们来看禅宗，主要还是分析它的思想的实质。禅宗在形式上反对繁文缛节[②]，和旧派佛教

① 《反杜林论》，《马克思恩格斯选集》第三卷，人民出版社，1972年5月版，第354页。

② 《大正藏》卷四十七《镇州临济慧照禅师语录》：“王常侍一日访师，同师于僧堂前看，乃问：‘这一堂僧还看经么？’师云：‘不看经。’侍云：‘还学禅么？’师云：‘不学禅。’常侍云：‘经又不看，禅又不学，毕竟作个什么？’师云：‘总教伊成佛作祖去。’”

发生了争论，实质上就是主观唯心主义和客观唯心主义的争论。由于安史乱后寺院经济和佛教图书文物遭到战争的破坏，使得那些烦琐的经院学派的宣传方式已失去物质凭借，主张客观唯心主义的佛教其他宗派失去了骗人的作用时，于是为统治阶级服务的佛教选取了主观唯心主义的禅宗。这一貌似革新的宗教流派更能表现出宗教思想的神秘主义的特色。①

禅宗积极宣传顿悟说，反对偶像崇拜，反对当时经院派的死守早已僵化的宗教教条，宣传逆来顺受的宗教思想，它教人安于环境，从思想上向不合理的社会制度妥协，而且更进一步说现实世界就是最圆满、最幸福的世界，只要人们能够“觉悟”（按：禅宗的“觉悟”正是指的迷惑），就是已经得到了“解脱”。②从南北朝以来，佛教的奢侈、腐化已遭到所有反佛教的进步人士一致攻击。人们对于“竭财以赴僧，破产以趋佛”“粟罄于堕游，货殚于土木”③一致不满。禅宗的和尚生活比较刻苦，没有占有大量的庄园。他们提出的修行方法比较简单，主张不要背诵那些浩如烟海的经卷，

---

① 《大正藏》卷四十七：“尔欲得作佛，莫随万物。心生，种种法生；心灭，种种法灭。一心不生，万法无咎。”《大正藏》卷四十八《坛经》：“菩提本无树，明镜亦非台。本来无一物，何处惹尘埃。”“时有风吹幡动，一僧曰风动，一僧曰幡动，议论不已。惠能进曰：‘不是风动，不是幡动，仁者心动。’”“汝今当信，佛知见者，只汝自心，更无别佛。”

② 《大正藏》卷四十八：“东方人造罪，念佛求生西方；西方人造罪，念佛求生何国？凡愚不了自性，不识身中净土，愿东愿西，悟人在处一般。所以佛言，随所住处恒安乐。”“菩提只向心觅，何劳向外求玄？听说依此修行，西方只在目前。”“佛向性中作，莫向身外求。”“自性若悟，众生是佛；自性若迷，佛是众生。”

③ 范缜：《神灭论》。

不要累世修行，不必大量的布施，不要采取麻烦的宗教仪式。他们宣传“顿悟”“自觉”即可成佛，这一简易速成的道路对陷于绝境的广大人民来说有它极大的引诱力；对于反动统治者来说，这种宗教学说正投合了他们不劳而获的阶级性格，哪怕犯了残害人民、伤天害理的大罪，只要“放下屠刀”，即可“立地（按：即马上）成佛”。像这种“价廉物美”的口号，当时的统治阶级也是欢迎的。

人民在苦海中看不见光明、看不见自己的力量时，他们摆脱现实世界一切苦难的迫切愿望，就必然成为宗教滋生的温床。佛教禅宗叫人进入“天堂”要靠一个人的迷信（佛教颠倒是非，称为“觉悟”）的程度，并告诉人们说，求解脱那是个人的唯一大事，只有靠个人的觉悟去解决。在分散的、个体的封建经济条件之下，宣扬这样的宗教思想，客观上对于农民革命的行动起着瓦解的作用。

禅宗以“革新”的姿态，宣扬它的最腐朽的屈服、投降的奴化思想；以“激烈”的词句反对旧佛教日趋僵化的宣传仪式；以“自觉”和“顿悟”来宣扬实质上的盲从和迷信；以“真理就在现实世界中”的口号来号召信奉者脱离现实世界的斗争，企图麻痹他们对现实世界的不满的情绪。

禅宗为了适合地主阶级统治的需要，而把“脱离苦海”“走向天国”的幻灯幕挂得离观众更近了些，使那些尚未觉悟的群众在生活困苦、斗争绝望中更容易隐隐约约地望得见“天国”的大门，而不感到高不可攀。

正因为禅宗的宗教思想和胡适的唯心主义有基本相同之处，都是反理性的，都是主观唯心主义的，都是反科学的，所以胡适选取了禅宗作为他宣传他的实用主义的工具。胡适发表了他荒谬绝伦的

《菏泽大师神会传》和其他的反动著作。

二

胡适为什么在《菏泽大师神会传》中费了这样大的力气把神会捧到九天之上，说他有“伟大的功勋，永久的影响”？首先，因为胡适在巴黎和伦敦抄回来了一些关于神会的著作，如果把神会捧得愈高，他“发现”神会的功劳就显得愈大。

其次，神会是政客式的和尚，这一点和政客式的“学者”胡适臭味相投。胡适欣赏“神会的手腕高超”，“神会真是南宗的大政治家”[①]。

第三，胡适特别佩服神会在佛教争正统的争吵中使用的战略、战术的“高明”，和他的主观和“大胆”。胡适说：

> 他（神会）大胆地提出一个修改的传法世系，……这都是很大胆的挑战。

不论是诬蔑或说谎，只要“大胆”，胡适总是引为同道的。神会，在胡适看来，不但“大胆”，而且会钻空子：

> 其时惠能与神秀都久已死了，死人无可对证，故神会之说，无人可否证。但他（按：指神会）又更进一步说传法袈裟在惠能处，普寂的同学广济曾于景龙三年十一月到韶州去偷此

① 《菏泽大师神会传》，《胡适论学近著》，第282页。

> 法衣。此时普寂尚生存，但此等事也无人可以否证，只好听神会自由捏造了。[①]

这种恶讼师的无赖作风，胡适完全熟悉，他自己的一些“研究”中不也是利用“死人无可对证”来证明屈原不存在吗？不也是利用同样的手法支持他的门徒们搞古史辨“大胆地”怀疑古代的一切历史和传说吗？

神会的争佛门正统的“攻势”“战术”也是使胡适佩服的：

> 故滑台定宗旨的大会确有“先声夺人的大胜利”。先声夺人者，只是先取攻势，叫人不得不取守势。[②]

在这些说明里从没有半句说到神会所争的是否是真有事实，是否符合禅宗发展的客观情况，他所醉心歌颂的只是神会“有手腕”、“政治家”“大胆”“先声夺人”等不顾事实、播弄是非的手法。这些手法恰恰就是胡适自己一贯采用的考据和研究“学问”的方法。

除了以上这些理由，最主要的还是神会是一个“自然主义”者，和胡适的宗教观是相通的。“自然主义”在胡适看来就值得表扬，何况这个可爱的“自然主义”者又是他自己亲自发现的！

实用主义是维护宗教信仰的，胡适只是在反对拜泥菩萨的口号下来宣传他的实用主义的信仰主义。禅宗在中国的旧知识分子中一向被认为是进步的。胡适为了找寻一种骗人的假面具，用来宣传他的宗教观，他自然地找到了禅宗，并把禅宗说成“自然主义”。

---

① 《菏泽大师神会传》，《胡适论学近著》，第257页。

② 同上。

他把禅宗的自然主义，和另外一些唯物主义思想都说成“自然主义”，这样就可以把唯物主义哲学加以歪曲，与宗教的神秘主义的主观唯心主义混同起来。胡适的“自然主义”根本就是反理性主义的主观唯心主义。因为拜泥菩萨在20世纪早已骗不了人，所以胡适要提倡“科学的宗教”“人的宗教”，要建立“人世的天堂”，实质上正是用信仰主义来代替理性主义。

上文已经指出，禅宗的特点之一就是“顿悟”。顿悟的实质，就是以一种主观的信仰主义来代替那些烦琐的宗教教条。就它宣扬唯心主义，与理性主义和科学对抗这一点来说，禅宗和佛教以及一切宗教是共同的。禅宗只是在佛教内部做了一些改革，只是为了挽救佛教日益僵化的危机，把佛教的奴化屈服的精神安放在人们的内心的“真诚”信仰中，而胡适却说：

> 生公（按：“生公”即竺道生，是南朝的一个和尚，死于434年）的顿悟论可以说是“中国禅”的基石，他的“善不受报”便是要打倒那买卖式的功德说，他的“佛无净土论”便是要推翻他的老师（慧远）提倡的净土教，他的“一阐提人皆得成佛”便是一种极端的顿悟论。[①]

又说道生的宗教学说是“革命”，“革命的对象是那积功积德、调息安心等等烦琐的渐修工夫”。胡适叙述佛教内部争吵时，经常廉价地使用“革命”“打倒”“推翻”这些名词，他企图把佛教内部的宗派争吵说成“革命”，并借此掩盖禅宗的主观唯心主义的反动实质：

---

① 《菏泽大师神会传》，《胡适论学近著》，第265页。

> 须知顿渐之争，是一切宗教的生死关头，顿悟之说一出，则一切仪式、礼拜、忏悔、念经、念佛、寺观佛像、僧侣、戒律都成了可废之物了。[①]

事实上佛教不但没有因为提出顿悟说而到了“生死关头”，相反地，佛教为了扩大他的宗教宣传的影响，为了骗更多的人，才提出了顿悟说。

像禅宗这样不重视宗教形式的宗教，正是实用主义杜威、胡适这一派主观唯心主义者所欢迎的。他们要的是“宗教的感情”、宗教实质，反理性主义的信仰主义。他说：

> 我不信灵魂不朽之说，也不信天堂地狱之说，故我说这个小我会死灭的。死灭是一切生物的普遍现象，不足怕，也是不足惜。但个人自有他的不死不灭的部分：他的一切作为，一切功德罪恶，一切语言行事，……都在大我上留下不能磨灭的结果和影响。……我们应该说：“说一句话而不敢忘这句话的社会影响，走一步路而不敢忘这步路的社会影响。”这才是对于大我负责任。能如此做，便是道德，便是宗教。[②]

这种宗教正是夸大了个人的影响，实质上夸大了大人物的作用，把包含着对立的不同的阶级的整个社会说成“大我”。他们抹杀阶级感情而代之以宗教感情。胡适介绍《扑克坦赶出的人》中说：

> 此篇写一个赌鬼和两个娼妓的死。……三个人之中，一

---

① 《菏泽大师神会传》，《胡适论学近著》，第265-266页。

② 《介绍我自己的思想》，《胡适论学近著》，第636页。

个下流的女人，竟自己绝食七天而死，留下七天的粮食来给那十五岁的小姑娘活命。

他们都是不信宗教的人，然而他们的死法都能使读者感叹起敬。……我们看这一个浪人、两个娼妓的死法，不可不想到这一点。[①]

这篇小说的内容也是有问题的，这里且不去分析。这里要指出的是胡适是以宣扬宗教的立场来向读者推荐这篇小说的。小说中描写的这些“小人物”在“正人君子”当权的社会中被剥夺了作为一个人应有的荣誉感，不合理的社会的压力使得他们抬不起头、见不得人，最后他们被驱逐出境。只有饱受忧患折磨的人才深刻地懂得援助别的受难者的意义。这个长期被损害、被污辱的女人，甘愿为一对少年爱人而死。这里并没有什么上帝的意志，胡适却说他们三个“下等人”之死之所以伟大，是由于宗教的感情。资产阶级只能看到赤裸裸的金钱关系，居然也还有人不为金钱而死，这在胡适看来是无法理解的，只好归到“宗教的感情”。

三

胡适在哲学史和文学史中，常用“自然主义”这一名词。他的“自然主义人生观”，乃是混同人与动物的根本区别，把社会的

① 《短篇小说第一集》，第34页。

人、阶级的人看作生物学的个体，所以他才敢于狂妄地说：

> 生命本身不过是一件生物学的事实，有什么意义可说？[①]
>
> 总之，生命本没有意义，你要能给他什么意义，他就有什么意义。[②]
>
> 宇宙及其中万物的运行变迁皆是自然的，自已如此的，正用不著什么超自然的主宰或造物者。[③]

胡适曾反复说明，世界没有客观规律，事物都是偶然的、特殊的。胡适在他的《不朽》及《四十自述》中都曾提到范缜的《神灭论》。但范缜是用“偶然说”来攻击佛教的因果报应的宿命论，而胡适却是利用范缜的学说来宣扬他的不可知论，目的在于反对科学、否认客观规律。范缜以唯物主义的观点正确地对待认识过程中物质与精神的关系，认为离开物质就没有精神，胡适却主张经验是一切，世界就是经验……荒谬的主观唯心主义。表面上胡适好像是范缜的同道，实质上胡适是维护宗教而反对科学，和范缜的维护科学、反对宗教的立场根本相反。胡适的所谓“自然主义”，其实只是他的宗教观的改装。胡适说：

> 中国的思想界经过佛教大侵入的震惊之后，已渐渐恢复了原来的镇定，仍旧继续东汉魏晋以来的自然主义的趋势，承认自然的宇宙论与适性的人生观。禅宗的运动与道教中的知识分子都是朝着这方向上走的。[④]

---

① 《人生有何意义》，《胡适文存三集》卷九，第1143页。

② 《人生有何意义》，《胡适文存三集》卷九，第1144页。

③ 《科学与人生观序》，《胡适文存二集》卷二，第26页。

④ 《白话文学史》，第305页。

又说：

> 这个时代（按：指8世纪）是个解放的时代。古来的自然主义的哲学（所谓道家哲学）与佛教的思想的精采部分相结合，成为禅宗的运动。①

胡适并说：

> 这种风气在表面上看来很像是颓废，其实只是对于旧礼俗的反抗，其实是一种自然主义的人生观的表现。②

胡适到处表扬什么“自然主义的人生观”，而禅宗，在胡适的眼中，恰恰是他需要的“自然主义”。胡适不但遮盖了禅宗的麻痹人民的毒素，而且大力宣扬人不过是动物的种，人的生活只是动物的生活，只要“应付环境”，得过且过，这就是人生的意义，也就是胡适的“自然主义”。所以胡适特别歌颂禅宗所提倡的不加任何努力的人生态度。他认为禅宗反对坐禅，反对念经，提倡“饥来吃饭困来眠”“老僧无一法与人”“佛法只是吃饭、着衣、屙屎、送尿”，这样的人生态度和他的腐朽的“自然主义的人生观”十分契合。胡适一再宣称，“一个人与一只猫、一只狗”没有什么分别，“生命没有意义”，人生的意义就在于“应付环境”，像“粪窖中的蛆一样”，“世界都像海上撞沉了船，最要紧的还是救出自己”。③

禅宗的宗教哲学和一切宗教哲学一样，都是反对认识自然、反对知识，把社会上的不平等、阶级压迫给人带来的痛苦，解释为由

① 《白话文学史》，第264页。

② 《白话文学史》，第265页。

③ 《易卜生主义》，《胡适文存》卷四，第902页。

于对人生问题的态度所引起的。照胡适的说法，既然中国没有帝国主义和封建主义的存在，也就没有阶级压迫，只要每个人对于人生看法改换一下，就可以顺利地解决了社会上的不平等的现象，这就是“革命”了。他的“自然主义”，只是教人若免“人生之苦”，只有先救出自己，救自己要靠主观的“顿悟”，要靠主观信仰。这正是统治阶级所希望人民群众相信的一种哲学，也正是一切宗教的教人“解脱”苦难的共同方式，也就是胡适的宗教思想——不过胡适给这种自私自利的个人主义起了一个好听的名字，叫作“最健全的个人主义”，这也就是他对人生态度所采取的“自然主义”。

也曾有过一些进步的资产阶级的知识分子，在他们的时代还没有出现无产阶级自觉的力量时，找不到人类解放的道路，像易卜生那样，只好把进步的反抗思想寄托在少数人身上。在一定的历史条件下，看重个人，排斥“庸众”的思想有它进步的意义，因为这种思想，在一定程度上毕竟还表示出了对腐朽的资产阶级的伪善和不平等的抗议。禅宗表面上似乎也做了些“呵佛骂祖”的“抗议”，实质上是用主观的信仰来代替客观真理，它和以理性主义为基础的易卜生的思想不同。可是胡适所标榜的“自然主义”，向谁抗议呢？胡适抗议的是争取解放的集体，甚至连争取解放的个人也在胡适的反对之列，只有完全“适应环境”，抱着只是“吃饭、穿衣、屙屎、送尿”的人生态度，彻底对环境屈服，才是胡适所宣扬的反动的“个人主义”，胡适又叫它作“自然主义”。他叫人不用任何努力而幻想得到“解放”，“运水搬柴，无非妙道”，“不抗议就是抗议”。在“九一八”以后，蒋介石政府执行他的一贯不抵抗的民族投降主义，胡适把这种卖国投降的政策无耻地称为“最有力量的沉默”。这是胡适对禅宗的宗教哲学的具体运用。在这个时期，胡适曾发表了他的民族投降主义的论文《说儒》。也就在这个时期，胡适到处宣扬他的禅学，并和日本帝国主义御用的一些佛教研究者来往甚密。这些事实都说明胡适的“个人主义”“自然主义人生观”“纯自然主义”，是和他的反革命的行动密切结合着的。胡适在解说他的“纯自然主义”时，曾引用了禅宗神会和尚的话：

> 所以神会对王维说，众生若有修，即是妄心，不可得“解脱”，这是纯粹的自然主义了。
>
> 所可注意者，神会屡说不假修习，刹那成道，都是自然主义的无为哲学。[①]

像这样的“自然主义”的哲学，胡适说：

> 后来马祖（按：马祖是禅宗的一个著名的和尚，死于788年）教人“不断不造，任运自在，任心即为修”；更后来德山（按：“德山”即禅宗的和尚宣鉴，死于865年）、临济（按：“临济”即禅宗的和尚义玄，死于866年）都教人无为无事，做个自然的人，——这都是所谓“无念”，所谓“莫作意”，所谓“自然”，所谓“无修之修”。[②]

不需要任何努力，当然用不着向恶势力战斗，“无修之修”的人生态度才是胡适所赞赏所向往的。既可完全不碰伤统治阶级的一根毫毛，又能使被压迫者收到“解放”的“效果”，在实用主义者胡适

---

① 《菏泽大师神会传》，《胡适论学近著》，第272、273页。

② 《菏泽大师神会传》，《胡适论学近著》，第273页。

看来是最相宜的生意经了，这也就是胡适所标榜的“革命”的实质。所以他对禅宗的“自然主义”发出由衷的歌颂：

> 总之，神会的教义在当日只是一种革命的武器，用顿悟来打倒渐修，用无念来打倒一切住心入定、求佛作圣等等妄念，用智慧来解除种种无明的束缚。在那个渐教大行，烦琐学风弥漫全国的时代，这种革命的思想自然有绝大的解放作用。[①]

原来胡适把社会上人压迫人的不平等的状况先歪曲成为仅仅是思想上束缚，只消用一种“革命”的“思想”来解除束缚就一切妥当了。当年的佛教禅宗在这一方面确曾收到一些骗人的效果，胡适的宗教“科学化”、宗教“人化”，实质上也还是继承了禅宗的老法子。但是今天的中国和一千多年以前的中国有了本质上的改变，中国已有了马克思主义的真理，中国有了无产阶级的先进政党，在党的领导下有了觉悟的群众，尽管胡适在宗教的药酒瓶上贴上“科学”的标签，可是找不到顾主，卖不出去了。

四

马克思主义的研究方法，要求每一个研究者“从客观存在着的实际事物出发”，要“详细地占有材料”，而不是凭主观揣测出发，凭一时应付环境的主观需要出发。胡适花了许多篇幅，讲了许多连他自己也不懂的东西来骗人，连稍知羞耻的资产阶级的学者也

① 《菏泽大师神会传》，《胡适论学近著》，第273-274页。

还不敢“大胆”到不懂装懂的程度。为了不浪费笔墨，只举下面一个例子来证明胡适对佛教禅宗知识的无知和他的招摇撞骗的无耻。

中国的佛教有大乘、小乘的分别。大乘佛教中又分为相宗和性宗，佛教的相宗和性宗都是宗教哲学的唯心主义。这两派都认为在客观物质之上（或背后）另有个超现实的世界。性宗认为一切物质现象、精神现象都是不实在的，所以他们说“诸法性空”（所有的东西，在本质上都不是实在的）。相宗从唯心主义的观点，分析物质世界及精神现象，最后在于说明在现实世界之上还有个他们认为圆满的超现实的世界。这两派都主张客观现实世界是假的，都认为他们虚构出来的超现实的世界倒是永恒的实在，所以这两派都是客观唯心主义。

胡适本来是个学术上的骗子，佛教思想又是一个“冷门”，他就在“性”“相”两个字上大做文章。他说：

> 性与相之别，即个性与共相之别。

又说：

> 禅宗是性宗的极端，他的精神和方法都是个性的、主观的。

禅宗分明在说物质和精神的现象都是假的，他们否认人类认识的来源和认识的可能，他们没有说崇拜“个性”。佛教的“自性”是指的物质本身或精神自体，与“个性”“性格”毫无关系。胡适望文生义，于是说“北宋的理学拈出一个‘理’字，便是针对那纯粹个人的禅宗下一种医药。认识虽由个人而可有客观的印证”。我们都知道客观唯心主义的理学这一派所讲的“天理”，只是主观的虚构，根本说不上符合事物的客观规律，哪里能“印证”呢？胡适既不懂禅宗，也不懂什么是理学，只是妄加比附，说什么：

> 在哲学史上，禅学之于理学，确是“性相之不同”；正如陆王之于程朱，也是“性相之不同”；又正如末学之于清学，也还是一种性相之不同也。[①]

胡适在这里把禅宗、程朱与陆王、宋学与清学一齐说成“个性与共性之别”，完全是信口开河。

胡适对于佛教缺乏起码的知识，可是他还大言不惭地说：

> 试取无著的《瑜珈师地论》（玄奘译本）与法护、罗什、佛陀跋陀罗诸人译的各种《瑜珈师地论》相比较，便可知道他们的内容大致相同，演变的线索也很明显。不过无著所造更多烦琐的分析，遂成为唯识的烦琐哲学。更进一步，便成了下流的密宗了。[②]

胡适连“性”“相”的分别也分辨不出，他即使看过什么《瑜珈师地论》，也是看不懂的。大凡有一点常识，也会知道密宗（按：密宗是佛教的一个教派）的发生和发展自有其源流，不是无著的学说“进一步”的发展。

在《菩提达摩考》一文中，胡适提出他的主观的思想发展的公式：

> ……学说的演变总是渐进的、由淡薄而变为深奥，由朴素而变为繁缛；道宣所述，正因为是淡薄朴素，故更可信为达摩

---

① 《戴东原的哲学》，第108-109页注文。

② 《禅学古史考》，《胡适文存三集》卷四，第404页。

的学说。[①]

这一主观的公式，很快遇到了事实的反驳：为什么惠能的学说，以及以后的学说更简单呢？在另一篇论禅宗的文章中说：

> 这种烦琐的分析和中国人的头脑不能相容。中国的文字也不配玩这种分牛毛的把戏，故五世纪以下的禅学趋势便是越变越简单，直到呵佛骂祖而后止！[②]

这里他一方面对中国文化进行诬蔑，一方面全凭主观臆造来宣传他的唯心史观。像他所说，“学说的演变总是渐进”，就不合事实，只是胡适的庸俗进化论的发展观又一次运用。他那反动的一点一滴改良主张在政治上早已破产，这一生了锈的武器用到哲学史上照样要破产。

在全部胡适关于禅学的著作中，绝大部分是考证禅宗和尚的传法世系，胡适只是把他的英雄伟人创造历史的观点，重复地搬用到佛教史的研究中，于是禅学的历史成为几个和尚个人活动的历史，而思想发展也仅仅是师徒的传授的记录。像这种“研究”方法完全脱离了社会历史条件，思想史不过是偶然事件的堆积。当然这也正是胡适的主观唯心主义的历史观点来对抗唯物的历史观点所必须采取的方式。胡适说：

> 顿悟之说在五世纪中叶曾引起帝王的提倡，何以三百年间渐修之说又占了大胜利呢？此中原因甚多，最重要的一个原因

① 《胡适文存三集》卷四，第458页。

② 《禅学古史考》，《胡适文存三集》卷四，第404页。

是天台禅法的大行。[①]

像这样的解释岂不等于说，因为后来顿悟之说不流行了，所以顿悟之说才不流行了，说了还不是等于没有说？胡适本来不是为了寻求事实的真相，只要能“应付环境”“解决困难”，解释得他认为“满意”就行了。

在胡适认为解释得“满意”的主观任意的解释，随处都可见到。他对佛教的输入中国竟以突如其来的偶然的原因来解释：

> 这几百年中（按：指两晋南北朝），佛教从海陆两面夹攻进中国来。中国古代的一点点朴素简陋的宗教见了这个伟大富丽的宗教，真正是“小巫见大巫”了。几百年之中，上自帝王公卿、学士文人，下至愚夫愚妇，都受这新来宗教的震荡与蛊惑；风气所趋，佛教遂征服了全中国。[②]

佛教的经典为什么能在中国得到广泛的传布呢？胡适也以偶然的原因来解释：

> 佛教徒要传教，不能没有翻译的经典；中国人也都想看看这个外来宗教讲的是些什么东西，所以有翻译的事业起来。[③]

在他看来，翻译佛经，一方面为了佛教徒传教主观上的“方便”；另一方面为了满足中国人的好奇心，“都想看看这个外来宗教讲的是什么东西”。为什么翻译的佛教经典在中国得到长久流传呢？胡

---

① 《菏泽大师神会传》，《胡适论学近著》，第266页。

② 《白话文学史》，第157-158页。

③ 同上。

适也有他的“满意”的解释。他说：

> 却不料不翻译也罢了，一动手翻译便越翻越多，越译越不了！那些印度和尚真有点奇怪，摇头背书，就是两三万偈；摇笔一写，就是几十卷。……所以这翻译的事业足足经过一千年之久。①

胡适在《哲学史大纲》中也还抬出“求因”“明变”的幌子，遇到佛教史这“疑难的境地”，胡适找不到什么可以“满意”的解释时，索兴连一片伪科学的遮羞布也不要了。在《神会和尚遗集》中胡适曾大力表扬8世纪中叶的一个政治和尚神会。胡适的理由和证据完全是站不住的。他对神会的总评价如下：

> 南宗的急先锋，北宗的毁灭者，新禅学的建立者，《坛经》的作者，——这是我们的神会。在中国佛教史上，没有第二个人有这样伟大的功勋，永久的影响。②

事实是怎样呢？上文已经说明了安史乱后寺院经济遭到破坏。广大的黄河流域遭到兵火，原先得势的一些佛教宗派，像天台、华严、法相等，在战乱中遭到严重的破坏。这时，原先在江南以及岭南传教的禅宗没有受到直接的损害，而且这一派还保持了接近平民的苦修的作风，这种“武训式”的传教精神在当时社会历史条件下还可以发生一定的欺骗作用。当然主要的原因是宗教赖以存在的社会基础（阶级的压迫和劳动人民找不到出路），这绝不是什么个别的人

---

① 《白话文学史》，第157-158页。

② 《菏泽大师神会传》，《胡适论学近著》，第290页。

或者是神会“打倒”了北宗。胡适所谓禅学的北宗，在唐朝的盛时不过是许多佛教宗派中的一派，而且也不是最占势力的一派。在唐朝最占势力的是华严宗、法相宗及天台宗。北宗（神秀一派）并不是单独走向衰败的，而由于“安史之乱”以后，和北方的其他的宗派一齐衰败的。

神会是不是新禅学的建立者、《坛经》的作者呢？不是。

《坛经》被中国和尚尊为“经”，这是中国佛教史上绝无仅有的重要事件。照佛教的规矩，只有释迦牟尼本人传教的记录才被佛教徒尊为“经”。今天的佛经绝大多数都是释迦牟尼传教的记录，这些佛经只能假冒佛说，而不能用作者的真姓名。只有《坛经》把惠能的传教的记录和惠能本人的活动的纪录称为“经”。这种特殊地位必须是禅宗教义得到广泛流传，得到广大的禅宗教徒的支持才能取得的，决不是靠神会这样的一个政客式的和尚个人制造出来就可以推行的。根据佛教的历史，惠能的影响在江南（特别是今天的广东、湖南、江西一带）相当广泛。

神会是惠能的弟子之一，也还不是最主要的弟子，这一客观事实是不能任意抹杀的。

说《坛经》的作者是神会是毫无根据的。胡适这里又用了他的“大胆的假设”的方法。他在今存的《坛经》中找出许多和《神会和尚语录》意义或字句相似的地方，举出四类的“例证”（如“定慧等”“坐禅”、反对当时禅学及“无念”的学说），认为《坛经》和神会的《语录》中都有，因而说：

以上所引（按：胡适挑出了神会的《语录》和惠能的《坛经》的文句）都是挑选的最明显的例子，我们比较这些例子，不但内容相同，并且文字也都很相同。这不是很重要的证据吗？①

胡适确实“大胆”到不顾事实、随口乱说的地步。为什么老师的作品中有与弟子的语录中相同的句子，就能证明老师的作品是弟子所作的呢？这不正好说明弟子坚守老师的“家法”，根据老师的话，照本宣科，不敢更改吗？唐代的佛教由于寺院经济的发展，发生了财产继承的问题，佛教也采用了门阀士族的宗法制度，师徒相传有如父子的继承，僧传上都称为“法裔”“法嗣”。这正是唐代世俗地主的宗法制度在宗教中的反映，绝不能倒果为因。这里，胡适又一次运用了他的唯心史观，认为历史是伟大人物创造的。他看来，只有像神会这样的“大人物”才作得出《坛经》，所以他说：

《坛经》中确有很精到的部分，不是门下小师所能造作的。②

这种理由根本不成为理由。为什么只有神会才能写出“很精到的部分”呢？“门下小师”写不出，怎么可以证明“精到”的只有神会才能写得出？中国从前有些儒家的顽固派考据家坚持《易经》是孔子作的理由也和胡适这种主观理由一样，他们也说：像《易经》这样伟大的著作除了孔子，谁还作得出？这种考据是毫无根据的。胡适恬不知耻地自夸他的方法是“内证”。（按：内证是考据的一种方法，但不是离了客观证据只靠主观悬想。）他只是在主观随意制造证据，何尝有一点点证据？如果说这是胡适的不可救药的主观唯心论的“内症”，倒还接近事实。

---

① 《菏泽大师神会传》，《胡适论学近著》，第289页。

② 《菏泽大师神会传》，《胡适论学近著》，第283页。

五

胡适对于禅宗历史的研究是否完全没有科学价值呢？对他在这一方面的全部著作仔细检查后，我们可以肯定地说没有任何价值。因为胡适自己根本不懂得他研究的对象是什么，还缺乏最基本的关于禅宗和佛教的知识。胡适根本不是一个学者，而是一个政客，他的一切研究都是为了对反动的买办资产阶级有用，对帝国主义有用。他的学术研究没有一个地方不是在借着研究的题目来宣传他的实用主义的，他关于禅宗的一些研究也并不例外。

这样并不等于说胡适在这方面的危害性因之减低。他通过这一方面的著作，在“科学”的外衣下宣传了他的反动的个人主义观点，散布了他的宗教的毒素，在研究方法方面他也带来了强不知以为知的夸夸其谈的恶劣学风。直到今天，这种只求标新立异，不顾客观事实的反科学的研究方法，在学术界还有一定的影响，有待我们继续加以清除。

当作禅宗史和中国中古哲学史的一部分来看他的这些反科学的作品，当然要上他的当。什么是非、真假，胡适是不管的，他看来都是“方便的假设”。他研究禅宗史也和他研究其他方面的学问一样，都是为了宣传他的实用主义的方法：

> 我这几年做的讲学的文章，范围好像很杂乱，……目的却很简单。我的唯一的目的是注重学问思想的方法。故这些文

章，无论是讲实验主义，是考证小说，是研究一个字的文法，都可说是方法论的文章。[①]

胡适做这些研究的真正意图，正如他自己透露的：

从前禅宗和尚曾说："菩提达摩东来，只要寻一个不受人惑的人。"我这里千言万语，也只是要教人一个不受人惑的方法。被孔丘、朱熹牵着鼻子走，固然不算高明；被马克思、列宁、斯大林牵着鼻子走，也算不得好汉。我自己决不想牵着谁的鼻子走。我只希望尽我的微薄的能力，教我的少年朋友们学一点防身的本领，努力做一个不受人惑的人。[②]

事实证明，在过去，胡适并没有能够用禅宗和尚的教人的方法阻止了中国革命必然的表展；在今天，他的"自然主义的人生观"、他的实用主义的思想方法和他的宗教思想，在觉悟了的广大群众面前已经遭到了彻底的粉碎。

① 1921年，《胡适文存序》；1930年，《胡适文存三集》自序中重引。

② 《介绍我自己的思想》，《胡适论学近著》，第645-646页。

禅学与儒学*

禅学主旨在于明心见性。因为通常人的一切行为，都不免有一个用意的意思，而不能无念无着。行善，为“善”所紧缚；坐禅，为“禅”所系缚。恶念固然要不得，可是横亘一个善念在胸中，仍旧是一种障蔽。这种障蔽与前一种障蔽同样地陷入不能自拔，好像人的眼睛里固然揉不进泥沙，可是金屑玉屑落到人的眼睛里，也同样地会使人白翳。禅宗教人求佛作圣的唯一法门就是要一切放下。放下即是解脱。一无所著，即是菩提；一有所著，即是烦恼。菩提与烦恼、“圣人”与“凡夫”的差别只是无所著与有所著的差别。所以禅宗大师常说：“一念几回，转凡成圣。”佛法只是平常心，心无造作，如明鉴照物，物来顺应，过而不留。用工夫不外乎饮食起居，佛性即是自家的本性，若一味向外追求，乃是骑驴觅驴。见得此理时，犹如桶底打脱，“佛法元无多子”。因为本体即是自性，是不可说的全体，与物无对。本体即是全体，它不是知识的对象。对于本体的了悟，只有自证自悟。“佛祖圣人”的生活，无非是平常人的生活。他们所教人的，也无非是教人认识自己，教人不

---

* 据《任继愈禅学论集》。原载《山东新报·问学周刊》，1947年11月21日。曾收入《念旧企新——任继愈自述》。

要用知识向外找东西的态度或方法求真理。真理的发现，只在日常生活之中，并不在日常生活之外。真理即内蕴于饮食起居，所以只要物来顺应即可。禅宗说："运水搬柴，无非妙道。""佛祖圣人"所作所为的，并不是什么惊天动地、特立独行的伟大的事业，他们过的是最平常的生活。踏佛阶梯时无情亦有佛性——青青翠竹尽是禅心，郁郁黄花无非般若。山河大地都是本体的显现。若未踏佛阶梯时，有情（即众生）也无佛法。因为有习染的尘障，及一心求成佛的"佛"障，都足以使人于生死轮回中辗转造因、辗转受报，因此不得解脱。

程明道（颢）先生在他的《定性书》中曾说过："天地之常，以其心普万物而无心；圣人之常，以其情顺万物而无情。"又说："君子之学，莫若廓然而大公，物来而顺应。"这完全是采取了禅宗的意思。也可以说禅宗的见解，被理学接受了一部分。

禅学的理论实在洒脱而高妙，所以在隋唐以迄宋明，吸收了大部分的聪明才智之士。可是在理论上禅宗有它的困难，就是还不够彻底。王阳明曾说："佛家说是不著相，实是著了相；吾儒似著相，是实不著相。佛家怕君臣累，逃了君臣；怕父子累，逃了父子；怕夫妇累，逃了夫妇。吾儒有君臣，还他以义；有父子，还他以孝；有夫妇，还他以别。何曾著了君臣、父子、夫妇的相？"

我们即使站在佛家的立场来说，王阳明这一段话是不错的。运水搬柴即是妙道，举手运足即是菩提，何以执定君臣、父子、夫妇的关系一定要逃避呢？

其次，禅宗说明心见性不离乎"作用"，而不曾顾到人类的向善的本性。禅宗说："饥来吃饭困来眠。"又说："在目为见，在耳为闻，在手执着，在足运奔。”他们认为“佛祖圣人”也无非是做这些事，并不多于这些事。可是禅宗忽略了“佛祖圣人”虽也是饮食起居、言语行动，但是他们的吃饭、睡眠、见闻、行动都要合乎道理，并不是在饥了时任何条件之下的饭都可以吃，所以可以有人不食嗟来之食，伯夷叔齐也可以甘心饿死。他们并不是随便什么地方困了便可以睡眠，所以胜母之里，孔子不处。见闻行动也要处处合乎理（即合乎礼）。我们随时要用我们戒慎的功夫，随时要用我们的辨别是非的能力。饮食行动都要求一个合理的安排。何以要如此，何以不如彼，都求其一定不易之理。如果顺着自然的生理的反应，“饥来吃饭困来眠”，随便，有色便视，有声便听，这与禽兽的生活有什么区别？有什么是非可说？

儒家之学，只是一个“仁”字。只有体会到“仁”的真义，才能以天下为一家、中国为一人，才能把人家的痛苦当作自家的痛苦，与别人的生活不是分隔的而是相通的。这样，宇宙人生才不致分成两片，因为它本来就是一个整体。存此“仁”，即是忠；把此“仁”推广，即是恕。忠是“仁”之体，恕是“仁”之用。所以说，忠因恕见，恕由忠出。从己所不欲，勿施于人，推广到“己欲立而立人，己欲达而达人”，再推而至于博施济众，万物各得其所，以至于位天地育万物，这都是恕的事。尽心以行，诚敬以守，无时无地不在推广此心之“仁”，这就是忠的事。识得“仁”的根本意义，那么，“仁”的决断刚毅的一方面，便是“义”。所以博爱的“仁”，而为天下除残去暴、拨乱反正是“义”。“义”也，“仁”。“仁”的条理节文的一方面，便是“礼”。“礼”并不是伪貌饰情，“礼”要和顺积中，才能英华发外。所以“仁”的浑融处固是“仁”，克己复礼也是“仁”，“礼”也是“仁”。“仁”的明觉精察的一方面叫作“智”，大学始教，以致知为先。“仁”固然不应当间形骸分尔我，但是明是非、辨义利是仁者之事，也是智者之事。“智”也是“仁”。所以，程明道先生的《识仁篇》说：“学者须先识仁。”“仁”便是儒家一脉相传的根本精神。

儒家的理想，是要发展自心的天地万物一体的“仁”。如何达到这种最高的理想，是要用一番学养陶冶的工夫以后才能从心所欲而不逾矩的。“圣人”之道是要极高明而道中庸，但这中间要经过居敬穷理、明德亲民以至于止至善，并不是毫不费力的自然的反应。至于“物来顺应”“无所致纤毫之力”，是儒家学养的结果，却不是儒家的教育方法。

佛家的明心见性在于运水搬柴，而儒家所谓下学上达的功夫不出乎洒扫应对。看来是一回事，但其根本精神却不一样。运水搬柴在禅宗看来就是运水搬柴，而儒家的洒扫应对乃是教人于洒扫应对之中进退中礼，居处恭，执事敬，与事父、事君、使民之道是一贯的严格的训练。儒家的洒扫应对，其实是为治国平天下做的准备。禅宗的运水搬柴，无非是运水搬柴。禅宗教人不要费任何力量，不要用思虑，一切任其自然。

这两家的根本差别，乃是因为佛家的一切理论，其出发点在于把人生看作是苦的、无常的，因此世间的一切全无意义，一切事全无可为者。尽管有人为佛学辩护，说它是入世的、是积极的，可是综观佛家经典，它的三藏十二部经，毕竟是一套出世的、悲观的哲学，是超现实的。纵然可以说是“极高明”，但不能“道中庸”，它到底还是方外的、出世的、反现实的。儒家是入世的，儒家以为尽性践形的意义，即在乎为天下国家。禅宗无论如何，终是退隐的、独善其身的一种学问，不能推之于四海，不能施以济众，更不是开物成务之道。所以儒学与禅学之不能相容，实为“理之必至”，并不只是门户之见。

因为禅学的消极、出世、悲观、不健康，才有了新儒学的产生，以矫此流弊。新儒学发展到后来，经世致用之学与义理之学两者渐趋分离。在儒家的思想中，经世致用原是为了实现其理想，而义理之学也是为了经世致用。两者原不应分开，可是后来竟变成两派：一派是政治家，一派是理学家。在北宋的初期，这两派的距离还不甚远。大程及周濂溪均有心于治道，并且治绩斐然。而政治家王安石、司马光、欧阳修也未必不注重义理的研究。及至南渡以后，宋室偏安，都以为北宋之覆乃新党所致，新党的第一人，即以王安石变法为祸首。于是经术之士乃讳言政事，专主义理，心性之学弥精，而事功之意愈淡。于是把有体有用之学讲成有体无用之学，其生命力渐渐衰退，遂成麻木不仁状态。理学与世道脱节，乃成为无用之虚学，于是儒家求“仁”的根本精神完全失去了。

禅宗与中国文化*

中国古代文化发展有两个高潮时期。第一个高潮在春秋战国时期，持续时间约三百年。第二个高潮在隋唐时期，持续时间约二百年。

春秋战国时期所以出现文化高潮，开展了丰富多彩的百家争鸣，主要原因是奴隶制解体，出现了新的生产关系。还有一个必要条件，即当时诸侯国之间交往频繁。这些交往包括政治的、经济的、文化的、军事的（通过战争）。频繁的交往，促进了文化的发展。古代交通闭塞，受自然地理条件限制较大。当时文化形成四个大的文化区域：邹鲁文化、燕齐文化、三晋文化、荆楚文化。邹鲁文化保持着周公以来的文化传统，维护宗法制度，严格等级秩序，尊重传统贵族的特权，以孔、孟儒家为代表。燕齐文化以山东半岛及渤海沿岸为基地，流行神仙方士、阴阳五行学说，以管仲学派、稷下学派为代表，后来发展为阴阳家。三晋处四战之地，社会环境迫使其注重耕战，提倡法治，打击旧贵族的特权，尚军功，重爵禄。多年的民族战争与国家之间的战争攻伐，锻炼出一批人才，商

---

* 据《世界宗教研究》1988年第1期，为中日第二次佛教学术会议上的发言。又载于当年《社会科学战线》第2期。

鞅、申不害、吴起、韩非等法家是其思想的代表。荆楚文化在江淮一带有深远的传统，歌颂自然而轻视世俗政治与法制，老庄、屈原思想是荆楚文化的代表。秦汉统一全国，四个地区的文化互相影响，发生了更多的交流，产生了汉代文化。

第二个文化高潮出现在隋唐时期（公元7、8世纪）。隋唐政权结束了近四百年南北分裂的局面，建立了强大有效的中央政府，政治稳定，经济繁荣，对内执行各民族平等的政策，对外开放，保持陆地及海上的国际通道的畅通，从而给中外文化交流创造了必要条件。以中华文化为主体，吸收改造了外来文化，丰富了中国传统文化的内容，使中国文化精华部分（哲学）提高到一个新的认识层次。禅宗的形成与发展，体现了中国文化发展的第二次高潮[①]。

一

佛教传入中国以后，随着中国社会历史的发展变化，它的说教形式和内容也发生了改变，以求适应中国的环境。这种变化，主要表现在两方面，即政治上的适应和理论上的适应。

第一，政治上，佛教主动协助维护中国传统的封建宗法制度，巩固纲常名教体系。如沙门礼敬王者、沙门拜父母、僧人遵守世俗法律的管制等等。这些事实，都说明中国佛教已不同于印度佛教[②]。

① 哲学作为文化的精华部分，禅宗哲学对后来的理学起了决定性的影响。

② 唐朝义净在印度留学二十多年，深感中国佛教改变了印度佛教，对此很不满意，表示遗憾和惋惜。

中国历代反对佛教的人士指责佛教违背了忠孝原则。佛教徒为自己辩护，一再申明，佛教的主张不但没有背离“三纲”的原则，相反，出家修道倒是大忠大孝，可补世俗教化所不及。

第二，在思想理论上，佛教哲学理论力图与中国当时社会思潮相适应，按照中国哲学发展的道路前进。佛教义学（宗教理论）成为中国哲学的一部分。中国哲学的许多显著的历史特征，在佛教理论中也有所反映。

佛教传入中国在两汉之际，但取得较大发展则是在三国魏晋时期。魏晋时期中国哲学界讨论的中心议题为本末、有无等思辨性很强的玄学。这一时期佛教理论界所讨论的是般若空的概念，出现了“六家七宗”。“六家七宗”是用佛教术语来阐发玄学关心的“本末”“有无”问题，其思想体系是玄学化了的佛教哲学。当时哲学理论界与佛教理论界所讨论的，都属于哲学本体论范围。

哲学思辨不断发展，中国哲学界逐步由本体论进入心性论。佛教理论的重心已由般若学的本体论转入涅槃学的心性论，开展佛性问题的探讨。佛性论的实质即心性论，佛性问题即心性问题。南北朝时期的佛教理论界把更多的注意力集中到佛性论上。

南北朝到隋唐，继魏晋玄学之后，中国哲学发展史又上了一个台阶，由本体论进入心性论，佛性论由中国哲学史中一个支流上升为主流，在隋唐时期已发展为完整的心性论，从而把中国哲学的发展向前推进了一大步。

二

禅宗，不同于佛教的禅法。禅法是佛教的基本训练的一门学问，从小乘“安般守意”到大乘禅法，有它的体系。本文所讲的禅宗，特指隋唐时期佛教的一个宗派。禅宗在中国佛教史上独树一帜，具有明显的中国特色。

禅宗的兴盛，是佛教其他宗派衰落后的产物。隋唐盛世，佛教经学（佛教经学与儒教经学、道教经学三教鼎立）曾协和王化，是维护中央政权、传播封建纲常名教的思想工具之一。唐中期以后，中央政府失去控制全国的绝对权力，地方势力日趋独立，分散割据的形势越来越发展，直到唐王朝灭亡。佛教寺院经济遭到破坏，国家财政支绌，收入减少，推行“两税法”以后，寺院也要纳租税，出家人不再享有免役逃税的特权，僧众人口大大减少①。唐中期以后，寺院经济衰落，其他宗派，讲章句之学的都衰落了，只有禅宗得到发展。据记载，禅宗为了自身的发展，制定了自给自足的僧规，不再依靠寺院庄园剥削收入，争取到生存的主动权。禅宗名僧怀海（749—841年）制定《百丈清规》，改制详情已不能完全考见，从北宋杨亿为重修《百丈清规》（《古清规》）作的序中还可以略窥禅宗改革寺院制度的一些措施。禅宗僧徒靠劳作过日，“一

---

① 北朝时，北魏僧尼二百万人，北齐三百万，北周也达二百万。唐武宗灭佛，僧尼还俗二十六万人。唐代人比北魏多，而僧人少，原因之一是推行寺院纳税政策。参见《魏书・释老志》及《佛祖统纪》卷三十八（《大正藏》本）。

日不作，一日不食”。它把中国古代小农经济的生产方式和生活方式，紧密地结合到僧众的生产方式和生活方式上来。这一变革与中国的封建社会的结构得到进一步的协调，从而获得生命力。

中国封建宗法社会是以一家一户为生产单位，它又是一个消费单位。这种自然经济保持最低限度的生活水平，产品只是为了自足，而不是为了交换。与此相适应，自然产生家长制统治。禅宗在唐中期以后，把世俗社会的生产方式和生活方式搬到佛教内部，除了不娶妻生子，几乎完全过着小农经济一家一户的生活，寺主是家长，僧众是子弟，僧众之间也维持着封建宗法制的叔伯、祖孙的社会关系。因为禅宗的世俗化比其他宗派更彻底，同时又维持着自食其力的规则，所以可以不受经济来源断绝的威胁，一代一代传下去。禅宗思想中国化，首先在于它从生活方式和生产方式上中国化。它与在寺院中运用小农经济是相适应的。禅宗在经济体制上与中国封建社会融洽一致，不劳而食的习惯有所改变，减少了被攻击的口实。其他宗派的寺院经济来源是靠别人的劳动，与世俗地主和政府有利益矛盾，其发展和生存受到较多的限制。在生存竞争中，显然禅宗占优势。

三

思想是现实生活的反映。有什么样的生活，就有什么样的思想。这是研究社会历史的根本原则。

有了自给自足的经济地位，过着自给自足的生活，才会生产自给自足的哲学思想体系。禅宗的流派很多，照唐人的记述有大小十几家，细分起来应当不止这么多[①]。不论它们的教义有多少分歧[②]，但禅宗的共同的信念是“自我解脱”。这种自我解脱，虽有时借外缘的启发，即所谓“禅机”“机锋”，但关键的一步全靠自修自悟。自修自悟，如人饮水，冷暖自知，听别人说千万遍不如自己亲身感受的亲切、深刻。这种亲切、深刻的感受成为禅宗追求的精神境界。我国禅宗所宣传的自觉、自足、自悟的精神境界完全是其自给自足的自然经济的反映。日常生活不靠外力，靠自己，求得精神解脱，摆脱精神枷锁。所谓治病、解缚，要靠自己。禅宗认为经典上的话可供参考，但不能依赖。

小农经济的思想意识表现在中国佛教思想中的不止禅宗一家。如净土宗也反映了小农经济下的佛教思想，它反映的是小农经济脆弱，要仰仗皇帝的恩赐，借上边的“阳光雨露”的荫庇。因此，他们更多地强调对佛祖信仰的虔诚，不甚强调个人的自觉、自己的解脱。

禅宗的思想体系与净土宗这两大系统几乎统治了中国佛教界，但是唐宋以后，这两者又有合流的趋势。但在对中国文化的影响来看，禅宗影响在思想方面为多，而净土宗影响则在信仰方面为多。从民族文化的特点来看，禅宗更能体现中国佛教的独特面貌和精神，把哲学发展史上的心性论更向前推进一步。

---

① 主要参见宗密的《禅源诸诠集都序》及南北宗的禅宗记载。

② 有的主张无念，有的任自然，有的主自悟，有的主顿悟，有的主渐悟，等等。

四

中国哲学的发展，继本体论之后，推进到心性论，开创了中国哲学发展史的新阶段。心性论的提出是从南北朝开始的。南北朝中后期，心性论酝酿趋于成熟，南北双方对佛性问题都做了大量的研究。这一研究引起朝野上下的关注。它讲的是成佛问题，但问题的实质是生活中人们如何避苦求乐的实际问题。南方摄论学派、北方地论学派都对大乘有宗的阿赖耶识的性质做了深入的研究。阿赖耶识是染是净，是染中有净还是净中有染，当时有不同的理解。佛性是否人人皆有，人性是善是恶？如果是善，恶从何来？如果是恶，善由何起？人性善恶问题虽然先秦时已经提出过，但没有深入心理活动、社会环境的影响（“熏习”）诸领域给以彻底讨论。

由此派生的人性、人心的受容能力和反应能力有无限度，人的认识有无局限性，有局限性又如何打破（或超脱）；人心与人性有什么关系，人心与客观真理有什么关系；人的感情、意志对人的认识活动有什么关系；如果它们能影响对真理的认识，又如何消除它。

哲学是认识世界、改造世界的学问。[①]所谓“世界”，既包括客观世界，也包括主观世界；包括山河大地，也包括人类自身。古代哲学家一开始就注意观察客观世界的构成，推测构成世界的材料成

① 哲学就是认识论的说法未必为人普遍接受，但认识论历来是哲学的主要组成部分则为多数哲学家所接受。

分。中外哲学家都是从关心天地万物构成开始其哲学探索的。这是宇宙论阶段。在这个基础上再前进，不满足探求世界的构成，还要进一步探求其所以构成的理论根据，即玄学家所说的“所以迹”。这是中国哲学史发展的本体论阶段。

人类认识不断深入，转而观察、研究人类自身、主观世界，考察人的认识能力、认识的可能性和局限性，这就是由本体论进入人性论的阶段。对于人性论的研究，佛教有它独到的地方。印度佛教有很多关于心理活动、心理摹述的记载，但论证的是如何纯洁心灵，杜绝杂念，完全是为宗教修养。这一套学说传到了中国。中国哲学有着深厚的文化传统，利用佛教的思想资料完成了自己的进程，从而从本体论进入心性论。这是佛教传播者们所未料到的结果。

南北朝时期佛教心性论还带有外来文化的某些生硬痕迹，如“阿赖耶识”即属于引进的概念，与中国哲学传统观念不甚衔接。禅宗在这一条道路上使它中国化，明确提出“明心见性”的新范畴，正式建立了心性之学，已经发表的各种版本的《坛经》以及《南宗定是非论》《坛语》等禅宗文献以及其他已有的大量禅宗资料，有不少关于“心性”“本心”“识心见性”以及“顿悟”和“自修自悟”的生动论述。心性论的建立是隋唐佛教在理论上的贡献，而贡献最大的应推禅宗。

心性之学建立以后，得到中国哲学界的普遍认可，禅宗成了中国哲学发展史上的一个关键性环节。宋明理学可以说是接着禅宗的心性之学继续开拓的新领域，形成儒教。儒教还吸收道教和佛教其他宗派的思想，但主要脉络来自禅宗。

禅宗，不是外来的宗教。禅宗的出现不是从中国思想的主流之外横插进来的一股思潮。它是中唐以后，小农经济社会的产物。它提出的心性论，是中国哲学史上重要环节，是嫡系正宗而不是旁支别派。禅宗对佛教其他宗派自称“教外别传”，它在中国哲学史的地位比它在正统佛教中的地位重要得多，是中国文化的一个重要组成方面，对其他文化领域产生过广泛影响，其非本文范围，姑不论。

弘忍与禅宗*

禅宗在西方的传法世系，恍惚迷离，完全是中国禅学者补造的，不足信。东土的传法世系，一般以菩提达摩为初祖，慧可为二世，僧粲为三世，道信（579—652年）为四世，弘忍（601—674年）为五世。弘忍以前的四世文献资料残缺不全。初祖达摩赖有《高僧传》记载，大致可以勾画出一个轮廓，但达摩的生平也还不清楚。慧可、僧粲的生平和学说更没有完整的记载，有些话是若干年后，后人补记或追记的，难得准确。关于道信的生平及思想虽比较具体，但也不完全。

禅宗多隐居山林，远离城市，这一点在禅宗各种记载及传说里是比较一致的。

禅宗聚居山林，但不是不问世事。有人问弘忍："学道何不向城邑聚落，要在山居？"答曰：

> 大厦之材，本出幽谷，不向人间有也。以远离人故，不被刀斧损斫，长成大物后，乃堪为栋梁之用。故知栖神幽谷，远避嚣尘，养性山中，长辞俗事，目前无物，心自安宁。从此道

* 原载《佛学研究》1994年总第3期。

树花开，禅林果出也。[①]

弘忍解释得很明白，为了修习禅道，要避开城市的干扰，以养成栋梁之材。成材后，还是要供庙堂之用。而庄子赞扬山中不材之木，好在永远派不上用场，永不为人所用，得以“保其天年”。弘忍自己不受朝廷的招聘，他的学生神秀却成为国师，神秀的行为是符合弘忍的宗旨的。

据《楞伽师资记》，弘忍继承了道信的禅法，经过弘忍的发扬和改进，奠定了后来南北各流派的基础，后来许多流派的禅法基本上出自东山法门。

（弘忍）处幽居寺，住度弘愍，怀抱真纯，缄口于是非之场，融心于色空之境。役力以申供养，法侣资其足焉。……四仪皆是道场，三业咸为佛事。盖静乱之无二，乃语默之恒一。[②]

道信禅法，教人把捉此心，不使动乱，避乱求静，有厌离事物、隔绝外界的倾向，保有传统禅法的规范。弘忍的禅法则要求修习者做到“静乱无二”“语默恒一”，从而打通了动和静、语与默的扞隔，做到于日常生活中体现宗教出世的精神境界。这种心性修养方法，影响到后来宋明儒教修养心性的方法至深。程颢的《定性书》，教学者在行动中结合心性修养，主张“动亦定，静亦定，无将迎，无内外”的境界。程氏兄弟自称其心性修养得于孔孟真传，实际上这正是禅宗的修养方法，与孔孟没什么关系。禅宗各派都不同程度地体现了弘忍提倡的这种心性修养方法，寓出世于世间。这

① 《楞伽师资记》。

② 《楞伽人法志》。

样更能扩大禅宗的影响，也符合大乘佛教济世度人的宗旨。

弘忍继承道信以来耕作自给的传统，不辞劳苦，“役力以申供养”，使禅宗僧团可以不靠政府供给，自己养活自己，后来的《百丈清规》用文字形式固定了这一传统，成为禅宗团体生活的法典。唐朝“安史之乱”后，地方割据势力连年内战，很多城市成为废墟，靠政府供养以及靠租税养活的那些佛教团体无法维持，逐渐消散，独有禅宗自给自足，照常生存，并得到了发展。

《楞伽师资记》说弘忍“萧然静坐，不出文记，口说玄理，默授与人”。敦煌发现的《最上乘论》一卷，题作“五祖禅师述”。弘忍“不出文记”，却又“口说玄理”，这好像自相矛盾，其实这正是禅宗传授的特点。禅宗早期典籍，多半出自弟子们的记录，因此很难说是某禅师的自著，也很难说不属于某禅师的思想。这种实际状况给研究者带来了一些麻烦。

弘忍的禅学主张由于史料不全，未能给后人留下很详细的记载，至少有以下几点可以肯定：第一，弘忍继承了道信的坐禅修养方法。第二，弘忍认为坐禅以外还有其他途径同样能体现佛道：“四仪（按：指行、住、坐、卧）皆是道场，三业（按：指身、口、意）咸为佛事。”第三，贯彻般若大乘空宗“扫除名相”的宗旨，即神秀向武则天介绍他老师弘忍依据“文殊说般若一行三昧”。这三个方面大体可以包括后来禅宗各个支派的宗旨和方法。

弘忍逝世后，禅宗自黄梅向大江南北发展。荆州玉泉寺在黄梅上游，沿江再上溯，到成都保唐寺。由黄梅向北，传到嵩洛一带，深入朝廷上层，向南传到广东岭南。由于弘忍不善于言说，有时为了教学方便，随机答问，尚未形成自己完整的体系。但他创立的心性修养的途径却能“生不瞩文，而义符玄旨”[①]，“十余年间，道俗受学者，天下十八九。自东夏禅匠传化，乃莫之过”[②]。这虽出自弘忍弟子的记述，却基本符合事实。道信以前，禅宗势力和影响还不算很大。弘忍开始，禅宗逐渐壮大，连远在广东的惠能也慕名来黄梅求教。据《高僧传》记载，“（弘）忍与（道）信俱往东山”，故谓其法为“东山法门”。弘忍传法的指导思想为般若大乘空宗，应是事实。《坛经》记惠能北上求法以前，曾听人诵《金刚经》，经询问，知为弘忍所授。这些记载，不能看作是后人捏造的。

《楞伽经》与《金刚经》本属于两个体系，前者重在见性，后者重在破相。从佛教理论体系看本不矛盾，破相的目的在于显性，显性的手段要通过破相。唐朝建国，儒教经学融会南方经学与北方经学，编成《五经正义》。佛教禅宗先用《楞伽经》，后采纳《金刚经》，也反映了佛教禅宗南北统一融会的总趋势。没有必要花大力气去争论禅宗以《楞伽经》为主，还是以《金刚经》为主，因为这两种经典，禅宗都曾用作教材。

佛教传入中国，大体经历了三个阶段。首先是初步接触阶段。中国人对外来的宗教刚刚接触，只有少数有关人士对这种外来宗教发生兴趣，但在学术界尚未引起广泛注意。据历史记载，东汉末年佛教已有传入，魏晋时期已有了一些大乘、小乘的佛经汉译本。但当时学术界知名人士，如何晏、王弼、郭象等几个大家的著作中都未表示赞同或反对，也就是说佛教思想在学术界还没有反映。当时佛经的翻译也比较混乱，遇到什么出什么，遇残出残，遇全出全：

① 《楞伽人法志》。

② 《传法宝记》。

此土众经出不一时，自孝灵光和已来，迄今晋宁康二年，近二百载，值残出残，遇全出全，非是一人，难卒综理。[①]

佛教传入中国的第二阶段，我们称之为介绍、注释阶段。这时期有目的地介绍这种外来思想，除了翻译家大量涌现，还有众多注疏家。注疏家以外来佛典为依据，有的进行名词诠释，有的进行义理阐发，诠释或阐发都要有原始经典为依据，人们对佛教的认识比第一阶段的理解深刻而有系统，当时最有名的佛教理论家也同时是翻译家（如鸠摩罗什等人）都属于这一类型。判断理解得对不对，要有经典为依据。最有名的一次大争论是名僧道生引起的。道生是当时很有学问的僧人，他根据自己对佛教涅槃学的理解，提出“一阐提人皆得成佛”。佛经上反复讲解，一阐提人是善根断尽的人，好比烧焦了的种子，不能发芽；好比凿破的果核，不能成活。一阐提人不能具有善性，不能成佛。道生的言论受到僧人的围攻，认为他毁谤佛经，败坏了佛教的教义，把他驱逐出僧团。后来，得到《涅槃经》的四十卷译本，经上果然有“一阐提人皆得成佛”的说法。道生的冤案得以平反，名誉得到恢复，请他升座讲经，受到僧众的赞扬。中国哲学史上“六家七宗”的出现，就是中国学者根据各自的理解，对般若学做出的（六派或七派）的解释。

第三阶段，是在前一阶段广泛介绍、注释的基础上，由中国人自己创造体系的阶段，佛教从此在中国生根、成长，变成中国传统宗教的一部分。这一阶段起于隋、唐中期各宗派已形成、壮大，唐末、五代趋于繁荣。第三阶段的中国佛教主要流派有天台宗（创

① 《出三藏记集》卷五。

建于隋，盛于唐）、华严宗、禅宗都兴起于中唐。法相唯识宗创于唐初。玄奘及其弟子窥基生活的年代正当中国佛教独创体系的第三阶段，他们却用全力来介绍印度学说，并大力对这些学说进行注解。玄奘以全力翻译了佛经一千三百三十五卷；他的弟子窥基是个注疏大家，有“百疏论主”的称号。他们师徒二人没有顺应当时佛教的新趋势，创造独立的中国化的体系，而是全力用在介绍和注释方面，他们翻译介绍的功绩永为人们称赞，但没引起广泛的社会影响。如果玄奘的译经事业提早一二百年，他的影响将会更深远。

中国佛教进入创造阶段，对佛经原文的依赖大大减弱，如天台宗的一些大师对佛经的解释有明显讲错了的地方，但天台宗成为唐代影响很大的宗派。禅宗的言论更加大胆，有的禅师甚至呵佛骂祖。佛教文句，在禅宗看来可有可无，拿经典供自己驱使。陆九渊自称“六经注我”，禅宗实际上是陆九渊的先驱。后人称陆学近禅，是符合陆九渊的实际的。弘忍和他创立的“东山法门”在隋唐各大宗派中是最有创造性的一派。禅宗可以不理会经典文句，自称禅宗得自佛祖的“心传”。禅宗自称，佛陀在灵山会上说法，大弟子迦叶不发一言，拈花微笑，佛祖肯定他得到了佛说的主要宗旨，禅宗在中国得到了广大信徒，他们自称得到佛祖的“心传”，可以充分阐发自己的理论体系。

秦汉统一全国，直到鸦片战争，两千年间政治统一的体制没有什么改变，它的特点是中央政权高度集中，政令统一，思想统一（以儒教为主要信仰），统辖着千千万万分散、孤立的小生产者（一家一户的农民）。政治的高度统一，经济的极度分散，表现在中国哲学史上，形成儒家与道家两派的长期对立、并存。儒家代表政治的集中，道家代表农民的分散经营，要求自由、不受干涉的倾向。但统一的大国，在高度统一集中的政府统辖下，又能为个体农民兴办一些实事，特别是大规模建设，更非一家一户小农经济所能办得到的，如跨地区的水利建设，大规模的移民、救灾，调动全国力量抵抗外来侵略，大规模的文化建设（修大型的丛书、类书等文化建设）。个体小农经济办不到的，可以由中央政府举办。中央政权希望集中，分散的经济希望多一些自由，两者又有着互相需求、共存的关系。两千多年来，儒、道两家有矛盾又有统一，因为两方都有广泛的社会基础。禅宗作为宗教的团体，反映了小农经济的人生观和世界观。

小农经济的一个特点是长期保持自给自足的生活方式。凡是自己需要的，由自己解决（衣、食、住）。禅宗的流派甚多，据唐代僧人宗密的记载不下百家，各家有自己的宗旨。不论哪一家、哪一派，他们的共同点是求解脱要靠自己，都主张自悟，不能自悟的不能升入禅宗的殿堂。

禅宗得以在中国广泛传播、经久不衰有许多因素，其中一个重要因素是中国有千千万万小农经济存在。自给自足的经济生活产生自己解脱的宗教思想是十分自然的结果。禅宗从五祖弘忍开始，便制定了教团的生活规范：一方面是宗教训练，修心；一方面是从事生产，自己养活自己。从事农业生产，既锻炼了思想品质，克服怠惰习惯，又为僧团积累了财富。他们用日常生活用语启发门徒，“运水搬柴无非妙道”。“运水搬柴”是每天都要接触的生活经验。这类教学经验，在法相宗、华严宗就不曾用过，因为禅宗是农民的佛教。

“运水搬柴”既然都是“妙道”，由此再进一步，事父事君又为什么不可以成为“妙道”呢？禅宗与儒教合流，直接参加政治生活，儒教把禅宗消融了。经过五代、北宋，禅宗文化逐渐变成文人禅、参话禅，与士大夫合流，与在朝的文人日趋接近，远离泥土，走向市廛，混迹庙堂，被儒教所合并、消融就不足为奇了。士大夫参禅，皇帝也参禅，《红楼梦》中贾宝玉也参禅，那不关禅宗的事，另当别论。

南北禅宗异同*

禅宗自达摩以下，都不出文记，口说玄理，师徒传授多耳提面命。禅法中一部分要讲道理，一部分讲修炼。修炼时如何守一、如何静心，必由老师亲身传授、示范，不能依靠文字。其讲道理部分，也要多方解说，因人示教。而且禅师们多来自田间，多为农民，有的识字不多，有的不识字，不善于文字表达，这也是禅宗不立文字的客观原因。禅学大师们文化不高，但智力超常，未悟时下同凡俗，一悟即可径超十地。这又是与佛教其他宗派大不相同的地方。

学术界长期误认为，南北两宗的宗旨相去天悬地隔，南宗重言下顿悟，北宗重渐次修习；南宗重慧解，北宗尚禅行。这恐怕是一种误解。北宗禅法不是不重义解，也不是不重顿悟，其中有些精辟见解，与南宗禅几乎没有什么差别。如果不加说明，羼在今本《坛经》里，恐怕也没有人会相信不是惠能的宗旨。从现存关于神秀一派的资料看，神秀与惠能毕竟都属于禅宗，应当认为是一宗中的两大支派。两派之间有差异，但不像神会等人所描绘的两派有着是非真伪的大问题。把神秀、惠能的学说，与同时天台、华严、法相

* 据《皓首学术随笔·任继愈卷》。曾收入《任继愈禅学论集》。

宗对照，禅宗与其他三派的差别更大。禅宗南北两派的差别是存在的，但不很大。

南宗禅和北宗禅后来演变为势不两立的仇敌，但在思想上并不是根本对立，毫不相干的两个流派。南北两宗的共同的地方比相异的地方更多。从基本倾向说，南宗倾向于顿悟，北宗倾向于渐修。这种分歧在禅宗后期较为突出。神秀、惠能时代，南北两宗都有顿悟、渐修的思想。渐修是达到顿悟的手段。顿悟以后，也非无事可干，还要修炼，时时提醒自己，使顿悟的成果得以巩固。

南北禅宗的对立，不是纯学术的争论，因为学术争论不至于拼性命。在现存的南北禅宗双方资料中，其修行方法、宗教理论有不少共同点。神秀与惠能的私人交谊也还正常。《坛经》的激烈破除名相、扫荡执着的观点，神秀也有；不废坐禅又不拘泥于坐禅，不主张读经却又不废读经的主张，神秀、惠能都有。神秀的禅法比起早期禅宗的慧可、道信来有明显的突破。神秀禅法的保守派形象是后来惠能后学塑造出来的，神秀的思想也相当解放。

神秀一派的北宗禅学不但影响到中原地区，还扩散到甘肃河西走廊，敦煌一带也有过禅宗影响。据敦煌文书及藏传佛教文献资料记载，在唐德宗年间，入藏禅宗大师摩诃衍曾与藏地佛教开展过辩论，这场辩论前后持续了十几年。据藏文记载，藏僧胜利，汉地禅师被遣回沙州；据汉文资料，汉地禅师胜利，在西藏地区大弘禅教，法人戴密微倾向此说。从实际情况看，禅宗教义在辩论中很难获胜。因为禅宗是明心见性之学。判定禅宗境界高下、得失，在体认而不在于言说。禅宗的宗教训练也一贯轻视言说，禅宗不适于对面互相辩论。现在藏地佛教流派颇多，却不见有禅宗在流传。这也说明禅宗是汉地佛教小农经济在佛教中的反映，它适应于汉地文化发达地区，而不适于汉地文化影响较小的地区。

禅宗分为南北两宗，起于神会等人的门户之争。惠能在世时，与神秀互通音问，互相尊重。《旧唐书·神秀传》："神秀尝奏武则天，请追惠能赴都，惠能固辞。神秀又自作书重邀之。惠能谓使者曰：'吾形貌短陋，北土见之，恐不敬吾法。又先师以吾南中有缘，亦不可违也。'"遂不往。当时社会上还没有"定祖"的说法，时称"南能北秀"，只是说明惠能、神秀活动的地区，一在南，一在北，没有学派对立的意思。

1994年

敦煌《坛经》写本跋[*]

《坛经》在我国佛教发展史及思想史上有过深远影响。它也曾引起国内外学术研究者的重视。中国僧人的语录，被后代学人（当然是禅宗一派）尊奉为“经”的，只此一家。隋唐以后，出现过不少伪经，但这些伪经的作者都不敢说出作者的时代、姓名，只能伪托“佛说”。《坛经》没有伪托“佛说”，而是明目张胆地标明这是惠能的言行录。当年释迦逝世后，他的说教也是在他逝世百年之后才开始结集的。《坛经》记录惠能的言行，汇编成书，需要一个过程，中国经历了若干传播者的手和口，难免有些意思与原意有出入。

据日本柳田圣山教授主编的《六祖坛经诸本集成》，所列版本共十一种，它们是敦煌本[①]、兴圣寺本、金山天宁寺本、大乘寺本、高丽传本、明版南藏本、明版正统本、清代真朴重梓本、曹溪原本、流布本、金陵刻经处本。此外尚有西夏文断片，及金泽文库本断片，及手抄本曹溪大师传。

---

* 原载于《1983年全国敦煌学学术讨论会文集（文史·遗书编下）》，甘肃人民出版社，1987年4月版。

① 敦煌本全称为《南宗顿教最上大乘摩诃般若波罗蜜经六祖惠能大师于韶州大梵寺施法坛经》。

现存《坛经》的十几个版本中，分歧较大的莫过于惠能的传法偈。这个问题曾引起古今佛教研究者们的注意。

神秀偈云：

身是菩提树，心如明镜台。时时勤拂拭，莫使有尘埃。

敦煌本《坛经》记录的惠能偈有两首，其一：

菩提本无树，明镜亦无台。佛性常清净，何处有尘埃。

其二：

心是菩提树，身为明镜台。明镜本清净，何处染尘埃。

近人陈寅恪先生有专文[①]，论及这两个偈比喻不适当和意义不完备两大缺失。陈文指出，菩提树为永久坚牢之宝树，冬夏不凋，光鲜无变，佛祖在此树下成最正觉，不应比喻变灭无常之肉身，所以说这是比喻不适当。陈文又指出，后一偈开首两句，“心”“身”两字为书写者写颠倒了，应作“身是菩提树，心为明镜台”，极是。根据修辞通例，偈文必须“身”“心”对举，言“身”则为树，分析皆空；“心”则如镜，光明普照。今偈文只讲到“心”的方面，而对于“身”的方面，只用了一个比喻作为开头，缺少继续之下文，仅得文意之半，所以说意义不完备。

陈文指出，千百年来人们对此偈一味称赞，以为绝妙好辞，而忽略了它的缺失。陈文给后人以有益的启发。

现在从另一个角度来考察敦煌本《坛经》传法偈的问题。

---

① 《禅宗六祖传法偈之分析》，《金明馆丛稿二编》，上海古籍出版社，1980年10月版，第166页。

据嵩山少林寺《法如碑》等文献记录，可以推证弘忍死后，禅宗南北二宗传法世系尚未正式建立，所谓顿渐之争还未提到日程上来。

禅学自东汉传入后，从安世高介绍小乘禅法起，到菩提达磨介绍南天竺一乘宗的大乘禅法，都是一面静坐，一面思维，用思想的集中以调整呼吸，内观因果，冥想成佛境界（如“四禅”“入道四行”等），都是“身”“心”配合的宗教训练方法。

敦煌本《坛经》，神秀一偈与惠能两偈，说的都是“身”“心”如何训练问题。但神秀与惠能两人的侧重处不同。神秀偈强调坐禅者的主观训练，“菩提树”“明镜台”都是一种比喻，要求不犯“身”“口”“意”等过失，调练“身”“心”，尽力防范邪念滋生，使它们像菩提树一样坚牢、光洁[1]，像明镜那样不容灰尘污染。惠能两偈也是讲的习禅训练方法，而侧重于佛教的宗教世界观的培养。“佛性常清净”（第一偈）、“明镜本清净”（第二偈）更偏于积极树立佛教的宗教世界观，其禅法宗旨不只限于防范过失，而是致力于树立佛性“常清净”“本清净”的宗教世界观。从坚定佛教宗教立场看，用菩提树做比喻，不一定算比喻不适当；惠能的第二偈要求习禅者体认佛性的自身清净，以树立其信心，也不一定算作意义不完备。

敦煌本《坛经》惠能两偈，后来各种版本的《坛经》都写作一偈，就是现在世界流行，几乎家喻户晓的“菩提本无树，明镜亦非台。本来无一物，何处惹尘埃”。

佛教研究者多着眼于辨析后来各《坛经》版本惠能偈为伪造或

① 《大唐慈恩传》讲到佛成道的菩提树冬夏长青、不遭虫害等特性。

篡改。唯神秀偈各本相同，遂信其为真出于神秀之手，而未尝疑其“伪”。喜得近年佛教考古有新的发现[①]，这个五祖传法故事有多少真实性，还值得怀疑。

据《法如碑》（此碑刻于698年，保存完好，在少林寺）记载，法如在弘忍门下共十六年，咸亨五年（674年）弘忍死后，他才离开东山寺，转到少林寺，后来当了住持。又据神秀碑载，神秀在弘忍门下“服勤六年，不舍昼夜”[②]。以后，离开了弘忍。弘忍死时，神秀未在身边，惠能早已离去。这就是说，弘忍单独传法给惠能（无论有无衣钵为信），固然出于后人附会，单独传法给神秀，同样出于后人的附会。各种版本《坛经》的传法偈，都是法如死（永昌元年，689年）后约半个世纪以后的事。这些是非都是弘忍的再传门人分别门户，制造出来的。当然，这种争论也不排斥各派争取统治者的支持、争夺寺院财产的继承权等因素在内。以今例古，其理不殊。又据《唐大证禅师碑》（《金石萃编》卷十九）、《唐少林寺同光禅师碑》（《金石萃编》卷八）、《法如禅师碑》（《金石萃编》卷六），各派虽都以传得道统自任，却还未见有独占法统，自称嫡系，排斥其他系统为异端的记载[③]。按法如死后又过了十七年（神龙二年，706年），神秀死。张说为神秀撰碑文，亦说“东山之法，尽在秀矣”，未说神秀是达摩以后的唯一的嫡传法嗣。只是到了神秀死后，又过了三十年（736年），他的弟子普寂、义福才

① 温玉成：《读禅宗大师法如碑书后》，《世界宗教研究》1981年第1期。

② 〔唐〕张说：《荆州玉泉寺大通禅师碑》。

③ 参看汤用彤先生《隋唐佛教史稿》，中华书局，1982年8月版，第188页有关禅宗部分。

正式为神秀争得六代祖师的地位。神秀死后，又过了三十九年（745年），神会在滑台大会又为惠能争得六代祖师的地位。

《坛经》各种版本的传法记载，都是禅宗后代学人逐渐增补的。所有佛经，每卷开头都是“一时佛在舍卫国（或其他地点）”，有时对国王说法，有时在龙宫，有时在林中，有时在山上。佛说经都有时间、有地点，以示可信。事实表明，凡“佛说”经，都是后代佛徒结集成的。所谓结集就是后来的学派按照他们各自的理解来编凑的言论集，把它挂在释迦名下，称之为“经”，虽无其事，当有其理。唐中期以后，禅宗风行海内，蔚为大宗，其门徒根据自己的理解和主张，结集师说，汇编为《坛经》，自在情理中。尽管敦煌本与后来的各种版本出入较大，却不能说后来的各种版本的《坛经》系篡改或伪造。

现在的敦煌本《坛经》产生的时代约为780年[①]，上距惠能之死已六十七年。现存最古的禅宗史《祖堂集》编于五代南唐保大十年（952年）[②]，上距惠能之死为二百三十九年，距敦煌本《坛经》为一百七十二年。《祖堂集》记录的这个传法偈，神秀偈一首，卢行者偈一首（不称惠能），神秀偈与传世各本相同，惠能偈为：

身非菩提树，心境亦非台。本来无一物，何处有尘埃。

文句与后来通行本略异，而大旨不差。此偈早于北宋《景德传灯录》五十年。

各本《坛经》都认为神秀偈没有彻底了解禅宗的宗旨，基本

① 柳田圣山：《六祖坛经诸本集成》解题，日本中文出版社，1976年7月版。

② 题为《泉州招庆寺主净修禅师文僜述》。

上持否定态度；只有对惠能偈（不论是敦煌本的两首，还是后来各版本的一首）持肯定态度。惠能偈为惠能后学所编制，自无疑问；神秀偈是否即神秀所作，似未见有人提出疑问。从神秀当时的活动及关于其弟子普寂、义福的记载中，却看不出他有作此偈的可能。如果没有弘忍传法与神秀或惠能的事实，当然没有传法的偈颂。史传记载，弘忍门下千百徒众，传法人不只是一个神秀或一个惠能，而是有一大批继承者，其中也有相从最久、享有盛名的法如等。从敦煌本《坛经》开始流布之日起，就带有张大惠能学派的倾向。我们可假设，所谓神秀偈，只是为了作为惠能偈的陪衬，为了显示神秀的“不了义”，反衬惠能的彻悟和高明而制作出来的，它与神秀及其弟子无甚瓜葛，倒是与惠能及其弟子的关系甚大。正因为这样的缘故，所以用作陪衬的神秀偈，诸本《坛经》尽同，而用作正面教材的惠能偈，却由惠能后学们一代一代地踵事增华，而变得完备起来。可以说，传法偈就是为了争禅宗六代祖师的正统地位才创制的。不打破神秀的垄断地位，就难以确立惠能的六祖的嫡系继承权。因为神秀经历了几代皇帝的吹捧，号称“两京法王，三帝国师”，势力太大了。法海、神会等惠能门徒必须把神秀作为靶子来打。先丑化对手，再说明自己的正确，这种事情，古来屡见不鲜。要警惕唐代名气很大的政治和尚，并不那么天真可信。

作翻案文章，必先有一个“正面”文章作为靶子，翻案文章才好作。缺少这个靶子，翻案文章即无从作，可以设想，如果没有神秀的偈在前，惠能偈即显不出它的警辟。历观佛教思想发展，如没有小乘的一切有部，大乘空宗的破相就成了无的放矢；没有大乘空宗的挥斥八极、扫荡一切的作用，后来的大乘有宗的圆成实性也无从区别于小乘有部。人类思想就是沿着这条不断地否定之否定的途径前进的。

敦煌本《坛经》写成的时代约为780年。惠能传法偈与后来诸本有异，从敦煌本《坛经》到最早的《祖堂集》的中间相距约一百七十年，后三十年乃《景德传灯录》的传法偈，惠能传法偈遂成定论。禅宗不立文字，而重在直观的体验。敦煌本《坛经》错字、别字连篇累牍，说明传抄者的文化水平不高，是个小知识分子，但其中道理却不可低估，见解是深刻的。弟子们记录内容有出入，有详略，但各种版本的《坛经》确实是惠能禅宗的言行录，不容置疑。敦煌本《坛经》的发现足以表明，禅宗思想当年传播的广袤程度。从常情推论，内地关于《坛经》的记录当不止一本，惠能弟子除了法海，尚有多人，神会就是比法海活动能力更强的一个。各种抄本内容有出入是自然的。如“风幡之辩”不见于敦煌本《坛经》，而见于《历代法宝记》，该书成于大历年间（766—779年），略早于敦煌本《坛经》。敦煌本《坛经》足以说明禅宗势力已远及河西走廊，中原地区流行的其他版本和说法还不能由此一个版本就做出判断，认为其他版本都是伪造的。

禅宗早期不重著述，大量著述是在五代以后，语录已泛滥成灾。早期禅宗多为口传心印，以后各种版本《坛经》虽达十余种，而基本思想完全是惠能一派的，而不属于神秀、普寂、义福以及《禅源诸诠集》中所收集的其他流派。我们今天研究惠能的思想，敦煌本《坛经》给人们提供了较早的一件有价值的资料[①]。但也要考虑到此后的其他版本成书迟，其中包含的思想可以很早。此种事例，中外不乏先例。如《老子》成书于战国，其中有战国的时代痕

① 李富华：《惠能和他的佛教思想》，见《世界宗教研究》1981年第3期第110-113页关于《坛经》节，可参看。

迹，但此书基本上可以代表老子的思想，这一事实已被学术界所承认。从《老子》一书的完成上溯到春秋时的老聃本人，达一二百年，比敦煌本《坛经》的写定到惠能传法时期要长得多。再如《山海经》一书写成图文并存的定本约在晋朝，其中许多事迹多为史前传说，利用《山海经》以解释远古史地，不失为一种可行的依据。远古史前传说到《山海经》的汇编成书，当在几千年以上。因此，运用敦煌本《坛经》同时兼采宋以后的现存各种版本的《坛经》作为原始资料，说明惠能的禅宗思想，指出它的思想特征，不但是可行的，而且是必要的。

至于弘忍从《楞伽经》转授《金刚经》，敦煌本《坛经》已有明证。拙著《汉唐佛教思想论集》出版后，见解未变，这里就不再重复说明了。然据《法如碑》，法如从弘忍处接受《楞伽经》，这也足以说明弘忍以前以《楞伽经》为主要经典，弘忍开始兼授《金刚经》，法如专主《楞伽经》，惠能专主《金刚经》，学术源流，痕迹显然。

神秀北宗禅法*

中国禅宗是中国佛教特有的一个流派，不但印度没有这类学说，中国佛教流派中也属独树一帜。

学术界一贯认为禅宗弘忍以后，分为南北两派，南派以惠能为代表，北派以神秀为代表，时称“南能北秀”。南派禅法弥漫天下，著作流传广泛。北派禅法，只有少数北派禅宗大师的碑铭中保留一些言论记录，且语焉不详，很难看到它的学说的全貌。如果按照南派禅宗提供的资料来论述北派禅宗，北派显得十分浅薄，似乎没有达到禅宗的起码水平。最明显的莫过于《坛经》记录的传法偈。据说，五祖弘忍出了题目，要弟子们回答，考验他们理解是否正确。神秀偈云：

> 身是菩提树，心如明镜台。时时勤拂拭，莫使惹尘埃。

惠能听了神秀偈，认为神秀没有把道理讲透，便另外作了一首偈：

> 菩提本无树，明镜亦非台。本来无一物，何处染尘埃。

这两首偈语，经过《坛经》及各种南派禅宗的传播，几乎成了南北

* 原载于《中国社会科学》1990年第2期。曾收入《任继愈神学论集》。

两宗分别高下的凭证。我曾有文章专门辨析这个故事可能是虚构的，这两首偈也不尽可信，神秀偈可能是惠能一派编造的[①]。现在只谈神秀的禅法。

> 神秀[②]（按：605—706年），俗姓李，汴州尉氏人。……至蕲州双峰山忍禅师所，受得禅法。禅灯默照，言语道断，心行处灭，不出文记，后居荆州玉泉寺。大足元年，召入东都，随驾往来二京教授。……则天……问神秀禅师曰："所传之法，谁家宗旨？"答曰："禀蕲州东山法门。"问："依何典诰？"答曰："依《文殊说般若经》，一行三昧。"则天曰："若论修道，更不过东山法门。"以秀是忍门人，便成口实也。……神龙二年逝，遗嘱三字云"屈曲直"[③]。寿百余岁，赠大通禅师[④]。

神秀是弘忍的十大弟子之一，他的学说不但耸动京洛，后来名满天下。宗密认为神秀属于"息妄修心宗"，不无根据，神秀的思想中有"修心""心为万法之源"的观点。为了使心不受外界干扰，教人排除外界干扰，内净其心，这也是达摩以来的一贯方法。

神秀著作已失传。据慧琳《一切经音义》中曾提到，神秀著有

① 见本书《敦煌〈坛经〉写本跋》。

② 《楞伽师资记》，《宋高僧传》卷八，《景德传灯录》卷四。据张说《大通禅师碑》卒年推算，享寿约百岁。

③ "屈曲直"三字，后人多臆解，每失于穿凿。其实指的是历经曲折艰险，最后归于平淡。是为学经历的否定之否定的辩证过程。

④ 《楞伽师资记》。

《观心论》。近在敦煌发现手抄本《观心论》，文中基本观点可以代表神秀宗旨。

神秀是弘忍以后的又一重要流派，可惜后来受惠能一派的排挤、曲解，长期被淹没。据唐人张说《大通禅师碑》，神秀宗旨是：

> 专念以息想，极力以摄心。其入也，品均凡圣；其到也，行无前后。趋定之前，万缘尽闭；发慧之后，一切皆如。捧奉《楞伽》，递为心要。

只靠张说的上述介绍，还不足以说明神秀思想。北宗禅的首领，应当有他的独到的见解和号召群众的一些主要言论。幸好敦煌手写佛典文献中还保留了一部分材料，其中有几种可以代表神秀一系的禅法。敦煌本《菩提达摩观心论》及《绝观论》等著作，借用达摩的名义，阐述北宗禅的一些主要思想[①]。

禅宗以不立文字相标榜，各种抄本中，文字有歧异，详略有出入，各个流派的传教人根据各自的理解在禅宗的大方向、总体系范围内有所发挥。研究禅宗与研究其他宗派的方法也应有所不同。如研究法相宗，一字一义必须搞清楚，否则难以理解。对禅宗文献资料，则不能一字一句地抠字眼，而是要把握其总体脉络，用禅宗的思维方法来探究禅宗，才可以更好地理解它。

---

① 佛教经典都是依托“佛说”，宣传本教派的学说的，禅宗也有假借古代大德以自重的风气。唐人手抄佛经中禅宗著作有《北宗五方便门》《大乘北宗论》《大乘五方便》《菩提达摩观心论》《绝观论》《三藏法师菩提达摩绝观论》《达摩和尚绝观论》《入理缘门论》《缘门论》《导凡趋圣悟解脱宗修心要论》《最上乘论》等，有的是同书异名，有的大同小异，有的详略互补，可以认为是一个系统的不同版本。

现在以《无心论》《观心论》《绝观论》等写本进行剖析，从而考察其确立时期北宗神秀一系的概貌。北宗禅提出“无心论”：

> 假如见终日见，由为无见，见亦无心；闻终日闻，由为无闻，闻亦无心；觉终日觉，由为无觉，觉亦无心；知终日知，由为无知，知亦无心。
>
> ……夫无心者即真心也。真心者即无心也。
>
> 问曰：今于心中作若为修行？
>
> 答曰：但于一切事上觉了，无心即是修行，更不别有修行。故知无心即一切，寂灭即无心也。
>
> 弟子于是忽然大悟，始知心外无物，物外无心。举止动静皆得自在。断诸疑网，更无挂碍。①

“无心”是从扫除执着的观点提出的，这是大乘佛教破除法执的一种教人方法。“无心”不是一切皆无，一片空无。他的“无心”即教人不起执着心、破除执着心，才可以体验真心。

> 我尚不起布施心，何况悭贪心？我尚不起持戒心，何况触犯心？我尚不起忍辱心，何况杀害心？我尚不起精进心，何况懈怠心？我尚不起禅定心，何况散乱心？我尚不起智慧心，何况愚痴心？我尚不起天堂心，何况地狱心？我尚不起慈悲心，何况毒害心？我尚不起清净心，何况秽浊心？我尚不起饶益心，何况劫夺心？②

---

① 《无心论》题为《释菩提达摩制》，《敦煌》S.296。

② 《大乘北宗论》，《大正藏》卷八十五，第1282页。

一切心不起，乃是“无心”，教人不要计较世俗的日常生活中的是非得失。所谓“不计较”，不是不分是非得失，而是要超脱是非得失。不脱世俗心，就不能超脱世俗的忧乐，即不得解脱。它说：

忧从心忧，乐从心乐，若忘于心，何忧何乐?

有文有字，名曰生死；无文无字，名曰涅槃。有言有说，名曰生死；无言无说，名曰涅槃。有修有学，名曰生死；无修无学，名曰涅槃；有智有慧，名曰生死；无智无慧，名曰涅槃。

又说：

断烦恼名曰生死，不断烦恼名曰涅槃；见解脱名曰生死，不见解脱名曰涅槃；见涅槃名曰生死，不见涅槃名曰涅槃；厌世间名曰生死，不厌世间名曰涅槃；乐大乘名曰生死，不乐大乘名曰涅槃。①

北宗认为：

诸般若中，以无心般若而为最上。故《维摩经》云：“以无心意无受行，而悉摧伏外道。”又《法鼓经》：“若知无心可得，法即不可得，罪福亦不可得，生死涅槃亦不可得，乃至一切尽不可得，不可得亦不可得。”②

关于心性问题，神秀一派提出“安心”和“息妄心”的主张：

云何名心？云何安心?

① 《大正藏》卷八十五，第1282页。

② 《大正藏》卷八十五，第1270页，《敦煌抄本》S.296。

答曰：汝不须立心，亦不须强安，可谓安矣。

……

问曰：若非心念，当何以念？

答曰：有念即有心，有心即乖道；无念即无心，无心即真道。

无心即无物，无物即天真，天真即大道。

……

凡有所得，即有虚妄；圣无所得，即无虚妄。

息妄心：

问曰：众生妄想，云何得灭？

答曰：若见妄想及见灭者，不离妄想。

问曰：夫言圣人者，当断何法？当得何法而云圣也？

入理曰：一法不断，一法不得，即为圣也。

问曰：若不断不得，与凡何异？

答曰：不同。……一切凡夫妄有所断、妄有所得。

问曰：今言凡有所得，圣无所得。然得与不得有何异？

答曰：凡有所得，即有虚妄。……有虚妄故，即论同与不同；无虚妄故，即无异无不异。

问曰：若无异者，圣名何立？

答曰：凡夫之与圣人，二俱是名。名中无二，即无差别。

……

问曰：既言空为道本，空是佛不？

答曰：如是。

问曰：若是空者，圣人何不遣众生念空，而令念佛也？

答曰：为愚痴众生，教令念佛。若有道心之士，即令观身实相，观佛亦然。夫言实相者，即是空无相也。

天台荆溪湛然有“无情有性”之说，为佛教理论界所推重，认为是佛性说的一大推进。禅宗与此同时，也提出了类似的命题。

问曰：道者为独在于形灵之中耶，亦在于草木之中耶？

入理曰：道无所不遍也。

问曰：道若遍者，何故杀人有罪，杀草木无罪？

答曰：夫言罪不罪，皆是就情约事，非正道也。但为世人不达道理，妄立我身。杀即有心，心结于业，即云罪也。草木无情，本来合道，理无我故，杀者不计，即不论罪与非罪。夫无我合道者，视形如草木，被斫如树林。故文殊执剑于瞿昙，鸯掘持刀于释氏。此皆合道，同证不生，了知幻化虚无，故即不论罪与非罪。[①]

上述问者问的是佛教本体论，而答语说的是“无心论”的道德观。问者还要追问个究竟：

问曰：若草木久来合道，经中何故不记草木成佛，偏记人也？

答曰：非独记人，亦记草木。经云：“于一微尘中，具含一切法。”又云：“一切法亦如也，一切众生亦如也。”如，无二无差别。

① 以上皆引自《绝观论》。

这里已明确回答了“一切法”（存在）都体现佛性，佛性普遍显现于一切存在（“一切法”）中。这是禅宗的“无情有性”说。我们不可断言天台宗、禅宗谁拥有这种发明权，如从人类认识史的角度来观察这个问题，可以说在中华民族认识世界达到了一定的理论准备阶段，其哲学本体论都能提出类似的问题和答案。这类问题，在先秦哲学不可能提出来，在两汉也提不出来。这是人类的认识逻辑所决定的。

小乘破“我执”，用分析法分解人“五蕴和合”，不可妄执为有。大乘进而破“法执”，教人不要拘泥于经书上的文句教导。佛经教人，首先要遵守“五戒”（不杀、不盗、不淫、不妄语、不饮酒），北宗佛教对于这类问题都做出相应的解说。关于杀生：

> 问曰：叵有因缘，得杀生不？[①]
>
> 答曰：野火烧山，猛风折树，崩崖压兽，泛水漂虫，心同如此，合人亦杀。若有犹豫之心，见生见杀中有心不尽，乃至蚁子亦系你命也。

关于偷盗：

> 问曰：叵有因缘，得偷盗不？[②]
>
> 答曰：蜂采池花，雀衔庭粟，牛飧泽豆，马啖原禾，毕竟不作他物解，合山岳亦擎取得。若不如此，乃至针锋缕叶亦系

① 《观心论》卷七十六，旨同，文字有差别：“‘一切众生，如幻如梦，弟子煞（杀）之，有罪不？’答：‘若见有众生是众生，煞（杀）之得罪。不见众生是众生，即无可煞（杀）。如梦中煞（杀）人，寤时毕竟无物。’”

② 《观心论》卷二十六：“蜂采池花，雀衔庭粟，牛餐泽豆，马啖原禾，毕竟不作自他物解者即得。若生彼我心，乃至针毫，亦计作奴婢业。”

你项作奴婢。

关于戒淫：

问曰：叵有因缘，得行淫不？[1]

答曰：天复于地，阳合于阴，厕承上漏，泉澍于沟，心同如此，一切行处无障碍。若情生分别，乃至自家妇亦污你心也。

关于妄语：

问曰：叵有因缘，得妄语不？[2]

答曰：语而无主，言而无心，声同钟响，气类风音，心同如此，道佛亦是无。若不如此，乃至称佛亦是妄语。

关于饮酒：

问曰：若人醒时，致醉何在？

答曰：如手翻覆。若手翻时，不应更问手何在。

又云：

如人醉时非醒，醒时非醉，然不离醉有醒，亦非醉即是醒也。

佛教对信徒的基本戒律（“五戒”），北宗禅看来，也要扫除其执着。

---

① 《观心论》卷二十七作：“天覆于地，阳合于阴，心如同此者，一切无碍。若生情分别，自家妇亦污汝心。”

② 《观心论》卷七十四作：“语而无主，言而无心，声同钟响，气类风阴，心同此者，骂佛无辜。若不如此，乃至念佛，亦堕妄语。”

问：有人饮酒食肉，行诸五欲，得作佛法耶？

答：心尚不有，谁作是非？

问：何名佛法？

答：心知法无，即是佛法。

……

问：何名如来藏？

答：觉知色尘是自心现，想即不生故，即是如来藏。

“六度”（六波罗蜜）之说起于大乘，小乘只讲“三学”（戒、定、慧）。“大乘六度”指的六种修行解脱途径，大乘空宗在“六度”之中强调般若解脱，认为只有般若才是最为上乘的解脱法门，其余五途均不及般若。“大乘六度”说主张空一切法，彻底扫荡名相，宣称：“色即是空，空即是色；色不异空，空不异色。”北宗禅继承了“大乘六度”之说，提出：

> 能舍眼贼，离诸色境，心无固吝，名为布施；能禁耳贼，于彼声尘，勿令纵逸，名为待戒；能除鼻贼，等诸香臭，自在调柔，名为忍辱；能制舌贼，不贪邪味，赞咏讲说，无疲厌心，名为精进；能降身贼，于诸触欲，其心湛然不动，名为禅定；能摄意贼，不顺无明，常修觉惠，乐诸功德，名为智慧。若能永除六贼，常修净六根，是名六波罗蜜行。[①]

北宗禅法力破“法执”，教人莫将如来藏看作实体，息妄可以

① 达摩《观心论》。

见心，却又怕把“心”当成实体；教众人做佛，又怕众人把佛当作实体。它随立随破，所立处即所破处。

> 问：云何无名相法。
>
> 答：心里所求，证无人我，说即假名，言即假相。见闻知觉，有何名相？
>
> 问：作何行即生无色界？
>
> 答：此人不知方法，皆是息妄见心。虽得心静，久后还发。经云：“当来比丘，如犬逐块，人已掷块，犬不知块从人起，犬咬块，不咬其人；若也咬人，块即自息。”修道之人若了心量，亦复如是。

这里讲的习禅方法，教人不要用息妄念的方法以见心。教人从本体上体认心之非妄。这里已超过道信、弘忍等人静生澄心（“息妄”）的方法，进一步提出动静皆禅，动中有禅、静中有禅。从此打开了宋儒“习静”“守一”“主敬”的大门。

解脱的宣传者（佛）与被宣传者（众生）是什么关系，北宗禅对此也有过明确的解释：

> 问：佛度众生尽，然后成佛。〔何以〕众生未度，佛已成佛？
>
> 答：佛自有解。譬如有客坐在暗室，主人吹火，意吹照客。但火著时，主人先照。菩萨意度众生，然功德具足，在前成佛。

北宗禅法教人，求道不必外求，而在返求自己，识心本体即是佛，即可得到彻底解脱。

> 若人求道不习此，千劫万劫枉功夫。……智者求心不求佛，了本心源即无余。

禅宗自达摩以下，都不出文记，口说玄理，师徒传授多耳提面命。由于禅法中一部分要讲道理，一部分要讲修炼。修炼时如何守一、如何静心，必由老师亲身传授、示范，不能依靠文字。其讲道理部分，也要多方解说，因人示教。而且禅师们多来自田间，多为农民，有的识字不多，有的不识字，不善于文字表达，这也是禅宗不立文字的客观原因。禅学大师们文化不高，但智力超常，未悟时下同凡俗，一悟即可径超十地。这又是与佛教其他宗派大不相同的地方。

学术界长期误认为，南北两宗的宗旨相去天悬地隔，南宗重言下顿悟，北宗重渐次修习；南宗重慧解，北宗尚禅行。这恐怕是一种误解。北宗禅法不是不重义解，也不是不重顿悟，其中有些精辟见解，与南宗禅几乎没有什么差别。如果不加说明，羼在今本《坛经》里，恐怕也没有人会相信不是惠能的宗旨。从现存关于神秀一派的资料看，神秀与惠能毕竟都属于禅宗，应当认为是一宗中的两大支派，它们共同的地方比相异的地方更多。从基本倾向说，南宗倾向于顿悟，北宗倾向于渐修。这种分歧在禅宗后期较为突出。神秀、惠能时代，南北两宗都有顿悟、渐修的思想。渐修是达到顿悟的手段。顿悟以后，也非无事可干，还要时时提醒自己，使顿悟的成果得以巩固。两派之间有差异，但不像神会等人所描绘的两派有着是非真伪的大问题。把神秀、惠能的学说，与同时天台、华严、法相宗对照，禅宗与其他三派的差别更大。禅宗南北两派的差别是存在的，但不很大。

敦煌写本《观心论》有无名僧序：

> 道在身心，理无绳墨，真如幽隐，超对治门，不因言无以筌其幽，不立心无以授法印。若迷名滞相，则三界轮回；趣寂沈空，〔则〕自埋佛性。般若不有，而超有有之因；妙用不无，乃越空空之境。任心着相者，自欺于圣，不免轮回；灭心取空者，诳于凡，轮埋苦海。是以达摩和尚愍彼迷津，说破相论，……空有不舍，二谛恒存。

这篇托名达摩的《破相论》，不同于般若空宗扫荡一切的观点，而提出“明见本心”，可以永超生死轮回，与达摩的“入道四行”的教义一致，体现了禅学早期的一些特点，也符合神秀北派的宗旨。

《观心论》认为心有两种，一为净心，一为染心。净心、染心同时并存，习禅者在于使净心增长，染心消退。净心是成佛的基础。染心本来无体，只是受“三毒”的障蔽，才使得净心不得萌发，修心、观心都是为了增长净心，消除染心。后来这一派的继承者强调观心，修净舍染，不能离开渐修功夫。

但观心、修行不离于心，“欲得净佛土，当净其心，随其心净，则佛土净”。这等于说，世界的净和染不在外界而在人们的内心。“净土”在内不在外。因而，他们反对念佛。《观心论》说：

> 夫念佛者，当须正念。了义为正，不了义为邪。……念者忆也。……念在于心，非在于言。……在口曰诵，在心曰念。故知念从心起，名为觉行之门；诵在口中，即是音声之相。

禅宗的念佛，在于念念不忘，强化思想意识的训练，而不在于口诵佛号。

既然一切差别都是内心所造，佛教训练的一些外在形式就没有必要。从此打开了禅宗后期更加自由思考的闸门。

神秀一派北宗禅[①]，由于长期接近政府中枢，得到帝王及贵族上层的支持，利用嵩洛邻近东都洛阳的便利，他们能够发展，历久不衰。“安史之乱”后，唐中央政府政局不稳，内战频繁，北宗禅仍维持了一百多年，直到唐武宗会昌五年（845年）废佛，北宗禅与佛教其他宗派一齐受到严重打击，从此一蹶不振。据《景德传灯录》《金石萃编》《宋高僧传》及出土有关碑铭等文献记载，北宗禅出过不少有名望的禅师。法如有弟子李元畦[②]（644—716年），神秀弟子景贤[③]（亦作敬贤，660—723年），景贤弟子法宣、慧献、敬言、慧林等。尚有慧空（？—773年）、灵著[④]（690—746年）、思公（701—784年）、石藏（？—800年）、真亮[⑤]（701—788)、同光[⑥]（700—770年）、灵运（？—729年）、坚顺[⑦]（？—750年）为普寂弟子，普寂弟子二十四人。义福与僧一行，从金刚智学密宗。甄公[⑧]（739—829年）、崇演（753—837年）、恒政（？—843年）、

① 北宗禅学的传授情况，温玉成有专文论述，见《世界宗教研究》1983年第2期。

② 《大唐中岳东闲居寺故大德珪和尚纪德幢》。

③ 《金石萃编》卷七十八。

④ 慧空、灵著，见《景德传灯录》卷九。

⑤ 思公、石藏、真亮，均见《景德传灯录》卷十。

⑥ 《同光塔铭》。

⑦ 灵运、坚顺，见《金石萃编》卷八十八。

⑧ 甄公、崇演、恒政，均见《宋高僧传》卷十一。

日照[①]（？—咸通中）、寰普、庆诸（806—888年）、道树[②]（733—825年）、澄观[③]（760—820年）、法玩[④]（715—790年）问道于普寂。

禅学北派与唐中央政府接近，宗教倾向受政府帝王贵族的影响也较多。玄宗时，密宗传入，受朝廷重视，北宗禅师也有不少兼习密宗的。普寂弟子义福，从密宗大师金刚智传密宗，宝畏、明畏从善无畏，密宗大师惠果（753—805年）也传密宗，神秀弟子温左曾参加密宗经典的翻译工作，神秀弟子景贤从善无畏受菩萨戒。古代僧人谋求佛教发展，没有不结交官府的，北宗禅表现得更为突出。

古代帝王、大臣死后有谥号，僧人有谥号是从唐武后时开始的。神秀谥为“大通禅师”，义福谥为“大智禅师”，普寂谥为“大照禅师”。这都表现北宗禅得到政府及时的关注。南方禅师后来也得到政府的谥号，惠能为“大鉴禅师”，行思为“弘济禅师”，道一谥“大寂禅师”，都是后来追加的，有的在死后一百多年以后才追加了谥号。这都说明政治上南宗不像北宗那样受到政府重视。

南北两宗传法定祖争夺正统，是在神秀、义福死后逐渐激烈的。李邕撰《嵩岳寺碑》说：

> 达摩菩萨传法于可，可付于粲，粲授于信，信咨于忍，忍遗于秀。秀钟于今和尚（普）寂。

① 日照、寰普、庆诸，均见《宋高僧传》卷十二。

② 《宋高僧传》卷九。

③ 澄观曾谒禅宗大师问禅法，见《宋高僧传》卷五。

④ 《大唐东都敬爱寺故开法临坛大德法玩禅师塔铭并序》。

碑建于739年，时普寂尚未死，已写上他是菩提达摩到神秀的嫡传继承人。

嵩洛一带长期是北方禅宗的根据地，但南方禅学也不断向北方扩张。如丹霞天然禅师（738—824年）曾从南方到洛阳龙门香山传法，“洛下翕然归信”[①]、惟宽[②]（745—817年）、休静[③]都先后在洛阳一带传教。

南方禅宗延伸到北方，北方禅学势力却不曾延伸到南方，这种变化说明南方禅学势力不断扩大，南方禅学逐渐占领全国的趋势。

前面已经说过南宗禅与北宗禅后来演变为势不两立的仇敌，但在思想上并不是根本对立、毫不相干的两个流派。南北禅宗的对立，不是纯学术的争论，学术争论不至于拼性命。在现存的南北禅宗双方资料看来，其修行方法、宗教理论、思维方式都比较接近。比如《坛经》的激烈破除名相、扫荡执着的观点，神秀也有；不废坐禅又不拘泥于坐禅，不主张读经却又不废读经的主张，神秀、惠能都有。神秀的禅法比起早期禅宗的慧可、道信来有明显的突破。神秀禅法的保守派形象是后来惠能后学塑造出来的，神秀的思想也相当解放。南北之争，与其说是学术之争，倒不如说是政治地位的争夺。

神秀一派的北宗禅学不但影响到嵩洛，还扩散到甘肃河西走廊及敦煌一带。据敦煌文书及藏传佛教的文献资料记载，在唐德宗年间，入藏禅宗大师摩诃衍曾与藏地佛教开展过辩论，这场辩论前后

① 《宋高僧传》卷十一。

② 《宋高僧传》卷九。

③ 《宋高僧传》卷十三。

持续了十几年[①]。据藏文记载，藏僧胜利，汉地禅师被遣回沙州；据汉文资料，汉地禅师胜利，在西藏地区大宏禅教，法人戴密微倾向此说。从实际情况看，禅宗教义在辩论中很难获胜。因为禅宗是明心见性之学，它的得失在体认，而不在于言说。禅宗的宗教训练也一贯轻视言说，禅宗不适于对面互相辩论。现在藏地佛教流派颇多，却不见有禅宗在流传。这也说明禅宗是中原地区小农经济在佛教中的反映[②]，它适应于汉地文化发达地区，而不适于汉文化影响较小的地区。它是中国传统文化的一部分，北宗禅与南宗禅对中国哲学发展史的心性论都做出过贡献，和中国古代心性论有着同样的失误。这是另外的问题，这里不说了。

---

① 辩论的详细记载，参看法国学者戴密微的《拉萨的辩论》（中译本译作《吐蕃僧诤记》，甘肃人民出版社，1984年10月版）。

② 参看任继愈《〈禅宗的形成及其初期思想研究〉序》，《哲学研究》1989年第11期。

农民禅与文人禅*

禅宗在西方的传法世系，恍惚迷离，完全是中国禅学者补造的，不足信。东上的传法世系，一般以菩提达摩为初祖，慧可为二世，僧粲为三世，道信（579—652年）为四世，弘忍（601—674年）为五世。弘忍以前的四世文献资料残缺不全。初祖达摩赖有《南僧传》记载，大致可以勾画出一个轮廓，达摩的生平也还不清楚。慧可、僧粲的生平和学说都没有完整的记载，有些话是若干年后后人补记或追记的，难得准确。关于道信的生平及思想比较具体，但也不完全。

禅宗多隐居山林，远离城市，这一点是禅宗各种记载及传说比较一致的。

禅宗聚居山林，但不是不问世事。有人问弘忍："学道何不向城邑聚落，要在山居？"答曰：

> 大厦之材，本出幽谷，不向人间有也。以远离人故，不被刀斧损斫，长成大物后，乃堪为栋梁之用。故知栖神幽谷，远

---

* 据《皓首学术随笔·任继愈卷》。原载《传统文化与现代化》1995年第1期。曾收入《任继愈学术文化随笔》《任继愈禅学论集》等。

> 避嚣尘，养性山中，长辞俗事，目前无物，心自安宁。从此道树花开，禅林果出也。[1]

弘忍解释得很明白，为了修习禅道，要避开城市的干扰，以养成栋梁之材。成材后，还是要供庙堂之用。而庄子赞扬山中不材之木，好在永远派不上用场，永不为人所用，得以“保其天年”。弘忍自己不受朝廷的招聘，他的学生神秀却成为国师，神秀的行为是符合弘忍的宗旨的。

据《楞伽师资记》，弘忍继承了道信的禅法，经过弘忍的发扬和改进，奠定了后来南北各流派的基础，后来许多流派的禅法基本上出自东山法门。

> （弘忍）处幽居寺，住度弘愍，怀抱真纯，缄口于是非之场，融心于色空之境。役力以申供养，法侣资其足焉。……四仪皆是道场，三业咸为佛事。盖静乱之无二，乃语默之恒一。[2]

道信禅法，教人把捉此心，不使动乱，避乱求静，有厌离事物、隔绝外界的倾向，保有传统禅法的规范。弘忍的禅法则要求修习者做到“静乱无二”“语默恒一”，从而打通了动和静、语与默的扞隔，做到于日常生活中体现宗教出世的精神境界。这种心性修养方法，影响后来宋明儒教修养心性的方法至深。程颢的《定性书》，教学者在行动中结合心性修养，主张“动亦定，静亦定，无将迎，无内外”的境界。程氏兄弟自称其心性修养得于孔孟真传，实际上这正是禅宗的修养方法，与孔孟没多少关系。禅宗各派都不同程度

---

① 《楞伽师资记》。

② 《楞伽人法志》。

地体现了弘忍提倡的这种心性修养方法，寓出世于世间。这样更能扩大禅宗的影响，也符合大乘佛教济世度人的宗旨。

弘忍继承道信以来耕作自给的传统，不辞劳苦，“役力以申供养”，使禅宗僧团可以不靠政府供给，自己养活自己，后来的《百丈清规》用文字形式固定了这一传统，成为禅宗团体生活的法典。唐朝“安史之乱”后，地方割据势力连年内战，很多城市成为废墟，靠政府供养以及靠租税养活的那些佛教团体无法维持，逐渐消散，独有禅宗自给自足，照常生存，并得到了发展。

《楞伽师资记》说弘忍“萧然静坐，不出文记，口说玄理，默授与人”。敦煌发现的《最上乘论》一卷，题作“五祖禅师述”。弘忍“不出文记”，却又“口说玄理”，这好像自相矛盾，其实这正是禅宗传授的特点。禅宗早期典籍，多半出自于弟子们的记录，因此很难说是某禅师的自著，也很难说不属于某禅师的思想。这种实际状况给研究者带来了一些麻烦。

弘忍的禅学主张由于史料不全，未能给后人留下很详细的记载，至少有以下几点可以肯定：第一，弘忍继承了道信的坐禅修养方法。第二，弘忍认为坐禅以外还有其他途径同样能体现佛道：“四仪（按：指行、住、坐、卧）皆是道场，三业（按：指身、口、意）咸为佛事。”第三，贯彻般若大乘空宗“扫除名相”的宗旨，即神秀向武则天介绍他老师弘忍依据“文殊说般若一行三昧”。弘忍禅学这三个方面大体可以包括后来禅宗各支派的宗旨和方法。

弘忍逝世后，禅宗自黄梅向大江南北发展。荆州玉泉寺在黄梅上游，沿江再上溯，到成都保唐寺。由黄梅向北，传到嵩洛一带，深入朝廷上层，向南传到广东岭南。由于弘忍不善于言说，有时为了教学方便，随机答问，尚未完成自己完整的体系。但他创立的心性修养的途径却能“生不瞩文，而义符玄旨”[①]。前来求道者“十余年间，道俗受学者，天下十八九。自东夏禅匠传化，乃莫之过”[②]。这虽出自弘忍弟子的记述，也许有些夸大，却基本符合事实。道信以前，禅宗势力和影响还不算很大。弘忍开始，禅宗逐渐壮大，连远在广东的惠能也慕名来黄梅求教。据《高僧传》记载，“（弘）忍与（道）信俱往东山”，故谓其法为“东山法门”。弘忍传法的指导思想为般若大乘空宗，应是事实。《坛经》记惠能北上求法以前，曾听人诵《金刚经》，经询问，知为弘忍所授。这些记载，不能看作是后人捏造的。

《楞伽经》与《金刚经》本属于两个体系，前者重在见性，后者重在破相。从佛教理论体系看本不矛盾，破相的目的在于显性，显性的手段要通过破相。唐朝建国，儒教经学融会南方经学与北方经学，编成《五经正义》。佛教禅宗也反映了佛教禅宗南北统一融会的总趋势，先用《楞伽经》，后采纳《金刚经》。没有必要花大力气去争论禅宗以《楞伽经》为主，还是以《金刚经》为主，因为这两种经典都是禅宗采用过的教材。

佛教传入中国，大体经历了三个阶段。首先是初步接触阶段，中国人对外来的宗教刚刚接触，只有少数有关人士对这种外来宗教发生兴趣，但在学术界尚未引起广泛注意。据历史记载，东汉末年佛教已有传入，魏晋时期已有一些大乘、小乘的佛经汉译本。但当时学术

① 《楞伽人法志》。

② 《传法宝记》。

界知名人士，如何晏、王弼、郭象等几个大家的著作中都未表示赞同或反对，也就是说，佛教思想在学术界还没有反映。当时佛经的翻译也比较混乱，遇到什么出什么，遇残出残，遇全出全：

> 此土众经出不一时，自孝灵光和已来，迄今晋宁康二年，近二百载，值残出残，遇全出全，非是一人，难卒综理。[①]

佛教传入中国的第二阶段，我们称之为介绍、注释阶段。这时期有目的地介绍这种外来思想，除了翻译家大量涌现，还有众多注疏家。注疏家以外来佛典为依据，有的进行名词解释，有的进行义理阐发，诠释或阐发都要有原始经典为依据，人们对佛教的认识比第一阶段的理解深刻而有系统，当时最有名的佛教理论家也同时是翻译家（如鸠摩罗什等人）都属于这一类型。判断理解得对不对，要有经典为依据。最有名的一次大争论是名僧道生引起的。道生是当时很有学问的僧人，他根据自己对佛教涅槃学的理解，提出“一阐提人皆得成佛”。佛经上反复讲解，一阐提人是善性灭尽的人，好比烧焦了的种子，不能发芽；好比凿破的果核，不能成活。一阐提人不能成佛，经有明文。道生的言论受到僧人的围攻，认为他毁谤佛经，败坏了佛教的教义，把他驱逐出僧团。后来，得到《涅槃经》四十卷本，经上果然有“一阐提人皆得成佛”的说法。道生的冤案得以平反，名誉得到恢复，请他升座讲经，受到僧众的赞扬。中国哲学史上“六家七宗”的出现，就是中国学者根据各自的理解，对般若学做出的（六派或七派）的解释。

第三阶段，是在前一阶段广泛介绍、注释的基础上，由中国人

① 《出三藏记集》卷五。

自己创造体系的阶段，佛教从此在中国生根、成长，变成中国传统宗教的一部分。这一阶段起于隋、唐中期各宗派已形成、壮大，唐末、五代趋于繁荣。第三阶段的中国佛教主要流派有天台宗（创建于隋，盛于唐）、华严宗、禅宗都兴起于中唐。法相唯识宗创于唐初。玄奘及其弟子窥基生活的年代正当中国佛教独创体系的第三阶段，他们却用全力来介绍印度学说，并大力对这些学说进行注解。玄奘以全力翻译了佛经一千三百三十五卷；他的弟子窥基是个注疏大家，有“百疏论主”的称号。他们师徒二人没有顺应当时佛教的新趋势，去创造独立的中国化的体系，而是全力用在介绍和注释方面，他们翻译介绍的功绩永为人们称赞，但没引起广泛的社会影响。如果玄奘的译经事业提早一二百年，他译经的影响会更大。

中国佛教进入创造阶段，对佛经原文的依赖大大减弱，如天台宗的一些大师对佛经的解释有明显讲错了的地方，有的讲解阐发出于杜撰，在佛经原文中找不到根据，但天台宗成为唐代影响很大的宗派。禅宗的言论更加大胆，有的禅师甚至呵佛骂祖。佛教文句，在禅宗看来可有可无，拿经典供自己驱使。陆九渊自称“六经注我”，禅宗实际上是陆九渊的先驱。后人称陆学近禅，是符合陆九渊的实际的。弘忍和他创立的“东山法门”在隋唐各大宗派中是最有创造性的一派。禅宗可以不理会经典文句，自称禅宗得自佛祖的“心传”。禅宗自称，佛陀在灵山会上说法，大弟子迦叶不发一言，拈花微笑，佛祖肯定他得到了佛说的主要宗旨。禅宗在中国得到了广大信徒，他们自称得到佛祖的“心传”，“心传”当然不需要书本上的记载，禅宗得以充分阐发自己的理论体系。

秦汉统一全国，直到鸦片战争，两千年间政治统一的体制没有什么改变，它的特点是中央政权高度集中，政令统一，思想统一（以儒教为主要信仰），统辖着千千万万分散、孤立的小生产者（一家一户的农民）。政治的高度统一，经济的极度分散，表现在中国哲学史上，形成儒家与道家两派的长期对立、并存。儒家代表政治的集中，道家代表农民的分散经营，要求自由、不受干涉的倾向。但统一的大国，在高度统一集中的政府统辖下，又能为个体农民兴办一些实事，特别是大规模建设，非一家一户小农经济所能办得到的，如跨地区的水利建设，大规模的移民、救灾，调动全国力量抵抗外来侵略，大规模的文化建设（修大型的丛书、类书等）。个体小农经济办不到的，可以由中央政府举办。中央政权希望集中，分散的经济希望多一些自由，两者又有着相互需求、共存的关系。两千多年来，儒道两家有矛盾又有统一，因为两方都有广泛的社会基础。禅宗从出世的立场，作为教派团体，反映了小农经济的人生观和世界观。

小农经济的一个特点是长期保持自给自足的生活方式。凡是自己需要的，由自己解决（衣、食、住）。禅宗的流派甚多，据唐代僧人宗密的记载不下百家，各家有自己的宗旨。不论哪一家、哪一派，共同点是求解脱要靠自己，主张自悟，不能自悟的不能升入禅宗的殿堂。

禅宗得以在中国广泛传播、经久不衰，有许多因素，其中一个重要因素是中国有千千万万小农经济存在。自给自足的经济生活产生自己解脱的宗教思想是十分自然的结果。禅宗从五祖弘忍开始，便制定了教团的生活规范：一方面是宗教训练，修心；一方面是从事生产，自己养活自己。从事农业生产，既锻炼了思想品质，克服怠惰习惯，又为僧团积累了财富。他们用日常生活用语启发门徒，“运水搬柴无非妙道”。“运水搬柴”是每天都要接触的生活经验。这类教学经验，在法相宗、华严宗就不曾用过，因为禅宗是农民的佛教。

“运水搬柴”既然都是“妙道”，由此再进一步，“事父事君”又为什么不可以成为“妙道”呢？禅宗与佛教合流，直接参加政治生活，儒教把禅宗消融了。

禅宗的发展大致可以分为前后两个时期：前期以弘忍、惠能等创立、成长时期为一阶段，分成五宗（临济、沩仰、曹洞、云门、法眼）为后期，这属于另一阶段。后期禅宗从农民禅逐渐向文人禅转化。早期禅的开创者主张“不立文字，直指本心”；后期禅却写有大量文字记录，灯录、语录文字占了主导地位，比那些专靠文字章句传播的佛教宗派的文字还多。禅宗后期多以诗歌的形式说禅理，这也是唐代科举取士，文人必习诗赋的习惯带到禅宗里来的反映。禅宗丹霞天然禅师本来打算参加科举（选官），中途遇到禅师指点，劝他“选官何如选佛”，便舍弃了选官的机会而投向禅宗。这类情况也表现在道教方面。如吕洞宾，相传为科举失意的文人；又如《无能子》《化书》的作者都属于文人参加道教的实例。天下大乱时期，连提倡入世的儒教也采取了明哲保身的方式，只求保全自己的身家和富贵。典型例子即号称“四朝元老”的冯道，先后在四个王朝做官而且不断升迁，还得到当时的称赞，说他“履行有古人之风”，“宇量得大臣之体”。冯道的行为风格体现了当时儒教信徒对待乱世的超脱原则。

经过五代、北宋，禅宗文化逐渐变成文人禅、参话禅，与士大夫合流，与在朝的文人日趋接近，远离泥土，走向市廛，混迹庙堂，逐渐消融于儒教。明清以后，士大夫参禅，皇帝也参禅。《红楼梦》中贾宝玉也参禅，那不关禅宗的事，另当别论。

禅宗早期的禅师们都从不同的角度提出如何解决现实生活中的问题。后期的禅师们，文人习气增加了清谈家的倾向。他们在话头上做文章，并不是严肃地对待现实生活，不去引导人们解决矛盾和闲惑，而是指引人们绕过矛盾，取消困惑。

禅宗留给人们的思想资料，充分显示出中华哲人的智慧。缺少了禅宗提供的这份文化遗产，将是中国哲学史的损失。禅宗大师们的用意所在，毕竟是解决个人问题，但仅限于个人的解脱。为国家危亡而献身，为争取民族生存而牺牲，杀身以成仁、舍生以取义的品格，在禅宗里是找不到的，也不是禅宗所提倡的。作为一个深闳博大的中华民族的传统文化，禅宗精神不可无，所谓“禅宗大德”却不太多。禅宗思想境界的超脱，首先要构筑在广大的、认真负责、百折不回、千千万万扎根现实生活泥土中不超脱的人群的基础上。禅宗为中华民族传统文化提供了有价值的精神财富，但不是唯一的财富。禅宗的兴衰过程如实地反映了它在中国哲学史上的地位和价值。

洪修平《禅宗思想的形成与发展》序*

佛教在两汉之际经西域传入内地，为了适应中国社会环境，逐渐与中国传统封建宗法文化融合，从而得到发展。南北朝以后的佛教文化已成为中国传统文化的一部分，释迦氏也被中土群众接受并奉为“圣人”，与中土孔子、老子并称“三圣”，佛教与儒、道两教并称“三教”。因而佛教史也就是中国文化思想史的组成部分。

南北朝时，中国有了大量汉译佛经，随着对佛经的不同理解和解释，形成了许多学派。到了隋唐时期，不少学派发展成为宗派，禅宗属诸多宗派之一。各宗派都有自己的特色。唐中期以后，宗派争鸣，禅宗以其独特的传教方式及其僧团组织方式得以发挥其特殊优势，成为势力最大、影响最深远的宗派，影响不但遍及全国，还远播海外。

宋代理学（我称之为“儒教”）兴起，佛、道两教的宗教哲学部分已被儒教消化、吸收，隋唐三教鼎立的形势不复存在，表面上佛教好像衰落了，事实上佛教的心性论及其宗教修养方法都被儒教移植过去，成为儒教的核心。儒教学者自称远绍洙泗，并得尧舜禹

* 据《任继愈禅学论集》。曾以《〈禅宗的形成及其初期思想研究〉序》为题发表于《哲学研究》1989年第11期。曾收入《念旧企新——任继愈自述》。

的心传。我们不能说儒教不受孔孟影响，但是更应指出儒教是经过佛教，特别是禅宗洗礼的孔孟之学，不是汉唐以前的孔孟之学。儒教是接着隋唐佛教、道教的心性之学发展起来的，儒教与佛、道两教不是唱的对台戏，而是连台戏。

禅宗的开创者，早期的如菩提达摩，后来的如弘忍、惠能，在当时都不算声名显赫的大人物，他们与政府上层集团来往甚少，没有得到政府的特别照顾[①]，都是白手起家。只有北派禅宗神秀、普寂、义福曾受到皇帝的礼遇。奇怪的是受到礼遇的北派后来发展不大，倒是那些远离政治中心、活动在社会下层的一些支派，却风靡全国，成为显学。宋以后的学术界常用禅学指佛学，称某人思想近禅，即指其人学术有佛教思想倾向。

禅宗在中国宗教界、思想界影响深远，并具有强大的生命力，有两方面值得注意。

第一，理论上讲“明心见性”。禅宗的宗教哲学，抓住了当时时代思潮的中心问题。中华民族的认识史，从魏晋开始即开展本体论的探讨。此时的佛教般若学的“六家七宗”与玄学本体论相呼应，由本体论进入心性论，是逻辑发展必然的趋势。佛教涅槃学继般若学而兴起，佛性问题引起中国学术界的重视。佛教界关心的热门话题，从般若学到涅槃学，恰恰与中国哲学史的逻辑发展同步进行，都是由本体论向心性论转移。禅宗大发展时期各宗各派无不涉及心性问题，把心性论的研究提到新的高度，不但充实了禅宗的理论，也加深了中国哲学史思维的深度。

---

① 陈、隋间创建的天台宗，智顗得到国家调拨租税及劳力补助。玄奘、法藏译经，费用由国库开支，译出佛经得到皇帝作序，借以扩大影响。

第二，经济上的自给自足。秦汉开始，中国建立了大一统的中央集权的政权，直接统治着千千万万小生产者——一家一户的个体农民，这些个体农民构成了社会基层细胞。除了禅宗，佛教各宗派都靠收租过活，不断引起与政府争劳力、争租税的矛盾。只有禅宗保持中国封建社会自给自足的小农经济的生产方式。他们的原则是自己劳动，自己消费，“一日不作，一日不食”，从而在经济上立于不败之地。

第一、第二两点又是互相融通、互相支持的。禅宗继承了中国的佛性论，把问题推向深入。比如顿悟与渐悟的关系，唐朝禅宗讲的顿渐关系比道生时期的顿渐关系有所发展，把佛性顿悟说由本体论的“与道冥符”，发展为心性论的顿悟理论，把顿悟说看作心性解脱的妙道，由本体转向内心，从本体论的顿悟转向心性论的顿悟。

照唐人记载，禅宗流派不下十几家，细分起来当不止这么多。不论他们之间教义有多少分歧，但禅宗的共同信念是自我解脱。这种自我解脱虽有时借助外缘启发，所谓机锋、话头，但关键的一步全凭自修自悟：“如人饮水，冷暖自知。”别人的教导千万遍，不论经典上怎样说得分明，都代替不了自己的切身体验。这种自我解脱、切身体验的宗教观，恰恰是中国小农经济自给自足的自然经济的反映。经济上的自给自足，不假外求，正是小农经济现实生活的自我满足精神境界的折光反射。佛教宗派众多，只有禅宗的自我解脱观保存的农民宗教意识最多。它把中国古代小农经济的生产方式和生活方式紧密地结合到禅宗僧团的生产方式和生活方式中来。这一变革，使得中国佛教与中国古代封建社会经济结构进一步取得协调，从而获得更强的生命力。禅宗思想中国化，首先在于使生产、生活中国化，把小农经济的机制运用于寺院经济生活。其传法世系也力图与中国的封建宗法制相呼应，寺主是家长，徒众是子弟，僧众之间维持着家族、父子、叔侄、祖孙类似世俗的世系关系。禅宗多次公布它自佛祖以来的传法世系。为了论证他们的世系有据，不惜靠杜撰去填充千余年连印度也搞不清楚的世代法嗣继承关系。旁观者看来未免可笑，而且是徒劳的，在当年禅宗的信奉者却以十分严肃的态度来对待这个根本不存在的传法世系表。这也是受南北朝到隋唐以来中国封建门阀世袭谱牒之学的影响的反映。没有谱牒作为根据，在朝廷就做不了官，伪造谱牒的还要治重罪。唐代一再颁发氏族志、姓氏谱，都是为了门阀士族的需要。这种现实也反映到佛门中来。我们明确了一条原则：我们不能用宗教说明历史，而应当用历史说明宗教。

近来喜读青年学者洪修平同志的《禅宗的形成及其初期思想研究》一书初稿，这是全国解放后国内禅宗研究的新成果，值得欢迎。作者广泛搜集国内外有关禅宗史资料，充分利用前人成果，又超出前人的局限，经过独立分析，断以己意，摒弃前人惯用的罗列史实、客观描述的方法。

禅宗早期各派流传下来的资料不多，不同于禅宗后期的资料连篇累牍，不可胜收。作者善于利用有限资料，做出合理的论断。前人研究成果，不出于一人一时，各有独特的见解，其间难免有互相补充的地方，也有相互抵牾的地方。作者用客观的态度，分析其分歧的原因，然后做出合理的结论，立论稳妥而有一定的说服力。洪修平同志这方面做得很成功。

禅宗的产生和发展不是孤立的社会现象，对它的研究刚刚开始，涉及的问题不少。比如说，与禅宗并时的、有过交涉的其他学术流派和宗教流派，还有与它同时的道教的活动等等，尚有未发之覆，有待大家深入探索。当然，要求在一篇文章或一部书中解决很多问题是不可能的，也没有必要。洪修平同志的这部著作已完成它应有的任务，同时给后来研究者留下充分发展的余地。要把一门学科的研究推向深入，扩大它的研究范围，不是少数人、少数课题能解决得了的，要群策群力，从多角度进行研究。有了好的开始，就不愁没有新的成果。我高兴地应洪修平同志的嘱托，为此书写这一篇短序。

《惠能评传》序*

去年洪修平同志来信说，他撰写的《惠能评传》即将出版，请我为此书写一篇序，我答应了他的要求。我不想为这部书多说些什么鼓励和称赞的话，相信读者自有判断，洪修平同志研究禅宗多年，是有能力写好这部评传的。新中国建立后，近二十年来，我国自己培养的青年学者，人文科学、社会科学人才相继成长，卓然成家，这批新人又带出一批更年轻的专业人才。我一生从事教育事业，亲眼看到学术事业后继有人，从内心感到高兴。

禅宗在中国流传的时间很久，传播的地域最广。唐末五代从中国内地传到东邻朝鲜半岛、日本、越南。近百年来又远播到欧美等地，与西方近代神秘主义、直觉主义思潮相表里，成为国际显学，甚至连名称原封不动地被译为“禅”或“禅学”。远在千余年前，达摩东来，向东方传授禅法，禅宗称为“大法东流”，看作一件大事。何期千余年之后，中国僧人又把它传到更远的欧美，我们无妨称之为“大法西去”。这种文化流布现象，是当年惠能创立禅宗时所没有料到的。

---

* 据《中国哲学史》1999 年第 3 期。

佛教传入中国，与中国传统文化相结合，形成中国佛教。中国佛教经过南北朝及隋唐几百年的发展演变，滋生出许多学派和宗派。当隋唐国力昌盛、经济繁荣、社会安定的时期，政府大力扶持，众多宗派都得到发展壮大的机会。禅宗创建于唐朝盛世，与同时其他宗派并峙分流，它的特点和优点没有充分显示出来。惠能当时活动在岭南地区，北方有它的同门神秀及另外的宗派同时传播。惠能、神秀同出于黄梅东山门下。惠能与神秀一南一北，开门授徒，音问互通，互相尊重，互相涵容，两派宗旨有所侧重，但没有出现后来势不两立的对抗形势。菏泽神会开始挑起法统之争，树立门户之见，这是惠能、神秀生前没有想到的。

“安史之乱”是唐朝由盛到衰的分界线。“安史之乱”后，唐中央政府统治力量削弱，地方割据势力壮大。佛教所面临的大环境发生了变化。更严重的是唐武宗发起的废佛运动，佛教势力受到极大的打击。各大宗派僧尼星散，寺院产业被没收，经典流失。只有惠能创立的禅宗，以耕作自养，照旧维持僧团的生活。他们不主张多读经卷，不重章句之学，强调心传，不立文字。其他经院式的各宗派衰落了，禅宗反倒发展起来。唐末五代中央失去控制能力，天下大乱，人们看不到前途，纷纷向宗教寻求安身立命之地。这时，除佛教禅宗有较大的发展，道教也有较大的发展，如《无能子》《化书》的出现，道教吕洞宾信仰的传播，差不多与禅宗后期“五家七宗”同时。士人无法应试选官，转而向佛教“选佛”。这种大环境也促进了禅宗的变化，由早期的农民禅向文人禅转化。禅宗本来不立文字，后来却出现了大量的文字著作，文人加入禅宗行列，偈颂、语录广泛流传，由农民禅转化为文人禅。上层社会以及后来的宋明理学家都深受过文人禅的洗礼。后人说宋人治学多出于佛老，所谓“佛”，主要是指禅学。宋儒所批判的佛教，也是禅教。禅宗后期改变了当初不立文字的传统，变成重视文字著作，典籍浩繁，有的语录、偈颂动辄数十卷，有的上百卷，其烦琐不下于天台、华严各宗的章句之学。

禅宗各流派虽各标悬解，但均不出佛教藩篱。禅宗旨在打脱言筌，直探心源，其精义远非言筌所能尽。犹如以指指月，沿指可以寻月，而指非月。洪修平、孙亦平所著《惠能评传》为认识禅宗提供了必要线索。若真正体会禅宗第一义谛，尚须求索于文句之外。余早年有诗云：

漫道磨砖堪作镜，可知蒸饭竟成沙。
拈花无言心会处，坐看霁月照天涯。

以禅宗方法整理《坛经》*

近半个世纪，《坛经》研究逐渐引起学术界的兴趣，研究者遍及海内及欧亚地区，这一趋势与思想界关心禅宗的研究有关。“禅”这一专门用语，已被国际学术界所接受。禅宗研究的兴起又与国际哲学界关心直觉主义、神秘主义思潮相呼应。

禅宗这一宗派与中国隋唐佛教天台、华严、法相并列为四大宗派。中国佛教义理之学，内容丰富，影响深远的也只有这四个大的宗派[①]。

影响深远的这四大宗派中，禅宗比其他三派更具有东方汉传佛教的民族特色。

禅宗的思想方法不重思辨推理的过程，而在直探本源的体认。禅不是从概念上引导信徒走向宗教境界，而是生活经验的升华心灵感受走向宗教境界。禅宗教人，更多用力于性情、人格的培养，也

---

* 本文为《敦煌坛经合校简注》（山西古籍出版社，1999年9月版）序言。曾收入《中国禅学研究丛书·〈六祖坛经〉研究（四）》，中国大百科全书出版社，2003年4月版。

① 律宗、净土宗更注重实践，密宗后起，影响范围也较小。日本学者著作中认为中国有俱舍宗、成实宗、三论宗，事实上并不存在。

就是内心的自觉，而不大注重外在权威的灌输，借外在权威迫使鄙劣欲念消退。在这一点上，禅宗与净土宗存在最大的区别，与其他各宗也有不同程度的差别。

如果问禅宗教人解脱法门是什么，简单一句话，就是自己解脱。如果自己不会解脱、不敢解脱，佛祖释迦牟尼对这种信徒也无能为力。自行解脱要有方法，更要有自信心。禅宗教人，不允许信徒们问自己“我能办得到吗”，而是要人们坚定信心：“我一定办得到！”这种宗教信仰的决心、愿力，原始佛教本来也有。如佛教经典中经常讲到“天上地下，唯我独尊”。且不必追究新生的婴儿有没有生下来就会说话、会走路的本领，神话归神话，但是我们可以承认佛教教人树立坚定的宗教信仰，不要受外界任何干扰。不论是社会习惯的束缚，还是最高权威的压力，都不能动摇自己的信心。禅宗对佛教教义中的这一点是吃透了的。正是抓住了这一点，才使得另外的许多宗派，即使不赞成禅宗的一些主张和教育方法，却不能不认同其在佛教中的地位。

禅宗从惠能创立南宗开始，即重视《金刚经》，惠能的老师弘忍传教以《楞伽》《金刚》并重，有所变革。可以说明，禅宗更着重般若空宗“以遮为表”的思想方法和世界观，以否定表达其所肯定，以不明说表达其所要说，以无为启发其有为。这也是印度般若学派的一贯宗旨。禅宗自称“教外别传”，虽曰“别传”，它传的还是佛教的主要部分。中国隋唐以后，宗派林立，其他各派对这个土生土长、来历不明的宗派啧有烦言，却不敢轻视，因为它抓住了佛教精神的一部分。

禅宗的世界观和思想方法，使它选择适合该宗派的传教方式。

读禅宗典籍要符合禅宗思维方式，对禅宗和尚语录要与其他各宗派的著作也应有所区别。有的宗派特别注意语义明晰，心理描述，心情变化，遣词、翻译原著必须字斟句酌。例如佛典旧译“观觉”，玄奘译为“寻伺”，意在区别心理活动的细微差异。这种认真的态度可取也可贵，但对禅宗并不适用。

研究禅宗，要按禅宗的思维方式、表达方式，还要注意禅宗善于因材施教、因病投药的教学特点。同一问题，对不同提问者往往记录着不同的答复，有时相近，有时相反。

早期禅宗大师多见识高超而文化低下。我们看到唐人手抄的禅宗语录，错别字迭出，甚至文义不全。这种现象在其他宗派的手抄本中极少出现。这一事实，给禅宗研究者带来不少困难。正因为如此，禅宗经典文献《坛经》才会产生众多版本，人们常见的即有十几种以上。近代学者用了差不多近百年的时间从事校勘、订正。大家力图向社会提供一个可信的版本并做出了自己的贡献，他们的努力值得尊重。

禅宗语录，从惠能开始，就提醒人们不要死抠字句，而要掌握他讲话的精神实质。这也是佛教涅槃“四依”中的“依义不依语”的古训。禅宗原来的衣钵相传，应当是早期禅学没有广泛普及的情况。“安史之乱”后，中央政府削弱，天下分崩离析，这一学派不专事经典，直指心印。禅学弟子各凭师傅的传授，结合自己的理解，从事传教事业。不同的版本各呈异彩，出现这种现象是可以理解的。禅宗《坛经》有没有一个定本？不可能有。中原地区战乱不断，文献保存不易，敦煌地区相对安定，千佛洞保存的手抄本足以反映河西地区流传的《坛经》面貌。

《坛经》的校勘任务，不在于恢复《坛经》的本来面貌，因为本来面貌很难说。《坛经》作者惠能（慧能）就有两种写法并存。即使今天惠能复生，问他本人，名字如何写，惠能也回答不出，因为他不识字。我们当然不能断定“惠能”“慧能”哪个正确。

是不是我们研究者就无所作为？也不是。我们应当根据禅宗思想体系，按照禅宗的思路，把《坛经》理顺。以禅宗方法整理《坛经》，尽量避免用汉学家、经学家的方法整理《坛经》，这是比较可行的办法。回头来看过去已出版的世上已流行的几种版本，最好避免用“窜改”等字样，尽量不相信有一个完全正确的标准本的《坛经》的假设。只能就现有的敦煌本《坛经》的错讹字句、明显错别字理顺。还要探索一下唐时民间流行的习惯语，当时的社会政治制度，人名称谓，地区、地名，通盘考虑。当然，更重要的是按禅宗的思路来整理《坛经》。不要理顺了《坛经》的字句，却背离了禅宗思想。李、方二位的《坛经合校》本，应当看作“百家争鸣、百花齐放”中的又一枝奇葩。这个版本还不能成为定本，它为读者提供了一个通顺可用的新版本，为有心研究者提供了一个导游图。有了导游图，路还要自己走，判断、评论，还要读者自己拿主见。

《中国佛教丛书·禅宗编》序*

禅宗是中国佛教宗派中影响较大的一支，初创于盛唐，实际创始人是惠能。但禅宗的形成有一个历史过程，这就是佛教史家所记载的惠能以前从北魏菩提达摩，中经惠可、隋唐时期的僧璨、道信到弘忍的传法史。在惠能时期，禅宗派系林立，有“南能北秀”及所谓“七家十宗”之说。惠能死后，以惠能为代表的南宗一派向全国发展，形成了“五宗七家”的分派，从唐末至宋元明，其影响一直不衰。以惠能为代表的禅宗佛教，发挥了佛教大乘空宗的教义，提出了自悟本心即可成佛的顿悟说。这种佛教学说对唐以后我国的社会思想有深远的影响，引起世界学术界的广泛注意。

历代有关禅宗的著述数量甚多，我们选印了五十六种。选编的重点是各种禅宗史传，至于宋明以来出现的禅师语录，多抄袭雷同，新意不多，我们有选择地影印一些有价值的。晚近新发现的禅宗著作，如敦煌遗书中的禅宗著作也适当选录。

《禅宗编》所收五十六种书的主要部分是据刻本影印的，计三十八种。还有十六种为敦煌写经及其他古写本，因写本良莠混

* 据《学林春秋初编》，朝华出版社，1999年12月版。《中国佛教丛书·禅宗编》，江苏古籍出版社，1993年6月版。

杂，影印效果不好，故凡无刻本所据者，除了影印原写本，再依据现存的有关资料进行校点，仿照《嘉兴藏》的版式手写后影印，附于原写本之后。这种情况将在每种书的题解中加以说明。还有两种书，即《洞上祖宪录》《五宗救》，为民国年间所编铅印本《普慧大藏经》所录，别无刻本，故直接影印《普慧藏》本。《禅宗编》大体按照经典、初期禅宗史、灯录、史传、语录、五宗杂著、禅门清规等顺序编次。

《禅宗编》所收《嘉兴藏》本的主要部分是由云南省图书馆提供的，收藏在北京的部分底本是中国佛教图书文物馆、世界宗教研究所图书馆提供的。底本的翻拍除了云南省图书馆，中国佛教图书文物馆、冶金部钢铁设计总院亦给予了大力协助，在此谨一并致谢。何梅同志参加了底稿的抄写。本编题解除了署名者，均为李富华撰稿。

编选和题解工作中，有不妥或失误之处，敬希批评，以便改正。

1992年

《苏轼禅诗研究》序*

佛教传入中国发展为中国佛教，衍变为三大支派（汉传佛教、藏传佛教、云南上座部佛教）。汉传佛教传播地域最广，信徒最多，除中国本土，还远播海外。汉传佛教隋唐以后发展分化为许多宗派，其中影响最大、历史最长的是禅宗。

禅宗萌发于南北朝末期（约在5世纪），最初流行于广大农村，信徒多为社会下层耕田为生的农民。其创始人都不善著书立说，与当时并起的其他宗派的创始人有显著不同。如天台宗的智顗，法相宗的玄奘、窥基，华严宗的法藏，律宗的道宣都是才华出众的大学者。禅宗创始人之一的惠能，据说不识字或识字不多。禅宗创始人多隐处山林，参加耕作，自食其力，“一日不作，一日不食”。我称之为农民禅。“安史之乱”后，中央政权失控，军阀割据，战乱频繁，混乱局面愈演愈烈，持续了一百多年。唐朝统一政权衰落，一向依靠中央朝廷谋取出路的知识分子失去政治依托，他们不得不在生活中寻求一种安身立命的精神依托。连年战争，精神上需要一种宁静；现实生活到处是残杀和斗争，精神上需要一种谐和；现

* 据《佛学研究》1995 年总第 4 期。

实生活中道德堕落，精神上需要一种超脱。现实生活中极端匮乏，要求在精神方面得到补偿，既然不能指望外来的拯救，只能依靠自己。早期农民禅所具有的小农经济自给自足的品格，一直是禅宗的主导思想。要成佛，得解脱，不靠外力，只靠习禅者的悟解。

当时哲学与宗教界的中心主题是“心性论”。心性论已是南北朝到隋唐五代的时代思潮。隋唐佛教各宗派都在不同的角度，用不同的修养方法来关心这一共同主题——心性论。禅宗的心性论以简易、深刻见长，深得广大知识分子、文化人的欣赏。唐末五代以后，禅宗支派不断发展、壮大，一花五叶，遍及大江南北。知识分子不去“选官”，而去“选佛”。这是禅宗后期的一大转变。

禅宗后期，其成员中多了一大批知识分子，开始由农民禅转化到文人禅。文人禅兴起以后，原来盛行于广东、湖南、江西、河南一带的禅宗，蔓延到大江南北、黄河两岸，由本土传播到海外。

早期禅宗转为文人禅以后，知识分子利用他们的文化优势，文字著述逐渐增多，除语录体，还增加了文学形式的诗歌体，传灯、语录、联珠、偈颂，连篇累牍，禅师的著作有的一人多达数十百卷。这些大量著作，绝大多数完成于唐末、五代。一向标榜不立文字的禅宗，其著作总量并不比其他宗派少，甚至还超过某些宗派，如律宗著作即少于禅宗。这一转变不但影响禅宗自身的发展，也影响文学、哲学领域的变化，深化了文学、哲学的意境。宋朝有影响的几个大诗人，如王安石、黄庭坚、苏轼是最显著的富有禅学意境的作家。论诗者一般认为唐诗气象宏阔，宋诗意境深沉。这个深化的过程正是禅学思想渗透到文学领域的过程。

韩国青年学者朴永焕先生著有《苏轼禅诗研究》，取材广泛，立论有新意。学术界论述苏轼诗文著作，多指出苏氏受庄学影响处，对苏轼受禅学影响处也有人指出过，多属一鳞半爪。朴永焕以大量资料，集中论述苏诗中的禅理、禅趣，阐述详明，评骘平实，取材广博，有他的开创性。

中韩两国文化交流有一千年以上的传统，这部著作，在悠久的文化交流史上又增添新的一页。我高兴地应作者的嘱托，为此书作序，并愿向汉文读者推荐这部新书。

关于《杜阳杂编》（节选）*

佛教以南北朝及隋唐初期为最盛。唐代武宗于会昌五年（845年）下令消灭佛教，虽然后来的皇帝下令恢复，由于寺院经济遭到严重的打击，佛教从此便一蹶不振。《杜阳杂编》的作者苏鹗根据亲身经历，把长安一次迎佛骨的过程记录下来。通过这一记载，我们可以想见唐代佛教虽在会昌毁佛之后遭到打击，但它还拥有广大群众，迷信思想仍然深入人心。这里生动、具体地描绘了统治集团是怎样豪奢浪费为个人祈福，被压迫者为了祈求来生幸福，有的甚至不惜残毁肢体。知道了这些情况，我们再来看范缜《神灭论》所说的“浮屠害政，桑门蠹俗”，“竭财以赴僧，破产以趋佛”，就能理解他的战斗的积极意义，也更明白佛教对社会的危害了。今天的青年读者对古代佛教的传播情况、宗教生活以及宗教信仰者的精神状态已相当隔膜，甚至完全不了解。这篇附录，就是提供一些关于唐代佛教生活的一些感性知识的记录材料的。

* 据《汉唐佛教思想论集》。

杜阳杂编（卷下）

十四年[①]春，诏大德僧数十辈，于凤翔法门寺迎佛骨。百官上疏谏，有言宪宗故事者。上[②]曰："但生得见，殁而无恨也。"遂以金银为宝刹，以珠玉为宝帐、香舁，仍用孔雀氄毛饰其宝刹。小者高一丈，大者二丈。刻香檀为飞帘花槛、瓦木阶砌之类，其上遍以金银覆之。舁一刹则用夫数百，其宝帐香舆不可胜纪。工巧辉焕，与日争丽。又悉珊瑚、玛瑙、真珠、瑟瑟缀为幡幢，计用珍宝不啻百斛。其剪彩为幡为伞，约以万队。

四月八日，佛骨入长安。自开远门[③]安福楼，夹道佛声振地。士女瞻礼，僧徒道从。上御安福寺亲自顶礼，泣下霑臆。即召两街供奉僧，赐金帛各有差。仍〔命〕京师耆老，元和[④]迎真体者，悉赐银椀锦彩。长安豪家竞饰车服，驾肩弥路。四方挈老扶幼，来观者莫不蔬素，以待恩福。时有军卒，断左臂于佛前，以手执之，一步一礼，血流洒地，至于肘行膝步、啮指截发〔者〕不可算数。又有僧以艾覆顶上，谓之"炼顶"。火发，痛作，即掉其首呼叫。坊市少年擒之，不令动摇，而痛不可忍，乃号哭卧于道上，头顶焦烂，举止苍迫。凡见者无不大哂焉。

① 唐懿宗咸通十四年，为公元873年。

② 上：指懿宗皇帝。

③ 开远门：长安城西面有三个城门，开远门在最北面。

④ 元和：806—820年，唐宪宗年号。元和十四年（819年），唐宪宗自凤翔迎佛骨入禁中。

上迎佛骨入内，道场即设金花帐、温清床，龙麟之席，凤毛之褥，焚玉髓之香，荐琼膏之乳，皆九年诃陵国[①]所贡献也。

初，迎佛骨，有诏令京城及畿甸于路傍垒土为香刹，或高一二丈，迨八九尺，悉以金翠饰之。京城之内，约及万数。是时妖言香刹摇动，有佛光庆云现路衢，说者迭相为异。又坊市豪家，相为无遮斋大会，通衢间结彩为楼阁台殿，或水银以为池，金玉以为树，竞聚僧徒，广设佛像，吹螺击钹，灯烛相继。又令小儿玉带金额白脚，呵唱于其间，恣为嬉戏。又结锦绣为小车舆以载歌舞。如是充于辇毂之下，而延寿里[②]推为繁华之最。是岁秋七月，天子晏驾（识者以为物极为妖）……

僖宗皇帝即位，诏归佛骨于法门。其道从威仪十无其一，具体而已。然京城耄耋士女争为送别，执手相谓曰："六十年一度迎真身，不知再见复在何时！"即伏首于前，呜咽流涕……

① 《旧唐书》卷一百九十七："（诃陵国）在南方海中洲上居，东与婆利、西与堕婆登、北与真腊接，南临大海。"

② 延寿里：位于长安北门，化门与芳林门之间，由北面数第五坊。

汉—唐佛教简明年表*

朝代	帝号	年号	年代	干支	公元	事　记
东汉	明帝	永平	十	丁卯	67	据说佛教开始传入中国。
	桓帝	建和	元	丁亥	147	月氏国沙门支谶至雒（洛）阳，译《般舟三昧》《阿閦佛国经》等二十一部。
	桓帝	建和	二	戊子	148	安息国沙门安世高等至雒阳译经。
	桓帝	永寿	元	乙未	155	帝于宫中立浮屠老子之祠。
	献帝	兴平	二	乙亥	195	下邳相笮融起佛祠，课人诵经，浴佛设斋，时会者五千余人。
魏	文帝	黄初	五	甲辰	224	月支国优婆塞支谦来雒（洛）阳，受业于支亮，亮受业于支谶。世称“天下知博，无出三支”。
	齐王曹芳	正始	二	辛酉	241	时吴赤乌四年，康居沙门康僧会来吴。佛法最初传至吴以此始。
晋	武帝	太康	七	丙午	286	月支沙门竺法护至长安译《正法华经》。
	元帝	永昌	元	壬午	322	西竺沙门帛尸黎密（晋言“吉友”）至建康。丞相王导见之曰：“我辈人也。”一时名士皆造门结友。
	成帝	咸康	六	庚子	340	庾冰辅政，议沙门对王者行跪拜礼。尚书何充等谏止，议不行。此夷夏之论交诤之端。
	哀帝	兴宁	二	甲子	364	诏竺潜讲《般若》于宫中。潜辞还剡山，诏支遁相继讲法。

* 原载于《汉—唐中国佛教思想论集》，生活·读书·新知三联书店，1963年10月版。

续表1

朝代	帝号	年号	年代	干支	公元	事　记
晋	废帝	太和	二	丁卯	367	支遁表求还山，诏建沃洲寺以居之。遁每讲多会宗遗文，为守文者所陋。谢安曰："此九方歅之相马，略玄黄而取神骏也。"尝讲《维摩》于山阴。处士许询为都讲。支通一义，四座莫不厌心，许送一难，众人莫不抃舞。
	孝武帝	太元	四	己卯	379	苻秦攻拔襄阳，获道安、习凿齿送长安。苻坚喜曰："今破襄阳，获士裁一人半。""一人"谓道安，"半人"即习凿齿。
	孝武帝	太元	六	辛巳	381	慧远至庐山立龙泉精舍。慧远为道安之弟子。
	孝武帝	太元	十	乙酉	385	道安逝世。道安创僧律，制《众经目录》，精于戒行佛法，是晋代佛教的重要传播者。
	安帝	隆安	三	己亥	399	法显与同学慧景、道整，慧应、慧嵬等发自长安，西渡流沙，至印度求佛经，历时十五年，经三十余国，携回佛经多种。律藏及《阿含》的介绍传播，法显起过重要作用。归国后译佛经百余万言。并记载旅途见闻为《佛国记》，保存当时印度情况，有极重要的史料价值，受到世界史学家的重视。
	安帝 （后秦弘始三年）	隆安	五	辛丑	401	秦王灭凉，迎鸠摩罗什（秦言"童寿"）至长安，馆于逍遥园，开始译经。
	安帝	元兴	二	癸卯	403	慧远作《沙门不敬王者论》以论证佛教实际上是支持王者的。
	安帝	义熙	二	丙午	406	罗什译出《法华》等经。罽宾佛陀跋陀罗（觉贤）来长安，传小乘佛教。

续表2

<table>
<tr><th>朝代</th><th>帝号</th><th>年号</th><th>年代</th><th>干支</th><th>公元</th><th>事　记</th></tr>
<tr><td rowspan="3">晋</td><td>安帝</td><td>义熙</td><td>九</td><td>癸丑</td><td>413</td><td>鸠摩罗什逝世，寿七十。罗什得印度龙树空宗之嫡传。旧译佛经，多滞文格义，传译失旨，多不与梵本相应。罗什译经，义皆圆通，众心惬伏。罗什在长安共译出《大品》《般若经》《小品般若经》《十住》《法华》《维摩》《思益》《首楞严》《十诵律》《成实论》《中论》《百论》《十二门论》等，凡三百余卷。自罗什以后，中国有了比较系统的翻译的佛经。</td></tr>
<tr><td>安帝</td><td>义熙</td><td>十</td><td>甲寅</td><td>414</td><td>僧肇（384—414年）逝世。僧肇是中国南北朝时期最著名的佛教哲学理论家，是罗什的四大弟子之一。</td></tr>
<tr><td>安帝</td><td>义熙</td><td>十二</td><td>丙辰</td><td>416</td><td>庐山慧远（334—416年）逝世。慧远尝著《法性论》有云：“至极以不变为性，得性以体极为宗。”罗什叹其未见经论，谙于理合。</td></tr>
<tr><td rowspan="4">宋</td><td>文帝</td><td>元嘉</td><td>八</td><td>辛未</td><td>431</td><td>宋帝诏求那跋摩赴京，问持斋不杀之义。对曰：“帝王所修，与匹夫异。出一嘉言，则士庶咸悦；布一善政，则人神以和。刑不夭命，役不劳力。以此持斋，斋亦大矣。安在辍半日之食，全一禽之命？”</td></tr>
<tr><td>文帝</td><td>元嘉</td><td>十一</td><td>甲戌</td><td>434</td><td>求那跋摩于南林寺，立戒坛为僧尼授戒，此为中国戒坛之始。道生卒。道生为鸠摩罗什门下四大弟子之一。立“善不受报”“佛无净土”诸义。又倡《涅槃经》“一阐提人皆能成佛”的学说为守滞文句之徒所摈。《涅槃》后分译出，众乃叹服（或曰元嘉九年）。</td></tr>
<tr><td>文帝</td><td>元嘉</td><td>二十二</td><td rowspan="2">乙酉</td><td rowspan="2">445</td><td rowspan="2">北魏太武帝征盖吴，至长安，见僧寺有兵仗。太武帝大怒，司徒崔浩与道士寇谦之劝太武尽诛沙门，毁经像寺院。佛教受到一次严重的打击。</td></tr>
<tr><td colspan="3">（北魏太平真君六年）</td></tr>
</table>

续表3

<table>
<tr><th>朝代</th><th>帝号</th><th>年号</th><th>年代</th><th>干支</th><th>公元</th><th>事　记</th></tr>
<tr><td>宋</td><td>明帝</td><td>泰始</td><td>三</td><td>丁未</td><td>467</td><td>道士顾欢作《夷夏论》，从种族立场反对佛教。</td></tr>
<tr><td>齐</td><td>武帝</td><td>永明</td><td>七</td><td>己巳</td><td>489</td><td>僧伽跋摩于广州竹林寺译成《善见毗婆娑律》。自佛逝世后，弟子优波离即时结集律藏，以其年七月十五日夏安居终了时，于众前以香花供养，于书后记一点。师师相传，年年不断。至齐永明七年，共约九百七十五点。循此上推，知佛逝世当在周敬王三十五年，鲁哀公十年，公元前485年，较孔子早卒六年。</td></tr>
<tr><td rowspan="8">梁</td><td>武帝</td><td>天监</td><td>六</td><td>丁亥</td><td>507</td><td>无神论者范缜发表《神灭论》，与梁武帝为首的皇室贵族展开辩论。</td></tr>
<tr><td>武帝</td><td>天监</td><td>八</td><td rowspan="2">己丑</td><td rowspan="2">509</td><td rowspan="2">魏国洛阳除中国沙门，还有西域僧三千余人，延昌（512—514年）时郡州佛寺一万三千余所，僧至二百万。</td></tr>
<tr><td colspan="3">（魏永平二年）</td></tr>
<tr><td>武帝</td><td>天监</td><td>十五</td><td rowspan="2">丙申</td><td rowspan="2">516</td><td rowspan="2">魏世宗宣武帝做瑶光寺未就，胡太后做永宁寺，又开凿伊阙，两工程皆壮丽奇伟。菩提达摩至洛阳，见永宁寺建筑，叹未曾有。永宁寺于公元533年毁于雷火，大火三月不息。伊阙石像今仍存。</td></tr>
<tr><td colspan="3">（魏熙平元年）</td></tr>
<tr><td>武帝</td><td>天监</td><td>十七</td><td>戊戌</td><td>518</td><td>僧祐逝世，寿七十四。僧祐是梁代最博学的僧人，有《出三藏记集》《释伽谱》《弘明集》等关于佛教史籍方面的著作。</td></tr>
<tr><td>武帝</td><td>天监</td><td>十八</td><td>己亥</td><td>519</td><td>会稽沙门慧皎著《高僧传》，始汉永平，终于是岁，凡四百五十余年，二百五十七人，附见者二百余人，分为十科，后之僧传永以为式，是研究佛教史的直接史料。</td></tr>
<tr><td>武帝</td><td>普通</td><td>元</td><td>庚子</td><td>520</td><td>北魏明帝正光以后，约略计之，僧尼大众约二百万，佛寺三万余所。</td></tr>
</table>

续表4

朝代	帝号	年号	年代	干支	公元	事　记
梁	武帝	中大通	元	己酉	529	梁武帝到同泰寺，设四部无遮大会，并舍身（为寺院服役）。公卿以下以钱一亿万把武帝赎回。武帝当政期间，共三次舍身，三次被赎回。
	武帝	大同	六	庚申	540	北齐慧文禅师于河南与慧思禅师说三观口诀。
	元帝	承圣	元	壬申	552	真谛三藏以侯景之乱泛舶而归，大风飘还广州，译《起信》《俱舍》诸论。
陈	废帝	光大	二	戊子	568	慧思禅师入南岳，故称南岳大师，后被天台宗追认为天台二祖。
	宣帝	大建	五	癸巳	573	海东沙门玄光受《法华》于南岳慧思，后归国演教，是为海东诸国传教之始。
	宣帝	大建	六	甲午	574	周武帝纳道士张宾之建议，废佛教。后三年（周建德六年，北齐承光二年），灭北齐，下诏曰：“六经儒教于世有宜，故须存立。佛教徒费民财，皆当毁灭。”僧尼并令还俗，籍三百万人并充军民，财产入官。时沙门靖嵩等三百人逃往南朝。
	（周建德三年）					
	宣帝	大建	九	丁酉	577	六月二十二日，南岳慧思逝世。
隋	文帝	开皇	十一	辛亥	591	晋王杨广（即后来的隋炀帝）为扬州总管，迎智顗大师至镇，设千僧会，受菩萨戒。智顗赐晋王法号“总持”。晋王尊智顗为“智者大师”。
	文帝	开皇	十二	壬子	592	禅宗二祖慧可逝世，寿一百又七岁。
	文帝	开皇	十七	丁巳	597	天台智者大师逝世，寿六十七。以久住天台山，故称天台大师，开后来天台宗。翻经学士费长房进《开皇三宝录》十五卷。
	文帝	仁寿	二	壬戌	602	玄奘生。
	炀帝	大业	二	丙寅	606	禅宗三祖僧粲逝世。
唐	太宗	贞观	三	己丑	629	玄奘上表请求出国赴印度求经，未允。八月，私自越境西去。时玄奘三十岁。

续表5

朝代	帝号	年号	年代	干支	公元	事　记
唐	太宗	贞观	六	壬辰	632	诏终南山杜顺入见，赐号“帝心”。八月，天台宗章安灌顶禅师逝世，寿七十二。灌顶是智者的弟子，智者讲法的笔记，多半是他整理编辑的。
	太宗	贞观	十二	戊戌	638	禅宗六祖惠能生。
	太宗	贞观	十三	己亥	639	诏国子祭酒孔颖达、沙门慧净、道士蔡晃入弘文殿谈论三教。 十月，杜顺和尚逝世于义善寺，后来被推奉为华严宗初祖。
	太宗	贞观	十九	乙巳	645	玄奘由印度还长安，诏就弘福寺，同道宣等翻经。
	太宗	贞观	二十二	戊申	648	太宗为玄奘新译经制《圣教序》。太宗令玄奘翻《道德经》为梵文以遗西竺。玄奘辞曰：“佛老二教，其致大殊。安用佛言，用通老义。且老子立义肤浅，五竺观之适足见薄。”终不译。
	高宗	永徽	二	辛亥	651	九月，禅宗四祖道信逝世于东山黄梅寺，寿七十二。
	高宗	永徽	四	癸丑	653	日本遣沙门道照入中国，从玄奘学。
	高宗	永徽	五	甲寅	654	特旨度沙门窥基为大僧，入大慈恩寺。窥基是玄奘的大弟子，他和玄奘同为法相宗的创始人
	高宗	显庆	二	丁巳	657	道宣居西明寺作《续高僧传》，起梁天监，讫唐贞观。
	高宗	显庆	三	戊午	658	诏沙门义褒、道士黄颐等入宫谈论。 日本遣沙门智通来求大乘佛教。
	高宗	显庆	四	己未	659	诏僧道入合璧宫论议，法师会隐立“五蕴”义，神泰立“九断知”义。

续表6

朝代	帝号	年号	年代	干支	公元	事　记
唐	高宗	麟德	元	甲子	664	玄奘逝世。玄奘归国所翻经论七十四部，一千三百三十五卷，自罗什以后推为第一。玄奘创立法相宗。弟子有窥基、圆测等。又著《大唐西域记》，为研究7世纪印度历史的重要史料。经地下考古发掘证实，玄奘记录确实可信。
	高宗	乾封	一	丁卯	667	十月三日，道宣于终南山逝世。宣学识渊博，著《唐高僧传》，是继慧皎《高僧传》后研究佛教史的重要资料。
	高宗	咸亨	二	辛未	671	沙门义净向南海附舶往印度求经。
	高宗	咸亨 （改上元元年）	五	甲戌	674	禅宗五祖弘忍逝世，寿七十四。
	高宗	仪凤	元	丙子	676	惠能至广州法性寺，印宗禅师为其落发，智光律师临坛为授满分戒。惠能翌年归韶州曹溪宝林寺。
	高宗	永隆	元	庚辰	680	沙门智运于洛阳龙门山镌石为佛像一万五千。
	高宗	永淳	元	壬午	682	十一月，慈恩法师窥基逝世，寿五十一。窥基禀玄奘法师《瑜伽师地》唯识宗旨，著疏甚多，号“百部论主”，后世称法相宗为慈恩教。
	高宗	弘道	元	癸未	683	西明寺沙门道世（道宣之弟子）撰《法苑珠林》一百卷，分门类事，是佛教的一部资料、工具书。
	武后	垂拱	三	丁亥	687	天竺沙门地婆诃罗（日照）于仪凤初至长安译《密严》等经，至是共译十八部，凡三十四卷。
	武后	天授	元	庚寅	690	昔后凉昙无谶所译《大方等大云经》，中有女主威伏天下的宗教预言。武则天即皇帝位，特表扬此经，以合符命。

续表7

朝代	帝号	年号	年代	干支	公元	事　记
唐	武后	天授	二	辛卯	691	三月，诏释教在道教之上。诏曰：“朕先蒙金口之记，又承宝偈之文。……《大云》阐奥，明王国之祯符；方等发扬，显自在之丕业。……虽实际如如，理忘于先后，而翘心恳恳，思展于勤诚。自今以后，释教宜在道法之上，缁服处黄冠之前。”贞观十一年道士在僧尼之前之制不行。
	武后	证圣	元	乙未	695	以晋译六十卷《华严》未备，遣使往于阗国迎实叉难陀与菩提流志重译。沙门复礼缀文，法藏笔受，弘景证义，成八十卷译本。
	（又改天册万岁元年）					
	武后	万岁登封	元	丙申	696	武则天遣使赐惠能水精钵、摩纳衣、白氎、香茶，敕韶州守臣安抚山门。
	（又改万岁通天元年）					诏法藏于太原寺开华严宗旨，赐号“贤首法师”，华严宗又称贤首宗。
	武后	圣历	元	戊戌	698	五月，义净三藏自印度还。义净三十七岁赴印度，经二十五年，历三十余国，携回梵本四百余部。译出佛经五十六部二百三十卷，著有《大唐西域求法高僧传》《南海寄归内法传》，有史料价值。
	武后	圣历	二	己亥	699	十月，敕法藏法师于佛授记寺讲新译《华严经》，至《华严世界品》，地皆震动。即日引对长生殿，敷宣玄义。指殿前金师子为譬，后豁然领解，封师为“菩萨戒师”，集其言曰《金师子章》。
	中宗	神龙	元	乙巳	705	诏惠能禅师入京，辞，不赴。令道观毁除化胡成佛之像，僧寺毁除老君之形，令两教不可互辱。
	睿宗	景云	二	辛亥	711	自贞观十一年诏供斋行立道士女冠宜在僧尼之前，经过了五十四年，至武后天授二年（691年）又有释教在道教之上的规定，又经过了二十年（睿宗景云二年），复敕僧道斋行并进，终唐一世，遂为定制。

续表8

朝代	帝号	年号	年代	干支	公元	事　记
唐	玄宗	先天	元	壬子	712	十一月，华严宗法藏逝世，寿七十（643—712年）。
	玄宗	先天 （改开元元年）	二	癸丑	713	八月，禅宗惠能（638—713年）于新州国恩寺逝世。返葬韶州曹溪，世称禅宗六祖。
	玄宗	开元	四	丙辰	716	西天无畏三藏来中国，译出《毗卢遮那》等经，“密教一宗于兹为盛”。日本国遣元昉入中国求法。
	玄宗	开元	七	己未	719	金刚智至广州，来京，敕居慈恩寺，传龙树瑜伽密教。李通玄造《华严经论》，三年乃成。日食十枣、柏叶饼一枚，世号“枣柏大士”。
	玄宗	开元	八	庚申	720	北天竺不空三藏循南海至京师，于慈恩寺受瑜伽法于金刚智。
	玄宗	开元	十四	丙寅	726	菩提流支逝世，谥“一切遍知三藏”。
	玄宗	开元	十八	庚午	730	天台宗左溪玄朗为荆溪湛然说《止观法门》。 西京崇福寺沙门智昇进《开元释教录》二十卷，以五千四十八卷为定数，附入《大藏》。这是唐代编制精详的一部佛教全书的目录。
	玄宗	开元	二十	壬申	732	金刚智三藏亡，谥“灌顶国师”。弟子不空三藏奉遗教复返天竺求法及经论五百余部。
	玄宗	开元	二十三	乙亥	735	无畏三藏逝世。
	玄宗	开元	二十四	丙子	736	吴道玄，字道子，妙穷丹青，大略宗张僧繇。玄宗召入供奉，于景公寺画地狱变，都人咸观，皆惧罪修善。两市屠沽不售。
	玄宗	开元	二十八	庚辰	740	禅宗吉州青原行思禅师逝世。
	玄宗	天宝	十二	癸巳	753	日本国沙门荣睿、普照至扬州，奉其主命，以僧伽黎十领施中国高行律师，鉴真（688—763年）受其衣。鉴真认为日本国主信奉佛教，有传法机缘，遂至日本传戒法。日本律教自此始。

续表9

朝代	帝号	年号	年代	干支	公元	事　记
唐	肃宗	至德	元	丙申	756	正月，范阳节度使安禄山起兵叛乱。肃宗在灵武以军需不足，宰相裴冕请鬻僧道度牒，谓之“香水钱”，菏泽神会最积极卖力。
	代宗	大历	三	戊申	768	诏南阳慧忠入宫，号称国师。代宗正便殿，指宦者鱼朝恩谓师曰：“朝恩亦解佛法。”朝恩进问师曰：“何谓无明？从何而起？”师曰：“衰相现前，奴才也解问佛法！”朝恩大怒。师曰：“此即是无明，无明从此起。” 诏径山法钦禅师入见，待以师礼，赐号“国一禅师”。 天台宗荆溪湛然于天台佛陇为道邃说《止观法门》。
	代宗	大历	九	甲寅	774	不空三藏告病，诏加开府仪同三司，封肃国公，食邑三千户。及逝世，赠司空，谥“大辨正广智三藏”。
	德宗	建中	三	壬戌	782	翰林学士梁肃学天台教于荆溪湛然，以《止观》文义弘博，览者费日，乃删定为六卷行于世。 吏部郎中李华尝从荆溪湛然学《止观》，湛然为述《止观大意》一篇。时士大夫同学于荆溪者极多。
	德宗	贞元	四	戊辰	788	禅宗江西马祖道一逝世。道一得法于南岳怀让。其后有临济、沩仰诸宗，风行天下。
	德宗	贞元	六	庚午	790	正月，南岳石头希迁师逝世。希迁得法于青原行思，其后分为三家。五传而为洞山，七传而为云门，九传而为法眼。
	德宗	贞元	八	壬申	792	径山道钦禅师逝世，寿七十九。

续表10

朝代	帝号	年号	年代	干支	公元	事　记
唐	德宗	贞元	十二	丙子	796	于内殿集诸禅师详定传法旁正。四月诞节，御麟德殿，敕给事中徐岱等与沙门覃延、道士葛参成讲论三教。 翌年，敕沙门端甫入内殿与儒道论议。
	德宗	贞元	二十	甲申	804	日本国遣使者来华，其学者橘逸势、沙门空海入中国学密教于不空弟子慧果。
	顺宗	永贞	元	乙酉	805	日本国沙门最澄来学天台教于道邃法师，尽写一宗论疏以归。
	宪宗	元和	二	丁亥	807	河中府沙门慧琳撰《一切经音义》一百三卷。
	宪宗	元和	五	庚寅	810	华严宗澄观为帝讲华严法界义。
	宪宗	元和	九	甲午	814	百丈怀海禅师逝世。
	宪宗	元和	十	乙未	815	南海经略使马总上疏请谥曹溪六祖。敕谥“大鉴禅师”，柳宗元为撰碑文。
	宪宗	元和	十四	己亥	819	正月，敕迎凤翔法门寺佛骨入禁中，敬礼三日，历送京城十寺。王公士庶瞻礼施舍，百姓士庶炼顶灼肤以为供养。刑部侍郎韩愈上表谏，贬潮州刺史。
	穆宗	长庆	二	壬寅	822	中书舍人白居易知杭州，往问道于乌窠禅师。师曰：“诸恶莫作，众善奉行。”居易曰：“三岁孩儿也恁么道。”师曰：“三岁孩儿虽道得，八十老翁行不得。”
	文宗	大和	元	丁未	827	十月诞节，诏秘书监白居易、安国寺义林、上清宫道士杨弘元于麟德殿讲论三教。
	文宗	大和	八	甲寅	834	禅宗池州南泉普愿禅师逝世。 禅宗澧州药山惟俨禅师逝世。
	文宗	大和	九	乙卯	835	八月，诏华严宗沙门宗密入内殿问佛法，赐紫方服。
	文宗	开成	五	庚申	840	正月，华严宗圭峰宗密逝世，宰相裴休撰碑文。

续表11

朝代	帝号	年号	年代	干支	公元	事　记
唐	武宗	会昌	五	乙丑	845	正月，道士赵归真请与释氏辩论。诏僧道会辩于麟德殿。归真荐引罗浮、邓元超等谋毁佛法。 四月，诏检校天下寺院僧尼数。 五月，敕两都左右街留寺四所，僧各三十人。天下诸郡各留一寺，上寺二十人，中寺十人，下寺五人。 八月，敕诸寺立期毁拆，括天下寺四千六百所、兰若四万所寺材以葺廨驿，金银像以付度支，铁像以铸农器，铜像钟磬以铸钱。收良田数千万亩，奴婢十五万人。僧尼归俗者二十六万五百人。穆护、祆并勒还俗凡三千余人。宰相李德裕率百官上表称贺。
	宣宗	大中	七	癸酉	853	禅宗潭州沩山灵祐逝世，谥“大圆禅师”。沩山灵祐与仰山慧寂是禅宗沩仰宗的创始人。
	宣宗	大中	九	乙亥	855	禅宗洪州黄檗希运逝世，谥“断际禅师”。
	懿宗	咸通	六	乙酉	865	禅宗朗州德山宣鉴逝世，谥“见性禅师”。
	懿宗	咸通	七	丙戌	866	禅宗临济义玄逝世，谥“慧照禅师”，他是禅宗临济宗的开创人。
	懿宗	咸通	十	己丑	869	禅宗瑞州洞山良价逝世，谥“悟本禅师”。
	懿宗	咸通	十四	癸巳	873	皇帝下令于凤翔法门寺迎佛骨。四月八日，佛骨入长安。车马骈阗，举国若狂。
	僖宗	乾符	二	乙未	875	黄巢起义。
	僖宗	中和	元	辛丑	881	黄巢起义军攻克长安。
	昭宗	大顺	二	辛亥	891	禅宗袁州仰山慧寂逝世。
	昭宗	乾宁	四	丁巳	897	禅宗赵州观音院从谂逝世
	昭宗	天复	二	壬戌	902	禅宗洪州云居道膺逝世，谥“弘觉”。

续表12

朝代	帝号	年号	年代	干支	公元	事　记
唐	昭宗	天复		癸亥	903	禅宗抚州曹山本寂逝世。他得法于洞山，这一流派世称“曹洞宗”。 禅宗韶州云门文偃聚徒千人，汉主刘氏召问法要，师得法于雪峰，号“云门宗”。
（五代）梁	太祖	开平	二	戊辰	908	二月，禅宗雪峰义存逝世。 十一月，禅宗玄沙师备逝世。
周	世宗	显德	五	戊午	958	七月，禅宗金陵清凉文益逝世（初，南唐后主待以师礼），谥“大法眼”。这一流派，学者称为“法眼宗”。

《汉—唐中国佛教思想论集》初版后记*

这里收集了1955年到1962年发表的关于佛教思想的论文七篇，其中《南朝晋宋间佛教“般若”“涅槃”学说的政治作用》一文是汤用彤先生和我合写的，征得汤先生同意，也收集在这里。

佛教典籍浩繁，又有它自己的一套宗教哲学术语，它的道理虽然说不上怎么深奥，但它以艰深文其浅陋，自古号称难治。佛教宗教哲学坚决与唯物主义为敌，为了论证现实世界剥削制度的“合理”，它挖空心思，讲了一些歪道理。由于佛教唯心主义宗教哲学讲得比较精致，体系也比较庞杂，确也使一些唯心主义者为之心折，俘虏了一些人。

这里收集的这几篇文章，是“略论”性质的，只是对某一宗派的思想评论了它的主要方面，今后还要继续对它进行系统的批判。马克思的指示是我们研究宗教史的原则：

宗教的苦难既是现实苦难的表现，又是对这种现实苦难的抗议。

废除作为人民幻想的幸福的宗教，也就是要求实现人民的

---

* 据《汉—唐中国佛教思想论集》，生活·读书·新知三联书店，1963年10月版。

现实的幸福。

彼岸世界的真理消逝以后，历史的任务就是确立此岸世界的真理。[①]

这些文章不是一时写的，其中有不少的重复。这次付印前，对于重复部分做了一些必要删节，对于已经发现的一些错误也做了改正。希望能得到读者的指教，以便进一步改正。

有些篇，不算论文，仅供参考，作为附录。

作者

1962年国庆节

① 《〈黑格尔法哲学批判〉导言》，《马克思恩格斯全集》第一卷，第453页。

《汉唐佛教思想论集》再版附言*

这个论文集（原名《汉唐中国佛教思想论集》，1963年三联书店出版）出版后，得到读者及同志们的鼓励和帮助，提出了不少宝贵意见。借此再版的机会，对书中某些错误和不妥当的地方进行了改正。《从佛教经典的翻译看上层建筑与基础的关系》一文是1964年写成的，现在也收在这里，一并请读者指正。

作者

1972年国庆节

---

* 据《汉唐佛教思想论集》，人民出版社，1973年4月第2版。

《汉唐佛教思想论集》三版附记*

这一部论文集出版到现在近二十年。二十年间，中国经历了一场空前浩劫，我们的社会主义祖国几乎被“四人帮”断送掉。从思想上找根源，深感在中国这块古老的土地上，被各种宗教的灵光圈笼罩得太久了。商、周时代天命神学统治着人间。春秋战国面临着社会的大变革，思想得到一次大解放，“天命”“天道”的争论推动了哲学思想的前进，宗教神学有所削弱。秦汉统一，随着政治上的中央封建专制主义的加强，神权又抬头了，出现了宣扬封建宗法制的神学目的论。西汉末到东汉初年，传入了佛教；东汉末又滋长起土生土长的道教。到了隋唐，佛、道、儒并称“三教”。唐以后儒教逐渐形成，宋代正式建立。儒教不同于佛、道两教，它避免了宗教的形式，甚至打着反宗教的旗号，但它吸收了佛、道的宗教精神和宗教修养方法，成为中国封建社会后期的一种特殊宗教。宋以后，佛教势力不及隋唐时期那样强大，原因之一是佛教的内在精神被儒教所吸收，宗教社会化、世俗化，把俗人变成了僧侣。

多年来从事教学与科学研究工作，又由于主客观多种因素，

* 据《汉唐佛教思想论集》，人民出版社，1981年12月第3版。

对佛教的研究没有机会进行系统地论述，这些文章都是业余时间写的。“文化大革命”横扫一切“旧文化”，1974年以后，全国演出“儒法斗争”的闹剧，到处“以阶级斗争为纲”，科学研究已无从说起，历史人物、历史事件被抓来作为政治斗争的筹码。学术界一片荒寒，没有研究，没有自由，只有“四人帮”的口号。哲学史不能讲，佛教史也不能讲。偏偏在1972年到1974年患眼病，右目丧明，左目视力减退到正常视力的三分之一，生活条件既艰难，心情也十分苦闷。蕴积多年的一些成型的关于佛教史和中国哲学史的思想体系，没有机会写出来。日迈月征，人已渐老，总想给后人提供一点思想资料或工具知识，打算编一部佛教辞典。因为这是一部工具书，不涉及“儒法斗争”，可免于文网，辞典条目分条进行，不必连续写作，适于一个人在病榻上进行。已拟定了辞目，并已开始着手。

1976年，“四人帮”被人民粉碎，全国人民为之欢欣鼓舞，学术界也得到复苏，宗教研究工作又提到国家规划的日程上来。科学工作者的思想得到前所未有的解放，人们不再担心学术问题招来文字灾祸，摆在面前有做不完的工作。我身体更差了，视力日渐减退，但精神舒畅了，工作和生活的信心比过去增强了。今后，将系统地把中国佛教史写出来，把佛教与中国文化思潮的关系清理出来。今后数年将致力于《中国佛教史》的研究写作，《佛教辞典》只好暂时放一放。因为与佛教史写作的同时，还在进行《中国哲学史》的写作。自己深知这两项工作同时进行，相当吃力，但是在大好形势下，我又得到几位中青年助手的帮助，从目前工作进行的情况看，任务虽重，还是可以完成的。

论文集第三版付印时，又把1979年《世界宗教研究》第1期发表的《〈般若无知论〉今译》作为附录。这样，僧肇的三篇主要论文都收在这里了。

本书第一、二版出版时，由于忙及其他原因，没有能够写一篇序言，借第三版的机会，用《中国佛教史》的序作为本书的代序，表达我对中国佛教发展的总的看法。这个论文集收集的文章，只限于汉唐，对汉唐佛教思想的看法，实际上是对中国佛教史、道教史、中国哲学史的总看法的一部分。

这些想法尽管反复考虑了多年，仍然很不成熟，希望读者批评指正。

1981年4月4日于北京

《汉唐佛教思想论集》四版附记*

中华民族的文化有深厚的根基，它有能力融解、吸收外来文化，接受其中的有用的东西，排除其糟粕。中华民族的生命力也恰恰在这里。当它发挥它的文化优势，容纳百川众流时，就兴旺发达；当它封闭自锢，安于现状，排斥外来文化时，它就衰退。佛教文化的兴衰过程，从一个侧面反映了中国文化发展过程。

佛教传入中国的过程，还使人发现文化交流的势差现象。高层次的文化与低层次的文化相接触时，总是高层次的影响低层次的，低层次的处在被影响的地位。佛教文化传到中国时，由于印度次大陆地区文化层次与中国文化的层次大体相当，分不出显著的高下，所以用了很长时间才融为一体。今天的世界文化交流比两千年前的交流广泛而深入，西方文化与中国文化交流中又发生了撞击，也会发生冲突，到相容、相安、相补，最后融合无间的结局。所不同的是今天的中国文化已不限于传统的儒、释、道三教合一的格局，今天的中国已是社会主义的中国，中国文化既有老的传统，又有崭新的中国化了的马克思主义。中华民族面临着更大规模、前所未有的

* 据《汉唐佛教思想论集》，人民出版社，1994年8月第4版。

文化交融新局面。

了解汉唐，正是为了瞻望未来。盖房子可以平地起楼台，文化不能从中割断。历史经验已经证明，凡是有作为、有远见的民族，都是善于批判继承过去文化和外来文化的精华而又不失去自己的品格。

这本论文集第三版出版于1981年，到现在整十年。这一段时间里，由于参加学术性会议，陆续发表了一些短文章，现在把有关汉唐佛教的文章汇集在一起，合并编入这本论文集。

在“四人帮”横行时，学术界长期沉默，真正关心祖国传统文化的学者们，对这本书还是很关心的，我收到不少老、中、青年学者的来信，有鼓励，有慰勉。吕叔湘先生把这本书从头到尾看过一遍，以他专家学者的细心，挑出排版、标点中的错误几十处，列表寄给我，希望再版时改正。季羡林教授除指出排印的错误，还提醒有触犯当时“评法批儒”的地方，希望注意。他提意见时书已出版。即使在“文化大革命”时期，许多老专家和广大读者仍然对这本书给予了热诚的关心和支持，我在此向他们表示敬意。

十年来，撰写的专题不多，因为主要精力都用于编写三部书：《中国佛教史》（已出第一、二、三卷）、《中国哲学发展史》（已出先秦、秦汉、魏晋南北朝三卷），还主持编辑《中华大藏经（汉文部分）》（已出版三十七卷）。论文集中所反映的只是汉唐佛教思想的一鳞半爪。这一次补进的论文都是“文化大革命”以后陆续写成的。在学术著作出版极端困难的情况下，人民出版社编辑同志的大力支持，使它有机会出第四版，对他们表示感谢之忱。

1991年1月于北京

《汉唐佛教思想论集》日译本序*

中日两国由沧海相接，结为紧邻，两国人民之间有悠久的传统友谊。中日两国的文化交流的历史源远流长，自汉唐到今天，从未间断过。在双方交往中，隋唐以来佛教成为两国文化交流的一个重要内容和渠道。唐朝鉴真和尚六次东渡日本终于成功的事迹，传为中日友谊史上的佳话。佛教自西方传入中国后，适应于新的历史条件，内容和形式都有极大的变化，逐渐形成了具有中国特色的佛教流派。这些重要流派，随着中日文化交流的发展对日本佛教的兴起曾有相当影响，这种影响的程度甚至远远超过和中国土地相连的亚洲诸邻国。佛教在日本的发展也具有日本民族的特色，其中天台宗、真言宗、禅宗（临济、曹洞、黄檗）虽来自中国，但已与中国的这些宗派的原有面貌不尽相同。其他如净土真宗、日莲宗等则具有日本的独创性。尽管如此，中日两国佛教的亲缘关系还是十分密切的。有些中国佛教宗派的著作曾在国内一度失传，由于得到日本学者的帮助又回到了中国。日本近代出版的佛教典籍比较齐全，给中国以及世界佛教文化研究者以很大方便。

---

* 据《任继愈学术论著自选集》。

佛教文化是中国传统文化的一个组成部分，同样，它也是日本传统文化的一部分。要想全面地理解中国和日本的历史与文化，都不能不研究佛教。在这方面中日两国之间有许多重要的共同研究课题。研究的立场、观点和方法可以各不相同，研究的角度和侧重点也必然互有所异。这是正常的现象，它可以使两国学者有比较、有借鉴，开阔眼界，相互促进，这样对两国的学术发展都有好处。

日本研究中国佛教的著作很多，有些学者早已为中国学者所熟悉，他们的著作深受中国研究者的重视，从日文译为汉文的研究著作也正在增多。今后，随着两国外交关系在《中日和平友好条约》基础上的新发展，中日学术界的友谊也将与日俱增，双方相互学习，取长补短，以期对亚洲和人类文化的进步做出较多的贡献。这是我们两国学者共同瞩望的前景，也是我们两国人民共同的责任。

《汉唐佛教思想论集》初版于1963年。1973年再版时著者正患眼病，卧床经年，引文未能进一步核对，第一版的错误也未及全部改正，只写了一百多字的再版附言。再版后，得到国内外读者关心，并提出过宝贵意见，使我在病中受到极大鼓舞。有些需要改正的地方，准备第三版时修改。

僧肇的重要哲学论著共有三篇，本书附录中已有《物不迁论》和《不真空论》今译二篇。《般若无知论》今译发表于1979年《世界宗教研究》第1期，打算本书第三版时收入附录。现在本书第三版尚未付印，我愿在日译本上先把它发表。这也算是打破惯例的一个做法。为中日两国人民的友谊，为两国文化的广泛交流，我们就先开创这样一个先例吧。

日本花园大学友人古贺英彦、冲本克己、西尾贤隆、盐见敦郎四位先生，致力于日中两国文化的交流，三年前开始翻译《汉唐佛教思想论集》，现在日译稿已完成[①]。著者对他们的劳动深为敬佩，对他们几位加强两大民族的相互了解做出的贡献表示感谢。

① 本书日译本名为《中国佛教思想论集》，日本东方书店，1980年版。

编辑《中华大藏经（汉文部分）》的意义*

佛教经典最初靠口头传播，后来，在长时期内，口头传播与文字传播并行。由于印度造纸术兴起较晚，直到4世纪时，法显到印度求法，还深感写本不易得。佛教典籍增多，总称为“三藏”，即经、律、论三大部类。

佛教传入中国内地，结合中华民族及各地区文化的特点，逐渐形成具有中国特色的中国佛教文化。中国佛教在中国生根、开花、结果，前后差不多有一千多年的历史。南北朝时期中国建立了佛教经学。佛教经学与中国本土的儒家经学占有同等地位，就它的社会覆盖面看，还远远超出儒家经学的影响。隋唐时期，佛教与儒、道两教并列为三教，释迦、孔子、老子同样被尊为“圣人”。人们早已忘了佛教为外来宗教，释迦牟尼也不被看作外国人。诽谤“圣人”有罪，谤佛与谤孔子都为社会所不容。佛教的社会影响广泛而深远，研究中国文化、中国历史都离不开佛教。

1982年，国务院的古籍整理出版规划小组，把“中国佛教全

* 1982年，受国务院古籍整理小组委托，主持《中华大藏经》的编辑工作。从开始编辑到现在，已出版三十九卷，编辑到六十二卷。本文是为中华书局《书品》写的一篇介绍性文章，发表于《书品》1988年第2期。

集”《中华大藏经》列入规划。我们没有把佛经的整理看作是宗教界少数佛教徒的事，而是看作中华民族共同的文化遗产之一。这正如中国文化界、学术界把敦煌莫高窟佛教艺术当作全民族的文化宝库，而不把它仅仅看作佛教徒的宗教遗迹的道理一样。凡是有价值的文化遗产，理应为全人类所共同享有、共同关心、共同爱护、共同研究，而不应视为少数信奉者的私事。中国的佛教典籍内容浩繁，它不只是佛教的经典，既是佛教经书，也涉及哲学、历算、医药、建筑以及保健气功等领域的包罗宏富的古籍，对中国和世界文化都曾产生过深远的影响。

中国历代刊印佛教大藏经，都不外为国家祈福、为国君增寿、为刊印者祈求带来好运气。唯独《中华大藏经（汉文部分）》的编辑旨趣与过去不一样，它是作为中国古籍整理工作的一部分而上马的。编辑者是为了建设中华民族的社会主义新文化，才下决心彻底整理中国古老的传统旧文化遗产的。

一、不同于历代刊印的大藏经

汉译佛教典籍绝大部分是东汉、魏晋南北朝、唐朝时期译出的。从两晋南北朝开始，中国僧人及佛教信奉者写下不少著作，有经序、注疏、论文、工具书、史料编辑，还有一些假托译出的佛经，正统佛教徒称为“伪经”。这些大量的中土著述，丰富和发展了佛教传统的“三藏”（经、律、论）的内容，使大藏经成为一部具有中国特色的佛教百科全书。

随着汉译佛经和华人著述大量涌现，约在公元4世纪后半期即有人从事目录整理。隋以后，手抄佛经盛行，经录之学发展起来，出现了当时编辑者对佛经分类标准的分歧。对后来影响最大的是唐代僧人智昇的《开元释教录》①，它正式承认中国学者的佛教著述的地位，列入目录，并分类排定次序。

汉文大藏经以它的鸿篇巨制、版本众多、历时久远闻名于世。雕版印刷发明以前，佛经主要靠手写流传。北朝已有石刻佛经，雕凿在岩石上，与造像一样都以祈福为目的。隋以后，佛教徒为了保存佛教文书，以防兵火战争的破坏，系统地雕造石版佛经。公元10世纪，北宋开宝年间，开始以木版雕印佛经，世界上第一部大藏经问世。后来历辽、金、元、明、清都投入了大量人力、物力雕印藏经。现存公家、私家刊印的大藏经达十七种之多②。民国以后还出版过两种铅字排印本《频伽藏》和《普慧藏》。在国外，汉文版藏经有《高丽藏》③《弘教藏》《卍续藏》《大正藏》。综观国内外刊印的各种版本大藏经，都有收录不全、排印错漏等缺点，都不是理想的版本。

为避免过去刊印的许多种大藏经的缺失，《中华大藏经（汉

---

① 据新发现资料，《开元释教录》最初的形式与今天的分类法不尽相同。

② 宋有《开宝藏》《崇宁藏》《毗卢藏》《圆觉藏》《资福藏》，辽有《辽藏》，金有《赵城藏》，金元之际有《碛砂藏》，元有《普宁藏》《官版藏经》，明代有《洪武南藏》《永乐南藏》《永乐北藏》《武林藏》《万历藏》《径山藏》，清有《龙藏》。

③ 《高丽藏》据北宋《开宝藏》翻刻，经版两次毁于水，今本《高丽藏》已非原貌。

文部分）》力求做到版本要“精”，内容要“全”。编辑《中华大藏经》（汉文部分）共用了八种版本[①]与《赵城金藏》对校。《赵城金藏》20世纪30年代初被发现后，引起国内外学术界的重视，它是《开宝藏》的覆刻本，装帧、版式保留着《开宝藏》的基本特点，在《开宝藏》几乎散佚殆尽的情况下，它不论在版本方面或在校勘方面都有无可比拟的价值。在我国现存藏经中，未经传世的孤本还有《房山云居寺石经》《辽藏》《元官版藏经》《洪武南藏》《武林藏》和《万历藏》六种。这几种大藏，除残缺严重者，多为《碛砂藏》和《永乐南藏》的覆刻本，所收经籍少于《赵城金藏》，不宜做底本使用。《赵城金藏》收录经籍近七千卷，现存五千三百八十余卷，虽有缺佚，可用《高丽藏》补入。《高丽藏》和《赵城金藏》同属《开宝藏》系统的覆刻本，版式完全一致，用《高丽藏》补《赵城金藏》可谓“天衣无缝”。

二、不同于过去的校勘方式

《中华大藏经（汉文部分）》以《赵城金藏》为底本，与上述八种版本的大藏经对勘，逐句校对，只勘出各种版本的文字异同，不加案断。我们采取这种方法，有以下几方面的原因。

校勘版本学界习惯于崇信古本，我们经过实际勘察，发现任何版

① 八种版本是《房山云居寺石经》《资福藏》《影印宋碛砂藏》《普宁藏》《永乐南藏》《径山藏》《清藏》及《高丽藏》。

本都不是十全十美，都有差错。善本中（包括《赵城金藏》在内）各有优缺点，因此我们要求集诸版本之长，不主张“定于一尊”。

《赵城金藏》以外的八种版本都有它的特点，有的属于海内珍本，有的是世界孤本，都可称为善本。众多善本不但专家学者无力备全，即使国家大图书馆也不能八种善本具备。我们借这次编辑整理《中华大藏经（汉文部分）》的机会，集诸善本于一编，有了这一部《中华大藏经》，等于同时拥有九种版本的大藏经，为庋藏者和使用者、研究者提供了方便。

我们校勘的目的，不在于勘误而在于会同。经过检查，这些不同版本出现的文句异同，多半不涉及义理，往往各有道理（当然也有明显错误的），如果一定由编者决定取舍，难免失之于武断，徒耗人力，并不科学。还应指出，每一种善本的特殊价值并不是由于它的至美至善，而在于它体现了各自时代的某些特征，这类特征是别的版本不能代替的。如《房山云居寺石经》可谓善本，其中有些石刻佛经体现了《辽藏》的面貌，但其中也有刻工贪图省工，出现了许多上下文不相属连的“一”字。从一般校勘原理看，这与字形、字音、字义或上下的错简毫无关系，只是由于刻工按版计酬，为了省力，又能占满版面，才出现了不应出现的许多“一”字。汉字中只有“一”字笔画最少，刻起来又省力，用来充字数最方便。像这类缺点，并不能动摇《房山云居寺石经》的历史地位，瑕不掩瑜。这里只是说明中国过去雕印的众多版本的大藏经没有一种是尽善尽美的。《中华大藏经（汉文部分）》的出版，博取众本之长，避免众本之短，会同诸本合校，标出异同，不下案断，正是极端负责的客观精神。

《中华大藏经（汉文部分）》编完《赵城金藏》为底本的第一辑以后，还将编辑过去未入藏的许多佛教典籍为第二辑。为此，我们一开始就从最大数量的手写佛经卷子本中进行了普查。敦煌卷子写本中佛经所占比重极大，比俗书的经史文书多得多。半个世纪以来，敦煌学者集中注意于搜求写本中关于社会、经济、民族文化等方面的资料，研究者利用的多为世俗文书，而对其中占绝大多数的佛教典籍注意得不够。手抄卷子一则数量大，二则内容专业性比较强，其中断裂的、残缺的，要找到它的归属；有的卷子分裂成几段，有的上段在英国，下段在法国，也有的头尾不全，不易判断归类，这都是很艰巨而又必须做的工作。我们几年来已经一篇一篇地逐件审查，现已初步有了眉目，确实可以从中找出应当收入大藏经的佛教典籍。我们还可以从佛教手抄卷子中推断出佛教在河西走廊传播的基本状况和唐代佛教经典大体流行的状况。我们在编辑中务期不发生遗漏，使《中华大藏经》成为名副其实的“佛教全书”，超过前人编辑的任何版本。

我们编辑大藏经，既为僧众讽诵供奉之用，同时也供学术界研究者使用。校勘原则，力求准确、客观。为了使读者便于阅览和检索，开始印行的几卷中，为保持《赵城金藏》的古籍文物面貌，把每卷之后漶漫不清的部分，作为附录，置于各卷之末尾，以保存文物的原貌。经文正文所缺部分，则用其他版本补足。因此，读者所看到的经文原文都是清楚的，经文也是衔接的。有些读者对这种安排的办法未曾细看，也未读原书的说明，只看到每卷后面附有漶漫不清的片段，认为妨碍阅读和讽诵，这是出于误解。附页不与正文相连，不是供阅读的。为了避免这种不必要的误解，后来印行的各卷，即不再附印《赵城金藏》的模糊部分。这也节省了人力、物力。这一改进曾得到海内外读者的支持。

为了使我们的编辑工作做到心中有数，我们花了两年的时间，在国内外开展了一次版本普查。南到苍梧，北极紫塞，西渡流沙，东泛辽海，对国外几处东方藏书丰富的图书馆，也都进行了考察，从而对海内外所收藏的值得注意参考的版本做到心中有数。在初步探索的基础上，我们有了初步计算，《中华大藏经（汉文部分）》种类总数可达四千二百余种，卷数二万三千余卷。这可以说是从古以来收罗最全的一部佛教全集。工作中还会有新的发现，也可能进行一些调整，但大体规模已经定下来了。

三、整理的目的为了研究

佛教文化不是孤立的，它是中华民族传统文化的一部分，佛教文化不限于汉族。佛教大藏经除了汉文部分已开始工作了六年，藏文部分也于去年着手编辑，这也是《中华大藏经》，它属于藏文系统。此外，如有条件，蒙古文、满文大藏经也应刊行。它们都算是《中华大藏经》。由于中华民族包括多种民族成分，不同文种的大藏经将会给中华民族的文化建设带来新的繁荣昌盛局面。比如佛教汉译本中，有关因明的部分比较薄弱，而藏文大藏经则保留得较多，因明在藏传佛教中有所发展。将来随着研究工作的开展，汉藏两种大藏经得以互相补充，必将使中国的因明有所突破。

又如，《中华大藏经》体现了中华民族对外来文化的高度吸收能力。华人著述在《中华大藏经》中所占比例越到后期越大。汉地佛教如此，藏传佛教也有同样现象，如宗喀巴的著作在原有的佛教理论基础上有所建树、有所创造，不但丰富了佛教文献，也丰富了中华民族的文化宝库。以上只是举几个例子，说明各种《中华大藏经》可以互补、相得益彰的好处。

人们习惯地认为，佛教来自古印度。从地下发掘资料和文献记载来看，中国的佛教最初来源不在印度，而在中亚（古称“西域”）。新疆地下发掘文物中，有不少残存佛经，文字也多为当地语文。晋朝名僧、翻译家道安指出“译胡为秦”的种种困难。胡语非梵语，当时译经僧人都明白这一点。他们多自西域来华，用口诵记忆来提供译文，后来中印交通条件有所改善，才有较多的梵夹携来，供中国僧人笔译。如果我们资料工作做得好，即在充分占有资料的前提下开展科学研究，我们新中国的文化史将比过去充实得多。它不但对中国文化有贡献，也将对世界人类文化有贡献。

我与《中华大藏经》*

一

佛教起源于印度次大陆，传播地区包括今天的尼泊尔、印度、巴基斯坦、斯里兰卡、缅甸、泰国等地，传入中国时间约有两千年。宗教传播不同于某一政治事件，可以有确切年月和时间。文化传播是渐进的，有它的群体性、社会性。传入须有段被接受的过程。开始传播，只有少数人，由少数人的传播到拥有一定数量的信徒，绝非一朝一夕的事。因此不能说出佛教传入中国确切年代为某某年。

佛教传入中国有三条途径：一条在云南西部边境，经缅甸接壤地区传入；一条经尼泊尔传入西藏地区；一条经中亚细亚传入新疆，以至长安、洛阳。这三条途径传入中国的佛教都有相应的影响，并形成了中国佛教的三个支派。传入云南的一支形成云南上座部，传入西藏地区的一支形成藏传佛教，传入黄河流域的一支形成汉传佛教。由于各地区的文化、人口、社会生活的差异，这三大支

* 据《学林春秋初编》，朝华出版社，1999年12月版。

派发展的形势也有差别。信徒最多、影响最大的是汉传佛教这支派。云南上座部人数最少，传播地区局限于云南省西部边沿地带。藏传佛教传播较广，从西藏开始，沿中国西北到内蒙古、蒙古以及俄罗斯远东地区，都有影响。这两大支派自成体系，本文暂不论，只谈汉传佛教这一支派。

汉传佛教以汉文化为主体，以佛教汉文译本及汉文阐述，系统地介绍了佛教历史、经典、教义。传播地区首先从黄河流域开始，随后扩展到长江、珠江流域。此后又以汉文佛教译著向东部邻国扩散，经过朝鲜半岛东到日本，南到越南。

中华民族自古以来就是一个有高度文明的大国。它有深厚悠久的文化传统，对外来文化有鉴别、择取的能力。佛教传入时，并不是很顺利地被接受，而是经历了一段长期的交流、冲撞才逐渐吸收其中的一部分，与中国传统文化相结合，从而形成了中国佛教。这一特点汉传佛教表现得最充分。中国藏传佛教及云南上座部也有类似的情况，这里不具论。

佛教传入，开始是介绍性的翻译著作，这是第一阶段。第二阶段是相互沟通、理解。这一时期的佛教典籍多为注疏类著作。第一阶段的著作人为翻译家，是佛教典籍传译的主持人。第二阶段为该经典的传播者的著述，内容为中国佛教信徒关于该佛教典籍的理解、阐释。这一时期的作者已由外国佛教学者转移为中国佛教学者。著作的内容也从介绍、转述到阐发、发挥，继承了中国古代著作传统以述为作、以述代作。名为佛经的注疏，其内容主要是注疏者自己的体系。

中国佛教不同于印度的佛教，可以分四点来谈。

（一）中国佛教随着中国社会历史前进而前进

佛教初传入时，与中国的黄老神仙方术结合，成为汉代道术的一种，首先流行于上层社会，在皇室、贵族中传播。汉桓帝在宫中立黄老浮屠之祠，与当时祠祀信仰同等看待。到了魏晋南北朝时，佛教与玄学配合，得到当时学术界的接受，形成了玄学化的佛教。以后，佛教随着中国社会思潮的变迁，由本体论进入心性论，佛教也以心性论为阐发重点。北宋以后，儒教取得统治地位，佛教开始儒教化。中国社会历史随时间变化，出现新的学说、新学派，佛教遂有与之相适应的学说、学派。不停顿，不断前进，这是第一个特点。

（二）中国佛教的协调性

秦汉以来，中国是个多民族的统一大国，这是两千多年的基本国情。多民族，需要互相协调，取长补短，共同进步。多民族共同生活在一个共同体中，必然要求发扬协调精神。中华民族是从众多的部族融合而来，历史上至少有四次民族大融合[①]。这些融合并不限于血统上，而在于文化上，血统融合反倒是次要的。

融合广大地区人民文化生活、风俗习惯，以至生活方式、生产方式，都有各地区的特点。在中央政府统一领导下，可以开展物资交流、人才交流。在同一中央政府领导下，集中南北各地人才，进行全国范围的经济建设、文化建设，必然经过协调才能发展。

佛教原来有早期、晚期，地区语言的差异形成的许多流派，古代印度曾引发过不少矛盾。中国佛教即以判教的方法，来调和、消解佛教内部教义分歧，认为各种不同的学说都有道理，都是佛教主张，只是由于听众不同，说教的时间、地点不同，听众的理解水平

---

① 西晋末期、南北朝、辽金元、清朝。

不齐，才有不同的佛教典籍为听众解答疑难。经过判教的处理，看来水火不相容的教派，统一了步伐，协同前进。

中国佛教除了消除佛教内部的分歧争论，还进而协调了与道教、儒教理论纷争。如汉传佛教认真吸取了儒家的忠孝思想，把它纳入佛教的基本教义理论体系。显然不同于印度原产地的佛教，成了崭新的中国佛教，佛教与儒、道两教都讲忠、孝等纲常名教。后来汇为三教合一思想。

藏传佛教也有类似情况，印度佛教与当地宗教（苯教）相协调，形成了藏传佛教，这里不详论。

（三）中国佛教的创造性

中国佛教有两千年历史，大致分为三个阶段。第一阶段为译述阶段，从初传入到南北朝，历时约五百年。这时期的重要代表人物是外国译经僧人。他们的任务是介绍佛教的基本内容。由于中华民族有相当高深的文化素养，即使在介绍中也有所创造。如佛教般若学是佛教理论中的重要流派，中国学者也十分看重般若学，但他们有独特的看法，如“六家七宗”即中国玄学的不同学派对佛教般若学的理解。“六家七宗”的出现，是中国佛教学者力图摆脱依傍，提出自己解释的成功尝试。

中国佛教第二阶段是创造发展阶段，历时约三百年。前一阶段的主要人物是外国僧人，这一阶段的创造发展者几乎都是中国僧人。隋唐以前介绍佛教典籍原著要借重外国僧人，隋唐以后介绍翻译外国典籍比重减少，因为印度佛教的重要经典已基本有了汉译本[①]。中国

① 有的佛教典籍有两种及多种译本以及编译本。

人的汉文著作比重急剧增加。佛教传播中心已转移到中国。印度所有大小乘各种流派都可以在中国找到传承者。中国佛教离开佛教词句，注重发挥佛教的微言大义。有些发挥可以在印度佛教的某些经典中找到凭借而赋予新义，也有中国人著作脱离依傍完全阐发自己的理论体系。隋唐以来的几个大的宗派，如天台宗、华严宗多有新创的理论体系。禅宗的理论在印度几乎找不到什么根据，他们自称“教外别传”，得自佛祖的“心传”。南北朝中期以后，不断出现“伪经”。这些“伪经”是当时时代思潮的反映，有很重要的思想史料价值，丰富了中国佛教内容，开创了佛教理论研究的新局面。从人类认识史、文化史的角度看，佛教史也等于中国文化史、中国思想史。

（四）中国佛教的会通性

中国佛教发展的第三阶段是儒、佛、道三教合一阶段，也可称为佛教儒化阶段。

佛教与中国传统宗教儒、道两教进一步结合，潜移默化，深入中国文化的中枢部分。这一糅合过程，充实改造了儒教的世界观，把佛教长期发展的心性之学渗透到理学内部，在佛教心性之学的参与下，逐渐形成了中国的儒教。从此，佛教与儒教同命运、共兴衰，佛教得儒教而广，儒教得佛教而深。

三教合一，儒教居中，佛道两教为辅，从此中国的佛教与儒教同命运。学术界一致认为朱子（熹）近道、陆子（九渊）近禅、王守仁（阳明）近狂禅。事实上，没有佛教就没有儒教，以反佛教自命的宋明儒，没有不受佛教洗礼的，骨子里是佛教的嫡系传人。

以上四点都是中国佛教的特点。这些特点与多民族的统一大国有关，与中国传统的忠、孝、“三纲”学说有关，与中华民族善于熔铸外来文化的传统有关。

佛教传入中国经历了几千年的发展，积累了丰富的思想资料，这些资料，既是中华民族的精神财富，也是人类共同的财富。这些可贵的原始资料用大藏经的形式很完整地保存下来。

二

佛教经典初传入时，多凭传译者的记忆，口述原文，由译者笔录。这本来是印度传统教学方式。5世纪时，法显到天竺寻求律藏写本，他见北天竺诸国皆师徒口传，无本可写。据《付法藏因缘传》：

> （阿难游行）至一竹林之中，闻有比丘诵法句偈："若人生百岁，不见水老鹤，不如生一日，而得睹见之。"阿难……语比丘："此非佛语，……汝今当听我演佛偈：'若人生百岁，不解生灭法，不如生一日，而得了解之。'"尔时比丘即向其师说阿难语。师告之曰："阿难老朽，……言多错谬，不可信矣！汝今但当如前而诵。"

这种口耳相传的教授法，一直延续到20世纪。抗日战争时期，我在昆明西南联大时，辅导一位印度留学生（中文名许鲁迦），他说："印度农村，学生围绕教师环坐。教师念一句，接一句。学生一个接一个地接着念。都是向左边传着念，逐个念一遍，环绕一周，又传到老师耳边，老师可以知道学生是否念错了。"

中国发明造纸，传写方便得多，不像印度把典籍写在贝叶上那样艰难。中国印刷术未普及以前，造纸业已相当普及。现存手写佛教经卷，在敦煌千佛洞保存的唐以前的手写本，经编纂过二十余种经录，可以用《开元释教录》为代表。共入藏一千零七十六种，五千零四十八卷。《千字文》编次，由“天”字至“英”字，四百八十帙。

北宋开宝年间开始有木版雕印的佛教全集——大藏经。在大藏经正式定名以前，没有统一的名称，最早晋道安时称“众经”，后来唐朝称“一切经”。宋代开始称“大藏经”。

宋以后，历代雕版大藏经共有十九种不同的版本，其中《开宝藏》《辽藏》散失殆尽；元代的《弘法藏》有目录，可能未刻印。现存的尚有十六种，其中国内版本十二种，国外版本四种。

国内有：

第一，《崇宁藏》。1080—1104年刻印。全五百八十函，《千字文》编号为“天”字至“虢”字号，共一千一百四十部，六千一百零八卷。国内已无全藏。

第二，《毗卢藏》。1112—1151年刻印。全五百九十五函，《千字文》编号为“天”字至“颇”字号，共一千四百五十一部，六千一百三十二卷。国内已无全藏。

第三，《圆觉藏》。1132年刻完。全五百四十八函，《千字文》编号为“天”字至“合”字号，共一千四百三十五部，五千四百八十卷。国内已无全藏。

第四，《资福藏》。1175年刻完。全五百九十九函，《千字文》编号为“天”字至“最”字号，共一千四百五十九部，五千九百四十卷。北京图书馆藏有五千三百余卷。

第五，《赵城金藏》。1149—1173年刻印。全六百八十二帙，《千字文》编号为“天”字至“几”字号，共一千六百余部，现存五千六百余卷。现藏北京图书馆及民族文化宫，其中杂有明、清版本及抄补本（共二百卷）。

第六，《碛砂藏》。约1225—1322年刻印。全五百九十一函，《千字文》编号为“天”字至“烦”字号，共一千五百三十二部，六千三百六十二卷。陕西及山西均存，略有残缺。1931—1933年，据陕西所藏本影印五百部，缺佚者以《资福藏》《普宁藏》《永乐南藏》、陆道源本、亦黑迷失本补，影印六十函，五百九十三册，仍缺失不全。

第七，《普宁藏》。1277—1279年刻印。全五百五十八函，《千字文》编号为“天”字至“感”字号，共一千四百三十部，六千零四卷，后又有增补，共五百八十七函，近一千五百部，六千余卷。云南、山西、江苏均存。

第八，《洪武南藏》。1372—1398年刻印。全六百七十八函，《千字文》编号为“天”字至“鱼”字号，共一千六百部，七千余卷。版片于1408年焚毁，印本仅存一部，略有残缺，杂有部分坊间刻本及抄补本。现藏四川图书馆。

第九，《永乐南藏》。约1408—1419年刻印。全六百三十六函，共一千六百一十部，六千三百三十一卷。此书国内现存颇多，北京地区估计五部以上。

第十，《永乐北藏》。1421—1440年刻印。全六百九十三函，《千字文》编号为“天”字至“史”字号，共一千六百六十二部，六千九百三十卷。此书全国各地多有保存，北京地区不下十部。

第十一，《径山藏》。又称《嘉兴藏》，1589—1676年刻印。正藏二百一十函，为《永乐北藏》的覆刻本；续藏九十函，约三千八百卷；又续藏四十三函，约一千八百卷，总计三百四十三函，二千零九十部，一万二千六百余卷。北京、云南、浙江共约有八部。

第十二，《清藏》。1735—1738年刻印。共七百二十四函，《千字文》编号为"天"字至"机"字号，共一千六百六十九部，七千一百六十八卷。经版现存，并印刷发行。

国外雕版本有四种：

第一，《高丽藏》。共刻印过三次，前两次版焚毁，第三次刻于1236年，底本为北宋《开宝藏》本。全六百三十九函，《千字文》编号为"天"字至"洞"字号，共一千六百二十四部，六千五百五十八卷。

第二,《弘安藏》。日本最早雕印本,1287年造，现仅存少数印本。

第三，《天海藏》。1637—1648年活字版，据元代《普宁藏》有所增减。六百六十五函，《千字文》编号为"天"字至"税"字号，共一千四百五十三部，六千三百二十三卷。

第四，《黄檗藏》。1669—1678年刻印，以《径山藏》为底本有所增补。七百三十四函，共一千六百一十八部，七千三百三十四卷。

以上为木刻本及活字本。铅字排印本汉文大藏经共六种（国内两种，国外四种）。

国内排印本：

第一，《频伽藏》。1909—1913年上海排印。四十函，《千字文》编号为"天"字至"霜"字号，一千九百一十六部，八千四百一十六卷。

第二，《普慧藏》。1943年编印，未完成，共印出一百册。

国外排印本：

第一，《弘教藏》。1880—1885年印。四十函，《千字文》编号为“天”字至“霜”字号，四百一十八册，入经一千九百一十六部，八千五百三十八卷。

第二，《卍字藏》。1902—1905年印。共三十七函，三百五十七册，共一千六百二十二部，六千九百九十余卷。被焚毁，流传甚少。

第三，《卍字续藏》。1905—1912年印，收入前未收录的入藏的佛教典籍。全一千六百五十九部，七千一百四十三卷，一百五十一函，七百五十一册。民初商务印书馆影印五百部发行。

这是日本军国主义为在我国旅顺口纪念日俄战争阵亡将士、超度侵略军死者亡灵印行的佛经。这部书的出版缘起记载着日本侵略者的罪行，记录着中华民族被列强宰割的耻辱。日本侵略者如果真正相信佛教轮回转世之说，这些侵略者承受三毒业报，不得超生。

第四，《大正藏》。1924—1934年编印。共一百册，是现在流行最广的一种汉文大藏经。因卷数浩大，编者人数杂，匆忙出书，错误很多，是学术界广泛采用而又普遍不满意的一种版本。

三

1982年，国务院恢复古籍整理出版规划小组。在成立大会上，邀集国内专家、海外学者共同商讨整理古籍大计。这是由政府按计划、有组织地整理中国古籍，应当说是自清乾隆纂修《四库全书》

二百年来的最重要的一次。《四库全书》贯彻以儒家为正统，推行种族歧视政策，在纂修过程中，把大量典籍存目而不入选，还有开列了一大批有违统治集团利益的“禁毁书”，不使流传，号称“全书”，其实并不全。当然，自从发明印刷术，又有今天的电子信息时代，出书条件十分便捷，书是永远编不全的。乾隆时期的《四库全书》则有意使它不全，这是不能原谅的。

古籍整理规划会议期间，我提出有必要编辑一套“佛教全书”《中华大藏经》。不同于过去的编者，主持者都是佛教文化的爱好者、研究者，而不是佛教信奉者，把大藏经看作古代典籍的宝贵遗产来整理。

现在国际通行的大藏经是日本出版的《大正藏》。《大正藏》的错误很多，断句错误几乎每一页都不止一处。至于版本选取也不完善。我国20世纪30年代山西的《赵城金藏》相当于世上仅有的古宋本。《房山石经》也是50年代出土的世上唯一的石刻珍本。以上两种珍本，日本编辑《大正藏》时还没有见到。我们有条件也有能力编辑一套比过去都完整的大藏经，为建设社会主义新文化提供可信资料。

这一倡议，得到国务院古籍整理出版规划小组的批准，于1982年正式启动。

在开始编辑以前，我们先做了一次现存各种汉文佛经版本普查，走遍了国内外各大图书馆。

《赵城金藏》刻于金熙宗皇统九年（1149年）至金大定十三年（1173年）。我们原来估计自“天”至“几”共六百八十二帙，每帙十卷，实数六千九百八十卷。

据题记：

潞州长子县崔进之女，名法珍，自幼好道，年一十三岁

> 断臂出家。尝发誓愿，雕造藏经，垂三十年，方克有成。大定十八年（按：1178年），始印经一藏进于朝。奉敕旨，令左右街十大寺僧，香花迎经，于大圣安寺安置。既而宣法珍，见于宫中尼寺，赐坐设斋。法珍奏言："臣所印经藏，已蒙圣恩安置名刹，所造经板亦愿上进，庶得流布圣教，仰报国恩。"奉诏许之，乃命圣安寺为法珍建坛，落发受具，为比丘尼。仍赐钱千万，洎内阁赐五百万，起运经板。至二十一年（按：1181年）进至京师。其所进经板凡一十六万八千一百一十三，计六千九百八十为卷。上命有司选通经沙门导遵等五人校正。至二十三年（按：1183年），赐法珍紫衣，号弘教大师。……时永乐九年岁次辛卯孟冬望日杭州仙林万善戒坛祇殿善恢谨题。

《赵城金藏》本来刻印于山西解州（今山西解县）的静林山天宁寺，正确定名应作《解州天宁寺金藏》。由于赵城县广胜寺首先发现印本，元世祖忽必烈中统年间（1260—1264年）在燕京印刷后，散页运到赵城，由庞家经坊黏合装裱成卷，每卷首页加印释迦说法图一幅，因此名《赵城金藏》。

从印本保存的题跋看，应为山西省解州静林山天宁寺。雕版年月从经卷多处题跋看，应在金皇统九年（1149年）到金世宗大定十三年（1173年）。

据《永乐大典》辑出《析津志》赵演撰碑记，刻经发起人为崔法珍。

每卷约七千至一万字，全部《赵城金藏》约计六千万字。经卷为轴式装帧，每轴由若干版黏合成卷。行十四字，有上栏单线。版头刻经名、卷次、版次和《千字文》编号小字一行，为了粘卷时不致错乱。首次使用此种装轴式印版的大藏经为北宋初年的《开宝藏》。《赵城金藏》是依《开宝藏》为依据的覆刻本，部分经卷尚留有“开宝”“成平”“天圣”“绍圣”等北宋年代雕造、印刷的题记。此外，还杂有少数其他版本。开宝本每版二十三行，行十四字。但成平以后入藏的宋代新译经、律、论、疏释等也有每版十五至二十三行，每行字数十至十六字不等的情况。

《赵城金藏》雕印完成后，共计印刷过四十三部。现在保存下来的记载，有崔法珍本一部、普照寺照公本二部、兴国院本一部、天宁寺本一部、元宪宗蒙哥六年大宝积寺本一部、元世祖中统年间广胜寺本一部、元世祖后期印送国外三十六部。

《赵城金藏》共印行四十三部，流传下来只有由不同版本集合而成的一部（广胜寺本八百一十三卷，大宝积寺本五百四十卷，兴国院本及天宁寺本各十余卷），共五千三百八十卷，比原来六千九百八十卷尚缺一千六百卷。这已经是世上仅存的卷帙最多的金藏佛经全集，也是稀世之珍。原存广胜下寺，1928年移贮于广胜上寺。

1931年冬，朱庆澜、叶恭绰等人发起影印宋元刊本《碛砂藏》，开始收集佛教古刊印本。1932年夏，僧人性空提供山西赵城广胜寺有大批卷轴装佛经。1932年秋，南京支那内学院专家根据《赵城金藏》零本，勘定为金元故物。为了考察清楚，派蒋唯心前往考察。经蒋唯心的逐卷核实，写成《赵城金藏简目》，并写成《金藏雕印始末考》，1934年发表于《国风》第5卷12期，次年南京支那内学院又自行刊印《赵城金藏》介绍。蒋文发表后，引起海内外学术界的普遍关注。1934—1935年，由北京图书馆、三时学会（佛教团体）与影印宋版藏经会，共同选印其中四十六种二百四十九卷影印成集，名曰《宋藏遗珍》，还照原书影印过《楞严经》（十卷）四百部流传。现存底本已缺佚，这个影印本已成为珍本了。

1936年夏，我在北大哲学系选了汤用彤先生的佛教著作选读。课余，汤先生问我照相技术如何，他想去山西广胜寺查阅《赵城金藏》，选些重要的拍照下来。因事，未能成行。第二年“七七事变”，日军侵华，学校南迁，汤先生在昆明度过了九年，未能去山西看到《赵城金藏》。

1937年，日本发动全面侵华战争，华北广大地区陷于敌手。1942年春季，日军对太岳地区发起“扫荡”。4月间，日军要抢夺广胜寺这部闻名世界的大藏经。太岳司令员陈赓、政委薄一波、党委书记安子文等同志上报延安党中央，得到指示，同意抢救这一批重要文物①。4月27日夜，安排数百名战士及地方民兵配合，全力抢救经卷。我们的战士抢运时，立下誓言：“人在经卷在，与经卷共存亡。”因游击战行踪不定，为避免战斗中经卷损失，把它藏在废弃小煤窑里，指定专人保管，每年前往察看，晾晒一次。虽然尽力维护，还是有些压在下层的经卷受潮，有霉点，有的卷轴纸

---

① 1986年初，《中华大藏经（汉文部分）》出版一至十五册后，李一氓同志给当年主持抢救《赵城金藏》仅存的负责人之一薄一波同志写了一封信：“一波同志：金朝所刻佛经，原藏赵城广胜寺，是极为珍贵的佛教典籍和历史文物。抗日战争时期，日寇企图掠夺。当时您和陈赓同志命令所属，于敌伪碉堡丛之间，奋勇抢运至安全地带。全国解放后，由中央人民政府拨交北京图书馆保存。嗣经北京图书馆用十七年时间精心整理，灿然恢复旧观。1982年，国务院古籍整理出版规划小组委托任继愈同志主持，即以《赵城金藏》为基础，编成《中华大藏经》，共约七千卷，将分装二百二十册，由中华书局影印出版。现已出十五册，特检送第一册，藉留纪念。一九八六年一月二十日。”

张与卷轴结成纸棒，难以打开。

抗战胜利后，《赵城金藏》移交当时北方大学保管，从矿坑搬到通风的阁楼上。范文澜任北方大学校长，对此十分重视。1949年4月30日，把全部经卷由河北邯郸运到北京，移交北京图书馆收藏。北图为此召开一次座谈会。范文澜同志谈了此项珍贵文物抢救、保护的经过。北图版本专家赵万里，史学家向达、晁哲甫等专家要求北京图书馆提出修复预算，政府拨专款抢救。修复经卷不同于一般书画装裱，要求有高等技术，保持原物原貌，有的经卷凝成一团，要用蒸气熟蒸，然后一点一点揭开。集中北京琉璃厂手艺最高的老技师，花去整整十七年的工夫，终于使几百卷的《赵城金藏》重新与读者见面。现在参加修整的韩占魁等四位老师傅早已逝世，他们修整的《赵城金藏》成为他们劳绩的纪念碑。

《赵城金藏》重见天日，列为国家最珍贵的善本，不对一般学者开放，借阅者须经特别批准。图书本来是为读者阅读的，有书不能发挥其社会效益，未免美中不足。学术界特别是有志研究佛教文化思想的学术工作者，希望能把这份国宝变成更有活力的精神财富，世界级的宝库应为全人类有所贡献。

1982年，国务院古籍整理出版规划小组决定成立《中华大藏经》编辑局，由我负责主持这一工作，重新编辑《中华大藏经（汉文部分）》，旨在编辑出版一部迄今为止版本最精、搜罗最全、代表新中国科研水平的《中华大藏经》。我们没有把佛经整理看作是宗教界的少数佛教徒的事，而是看作中华民族共同的文化遗产之一。这正如中国文化界、学术界把敦煌莫高窟佛教艺术当作全民族的文化宝库，而不把它仅仅看作佛教徒的宗教遗迹的道理一样。凡是有价值的文化遗产，理应为全人类所共同享有、共同关心、共同爱护、共同研究，而不能视为少数信奉者的私事。中国的佛教典籍内容浩繁，它不只是佛教的经典，既是佛教经书，也涉及哲学、历史、语言、文学、艺术、天文、历算、医药、建筑以及保健气功等领域的包罗宏富的古籍，对中国和世界文化都曾产生过深远的影响。

中国历代刊印佛教大藏经，都不外为国家祈福、为国君增寿、为刊印者祈求带来好运气。唯独《中华大藏经（汉文部分）》的编辑宗旨与过去不一样，它是作为中国古籍整理工作的一部分而上马的。编辑者是为了建设中华民族的社会主义新文化，才下决心彻底整理中国佛教的传统文化遗产。

为避免过去刊印的许多种大藏经的缺失，《中华大藏经（汉文部分）》力求做到版本要“精”、内容要“全”。编辑《中华大藏经（汉文部分）》共用了八种版本[①]与《赵城金藏》对校。《赵城金藏》20世纪30年代初被发现后，引起国内外学术界的重视。它是《开宝藏》的覆刻本，装帧、版式保留着《开宝藏》的基本特点。在《开宝藏》几乎散失殆尽的情况下，它不论在版本方面或在校勘方面都有无可比拟的价值。在我国现存藏经中，未经传世的孤本还有《房山云居寺石经》《辽藏》《元官版藏经》《洪武南藏》《武林疲》和《万历藏》六种。这几种大藏经，除残缺严重者，多为《碛砂藏》和《永乐南藏》的覆刻本，所收经籍少于《赵城金藏》，不宜作为底本使用。《赵城金藏》所收经籍近七千卷，现存五千三百八十余卷，虽有缺佚，可用《高丽藏》补入。《高丽藏》

① 《高丽藏》《碛砂藏》《资福藏》《径山藏》《永乐南藏》《普宁藏》《房山石经》《清藏》。

和《赵城金藏》同属《开宝藏》系统的覆刻本，版式完全一致，用《高丽藏》补《赵城金藏》可谓“天衣无缝”。

《中华大藏经（汉文部分）》以《赵城金藏》为底本，与上述八种版本的大藏经对勘，逐句校对，只刊出几种版本的文字异同，不加案断。我们采用这种办法，有以下几方面的原因。

校勘版本学界习惯于崇信古本，我们经过实际勘察，发现任何版本都不是十全十美，都有不足之处。善本中（包括《赵城金藏》在内）各有优缺点，因此我们要求集诸版本之长，不主张“定于一尊”。

《赵城金藏》以外的八种版本都有其特点，有的属于海内珍本，有的是世界孤本，都可称为善本。众多善本不但专家学者个人无力备全，即使国家大图书馆也不能八种善本俱备。我们借这次编辑整理《中华大藏经（汉文部分）》的机会，集诸善本于一编，有了这一部《中华大藏经》等于同时拥有九种版本的大藏经，为庋藏者和使用者、研究者提供了方便。

我们校勘的目的，不在于勘误而在于会同。经过检查，这些不同版本出现的文句异同，多半不涉及义理，往往各有道理（当然也有明显错误的），如果一定由编辑者决定取舍，难免失之武断，徒耗人力，并不科学。还应指出，每一种善本的特殊价值并不是由于它的至美至善，而在于它体现了各自时代的某些特征，这些特征是别的版本不能取代的。如《房山云居寺石经》可谓善本，其中有些石刻佛经体现了《辽藏》的面貌，但其中也有刻工贪图省工，出现许多上下文不相连属的“一”字。从一般校勘原理看，这与字形、字音、字义或上下的错简毫无关系，只是由于刻工按版计酬，为了省力，又能占满版面，才出现了许多不应出现的“一”字。汉字中只有“一”字笔画最少，刻起来又省力，用来充字数最方便。像这类缺点，并不能动摇《房山云居寺石经》的历史地位，瑕不掩瑜。这里只是说明中国过去雕印的众多版本的大藏经没有一种是尽善尽美的。《中华大藏经（汉文部分）》的出版，博取众本之长，避免众本之短，会同诸本合校，标出异同，不下案断，正是极端负责的客观精神。

《中华大藏经（汉文部分）》编定《赵城金藏》为底本的上编以后，还将编辑过去未入藏的许多佛教典籍为下编。为此，我们开始就从最大数量的手写卷子本中进行了普查。敦煌卷子写本中佛经所占比重极大，比世俗的经史文书多得多。半个世纪以来，敦煌学者集中注意于搜求写本中关于社会、经济、民族文化等方面的资料，研究者利用的多为世俗文书，而对其中占绝大多数的佛教典籍注意得不够。手写卷子一则数量大，二则内容专业性比较强，其中断裂的、残缺的，要找到它的归属；有的卷子分裂成几段，有的上段在某国，下段在另一国，也有头尾不全，不易判断归类，这都是很艰巨而又必须做的工作。我们几年来已经一篇一篇地逐件审查，现已初步有了眉目，确实可以从中找出应当收入大藏经的佛教典籍。我们还可以从佛教手写卷子中推断出佛教在河西走廊传播的基本状况和唐代佛教经典大体流行的状况。我们在编辑中务期不发生遗漏，使《中华大藏经》上下编完成后，成为名副其实的“佛教全书”，成为超过前人的最完备的版本。

为了使我们的编辑工作做到心中有数，我们花了两年的时间，在国内外开展了一次版本普查。国内走遍九州，并远及海外。中华大藏经》体现了中华民族对外来文化的高度融化吸收能力。华人著述在《中华大藏经》中所占比例越到后期越大。汉传佛教如此，藏传佛教也有同样现象[①]，如宗喀巴的著作在原有的佛教理论基础上有所建树，有所创造，不但丰富了佛教文献也丰富了中华民族的文化宝库。以上只是举几个例子说明《中华大藏经》汉传藏传可以互补，相得益彰。

人们习惯地认为，佛教来自古印度，从地下挖掘资料和文献记载来看，中国的佛教最初来源不在印度，而在中亚（古称西域）。新疆地下发掘文物中，有不少残存佛经，文字也多为当地语文。晋朝名僧、翻译家道安指出“译胡为秦”的种种困难。胡语不等于梵语，当时译经僧人都明白这一点。他们多自西域来华，用口诵记忆来提供译文，后来中印交通条件有所改善，才有较多的梵夹携来，供中国僧人笔译。

当我们今天看到以《赵城金藏》为底本，编辑成《中华大藏经（汉文部分）》上编一百零六册全部出版之际，我们自然想到当初支持这部重要文献编辑工作的李一氓同志。他前半生从事革命军旅生涯，中华人民共和国后从事外交工作。他晚年承担了古籍出版规划工作，这是一项为子孙后代建立基业的大事。如果不是李一氓同志的远见卓识，大力支持，这部《中华大藏经》也许要拖延到21世纪才能启动。到那时，物质条件会比现在好，但人力条件将更困难。这部佛教资料总集早一天问世，就能早一天对

---

① 佛教文化不限于汉族。佛教大藏经除了汉文部分已开始工作了六年，藏文部分也由藏学研究中心负责着手编辑。这也是《中华大藏经》。由于中华民族包括多种民族成分，不同文种的大藏经将会给中华民族的文化建设带来新的繁荣昌盛新局面。比如佛教汉译本中，有关因明的部分比较薄弱，而藏文大藏经则保留较多，因明在藏传佛教中有所发展。将来随着研究工作的开展，汉、藏两种大藏经得以互相补充，必将使中国的因明有所突破。

社会产生效益。《中华大藏经》在历代大藏经中增加了一个新版本，丰富了佛教文献资料宝库。

四

我考入北大哲学系时，北大哲学系的教授们专重讲佛教哲学的比较多。高年级同学向我介绍，熊十力先生讲《新唯识论》，马叙伦先生用佛教唯识宗的观点讲《庄子》。汤用彤先生讲佛教课，也讲佛教以外原著选读，如《金七十论》《胜论》《入阿毗达磨论》，从最基本处打开了阅读佛教典籍的大门。后来又选修熊十力先生《佛家名词浅释》（此书正式出版时改称《佛家名相通释》）。他以古代《百法明门论》《五蕴论》为基础，用他自己的语言加以发挥。他的发挥虽不尽符合佛教原旨，但这个基本训练对我后来自学佛教典籍打下了基础。选修课有周叔迦先生讲天台宗，林宰平先生讲中国哲学问题，也经常涉及佛教问题。外系周作人讲散文，选的有《杂譬喻经》。周讲课口才欠佳，但佛经文学颇能引发学生兴趣，特别是古代汉译佛经的一些习惯用语，既非印度的，又不同于中国传统的古汉语，而是一种独特的佛经汉译文体。

大学毕业时正当全面抗战开始，我的毕业论文是关于朱熹的哲学。朱熹的哲学用大力批判二氏（佛、老）。他反对二氏，却处处透露出他身上二氏的影子。我开始注意到，要研究中国的理学，必须上溯其源头。在读研究生时，即有意关注宋以前的社会思潮。宋以前，五代上溯到南北朝，首先碰到的是佛教。佛教思想成了打通中国哲学发展的一道隘口。隘口不打通，中国哲学史就通不下去。我的研究生论文为《理学探源》，重点放在魏晋、隋唐这一段。这也许是我与佛教文化若干年前的一段因缘吧。

国家委托整理、编辑《中华大藏经》，我虽知困难大，人手不足，但还是勇敢地承担下来了。

照我国当时的惯例，要报告上级，要编制，要分配大学生，成立机构等一系列的程序。我们没有走这一条路，而是采用现在正在推行的人才聘任制，人才公开招聘，试用上岗，一年一聘。这样，我们根据工作需要、任务的难易缓急，在北京招聘离退休的中学教师和机关干部。这些应聘者都是愿意干这一行的，有责任心。人员少的时候有五六个人。开始打基础，定规模，我和几位研究生、世界宗教研究所佛教研究室的少数骨干参加。后来，工作开展起来，聘用人员多达五六十、六七十人。其中老年人有七八十岁的，青年人有二十来岁的。文化程度较高的，从事校勘；青年人眼明手快，从事照片修整。制定了作业流程，流水作业。上下工序交接时要签字，责任分明。每年按成绩评奖。春秋季节，组织旅游。十年来，这个工作集体总人数约百人，人员不断更新。编辑工作结束时，大家依依不舍，十分留恋这个松散的集体。

21世纪是摆脱贫困、走向富强的时期，是进一步推动祖国现代化的时期，每一个爱国的知识分子，都要给自己的专业定位，看看自己应当做什么，能做什么。从文化建设、精神文明建设这个任务来看，我们这一代人正处在为文化、精神文明建设积累资料、整理资料的时期。社会主义文化高潮必将到来，那是21世纪后半段的事，因为文化工作、精神文明建设只能走在经济建设的后面，而不可能超前。这是古今中外的通例。

真正反映社会主义新文化的辉煌成果，传世的伟大思想体系的出现要有三个条件，缺一不可：

第一，有经济繁荣、社会安定的环境。

第二，有充足的资料（中、外、古、今）积累。

第三，有卓越的思想家群体。

以上三个条件，第一、二两条正在发展前进中。当一、二两条形成规模后，才有可能产生卓越的思想家群体。我们这一代知识分子，自己给自己定的任务是做文化资料积累工作，培养青年人，为后来人做些必要的准备工作。

自知无经天纬地之才，尽个人有限能力，做成一两件事，免得让后人再行返工，问心无愧就算不错了。

《中华大藏经总目》序*

1982年，在北京召开了规模空前的全国古籍整理出版规划会议，集中全国有关专家学者共商古籍整理出版大计。会议在京西宾馆一连开了好几天。这是以国家名义召开的，向全国、全世界宣布"四人帮"被粉碎后，告别极"左"思潮，中国政府重视古代文化，有计划、有步骤地以科学方法清理中国古籍的大会。与会者进一步加深了印象：我国古籍之丰富，学科门类之广泛齐全，为世界所仅见，是世界文化宝库中不可或缺的重要组成部分。

古籍规划讨论中，对流传在社会上的经、史、子、集都做出近期、远期的整理出版规划，人力、物力都做了安排。在开会期间，我发现大会议题没有把佛教大藏经考虑进去，便于当天写出一份《中华大藏经》整理出版建议提交给大会。大会认为整理、研究佛教典籍，不只是佛教信奉者们的事，也是全国人民共同的文化事业，况且佛教、道教典籍卷帙浩繁，亟待整理，便立刻采纳了这个建议，把佛教、道教古籍整理工作列入国家规划。《中华大藏经》整理出版工程从1982年正式启动。

---

* 据《皓首学术随笔·任继愈卷》。《中华大藏经总目》，中华书局，2004年1月版。

大会委托我负全责。我会同几个学生，先做普查版本的基础工作。最初只有五个人，随着工作的开展，人员逐步增加。对外联系原来叫作编辑小组，李一氓同志说，叫作“组”，名称与实际不相符，叫作“编辑局”为好。这个“局”并不是一个行政实体，只是个假名，十几年来连个公章也未刻。因当时我担任世界宗教研究所所长，所以国家划拨经费、财务收支均由世界宗教研究所财会人员代管，中华书局负责印刷、出版。1987年，我调到北京图书馆（现称国家图书馆），这个“编辑局”的工作地点又集中到北京图书馆，直到全书完成。

有了国家财力的支援，要编出一部既能满足佛教信奉者供奉咏诵的需要，又要供全国各界人士用来阅读、研究的可信的文献资料，就要超越古人以某学派、宗派为尊的宗派成见，要尽力避免已出版的十几种大藏经的印刷造成的差错，还要吸取过去已有佛教大藏经的特点，不抱成见，亦不盲目崇古，使其成为一部符合时代要求、反映时代面貌的佛教全书。

在编书之前，我们先在国内外进行普查，了解大藏经在国内外现存的状况及版本情况。还通过海外各界友好人士及我国出国访问进修学者，了解佛经流散在海外的情况。经过普查，并对照各主要版本进行比较，从第一部雕版大藏经《开宝藏》开始，直到清代的大藏经及民国以后铅字排印的大藏经（包括世俗典籍经、史、子、集）。我们认为所谓善本的“善”，并不在于它的完美无缺，而在于它反映了该书的时代特点。世上没有尽善尽美的善本。从雕版佛经开始，至今已有千年历史，选任何一种为主，都不能代表佛教在中国的真实面貌。经过反复比较，最后选定山西《赵城金藏》为基础（原称为底本，后认为不太准确），与另外八种不同时代的大藏经逐字逐句对勘，发现文字歧异时，只指出它们的异同，而不判断其是非。这样，一编在手，等于同时有九种大藏经呈现在读者面前。这是历代汉文大藏经众多版本中最具时代特色的一种新版本。全体编辑者相信，我们为保存祖国文化遗产，为推进新时代文化建设尽了一份心力。

一、现存汉传大藏经概况

根据现有资料，汉传大藏经大约有下述三种情况：

（一）唐代以前的写本藏经

唐写本藏经虽然在不同的历史时期曾有过不同的形态，所收经籍数目也不一致，基本上可用“会昌废佛”后通行全国的《开元释教录》做代表，共入藏一千零七十六部，五千零四十八卷，《千字文》编次由“天”字至“英”字，四百八十帙。

（二）宋代以后的木版雕印本

根据现在掌握的资料，共有二十种不同版本。其中散失殆尽，基本不存者四种——《开宝藏》、大字本《辽藏》、小字本《辽藏》、《元代官刻大藏经》。现存的十六种中，国内版本十二种，国外版本四种。其中国内版本：

1.《崇宁藏》。1080—1104年刻造。全藏五百八十函，《千字文》编次“天”字至“虢”字号，入经一千一百四十部，六千一百零八卷。国内存有零本。

2.《毗卢藏》。1112—1151年刻造。全藏五百九十五函，《千字文》编次“天”字至“颇”字，入经一千四百五十一部，六千一百三十二卷。国内存有零本。

3.《思溪藏》。又称《圆觉藏》，北宋末年刻造，1132年完成。全藏五百四十八函，《千字文》编次“天”字至“合”字，入经一千四百三十五部，五千四百八十卷。其后照原版式扩充补雕，全藏达五百九十九函，《千字文》编次“天”字至“最”字，入经一千四百五十九部，五千九百四十卷，改称《资福藏》。国家图书馆藏五千三百余卷，其中杂有若干《碛砂藏》本及日本抄补本。

4.《赵城金藏》。1149—1173年刻造。全藏六百八十二帙，《千字文》编次“天”字至“几”字，入经一千六百余部，共六千九百八十卷，现存五千六百余卷。国家图书馆及西藏萨迦北寺藏，但其中杂有明代万历二十年（1592年）及清代雍正九至十一年（1731—1732年）根据明《永乐南藏》本抄补的二百余卷在内。

5.《碛砂藏》。约在1225—1322年刻造。全藏五百九十一函，《千字文》编次“天”字至“烦”字，入经一千五百三十二部，六千三百六十二卷。陕西、山西及国家图书馆均有存，但都略有残缺。1931—1933年时，曾据陕西所藏本影印过五百部，缺佚者以《资福藏》《普宁藏》《永乐南藏》及陆道源本、亦黑迷失本等补入。影印本共六十函，五百九十三册（经文五十九函，五百九十一册；目录一函，二册），约较原大缩小二分之一，但仍缺十余卷。近年来，《碛砂藏》缺佚的经卷又有所发现。

6.《普宁藏》。1277—1279年刻造。全藏五百五十八函，《千字文》编次“天”字至“感”字，入经一千四百三十部，六千零四卷。此后又补入“约”字函七部六卷，加上“武”字至“遵”字号遗失目录的秘密部经轨二十八函，共五百八十七函，近一千五百部，六千余卷。云南、山西、江苏等省均有存。

7.《洪武南藏》。1372—1398年刻造。全藏六百七十八函，《千字文》编次“天”字至“鱼”字，入经一千六百部，七千余卷。此藏在1408年版片被焚，印本仅存一部，略有残缺，并杂有部分坊刻本及抄补本在内。现藏四川图书馆。

8.《永乐南藏》。约1408—1419年刻造。全藏六百三十六函，入经一千六百一十部，六千三百三十一卷。全国现存者很多，仅北京地区估计即在五部以上。

9.《永乐北藏》。1421—1440年刻造。全藏六百九十三函，《千字文》编次“天”字至“史”字，入经一千六百六十二部，六千九百三十卷。全国各图书馆、佛教寺院现存者较多，北京地区估计在十部以上。

10.《径山藏》。又称《嘉兴藏》，1589—1676年刻造。全藏分为正藏二百一十函，用《千字文》编次，系《永乐北藏》的覆刻本；续藏九十函，收入藏外典籍二百四十八种，约三千八百卷；又续藏四十三函，续收藏外典籍三千八百种，约一千八百卷，总计为三百四十三函，二千零九十部，一万二千六百余卷。北京、云南、浙江存有全藏近八部。

11.《清藏》。1735—1738年刻造。全藏七百二十四函，《千字文》编次“天”字至“机”字，入经一千六百六十九部，七千一百六十八卷。经版现存，全藏印本所存者亦多，1935年还印刷过二十部，北京地区大约有五至十部。近年曾修复重印。

12.《毗陵藏》。20世纪初由江苏常州天宁寺配合金陵刻经处刻造，依据《清藏》重刻，但版式改为方册本，收经数目亦较《清藏》有所增加。

国外雕版本：

1.《高丽藏》。共刻造过三次，前两次刻本传世稀少，版片被焚毁；再刻本系1236—1251年刻造，版片现存。全藏六百三十九函，《千字文》编次"天"字至"洞"字，入经一千六百二十四部，六千五百五十八卷。

2.《天海藏》。1637—1648年刻造的活字版，据元代《普宁藏》而有所增减。全藏六百六十五函，《千字文》编次"天"字至"税"字，入经一千四百五十三部，六千三百二十三卷。

3.《黄檗藏》。1669—1678年刻造，系以《嘉兴藏》正藏为底本而有所增补。全藏七百三十四函，入经一千六百一十八部，七千三百三十四卷。版片现存。

（三）汉文大藏经的排印版本

共有六种，其中国内二种、国外四种。

国内版本：

1.《频伽藏》。1909—1913年排印。全藏四十函，《千字文》编次"天"字至"霜"字，入经一千九百一十六部，八千四百一十六卷，四百十四册（目录一册）。系以日本《弘教藏》为底本而略有变动。

2.《普慧藏》。1943年编印未完的一部汉文大藏经，原计划以汇集南传、北传诸经论，校正前代印本之漏误，改订翻译名义之异同，广事搜集各藏以前之遗佚为目的。经过数年经营，只印出一百册，内容有其他各藏未曾收入的部分经、论、疏释及日译本转译的南传大藏经中部分典籍。这是一部未曾编纂完毕的大藏经，发行面不广。印出的存书在20世纪六七十年代被毁弃。近年有重印。

国外排印本：

1.《弘教藏》。1880—1885年编印。全藏四十函，《千字文》编次“天”字至“霜”字，共四百一十八册，入经一千九百一十六部，八千五百三十八卷。

2.《卍字藏》。1902—1905年编印，据《黄檗藏》校排，共三十七函（目录及索引各一函），三百五十七册，入经一千六百二十二部，六千九百九十余卷。印就后不久即失火被焚，流传甚少。

3.《卍字续藏》。1905—1912年编印，为《卍字藏》的续编，内容系广泛收罗中国及日本所存历代未曾入藏的佛教典籍汇编成书，曾受到金陵刻经处杨仁山及国内各大寺院和其他佛教居士们的大力支援。全藏入经一千六百五十九部，七千一百四十三卷，共一百五十一函，七百五十一册（目录一函一册）。印就之后，存书和《卍字藏》所存者一同被焚。民国初年，商务印书馆曾影印过五百部发行。其后日本编辑重排为《新纂与续藏》。

4.《大正藏》。1924—1934年编印。全藏共一百册，正藏五十五册，续藏三十册，别卷一十五册（图像一十二册，总目录三册）。正藏入经二千二百三十六部，九千零六卷，除传统入藏诸经、律、论、法，包括部分遗佚经论在内。续藏第五十六至八十四册，为日本佛教徒有关经疏、论疏及各宗派的著述；第八十五册收入南北朝及唐代古逸经和疑例经及疏释等一百八十九种。

综观以上三种情况，历来入藏的基本经籍最少为一千种左右（包括《房山石经》的九百六十余种在内），最多者为二千二百余种，平均数约在一千六百种。这是宋元明清各藏入经的基本数目，加上各藏特有的经籍，计《房山石经》七十余种，《嘉兴藏》五百余种，《频伽藏》三百余种，《大正藏》六百余种（包括第八十五册的古逸疑伪诸经在内），《续藏》一千六百余种，其他各藏特有的少数经卷等，共约三千余种，除去重复，约二千五百种，加上传统入藏的基本数目一千六百余种，现存汉文佛教经籍总数四千一百余种（《二十二种大藏经通检》总数为四千百七十五种）。

佛教是中国传统文化中与儒、道并尊的三大宗教的一个重要流派。我们有必要编纂一部新的大藏经，所收佛典理应概括全面。采用影印办法，既可避免排字造成新的差错（日本《大正藏》即是前车之鉴），又可以保存善本古籍原貌，省去了繁重的排字校对的过程，还能大大缩短印刷时间。基于上述考虑，我们决定采用现存最有文物价值的《赵城金藏》为基础，所缺佚者以《高丽藏》等历代藏经补入。

二、关于《赵城金藏》的刻印和流传

《赵城金藏》是我国金代（1115—1234年）民间募资雕刻的佛藏。全书采用《千字文》编号次序，自“天”字起，至“几”字止。计六百八十二帙，每帙基本为十卷或略有增减。全藏计六千九百八十卷。卷轴装帧，每轴由若干版黏合成卷。绝大部分版式为每版刻二十三行，行十四字，有上下栏单线。版头刻经名、卷次、版次和《千字文》编号小字一行，遵循我国第一部木版雕印《开宝大藏经》的模式。部分经卷尚留有“开宝”“成平”“天圣”“绍圣”等北宋年代的题记等，也还杂有少数其他版本的痕迹。也有少数卷帙改为每行十五字、十六字的。与山西应县木塔中发现的十卷《辽藏》相较，有一致处，或为《辽藏》版本的覆刻。

《赵城金藏》不仅保留了散失殆尽的《开宝藏》和《辽藏》覆刻的原貌，还有少数卷帙为辽代坊刻本，为研究木刻雕版提供了可贵的参考资料。

《赵城金藏》的刻造地并不在山西赵城，而是在山西的解州（今晋南地区解县）西十公里的静林山天宁寺。这部大藏的全名应叫作《解州金藏》更符合实际。由于这部金藏首先在赵城被发现，又由于元世祖忽必烈中统年间（1260—1264年）在燕京印成后，将散页运到赵城，由庞家经坊黏合装裱成卷，并在每卷加上广胜寺刊印的《释迦说法图》一幅。因此命名为《赵城金藏》，沿用至今，也算事出有因。

这样一部在佛教大藏经中卷帙很多的藏经绝非一朝一夕可以完成，从经尾题跋中可以见到最早为金熙宗完颜亶皇统九年（1149年，相当于南宋高宗赵构绍兴十九年），最迟为金世宗完颜雍大定十三年（1173年，相当于南宋孝宗乾道九年）。还在经卷题记中发现有海陵王完颜亮天德三年（1151年，相当于南宋高宗绍兴二十一年），贞元元年、三年，正隆二年、三年等年号，但未发现刻经人的姓名。《金史纪事本末》卷三〇，李有棠引旧文及《日下旧闻考》卷一五五，引《析津志》“弘法寺”条有：

大定十八年（按：1178年），潞州崔进女法珍印经一藏进于朝，命圣安寺设坛，为法珍受戒为比丘尼。二十三年（按：1183年），赐紫衣宏教大师。明昌四年（按：1193年，相当于南宋光宗赵惇绍熙四年），立碑石，秘书丞兼翰林修撰赵沨记，翰林侍讲学士党怀英篆额。

《永乐大典》卷四六五〇记载：

弘法在旧城。金大定十八年，潞州崔进女法珍印经一藏进于朝。命圣安寺设坛，为法珍受戒为比丘尼。二十年，以经版达于京师。二十三年，赐紫衣宏教大师，以弘法寺收贮经版及弘法寺西地与之。明昌四年，立碑石，秘书丞翰林修撰赵沨记，翰林侍讲学士党怀英篆额。

赵沨碑已不存，但碑文仍在。1992年，中国国家图书馆研究员李际宁整理《碛砂藏》时，发现鲍善恢补刊经版卷尾的题记中有《敕赐弘教大师雕藏经版院记》：

潞州长子县崔进之女，名法珍，自幼好道，年十三岁断臂出家。尝发誓愿雕造藏经，垂三十年，方克有成。大定十有八年（按：1178年)，始印经一藏进于朝。奉敕旨，令左右街十大寺僧，香花迎经，于大圣安寺安置。既而宣法珍，见于宫中尼寺，赐坐设斋。法珍奏言：“臣所印藏经，已蒙圣恩安置名刹，所造经板亦愿上进，庶得流布圣教，仰报国恩。”奉诏许之，乃命圣安寺为法珍建坛，落发受具，为比丘尼。仍赐钱千万，洎内阁赐五百万，起运经板。至二十一年（按：1181年）进到京师。其所进经板凡一十六万八千一百一十三，计六千九百八十为卷。上命有司选通经沙门道遵等五人校正。至二十三年（按：1183年），赐法珍紫衣，号弘教大师。其导遵等亦赐紫衣德号。其同心协力雕经板杨惠温等七十二人，并给戒牒，许礼弘教大师为师。仍置经板于大昊天寺，遂流通焉。伟哉！眷遇之隆，古未有也。……今弘教大师备修苦行，以刊镂藏板为本愿，于是协力助缘刘法善等五十余人，……助修经板胜事，始终三十年之久方得成就。呜呼，可为难也哉！

赵沨碑亡于明中期，此碑文不期于明初鲍善恢的《碛砂藏》题记中发现。《日下旧闻考》《金史纪事本末》《析津志》《永乐大典·顺天府》《赵城金藏》等书均以赵沨碑为基础，辗转引述。此前，蒋唯心、童玮均对《赵城金藏》进行了有益的介绍。

《赵城金藏》雕版完成后，印刷传布情况未见记载。见诸文字的，有大定十八年崔法珍一部、大定二十九年（1189年）普昭寺照公本二部、金大安元年（1209年）兴国院本一部，天宁寺本一部（年代不详）、元宪宗蒙哥六年（1256年）大宝积寺本一部（燕京南卢龙坊张从禄施印）、元世祖忽必烈中统年间（1260—1264年）广胜寺本一部、元世祖忽必烈至元年间（1264—1294年）印送外国三十六部。《赵城金藏》刻成后，百余年间有记录的印刷发行的只见到以上四十三部。目前尚存的只有广胜寺本四千八百一十三卷、大宝积寺本约五百四十卷、兴国院本及天宁寺本各十余卷，共五千三百八十余卷，国内已难以凑成完整的一套，流散到日本还有一些残本。

元代以后，《赵城金藏》原版曾有过两次补雕。第一次在元代窝阔台执政时期（1229—1242年），由中书省耶律楚材请设“编修所于燕京，经籍所于平阳，编集经史”。其《湛然文集》卷一四有诗云：“十年天下满兵埃，可惜金文半劫灰。欲剖微尘出经卷，随缘须动世间财。”元代至元二十二年（1285年），大都道者山云峰禅寺住持如意禅师祥迈《至元辨伪录》卷四：“大元启祚，眷意法门。太祖则明诏首班，弘护兹道。太宗则试经造寺，雕补藏经。”木版易朽，且经战乱，此次雕补版片约占全藏的四分之一。有雕补年月的有五处，我们《中华大藏经》中所据《赵城金藏》本均有记载。集资赞助者有政府官员，有寺院住持僧人，也有民间男女信徒。

元太宗补版《赵城金藏》前数年，南宋朝私版《碛砂藏》在吴县延圣院刻成。宋理宗端平元年（1234年）编定目录（“天”字至“合”字，共五百四十八函）。二十四年后，宝祐六年（1258年），延圣院失火，经版被毁。元大德元年（1297年），松江府僧录管主八主持补刻碛砂经版，共千余卷。增入“济”字至“感”字，增收《宗镜录》一百卷十函。元大德十年至十一年（1306—1307年），增入从大都弘法寺中选出南方版本藏经中所缺的密宗经典八十七种二百八十二卷。

元代武宗到明代神宗的近三百年间，广胜寺迭经兴废，藏经颇有散失，中间曾经抄补。明清易代，又有散失。清雍正年间，寺内开展过一次抄补缺卷工作。20世纪30年代，蒋唯心住寺调查时，此类抄本尚存二百零七卷，现在此类补抄本已损失过半。此补抄本以寺内所藏《永乐南藏》为底本，故《千字文》编号与《赵城金藏》

不同，间有误抄处。

1932年《赵城金藏》被发现后，附近村民进寺游览，信手取走，用来糊窗补壁，也有保存一两卷用以辟邪祈福。范成在寺院整理经卷时曾劝说村民送还，并出资购回二百余卷。其后外地古旧书商闻讯，不断派人前往收购，倒卖图利。抗日战争前，北京图书馆曾购得一百九十二卷。其他图书馆、博物馆、私人藏书家也有从书肆购藏的。全国解放后，个人收藏的零星经卷捐献给北京图书馆收藏，张筱衡、周叔弢、徐森玉、周一良、贾敬颜等人捐赠共一百五十九卷。分散收藏在上海图书馆、山西省图书馆、北京大学图书馆、南京博物馆、山西省博物馆、广西博物馆、赵城广胜寺、太原崇善寺、台北"中央研究院"等各机关三十三卷。蒋唯心调查时这些经卷中的一部分尚在，后来才流散出去，另有一部分是早已散失的。

1931年，朱庆澜、叶恭绰等人发起，将陕西省开元寺和卧龙寺所藏之宋元刊本《碛砂藏》影印流通。由比丘范成负责调查各寺庙中所藏古本佛经中可补碛砂本缺佚卷册者。1932年夏，范成在西安遇一老僧性空从山西五台山归来，向范成提起山西赵城县广胜寺有四大书橱古本藏经，为卷轴装帧。范成根据这重要资讯，随即赴山西赵城县，至洪洞千佛寺即发现十卷，到达广胜寺后，与带去的《大藏圣教法宝标目》逐一核对。范成在广胜寺发现古本藏经后，即电告上海影印宋版藏经会，称赵城古本藏经中发现未经传世的经、论、疏解、杂著等四十六种。后由徐鸿宝赴广胜寺商洽，将这四十六种《赵城金藏》特有的孤本典籍运至北京、上海拍照，1934—1935年，由北京图书馆、三时学会和影印宋版藏经会分别编成《宋藏遗珍》。另有保存完好的《楞严经》十卷，与通行本对校，勘出百余字的异同，照原样影印四百部，仿原来装帧出版。可惜此书原本现已缺卷二、卷三、卷八，这个复制本也成了珍本。

1932年秋，南京欧阳竟无主持的支那内学院将赵城古藏经本勘定为金元故物。为了查清实况，遂派蒋唯心前往山西赵城广胜寺做进一步考察。蒋唯心住在广胜寺内，逐卷检核，判定和区分兴国院本和元代初年弘法寺补雕本，旁及明万历、清雍正两次补抄的情况，并考证《赵城金藏》雕印始末，对照《高丽大藏经》目录，参考《至元法宝勘同总录》，编定了《赵城金藏》简目。他的介绍文章1934年出版单行本。蒋唯心是向海内外全面介绍《赵城金藏》的第一人。他的考察报告引起了全国专家的注意，也引起了日本学者的注意，后来侵华日军也把它列为文物掠夺的对象。

三、《赵城金藏》的抢救和修复

（一）抢救

1937年，抗日战争爆发前，山西广胜寺上寺弥陀殿的十二个藏经柜共贮有藏经三部半，计有金刻卷轴装大藏经一部、明初刻印《永乐藏》一部、影宋本《碛砂藏》一部。此外还有清刻《龙藏》，不全，只能算半部。

1939年7月，日本侵略军侵占山西省雁北。广胜寺力空和尚为防止日寇掠夺，即将《赵城金藏》五千多卷砖砌封存在广胜寺上寺飞虹塔内。中国人民深知，日本侵略军除烧杀掠夺财物，还有计划地掠夺中国文物。以《枫桥夜泊》闻名世界的苏州寒山寺钟即被日军劫走，该钟至今下落不明。文物古籍也被他们视作掠夺的猎物。当时广胜寺西十五公里处的明姜村有一个日军据点，驻一个小队；西南面同蒲铁路沿线有敌碉堡五六处，西南十五公里洪洞县驻日军一个大队；正南七公里的苏堡镇驻日军一个小队；南面的日军已逼近广胜寺二公里处山下的道觉村。除了通往抗日根据地的寺东北方向，三面均有敌人。1942年春天传出消息，驻占赵城道觉村的日军要来抢取广胜寺的《赵城金藏》。1942年4月17日，由八路军与地方武装把全部经卷安全转移出去。日军率部来抢夺时，迟了一步。

《赵城金藏》转移到亢驿后，存放在机关院内。本来计划转运到沁源县太岳区驻地保存，未及运走，日寇发动了“五一大扫荡”。八路军带着经卷，马驮人背，与敌人周旋于崇山峻岭之间。反“扫荡”结束后，才把经卷送到沁源县太岳行署。

当时日寇骚扰频繁，沁源县也不是绝对安全的地方，遂由太岳区主任牛培琮派人把经卷运到山势险峻的绵山县，藏在一座废弃的煤矿内，指定专人负责保管，每年前往察看，搬出晾晒。但由于矿洞内渗水潮湿，部分经卷受潮发霉，粘连成块，无法打开。

抗战胜利后，晋冀鲁豫边区政府决定将《赵城金藏》交给北方大学保存。经卷运到后，正值北方大学西迁，经卷运到涉县温村，存放在一所天主教堂内，由北方大学校长范文澜派张文教负责前往看管。张文教接管后，把经卷由温村搬到长乐村一个通风干燥的小阁楼上保存，未再转移。

1949年北平解放后，经华北局书记薄一波批准，电令太行行署将《赵城金藏》运到北平，交北京图书馆（即今天的国家图书馆）

收藏，共有四千三百卷，又有九大包。《人民日报》于1949年5月21日发布了《赵城金藏》运抵北平的消息。

（二）修复

北京图书馆于1949年5月14日邀请文化教育界专家多人举行展览座谈，并会商修复和保存的办法。北京图书馆赵万里介绍《赵城金藏》的源流和价值，张文教报告守护和护送的经过，范文澜介绍共产党重视文化遗产的政策。晁哲甫建议北京图书馆制订修复计划，请政府拨给修复专款。会后北京大学向达教授撰写《记〈赵城金藏〉的归来》一文，发表在5月23日的《人民日报》上。

《赵城金藏》入藏北京图书馆善本部，由馆内修整组负责揭裱。文物版本专家郑振铎、齐燕铭多次来北图视察修整情况。有的经卷因受潮、挤压，结成纸棒，修整难度极大，进展缓慢。最后由韩占魁等四位装裱书画的高手承担下来，采取特殊工艺手段，经过十七年努力，终于把这部稀世瑰宝修整完毕，可供阅读。

四、《中华大藏经》不同于历代刊行的大藏经

汉文大藏经以其篇幅宏大、版本众多、历时久远闻名于世。雕版印刷术以前，佛经传播靠手写流传。南北朝时北方已有摩崖石刻佛经，刻凿在岩石上，与造像祈福同一目的。隋代已开始用石板刻经，那是为了保存佛教经典，以防止兵燹战乱的破坏。刻在石板上，每块石板重达百斤，利于保存，但不便阅读。10世纪，北宋

开宝年间开始以木版印藏经，世界上第一部雕版大藏经问世，世称《开宝藏》。后来辽、金、元、明、清都曾投入大量人力、物力雕造藏经。现存公私家刊印的大藏经达二十种之多。辛亥革命后，还出版过铅字排印的两种大藏经——《频伽藏》和《普慧藏》。在国外，汉文版藏经有《高丽藏》《黄檗藏》《弘教藏》《卍续藏》《大正藏》等。纵观国内外已出版的各种大藏经，都有这样那样的缺点，今天看来都不算理想的版本。

为了避免过去各种大藏经的缺点，我们编印的《中华大藏经》力求做到版本要“精”、内容要“全”。我们慎重考虑，选用了八种有代表性的不同版本的大藏经，以《赵城金藏》为基础，进行对校。

《赵城金藏》是北宋《开宝藏》覆刻本，装帧、版式保有《开宝藏》的特点，在《开宝藏》散失殆尽的情况下，不论在版本方面、校勘方面，它都有无可比拟的价值。

国内现有藏经中未经传世的孤本还有《房山云居寺石经》、《辽藏》（又称《契丹藏》，用名不妥，因为它用汉文而不是契丹文）、《元代官刻大藏经》《洪武南藏》。这几种大藏经多为《碛砂藏》和《永乐南藏》的覆刻本，所收典籍均少于《赵城金藏》，不宜用作基本参校本。《赵城金藏》收录佛典近七千卷，现存五千三百八十余卷，虽有缺佚，但可用《高丽藏》补入。《高丽藏》与《赵城金藏》同属《开宝藏》系统的覆刻本，版式基本一致，用《高丽藏》补《赵城金藏》自然协调，便于操作。

《中华大藏经》的校勘方式亦与过去有所不同。《中华大藏经》编辑者申明以《赵城金藏》为基础，而不说以《赵城金藏》为底本，是经过考虑的。

《赵城金藏》长期存放在矿洞中，有的经卷水湿、霉变，字迹有残损、有漫漶。在抢救搬运中，卷帙有破损。虽经过北京图书馆的精心修整，基本恢复旧貌，但有些经卷水浸后有霉点，原件可以辨认，照相制版后即不够清晰。我们还要在底片上除去霉点。有残缺不全的字，确定为某字的，如“菩萨”有缺损一半的，即用《赵城金藏》中相同的字剪贴补足。经卷中遇到一行半行或一版半版漫漶不清的也用此法补足。遇到整卷缺佚的，即用《高丽藏》补，并在该卷校勘记中说明。按照传统校勘义例，虽经过编辑人员慎重加工，《赵城金藏》已不能称为底本，而只能说是以它为基础。《中华大藏经》成为中国众多版本大藏经之后的另一种新版本，字迹清晰，既可供佛教信徒咏诵，又可为研究提供可信的原始资料。

《中华大藏经》以《赵城金藏》为基础，与另外八种版本的大藏经对勘。这八种版本是《房山云居寺石经》《资福藏》《影宋碛砂藏》《普宁藏》《永乐南藏》《径山藏》《清藏》《高丽藏》。九种藏经逐句校对，只勘出各种版本文字的异同，不加案断。

我们校勘的目的，不在于勘误订正，而在于会同比较。因为我们长期整理中国古籍的经验表明，不同版本出现的文句异同，多半不涉及义理，古籍版本出现文字异同各有道理（当然也有明显错误的），如果一定要由编者决定取舍，难免失之武断，徒耗人力，并不科学。

还应指出，每一种善本的特殊价值并不真正由于它的至美至善，而在于它体现了各自时代的某些特征。这些特征是别的版本不能代替的。如《房山云居寺石经》可谓善本，其中石刻佛经体现了《辽藏》的风貌。但也发现有的刻工为了贪图省工，出现了许多与上下文不相连属的“一”字。从一般校勘原理看，这些“一”字与形、音、义的错简毫无关系，只是由于刻工按版计酬，为了省力，又能占满版面，才出现了不应出现的许多“一”字。汉字中只有“一”字笔画最少，刻起来省力，用来充字数最方便。像这类缺点，瑕不掩瑜，并不能动摇《房山云居寺石经》版本价值的历史地位，这里只是说明中国过去雕印的众多版本的大藏经没有一种是尽善尽美的。《中华大藏经》为读者提供一个会同诸本的机会，标出异同，不做案断，正是极端负责精神，尊重读者、研究者的判断能力。一卷在手，等于同时拥有九种版本的大藏经，为研究者提供了空前的方便，这是《中华大藏经》出版以前任何图书馆都无法办到的。

《中华大藏经》上编完成后，我们编辑者已准备编辑下编。下编将包括历代无《千字文》帙号部分与新编入藏部分，重点放在过去未入藏的佛典文献，以及佚散在前代大藏经之外，以及近百年新出的佛教文献，它包括：

第一，近代由梵文、巴利文、藏文、蒙古文等各种文字译为汉文的佛教典籍。

第二，敦煌藏经洞保存的大量佛教典籍。

第三，正史、地方志、丛书、类书、个人文集中保存的有价值的佛教资料。

第四，与佛教有关的金石资料。

第五，近现代的佛教著作与有价值的资料等。

下编完成后与上编并立，为我国储备一套完整的佛教文献资料，《中华大藏经》将成为名副其实的一套汉文佛教全书。值得欣慰的是，在国家支持下，《中华大藏经》下编的编辑工作已于2002

年4月开始启动。因为我们已有了编辑上编的经验，可以比上编较快地出版问世。

五、《中华大藏经》的完成

《中华大藏经》在国家大力支持下，1982年开始编辑。1986年初，已出版到第十五册时，古籍整理出版规划小组负责人李一氓同志给薄一波同志写了一封信：

一波同志：

金朝所刻佛经，原藏赵城广胜寺，是极为珍贵的佛教典籍和历史文物。抗日战争时期，日寇企图掠夺。当时您和陈赓同志命令所属，于敌伪碉堡丛之间，奋勇抢运至安全地带。全国解放后，由中央人民政府拨交北京图书馆保存。嗣经北京图书馆用十七年时间精心整理，灿然恢复旧观。1982年，国务院古籍整理出版规划小组委托任继愈同志主持，即以《赵城金藏》基础，编成《中华大藏经》，共约七千卷，将分装二百二十册，由中华书局影印出版。现已出十五册，特检送第一册，藉留纪念。

一九八六年一月二十日

李一氓同志的这封信简单地叙述了《中华大藏经》的编辑、出版经过及今后的打算。当上编一百零六册接近完成时，我曾给李一氓同志写信，说明上编完成在即，请求仍由国务院古籍整理出版规划小组支持继续完成下编。可惜他已生病住院，身体、精力都不能执笔写字，由他的助手代写了一封回信：

继愈同志：

四月底以后，复多为心脏病纠缠，精神不佳。我意以专力完成《大藏经》正编及目录，此项工程已经是了不起，如能完成，当可告无罪于天下。至于续编及近代检索装备，只能留及后人。特此致函，略述微意，并请见宥为荷。

即颂

撰安

李一氓

五月卅一日

收到信不久，李一氓同志与世长辞，生前未能看到这部《中华大藏经》上编完成。如果没有他的大力支持，这部《中华大藏经》只能以《赵城金藏》的原始面貌沉睡在善本书库内，无从会同八种不同版本呈现在世人面前，更无从为建设新文化积累资料添砖加瓦。

编纂这部《中华大藏经》，我主要得力于两位青年助手。一位是李富华，他十二年如一日，审查校稿后，交中华书局；另一位是方广锠，他读博士生时，从事中国佛教文献专业，专攻版本目录之学，他还帮助制定编辑工作流程，对编纂工作起了重要作用。

上编出版到第三十五册时，我们编辑的主要成员——童玮教授不幸逝世。他一生致力于佛教经典版本目录之学，他编撰的《二十二种大藏经通检》凝结着他一生的心血。为了普查国内佛典古籍现存的情况，他不顾年高，走遍了大江南北、长城内外，南到苏州、南京、上海、南宁、昆明，北到雁门关外的宁武，东到东北吉林、长春、旅顺、大连，西到四川成都，山西晋城、太原、五台，经过他亲自访查，基本摸清了佛教古籍现存的概况。他在编辑《中华大藏经》工作中起着无可取代的作用。童玮还曾听山西晋城青莲寺僧人说，抗战时期，国民党第二战区司令部曾来人借走该寺的卷轴装佛经三十余卷，寺僧不敢不给，借走后未归还。当年的借阅者、借出者早已逝世。这几部《赵城金藏》卷子的下落留下了永久难解之谜。童玮每次对我提到这件事，不胜唏嘘。

校勘组的石硙老师，在当年十分困难的条件下，工作勤奋认真，以致积劳成疾，本书第一册出版前因病逝世。张文苑先生负责底本组，承担着校勘工作的第一道工序。他认真负责，工作安排得有条不紊，不幸突发脑溢血逝世。还有湖北的王世安先生，他为校勘工作付出了劳动，也过早地逝世了。对逝世的这几位来说，是终生遗憾，也给我们全体编纂者留下长远的怀念。

为了搜求中原找不到的卷帙，我们还得到海外朋友的大力支持、协助。这里特别感谢美国的余英时教授，承他的协助，找到《赵城金藏》散佚的《佛国记》，得以珠还合浦。先后对编纂《中华大藏经》提供资料做出贡献的国际友人还有日本临济宗相国寺派管长的梶谷宗忍先生、日本临济宗相国寺派教务部长绪芳香洲先生等。

我们还曾收到没有留下姓名的捐助汇款两笔，一次一百五十元，一次二百元。感谢他们对中华佛教文化事业的支持，他们的心愿将与《中华大藏经》同在。

六、《中华大藏经》编辑人员总名录（以姓氏笔画为序）

丁明夷	王玉甫	王世安	王　立	王永清	王　安
王克禄	王育仁	王若兰	王　军	王惠仁	王　新
王震飞	王　静	王　鸿	王释非	王　铸	牛培昌
方　生	方广锠	尹清慧	石　硙	石静宜	白　梅
包兰秀	曲秀兰	朱红蕾	朱启贤	朱曙光	任今要
任道平	任　慧	任继愈	伊　晶	安月兰	李玉清
李若聪	李富华	李　硕	李璋元	李　莹	李　蕊
李锡琏	李铁钢	吴彩本	吴　莹	何　梅	余岫云
余涂才	汪颂圻	沈秀英	沈林红	宋启民	宋　璟
尚其康	金世光	金莲生	周立新	周悌闻	周维桢
屈小琦	孟淑玖	柯金康	柳本明	胡受之	郝继东
郏廷础	姜京春	姚京胜	荀俊恩	范庆文	袁文君
袁　祝	马彤谨	马鹏云	马艳霞	夏洛玉	乌红梅
郭建纲	郭卫东	郭　苹	高明赞	唐　洁	陆德明
陈　力	陈小平	陈兆明	陈亦男	陈贞辉	陈　军
陈　刚	孙小宸	孙　华	孙培育	孙爱东	曹　扬
娄春明	梁宝全	张大柘	张子静	张文苑	张方梅
张以林	张以鸾	张廷杰	张宏愿	张　岩	张佩兰
张　红	张桂元	张桂新	张风喜	张　谦	张　馨
张跃生	单立经	乔　颖	程　昕	傅克勇	傅增禔

邹文莉　童　玮　鄢玉川　万淑惠　葛维钧　葛艳飞
董型武　叶祝华　叶龙先　杨世荣　杨　旻　杨素香
杨崇巽　赵湘君　赵瑞禾　翟瑞华　蒋兆华　蒋孟平
巩如旭　刘永平　刘伯涵　刘维彰　刘泽邦　刘　韵
刘艳青　潘桂明　潘翔九　卢守中　鞠　敏　萧越慧
魏广洲　钟　刚　庞瑞琦　苏珂孙　苏　军　苏刚健
苏燕孙　龚守缙

参加人员先后共有一百六十人，分别属于底本、修版、调度、校勘、汇稿、定稿、总务、财务八个部门。各部门人员多少不等，少的一个人，多的四五十人。参加者年龄从二十到八十，老少不一；参加时间最长的从始到终十二年，最短的三个月，不等。他们的辛劳和业绩也将与《中华大藏经》同在。

小题目　大手笔*

——怀念陈云同志

解放后，我国学术界习惯地听到“厚今薄古”的号召，革命要与一切传统思想彻底决裂。这种心态积重难返。经过“文化大革命”，极“左”的危害得到充分暴露，砸烂孔庙的碑林，却冒出了封建造神思想。人们已认识到文化是不能割断的。中华五千年文化必须了解、研究、分析、批判地继承。文化遗产是中国人民的精神财富。我们炎黄子孙有责任研究它，发展它。恰在这时，在陈云同志主持下发布了整理古籍的文件。

人们熟知陈云同志是我国最受尊重的领导人之一，长期负责工业、经济等方面的领导工作。当“浮夸风”泛滥，折腾得民不聊生，日子过不下去的时候，请他出来挽救危局，他对症下药，手到病除，全国受惠，功成身退，润物无声。

“四人帮”粉碎后，他曾对古籍整理工作有过指示。经他提议，中共中央下发了37号文件，文字不多，却给古籍整理工作奠定了基础、指明了方向，古籍整理工作从此开了新生面。陈云同志从

---

* 原载《古籍整理出版情况简报》总412期。曾收入《古籍整理与出版专家论古籍整理与出版》，凤凰出版社，2008年2月版。

此未再过问过古籍整理工作，有似神龙见首不见尾。他领导风格令人赞叹、钦佩、怀念。

记得1958年，国务院科学规划委员会成立了古籍整理出版规划小组，由齐燕铭同志负责组织工作。1959年，北京大学创立了古典文献专业，设在中文系，专门培养整理古籍的青年学者。记得在北大临湖轩开会筹建，参加的有文化部的齐燕铭，北大的翦伯赞、魏建功等中文系、历史系、哲学系的几位教师，以及中华书局连同新闻媒体人员，总共近二十人。会议决定由北大调配师资，开设考据、校勘、训诂、文化史等课程，第一届招生二十名，作为试点。当时北大中文、历史、哲学系的师生们，思想改造运动刚过去，知道应该培养研究古代传统典籍的人才，抱着试试看的心态。

1958年，全国“大跃进”，北大文科师生正在农村劳动，哲学系师生下放到北京大兴县劳动。老教师如冯友兰、郑昕、张岱年，还有来华进修的外国留学生也跟着下去劳动，已不上课。接着是三年困难时期。古籍整理提不上日程。

记得三年困难时期，中华书局出版了一部《册府元龟》，是我国宋代编辑的一部很大的工具书，在香港印刷，在北海公园某地召开一个小型会，中华书局总经理金灿然讲了编辑出版的过程。当时周一良、周祖谟和我都认为这书很有用，提议中华书局把宋代《文苑英华》《太平御览》等另外几部大书一齐出版，以应学术界的需求。金灿然苦笑着说：“出这一部书还是冒着风险的，不能再出了。”周一良说：“《资治通鉴》《二十四史》不是已经着手编辑出版了吗？”金灿然说：“那是毛主席点名要出的书，出版这部书我是冒着风险的。”金灿然并非过虑，“文革”中他竟以积极出版古籍而遭罪。

“四人帮”粉碎后，全国拨乱反正，古籍整理工作也随着形势的变化被再度提起。1981年5月、7月间，陈云同志有两次指示，指出整理古籍工作极为重要，最后中共中央发布了1981年37号文件，指出“这是一项关系子孙后代的工作”，要有长期打算。恢复了古籍整理出版规划小组，直属国务院，遴选小组成员五十三人、顾问三十四人，并指定李一氓同志负责组织工作，从此古籍整理出版规划工作开了新生面。

陈云同志的指示对这一工作的开展起了决定性的作用，我感到有三点值得特别指出。

第一，时机适宜。全国在极“左”风刮得最激烈的时期，经济困难，饭都吃不饱，天灾人祸伴随发生，这些困难陈云同志了解得比任何人都清楚。只有生产上去了，国家稍稍富裕了，才有可能考虑到古籍整理问题。还有一个时机问题：一批老专家健在，我们新一代青年专家逐渐成长起来，有了一定人力。

第二，用人得当。陈云同志深知李一氓是党内精通古代文化的老同志，有领导才干，德高望重，办事有魄力，善于团结人。李一氓担任古籍小组组长是最合适的人做最合适的事。我们经常看到有的工作确实很重要，也应该做，只是用人不当，好事没有能做好，像这样令人遗憾的事古往今来太多了。李一氓同志果然不负国家的重托，出色完成了任务。

第三，建制有力。设置古籍整理出版规划小组，直属国务院。赋予古籍办以直接调动全国人力、财力的权力。比第一届古籍整理小组时期，责任、权力都有所加强。

古籍整理工作既考虑到当前的急需，又考虑到长远，不求速效，不图近利，有些大工程项目，要长期集中人力，不断由国家投入，短期的三五年，长期的也有十年八年才能完成的。陈云曾指出，“整理古籍是一件大事，得搞上百年”。没有宏大的胸怀、高远的视野，提不出这样切中肯綮的意见。陈云同志重视古籍整理并不只为了少数专家，而是更关心广大群众，强调提高全民的素质。他指出古籍整理要有今译；一般读者阅读有困难的，要有注释。这样的构想是为全体人民着想的。又由于古籍门类多、数量大，提出容易整理的先出版，难度较大的后来逐步解决。以中国古籍多达十几万种，期以百年这种设想是合理的。

中华秦汉以来历代有所作为的政府，建国后五十到一百年间，都是注重文化建设的时期。如汉代从文、景两代到汉武帝约七十余年，唐代从贞观到开元盛世、清朝康熙到乾嘉约一百年。参照过去，新中国建国到现在五十多年了，文化建设也正当集聚资料、准备迎接文化高潮的时期。今天中国已走向世界，中国社会主义新文化既要吸收中国的优秀成果，还要吸收外国的优秀成果；既要总结古代，又要构建现代。我们古籍整理出版事业，是建设社会主义文化的组成部分。今天的资料整理，正是为迎接建设新文化高潮准备粮草。

只就1981年以来的短短几十年，我们整理出版的古籍的数量已超过了前人。不是我们比古人高明，而是我们比前人占有时代赋予的有利条件，在前人基础上有所前进：我们有现代检索手段；用电脑代替手工操作，可收事半功倍之效；有丰富的出土文物与书面文献相印证；可借鉴近现代已经成熟的国际经验；有观察社会、剖析历史的历史唯物主义和社会发展观——这些优势条件是我们前辈学人所不具备的。我们看到今天已有的成就，不能不想到陈云同志对古籍整理事业的重大贡献，其社会效益及其深远影响已大大超出整理古籍的范围。他发纵指示，为创建社会主义新文化打下基础，使我们开阔眼界，走上坦途。古人的“为而不恃，长而不宰”的境界于陈云同志的作风体现得很出色。

李一氓同志与《中华大藏经（汉文部分）》*

李一氓同志是革命老前辈，名字我早已熟知，工作上的接触是在1964年初。那时胡愈之同志为团长（中尼文化友好代表团），去尼泊尔王国访问，我是成员之一。临行前，一氓同志约我们全体团员见了一面，谈话中，他叮嘱代表团到尼泊尔遇到有关佛教的重要资料可以买一点，钱不够，由使馆解决。当时他在国务院分工主管外事工作，除了注意政治、经济，还关心文化，给我留下了深刻的印象。这次去尼泊尔加德满都，逛书店，买了一部意大利藏学专家杜齐（Tucci）的书，这部书在欧洲已不易买到，现在该书充实了我们世界宗教研究所的图书馆。

“文化大革命”初期，有时在广安门中医研究院针灸科看病时遇到，都在困境，都在患病，打过招呼，未多谈。

游黄山始信峰，有一块二尺见方的石刻，是李一氓同志的作品。我对一氓同志的革命经历、文学修养又加深了一层认识。

1977年以后，我从北京大学搬到三里河南沙沟宿舍，与中央档案馆曾三同志经常过从。曾三同志谈到他与一氓同志在下放时的生

---

* 原载《古籍整理出版情况简报》总238期。曾收入《李一氓纪念文集》，中华书局，2002年5月版。

活片断，我对一氓同志的严肃认真的作风又多了一分了解。

在1981年，国务院恢复古籍整理出版规划小组，李一氓同志主持这项工作。我与哲学组的几位同志应邀参加了这次会议。会议期间，我提出了整理、编辑《中华大藏经》汉文部分的计划。这次会议使人感到振奋、鼓舞。制订计划，不是修修补补，零敲碎打，而是有计划、按学科门类、有系统地进行整理。李一氓在会上正式提出，整理古籍，不限于传统的经史子集，佛藏、道书也是中国古籍，也要一并考虑。像他这样高瞻远瞩的见解与气魄，比清朝《四库全书》的编纂者的见解不知要高出多少倍。《四库全书》把佛、道二教典籍摒斥于传统文化圈以外，只在子部门类占了很小一部分。《四库全书》轻视佛、道二教的编辑原则并非首创，《隋书》载王俭的《七志》以道佛附见，合为七门。阮孝绪《七录》以佛录第六、道录第七。《隋志》则于四部之末附载道经、佛经总数，《唐志》以下有经目而不详。这说明儒家传统观念怀有门户偏见，认为佛、道典籍价值不大。

只有无产阶级具有宏大开阔的胸怀，不带有门户偏见，以继承全人类文化为己任，凡是有价值的文化遗产，都要重视、研究、吸收。佛、儒、道三家在中国都有千年以上的历史，释迦牟尼、孔子、老子并称“三圣”，佛教、道教的影响已深入千家万户，它渗透到中华民族的家庭生活、社会生活、文化生活各个方面。研究中国文化，只看到儒家的经史子集，而看不到佛藏、道书就不全面。

李一氓主持的古籍整理工作，给佛教典籍的整理工作以充分重视，体现了党的文化方针的正确。佛教典籍数量相当多，初步检查，佛书约有两千四百余种，两万三千卷以上，数量约当《四库全书》的四分之一。

会议期间，我把酝酿了多年，整理一部新编大藏经的计划写了出来，交给了大会。我根据现在世界通行的大藏经的情况，认真地考虑，觉得它们有严重缺点，编排有缺点，收录也不完备。像日本《大正大藏经》出版时，尚未发现山西《赵城金藏》，《房山石经》也未发现。我们新编的大藏经，第一要做到收集齐全，不使遗漏；第二要做到版本精善。我们以《赵城金藏》为底本，再以《房山石经》《崇宁藏》《资福藏》《碛砂藏》《永乐南藏》《径山藏》《清藏》《高丽藏》八种版本会校。《赵城金藏》与《房山石经》都是稀世珍本，从未向世界全部公开过。这八种会校本大体上反映了从隋唐到清朝一千多年间我国大藏经的面貌。《赵城金藏》为底本的价值在于它是北宋《开宝藏》的覆刻本，每版二十三行，每行十四字。在《开宝藏》散失殆尽的情况下，《赵城金藏》在校勘和版本方面都具有无比优越性。我国现存的众多大藏经中，未经传世的还有《房山石经》《辽藏》《元代官刻木藏经》《洪武南藏》《武林藏》和《万历藏》六种。其中所收典籍均少于《赵城金藏》（《赵城金藏》近七千卷，现存有五千八百余卷）。《赵城金藏》有缺佚，可用《高丽藏》补足，这两种大藏经同是《开宝藏》体系的覆刻本，版式相同。有了一部《中华大藏经（汉文部分）》，等于同时拥有九种善本的大藏经。九种大藏经汇集于一编，这是过去任何公私藏书家都办不到的。

像这样一项浩大工程，整理、普查全部佛藏资料，全部典籍，如果编辑完成后，所收典籍当在二万卷以上。这项工作不但在中国，而且在世界文化史上，也是一项壮举。它反映了中华人民共和国整理古籍的新水平。

历代的大藏经的编辑，都是为皇帝祈福，为编辑者造功德。《中华大藏经（汉文部分）》第一次提出保存民族文化遗产，为科学研究提供有价值的资料，为佛教界提供完备的经典以供讽诵、供养。

古籍整理会议结束时，李一氓同志明确表示，支持《中华大藏经（汉文部分）》的上马。还笑笑说，“我是禅宗的顿派”，表示要做的事就不要拖拉。

照正常程序，开办一项较大的工程要向国家要编制，要建筑面积，要设备。我们也采取了一氓同志所说的“禅宗顿派”的作风，没有等待条件齐备了再动手工作，我们只抽调了当时世界宗教研究所佛教研究室的两三位同志，加上几个研究生，租了两间房子就工作起来。人手不足，我们从中学离退休的教师中选聘了一批热心文化又有古文字修养的，参加版本校对工作。1982年列入国家整理古籍的项目以后，1984年就出版了第一批大藏经，共五册。《中华大藏经（汉文部分）》从列入国家计划到出书，李一氓同志都付出了极大的精力。这样一部大书，编辑在北京，印刷、装订在上海，哪一个环节出了故障都不行。开始的两三年，工作还没有完全走上轨道，一氓同志每到一定时期，召集编辑、出版有关人员开一次会，交流情况，排除困难，协调步骤，保证了工作正常运行。一氓同志生前最后的两三年，心脏病常发作，召集大家开会的时间少了，有关大藏经的事找到他，他总是热心支持，能解决的当时解决。这部书的定计划、出版、装帧设计、题签，甚至纸张印刷，平装、精装，大大小小的事都有一氓同志的心血。

我们原来计划这部书十年之内完成，这是按一切都顺利进行的估计，做起来往往有一些意想不到的情况。一氓同志生前只看到《大藏经》的三十七册，没有看到全书出齐，这应当是一氓同志一桩未了的心愿。最近一年多，一氓同志的健康一直没有得到恢复，时好时坏，经常住院。《大藏经》的事他还是挂在心上。他给我的一封短信中说："四月底以后，复为心脏病纠缠，精神不佳。我意以专力完成《大藏经》的正编及其目录，此项工程已算了不起。如能完成，当可告无罪于天下。至于续编及近代检索装备，只能留及后人。"这是他对《大藏经》最后的关怀。病中已不能动手写字，信是别人代笔，由他签名的。

整理《大藏经》是李一氓同志主持古籍整理工作的一部分，古籍整理只占他一生中晚年生活的一部分。一氓同志是一位坚定的革命家，从我和他的接触中，他更关心的是中国的前途、世风、学风、党风，更关心的是马克思主义哲学的前景和发展方向。他看到有些共产党人热心尊孔却不大热心学习马克思主义哲学，深感忧愤。孔子诞辰闹得鼓乐喧天，马克思诞辰过得平平淡淡。他认为这是一种颠倒。一氓同志有一次问我，有没有学哲学的朋友可以给我介绍一两位。我想，要找一两位能和一氓同志谈谈哲学的人，要有学识、有人品，仓率间难以提得出，要仔细考虑考虑才行。这件事常记在心上，一直没办，今天想起来，又是一件极大的憾事。

中华民族的传统文化向上追溯可以回到春秋战国，再向上可以追溯到公元前二三十世纪。中华民族的向未来瞻望，可以瞻望到共产主义社会。马克思主义为骨干的新文化离不开古老的传统文化，两者不能割断。新旧文化如何衔接，衔接得自然、融洽，我从一氓同志的品格中得到启发、受到教育。

《中华大藏经（续编）》编纂说明

汉文大藏经是基本网罗历代汉译佛典并以之为核心的，按照一定的结构规范组织，并具有一定的外在标志的汉文佛教典籍及相关文献的丛书。它的内容十分广泛宏富，涉及宗教、哲学、历史、民族、语言、文字、音韵、文学、艺术、天文、历算、医药、建筑、中外关系等诸多领域。它是人类文化遗产的重要组成部分，对世界文化，特别是亚洲文化曾经产生过深远的影响。

现在尚流传于世界，并自成体系的大藏经主要有三种：南传巴利语三藏、汉文大藏经、藏文大藏经。在这三种主要的大藏经中，汉文大藏经所收经籍的数量最多，涉及的时代跨度最大，地区涵盖面最广，包容的佛教派别也最多。所以，汉文大藏经之重要，历来为世人注目。

佛教传入中国已经两千多年，已经融入中华文化，对中华文化的各个方面产生了持久而深广的影响。汉文大藏经不仅是佛教信徒崇奉的文献典籍，而且成为全民族共同关心、护持、研发的精神财富。因此，南北朝以来，我国历朝历代都把修造汉文大藏经作为本朝的大典，以至于纂修大藏经已成为体现中华民族文化传统的盛事。如今，赓续中华民族的这一文化传统，纂修新的大藏经，已经成为我们这一代人的责任。

今天，我国新文化的建设正处在一个资料积累的时期。在我们走向现代化的过程中，清理传统文化，继承优秀传统，佛教文化占有重要地位。两千年来，佛教文化已经成为中华文化的有机组成部分。对于佛教文化，需要我们进行认真的总结。而汉文大藏经必将在这一过程中做出应有的贡献。编纂《中华大藏经》也是顺应这一历史的需求。

1982年，我受国家古籍整理规划领导小组委托，开始编纂《中华大藏经》。首先起步的正编以稀世孤本《赵城金藏》为基础，总汇历代大藏经之有《千字文》帙号的部分，会勘了历史上八种有代表性的藏经。收经一九三九种，共计一〇六册，一亿多字。经过十三年的努力，于一九九四年底编纂完毕，一九九七年由中华书局全部出齐。正编反映了新中国成立之后我国佛教文献搜集整理的新成果，先后获得新闻出版署全国古籍整理一等奖、中国社会科学院优秀科研成果荣誉奖、全国图书奖荣誉奖，得到国内外学术界的重视。

按照传统，以往每个朝代编纂大藏经时，一般都会对前代的大藏经进行整理，并增收新的佛教文献。所增收的佛教文献形成续藏，从而使大藏经的内容不断更新、扩展。《中华大藏经》正编所收为历代大藏经的有《千字文》帙号部分，尚未包括古代大藏经已经收入的全部佛教典籍，更无论新编入藏。百年来，散佚在传统大藏经之外有关的佛教文献不断被发现，如敦煌遗书、《房山石经》、西夏故地之新出佛典，六朝以来的散佚佛典（包括散佚在国外的佛典），金石资料中的佛教文献，各地图书馆、博物馆保存的未为历代大藏经所收的古代佛教典籍，正史、地方史志、丛书、类书、个人文集中保存的佛教资料，与佛教有关的金石资料。此外，近代以来，涌现一批新的从梵文、巴利语、藏文翻译的佛教典籍。新的高水平的佛教研究著作也层数不穷。我们应该将上述佛教文献加以认真的整理，编入《中华大藏经（续编）》，使《中华大藏经》成为历史上收罗最为宏富、资料最为充实的佛教典籍宝库。因此，早在1982年《中华大藏经》正编编纂之初，就有赓续传统，编纂续编的设想，只是条件不成熟，无从启动。现在，国家经济腾飞，综合国力增强，在国家关注和有关方面的支持下，续编终于起步。

《中华大藏经（续编）》收录典籍的范围为正编没有收入的汉文佛教典籍。下限截至当代。字数在两亿六千万字左右，是正编的一倍多。根据现有文献实际内容，初步计划分设如下诸部：

印度典籍部：收入印度佛教典籍汉译本，包括经律论、贤圣集传，以及对于上述典籍的注疏与复疏。

南传典籍部：收入南传佛教典籍汉译本，包括律、经、论“三藏”及“三藏”以外的其他南传佛教传统典籍。

藏传典籍部：收入藏传佛教典籍汉译本，包括甘珠尔、丹珠尔及历代传承的松贲文集。

汉传注疏部：收入关于印度佛教、南传佛教、藏传佛教典籍的注疏及复疏。

汉传撰著部：收入论述教义的佛教典籍及对这些典籍的注疏与复疏，以及佛教的论文总集、纂辑、僧人个人文集、类书等佛教文献。

史传地志部：收入各种佛教史传及佛教历史地理学著作，包括总史类、别史类、史料集、寺志、山志、僧人行脚纪、各种地方史志中的佛教资料等。

忏仪部：收入各种佛教忏仪。

疑伪经部：收入各种疑经与伪经。

论衡部：收入中国儒、释、道三家论议佛教的典籍。

外教部：收入历史上与佛教曾有交涉的国外其他宗教的相关典籍，如印度教、耆那教、摩尼教、景教等。

目录音义部：收入佛教目录、音义等各种工具书。

《中华大藏经（续编）》将根据各典籍派别归属，思想倾向、功用形态的不同，对收入上述诸部的典籍，进一步分作若干类，并提供各种必要而实用的检索手段。

《中华大藏经（续编）》将与已经出版的《中华大藏经》正编一起，体现从古到今，中国佛教典籍之全貌，体现当代中国佛教研究的水平，成为翔实、完整、科学、实用的佛教文献宝库，为继承与发扬中华民族的优秀文化贡献力量。

《佛教大辞典》前言*

佛教与基督教、伊斯兰教并称为三大世界性宗教，以其历史悠久、传播广泛、影响深远、内容繁复著称。佛教故事、佛教文学、佛教音乐、佛教建筑、佛教造像（包括壁画和雕塑）及其历史遗迹等等，其影响远远超出现在佛教信徒活动的范围。今天亚洲有些地区的佛教早已消逝，但该地区佛教遗迹仍散发着灿烂的艺术光辉，每年吸引着成千上万的世界各国游客。可见真正有价值的文化遗产已为人类共享。佛教历史悠久，教派众多，其教理教义、典籍文献、宗教哲学、思维方式、逻辑模式、心理分析以及健身防病之法，与其他宗教相比独具特色，值得以现代科学方法总结和深入发掘。这些思想文化资源都是构建我国新文化的珍贵遗产。建设新文化如果忽略佛教文化，将是不可想象的。

早在1921年，丁福保先生编成了《佛学大辞典》，筚路蓝缕，厥功至伟。此后八十多年，世界发生了空前的变化，中国也发生了空前的变化。世界各国和我国的佛教研究都有了很大的发展，有关佛教文化、佛教典籍、佛教历史等方面的专著及工具书不断出版，

* 《据佛教大辞典》，江苏古籍出版社，2002年12月版。

硕果累累。而日益频繁的国际学术文化交流，为我国佛教研究者开拓了视野。另外，我国考古学界还不断发现新的文献及资料（如敦煌文书、西夏佛教文献等），深化了佛教的学术研究。所有这些，都为我们编写《佛教大辞典》提供了必要条件。

半个世纪以来，在老一辈专家学者的带动下，在汉传佛教、藏传佛教以及国外佛教诸多研究领域中涌现了大批中青年专家，其中有些专家在国内外学术界受到同行的钦重。我们编撰这部辞典主要是依靠这一支老、中、青相结合的科研队伍，同时还得到一部分海外学者的支持。这些是《佛教大辞典》得以完成的保证。

本辞典可以向读者奉告的约有五端：一是编委会邀请最适合的人选撰写他擅长的条目。二是取材广泛，用材审慎；解释原文，忠于原义。三是本国条目求详备，外国条目保持客观。四是尽量吸收国内外学术研究新成果。五是诠释佛教名词概念用现代规范语言，力求不失原义，避免原文照录、以经解经给读者造成的不便。

佛教卷帙浩繁，门类众多，内容复杂。编撰者学识有限，本着对读者负责、对学术负责的本愿，不求完备，但求存真。

《辽藏》笔谈*

山西应县木塔发现辽代刻印佛经，震动了学术界。

许多佛教典籍、文物、法器和轴卷佛像被装在大佛塑像内，秘藏了八百多年，现在重见天日，污损残破的文物又得恢复旧观，这是文化界的一件大好事。

装修佛像或佛塔，照例都是把最能代表当时“价值”的东西作为填充内容。这些填充物一则用以镇压邪恶；二则把宝物珍秘收藏，以垂永久。应县木塔中佛像胸腹部填充的佛经、印绢佛像、七宝与佛牙舍利等都是理所当然的当时佛教的法宝。

辽代文化与北宋文化有密切关系，辽代对11世纪北方中国文化有过很大的贡献。但是有些学术界人士往往受大汉族思想或正统史学偏见的支配，有意无意地贬低了辽代文化的成就和它对中华民族文化的贡献。这一点从辽代木塔发现的文物可以再一次得到说明。

佛教是中国文化的一部分，它经历了隋唐的发展，已与中国封建宗法传统文化相融合，形成中国的佛教。中唐以后，河北藩镇长期割据，政治、经济自成系统，北方文化也与中原及南方有所差

---

* 据《任继愈学术论著自选集》。原载《中国历史博物馆馆刊》1983年第5期。

异。宋代佛教继承了唐代的传统，没有根本的改变。从总体看，辽文化落后于北宋，但契丹贵族努力封建化，把从事游牧生活的奴隶制民族带进了定居的牧业农业相结合的封建制，建立了大城市，并使城市成为经济、政治、文化的中心。契丹民族把自然发展也许要若干世纪才能完成的社会发展进程，竟能在一二百年之内就把它完成了。辽代佛经雕镌的精美可以充分说明当时燕京的文化生活、经济发展已经达到相当高的水平。

过去学者认为华严宗盛行于唐代中期，天台宗、禅宗盛行于中原和江南。从这次发现的经典中，可以推知华严宗虽未盛行于江南，而五台山是该宗的圣地，《大方广佛华严经随疏演义钞》为华严第四祖澄观的经典著作，若不是华严派流行，当不会把一般著作作为宝物填充佛像。再结合《上生经》《成唯识论述记应新抄科文》《法华经玄赞会古通今新抄》《高王观世音经》《佛名集》《八师经报应记》等著作，可知除华严宗，尚有净土念佛宗、天台宗、唯识宗等许多宗派也在辽统治的地区流行。佛像胸腹部填充的经像，也正好表明它是当时佛教流行于辽统治地区的缩影。唐末五代时期，河北三镇禅宗流行，这次应县文物没有反映，可能与禅宗不立文字、不重经典诵习的宗风有关。

辽代文献保存下来的不多，经过近百年来学者的不断汇集，仅得十三卷，二十余万言。这可能由于辽代禁止典籍流出境外，“传入中国者，法皆死”[①]。这也限制了辽代文化的向内地扩散。佛经雕印旨在流布，似不应珍秘，何以《辽藏》流布不广，或许由于印数

① 《梦溪笔谈》卷十五。

极少所致。后来《金藏》利用了一部分《辽藏》的雕版，《辽藏》被看作《金藏》的一部分而保存下来也未可知。人们只知《赵城金藏》的可贵，但尚未有人从头到尾看过全部《金藏》。如果把《金藏》与《房山石经》对勘，再上溯到北宋《开宝藏》，也许能找出更多值得推敲的线索。我们将在深入研究《金藏》的基础上希望对《辽藏》获得更多的知识。

在五台山研究会首届学术思想讨论会上的发言*

我讲的题目是《佛教与中国的传统文化及五台山的研究》，现分两部分来讲。

一、以佛教与中国传统文化历史为借鉴，看今天的精神文明建设的道路

佛教在印度，从古至今并非是一个最大的流派。在古代的势力远逊于婆罗门教，10世纪以后濒临绝灭。当年佛教的寺塔建筑，现都成了废墟。佛教传入中国，却有了相当大的发展。

佛教向印度次大陆传播的路线有两条，即所谓南传、北传。南传佛教在泰国、斯里兰卡、缅甸、柬埔寨等地区。北传佛教经中亚至中国的西部，然后传入内地，又分两支：一支是汉地佛教，另一支是藏传佛教（外国叫作西藏佛教，并不准确）。佛教传到中国时是汉朝，最早沿着陆上的丝绸之路到了内地，后来是海上的“丝

* 据《五台山研究》1988年第1期。

绸之路”。佛教传入中国后，适应中国的社会制度、风俗习惯，发生了一定的变化。如在印度的僧人，高于俗人一等，不再拜父母君王。这在中国曾引起了较长时期的争论，争论结果是还须拜父母君王。再如，外国出家的和尚可不受政府法律约束，唐三藏取经回来曾建议中国僧人也不要受政府法律的管辖，改用僧律管辖僧众，唐太宗没有答应。佛教传入中国，接受了中国的封建宗法制度。

佛教在中国传播很注意普及的宣传。如僧人结合佛教进行宗教宣传，讲佛教故事，长的连讲一至两月，很吸引人，甚至上层贵族妇女也去听。近似后来的“幻灯”的宣传，也是自佛教开始的。佛寺搞许多壁画也是为了宣传的普及。

佛教对下层群众用直观形式，用音乐、戏剧、艺术以吸引群众。对上层知识界则用它的宗教理论来影响中国思想界。它的宗教理论刚好与中国思想界相配合，如汉代的宇宙论、魏晋南北朝的本体论，都是当时中国的主要思潮。魏晋南北朝中后期，中国哲学界又推向心性论的研究，在中国哲学史上深入了一步。中国哲学和佛教当时的理论重点，都在讲心性论，正好配合起来。在隋唐时期，儒家讲心性问题，佛教也讲心性问题，甚至讲得更深入。双方这种配合，几乎是同步发展的。佛教在中国，从汉代到魏晋南北朝以至隋唐，从上到下都有它的市场，“货”比儒家的“便宜”，经典著作数量比儒家经典多若干倍，经学已成为系列的学问。这样经过长期交融，佛教已不被看作是外国的宗教，释迦牟尼也不被当作外国人看待，孔子、老子、释迦牟尼被中国人尊为“三圣”，认为他们都是值得尊奉的“圣人”。佛教思想也不被当作外来的文化看待，它已成为中国传统文化的一部分。如心性论是当时哲学界、思想界共同关心的问题，已不把它看作是外来的东西了。

如同流水有高低势差一样，佛教文化和中国传统文化接触后产生了一种势差。这种文化势差往往是高级文化影响低级文化，低级文化受高级文化的影响。如果外来的文化水平低于中国当时的汉地文化，它就会受文化势差的影响。印度文化与汉地文化比较，各有特色，两者没有明显的高低差别，因此这二者便互相吸收、融合，终于变成中国自己的东西。西方基督教文化到非洲，基本没有遭到很大的阻力，很快征服了当地原有文化，迫使当地文化欧洲化。基督教传来中国有三次，都未站住脚，最后一次后来是靠大炮强迫推行宗教宣传的。目前我们面临一个开放的时期，今天外来的文化，科学技术是进步的，政治制度比起封建文化并不落后。我们的社会主义的初级阶段，文化的历史地位比资本主义更先进，比西方文化高一个层次。但我们的社会主义还处在初级阶段，有一部分是旧社会遗留下来的封建主义的残余。这样，封建主义的文化中，有一部分抵御不住外来资本主义文化的影响。外来西方资本主义文化也不都是先进的。好多国家在资本主义制度下，面临着一系列的社会问题不得解决。我们目前的现实生活中，也有落后的东西有待克服，像封建主义的家长式的统治，民主作风没有建立得完善，片面的服从关系，这些都不是社会主义的文化。还有很多封建残余影响着现代文化的建设，恐怕还是应当以我为主，批判地吸收外来文化中有用的东西。对社会主义的认识有一个过程。所以，现在加强社会主义教育，加深对社会主义的认识，还是一个很大的任务。对于非社会主义的东西，你不影响它，它就影响你。在文化势差的原则下，我们要力争用社会主义文化去影响、改造前社会主义的文化（包括封建的和资本主义的）。

二、关于五台山研究的具体的设想

看了拟定的研究规划大纲，觉得很好，基本上是可行的，我表示同意。对五台山多学科综合性的研究，必须密切地结合经济开发进行文化的开发，结合经济建设进行文化的建设。五台山研究不能只进行佛教的研究，最好就是结合五台山地区的社会、政治、经济等各方面进行多方面的研究。不搞开发就没有出路。

五台山的研究和开发是综合性的、对外开放的。这个总体设想是好的、可行的。

五台山是佛教四大名山之一，佛教文物也十分丰富。但五台山的研究，佛教方面只是五台山研究的一部分，主要精力还得放在综合研究、综合开发上来。山西省的各级领导很重视文化开发，舍得投资，具有远见卓识，是很难得的。

随着对外开放，也要事先估计到开放以后必然带来的新问题。有些问题将随着经济的开发越来越突出，像环境保护、水源保护、社会治安保卫，都将提到日程上来。更具体些说，像垃圾的处理、“三废”处理、交通电讯的设备、业务行业人员素质的提高，都要做在前头。在山西省还过得去，还不能说够水平，城市开放后，那就要与国内外城市比。如不能预先做好准备，一旦开放，将会给工作带来一系列的被动局面。治不如防，这是别的开放城市早已遇到的，由于没有考虑周到而后悔，再补救那将费更大的人力和物力。

五台山的文物古迹，多与佛教有关。组织相当数量的人力开展佛教方面的研究，是很必要的。社会上有一种误解，似乎开展佛教研究，就要恢复寺院，发展寺院，广招僧徒。其实，佛教在历史上最盛时期，僧人在人民群众中也只占少数。但佛教文化则是全民族共同的财富，像敦煌莫高窟的壁画、彩塑，大都是佛教的宣传品，而今天参考、研究敦煌壁画的人，每天成千上万。各种信仰的人都有，并不限于佛教徒，实际上，佛教徒研究敦煌文物的却很少很少。为了更好地开发这里的文化资源，我们要用历史唯物主义为指导进行研究，佛教信仰反倒有一定的局限性。佛教信仰是个人的自由，有信有不信；文物保护、文化研究，全民族都有责任，不光是教徒的责任。五台山的研究搞好了，可以推动五台山的经济开发，可以提高全民族文化素质，不但对山西省有贡献，也对全国有贡献。

对于开放后将要出现的困难和一些腐朽资本主义文化的影响，以及开放给社会生活带来的消极因素，都要有充分的估计。工作做在事情发生的前头，再大的困难也能克服。有备方能无患。

五台山文化是中国传统文化的缩影*
——五台山佛教文化国际学术会议上的讲话

我虽然人在北京，可是心里时刻惦念着五台山的研究和发展。在白清才同志的关怀下，五台山研究会成立了。之后，又办起了专业杂志，而且办得很好。看到事业的兴旺发达，我非常高兴和感动。再加上今天在座的有这么多年轻人参会，更增强了信心，我们的事业前途无量。五台山研究会在开始成立的时候，我们就考虑到五台山文化为什么是这样一个名称呢？因为中国是一个多种民族、多种信仰的国家。信仰佛教的人比较多，而信仰道教、伊斯兰教、基督教等别的宗教的人也不少。宗教信仰是个人自愿，有它的限制，信仰这个教，就不信仰那个教，可是宗教文化不受限制。佛教徒也可对伊斯兰教、基督教的文化很欣赏。比如每年到龙门石窟、敦煌石窟参观的人很多，佛教徒毕竟是有数的，佛教徒以外的游人更多，因为文化只要它是真实的、美的、有价值的，不分种族、不分国界、不分性别、不分年龄都会爱好、喜欢它、接近它。而且文化是与世界沟通的纽带，中国有十三亿人，到过欧美的人没有多

* 本文是作者在五台山佛教文化国际学术会议上的讲话稿。原载《五台山研究》2002年第3期。

少，但对欧美的了解，对西方的音乐、美术、艺术、戏剧等都很欣赏，因为文化、美的欣赏不受地区、国别、民族差别限制。

五台山文化是中国传统文化的缩影，中国传统文化的精华部分很多方面都可以在五台山佛教文化的范围里体现出来。如汉传、藏传佛教及其他一些宗派都在五台山传播下来了。

佛教文化范围的涵盖面比较广。比如说，敦煌的艺术之所以吸引人，一个是其宏伟的石窟建筑，但我想更主要的是其显示出来的佛教艺术，特别是其造型艺术——壁画、彩塑。再比如说，佛教音乐非常精彩，非常吸引人。据我所知，佛教音乐出国宣传的有北京的智化寺到过欧洲，很受欢迎。我参加过一次五台山南山寺的佛教音乐会，觉得很好，很吸引人，很感动人。佛教音乐作为一个文化分支，应对其加强研究、开发、利用和宣传，使其打出去，走出山西，走出国门。在佛教文化中，诸如建筑寺庙、佛塔不能移动，但音乐不同，它可随人而移动，可以到很多地方。云南丽江是纳西族人集中居住的地方，他们的音乐很受国内外欢迎，到北京，也到过欧洲和其他一些国家演出。所以，我觉得我们五台山的佛教音乐也可以考虑把它作为研究、开发、扩充、推广的内容。因为音乐本身就有中国文化的内涵在里面。

五台山的文化研究刚刚开始，也是一个很好的开端，前面需要我们做的事情还很多。中国以前没有《五台山佛教史》。自从五台山研究会成立以来，崔正森同志写了一部《五台山佛教史》，这是前所未有的一项著作，是一项开创性的研究工作。这并不是说这部书已十全十美，因为任何一本书，都不能说十全十美，还需要发展，还需要深入研究下去。五台山佛教文化，佛教的流派、各派历史研究，也是刚刚开始起步。很多课题，还需要我们进一步去做。

再有，就是佛教的比较研究，比如佛教四大名山的比较研究，目前还没有进行。这种比较研究势必会推动我们五台山的研究。这种研究做好了，对整个中国的文化史都有好处。敦煌的壁画里就有五台山，因而也可以看看在中西文化交流中的丝绸之路的开辟上，五台山的文化起了什么样的作用，对世界起了什么样的影响，也需要进行深入研究，也是刚刚开头。所以说，我们应当研究的问题很多很多。由此，我们也可以把研究范围延伸扩大到五台山的生态研究。因为生态是五台山文化的一部分，与五台山佛教有着密切关系。我从事哲学社会科学研究多年了，有一种突出的印象、一种紧迫感，就是我国的自然科学、技术科学发展较快。因为形势逼人，落后就要挨打，社会各阶层人士都有这种体会。但对社会科学的重视，是不是像重视自然科学、技术科学那样呢？我觉得显然不够。这一方面应该大声呼吁，来引起各方面的重视。同时，也要看我们的工作是否做到了前面。工作做得深、做得透，才容易得到各方面的认可、支持。

说到我们的五台山研究会和《五台山研究》杂志，一开始创办的时候，我也参与此事。由此，我想到印度国际大学，它培养出了许多国际知名的人士，我们中国人在那儿留学的也很多。这个大学的章程规定，校长由印度的政府总理来兼任，政府总理变更，校长也同时变更。这样，学校的发展不受政权变更的影响。根据印度国际大学的经验，我在参加山东墨子学会时就建议该学会参照印度国际大学的做法，学会会长由山东大学书记来兼，副会长由学会所在地的枣庄市委书记来兼，这样对学会的发展稳定有帮助。该学会采纳了我的建议，效果很显著。山东大学很重视后备人才的培养和学术研究，这样学会便不感到后备空虚，学会的一些困难也可由当地政府来协助解决。墨子学会的规模现已很大，建有墨子纪念馆、演示厅等，大力宣传墨子的科学思想。学会、纪念馆的发展，也带动了旅游的发展。山东也是一个文化大省，景点、名胜很多。到山东参观孔庙、孔府时，中间就经过墨子的故乡滕州。这样连成一片，对旅游者来说是一件好事。不仅方便，而且受益，既让旅游者感到中国是一个古老文明的国家，又使其在看到自然风光的同时，也领略了中国博大深厚的文化底蕴。这自然对地方的经济发展起到了推动作用。

由别省的启发我想到山西，山西的文化资源在国内相当丰富。其文化的悠久性与陕西、河南差不多，保存下来的地上文物建筑是全国最多的，特别是夏、商、周以来最多。所以，我们的旅游景点，如果也给它加入文化素质，加以充实，对来旅游的人讲解一下旅游景点丰富的人文、历史内容，使他们印象深刻，口口相传，这本身就是一种很好的宣传。如听听佛教音乐、参观佛寺建筑等等。如果佛教舞蹈也能恢复，那就更好了。这样比一般流行音乐要深刻、有价值，使旅游者受益匪浅，对本地的国民素质教育也有好处。

以前，山西给全国贡献廉价的煤，为全国提供了光和热。但以后只靠这一项就远远不够了，要想办法发展我们的“朝阳产业”，像初升太阳那样的产业。像五台山佛教文化就是这一方面的重要发展方向。如果我们做得好、做得深入透彻，文化旅游对山西经济的发展有着实际的意义。别的技术需要保密，需要产权、专利，而文化的传播，我们中华民族向来以宽宏大量来接纳各方流派，来者不拒。正因为中国文化有着这样博大的气魄，才成就了汉、唐的盛世局面，才得到了世界的重视。汉、唐后的文化高潮，我估计在21世纪的前半叶就有再现的可能。因为文化的发展与经济的步调基本相一致。在经济发展之后，必随着出现文化发展的高潮。中国的历史已经证明了这一点。唐朝文化的发达在唐玄宗的时候，清代文化是在乾隆时最发达，都是在建国后五十年到一百年之时。我们建国已五十年了，再有五十年，全国进入小康生活，达到中等发达国家水平，那时文化的要求和欣赏水平会比现在有很大的提高。所以说，我们文化高潮的到来并不遥远。问题是在座的各位年轻人都要有思想准备，我们用什么，怎样来迎接我们的文化高潮。《五台山研究》的同仁也有这个责任、义务，来把它发扬光大。我相信在大好形势下，沿着正确的道路，会把五台山文化搞上去。《五台山研究》杂志在国际、国内都已经引起人们的关注，希望这个刊物不仅办下去，而且越办越好，因为这是一个宣传五台山、研究五台山的园地。

今天，五台山研究取得了这么大的成就，是与各位领导、同志的努力分不开的。我人虽不在五台山，但心却经常惦记着五台山的发展前景。我们中国既古老又年轻，这是一个特点，也是一个优点，更是一个优势。世界上许多国家虽然古老却不年轻，像古希腊、古埃及、古巴比伦。古埃及文字、古希腊文字，今天的埃及人、希腊人都不认识，更说不上使用了，已成为死文字。但我们的汉字，从甲骨文到现在仍然在用。我们山西的文化、五台山的文化与我们国家的文化一样，也有这个特点，既古老又年轻。我们的前景无限光明。我还有一个很迫切的感觉，就是我们的年轻人要跟上来，要尽快培养接班人。有了人才，我们的种种设想和蓝图才能实现。人才接不上，再好的计划，实现不了，没有用。我很高兴，看到我们山西的各级干部，特别是最近几年来，干部的知识化、年轻化很显著。这样的人才多了以后，成了一个群星灿烂的局面，我们的山西会大有前途、大有希望。

介绍《中国佛教丛书》*

佛教传入中国，经历了两个主要阶段。第一阶段是翻译介绍阶段，第二阶段是吸收创造阶段。从汉代传入中国到南北朝初期，属于第一阶段，这一时期的佛教大师都是外国僧人，中国学者只能充当外国佛教专家的助手。译经学者来自不同国家，各有其师承传授系统，信奉不同的经典，他们在中国的译经助手和听讲者跟着翻译者形成不同的学派。讲经的寺院即成为该学派活动的中心。主讲大师转到另外寺院或另外城市，学派中心也随着转移，信徒不是固定的。

隋唐时期为中国佛教发展的第二阶段，这时期的佛教大师都是中国人，他们创建了中国的宗派，不少外国僧人学者到中国留学，充当中国大师的助手。

隋唐时期的佛教学者根据中国国情，阐释佛教典籍，有发挥，有改造。他们对宗教理论的解释，有的能找到经典依据，也有的宗派抛开经典，进行创造性的发挥，以期适应中国当时社会情况。中

---

* 据《皓首学术随笔·任继愈卷》。原以《介绍〈中国佛教丛书〉》为题载《书与人》1994年第1期。曾收入《任继愈学术文化随笔》《任继愈禅学论集》。《中国佛教丛书》，江苏古籍出版社于1993年出版了《禅宗编》。之后，其余各编陆续出版。

国佛教进入隋唐时期才出现了宗派。佛教宗派的形成，是佛教中国化成熟的标志。宗派不同于学派，约有以下四点：

第一，宗派有严格的师徒嗣承关系，有如世俗族谱，僧人的继承人称为“法嗣”。

第二，宗派拥有各自依据的经典，如天台宗依据《法华经》，华严宗依据《华严经》，其他经典作为参考而不作为依据。

第三，宗派拥有固定的寺庙财产权，其他宗派不得侵占。

第四，宗派具有排他性，只承认本宗派为佛教正统，其他均属旁支。

根据以上四点，佛教宗派把传入中国的众多不同流派都给安排了高下等级次序，用自己宗派的标准评判其他宗派，称为“判教”。一般总是把自己的宗派放在最高地位，其他宗派分别排在次要地位。隋唐时期，汉传佛教地区影响较大的有四大宗派，这四个宗派按创建时间先后顺序是天台宗、法相宗、禅宗、华严宗。各宗派在唐朝同时并存，相互竞争。净土宗重在念佛，偏重实践，不太重视理论，他们只诵读少数几部经典，对净土宗不需编辑丛书。隋唐时期三阶教曾盛极一时，影响较大，隋唐政府认为它对中央政权有危害性，限制其发展，几次查封其寺庙财产，武则天以后即趋消亡[①]。国内外学术界认为中国佛教有“八宗”或“十宗”。这是由于他们把早期第一阶段的学派与后期第二阶段的宗派弄混了，才认为有所谓成实宗、俱舍宗等，实际上他们所说的“宗”属于成实学派、俱舍学派，不是宗派。[②]

① 敦煌手写经卷中还保存三阶教的资料。

② 汤用彤：《论中国佛教无十宗》，《哲学研究》1962年第3期。

从事中国历史、文化史、哲学史、宗教史等的专业工作者，都认为佛教文化是中国传统文化的一个重要方面。缺了这一方面，就无从了解中国的历史和中国文化，广大研究者深感资料缺乏。人所共知，佛教典籍浩繁，本不应当感到资料匮乏。由于佛教典籍绝大部分保存在大藏经里，大藏经有各种版本，其分类方法是为宗教信奉者而设，不便于现代人检索，况且大藏经卷帙成千上万，也不是一般研究者容易备置的。

依据多年来从事教学和科学研究经验，佛教典籍中，重复、因袭的著作太多，泥沙与珠玉混杂，不加区别、原封不动地捧给读者，未免不负责任。我们这一代人为了区别佛教资料的精粗真伪，已耗去许多精力，不应当让后继者重复我们走过的弯路。

编辑这部中国佛教丛书，我们选出最有代表性的四个宗派，选辑原则是各宗派中最有代表性、必不可少的；国内外稀见而重要的。我们淘汰的原则是内容重复的，无新见解的，专家审定资料不可信的。

为了方便读者，每篇资料都附有简明提要，对有志于独立研究者提供一个路标。总之，我和我的同事们多年来深感学术界缺少一套资料翔实、繁简适中的佛教资料丛书。现在得到江苏古籍出版社的合作，使这部十年前早已编成的丛书得以问世，了却我们多年的夙愿。借丛书出版的机会介绍我们编辑的一些设想，希望这套丛书能为研究者提供一点方便，能为新中国文化大厦添几块砖瓦。

《印度佛教史》汉译本序*

英国学者A.K.渥德尔①著《印度佛教史》，1971年出版。关于印度佛教史，印度学者和西方学者著述甚多。这本著作的汉文译本，值得向读者介绍。

佛教在印度曾盛极一时，但它没有能够成为印度社会的统治思想，不像中国的佛教那样具有至高无上的地位，也没有更广泛地影响人民群众的社会生活。说到它的势力，如果勉强与中国的思想比较，倒是有点像中国的道教的地位：它有源远流长的传统势力，但不是正统；它有一定的信仰群众，但不占多数；它统称为佛教，但又有许多分支流派。

佛教产生在印度。国际学术界人士多认为印度是个重视神话传说而不重视历史的民族。这种看法是否十分科学，还可以研究。治印度古代史的人确实感到关于古印度历史上的事件和人物，真真假假，虚虚实实，很难确切地指明它的年代。古代著作也是注重口耳相传、师徒授受，不重文字。造纸术的应用也比中国晚得多，很多

* 据《念旧企新——任继愈自述》。曾载《晋阳学刊》1984年第5期。曾收入《任继愈学术论著自选集》。

① A.K.渥德尔：英文原名A.K.Warder，在加拿大任教。

著作写在贝叶上。5世纪初，法显到印度寻求律藏写本，在北天竺诸国，皆师师口传，无本可写。据《付法藏因缘传》载：

> （阿难游行）至一竹林之中，闻有比丘诵法句偈："若人生百岁，不见水老鹤，不如生一日，而得睹见之。"阿难……语比丘："此非佛语，……汝今当听我演佛偈：'若人生百岁，不解生灭法，不如生一日，而得了解之。'"尔时比丘即向其师说阿难语。师告之曰："阿难老朽，……言多错谬，不可信矣！汝今但当如前而诵。"

原始资料写定时间较迟，多为若干年后的追记，史料的真伪辨别是研究印度古代史的一大难关。《佛国记》《大唐西域记》给研究印度历史的学者们提供了极为珍贵的原始记录，填补了公元四五世纪到7世纪的一段空白。可惜法显以前一千年间，还是说不完全，而这一段正是佛教发展史上至关重要的历史时期。

渥德尔的《印度佛教史》，虽然篇幅不大，是一种教科书式的著作，但它运用的材料相当广泛，作者的态度也比较客观。他没有笃信者的框框，对佛经中的记载，不轻信。作者也有较好的语文修养，利用印度的多种语言，从中找出可信资料，还利用近代考古、民族、人类学的成果，以及汉译佛典中保存的一些资料，因而书中的记载平实、可信。

作者不只是一位史学家，也熟悉佛教哲学。他对佛教思想，特别对因明部分给以较多的篇幅。这固然表明作者的兴趣所在，也反映了作者的学术造诣。

渥德尔教授对古代印度社会历史现象予以适当注意，这种努力也是值得肯定的。作者还从发展的角度说明佛教从小乘到大乘的过程，这种观点也是可贵的。

《印度佛教史》这一著作是一本较好的书，原因是多方面的。其一是作者不受宗教迷信、佛教神话的干扰，所以叙述的历史较有说服力。

这本书也有不足的地方。由于作者缺之唯物史观，有些现象只能停留在表面描述上，比如本书讲到佛教的起源时，叙述显得比较一般化。又如汉译本中保存的古印度佛教史的资料十分丰富，比汉文以外其他来源的资料都多，而且时代较早，却没有很好利用；藏文资料也很丰富，作者也未利用。书中还有一些论述失之武断。这些都是本书不足的地方。总之，金无足赤，人无完人，书无完书。这本书瑕不掩瑜，是本较好的大学参考书，在国外已有定评，值得向读者推荐。

本书的译文也值得向读者推荐。

翻译一种专业书，译者要具备一些必要的条件。译者要通晓译出和被翻译的两种文字，这是人们都明白的道理。但是还有更重要的一条，即译者要通晓这门学问的基本内容，而不是望文生义。佛教有它的特殊的范畴，同样一个名词，佛教经典中有特定的含义，不了解它的思想体系的大致规模，光靠抠字典是译不好的。也就是说，译者一方面要知道原著的意思，还要力求译文所包含的意思是原来的，而不是附加的。如果译者对所译著作所涉及的专业比较熟悉，那么在翻译中还能随时发现原著中的失误和不妥的地方。本书的译文中加入了不少“译者注”。不要小看这字数不多的小注，它如实地向读者指出了原著的问题和缺失，也表现出译者的学识和造诣。细心的读者将会从中得到必要的知识，这些知识恰恰又是读原著所得不到的。

译文要忠于原著，又要明白畅达。这一点许多汉译本早已做到了，但是也有不少译著没有做到，读起来显得别扭。从事翻译工作的都深知此中的甘苦。道安有“五失三不易”的体会，确是经验之谈。王世安先生的译文的优点是文字简明。“简”是要言不烦，“明”是晓畅通顺。只要和原文对照，不难发现译文简明不下于原文，其清晰条畅、举重若轻，或为原文所不及。

王世安先生，湖北黄梅人。黄梅为禅宗五祖弘忍传法旧地。王先生早年受业于北京大学汤用彤、熊十力诸先生，好学深思，卓然有所立。毕业后，遭际坎坷，漂泊汨罗、洞庭间，从事教育工作数十年，桃李遍湖湘。晚年息影林泉，借住香山之麓，为《佛教大辞典》搜集词条工作。这部译文是他利用余暇的作品。每译成一章，我有缘得以先睹，值此书即将出版之际，愿写一短序向读者推荐。

赖永海《中国佛性论》序*

一个时代有一个时代共同关心的问题。哲学史最能集中反映时代思潮。哲学史上重要作家和流派，其贡献就在于他们善于提出该时代的重要哲学问题，对有些问题做出了答案。他们的答案对不对，不是主要的（因为他们的答案多半不对，在历史唯物主义出现以前，关于社会历史现象的认识都很肤浅），关键看提出的问题的重要性。其重要性则看它反映该时代共同关心的问题的大小、深浅。

佛性论，作为人性论来看，它是中国哲学史上继玄学本体论之后必然出现的一个高潮。它是接着玄学本体论讲的，具有时代特征，它反映了南北朝到隋唐的时代思潮。当时佛教各宗各派，都以自己的立场阐明自己的理论体系。各家的佛性论也成了辨识不同学说流派的一个重要标志。如果把佛性论看作人性论，那就不只是佛教界的事，它实际上具有中国哲学史的普遍意义。也应指出，思想发展的断限，不像刀切斧砍那样齐整。佛性论的提出，不是从南北朝开始的，唐以后，问题的讨论还未结束。只是说，南北朝（东晋也在内）到隋唐这一时期，佛性论在中国确实引起广泛的关注。

---

* 据《任继愈禅学论集》。曾发表于《哲学研究》1988年第6期。曾收入《任继愈学术论著自选集》《念旧企新——任继愈自述》等。

中国封建社会几千年，号称盛世的应数汉唐。汉唐不只是中国的盛世，在当时国际行列中，与世界各大国相比，也都是先进的。盛大的汉王朝有着与它的政治地位相称的宏大思想体系，代表如董仲舒的哲学。唐朝的国势及当时的国际形象超过汉朝，而思想家似乎不及汉朝，与强大的政治、经济地位不大相称，不免使人困惑。之所以造成这种困惑，在于没有把佛教经学看成中国哲学史的组成部分，没有把佛教经学与儒家经学同等看待，都看成中国传统文化的嫡派真传。隋唐时期的中国哲学史是十分丰富的，不仅有柳宗元、刘禹锡等几个唯物主义者支撑局面，在更大的范围内所探讨的心性论，反映着隋唐的时代思潮。那个时代的理论水平相当高，超过了魏晋玄学的造诣。

赖永海同志的《中国佛性论》从中国哲学发展史的全局着眼，把佛性论这个题目放在广阔的历史范围内去考察。他阅读了大量原始资料，也尽量参考国外学者成果（虽然可资借鉴的不多），系统地、全面地给以阐述。在中国佛教史的范围内做出了第一步有意义的探索。当然，中国佛教的重要范畴不止一个佛性论，如缘起论、解脱论、因果观等等，佛性论无疑是其中重要的一个。

当然这部书也不能说已经十全十美。有些看法属于百家争鸣范围，有人未必赞同，还值得进一步讨论；也有些更复杂的问题，要与相邻学科配合，才可以得到满意的结合，不是这一部书可以解决得了的。深信随着学术界佛教思想研究的深入，作者的学力与见解逐步提高，这部书也会得到补充、修订，使之更加完善。活到老，学到老，就是这个道理。

从目前学术界关于中国佛教研究情况看，这部书有首创的功绩。赖永海同志深思而好学，他有中国哲学史的基础，短短三四年间又在佛教思想研究中取得这样的成果，很不容易。眼看着新中国培养的学者纷纷成才，我心里十分高兴。赖永海同志要我为这本书写个序，义不容辞，我愿向读者推荐这部书。

方广锠《八—十世纪佛教大藏经史》序*

佛教传入中国后，经过中外文化的渗透、交融，已成为中国传统文化的组成部分。佛教与儒、道并称为“三教”，是中国传统文化的三大支柱。南北朝到隋唐五代这段时期，佛教在三教之中社会影响最大，儒教社会影响最弱，道教居中。由于佛教的社会影响最大，佛教典籍的数量也最多，当时把佛教总集称为“众经”或“一切经”，后来称为“大藏经”。在雕版印刷普遍推广以前，佛教典籍全靠手抄本来传播。当年寺院里保存的大藏经是什么样子，由于年代久远而无从知道。前人著作中虽然有所记述，对我们后人来说，总嫌不够具体。

幸运的是1900年发现了敦煌千佛洞的藏经洞。洞内保存着时代跨度约七个世纪的被封闭的寺院原始文献。这些文献的发现，使得学术界出现了研究敦煌手写文书的热潮，并形成一门国际学术界共同关心的显学——敦煌学。

世界各国考古及文史学者们利用敦煌手写卷以考订中国古代社会、经济、政治制度、古籍校勘，都在不同领域里取得不少新成

---

* 据《任继愈禅学论集》。曾收入《念旧企新——任继愈自述》。

果。但是，值得提出的是敦煌手写卷子绝大多数为佛教典籍，约占全部手写卷总数的90%以上。而学术界对于这批手写佛教典籍的研究，相对来说，则不及对世俗文书的研究那样热闹。我国学者李翊灼、陈垣、王重民诸先生曾对敦煌手写佛教典籍做过开创性的工作，令人钦敬。国内外还有少数学者曾利用这部分珍贵资料来考察过诸如疑伪经、三阶教、禅宗南派、内地禅与拉萨佛教的辩论等诸问题，并取得可贵的成果，为后来学者提供了可贵的借鉴。但是，从敦煌佛教典籍的整体来看，不得不承认我们今天对于敦煌佛教手抄卷子的研究还是一个薄弱环节，亟待充实。

从事某一学科的研究，第一步要进行全面的资料普查。不普查，不了解全局，随便抓到一个题目就来研究也可能会取得成果，但难免局限。要对敦煌佛教典籍做一番全面普查，把所有的敦煌佛教手抄卷子从头到尾摸一遍，这的确是一项艰苦的工作。这不仅因为敦煌卷子散藏于世界各地，限于条件，不少卷子我们无法看到，有的只能凭缩微胶片来进行识别，还因为这些卷子大多残破不全。数万号敦煌卷子，必须一卷一卷审阅。而这些卷子有的首尾皆残，不存题名，必须考释它到底属于哪一种典籍；有的没有年月题记，必须研究它的写作或抄写年代；有的一卷断裂为数截，应设法寻觅缀合；有的行文讹误、字迹潦草，要一个字一个字地辨认、勘误。凡此种种，整理、研究敦煌手抄佛教典籍的难度是可想而知的，这也是整理研究敦煌佛教典籍这一工作至今比较落后的重要原因之一。

方广锠同志用多年的精力阅读、研究大藏经，并对敦煌手写佛经进行了一次普查，从而完成了他的博士论文《八—十世纪中国汉文写本大藏经》，本书即是以该博士论文为基础修订增补而成。他着手范围虽是千佛洞所藏佛经，但着眼范围则不受敦煌一隅的局限，将敦煌资料与传世资料、金石资料结合起来，系统地考察了汉文大藏经的形成、发展过程，为中国大藏经的形成和演变勾画出一个基本的轮廓。这里，大藏经在发展演变中逐步定型，实际上可以看作是对中国汉文大藏经编定的一个有益的探索与实践。作者还通过解剖敦煌这一特殊地区佛经的流通、传布、保管的实况，联系全国其他地区的同类情况，进而考察了世俗信仰、功德思想与大藏经形成的关系；大藏经编辑的宗派特点；皇家官藏的形成及其地位；大藏经的各种表现形态等诸问题。作者指出，在雕版印刷佛经广泛流传之前，佛经都靠手抄流布。此时虽有皇家官藏起到规范、领导各地藏经的作用，但从全国总的来说并没有一种统一的标准藏经。“会昌废佛”后的佛教恢复时期，全国在恢复藏经的过程中逐渐出现趋同倾向，从而使全国的藏经逐渐趋于统一，为《开宝藏》的刊刻提供了良好的社会条件。在佛藏帙号方面，作者也做了全面的考察和研究，指出，随着佛经数量的增多，各寺院为了佛藏管理方便，曾采用过经名标志法、经名帙号法、定格存贮法，吐蕃统治时期敦煌地区还有偈颂帙号法等编号方式。这众多方式都是《千字文》帙号法以前的编号方法，它们反映出僧众们在长期经籍管理的实践中正在朝创造一种有序帙号的方向努力，从而说明《千字文》帙号的出现正是一种逻辑的必然。作者复原了《开元录·入藏录》的原貌，并研究了《开元录·入藏录》在佛藏组织中地位变化的全过程，指出《开元录略出》非智昇撰，《千字文》帙号法非智升所创。同时对智昇的《开元释教录》进行实事求是的论断，指出他的贡献和不足。著者肯定了智昇以前佛教目录学家在佛教结构体系方面做出的努力。书中还大体上摸清了当时汉族地区流行的几种佛经目录的原貌。

佛经目录不能单纯看作佛教典籍的书单子。它是佛教传播的集中反映，从中可以窥见佛教宗派的兴衰（某种宗派重视某些经典）、地区群众的信仰（写经类别反映信仰倾向）、佛教在三教中的关系、经典的来源（有的来自中亚，有的来自印度），由此扩展开去，还有更广阔的研究天地等待人们去开辟。

这部著作的出版，加强了敦煌学的薄弱环节，赓续了我国前辈学者开创后又中断的事业，为学术界提供了可信的第一手资料，对于那些不专门从事佛教研究的敦煌学研究者也有参考价值。

方广锠治学勤奋，勇于进取，既能潜心从事艰巨的原始资料的搜集整理工作，又敢于提出新见解。本书自然也有值得商榷的地方，有待进一步去完善。希望他在取得成绩的基础上继续前进，充实已有的，补上不足的，向更远大的目标前进。

《山西寺庙大全》序*

中国是历史悠久、文化蕴积深厚的古国。它走向世界，引起世界的瞩目，那是秦汉以后的事。汉代打通丝绸之路，联结了欧亚大陆，增进了东方与西方经济交流，也带来佛教文化。汉末三国时期，佛教先在上层社会传播，然后转向下层社会。与佛教差不多同时，中国产生了道教。道教的传播刚好与佛教相反，由下层社会转向上层。佛、道两教最终在社会各阶层都拥有大量信徒，有广泛的社会影响。

佛教传入后，遇到儒教的抵制。佛教有识之士认识到外来文化必须根植在中国文化的土壤才能生长，随即在佛教框架内接受了中国传统的忠孝观念，形成了中国佛教。从魏晋南北朝、隋唐直到清末鸦片战争，两千年间，儒、佛、道三教构成中国传统文化的三大支柱。

三教都服务于中央集权的封建王朝，提倡忠君、孝父母。三教都有着教化群众、安定社会、维护君主专制的作用。三教之间有矛盾，也有争辩，随着时间的推移，中唐以后，三教共同倾向于融

---

* 据《任继愈学术文化随笔》。曾刊载于《五台山研究》1994年第3期。

会、协调、互补，而不是对抗。宋以后，儒教吸收佛、道两教心性修养方法，从而完善了儒教的心性论，后世称宋以后的儒教为新儒学，是符合事实的。因为它的确不同于孔孟之儒，也不同于汉儒。道教学习佛教的宗教轨仪和因果报应说，从而充实了它宗教理论上的薄弱环节。

宋以后，中央集权的体制逐渐加强，儒教的势力也相应增大，成为主流，佛、道两教起着配合作用。

宋元儒教大师如程、朱、陆、王的心性论和佛教禅宗的心性论没有什么区别。金元时期，北方的全真教虽称道教，其实可以说是儒教的支派。三教之间的密切联系有充分的典籍为证，不必多说。

三教融合，三教会通，保存在造型艺术绘画、雕塑、建筑，也随处可见。像敦煌莫高窟壁画有西王母、东王公像，四川大足县宝顶石窟有三教会同的石雕造像，河南少林寺明代壁画有“二十四孝”图，山西省也有三教共存的寺庙三圣庙。这些文化遗产都在证明中华民族传统文化以三教为精神支柱，是无可争辩的事实。

全国面临开放的新形势，中国要了解世界，世界也要了解中国。辛亥革命以前，中国基本上是封闭型的，与国内外联系较少。辛亥革命后，广大中原地区，如河洛、关中，以及燕、齐、吴、楚，连年战争不断，直到抗日战争，到处受到战祸的摧残。地上文物、古建筑毁灭殆尽。独有山西省地理环境特殊，所受战争破坏较少，保存的古建筑最多，也最完整。除了世人共知的云冈石窟、应县木塔、摩崖刻石、上下华严寺、悬空寺，还有数以万计的寺庙塔院尚未引起世人的关注。文化遗产，凡是有价值的，不论它出自哪个民族、哪个国家，都应当是人类共同的精神财富。它保存在山西省境内，它的价值和影响则远远超越了省界和国界，它应为全世界共享。

山西三教寺庙的分布情况，反映了三教历史活动的实况。从社会影响看，佛教为首；从政治实力看，儒教为首；道教影响介于两教之间。由于三教互相影响、互相渗透，因此不能看成绝对化。从儒教的影响，可以看出中国古代封建专制统治的系统、周密而完整，现实世界的社会秩序、“天地君亲师”的伦理规范制约着现实世界和鬼神世界。考察山西省的寺庙文物，不限于它的艺术成就，有心人还可从中认识中国古代社会的内在的精神所在。

中国历史悠久，地域广大，黄河中游为中心，有过灿烂文化，我们从洛阳一带地下文化层丰厚的积存，可以推知当年商、周、秦、汉、唐、宋以来的盛况。可惜由于历代天灾人祸的摧残，无法再现。可喜的是，山西省广大地区还保存着大批的地上文物供后人研究、思考、再认识。

文物的消散，有的由于自然原因，如水火、地震，建筑结构的倾圮、腐朽；也有人为的建设性的破坏，如重修时，不适当的改建、彩饰，虽然出自善良动机，却破坏了古建筑、古文物的原貌。五台山诸大寺的历史很悠久，史籍不乏记载，今天到过五台山的游人都会感到，越是五台山中心地区的寺庙，保存的古代建筑风貌越少；在五台山周边地区交通不便的寺庙，保持古代风貌反倒多些。人们还可以看到，繁华大城市保存的古代寺庙反倒少，偏远城市反倒多些。这也说明文物保护工作，自然破坏和人为破坏容易被发现和制止，那些人为的建设性的破坏却远未引起人们普遍关注。随着我国经济繁荣，人们生活改善，对文物的修缮将逐渐开展。如果我们关于文化古迹的历史知识不够，整修后失去原貌，也会造成遗憾。

这部《山西寺庙大全》是在山西省政府领导下，调动全省各地市文物考古部门有关同志，历时四年，经过普查，反复核实，最后完成的。这部工具书为山西省三教寺庙文物做了开拓性的工作，为今后国内外研究者进一步研究提供了第一手原始资料，做了一件功德无量的好事。他们的工作，看起来是调查、统计，实际做起来，也必须对疑难问题进行必要的考订。对现已不存在的寺庙，也要有所交代。这里边包含着从事调查者研究的辛劳。经过普查，反复核实，才得到结论。也有的寺庙的确切成毁年代一时不能判断，不草率下结论，留待后人。在这种科学态度指导下，提供的材料使人感到可信。负责编辑的崔正森同志为此付出辛勤的劳动，值得鼓励。

这样一部工程浩大的书，若不是发动山西文物工作者共同努力，是无法完成的。山西省政府及各级地市领导的功绩，将会得到全国学术界的称赞。这部书的出版还得力于抓得早。延误越久，资料湮没得越多，由后人来做，势必事倍功半。最后还要提到的是前山西省领导白清才同志发纵指示之功有足多者，功不可没。

《般若心经译注集成》序*

方广锠同志相从治佛教文献学有年，于敦煌手写佛教文书致力尤勤。其《般若心经译注集成》搜集到唐以前及唐宋间译注三十六种（其中梵本二种），国内可能找到的基本上没有遗漏。今后抑或有新的发现，估计亦不会太多。该《般若心经译注集成》是一个比较完备而可信的资料汇编，值得向读者推荐。与方广锠同志过从多年，他请我为他的书写一篇序，我接受了这一要求。借《集成》出版的机会，我愿发表个人关于资料建设的一些看法。

中华民族历史悠久，文化根基深厚，外来文化进入内地，首先要经过严格的选择，取其所需。佛教典籍传入后，除大量系统翻译著作，还有更大量的注释及专题研究。据不完全统计，全部佛教文献资料约为四千余种，二万三千余卷，号称“经典”的也有数千卷之多。佛教文化早已成为中华民族传统文化的一部分。浩如烟海的著作中，有些译著写成后即无人问津，束之高阁。数万卷的典籍中，真正引起人们的关注并发生广泛影响的不过十来部。其中流行更为广泛，达到家喻户晓程度的经典不过三五部。这三五部中就

* 据方广锠：《般若心经译注集成》，上海古籍出版社，1994年9月版。

有《般若波罗蜜多心经》。由于它影响深广，于是这部经典从晋到唐宋，由不同时代的作者一译再译，乃至多次翻译，并出现多种注释。这是值得注意的现象，是值得专家们进一步研究的课题。

《般若心经》文字简练，观点明确，只要受过佛教的基本训练的读者不应产生歧义，这是问题的一个方面；还应看到，自孔孟以来，历代学人多半以述为作，有的注释忠于原著，有的借题发挥，如孔子、孟子称引经书多用这种方法。有的注释与原著宗旨背离极远。像《庄子注》即与《庄子》原义背离。如果有人靠注释去理解原著，有时可能会上当。但注释是当时特定社会历史的产物，它带有时代的、地区的、学派的特殊色调。靠它来理解原著未必可靠，用以研究注释者的思想观点和体系则是十分可靠的资料。读古书不可不知。

我国正处在文化建设时期，新文化的形成离不开旧文化。具有中国特色的社会主义经济建设、政治建设已初具规模，具有中国特色的社会主义文化建设尚在探索中。把马克思主义普遍原理与中国革命实际相结合，已收到成效。把马克思主义普遍原理与中国传统文化（如儒教文化、道教文化、佛教文化）相结合，迄今还没有找出一条通畅的道路。当前有人企图发扬儒家孔子思想以抵制外来腐朽思想的侵蚀，也有人想用新儒家思想来补充马克思主义的不足。这种设想是可以理解的，但未免把新思想体系的建设看得太简单了。只要回顾历史的经验，不难看出伟大思想体系的出现，往往经历几百年的反复实践、选择才能产生。它必然是对以往所有旧文化全面扬弃的结果。

一种伟大体系的完成要具备三个必备的条件：第一，要有一个较长时期的稳定政治环境；第二，要有广泛、完备的资料；第三，要有卓越的思想家。今天我们社会主义文化建设当务之急是资料积累。说我们的时代是一个积累资料的时代并不过分。这是我们这一代文化人的历史责任。如果不甘心做资料工作或勉强创立体系，即使创立出来，也只能是低层次的、短命的体系。

资料工作做得越充分，迎接未来的新体系越有盼头。《般若心经译注集成》的问世，给学术界添砖加瓦，这也是对学术界的一份贡献。愿为此目标和年轻同志们共勉。

《中国居士佛教史》序言*

《中国居士佛教史》是国家社科基金资助的研究项目。经过几年的努力，已完成原定计划。在书稿出版之前，应作者之嘱，特为此书写一篇序。这部书的学术价值有待学术界的评判，不拟在这里多说，现仅就它的意义提出一些初步意见。

大凡人文宗教的传播，必赖两种社会力量的支持，一是有影响力的宗教领袖、职业僧侣及强有力的教会组织，这是宗教的核心部分。这一点，历代研究佛教的中外学者及僧传、僧史都给予了足够的注意。但是还应当指出，宗教的传播带有群众性，宗教信仰的根扎在群众之中。没有广泛数量的信徒，光有热心的僧侣，高明的教义也无法推广。从来就是居士的数量远远大于僧众的数量，好像鱼在水中，一般信徒比作水，专职僧侣比作鱼。水源深且广，鱼类繁且孳。

宗教有地区性、民族性。一定环境的群众的自然条件、文化传统、社会风习对宗教的滋长、传播起着决定性的作用。中国佛教有它的特殊性精神面貌，这不是传教的宗教领袖决定的，而是由中国

* 据《任继愈禅学论集》。曾以《佛教信徒的中层群众》为题收入《竹影集》。潘桂明：《中国居士佛教史》，中国社会科学出版社，2000年9月版。

广大佛教信徒的接纳程度、性情趣向所决定的。古代中外文化的历史表明，境外宗教有不少流派，有的在中国发生影响，有的没有发生影响，其影响也有大小深浅的差异。隋唐以后到鸦片战争，西方基督教曾五次传入中国内地，只是由于没有他们“居士”的支持、接纳，都先后失败了。鸦片战争后，西方侵略者用大炮把基督教护送到中国，才开辟了基督教的阵地。佛教在中国有众多流派，只有得到广大居士的接纳，它才能生根、开花、结果，形成中国佛教的流派。同是中国佛教，藏传佛教在高寒地区传播，普遍肉食，对佛教“五戒”中的“不杀生”予以特殊的解释。中国疆域辽阔，南北文化的差异较大，长期形成的地区文化不能不影响到群众民俗的生活习惯，汉传佛教在中原地区呈现为不同的面貌。

中国又是一个历史悠久、文化传统深厚的文明古国，这种文化传统不断衍化、发展、变革，形成中国文化发展的历史阶段性。这又是从纵向发展逐渐形成的文化品格。这种民族的、历史的、社会的文化品格也就是思想的文化烙印。中国佛教首先是“中国”的，其次才是“佛教”的。而居士佛教的发展演变正是中国文化思想发展演变在佛教领域的体现。

在正常交往下，佛教势力由三个层次构成。第一，中心层为佛教僧团，他们是职业佛教僧侣，拥有寺院经济、经典解释权，他们人数不多，却起着核心、领导作用。第二，居士佛教。居士们不出家，过着世俗人的生活，生儿育女，拥有资产，生活富裕，有较高的文化教养，信仰佛教，通晓教义。这个阶层没有组织形式。第三，普通佛教信众。这一层次人数最多，有的奉献财物，有的贡献劳力。这一层次的信众品类不齐，上有帝王贵族，下及平民百姓。

这一层次是佛教赖以存在的支柱。

居士佛教处在中层，承上启下，它对佛教起着羽翼作用。这三部分佛教信徒互相依辅，共同繁荣，协调发展，从而构成稳定佛教的文化共同体。

当居士佛教的声势及社会影响超过僧团佛教时，则预示着佛教内部将有大的变化。历史上居士佛教的大发展值得注意的有两个时期。第一个时期在南北朝，名士名僧交煽声势，相互标榜，为后来隋唐佛教的大发展导夫先路。居士佛教从《维摩诘经》找到理论支持。佛教大发展以后，或由于内部衰败，或由于思想僵化，或由于外部其他宗教强有力的竞争而出现危机。而居士佛教不靠寺院经济支持，凭借其自身的优势，得到第二次大发展。宋元以后，儒教地位上升，佛教势力减弱，直到辛亥革命前后，居士佛教上升为佛教重镇。特别在佛教理论、学术方面，居士佛教的声望有的反在僧团佛教之上。

《中国居士佛教史》所表述的顺序与中国文化思想的总趋势有着互为表里、互相呼应的内在关系。这部居士佛教史不同于一般佛教史的地方，就在于它结合广大群众、社会思潮的大背景来观察佛教。它的意义就在于在过去佛教史的基础上有更大的范围、更阔的视野。所以本书的结论平实、朴素，没有惊人的见解，却又给人以新印象。这种新印象寓于翔实的史实中。潘桂明同志治佛教多年，这部新著体现了他运用历史主义的科学方法所达到的新阶段。我与潘桂明同志学术交游多年，看到他为学日臻成熟，喜而为之序。

《五台山佛教史》总序*

五台山是座历史名胜集中的宝山。它特殊的文化地位，使之成为中外文化交流的重要窗口。它有资格向世界介绍中华五千年优秀传统文化。近二十年来，全国经济建设和文化建设有了飞跃的发展，山西省和全国一样，经济繁荣，人才辈出。《五台山文化丛书》的问世，就是三晋人杰地灵的明证。

20世纪的后五十年，中国成为国际社会的重要成员，引起全世界的瞩目。了解中国的现在和历史，首先从了解中国文化入手。人们可以从莎士比亚的剧作了解英国文化和英国民族性格，在牛顿的物理学中却难以追踪英国民族文化特色；明朝汤显祖的作品体现着中国文化特征，但李时珍的《本草纲目》却难以看出民族文化性格。这说明文学、史学、哲学、宗教是最能体现一个民族的精神和性格的。

山西人民出版社出版的《五台山文化丛书》，从不同的侧面向读者介绍了五台山悠久的历史文化、壮丽的山川景色、瑰伟的文物建筑、淳厚的风土人情。读者可以从中品味到五台山文化气质，从

---

* 据崔正森：《五台山佛教史》，山西人民出版社，2000年7月版。

而得到赏心悦目的精神享受。如有兴趣，还可以把有关学术著作带回去细细涵咏。未到过五台山的读者，手头如果有这样一套丛书，也可以增见闻、颐心情，收到卧游的效果。

我是怎样研究起佛学的*

一个人的治学道路，有的出于偶然的机会，也有的出于工作的需要。这两者都对我研究佛学起了作用。

我在高中读书时，我的两位语文老师都是北京大学哲学系毕业的。我们学校用的教材不是教育部通用的中学教科书，而是教师们自编的讲义。外语、中国语文等都是自编的。中国语文的教材选的多是先秦诸子的著作、汉魏文章、诗赋，唐宋以后的作品被选用的倒是很少。关于先秦诸子的年代、真伪问题，也在讲授时有所涉猎，也选一些《古史辨》的文章作为参考资料。我在中学时代就读了胡适、梁启超、张煦、唐兰、冯友兰等人关于老子年代的辩论，对中国哲学史开始感兴趣。1934年，我考入北京大学哲学系。这时北大哲学系与清华大学哲学系各有自己的特点。清华与北大两校的历史传统不同。北京大学哲学系的教授中研究中国哲学及佛学的人才较多。如周叔迦教授讲授天台宗；马叙伦教授讲老庄哲学，庄子的《齐物论》完全采用章太炎的《齐物论释》的说法；熊十力先生讲新唯识论；汤用彤先生讲授汉魏两晋南北朝佛教史（即后来由商

* 据《书林》1983年第2期。

务印书馆出版的上下两卷本专著），还开有隋唐佛教史（有铅印本讲义），汤用彤先生还开设一些专著的讲授，如《胜宗十句义论》《金七十论》《阿毗达磨俱舍论》等；林宰平教授讲中国哲学问题，其中也涉及一些佛学问题。这些课程之外，还有胡适先后发表过关于禅宗的考据文章。当然，当时的北大哲学系还有西方古典哲学及其他方面的课程可供选择。北大哲学系的学生耳濡目染，对佛教哲学都有些感受。我当时兴趣不在佛学，而在西方古典唯心主义哲学，花力量最大的是斯宾诺莎、康德和黑格尔的哲学，对古希腊哲学（特别对柏拉图与亚里士多德的哲学著作）也花了不少精力。

1937年，日本发动全面侵华战争，华北沦陷，北京大学与清华大学、南开大学在昆明成立西南联合大学。我的大学最后一年是在昆明度过的。抗战开始，青年学生爆发出爱国热情，读书的态度比过去严肃认真了，有一种强烈的责任感迫使着我们一些学哲学的学生认真考虑生活的意义、人生的价值、文化的真谛。我开始转向中国哲学史的研究，开始寻找中国文化的优良传统，研究的重点是宋明理学，希望从中找到一个人的安身立命的地方。在大学第四年，我认真读完了程颢、程颐、朱熹、陆九渊、王守仁的全部著作。从研究宋明理学的过程中，我发现他们都受过佛教思想的影响。他们有时互相攻击，每指摘对方为“禅学”。宋明理学家都有出入佛老的经历。研究中国哲学史，不深入了解宋明理学是不行的；了解宋明理学，不了解佛学也是不行的。好比修一条铁路，有时要打通许多隧道才能通车。不了解佛教就成了研究中国哲学史道路上的障碍。研究佛教是为了打通隧道。我在研究生的学习期间，即是出于这种要求，不得不从宋明理学上溯到佛教。这就是一开始讲过的，接触佛教可以说是出于偶然的机会，如果不入北大哲学系而入清华大学哲学系，也许对逻辑学发生兴趣。等到自觉地、有目的地研究中国哲学史时，认识到不研究佛学就不能前进，这是出于工作的需要，这就不是偶然性，而是非攻下佛学这一关不可，这就是我为什么研究佛学的原因。

研究工作没有尽头。佛教有外国的、中国的。中国的佛教有汉地佛教和藏传佛教及少数民族地区的小乘佛教。各种佛教中又有许多宗派，宗派之中又有许多分支。佛教有经典、教义、寺院组织、艺术、音乐、舞蹈、建筑等许多内容。我所涉及的只是其中的一部分。若是真把佛教研究得透，不是少数几个人或几十个人的力量所能办得到的。我研究佛学，虽然也有几十年的经历，但采用科学方法，做出比较符合实际的结论，还得靠历史唯物主义。有了历史唯物主义这个武器，才不致掉进浩如烟海的资料中迷失方向。我研究佛学虽说有几十年之久，但真正用科学方法对佛学进行研究，那是全国解放，学习了马列主义以后的事，这里不再多说了。